Begriffliche Wissensverarbeitung

Springer
Berlin
Heidelberg
New York
Barcelona
Hongkong
London
Mailand
Paris
Singapur
Tokio

Gerd Stumme   Rudolf Wille (Hrsg.)

Begriffliche Wissensverarbeitung

Methoden und Anwendungen

Mit Beiträgen zahlreicher Fachwissenschaftler

Mit 133 Abbildungen und 28 Tabellen

 Springer

Dr. Gerd Stumme
Prof. Dr. Rudolf Wille

Forschungsgruppe Begriffsanalyse
Fachbereich Mathematik
Technische Universität Darmstadt
D-64289 Darmstadt

Die Deutsche Bibliothek – CIP-Einheitsaufnahme
Begriffliche Wissensverarbeitung: Methoden und Anwendungen /Hrsg.: Gerd Stumme;
Rudolf Wille. – Berlin; Heidelberg; New York; Barcelona; Hongkong; London; Mailand;
Paris; Singapur; Tokio: Springer 2000
ISBN 3-540-66391-6

ISBN 3-540-66391-6 Springer-Verlag Berlin Heidelberg New York

Umschlaggestaltung: Künkel + Lopka Werbeagentur, Heidelberg
Satz: Reproduktionsfertige Vorlage von den Herausgebern
Gedruckt auf säurefreiem Papier – SPIN: 10740107   33/3142 GF– 5 4 3 2 1 0

Vorwort

1994 erschien der Band „Begriffliche Wissensverarbeitung: Grundfragen und Aufgaben" [WZ94], in dem in multidisziplinärer Breite Grundlagen, Aufgaben und Ziele der *Begrifflichen Wissensverarbeitung* diskutiert werden; dabei ging es vor allem darum, den interdisziplinären Diskurs über ein menschenbezogenes Wissensverständnis und eine menschengerechte Wissensverarbeitung anzuregen und zu fördern. In den letzten fünf Jahren hat sich dieser Diskurs in der Tat auf nationaler und internationaler Ebene intensiviert. Dazu beigetragen haben eine Vielzahl wissenschaftlicher Kolloquien, Seminare und Tagungen, von denen hier nur die Kolloquien und Seminare des „ERNSTSCHRÖDERZENTRUMs für Begriffliche Wissensverarbeitung e.V.", die Darmstädter Tagungen zur Begrifflichen Wissensverarbeitung und die „International Conferences on Conceptual Structures" (ICCS) genannt werden sollen. Unterstützt wurde die Auseinandersetzung über die Begriffliche Wissensverarbeitung auch durch das Erscheinen grundlegender Bücher zur Formalen Begriffsanalyse wie [GW96, Vo96, Po97].

Für die Begriffliche Wissensverarbeitung hat sich ein menschenbezogenes Wissensverständnis herausgebildet, nach dem *anspruchsvolles Wissen* nur durch bewußte Reflexion, diskursive Argumentation und zwischenmenschliche Kommunikation auf der Grundlage lebensweltlicher Vorverständnisse, kultureller Konventionen und persönlicher Wirklichkeitserfahrungen entsteht und weiterlebt. Für eine *menschengerechte Wissensverarbeitung* gilt es daher, Wissen in der ganzen Breite seines Enstehens und Weiterlebens vom reflektierenden Bewußtsein und argumentativen Diskurs bis zur Verständigung in der menschlichen Kommunikationsgemeinschaft zu begreifen; nur dann kann das zu bewältigende Spannungsverhältnis von Wissen und Verarbeitung angemessen reflektiert und menschengerecht aktiviert werden. Für eine derart verstandene Wissensverarbeitung ist die Benennung *„Begriffliche Wissensverarbeitung"* eingeführt worden, um die konstitutive Rolle des denkenden und argumentierenden Menschen und den sich daraus ergebenden begriffsmethodischen Ansatz kenntlich zu machen (s. [Wi94]).

Die Intensivierung des Diskurses über die Begriffliche Wissensverarbeitung hat auf besondere Weise die Entwicklung und Erschließung neuer Methoden, Verfahren und Anwendungen gefördert. Es ist das Anliegen dieses Bandes, einen Einblick in die Vielfalt der erarbeiteten Methoden und Anwendungen der sich immer stärker ausweitenden Begrifflichen Wissensverarbeitung zu geben. Dementsprechend gliedert sich der Band in zwei Teile: Die Beiträge des ersten Teils stellen Methoden der Begrifflichen Wissensverarbeitung vor, während im zweiten Teil unterschiedliche Anwendungen präsentiert werden.

Die mathematisch-methodische Grundlage der Begrifflichen Wissensverarbeitung ist die *Formale Begriffsanalyse*, wie sie in [GW96] dargestellt ist. Wie auf dieser Grundlage das fruchtbare Zusammenspiel von formalen Begriffen und Merkmalsimplikationen durch eine geeignete Formalisierung von Hintergrundswissen wirkungsvoll ausgestaltet werden kann, zeigt *B. Ganter* in dem ersten Beitrag dieses Bandes auf; mit diesem Ansatz kann insbesondere das vielfach angewandte Verfahren der Merkmalexploration sowohl effektiver als auch in größerer Breite anwendbar gemacht werden. Die erfolgreiche Anwendung der Merkmalexploration hat vor allem *P. Burmeister* mit seinem Programm „ConImp" ermöglicht, dessen vielfältige Nutzungen im zweiten Beitrag detailliert beschrieben und damit erstmalig in einer Publikation dargelegt werden. Eine weitere Bereicherung der Formalen Begriffsanalyse stellt der Beitrag von *K. Lengnink* dar, in dem die Hamming-Distanz zwischen Begriffsinhalten als ein Ähnlichkeitsmaß zwischen den zugehörigen Begriffen eingeführt, untersucht und in Hinblick auf eine begriffliche Clusteranalyse diskutiert wird. *S. Pollandt* erläutert in dem nachfolgenden Beitrag, wie die Formale Begriffsanalyse so verallgemeinert werden kann, daß Datenanalysen mit Fuzzy-Begriffen durchgeführt werden können. Den fruchtbaren Zusammenhang zur Terminologischen Logik stellt danach *S. Prediger* mit der von ihr entwickelten Terminologischen Merkmalslogik formaler Kontexte her; als neues attraktives Anwendungsverfahren ergibt sich dabei die sogenannte „logische Skalierung". Den Methodenteil schließt der Beitrag von *R. Wille* und *M. Zickwolff* ab, in dem die Grundlagen einer Triadischen Begriffsanalyse beschrieben werden; diese Erweiterung der Formalen Begriffsanalyse wurde einmal durch die pragmatische Philosophie von Ch. S. Peirce und zum anderen durch Anwendungsprojekte motiviert, in denen es neben Gegenständen und Merkmalen auch Modalitäten, Bedingungen, Beziehungen oder Zwecke zu formalisieren galt.

Der erste Beitrag im zweiten Teil dieses Bandes repräsentiert einen wichtigen Bereich des Softwareengineerings, in dem Methoden der Begrifflichen Wissensverarbeitung angewandt werden: *Ch. Lindig* und *G. Snelting* stellen begriffsanalytische Werkzeuge vor, die für Software-Reuse, Software-Reengineering und Software-Restrukturierung gewinnbringend einsetzbar sind. Im zweiten Beitrag werden von *H. Strack* und *M. Skorsky* zwei Anwendungen der Formalen Begriffsanalyse für den Entwurf von informationstechnischen Systemen unter Sicherheitsaspekten vorgestellt: einmal betrifft es den Aspekt der Zugriffskontrolle und zum anderen den des Datenschutzes. Im nächsten Beitrag diskutiert *U. Andelfinger* einen begriffsanalytischen Ansatz der inhaltlichen Erschließung im Bereich der Sozialorientierten Gestaltung von Informationstechnik, wobei es bei diesem interdisziplinären Bereich vordringlich um das Herstellen eines einheitlichen Verständnisses der benutzten Fachbegriffe geht. *W. Gödert* geht es in seinem Beitrag um Probleme der Wissensdarstellung in Informationssystemen; im Vordergrund stehen dabei Probleme des Darstellens und der Rezeption von Wissen in externen Speichern und Ordnungsstrukturen sowie Probleme der Analyse und Typologie von Fragen, wie sie an Informationssysteme gestellt werden.

Als vielseitig verwendbares Managementsystem hat sich das begriffsanalytisch konzipierte Programm TOSCANA bewährt: *T. Rock* und *R. Wille* beschreiben die Anwendung von TOSCANA bei der Erstellung eines Erkundungssystem zur Literatursuche in der Bibliothek des Darmstädter Zentrums für Interdisziplinäre Technikforschung. Das methodische Vorgehen bei der Entwicklung eines TOSCANA-Systems erläutern *D. Eschenfelder, W. Kollewe, M. Skorsky* und *R. Wille* anhand eines Projektes, in dem ein Erkundungssystem zum Baurecht für die Architekten des Landes Nordrhein-Westfalen erstellt wurde. Was ein TOSCANA-System in der Linguistik zu leisten vermag, beschreiben *A. Großkopf* und *G. Harras* in ihrem Beitrag über die „Begriffliche Erkundung semantischer Strukturen von Sprechaktverben"; es geht darum, Bedeutungsrelationen bei Sprechaktverben zu erfassen und herauszufinden, welche Kommunikationskonzepte lexikalisch ausdrückbar sind. Noch stärker sprachlich orientiert als das TOSCANA-Managementsystem ist das Verfahren GABEK (Ganzheitliche Bewältigung sprachlicher Komplexität), das *J. Zelger* anhand einer Anwendung zur Leistungskontrolle eines regionalen Krankenhauses in seinem methodischen Ablauf vorstellt. *B. Kohler-Koch* und *F. Vogt* führen in ihrem Beitrag vor, wie die Formale Begriffsanalyse in der Politikwissenschaft eingesetzt werden kann; anhand einer Gesamtauswertung von Fallstudien über normen- und regelgeleitete internationale Kooperationen wird ein begriffliches Datensystem erarbeitet, mit dem politikwissenschaftlich interessante Interpretationen der Daten ermöglicht werden. Wie in der Psychologie eine derartige begriffliche Datenanalyse hilfreich eingesetzt werden kann, dafür entwickeln *H. J. Henning* und *W. Kemmnitz* im nachfolgenden Beitrag ein kontextuelles Methodenkonzept, das anhand von Beispielen zum Risikoverständnis erläutert wird. Schließlich zeigt *H.-G. Bartel* in seinem Beitrag auf, wie archäochemisch-materialkundliche Informationen mithilfe der Formalen Begriffsanalyse ausgewertet werden können; damit wird exemplarisch deutlich, was die Begriffliche Wissensverarbeitung im Bereich der Archäometrie zu leisten vermag.

Allen denen, die am Zustandekommen dieses Bandes beteiligt waren, gilt unser herzlicher Dank. Vor allem den Autorinnen und Autoren ist zu danken, daß sie durch ihre substantiellen Beiträge diesen für die Etablierung der Begrifflichen Wissensverarbeitung wichtigen Band möglich gemacht haben. Dieser Band wäre nicht entstanden, wenn nicht über viele Jahre die Entwicklung der Begrifflichen Wissensverarbeitung von vielen Seiten unterstützt und gefördert worden wäre, sei es durch Engagement bei Tagungen, Kolloquien und Seminaren oder durch materielle und ideelle Hilfen, die die Entwicklungsarbeiten zur Begrifflichen Wissensverarbeitung erleichtert haben; allen, die dabei mitgeholfen haben, gebührt nachhaltiger Dank. Besonders zu danken haben wir Herrn Hermann Engesser und dem Springer-Verlag für die vielfältige Unterstützung und die vorbildliche Drucklegung dieses Bandes.

Darmstadt, im Juni 1999   Gerd Stumme   Rudolf Wille

Literatur

[GW96] B. Ganter, R. Wille: *Formale Begriffsanalyse: Mathematische Grundlagen.* Springer-Verlag, Berlin, Heidelberg 1996; Englische Übersetzung: *Formal Concept Analysis: Mathematical Foundations.* Springer-Verlag, Berlin, Heidelberg 1999.

[Vo96] F. Vogt: *Formale Begriffsanalyse mit C++: Datenstrukturen und Algorithmen.* Springer-Verlag, Berlin, Heidelberg 1996.

[Po97] S. Pollandt: *Fuzzy-Begriffe: Formale Begriffsanalyse unscharfer Daten.* Springer-Verlag, Berlin, Heidelberg 1997.

[Wi94] R. Wille: Plädoyer für eine philosophische Grundlegung der Begrifflichen Wissensverarbeitung. In: R. Wille, M. Zickwolff (Hrsg.): *Begriffliche Wissensverarbeitung: Grundfragen und Aufgaben.* B.I.-Wissenschaftsverlag, Mannheim 1994, 11–25.

[WZ94] R. Wille, M. Zickwolff (Hrsg.): *Begriffliche Wissensverarbeitung: Grundfragen und Aufgaben.* B.I.-Wissenschaftsverlag, Mannheim 1994.

Inhaltsverzeichnis

Autoren

Dr. Urs Andelfinger
Flachsbachweg 22
D–64285 Darmstadt
urs.andelfinger@siz.de

Doz. Dr. Hans-Georg Bartel
Institut für Chemie
Humboldt-Universität zu Berlin
Hessische Straße 1–2
D–10115 Berlin

Prof. Dr. Peter Burmeister
Fachbereich Mathematik
Technische Universität Darmstadt
Schloßgartenstraße 7
D–64289 Darmstadt
burmeister@mathematik.
tu-darmstadt.de

Dipl.-Ing. Dieter Eschenfelder
Wildenbruchstraße 32
D–40545 Düsseldorf

Prof. Dr. Bernhard Ganter
Institut für Algebra
Technische Universität Dresden
D–01062 Dresden
ganter@math.tu-dresden.de

Prof. Winfried Gödert
FB Bibliotheks- und
Informationswesen
Fachhochschule Köln
Claudiusstraße 1
D–50678 Köln
Winfried.Goedert@fh-koeln.de

Dipl.-Math. Anja Großkopf
Fachbereich Mathematik
Technische Universität Darmstadt
Schloßgartenstraße 7
D–64289 Darmstadt
grosskopf@mathematik.
tu-darmstadt.de

Prof. Dr. Gisela Harras
Institut für deutsche Sprache
R5, 6–13
D–68161 Mannheim
harras@ids-mannheim.de

Prof. Dr. H. Jörg Henning
Institut für Psychologie:
Methodik – Diagnostik – Evaluation
Fachbereich 11
Universität Bremen
Postfach 33 04 40
D–28334 Bremen
henning@psycho2.psychologie.
uni-bremen.de

Dr. Wolfgang Kemmnitz
Fachbereich 6
Rechtswissenschaften
Universität Bremen
Postfach 33 04 40
D–28334 Bremen

Prof. Dr. Beate Kohler-Koch
Lehrstuhl für Polit. Wissenschaft II
Universität Mannheim
D–68131 Mannheim
bkohler@sowi.uni-mannheim.de

Dr. Wolfgang Kollewe
NaviCon GmbH
Heinrichstraße 9
D–60237 Frankfurt am Main
kollewe@navicon.de

Dr. Katja Lengnink
Fachbereich Mathematik
Technische Universität Darmstadt
Schloßgartenstraße 7
D–64289 Darmstadt
lengnink@mathematik.
tu-darmstadt.de

Dipl.-Inform. Christian Lindig
Institut für Software
Abteilung Softwaretechnologie
TU Braunschweig
D–38106 Braunschweig
lindig@ips.cs.tu-bs.de

Dr. Silke Pollandt
Fachbereich Mathematik
Technische Universität Darmstadt
Schloßgartenstraße 7
D–64289 Darmstadt
pollandt@mathematik.
tu-darmstadt.de

Dr. Susanne Prediger
Fachbereich Mathematik
Technische Universität Darmstadt
Schloßgartenstraße 7
D–64289 Darmstadt
prediger@mathematik.
tu-darmstadt.de

Dipl.-Math. Tammo Rock
Grafenstraße 41
D–64283 Darmstadt

Dr. Martin Skorsky
NaviCon GmbH
Heinrichstraße 9
D–60237 Frankfurt am Main
skorsky@navicon.de

Prof. Dr.-Ing. Gregor Snelting
Institut für Software
Abteilung Softwaretechnologie
TU Braunschweig
D–38106 Braunschweig
snelting@ips.cs.tu-bs.de
jetzt:
Fakultät für Mathematik
und Informatik
Universität Passau
Innstraße 33
D–94032 Passau
snelting@fmi.uni-passau.de

Dr. Hermann Strack
TÜV Informationstechnik GmbH
Im Teelbruch 122
D–45219 Essen-Kettwig

Dr. Gerd Stumme
Fachbereich Mathematik
Technische Universität Darmstadt
Schloßgartenstraße 7
D–64289 Darmstadt
stumme@mathematik.
tu-darmstadt.de

Dr. Frank Vogt
NaviCon GmbH
Heinrichstraße 9
D–60237 Frankfurt am Main
vogt@navicon.de

Prof. Dr. Rudolf Wille
Fachbereich Mathematik
Technische Universität Darmstadt
Schloßgartenstraße 7
D–64289 Darmstadt
wille@mathematik.
tu-darmstadt.de

Prof. Dr. Josef Zelger
Institut für Philosophie
Leopold-Franzens-Universität
Innrain 52
A–6020 Innsbruck
Josef.Zelger@uibk.ac.at

Dr. Monika Zickwolff
NaviCon GmbH
Heinrichstraße 9
D–60237 Frankfurt am Main
zickwolff@navicon.de

Begriffe und Implikationen

Bernhard Ganter

Inhalt

Die Begriffliche Wissensverarbeitung ordnet und gliedert Gegenstände anhand ihrer Merkmale. Das mathematische Modell, welches hierfür von der Formalen Begriffsanalyse vorgeschlagen wird, ist symmetrisch aufgebaut: Gegenstände und Merkmale werden separat, aber auf die gleiche Weise behandelt und können grundsätzlich in ihren Rollen vertauscht werden („Dualitätsprinzip"). Beim umgangssprachlichen Gebrauch hingegen werden feine Unterschiede gemacht. Während die Hierarchie von Begriffen auf der Seite der Gegenstände eher mittels der Teilmengenbeziehung formuliert wird („alle Säugetiere sind Wirbeltiere"), drückt man einen entsprechenden Sachverhalt merkmalseitig eher als Implikation aus („Übergewicht bedeutet Infarktgefahr").

Das Zusammenspiel zwischen Implikationen und den Begriffsinhalten hat deshalb in der Formalen Begriffsanalyse stets eine wichtige Rolle gespielt, zumal sich die Struktur eines Begriffsverbandes durch die in ihm geltenden Implikationen beschreiben läßt. Allerdings ist die Menge *aller* Implikationen eines gegebenen Kontextes gewöhnlich sehr groß und hochredundant. Eine der Grundaufgaben ist es deshalb, eine handliche „Implikationenbasis" zu finden, d.h. eine möglichst übersichtliche Menge von Implikationen, aus denen alle anderen in einem zu präzisierenden Sinne „folgen". Für den Fall einwertiger Kontexte ohne Zusatzbedingungen ist dies gut gelöst und Grundlage von praktikablen Wissensakquisitionsverfahren. Unser erstes Beispiel soll deutlich machen, daß diese Lösung aber nicht in allen Fällen zufriedenstellt. Ziel dieses Artikels ist es, das Verfahren zu erweitern (u.a. auf mehrwertige Kontexte) und die dadurch gewonnen Möglichkeiten an Beispielen zu demonstrieren.

Man könnte meinen, daß die Implikationentheorie der Formalen Begriffsanalyse durch die klassische Logik völlig abgedeckt ist[1], ja wegen der Beschränkung auf Implikationen zwischen Merkmalen bloß eine schwache Instanz der Aussagenlogik ist. Tatsächlich sind die folgenden Ergebnisse in diese Sprache übertragbar, und aussagenlogische Prinzipien sind mit Gewinn
anwendbar. Dennoch ist der von uns gewählte Rahmen anders. Der begriffliche Zugang wirft nämlich neue Fragestellungen auf, und die Beschränkung
der Sprachmittel läßt Verfahren zu, die im allgemeineren Fall versagen.

Der Artikel ist folgendermaßen aufgebaut: Wir beginnen mit einem ma-
thematischen Teil, in dem zunächst die erforderlichen Grundlagen über
Hüllensysteme und zur Formalen Begriffsanalyse zusammengestellt werde.
Weil all dies in Lehrbuchform vorliegt [GW96], haben wir die Darstellung
knapp gehalten und auf zusätzliche Motivation sowie auf Beweise verzichtet.
Zur Illustration haben wir lediglich ein sehr kleines Beispiel gewählt.

Anschließend beschreiben wir unseren Verallgemeinerungsansatz, stellen
das mathematische Hauptergebnis der Arbeit vor und deuten seine algorithmische Umsetzung an. Ein naheliegendes Anwendungsfeld ist die implikative
Theorie mehrwertiger Kontexte. Wir stellen dafür die Grundbegriffe bereit
und geben dann ein ausführliches Beispiel.

Der neue Ansatz läßt sich mit der Methode der „Implikationen modulo
Automorphismen", wie sie von Zickwolff [Zi91] behandelt wurde, kombinieren, und erlaubt so die Einbeziehung von Elementen der Prädikatenlogik. Dies
wird an zwei Beispielen vorgestellt; einmal an einem gewöhnlichen Kontext
und einmal an einem mehrwertigen.

Diejenigen Leser, die die mathematische Präzisierung unseres Ansatzes
nicht lesen möchten, finden zu Beginn eines jeden Abschnittes einen kurzen
Abriss der behandelten Fragestellung.

1. Grundlagen

1.1 Fragestellung

Wir stellen in diesem Abschnitt wohlbekannte Ergebnisse zusammen, die zeigen, wie sich einfachste Gegenstand-Merkmal-Daten durch einen Begriffsverband (vergl. Abbildung 1) und andererseits durch eine kanonische Stammbasis von Implikationen (vergl. Abbildung 2) beschreiben lassen.

1.2 Kontext und Begriff

Das mengensprachliche Modell der Formalen Begriffsanalyse geht aus von einem *Formalen Kontext* (G, M, I), bestehend aus zwei Mengen G und M sowie

---

[1] Einen solchen Standpunkt vertritt Bibel [Bi93] viel allgemeiner, ohne Nennung
speziell der Formalen Begriffsanalyse.

einer binären Relation $I \subseteq G \times M$. Die Elemente von G werden *Gegenstände*, die von M *Merkmale* genannt, und $(g, m) \in I$ wird „der Gegenstand g hat das Merkmal m" gelesen. Die Relation I wird auch als die *Inzidenzrelation* des Kontextes bezeichnet. Für $A \subseteq G$ und $M \subseteq M$ definieren wir

$$A^I := \{m \in M \mid (g, m) \in I \text{ für alle } g \in A\} \quad \text{und}$$
$$B^I := \{g \in G \mid (g, m) \in I \text{ für alle } m \in B\}.$$

Ein *Formaler Begriff* des Kontextes (G, M, I) ist ein Paar (A, B) mit $A \subseteq G$, $B \subseteq M$, $A^I = B$ und $B^I = A$. Man nennt A den *Umfang* und B den *Inhalt* des Begriffs (A, B). Die Menge $\mathfrak{B}(G, M, I)$ aller solchen Begriffe, geordnet durch

$$(A_1, B_1) \leq (A_2, B_2) : \iff A_1 \subseteq A_2 \quad (\iff B_1 \supseteq B_2),$$

ist ein vollständiger Verband und wird der *Begriffsverband* von (G, M, I) genannt. Das Beispiel in Abbildung 1 zeigt einen kleinen Kontext, in dem die Möglichkeiten, eine Führerscheinprüfung zu absolvieren, aufgelistet sind. Daneben ist ein Liniendiagramm des Begriffsverbandes angegeben.

Man überzeugt sich anhand dieser Definitionen leicht, daß jeder Begriff von (G, M, I) von der Form (A^{II}, A^I) für eine Teilmenge $A \subseteq G$ ist und auch von der Form (B^I, B^{II}) für eine geeignete Teilmenge $B \subseteq M$. Umgekehrt ist jedes solche Paar ein Begriff. Deshalb sind die folgenden Bedingungen für eine Menge $A \subseteq G$ stets gleichbedeutend:

1. A ist Umfang eines Begriffes von (G, M, I),
2. $A = B^I$ für eine Menge $B \subseteq M$,
3. $A = A^{II}$.

Entsprechend ist eine Menge $B \subseteq M$ genau dann ein Begriffsinhalt, wenn $B = B^{II}$ gilt, und dies wiederum ist genau dann der Fall, wenn es eine Menge $A \subseteq G$ mit $A^I = B$ gibt.

Die Menge aller Begriffsinhalte von (G, M, I) ist gegen beliebige Durchschnitte abgeschlossen. Ein Mengensystem mit dieser Eigenschaft wird ein *Hüllensystem* genannt. Das hier betrachtete Hüllensystem (auf M) aller Begriffsinhalte von (G, M, I) kann auch durch den zugehörigen *Hüllenoperator*

$$B \mapsto B^{II} = \{m \in M \mid B^I \subseteq m^I\}$$

beschrieben werden. Dual bilden die Begriffsumfänge ein Hüllensystem auf G, und der zugehörige Hüllenoperator bildet jede Menge $A \subseteq G$ auf den kleinsten sie enthaltenden Begriffsumfang ab, nämlich auf A^{II}.

Wir werden unten *Teilkontexte* einer speziellen Form betrachten. Das nötige Rüstzeug stellen wir hier zusammen. Ist H eine Teilmenge von G, dann bestimmen sich Begriffsumfänge und -inhalte des Teilkontextes

$$(H, M, J) \quad \text{mit } J := I \cap (H \times M)$$

wie folgt: Für jede Teilmenge $A \subseteq H$ ist $A^J = A^I$. Für $B \subseteq M$ finden wir $B^J = B^I \cap H$, also

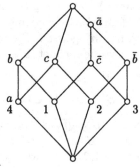

	a	$\bar{a}$	b	$\bar{b}$	c	$\bar{c}$
1		×	×			×
2		×		×	×	
3		×		×		×
4	×		×			×

Die Merkmale bedeuten: a: Gesamtprüfung bestanden, $\bar{a}$: Gesamtprüfung nicht bestanden, b: theoretischer Teil bestanden, $\bar{b}$: theoretischer Teil nicht bestanden, c: praktischer Teil bestanden, $\bar{c}$: praktischer Teil nicht bestanden.

Abbildung 1 Ein kleiner Kontext und sein Begriffsverband.

$$A^{JJ} = A^{II} \cap H, \quad B^{JJ} = (B^I \cap H)^I.$$

Die Begriffsumfänge von (H, M, J) sind demzufolge genau die Einschränkungen der Umfänge von (G, M, I) auf H. Im Kontrast dazu ist jeder Inhalt von (H, M, J) auch Inhalt von (G, M, I), aber gewöhnlich nicht umgekehrt. Als Konsequenz erhalten wir, daß der Hüllenoperator

$$A \mapsto A^{JJ}, \quad A \subseteq G$$

gerade die Einschränkung des Hüllenoperators $A \mapsto A^{II}$ auf die Menge H ist, während für alle $B \subseteq M$ die Inklusion $B^{JJ} \supseteq B^{II}$ gilt.

1.3 Implikationen

Eine *Implikation* auf einer Menge M ist ein Paar von Teilmengen und wird mit dem Zeichen $A \to B$ notiert. Für die Menge aller Implikationen auf M schreiben wir $\mathfrak{P}(M)^2$. Eine Teilmenge $T \subseteq M$ *respektiert* eine Implikation $A \to B$, falls $A \not\subseteq T$ oder $B \subseteq T$ gilt; in diesem Falle sagen wir auch, daß die Implikation $A \to B$ für die Menge T *gilt* und benutzen das dafür das Zeichen $\vdash$. Formal ist also definiert

$$T \vdash A \to B \quad :\Longleftrightarrow \quad A \subseteq T \Rightarrow B \subseteq T.$$

Mit der so eingeführten Schreibweise ist

$$(\mathfrak{P}(M), \mathfrak{P}(M)^2, \vdash)$$

also der Kontext, dessen Gegenstände die Teilmengen von M, dessen Merkmale die Implikationen auf M und dessen Inzidenz das Respektieren ist (siehe Abbildung 10). Für eine Menge $\mathcal{S} \subseteq \mathfrak{P}(M)$ von Teilmengen sei Imp($\mathcal{S}$) die

Menge aller Implikationen, die für alle Mengen in S gelten, und für eine Menge $\mathcal{F} \subseteq \mathfrak{P}(M)^2$ von Implikationen bezeichne Resp($\mathcal{F}$) die Menge derjenigen Mengen, die alle Implikationen in $\mathcal{F}$ respektieren. Dann gilt offenbar

$$\text{Imp}(\mathcal{S}) = \mathcal{S}^{\vdash} = \{A \to B \mid S \vdash A \to B \text{ für alle } S \in \mathcal{S}\}$$

und

$$\text{Resp}(\mathcal{F}) = \mathcal{F}^{\vdash} = \{S \mid S \vdash A \to B \text{ für alle } A \to B \in \mathcal{F}\}.$$

Die Mengen $S \subseteq M$, die eine feste Implikation respektieren, sind gegen Durchschnitte abgeschlossen und bilden deshalb ein Hüllensystem. Das gleiche gilt allgemeiner für diejenigen Mengen $S \subseteq M$, die alle Implikationen einer festen Menge $\mathcal{F}$ respektieren, also für die Elemente von $\mathcal{F}^{\vdash}$. Man erkennt, daß die Begriffsumfänge des Kontextes $(\mathfrak{P}(M), \mathfrak{P}(M)^2, \vdash)$ genau die Hüllensysteme auf M sind. (Der Leser möge sich nicht davon irritieren lassen, daß wir hier Mengen von Mengen von Mengen betrachten. Die Menge alle Hüllensysteme auf M bildet ein Hüllensystem auf $\mathfrak{P}(M)$.)

Für jedes Hüllensystem $\mathcal{C} \subseteq \mathfrak{P}(M)$ gilt nach dem oben Gesagten

$$\mathcal{C} = \text{Resp}(\text{Imp}(\mathcal{C}));$$

Insbesondere ist ein Hüllensystem durch die Implikationen, die in ihm gelten, eindeutig bestimmt. Zu einer beliebigen Implikationenmenge $\mathcal{F}$ ist Resp($\mathcal{F}$) ein Hüllensystem; den zugehörigen Hüllenoperator bezeichnen wir mit den Kurzschreibweise

$$X \mapsto \mathcal{F}(X),$$

die Elemente des Hüllensystems, also die Mengen H mit $H = \mathcal{F}(H)$, sind die *abgeschlossenen* Mengen (bezüglich $\mathcal{F}$).

Wenn M endlich ist, dann hat jedes Hüllensystem $\mathcal{C} \subseteq \mathfrak{P}(M)$ eine eindeutige „Basis", d.h. eine Menge $\mathcal{S} \subseteq \mathcal{C}$ mit

$$\mathcal{C} = \text{Resp}(\text{Imp}(\mathcal{S})) = \mathcal{S}^{\vdash\vdash}.$$

Diese „Basis" besteht aus den $\bigcap$-irreduziblen Elementen von $\mathcal{C}$, denn jedes Element von $\mathcal{C}$ ist Durchschnitt $\bigcap$-irreduzibler Elemente.

Es lassen sich auch die Inhalte des Kontextes $(\mathfrak{P}(M), \mathfrak{P}(M)^2, \vdash)$ beschreiben, also die Implikationenmengen, die von der Form Imp($\mathcal{C}$) für ein Hüllensystem $\mathcal{C} \subseteq \mathfrak{P}(M)$ sind. Dies geschieht mit Hilfe der sogenannten *Armstrong-Axiome*, das sind die folgenden Ableitungsregeln, die wir in der bekannten Schreibweise der Logik formulieren:[2]

$$(F_1) \quad \frac{}{X \to X}, \qquad (F_2) \quad \frac{X \to Y}{X \cup Z \to Y}, \qquad (F_6) \quad \frac{X \to Y, \ Y \cup Z \to W}{X \cup Z \to W}.$$

---

[2] Die Numerierung folgt der in Kapitel 4 des Buches von D. Maier [Ma83], in dem man auch Beweise zu den hier aufgestellten Behauptungen findet.

Es läßt sich leicht zeigen, daß eine Menge von Implikationen genau dann gegen diese Ableitungsregeln abgeschlossen ist, wenn sie von der Form Imp($\mathcal{C}$) für ein geeignetes Hüllensystem $\mathcal{C}$ ist. Wir nennen eine solche Implikationenmenge kurz *abgeschlossen*.

Auch für die abgeschlossenen Implikationenmengen $\mathcal{F}^{++}$ erhält man eine kanonische (wenn auch nicht eindeutige) „Basis", falls M endlich ist. Das haben Duquenne und Guigues [DG86] gezeigt. Wir nennen dazu eine Menge $P \subseteq M$ *pseudoabgeschlossen* bezüglich $\mathcal{F}$, falls gilt

1. P ist nicht abgeschlossen, d.h. $P \neq \mathcal{F}(P)$,
2. P enthält die Hülle jeder pseudoabgeschlossenen echten Teilmenge von P, d.h.

$$Q \subseteq P, \quad Q \neq P, \quad Q \text{ pseudoabgeschlossen } \Rightarrow \mathcal{F}(Q) \subseteq P.$$

Duquenne und Guigues haben gezeigt, daß die Implikationenmenge

$$\mathcal{D} := \{P \to \mathcal{F}(P) \mid P \text{ pseudoabgeschlossen } \}$$

minimal ist bezüglich der Eigenschaft

$$\text{Imp}(\text{Resp}(\mathcal{F})) = \text{Imp}(\text{Resp}(\mathcal{D})),$$

also eine Implikationenbasis für $\mathcal{F}$ darstellt. Man nennt dies die *Stammbasis* oder auch *Duquenne-Guigues-Basis* zu $\mathcal{F}$. Wir sprechen auch von der *Stammbasis zu einem Hüllensystem $\mathcal{C}$* und meinen damit die Stammbasis zur Implikationenmenge Imp($\mathcal{C}$); und die Stammbasis zum Hüllensystem aller Begriffsinhalte eines Kontextes wird kurz als *Stammbasis des Kontextes* bezeichnet. Die Stammbasis des Kontextes aus Abbildung 1 ist in Abbildung 2 angegeben, dort sind die Implikationen allerdings in der kürzeren Form

$$X \mapsto \mathcal{F}(X) \setminus X \qquad \text{statt} \qquad X \mapsto \mathcal{F}(X)$$

aufgeschrieben und die Mengenklammern sind weggelassen.

1.4 Algorithmen

Entscheidend für die praktische Nutzbarkeit der Stammbasis ist der Umstand, daß man sie vergleichsweise einfach berechnen kann (immer unter der Voraussetzung, daß die Menge M endlich ist). Dazu muß man einerseits den Hüllenoperator

$$X \mapsto \mathcal{F}(X)$$

auswerten können. Man bildet

$$X^{\mathcal{F}} := X \cup \bigcup \{B \mid A \to B \in \mathcal{F}, A \subseteq X, B \not\subseteq X\},$$

weiter $X^{\mathcal{F}\mathcal{F}}, X^{\mathcal{F}\mathcal{F}\mathcal{F}}$, usw., bis man eine Menge erreicht, welche $\mathcal{F}$ respektiert. Dies ist dann $\mathcal{F}(X)$.

In [GW96] (Satz 5, p. 67, Satz 6, p. 68, Satz 51, p. 252) ist ein Algorithmus beschrieben, mit dessen Hilfe man in zu einem vorgegebenen Hüllensystem und einer auf Teilmengen vererbbaren Eigenschaft von Mengen eine kleinste abgeschlossene Menge findet, die diese Eigenschaft nicht hat. Benutzt man diesen Algorithmus, dann kann man folgendes Verfahren zur schrittweisen Berechnung der Stammbasis $\mathcal{D}$ anwenden:

1. Zu Beginn setze $\mathcal{D} \leftarrow \emptyset$.
2. Suche die kleinste Menge X mit $X = \mathcal{D}(X)$, aber $X \neq \mathcal{F}(X)$. Wenn keine solche Menge existiert: Ende.
3. Setze $\mathcal{D} \leftarrow \mathcal{D} \cup \{X \to \mathcal{F}(X)\}$ und wiederhole Schritt 2).

Auch ohne Präzisierung der Einzelschritte erkennt man die wichtigsten Eigenschaften des Verfahrens:

1. $\mathcal{D}$ besteht aus Implikationen der Form $X \to \mathcal{F}(X)$, also insbesondere aus Implikationen, die aus $\mathcal{F}$ folgen. In jedem Schritt gilt deshalb $\mathcal{D}(X) \subseteq \mathcal{F}(X)$ für alle Mengen $X \subseteq M$.
2. Das Verfahren bricht ab, sobald die zu $\mathcal{F}$ und zu $\mathcal{D}$ gehörenden Hüllenoperatoren übereinstimmen.
3. Jede Erweiterung der Menge $\mathcal{D}$ beseitigt einen Unterschied zwischen den beiden Hüllenoperatoren.

Insbesondere bedeutet jede neu hinzugenommene Implikation eine echte Erweiterung von $\mathcal{D}$. Das Verfahren führt deshalb nach endlich vielen Schritten zum Ergebnis. Es ist, wie die Erfahrung zeigt, auch von durchaus praktischem Wert.

$\bar{c}$	$\to$	$\bar{a}$	b, c	$\to$	a
$\bar{b}$	$\to$	$\bar{a}$	a	$\to$	b, c
$\bar{a}, c$	$\to$	$\bar{b}$	$\bar{a}, \bar{b}, c, \bar{c}$	$\to$	a, b
$\bar{a}, b$	$\to$	$\bar{c}$	$\bar{a}, b, \bar{b}, \bar{c}$	$\to$	a, c

Abbildung 2 Stammbasis zum Kontext aus Abbildung 1. Die Implikationen sind in der Form $X \to X^{II} \setminus X$ angegeben. Mengenklammern sind weggelassen.

2. Implikationen für Teilkontexte

2.1 Fragestellung

Die in Abbildung 2 angegebene Stammbasis ist überraschend kompliziert. Der Kontext in Abbildung 1 gibt doch lediglich den Umstand wieder, daß eine Führerscheinprüfung genau dann bestanden ist, wenn beide Teilprüfungen erfolgreich absolviert werden. Man wird deshalb erwarten, daß die gesamte Struktur des Kontextes durch die Äquivalenz

$$a \leftrightarrow b, c$$

und damit durch nur zwei Implikationen beschreibbar ist. Daß die (nicht redundante) Stammbasis zusätzlich zu diesen zwei Implikationen noch sechs weitere enthält, erklärt sich daraus, daß die Charakterisierung „Prüfung bestanden, wenn beide Teilprüfungen bestanden" erhebliches Vorwissen voraussetzt, nämlich daß

1. man eine Prüfung nicht zugleich bestehen und nicht bestehen kann und
2. nur solche Fälle betrachtet werden, in denen es in jeder Prüfung eine Entscheidung gegeben hat,

also kurz, daß $a, \bar{a}$, $b, \bar{b}$ und $c, \bar{c}$ jeweils *dichotome* Merkmalpaare sind. Die Äquivalenz $a \leftrightarrow b, c$ charakterisiert den Kontext nur innerhalb der Familie der Kontexte mit drei dichotomen Merkmalpaaren, während die angegebene Stammbasis den Kontext gegen alle möglichen zusätzlichen „Zeilen" abgrenzt.

Die Absicht bei den nun folgenden Überlegungen ist, geeignete Rahmenbedingungen anzugeben, unter denen „Vorwissen" wie im vorliegenden Beispiel einfließen kann und zu untersuchen, ob man so zu vereinfachten Implikationensystemen kommen kann. Im Falle dichotomer Merkmale ist wohlbekannt, wie man vorzugehen hat: zusätzlich zu den Armstrong-Axiomen hat man für dichotome Merkmale weitere Ableitungsregeln, nämlich die *Kontrapositionsregel* und die *Exhaustionsregel*. Allerdings soll sich unser Ansatz nicht auf diesen Spezialfall beschränken. Die Erfahrungen mit der Formalen Begriffsanalyse zeigen, daß neben dichotomen, nominalen, ordinalen und interordinalen [GW96] Merkmalen oft auch solche verwendet werden, die in keine der gängigen Standardklassen fallen. Wir setzen deshalb viel allgemeiner an und nehmen als „Vorwissen" nur an, daß unser Kontext ein Teilkontext eines willkürlich vorgegebenen Rahmenkontextes ist und die Aufgabe darin besteht, den Kontext mittels Implikationen unter den Teilkontexten dieses Rahmenkontextes zu charakterisieren. Wir betrachten dazu wieder nur die Menge der Begriffsinhalte und speziell die Gegenstandsinhalte, anschaulich also die „Zeilen" des Kontextes.

2.2 Inferenzregeln für Implikationen in Teilkontexten

$\mathcal{R}$ sei die Menge der Gegenstandsinhalte des Rahmenkontextes. Betrachtet werden also Teilkontexte des Kontextes

$$(\mathcal{R}, \mathfrak{P}(M)^2, \vdash\!\!\sim)$$

wobei $\mathcal{R} \subseteq \mathfrak{P}(M)$ eine willkürlich vorgegebene Mengenfamilie ist und $\vdash\!\!\sim$ durch

$$S \vdash\!\!\sim A \rightarrow B \quad :\Longleftrightarrow \quad S \vdash A \rightarrow B \text{ und } S \in \mathcal{R}$$

definiert ist.

Die in 1.1 gemachten Vorüberlegungen können wir auf diesen Kontext anwenden, denn wegen $\mathcal{R} \subseteq \mathfrak{P}(M)$ und

$$\mathrel{\vdash\!\!\sim} \; = \; \vdash \; \cap \; (\mathcal{R} \times \mathfrak{P}(M)^2)$$

ist $(\mathcal{R}, \mathfrak{P}(M)^2, \mathrel{\vdash\!\!\sim})$ im dort beschriebenen Sinne Teilkontext von

$$(\mathfrak{P}(M), \mathfrak{P}(M)^2, \vdash).$$

Wir erhalten deshalb für $\mathcal{S} \subseteq \mathcal{R}$

$$\mathcal{S}^{\vdash\!\!\sim} = \mathcal{S}^{\vdash} = \mathrm{Imp}(\mathcal{S})$$

und

$$\mathcal{S}^{\vdash\!\!\sim\,\vdash\!\!\sim} = \mathrm{Imp}(\mathcal{S})^{\vdash\!\!\sim} = \mathrm{Resp}(\mathrm{Imp}(\mathcal{S})) \cap \mathcal{R}.$$

Das gibt uns bereits einen Überblick über die Begriffe von $(\mathcal{R}, \mathfrak{P}(M)^2, \mathrel{\vdash\!\!\sim})$: Begriffsumfänge sind genau die Schnitte von Hüllensystemen mit $\mathcal{R}$, d.h. genau diejenigen Teilmengen $\mathcal{E} \subseteq \mathcal{R}$ mit

$$X \in \mathcal{R}, X = \bigcap \{E \in \mathcal{E} \mid X \subseteq E\} \Rightarrow X \in \mathcal{E}.$$

Wir nennen Teilmengen von $\mathcal{R}$ mit dieser Eigenschaft $\bigcap$-*gesättigt* und halten fest: die Begriffsumfänge von $(\mathcal{R}, \mathfrak{P}(M)^2, \mathrel{\vdash\!\!\sim})$ sind genau die $\bigcap$-gesättigten Mengen.

Unser Interesse gilt der Bestimmung der Begriffsinhalte dieses Kontextes. Wir entnehmen 1.1, daß jede solche Menge auch ein Inhalt von $(\mathfrak{P}(M), \mathfrak{P}(M)^2, \vdash)$ ist und deshalb abgeschlossen sein muß gegen die Ableitungsregeln F_1, F_2 und F_6, daß aber die Umkehrung im allgemeinen nicht gilt und weitere Regeln wie Kontraposition und Exhaustion dazukommen. Dies kann vollständig beschrieben werden.

Dazu nennen wir ein Paar (A, N) von M *exhaustiv* bezgl. $\mathcal{R}$ (auch eine *Exhaustion* bezgl. $\mathcal{R}$), falls

$$A \subseteq X \Rightarrow X \cap N \neq \emptyset \text{ für alle } X \in \mathcal{R}$$

gilt. (Aussagenlogisch entsprechen diese Paare gerade den wohlbekannten *Klauseln*). Zu jedem exhaustiven Paar definieren wir eine (A, N)-*Exhaustionsregel*

$$(F_{A,N}) \qquad \frac{\forall_{n \in N} \; A \cup \{n\} \to m}{A \to m}.$$

Die (A, N)-Exhaustionsregeln, bei denen (A, N) exhaustiv ist, sind die *Exhaustionsregeln von* $\mathcal{R}$. Diese reichen aus, um die abgeschlossenen Implikationenmengen zu beschreiben:

Satz 1. *Es sei $\mathcal{R}$ eine Menge von Teilmengen der endlichen Menge M. Eine Menge $\mathcal{F}$ von Implikationen auf M ist genau dann von der Form*

$$\mathcal{F} = Imp(\mathcal{S})$$

für eine Teilmenge $\mathcal{S} \subseteq \mathcal{R}$, wenn $\mathcal{F}$ abgeschlossen ist gegen F_1, F_2, F_6 und gegen alle Exhaustionsregeln $F_{A,N}$ von $\mathcal{R}$.

Beweis $\mathcal{F}$ ist genau dann von der Form $\mathcal{F} = Imp(\mathcal{S})$ für eine Menge $\mathcal{S} \subseteq \mathfrak{P}(M)$, wenn $\mathcal{F}$ gegen F_1, F_2 und F_6 abgeschlossen ist, beides dürfen wir also voraussetzen. Wir hatten oben bereits festgestellt, daß wir dann für $\mathcal{S}$ das zu $\mathcal{F}$ gehörende Hüllensystem

$$\mathcal{C} := \{\mathcal{F}(X) \mid X \subseteq M\}$$

wählen dürfen und, weil M endlich ist, auch die Menge $\mathcal{B}$ der $\bigcap$-irreduziblen Elemente von $\mathcal{C}$. Wir zeigen nun, daß genau dann, wenn $\mathcal{F}$ gegen alle Exhaustionsregeln von $\mathcal{R}$ abgeschlossen ist, auch $\mathcal{B} \subseteq \mathcal{R}$ gilt, und haben dann den Satz bewiesen.

Einerseits ist also zu zeigen, daß zu jedem bezüglich $\mathcal{R}$ exhaustiven Paar (A, N) gilt, daß wenn die Implikationen $A \cup \{n\} \to m$, $n \in N$, allesamt zu $\mathcal{F}$ gehören, dann auch die Implikation $A \to m$ zu $\mathcal{F}$ gehört. Wäre letzteres nicht der Fall, dann gäbe es eine Menge $X \in \mathcal{B}$, die diese Implikation nicht respektiert, also mit $A \subseteq X$, $m \notin X$. Weil (A, N) exhaustiv ist und X zu $\mathcal{R}$ gehört, muß X ein Element $n \in N$ enthalten und respektiert deshalb auch die Implikation $A \cup \{n\} \to m$ nicht, im Widerspruch zur Voraussetzung.

Andererseits muß auch die Umkehrung gelten, also aus dem Gelten der Exhaustionsregeln $F_{A,N}$ geschlossen werden können, daß $\mathcal{B}$ eine Teilmenge von $\mathcal{R}$ ist. Es sei also $X \in \mathcal{B}$ beliebig. Wenn $X \notin \mathcal{R}$ gilt, dann kann eine Transversale T von

$$\{R \in \mathcal{R} \mid X \subseteq R\}$$

ausgewählt werden, und (X, T) ist exhaustiv bezgl. $\mathcal{R}$. Für beliebiges $m \in M$ haben wir deshalb, daß $\mathcal{F}$ bezüglich der Regel

$$\frac{\forall_{n \in T} X \cup \{n\} \to m}{X \to m}$$

abgeschlossen ist. Wegen $\mathcal{F}(X) = X$ ist dies gleichbedeutend dazu, daß

$$(\forall_{n \in T} \quad m \in \mathcal{F}(X \cup \{n\})) \quad \Rightarrow \quad m \in X$$

gilt, was sich vereinfacht zu

$$X = \bigcap_{n \in T} \mathcal{F}(X \cup \{n\}).$$

X ist also der Durchschnitt von Elementen von $\mathcal{R}$ und zugleich $\bigcap$-irreduzibel, also selbst eines dieser Elemente und damit in $\mathcal{R}$, wie behauptet. $\square$

Zur glatteren Formulierung vereinbaren wir die Schreibweise $\mathcal{F}^{\mathbf{E}}$ für die kleinste Implikationenmenge, die $\mathcal{F}$ enthält und abgeschlossen ist gegen F_1, F_2, F_6 sowie gegen die in der jeweiligen Situation zutreffenden Exhaustionsregeln. Die Definition lautet also formal

$$\mathcal{F}^{\mathbf{E}} := \mathcal{F}^{\vdash\vdash} = \mathrm{Imp}(\mathrm{Resp}(\mathcal{F}) \cap \mathcal{R}).$$

Satz 1 läßt sich dann kurz als die folgende Äquivalenz formulieren:

$$\mathcal{F} = \mathrm{Imp}(\mathcal{S}) \text{ für ein } \mathcal{S} \subseteq \mathcal{R} \iff \mathcal{F} = \mathcal{F}^{\mathbf{E}}.$$

Die Abbildung

$$\mathcal{F} \to \mathcal{F}^{\mathbf{E}}$$

ist ein Hüllenoperator auf der Menge $\mathfrak{P}(M)^2$ aller Implikationen auf M.

Es mag überraschen, daß in Satz 1 nur Exhaustionen vorkommen, andere Bedingungen wie z.B. die Kontrapositionsregel aber nicht genannt werden. Auch Implikationen, die für ganz $\mathcal{R}$ gelten, werden nicht eigens einbezogen. Das ist in der Tat auch nicht nötig. Es ist nicht schwer zu sehen, daß sich die Kontrapositionsregel durch Exhaustionen ausdrücken läßt. Gleiches gilt für die Implikationen von $\mathcal{R}$; sie ergeben sich automatisch wegen

$$\mathrm{Imp}(\mathcal{R}) = \emptyset^{\mathbf{E}}.$$

Exhaustionen lassen sich auf einfache Weise als verallgemeinerte Implikationen deuten: Die Implikation $A \to n$ gilt genau dann in $\mathcal{R}$, wenn

$$R \cap (A \cup \{n\}) \neq A \text{ für alle } R \in \mathcal{R}$$

gilt; und (A, N) ist exhaustiv genau dann, wenn

$$R \cap (A \cup N) \neq A \text{ für alle } R \in \mathcal{R}$$

zutrifft. $(A, \emptyset)$ ist genau dann exhaustiv, wenn die Implikation $A \to M$ gilt.

Die Charakterisierung in Satz 1 ist also theoretisch durchaus befriedigend. Allerdings haben wir noch wenig Erfahrung mit der Aufgabe, $\mathcal{F}^{\mathbf{E}}$ auszurechnen, wenn $\mathcal{F}$ gegeben ist. Häufig stellt sich das speziellere Problem, zu gegebener Implikationenmenge $\mathcal{F}$ und gegebener Menge $X \subseteq M$ die Hülle von X bezüglich $\mathcal{F}^{\mathbf{E}}$ zu berechnen. Wegen

$$\mathcal{F}^{\mathbf{E}} = \mathrm{Imp}(\mathrm{Resp}(\mathcal{F}) \cap \mathcal{R})$$

ist

$$\mathcal{F}^{\mathbf{E}}(X) = \bigcap \{Y \in \mathrm{Resp}(\mathcal{F}) \cap \mathcal{R} \mid X \subseteq Y\},$$

wobei ein Durchschnitt über die leere Menge mit M auszuwerten ist. Man kann also die Hülle von X bezüglich $\mathcal{F}^{\mathbf{E}}$ berechnen, indem man diejenigen Mengen aus $\mathcal{R}$, die $\mathcal{F}$ respektieren und X enthalten, miteinander schneidet.

Eine andere Vorgehensweise, die ohne Rückgriff auf $\mathcal{R}$ auskommt und nur mit $\mathcal{F}$ arbeitet, läßt sich aus dem folgenden Hilfssatz ableiten:

Hilfssatz 1. *Ist $X \subseteq M$ und (A, N) ein exhaustives Paar mit $A \subseteq X$, $N \cap X = \emptyset$, dann gilt*

$$\mathcal{F}^{\mathbf{E}}(X) = \bigcap_{n \in N} \mathcal{F}^{\mathbf{E}}(X \cup \{n\}).$$

Beweis

$$\begin{aligned}
\mathcal{F}^{\mathbf{E}}(X) &= \bigcap \{Y \in \mathrm{Resp}(\mathcal{F}) \cap \mathcal{R} \mid X \subseteq Y\} \\
&= \bigcap_{n \in N} \bigcap \{Y \in \mathrm{Resp}(\mathcal{F}) \cap \mathcal{R} \mid X \cup \{n\} \subseteq Y\} \\
&= \bigcap_{n \in N} \mathcal{F}^{\mathbf{E}}(X \cup \{n\}).
\end{aligned}$$

$\square$

Man kann nun $\mathcal{F}^{\mathbf{E}}(X)$ ermitteln, indem man zunächst X gegen $\mathcal{F}$ abschließt und dann ein exhaustives Paar (A, N) mit $A \subseteq X$, $X \cap N = \emptyset$ sucht. Existiert kein solches Paar, dann gilt $X = \mathcal{F}^{\mathbf{E}}(X)$; existiert eines, dann kann man mit dem Hilfssatz die Berechnung auf größere Mengen zurückführen. Die praktische Umsetzung des Verfahrens geht so: man beginnt mit X sowie einer Menge Y, von der $\mathcal{F}^{\mathbf{E}}(X) \subseteq Y$ bekannt ist, z.B. $Y = M$. Dann wird ein Baum durchlaufen, an dessen Ecken jeweils Teilmengen von M eingetragen werden, und der wie folgt definiert ist: an die Wurzel des Baumes wird $\mathcal{F}(X)$ eingetragen; dann wird zu jeder bereits beschrifteten Ecke (mit Beschriftung W) geprüft, ob es ein exhaustives Paar (A, N) gibt mit $A \subseteq W$, $N \cap W = \emptyset$. Wenn dies der Fall ist, dann ist diese Ecke keine Endecke, sondern erhält Nachbarecken mit den Beschriftungen $\mathcal{F}(A \cup \{n\})$ für $n \in N$. Wenn es dabei mehrere Möglichkeiten für die Wahl von (A, N) gibt, wird willkürlich eine genommen. Gibt es kein exhaustives Paar (A, N) mit $A \subseteq W$, $N \cap W = \emptyset$, dann ist die Ecke eine Endecke und man ersetzt Y durch $Y \cap W$. Hat man alle Ecken durchlaufen, dann ist $Y = \mathcal{F}^{\mathbf{E}}(X)$.

Eine andere Möglichkeit zur Bestimmung von $\mathcal{F}^{\mathbf{E}}(X)$ nutzt den aussagenlogische Resolutionsalgorithmus. Wir haben noch keine Erfahrungen darüber, welches der Verfahren geeigneter ist.

Die anfangs vage Frage nach einer Implikationenbasis, welche das Vorwissen berücksichtigt, läßt sich nun präzisieren: Die Aufgabe besteht darin, zu gegebenem $\mathcal{F}$ eine möglichst handhabbare Menge $\mathcal{D}$ zu finden mit

$$\mathcal{F}^{\mathbf{E}} = \mathcal{D}^{\mathbf{E}},$$

also mit

$$\mathrm{Resp}(\mathcal{F}) \cap \mathcal{R} = \mathrm{Resp}(\mathcal{D}) \cap \mathcal{R}.$$

Wenn $\mathcal{F}$ in der Form $\mathcal{F} = \mathrm{Imp}(\mathcal{S})$ für eine Teilmenge $\mathcal{S}$ von $\mathcal{R}$ gegeben ist, kann man das folgendermaßen charakterisieren:

Hilfssatz 2. *Für eine Implikationenmenge $\mathcal{D}$ und eine gesättigte Mengenfamilie $\mathcal{S} \subseteq \mathcal{R}$ gilt: Genau dann ist $\mathcal{D}^E = Imp(\mathcal{S})$, wenn die Mengen aus $\mathcal{R}$, die $\mathcal{D}$ respektieren, genau die Mengen aus $\mathcal{S}$ sind.*

Wir kennen für diese Implikationenbasis keine derart kanonische Lösung, wie sie die Stammbasis im Falle $\mathcal{R} = \mathfrak{P}(M)$ darstellt. Man kann aber den Algorithmus aus 1.3 modifizieren und auf folgenden Weise eine brauchbare Menge $\mathcal{D}$ erhalten:

1. Zu Beginn setze $\mathcal{D} \leftarrow \emptyset$.
2. Suche die kleinste Menge X mit $X = \mathcal{D}^E(X)$, aber $X \neq \mathcal{F}^E(X)$. Wenn keine solche Menge existiert: Ende.
3. Setze $\mathcal{D} \leftarrow \mathcal{D} \cup \{X \to \mathcal{F}^E(X)\}$ und wiederhole Schritt 2).

Anwendungsbeispiele hierzu geben wir unten. Vorab übersetzen wir die Ergebnisse in die Kontextsprache. Dabei wird die Rolle von $\mathcal{R}$ von der Menge der Gegenstandsinhalte

$$g^I := \{m \in M \mid gIm\}$$

eines „Rahmenkontextes" $\mathbb{K} := (G, M, I)$ übernommen. Wir schreiben dann einfach

$$Imp(\mathbb{K}) \quad \text{statt} \quad Imp(\{g^I \mid g \in G\})$$

für die Menge der Merkmalimplikationen von $\mathbb{K}$, haben also

$$Imp(\mathbb{K}) = \{A \to B \mid A \subseteq M, B \subseteq A^{II}\}.$$

Ein Paar (A, N) von Teilmengen von M nennen wir *exhaustiv bezüglich* $\mathbb{K}$, wenn

$$A \subseteq g^I \Rightarrow g^I \cap N \neq \emptyset$$

für alle $g \in G$ gilt, also wenn jeder Gegenstand von $\mathbb{K}$, der alle Merkmale aus A hat, auch mindestens ein Merkmal aus N hat. Entsprechend sind die *Exhaustionsregeln von* $\mathbb{K}$ erklärt. In dieser Sprache lautet Satz 1 dann folgendermaßen:

Korollar 1. $\mathbb{K} := (G, M, I)$ *sei ein Kontext mit endlicher Merkmalmenge M. Eine Menge $\mathcal{F}$ von Implikationen auf M ist genau dann von der Form*

$$\mathcal{F} = Imp(H, M, I \cap (H \times M))$$

für eine Teilmenge $H \subseteq G$, wenn $\mathcal{F}$ abgeschlossen ist gegen F_1, F_2, F_6 sowie gegen alle Exhaustionsregeln von $\mathbb{K}$.

Bezeichnen wir diesen Abschluß wie oben mit $\mathcal{F}^E$, dann formuliert sich dies wieder kurz zu

$$\mathcal{F} = Imp(H, M, I \cap (H \times M)) \text{ für ein } H \subseteq G \iff \mathcal{F} = \mathcal{F}^E.$$

Hilfssatz 1 lautet entsprechend

Korollar 2. *Für eine Implikationenmenge $\mathcal{D}$ auf M gilt genau dann*

$$\mathcal{D}^E = Imp(H, M, I \cap (H \times M)) \text{ mit } H \subseteq G,$$

wenn die Gegenstände von $\mathbb{K}$, die $\mathcal{D}$ respektieren, genau diejenigen sind, deren Inhalte Durchschnitte von Inhalten von Gegenständen aus H sind.

3. Mehrwertige Kontexte

3.1 Fragestellung

Besonders übersichtlich ist der Fall schlicht skalierter mehrwertiger Kontexte. Wir beginnen mit einem Beispiel. Der Kontext in Abbildung 1 läßt sich auffassen als der abgeleitete Kontext zum mehrwertigen Kontext in Abbildung 3 mit der angegebenen Skalierung. Die Implikationen in Abbildung 2 bilden eine irredundante Menge; sofern also das System der Begriffsinhalte dieses Kontextes unter allen denkbaren Hüllensystemen charakterisiert werden soll, ist keine der Implikationen entbehrlich. Soll der Kontext aber nur unter denjenigen mit drei dichotomen Merkmalen charakterisiert werden, so kommen wir mit weniger Implikationen aus. Jeder solche mehrwertige Kontext ist nämlich (bis auf wiederholte Gegenstände) isomorph zu einem Teilkontext des Kontextes in Abbildung 4, weil die Zeilen dieses Kontextes gerade alle möglichen Wertetupel sind.

	a	b	c
1	a	b	$\bar{c}$
2	a	$\bar{b}$	c
3	a	$\bar{b}$	$\bar{c}$
4	$\bar{a}$	b	c

$\mathbb{S}_x :=$

	x	$\bar{x}$
x	$\times$	
$\bar{x}$		$\times$

für $x \in \{a, b, c\}$

Abbildung 3 Ein mehrwertiger Kontext mit Skalierung.

	a	b	c
0	a	b	c
1	a	b	$\bar{c}$
2	a	$\bar{b}$	c
3	a	$\bar{b}$	$\bar{c}$
4	$\bar{a}$	b	c
5	$\bar{a}$	b	$\bar{c}$
6	$\bar{a}$	$\bar{b}$	c
7	$\bar{a}$	$\bar{b}$	$\bar{c}$

	a	$\bar{a}$	b	$\bar{b}$	c	$\bar{c}$
0	$\times$		$\times$		$\times$	
1	$\times$		$\times$			$\times$
2	$\times$			$\times$	$\times$	
3	$\times$			$\times$		$\times$
4		$\times$	$\times$		$\times$	
5		$\times$	$\times$			$\times$
6		$\times$		$\times$	$\times$	
7		$\times$		$\times$		$\times$

Abbildung 4 Das Halbprodukt dreier dichotomer Skalen als abgeleiteter Kontext.

Der abgeleitete Kontext dazu ist das *Halbprodukt* der beteiligten Skalen. Um den Kontext aus Abbildung 1 unter diesen Teilkontexten zu charakterisieren, können wir Korollar 2 verwenden. Wir müssen eine Implikationenmenge $\mathcal{F}$ angeben, die jeden Gegenstandsinhalt des Teilkontextes, aber keinen anderen respektiert. Wählen wir Implikationen aus der in Abbildung 2 angegebenen Basis, so ist die erste Bedingung erfüllt. Wir müssen dann nur noch sicherstellen, daß jeder Gegenstand des Halbproduktes, der nicht zum Teilkontext gehört, mit einer der Implikationen unverträglich ist. Einen Überblick erhalten wir aus Abbildung 5.

wird respektiert von			$\bar{a}bc$	$a\bar{b}c$	$ab\bar{c}$	$a\bar{b}\bar{c}$
$\bar{c}$	$\rightarrow$	$\bar{a}$	×	×		
$\bar{b}$	$\rightarrow$	$\bar{a}$	×		×	
$\bar{a}, c$	$\rightarrow$	$\bar{b}$		×	×	×
$\bar{a}, b$	$\rightarrow$	$\bar{c}$		×	×	×
b, c	$\rightarrow$	a		×	×	×
a	$\rightarrow$	b, c	×			
$\bar{a}, \bar{b}, c, \bar{c}$	$\rightarrow$	a, b	×	×	×	×
$\bar{a}, b, \bar{b}, \bar{c}$	$\rightarrow$	a, c	×	×	×	×

Abbildung 5 Jeder Gegenstand, der nicht zum Teilkontext gehört, muß durch eine Implikation, die er nicht respektiert, ausgeschlossen werden.

Es genügen beispielsweise die erste, zweite und dritte Implikation, aber auch die fünfte und sechste bilden ein irredundantes System. Die siebente und achte Implikation tragen zu einer Charakterisierung gar nichts bei. Das liegt daran, daß sie sogar im Halbprodukt gelten und deshalb aus den Exhaustionsregeln ableitbar sind.

3.2 Inferenzregeln für Implikationen in abgeleiteten Kontexten

Das Beispiel enthält bereits wesentliche Elemente des allgemeinen Falles. Es ist allerdings insofern besonders einfach, als wir uns mit *vollständigen* mehrwertigen Kontexten beschäftigt haben. Weichen wir davon ab, so müssen wir das Halbprodukt geeignet modifizieren. Wir wollen annehmen, daß wir von einer Teilmenge $E \subseteq M$ der mehrwertigen Merkmale voraussetzen dürfen, daß sie exhaustiv sind, während die restlichen Merkmale auch ohne Ausprägung sein können. Der „allgemeinste" mehrwertige Kontext zur gegebenen Skalierung hat dann als Zeilen alle zulässigen Tupel von Werten oder Leerstellen, bei den Merkmalen aus E aber keine Leerstellen. Den abgeleiteten einwertigen Kontext dazu beschreibt die folgende Definition:

Definition 1. Zu jedem Element m einer Menge M sei $\mathbb{S}_m := (G_m, M_m, I_m)$ eine Skala. E sei eine Teilmenge von M. Als das *erweiterte Halbprodukt* der Skalen $\mathbb{S}_m$, $m \in M$, bezeichnen wir den Kontext

$$(\underset{m \in M}{\times} G_m^*, \bigcup_{m \in M} M_m, \Delta),$$

wobei

$$G_m^* := \begin{cases} G_m & \text{falls } m \in E \\ G_m \,\dot{\cup}\, \{\bot\} & \text{falls } m \notin E \end{cases}$$

und

$$(g_m)_{m \in M} \Delta x : \iff \exists_{n \in M} \; g_n I_n x.$$

$\bot$ ist dabei ein neues Element.

Man hat nun als Korollar zu Satz 1

Korollar 3. *Eine Implikationenmenge $\mathcal{F}$ ist genau dann von der Form Imp($\mathbb{K}$) für einen bezüglich der gewählten Skalierung abgeleiteten einwertigen Kontext, wenn $\mathcal{F}$ abgeschlossen ist unter F_1, F_2, F_6 und allen Exhaustionsregeln des erweiterten Halbproduktes der beteiligten Skalen.*

Deutet man die exhaustiven Paare im aussagenlogischen Sinne als Klauseln, so stellt sich die Frage nach den *Primimplikanten*, in unserer Sprache nach den minimalen exhaustiven Paaren. Es ist leicht, diese für das (erweiterte) Halbprodukt anzugeben, wenn sie für die Skalen bekannt sind: Wenn (A, N) exhaustiv ist, dann muß es ein Merkmal m geben, so daß $(A \cap M_m, N \cap M_m)$-exhaustiv ist und außerdem $m \in E$ oder $A \cap M_m \neq \emptyset$ gilt. Wäre dem nämlich nicht so, dann gäbe es zu jedem $m \in E$ und zu jedem $m \in M$ mit $A \cap M_m \neq \emptyset$ einen Skalenwert $g_m \in G_m$ mit $A \cap M_m \subseteq g_m^{I_m}$, $g_m^{I_m} \cap N = \emptyset$. Setzen wir noch $g_m := \bot$ für die fehlenden Fälle, also für $m \notin E$, $A \cap M_m = \emptyset$, so erhalten wir einen Gegenstand $g := (g_m)_{m \in M}$ des erweiterten Halbproduktes mit $g \in A^I$, $g^I \cap N = \emptyset$. Dann kann (A, N) also nicht exhaustiv sein. Die minimalen exhaustiven Paare (A, N) sind also stets gemeinsam in einer Skala enthalten (und dort minimale exhaustive Paare).

3.3 Ein Beispiel

Um die entwickelte Technik zu demonstrieren, greifen wir ein schon mehrfach diskutiertes Beispiel aus der Mathematik noch einmal auf, nämlich das der Klassifikation der Symmetrietypen von Flächenornamenten [Wi87]. Das Problem selbst ist natürlich seit langem zur allgemeinen Zufriedenheit gelöst; uns dient es als Veranschaulichung dafür, wie Implikationenbasen bei der Planung eines mathematischen Klassifikationsbeweises nützlich sein können. Wir konzentrieren uns dabei auf folgenden Teilschritt der Gesamtaufgabe: Der Klassifizierende hat bereits einen erschöpfenden Vorrat an Beispielen gefunden und möchte beweisen, daß dies in der Tat alle möglichen Fälle sind. Welche Beweisteile sind dazu durchzuführen?

Wir geben zunächst die konkreten Daten für unser Beispiel an; sie sind in Abbildung 6 zusammengefaßt. Die dabei verwendete Kurzschreibweise muß erläutert werden: Das Symbol $\circlearrowleft$ steht für Drehung, $\mathfrak{m}$ für Spiegelung und g für eine Gleitspiegelung, deren Achse nicht zugleich Spiegelachse ist. Die Merkmale bedeuten im einzelnen folgendes:

↻ : Es gibt eine Drehung der angegebenen Ordnung.

m : Es gibt Spiegelachsen in die angegebene Zahl von Richtungen.

g : Es gibt Gleitspiegelachsen in die angegebene Zahl von Richtungen.

$\frac{↻}{m}$: Es gibt eine Drehung der angegebenen Ordnung, deren Zentrum auf einer Spiegelachse liegt.

$\frac{↻}{g}$: entsprechend.

↻||m : Es gibt eine Spiegelachse und eine Drehung der angegebenen Ordnung, deren Zentrum nicht auf einer Spiegelachse liegt.

↻||g : entsprechend.

	↻	m	g	$\frac{↻}{m}$	$\frac{↻}{g}$	↻‖m	↻‖g
1	–	–	–	–	–	–	–
2	2	–	–	–	–	–	–
3	–	1	–	–	–	–	–
4	–	–	1	–	–	–	–
5	–	1	1	–	–	–	–
6	2	2	–	2	–	–	–
7	2	1	1	–	2	2	–
8	2	–	2	–	–	–	2
9	2	2	2	2	2	2	2
10	4	–	–	–	–	–	–
11	4	4	2	4	2	–	4
12	4	2	4	2	4	4	2
13	3	–	–	–	–	–	–
14	3	3	3	3	–	–	3
15	3	3	3	3	–	3	3
16	6	–	–	–	–	–	–
17	6	4	4	6	2	–	6

Abbildung 6 Kontext der Symmetrietypen von Flächenornamenten. Die Bedeutung der Merkmalssymbole ist im Kasten oben erläutert.

↻	–	2|	3|	4|	6|
–	×				
2		×			
3			×		
4		×		×	
6		×	×		×

g, m	0	≥ 1	≥ 2	≥ 3	≥ 4
–	×				
1		×			
2		×	×		
3		×	×	×	
4		×	×	×	×

Abbildung 7 Die Skalen zum Kontext der Flächenornamente.

$$\mathrm{m}(x) = 0 \quad \rightarrow \quad \frac{\mathcal{U}}{\mathrm{m}}(x) = 0, \ \mathcal{U} \| \mathrm{m}(x) = 0$$

$$2 \mid \frac{\mathcal{U}}{\mathrm{m}}(x) \quad \rightarrow \quad 2 \mid \mathcal{U}(x)$$

$$3 \mid \mathcal{U}(x), \ \mathfrak{g}(x) \geq 1 \quad \rightarrow \quad \mathfrak{g}(x) \geq 3$$

$$4 \mid \mathcal{U}(x), \ \mathrm{m}(x) \geq 1 \quad \rightarrow \quad \mathrm{m}(x) \geq 2$$

Abbildung 8 Einige Hintergrundimplikationen zu den Flächenmustern.

Wie die mehrwertigen Merkmale zu deuten sind, ist durch die in Abbildung 7 angegebene Skalierung festgelegt. Es gibt einige weitere offensichtliche Eigenschaften der angegebenen Merkmale, die durch die Skalierung nicht ausgedrückt werden. Einige davon sind in Abbildung 8 in der Form von Implikationen zusammengestellt. Solche *Hintergrundimplikationen* sind von Stumme[St96] studiert worden; hier werden sie einfach als spezielle Exhaustionsregeln mitberücksichtigt. Die angegebene Liste ist keineswegs vollständig: Man überlegt sich rasch eine Reihe weiterer, analoger Implikationen oder auch exhaustiver Paare.

Nun kann man den oben beschriebenen Algorithmus anwenden und eine Implikationenbasis suchen. Diese Implikationenbasis charakterisiert dann den Kontext aus Abbildung 6 (genauer: den daraus abgeleiteten einwertigen Kontext) unter denjenigen Teilkontexten des Halbproduktes der angegebenen Skalen, die die Hintergrundimplikationen (und -exhaustionsregeln) erfüllen. Je nach Umfang der Hintergrundinformation liefert der Algorithmus eine Liste von etwa zwei Dutzend mehr oder minder nichttrivialen Implikationen (vergl. [Ga96].) Diese Implikationen geben nun an, was „noch zu beweisen ist". Die eingangs gestellte Frage ist damit beantwortet.

4. Symmetrie

4.1 Fragestellung

Eine weitere Möglichkeiten, Implikationenmengen zu vereinfachen, besteht in der Ausnutzung von Symmetrie. Ein Automorphismus [GW96] eines Kontextes $\mathbb{K} := (G, M, I)$ ist ein Paar (α, β) von Permutationen

$$\alpha : G \to G, \quad \beta : M \to M$$

mit

$$(g, m) \in I \iff (\alpha g, \beta m) \in I.$$

Man kann leicht zeigen, daß Automorphismen Begriffsinhalte auf Begriffsinhalte, Pseudoinhalte auf Pseudoinhalte und Implikationen, die in $\mathbb{K}$ gelten,

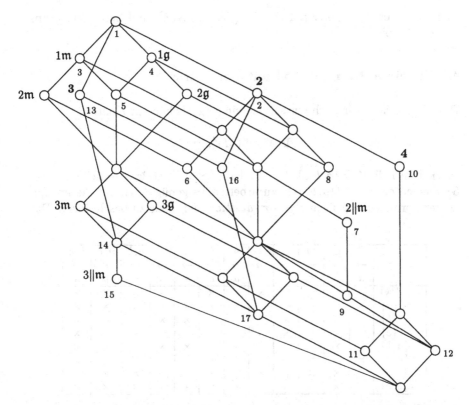

Abbildung 9 Der Begriffsverband zum Kontext der Flächenornamente, für ausgewählte Merkmale. Die Abkürzungen bedeuten: **2,3,4**: es gibt Drehungen der Ordnung 2,3, bzw. 4, 1m, 2m, 3m: es gibt Spiegelachsen in mindestens die angegebene Zahl von Richtungen, 1g, 2g, 3g: es gibt Gleitspiegelachsen in mindestens die angegebene Zahl von Richtungen, 2∥m, 3∥m: es gibt eine Spiegelachse und eine Drehung der Ordnung 2 (bzw. 3), deren Zentrum nicht auf einer Spiegelachse liegt.

auf ebensolche abbilden. Die Stammbasis ist deshalb unter Automorphismen invariant. Man kann deshalb bei Vorliegen einer Automorphismengruppe von K auf die vollständige Angabe der Stammbasis verzichten und stattdessen nur eine Implikation aus jeder Bahn der Gruppe innerhalb der Stammbasis angeben; die fehlenden Implikationen lassen sich dann mit Hilfe der Automorphismen mühelos rekonstruieren.

Zickwolff [Zi91] hat ausgearbeitet, wie sich dies zur Einbeziehung von prädikatenlogischen Elementen in die Formale Begriffsanalyse nutzen läßt. Im geeigneten Rahmen lassen sich nämlich prädikatenlogische Horn-Formeln als Bahnen von Implikationen unter der durch die Variablenvertauschungen induzierten Gruppe auffassen. Glücklicherweise funktioniert der in 1.3 beschriebene Algorithmus auch „modulo Automorphismen" einigermaßen effizient. Wir verzichten hier auf Details (siehe [GW96]) und beschränken uns auf ein Beispiel.

4.2 Ein einwertiger Kontext mit Symmetrie

Dazu betrachten wir noch einmal den eingangs definierten Kontext

$$(\mathfrak{P}(M), \mathfrak{P}(M)^2, \vdash),$$

speziell im Fall $M = \{a, b, c\}$. Es ist allerdings nicht nötig, wirklich mit allen 64 Elementen von $\mathfrak{P}(\{a, b, c\})^2$ zu arbeiten, es genügt, sich auf die im Sinne der Formalen Begriffsanalyse *irreduziblen* Merkmale zu beschränken. Das

	$\emptyset \rightarrow a$	$\emptyset \rightarrow b$	$\emptyset \rightarrow c$	$a \rightarrow b$	$a \rightarrow c$	$b \rightarrow a$	$b \rightarrow c$	$c \rightarrow a$	$c \rightarrow b$	$a,b \rightarrow c$	$a,c \rightarrow b$	$b,c \rightarrow a$
$\emptyset$				×	×	×	×	×	×	×	×	×
$\{a\}$	×					×	×	×	×	×	×	×
$\{b\}$		×		×	×			×	×	×	×	×
$\{c\}$			×	×	×	×	×			×	×	×
$\{a,b\}$	×	×		×		×		×	×		×	×
$\{a,c\}$	×		×		×	×	×		×			×
$\{b,c\}$		×	×	×	×		×		×	×	×	
$\{a,b,c\}$	×	×	×	×	×	×	×	×	×	×	×	×

Abbildung 10 Kontext der Implikationen auf $\{a, b, c\}$. Bei den Implikationen sind die Mengenklammern weggelassen.

sind in diesem Falle die zwölf Implikationen der Form $A \rightarrow m$ mit $m \notin A$. Man erhält also den Kontext in Abbildung 10. In Abschnitt 1.2 hatten wir bereits erläutert, wie die 61 Begriffe dieses Kontextes zu verstehen sind: die Begriffsumfänge sind genau die Hüllensysteme auf $\{a, b, c\}$; die Begriffsinhalte repräsentieren genau die unter F_1, F_2 und F_6 abgeschlossenen Implikationenmengen. Die Stammbasis dieses Kontextes besteht aus 21 Implikationen.

Der Kontext hat Automorphismen, die durch die Permutationen der Grundmenge $\{a, b, c\}$ induziert werden. Bezüglich dieser Automorphismen zerfällt die Menge der Begriffe in 19 Bahnen; dies entspricht dem Umstand, daß es bis auf Isomorphie genau 19 Hüllensysteme auf einer dreielementigen Grundmenge gibt.

Abbildung 11 zeigt ein Repräsentantensystem der Bahnen innerhalb der Stammbasis, wieder in der Ableitungsregel-Schreibweise und mit gewissen Modifikationen: wir haben wieder Mengenklammern weggelassen und außerdem Prämissen verkürzt, wenn dies ohne Verlust möglich war. Um den Repräsentantencharakter deutlich zu machen, haben wir die Variablensymbole x, y und z anstelle von a, b und c benutzt. Die Verwandschaft zu den

Armstrong-Axiomen ist offensichtlich, allerdings sind Unterschiede zu beachten: Der von uns gewählte Rahmen sieht die Verwendung von Mengenvariablen nicht vor, deshalb müssen die Regeln für die unterschiedlichen Kardinalitäten jeweils extra angegeben werden. Das Axiom $\frac{\emptyset}{X \to X}$ erübrigt sich. Man beachte auch, daß aufgrund unserer Vorgehensweise nur Variablenvertauschungen, nicht aber Variablenidentifikationen berücksichtigt werden. Verschiedene Variablen bedeuten also genau genommen auch stets verschiedene Elemente. Im vorliegenden Beispiel ist dies aber ohne Bedeutung.

$$\frac{\emptyset \to x}{y \to x}, \quad \frac{x \to y}{x, z \to y}, \quad \frac{\emptyset \to x, \quad x \to y}{\emptyset \to y}, \quad \frac{x \to y, \quad x, y \to z}{x \to z}$$

Abbildung 11 Substituiert man $\{x, y, z\}$ durch $\{a, b, c\}$ auf alle möglichen Weisen, so erhält man eine Implikationenbasis für den Kontext in Abbildung 10.

Man kann das Beispiel auch bei etwas größeren Grundmengen noch rechnen; Rüdiger Krauße hat dies für $n \leq 5$ durchgeführt. Die Ergebnisse wurden benutzt, um die Verbände mit genau n ∨-irreduziblen Elementen (und damit die Anzahl der reduzierten Kontexte mit n Gegenständen) für $n \leq 5$ bis auf Isomorphie zu bestimmen.

$n :=$ $|M|$	Hüllensysteme auf M, die $\emptyset$ enthalten	Verbände mit n ∨-Irreduziblen
0	1	1
1	1	1
2	3	2
3	14	9
4	165	126
5	14480	13596

Abbildung 12 Die Anzahl der Hüllensysteme auf kleinen Trägermengen läßt sich mit dem Algorithmus ermitteln.

5. Ein mehrwertiger Kontext mit Symmetrie

Wir zeigen an einem mathematischen Beispiel, daß auch die Kombination der dargestellten Methoden durchaus praktikabel ist. Wir betrachten binäre Wurzelbäume; darunter verstehen wir (endliche) ∨-Halbverbände, in denen jedes Element höchstens einen oberen und keinen oder genau zwei untere Nachbarn hat. Die Elemente ohne untere Nachbarn nennen wir Blätter. Auf der Menge der Blätter definieren wir eine ternäre Relation durch

$$xy|z : \iff |\{x, y, z\}| = 3 \text{ und } x \vee y < x \vee z = y \vee z.$$

	$\{a,b,c\}$	$\{a,b,d\}$	$\{a,c,d\}$	$\{b,c,d\}$
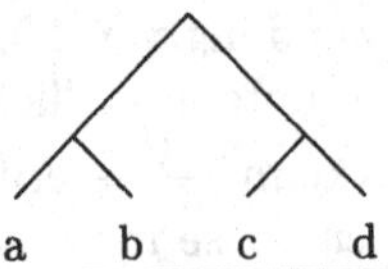 (tree: a b c d)	$ab\vert c$	$ab\vert d$	$cd\vert a$	$cd\vert b$
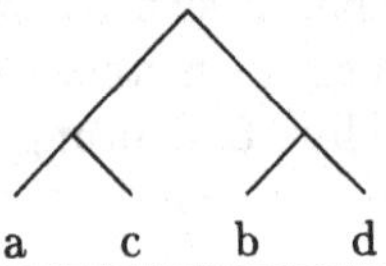 (tree: a c b d)	$ac\vert b$	$bd\vert a$	$ac\vert d$	$bd\vert c$
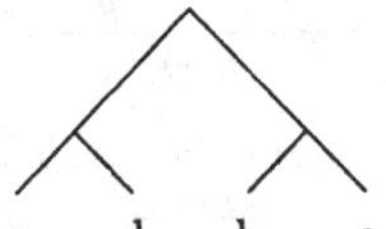 (tree: a d b c)	$bc\vert a$	$ad\vert b$	$ad\vert c$	$bc\vert d$
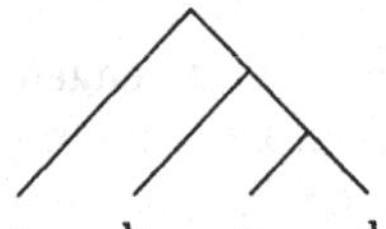 (tree: a b c d)	$bc\vert a$	$bd\vert a$	$cd\vert a$	$cd\vert b$
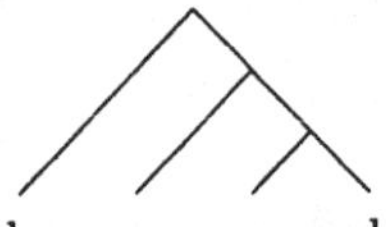 (tree: b a c d)	$ac\vert b$	$ad\vert b$	$cd\vert a$	$cd\vert b$
10 weitere ↓ isomorphe Kopien	...	...	...	...

Abbildung 13 Binäre Wurzelbäume mit vier Blättern und ihre dreiblättrigen Teilbäume. Um die Implikationen nutzen zu knnen, müssen jeweils alle isomorphen Kopien auf fester Grundmenge betrachtet werden.

Es ist nicht schwer zu sehen, daß aus dieser ternären Relation der Wurzelbaum rekonstruiert werden kann. Eine anspruchsvollere Aufgabe ist es, die ternären Relationen zu charakterisieren, die auf die angegebene Weise von binären Wurzelbäumen stammen. Die Tabelle in Abbildung 13 zeigt diese Relation am Beispiel der beiden Bäume mit vier Blättern. Die Relation ist symmetrisch in den ersten beiden Argumenten ($xy\vert z \iff yx\vert z$) und exhaustiv in dem Sinne, daß für je drei verschiedene Elemente x, y, z stets (genau) eine der Möglichkeiten $xy\vert z$, $xz\vert y$ und $yz\vert x$ eintritt.

Wir deuten nun diese Tabelle als mehrwertigen Kontext und skalieren diesen mit der in Abbildung 14 angegebenen Skala. Der abgeleitete einwertige Kontext hat dann 15 Gegenstände und 24 Merkmale, die kanonische Implikationenbasis besteht aus 88 Implikationen. Für eine brauchbare Axiomatik

$\mathbb{S}_{\{x,y,z\}}$	$yz\|x$	$xz\|y$	$xy\|z$	$\neg yz\|x$	$\neg xz\|y$	$\neg xy\|z$
$yz\|x$	×				×	×
$xz\|y$		×		×		×
$xy\|z$			×	×	×	

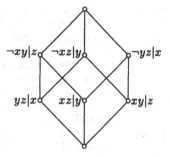

Abbildung 14 Die Skala $\mathbb{S}_{\{x,y,z\}}$ und ihr Begriffsverband.

der „baumartigen" Relationen sind dies natürlich zu viele Implikationen. Wir können die Menge auf zwei Weisen vereinfachen: einmal durch Ausnutzung der Exhaustionen, wie oben geschildert, und zum anderen durch Beachtung der Symmetrie des Kontextes. Dabei werden Implikationen, die sich nur durch Variablensubstitution unterscheiden, zu *Regeln* zusammengefaßt. Kombiniert man beide Möglichkeiten, so vereinfacht sich die Implikationenbasis zu einer einzigen Regel, nämlich zu

$$wx|y, \neg wz|y \quad \rightarrow \quad wx|z.$$

H.-J. Bandelt (siehe [Ba99], dort wird auch auf [CH81] hingewiesen) hat gezeigt, daß diese Regel, zusammen mit den bei der Skalierung gemachten Annahmen

1. $xy|z$ impliziert $yx|z$,
2. $xy|z$ impliziert $|\{x,y,z\}| = 3$,
3. wenn $|\{x,y,z\}| = 3$, dann gilt genau eine der Möglichkeiten $xy|z, xz|y, yz|x$,

in der Tat die baumartigen ternären Relationen charakterisieren, wenn man, wie üblich, $\neg$ als die Negation deutet.

Literatur

[Ba99]   H.-J. Bandelt: *Four-point characterization of the dissimilarity functions obtained from indexed closed weak hierarchies.* Preprint

[Bi93]   W. Bibel: *Wissensrepräsentation und Inferenz: eine grundlegende Einführung.* Vieweg Verlag, Braunschweig 1993

[Bu91]   P. Burmeister: Merkmalimplikationen bei unvollständigem Wissen. In: W. Lex (Hrsg.): *Arbeitstagung Begriffsanalyse und Künstliche Intelligenz.* Informatik-Bericht 89/3, TU Clausthal 1991, 15–46

[CH81]   H. Colonius und H.H. Schulze: Tree structures for proximity data. *British J. Math. Stat. Psychology* **34** (1981), 167–180

[DG86]   J.-L. Guigues und V. Duquenne: Familles minimales d'implications informatives résultant d'un tableau de données binaires. *Math. Sci. Hum.* **95**, 1986, 5–18

[Ga87]   B. Ganter: Algorithmen zur Formalen Begriffsanalyse. In: B. Gan-
          ter, R. Wille, K. E. Wolff (Hrsg.): *Beiträge zur Begriffsanalyse.* B. I.-
          Wissenschaftsverlag, Mannheim 1987 241–254

[Ga96]   B. Ganter: *Attribute exploration with background knowledge.* Preprint,
          ORDAL'96, Ottawa 1996

[GW96]   B. Ganter, R. Wille: *Formale Begriffsanalyse: Mathematische Grundla-
          gen.* Springer, Heidelberg 1996

[Ma83]   D. Maier: *The theory of relational data bases.* Computer Science Press,
          Rockville 1983

[St96]   G. Stumme: Attribute exploration with background implications and ex-
          ceptions. In: H.-H. Bock, W. Polasek (Hrsg.): *Data analysis and informa-
          tion systems. Statistical and conceptual approaches.* Studies in classifica-
          tion, data analysis, and knowledge organization **7**, Springer, Heidelberg
          1996, 457-469

[Wi94]   M. Wild: A theory of finite closure spaces based on implications. *Advances
          in Mathematics* **108.1** (1994), 118–134

[Wi87]   R. Wille: Bedeutungen von Begriffsverbänden. In: B. Ganter, R. Wille, K.-
          E. Wolff (Hrsg.): *Beiträge zur Begriffsanalyse.* B. I.-Wissenschaftsverlag,
          Mannheim 1987, 161–211

[Zi91]   M. Zickwolff: *Rule exploration: first order logic in formal concept analysis.*
          Dissertation, TH Darmstadt, 1991

ConImp –
Ein Programm zur Formalen Begriffsanalyse

Peter Burmeister

Inhalt

Vorbemerkungen

ConImp ist zur Zeit das wohl am weitesten verbreitete (allgemein zugänglliche) und am häufigsten benutzte Programm zur Formalen Begriffsanalyse. Es erlaubt die Eingabe und „Manipulation" von (sog. einwertigen) Kontexten und Implikationen und die für die Praxis wichtigsten Berechnungen dazu. Insbesondere können alle Daten berechnet werden, die für das Zeichnen eines Begiffsverbandes per Hand notwendig sind. Als Kernstück des Programms ConImp ist dabei die sog. interaktive Merkmalexploration anzusehen, die – wie auch viele sonstige Funktionen des Programms – noch ständig weiterentwickelt wird – vor allem in dem Bereich, der unvollständiges Wissen in diesem Zusammenhang betrifft (vgl. Abschnitt 6. gegen Ende).

In diesem Artikel erläutern wir in Verbindung mit kleinen Beispielen sowohl die Grundbegriffe der seit etwa 1980 von R. WILLE (cf. [Wi82]) sowie Mitgliedern der Forschungsgruppe Begriffsanalyse and der Technischen Hochschule Darmstadt entwickelten Formalen Begriffsanalyse als auch die hauptsächlichen Funktionen des Programms ConImp. Insbesondere sind alle Eingabe- und Ausgabemöglichkeiten, sowie Umformungen und Berechnungen, die in diesem Text erwähnt werden, mit ConImp ausführbar.

Neben Grundbegriffen, die erläutert werden sollen, werden alle Teile, die sich direkt auf ein Beispiel beziehen, in Schrägschrift oder – bei der Darstellung von Programmausgaben – im „Schreibmaschinenstil" gedruckt.

Zunächst noch einige Bemerkungen zur Vorgeschichte von ConImp: Die Entwicklung und die ersten Einsätze des Programms ‚ConImp' (*Con*texts and *Imp*lications) haben 1986 begonnen – anfangs nur zum eigenen Gebrauch und noch unter dem Betriebssystem CPM auf einem APPLE II-Rechner[1] und noch unter dem Namen ‚BA*mn*‘[2] –, um die Merkmalexploration (vgl. Abschnitt 6.) und dabei notwendige begriffsanalytische Berechnungen an dem entstandenen Kontext auf diesem Rechnertyp zur Verfügung zu haben. Später wurden auch Versionen erstellt, die unter MSDOS oder PCDOS (auf sog. IBM-kompatiblen Rechnern) bzw. unter TOS (auf ATARI ST-Rechnern) liefen. Die Programmierung erfolgte unter TURBO PASCAL, Version 3.0 bzw. zuletzt Version 6.0 von BORLAND[3] oder – für ATARI ST-Rechner – unter ST PASCAL (von Creative Computer Design (CCD)) bzw. zuletzt unter Pure PASCAL (von Application Systems Heidelberg). Dabei wurde das Programm aufgrund von Anwenderwünschen und eigenen Erfahrungen ständig weiterentwickelt. Es liegt jetzt in englischer Sprache in der Version 4.09 für DOS-Rechner vor, die hier beschrieben wird.[4] An dieser Entwicklung haben keine professionellen Programmierer mitgewirkt, aber es hat in all den Jahren – bis auf die bei einem solch umfangreichen Programm immer wieder auftretenden kleinere Fehler – stets recht zuverlässig gearbeitet.

1. (Formale) Kontexte

In [Wi82] wurde von R. WILLE unter dem Aspekt der „Restrukturierung der Verbandstheorie" die Formale Begriffsanalyse eingeführt als Anwendung der Ordnungs- und Verbandstheorie im Zusammenhang mit sog. Galois-Korrespondenzen, die durch Relationen induziert werden. Dabei wird von dem philosophischen Verständnis eines „Begriffs" als gedanklicher Einheit aus „Umfang" und „Inhalt" ausgegangen. Wer mehr darüber, vor allem über die mathematische Theorie, erfahren möchte, sei auf das Buch „Formale Begriffsanalyse" (vgl. [GW96]) von B. GANTER und R. WILLE verwiesen. Grundlage der Theorie sind *formale Kontexte* der Form $\mathbb{K} := (G, M, I)$. Dabei sind G und M Mengen, und die Elemente von G werden *Gegenstände* und die von M *Merkmale* genannt. Ferner ist I ($\subseteq G \times M$) eine Relation zwischen diesen Gegenständen und Merkmalen. In formalen Kontexten, die Anwendungssituationen entsprechen, wird diese im allgemeinen wie folgt gelesen: Der Gegenstand g steht in der Relation I zum Merkmal m, geschrieben als gIm,

---

[1] Die hier und im folgenden benutzten Typ- und Programmbezeichnungen sind weitgehend gesetzlich geschützte Waren- und/oder mit „copy-right" versehene Bezeichnungen, die hier zur Identifikation der Produkte herangezogen werden.

[2] *Begriffs-Analyse* mit Kontexten mit maximal etwa $10 * m$ Merkmalen und $10 * n$ Gegenständen. – Die fast gleichwertige Rolle, die Kontexte und Implikationen jetzt spielen, und die dann zu der Bezeichnung ConImp geführt hat, hat sich erst im Laufe der Entwicklung herausgeschält.

[3] Ab der hier besprochenen Version 4.9 steht ggf. auch eine im „protected mode" mit Borland Pascal 7.0 kompilierte Version zur Verfügung, in der die erzeugten Listen wesentlich länger sein dürfen.

[4] Seit der Version 3.3 von 1991 wurde nur noch eine englischsprachige Version weiterentwickelt.

wenn „das Merkmal m auf den Gegenstand g zutrifft", oder, mit anderen Worten, wenn „der Gegenstand g das Merkmal m hat".

Ein (formaler) Kontext[5] ist also (das mathematische Modell) eine(r) Tabelle, die die Gegenstände und Merkmale (meist einer „realen Situation") zueinander in Beziehung setzt. Die Einträge in der Tabelle geben an, ob ein Merkmal auf einen Gegenstand zutrifft – durch ein Kreuz (im Programm durch den Buchstaben „x") bezeichnet –, oder ob dies nicht der Fall ist bzw. ob man das nicht weiß – durch einen Punkt „." oder eine Leerstelle „ " bezeichnet. Dies ist der Fall des sogenannten „einwertigen Kontextes",[6] und das Programm ConImp behandelt diesen Fall mit der üblichen „zweiwertigen Merkmallogik", d. h. als bedeuteten die Punkte und Leerstellen stets, daß Nichtzutreffen des jeweiligen Merkmals vorliegt. Mit ConImp können z. Z. Kontexte bearbeitet werden, die höchstens 98 Merkmale und höchstens 255 Gegenstände haben.[7]

ConImp bietet auch noch die Möglichkeit an, durch ein Fragezeichen „?" explizit anzudeuten, daß es nicht bekannt sei, ob das Merkmal zutreffe. Dies ist jedoch nur dann möglich, wenn bei Anlegen des Kontextes (oder nachträglich im Änderungsmenü) die sog. dreiwertige Logik gewählt wurde. Diese Option kann vor allem bei der Eingabe von Gegenbeispielen bei der sog. Merkmalexploration (s. u.) nützlich sein, wenn man nur die für ein Gegenbeispiel zunächst notwendigen Merkmale betrachten möchte.[8] Ein Kontext mit Fragezeichen kann im Moment nur auf zwei Arten in einen „einwertigen" Kontext verwandelt werden: indem entweder alle Fragezeichen in Leerstellen umgewandelt werden oder alle in Kreuze. Durch Eingabe von „gültigen Implikationen" (s. u.) kann man jedoch auch Fragezeichen beseitigen lassen, wenn dies sich durch die Implikationen erzwingen läßt.

Der Zusammenhang zwischen einer Tabelle (dem Kontext) und einer realen Situation wird durch die Namen für die Gegenstände und Merkmale hergestellt; diese dürfen z.Z. nicht mehr als neun Buchstaben haben (früher sechs). Dazu dient die Namengebungsoption, die direkt vom Hauptmenü oder vom Kontexteditor aus aufgerufen werden kann.

---

[5] Im folgenden werden wir den Zusatz „formal"meistens weglassen.

[6] Die Redeweise „einwertiger Kontext" erklärt sich auch daraus, daß in der mengentheoretischen Sprache zu formalen Kontexten über die Negation von Merkmalen nicht explizit gesprochen werden kann, wenn diese nicht extra als Merkmale aufgeführt sind.

[7] Auf Wunsch können anders kompilierte, ggf. „abgemagerte" Versionen kompiliert werden (oder auch solche, die eine Nutzung des erweiterten Speicherbereichs und damit wesentlich längere Listen Einträgen erlauben). Aber es können nie mehr als 255 Gegenstände bzw. Merkmale in einem Kontext bearbeitet werden (und auf DOS-Rechnern nicht sowohl 255 Gegenstände als auch 255 Merkmale, mit der aktuellen Version etwa 158 Gegenstände und 158 Merkmale für „quadratische Kontexte").

[8] Genaueres darüber kann man in [Bu91] von BURMEISTER finden.

Als Beispiel benutzen wir im folgenden Kontexte, die als Gegenstände gewisse von der Null verschiedene natürliche Zahlen und als Merkmale einige uns in diesem Zusammenhang interessierende für natürliche Zahlen sinnvolle Eigenschaften haben.[9]

Zunächst interessieren uns die Zahlen von 1 bis 9, d. h. $G := \{1, 2, 3, 4, 5, 6, 7, 8, 9\}$, und die Merkmale

gerade	d. h.	„ist eine gerade Zahl"
	bzw.	„ist durch 2 teilbar"
ungerade	d. h.	„ist eine ungerade Zahl"
	bzw.	„ist nicht ohne Rest durch 2 teilbar"
prim	d. h.	„ist eine Primzahl"
	bzw.	„hat als einzige Teiler 1 und sich selbst"
quadrat.	d. h.	„ist eine Quadratzahl"
	bzw.	„$= a * a = a^2$ für eine natürliche Zahl a"
kubisch	d. h.	„ist eine Kubikzahl"
	bzw.	„$= a * a * a = a^3$ für eine natürliche Zahl a".

Somit ist $M = \{$gerade, ungerade, prim, quadrat., kubisch$\}$, und die Relation I trifft auf die Zahl z und das Merkmal m zu, wenn die Zahl z das Merkmal m hat. D. h. es gilt z. B. $2 I$ prim und $4 I$ quadrat., aber nicht $4 I$ prim.

Im Falle, daß ein Merkmal m aus der Merkmalmenge M auf einen Gegenstand g aus der Gegenstandmenge G zutrifft, machen wir dann in der Tabelle in der Zeile, in der der Gegenstandname „g" am Anfang – bzw. im Kontexteditor am Ende – steht, und in der Spalte, über der der Merkmalname „m" steht, ein Kreuz.

Dies sieht dann in unserem Beispiel für den Kontext, dem wir den Namen „ZahlB1" geben wollen,[10] wie in Tabelle 1 aus (wir schreiben ihn hier so, wie er sich im Programmausdruck – aber im wesentlichen auch im Kontexteditor – darstellt, d. h. die Merkmalnamen müssen in den Spalten von oben nach unten gelesen werden). Außerdem stellen wir dort noch den daraus abgeleiteten bereinigten Kontext „ZahlB1b" und den reduzierten Kontext „ZahlB1r" daneben, die wir im Abschnitt 4 erklären.

---

[9] Die meisten Anwendungen von ConImp beziehen sich auf die Auswertung von Tabellen, die nichts mit Mathematik zu tun haben. Da jedoch für die Anwendungen der später in Abschnitt 6. eingehender diskutierten „Merkmalexploration" erst wenige authentische Beispiele außerhalb der Mathematik durchgeführt wurden und diese uns nicht in allen Einzelheiten vorliegen, erscheinen uns hier die folgenden allgemein zugänglichen Beispiele mit Eigenschaften von Zahlen zur Einführung geeigneter.

[10] „ZahlB1" steht in unserem Fall als Abkürzung von „Zahlenbeispiel Nr. 1". Der Name des Kontextes wird von ConImp auch als Voreinstellung für den Dateinamen gewählt unter dem – mit entsprechender Extension – der Kontext oder dazu berechnete Daten abgespeichert werden. Daher darf der Kontextname wegen der Konventionen unter DOS für Längen von Dateinamen nicht mehr als acht Buchstaben haben. – Unser Kontext wird dann als „ZahlB1.CXT" abgespeichert, wenn wir die Option „Kontext speichern" wählen.

Tabelle 1 Formaler Kontext ZahlB1, dazu bereinigter Kontext ZahlB1b und reduzierter Kontext ZahlB1r

```
ZahlB1     u q      ZahlB1b     u q      ZahlB1r     u q
           n uk                 n uk                 n uk
          gg au                gg au                gg au
          ee db                ee db                ee db
          rrpri                rrpri                rrpri
          aaras                aaras                aaras
          dditc                dditc                dditc
          eem.h                eem.h                eem.h
          -------              -------              -------
       1!.x.xx!             1!.x.xx!             1!.x.xx!
       2!x.x..!             2!x.x..!             2!x.x..!
       3!.xx..!             3!.xx..!             3!.xx..!
       4!x..x.!             4!x..x.!             4!x..x.!
       5!.xx..!             6!x....!             8!x...x!
       6!x....!             8!x...x!             9!.x.x.!
       7!.xx..!             9!.x.x.!             -------
       8!x...x!             -------
       9!.x.x.!
       -------
```

Im Kontexteditor steht links die laufende Nummer und rechts der Gegenstandsname an der jeweiligen Zeile, und Gegenstands- und Merkmalname zu der Zeile und Spalte, in der sich der Cursor befindet, werden in der Kopfzeile des Bildschirmes noch einmal angezeigt.

2. Begriffe und Begriffsordnung

Bevor wir darauf eingehen können, was es mit dem „reduzierten Kontext" in Tabelle 1 auf sich hat, wollen wir zunächst die formalen Begriffe und die Vergleichbarkeitsrelation (Ordnungsrelation $\leq$) zwischen Begriffen behandeln, die zu den wesentlichen Grundbegriffen der Formalen Begriffsanalyse gehören:

Sei $\mathbb{K} := (G, M, I)$ ein Kontext. Ist A eine Teilmenge der Gegenstandsmenge G – d. h. besteht A nur aus Gegenständen, und diese gehören sämtlich zu G –, so bezeichnet man mit A' die Menge aller Merkmale aus der Merkmalmenge M, die auf *jeden* Gegenstand in A zutreffen. Umgekehrt bezeichnen wir für eine Teilmenge B der Merkmalmenge M mit B' die Menge aller derjenigen Gegenstände aus G, auf die *jedes* Merkmal aus B zutreffen.

Sind A eine Teilmenge der Gegenstandsmenge G und B eine Teilmenge der Merkmalmenge M, so bezeichnet man das Paar (A, B) aus diesen beiden Mengen als einen *(formalen) Begriff* (zum Kontext $\mathbb{K}$), wenn $A' = B$ und $B' = A$ gelten, d. h. wenn B aus genau den Merkmalen aus M besteht, die auf alle Gegenstände aus A zutreffen, und wenn umgekehrt A gerade aus all den Gegenständen aus G besteht, auf die alle Merkmale aus B zutreffen. A bezeichnet man dann als den *Umfang* und B als den *Inhalt* des formalen Begriffs (A, B). Ist (A, B) ein formaler Begriff, so gilt auch stets $A'' = A$ und $B'' = B$. Von speziellem Interesse sind häufig solche formalen Begriffe $(\{g\}'', \{g\}')$ oder $(\{m\}', \{m\}'')$, die von einem einzelnen Gegenstand g aus G bzw. einem einzelnen Merkmal m aus M „erzeugt" werden. Meistens läßt man in einem solchen Fall die Mengenklammern weg und schreibt (g'', g') bzw. (m', m''). Im ersten Fall spricht man von einem *Gegenstandsbegriff*, im zweiten Fall von einem *Merkmalbegriff*. Allgemein kann man auch sagen, daß den formalen Begriffen maximale Rechtecke von Kreuzen im formalen Kontext entsprechen, nachdem man gegebenenfalls die Zeilen und Spalten geeignet umgeordnet hat.

So sieht man leicht, daß im Beispielkontext ZahlB1 in Tabelle 1 $(\{3, 5, 7\}, \{\text{ungerade, prim}\})$ ein formaler Begriff ist, der genau die Zahlen „3", „5" und „7" im Umfang und genau die Merkmale „prim" und „ungerade" im Inhalt hat. Und zwar handelt es sich dabei um einen Gegenstandsbegriff, der von einem der im Umfang auftretenden Gegenstände erzeugt wird (der z. B. gleich $(3'', 3')$ ist). Ein weiterer formaler Begriff zu diesem Kontext ist $(\{2, 3, 5, 7\}, \{\text{prim}\})$, der offensichtlich gleich dem Merkmalbegriff $(\{\text{prim}\}', \{\text{prim}\}'')$ ist. Ferner ist auch $(\{2, 4, 6, 8\}, \{\text{gerade}\}) = (\{\text{gerade}\}', \{\text{gerade}\}'')$ ein (Merkmal-)Begriff. Wenn man genau hinsieht, wird man feststellen, daß in diesem Beispiel jeder von $(\emptyset'', \emptyset')$ und $(\emptyset', \emptyset'')$[11] verschiedene Begriff ein Gegenstands- oder Merkmalbegriff ist, doch dies ist keineswegs immer der Fall, wie man an dem Beispielkontext ZahlB2de sehen kann (vgl. Tabelle 5), dessen Begriffsverband (vgl. Abschnitt 4.) in Abbildung 3 gezeigt wird.

Wie schon im Zusammenhang mit Kontexten werden wir im folgenden auch bei Begriffen den Zusatz „formal" im allgemeinen weglassen, wenn klar ist, daß es sich um formale Begriffe handelt.

Auf der Gesamtheit aller Begriffe zum Kontext $\mathbb{K}$, die wir mit $\mathfrak{B}(G, M, I)$ bezeichnen, definiert man nun eine zweistellige Relation $\leq$ – zu lesen als „kleiner oder gleich"– wie folgt: Sind (A_1, B_1) und (A_2, B_2) Begriffe zu $\mathbb{K}$, so gelte $(A_1, B_1) \leq (A_2, B_2)$ (d. h. der Begriff (A_1, B_1) ist kleiner oder gleich – bzw. ein *Unterbegriff* von – dem Begriff (A_2, B_2)) immer dann (und nur dann), wenn A_1 eine Teilmenge von A_2 ist, was auch damit gleichbedeutend ist, daß B_2 eine Teilmenge von B_1 ist[12] – (A_2, B_2) heißt dann auch *Oberbegriff* des Begriffes (A_1, B_1) –, und dies entspricht der in der Philosophie üblichen Konvention, daß ein Unterbegriff stets den kleineren Umfang und den größeren Inhalt hat als irgendeiner seiner Oberbegriffe.

So gilt z. B. für die im Beispielkontext ZahlB1 oben betrachteten Begriffe

---

[11] $\emptyset$ bezeichnet die leere Menge, also die Menge, die kein Element enthält und daher in jeder anderen Menge als Teilmenge enthalten ist.

[12] Man beachte die andere Reihenfolge der Indizes.

$$(\{3,5,7\},\{\text{ ungerade, prim }\}) \leq (\{2,3,5,7\},\{\text{ prim }\}),$$

während $(\{2,4,6,8\},\{\text{ gerade }\})$ *mit keinem dieser beiden Begriffe bezüglich der Relation* $\leq$ *vergleichbar ist.*

Die Unterbegriff–Oberbegriff Relation „$\leq$" auf der Menge $\mathfrak{B}(\mathbb{K})$:= $\mathfrak{B}(G,M,I)$ aller Begriffe eines Kontextes $\mathbb{K} := (G,M,I)$ ist stets

reflexiv	d. h.	es gilt $\mathfrak{b} \leq \mathfrak{b}$ für alle Begriffe $\mathfrak{b}$ in $\mathfrak{B}(\mathbb{K})$,
transitiv	d. h.	für alle Begriffe $\mathfrak{b}_1$, $\mathfrak{b}_2$ und $\mathfrak{b}_3$ in $\mathfrak{B}(\mathbb{K})$ folgt aus $\mathfrak{b}_1 \leq \mathfrak{b}_2$ und $\mathfrak{b}_2 \leq \mathfrak{b}_3$ stets $\mathfrak{b}_1 \leq \mathfrak{b}_3$,
antisymmetrisch	d. h.	für alle Begriffe $\mathfrak{b}_1$ und $\mathfrak{b}_2$ in $\mathfrak{B}(\mathbb{K})$ folgt aus $\mathfrak{b}_1 \leq \mathfrak{b}_2$ und $\mathfrak{b}_2 \leq \mathfrak{b}_1$ stets $\mathfrak{b}_1 = \mathfrak{b}_2$.

Eine Menge P, auf der eine zweistellige (oder: binäre) Relation $\leq$ definiert ist, die reflexiv, transitiv und antisymmetrisch ist, nennt man eine *geordnete Menge*, und die Relation $\leq$ nennt man eine *Ordnungsrelation* auf P.

3. Einschub: Einige Grundbegriffe aus der Theorie geordneter Mengen

Bevor wir weiter auf die Möglichkeiten von ConImp eingehen, wollen wir zunächst für diejenigen Leser, die sich mit der Ordnungstheorie nicht so auskennen, die benötigten Begriffe aus der Ordnungstheorie erläutern und einige Fakten darüber angeben. Da mit dem Programm ConImp nur endliche Kontexte bearbeitet werden können, zu denen auch nur endliche Begriffsmengen gehören (bei 98 Merkmalen kann es höchstens 2^{98} Begriffe geben, also deutlich weniger als 10^{30}), werden wir uns im wesentlichen auf endliche geordnete Mengen (und Verbände (s. u.)) beschränken.

Es sei im folgenden P stets eine Menge und $\leq$ eine Ordnungsrelation auf P. Das Paar $(P,\leq)$ heißt dann eine *geordnete Menge*.

– Sind p und q Elemente von P, so sagt man p und q seien *vergleichbar*, wenn $p \leq q$ oder $q \leq p$ gilt, anderenfalls nennt man p und q *unvergleichbar*.
– Man sagt für zwei Elemente p und q von P, daß p ein *unterer Nachbar* von q und damit q ein *oberer Nachbar* von p sei, wenn 1. und 2. gilt mit:
  1. $p \leq q$ und $p \neq q$,
  2. für alle r in P folgt aus $p \leq r \leq q$ stets $r = p$ oder $r = q$;
  d. h. anschaulich gesprochen: „p ist echt kleiner als q, und es liegt kein Element von P echt zwischen p und q". Ist p ein unterer Nachbar von q, so schreiben wir „$p \prec q$".
– Ist $(P,\leq)$ eine *endliche* geordnete Menge, so ist – wegen der Transitivität und Endlichkeit – die Ordnungsrelation $\leq$ durch die von ihr definierte Nachbarschaftsrelation $\prec$ wiederum eindeutig bestimmt.
– Jede endliche geordnete Menge $(P,\leq)$ läßt sich durch ein sog. *Liniengramm* (das oft auch als *Hassediagramm* bezeichnet wird) graphisch darstellen. Dabei werden die Elemente von P als kleine Kreise gezeichnet. Genau

dann, wenn p ein unterer Nachbar von q ist, d. h. wenn $p \prec q$ gilt, liegt der Kreis für q oberhalb des Kreises für p und ist mit diesem durch eine (meist gerade) Linie direkt verbunden (ohne daß also noch ein weiterer Kreis auf dieser Linie liegt). Man liest dann die Beziehung $v \leq w$ zwischen Elementen v und w von P im zugehörigen Liniendiagramm daran ab, daß entweder v gleich w ist oder daß es einen ständig aufsteigenden Linienzug von dem Kreis für v zu dem Kreis für w gibt.

– *Man betrachte als Beispiel die Menge* $\{1, 2, 3, 5, 6, 10, 15, 30\}$ *aller Teiler der Zahl 30, und* $\leq$ *sei die Relation „ist Teiler" (in Zeichen* $|$). *Dann sind offenbar 2 und 3 untere Nachbarn von 6, aber keine unteren Nachbarn von 30. Es gilt jedoch 2|30, wie man an dem in Abbildung 1 dargestellten Liniendiagramm von* $(P, |)$ *ablesen kann.*

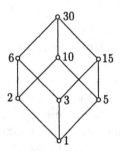

Abbildung 1 Beispiel eines Liniendiagramms: Teiler der Zahl 30

– Zwei geordnete Mengen $(P, \leq)$ und $(Q, \sqsubseteq)$ heißen *isomorph*, wenn es eine umkehrbar eindeutige Zuordnung, sagen wir f, der Elemente von P zu den Elementen von Q so gibt, daß genau dann $p \leq q$ in P gilt, wenn $f(p) \sqsubseteq f(q)$ in Q zutrifft. Unter f wird also insbesondere auf jedes Element von Q genau ein Element von P abgebildet.

– Sei N eine Teilmenge von P. Ein Element q von P heißt *obere Schranke* von N, wenn für jedes Element n von N gilt, daß $n \leq q$ erfüllt ist (analog heißt p aus P *untere Schranke* von N, wenn $p \leq n$ für jedes n aus N gilt). Existiert eine kleinste obere Schranke von N, also eine obere Schranke q_0 von N, für die $q_0 \leq q$ für alle oberen Schranken q von N gilt, so heißt q_0 das *Supremum* der Menge N und ist durch diese Eigenschaft eindeutig bestimmt; es wird mit sup N bezeichnet. Analog definiert man das *Infimum* p_0 von N als größte untere Schranke von N, falls eine solche existiert, und bezeichnet es mit inf N.

In Abbildung 1 existieren z. B. zu jeder Teilmenge von $\{1, 2, 3, 5, 6, 10, 15, 30\}$ *Supremum und Infimum. Insbesondere gilt* $10 = \sup\{2, 5\}$ *und* $2 = \inf\{6, 10\}$.

– Eine geordnete Menge $(P, \leq)$ wird *Verband* genannt, wenn zu jeder zwei-elementigen Teilmenge von P Supremum und Infimum existieren. Diese existieren dann auch zu jeder endlichen nichtleeren Teilmenge von P. Ist P endlich und bezeichnet $\emptyset$ die leere Teilmenge von P (die also überhaupt kein Element enthält), so existieren auch sup $\emptyset$ und inf $\emptyset$.[13]

Verbände interessieren uns insofern, als für jeden Kontext $\mathbb{K}$ die geordnete Menge $(\mathfrak{B}(\mathbb{K}), \leq)$ stets ein Verband ist.

Auch das Liniendiagramm in Abbildung 1 stellt einen Verband dar.

Und jeder endliche Verband $(V, \leq)$ kann als Verband aller Begriffe – z. B. des Kontextes $(V, V, \leq)$ – dargestellt werden (d. h. es gibt einen in kanonischer Weise definierten Isomorphismus zwischen diesen Verbänden).

Insbesondere ist der Verband in Abbildung 1 der Begriffsverband des Kontextes

$$Teiler30 := (\{1, 2, 3, 5, 6, 10, 15, 30\}, \{1, 2, 3, 5, 6, 10, 15, 30\}, \mid),$$

der in Tabelle 2 dargestellt ist. Dabei muß man jedes Zahlzeichen sowohl als Gegenstands- als auch als Merkmalnamen auffassen.

Tabelle 2 Formaler Kontext Teiler30 aller Teiler der Zahl 30 (mit merkmalreduziertem (Teil30mr) und vollständig reduziertem Kontext (Teil30vr))

Teiler30	311 05065321	Teil30mr	51 106	Teil30vr	51 106
	---------		-----		-----
30!	x.......!	30!	...!	5!	xx.!
15!	xx......!	15!	x..!	3!	x.x!
10!	x.x.....!	10!	.x.!	2!	.xx!
6!	x..x....!	6!	..x!		-----
5!	xxx.x...!	5!	xx.!		
3!	xx.x.x..!	3!	x.x!		
2!	x.xx..x.!	2!	.xx!		
1!	xxxxxxxx!	1!	xxx!		
	---------		-----		

Es folgen einige weitere Begriffe und Fakten, die für das Verständnis gewisser begriffsanalytischer Operationen von großer Wichtigkeit sind. Dafür sei im folgenden $(V, \leq)$ stets ein endlicher Verband (insbesondere sei also V eine endliche Menge).

---

[13] sup $\emptyset$ ist dann das kleinste Element von P, da jedes Element von P obere Schranke der leeren Teilmenge ist, und entsprechend ist inf $\emptyset$ das größte Element von P als größte untere Schranke von $\emptyset$, da jedes Element von P untere Schranke der leeren Menge ist: sup $\emptyset =$ inf P und inf $\emptyset =$ sup P.

– Ein Element v von V heißt *verbindungsirreduzibel* oder sup-*irreduzibel*, wenn v sich nicht als Supremum einer Teilmenge von V darstellen läßt, die v nicht als Element enthält. Ein sup-irreduzibles Element läßt sich auch dadurch charakterisieren, daß es genau einen unteren Nachbarn hat. Mit $J(V)$ wird die Menge aller sup-irreduziblen Elemente von $(V, \leq)$ bezeichnet.

Analog heißt ein Element w von V *schnittirreduzibel* oder inf-*irreduzibel*, wenn es sich nicht als Infimum einer Teilmenge von V darstellen läßt, die w nicht enthält, d. h. wenn es genau einen oberen Nachbarn besitzt. Mit $M(V)$ bezeichnet man die Menge der inf-irreduziblen Elemente des Verbandes V.

An Abbildung 1 sieht man, daß im Teilerverband der Zahl 30 genau die Zahlen 2, 3 und 5 verbindungsirreduzibel und genau die Zahlen 6, 10 und 15 schnittirreduzibel sind.

– Ein (endlicher) Verband $(V, \sqsubseteq)$ ist stets durch die Mengen $J(V)$ seiner verbindungsirreduziblen und $M(V)$ seiner schnittirreduziblen Elemente und durch die Ordnung zwischen den verbindungs- und schnittirreduziblen Elementen bis auf Isomorphie eindeutig bestimmt. Insbesondere ist $(V, \sqsubseteq)$ „in natürlicher Weise" isomorph zu dem Verband $(\mathfrak{B}(J(V), M(V), \sqsubseteq), \leq)$ aller Begriffe des Kontextes $(J(V), M(V), \sqsubseteq)$.

4. Begriffsverband, Reduktion und Bereinigen eines Kontextes

Wie eben schon angemerkt, ist die geordnete Menge $(\mathfrak{B}(G, M, I), \leq)$ aller Begriffe eines Kontextes $\mathbb{K} = (G, M, I)$ stets ein Verband, den man auch als den *Begriffsverband* des Kontextes $\mathbb{K}$ bezeichnet. Konventionsgemäß werden in seinem Liniendiagramm die Gegenstandsnamen stets unterhalb des Kreises vermerkt, der den von dem zugehörigen Gegenstand erzeugten Gegenstandsbegriff repräsentiert – ein Gegenstandsbegriff (g'', g') ist dabei der kleinste Begriff, der den Gegenstand g im Umfang hat. Entsprechend werden die Merkmalnamen oberhalb des Kreises vermerkt, der den von dem zugehörigen Merkmal erzeugten Merkmalbegriff darstellt – ein Merkmalbegriff (m', m'') ist dabei der größte Begriff, der das Merkmal m im Inhalt hat. Daß der Gegenstand g das Merkmal m hat, kann man dann im Liniendiagramm daran ablesen, daß der mit g markierte Kreis – zum (Gegenstands-)Begriff (g'', g') – durch einen aufsteigenden Linienzug mit dem mit m markierten Kreis – zum (Merkmal-)Begriff (m', m'') – verbunden ist. Der Kontext ist also aus seinem Liniendiagramm eindeutig rekonstruierbar.

Die Begriffsliste wird in ConImp nach dem von B. GANTER entwickelten Algorithmus „next concept" berechnet (vgl. [Ga87]). Anschließend werden die sog. Zuordnungslisten erstellt, die den Gegenständen bzw. Merkmalen jeweils die Nummer des von ihnen erzeugten Begriffes zuordnen, damit man im Liniendiagramm diese Namen richtig antragen kann. Außerdem werden in sog. Vorgänger- und Nachfolgerlisten[14] für jeden Begriff jeweils die Menge aller unteren bzw. aller oberen Nachbarn berechnet. Die Begriffsliste kann zusammen mit Vorgänger- und Nachfolgerliste abgespeichert werden, um sie später wieder einzuladen oder bei anderen Programmen zu benutzen. – Sollte man vermuten, daß die Begriffsliste zu lang werden und nicht mehr in den Speicher passen könnte (das Programm würde dann „abstürzen"), so kann man vorher nur die Begriffsanzahl berechnen lassen, ohne die Listen zu erstellen. Diese Berechnung kann an den Stellen der Zwischenanzeige (deren Schrittweite vorher eingestellt werden muß) unterbrochen und das Ergebnis abgespeichert werden, um die Berechnung bei anderer Gelegenheit wieder aufzunehmen.

Die Begriffsliste selbst hat für das Zeichnen des Liniendiagramms per Hand keine besondere Bedeutung, während die anderen eben erwähnten Listen dafür sehr nützlich sind. Auch inhaltlich ist diese Liste nicht so wichtig, sobald man ein Liniendiagramm des Begriffsverbandes gezeichnet hat (vgl. den übernächsten Absatz).

Für den Kontext „ZahlB1" in Tabelle 1 sind die Zuordnungslisten und die Vor-und Nachfolgerlisten in Tabelle 3 im Ausgabeformat von ConImp aufgeführt („–" bedeutet jeweils das Ende der Teilliste für einen einzelnen Begriff).

Den zugehörigen Begriffsverband kann man nun per Hand zeichnen.[15] Dabei ist es noch nützlich zu wissen, daß der erste Begriff (Begriff Nr. 1) immer der größte und der letzte immer der kleinste Begriff ist.

Ein Liniendiagramm des Kontextes ZahlB1 wird in Abbildung 2 dargestellt. Die kleinen Zahlen geben die Begriffsnummern an.

An diesem Begriffsverband kann man nun z. B. auch ablesen, daß der Inhalt des Begriffes Nr. 8 aus den Merkmalen „ungerade" und „prim" besteht, da von dem entsprechenden Kreis genau zu den Kreisen zu diesen Merkmalbegriffen aufsteigende Streckenzüge führen, und daß dieser Begriff den Umfang $\{3, 5, 7\}$ hat, da von dem Kreis zum Begriff Nr. 8 genau zu den Kreisen der entsprechenden Gegenstandsbegriffe abwärts führende Streckenzüge führen – bzw. daß dieser Kreis zum Begriff Nr. 8 selbst zu solchen Gegenstandsbegriffen gehört –, und daß analog der Begriff Nr. 6 genau die Gegenstände „1" und „9" im Umfang und genau die Merkmale „quadrat." und „ungerade" im Inhalt hat.

Denn der Inhalt eines Begriffes ♭ besteht aus all den Merkmalen, deren Name an einem Kreis steht, der von dem Kreis, der dem Begriff ♭ zugeord-

---

[14] Die Listen aller unteren bzw. aller oberen Nachbarn der Begriffe werden in ConImp so bezeichnet.

[15] Vgl. auch die Literatur über Liniendiagramme, insbesondere [Wi84] oder [Sk89]. Insbesondere gibt es eine „geometrische Vorbereitung" anhand der Vorgänger- und Nachfolgerlisten, die man z. B. [GW96], S. 70ff entnehmen kann.

Tabelle 3 Vorgänger- und Nachfolgerliste zum Kontext ZahlB1, sowie Zuordnungs-listen für Gegenstände und Merkmal

```
Liste der Vorgaenger der          Liste der Nachfolger der
Begriffe zum Kontext ZahlB1       Begriffe zum Kontext ZahlB1
(vorn: jeweilige Begriffsnummer,  (vorn: jeweilige Begriffsnummer,
 danach: Begriffsnummern der       danach: Begriffsnummern der
        Vorgaenger)                        Nachfolger)
 1:   2   3   4   5   9   -       1:   -
 2:   7  10   -                    2:   1   -
 3:   6  11   -                    3:   1   -
 4:   8  12   -                    4:   1   -
 5:   6   8   -                    5:   1   -
 6:   7   -                        6:   3   5   -
 7:  13   -                        7:   2   6   -
 8:  13   -                        8:   4   5   -
 9:  10  11  12   -                9:   1   -
10:  13   -                       10:   2   9   -
11:  13   -                       11:   3   9   -
12:  13   -                       12:   4   9   -
13:   -                           13:   7   8  10  11  12   -
```

```
Zuordnungsliste fuer den Kontext   Zuordnungsliste fuer den Kontext
ZahlB1: Gegenstaende               ZahlB1: Merkmale
(vorn: Begriffsnummer)             (vorn: Begriffsnummer)
 6 :    9                           2 :  kubisch
 7 :    1                           3 :  quadrat.
 8 :    3                           4 :      prim
 8 :    5                           5 :  ungerade
 8 :    7                           9 :    gerade
 9 :    6
10 :    8
11 :    4
12 :    2
```

net ist, durch einen aufsteigenden Streckenzug erreichbar ist (ggf. den Kreis von b eingeschlossen), während der Umfang von b aus all den Gegenständen besteht, deren Gegenstansbegriff kleiner oder gleich dem Begriff b ist (also durch einen absteigenden Streckenzug von dem Kreis für b aus erreichbar ist).

Man sieht hier – was man auch schon am Kontext ablesen konnte – noch etwas deutlicher: Die Gegenstände 3, 5 und 7 erzeugen denselben Gegen-standsbegriff.

Ersetzt man Zeilen (Spalten) eines Kontextes, die bis auf den Gegen-standsnamen (Merkmalnamen) identisch sind, jeweils durch eine einzige, so nennt man dies *Bereinigen* des Kontextes. Was dabei geschieht, kann man ohne Liniendiagramm für die Merkmale feststellen, wenn man sich mit Con-Imp die „Merkmalordnung" berechnen läßt. Als Ausgabe erhält man dann

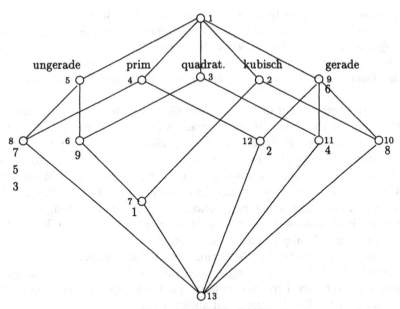

Abbildung 2 Ein Liniendiagramm des Begriffsverbandes zum Kontext ZahlB1

nämlich zunächst eine Liste von Listen von Merkmalen, deren induzierter Merkmalbegriff jeweils denselben Umfang hat (in den folgenden Listen der Vorgänger oder Nachfolger wird dann aus jeder solchen Liste nur noch das erste Merkmal weiter benutzt – eigentlich werden hier die Merkmalbegriffe verglichen). Um dies auch für die Gegenstände feststellen zu können, muß man vorübergehend (im Programm über eine Option des Änderungsmenüs) „die Rolle von Gegenständen und Merkmalen vertauschen" (mathematisch gesprochen die Tabelle transponieren); und die dabei berechnete Merkmalordnung ist dann die „Gegenstandsordnung" des ursprünglichen Kontextes. Die so berechneten Ordnungen kann man häufig auch sinnvoll beim Zeichnen verwenden, um gewisse „Ketten von Merkmal- bzw. Gegenstandsbegriffen" dadurch auszuzeichnen, daß man für ihre Anbindung die gleiche Richtung der Geradenstücke wählt. – Es hat sich überhaupt als sinnvoll erwiesen, beim Zeichnen eines Liniendiagramms möglichst wenige Richtungen für die auftretenden Geradenstücke zu benutzen.

Nach dem, was wir im letzten Abschnitt über die Rolle der verbindungs- und schnittirreduziblen Elemente eines endlichen Verbandes gelernt haben, gilt für den Begriffsverband des Kontextes $\mathbb{K}$, daß stets die Menge $J(\mathfrak{B}(\mathbb{K}))$ der verbindungsirreduziblen Begriffe in der Menge aller Gegenstandsbegriffe von $\mathbb{K}$ und die Menge $M(\mathfrak{B}(\mathbb{K}))$ der schnittirreduziblen Begriffe in der Menge aller Merkmalbegriffe enthalten ist. Und wie wir im letzten Abschnitt schon erwähnt haben, reicht der Kontext $(J(\mathfrak{B}(\mathbb{K})), M(\mathfrak{B}(\mathbb{K})), \leq \cap(J(\mathfrak{B}(\mathbb{K})) \times M(\mathfrak{B}(\mathbb{K}))))$ aus, um die Struktur des Begriffsverbandes $(\mathfrak{B}(\mathbb{K}), \leq)$ bis auf

Isomorphie eindeutig zu bestimmen (wobei dann allerdings einige Informationen über den Ausgangskontext verloren gehen). Man sagt übrigens, daß *ein Gegenstand g reduzibel sei*, wenn der zugehörige Gegenstandsbegriff verbindungsreduzibel ist (d. h. nicht verbindungsirreduzibel); entsprechend *heißt ein Merkmal reduzibel*, wenn der zugehörige Merkmalbegriff schnittreduzibel ist.

Die Beschränkung auf die irreduziblen Gegenstände und/oder Merkmale bezeichnet man als *Reduktion* des Kontextes (nach gewissen Gesichtspunkten). Der Prozeß der Reduktion ist häufig nützlich oder sogar notwendig, wenn anderenfalls der Kontext zu groß wird, um noch mit ConImp bearbeitet werden zu können (oder wenn es zu viele zu einem Gegenstand oder Merkmal „äquivalente" Gegenstände bzw. Merkmale gibt). ConImp erlaubt Bereinigen und Reduzieren von Gegenstands- und Merkmalmenge in verschiedenen Kombinationen, wobei im Zusammenhang mit einer Reduktion die entsprechende Menge immer auch bereinigt wird.

Um zu klären, was bei der Reduktion von Merkmalen geschehen ist, kann man neben der Merkmalordnung die im nächsten Abschnitt behandelten Merkmalimplikationen heranziehen (mit dem transponierten Kontext erhält man entsprechend die „Gegenstandsimplikationen").

An dem Liniendiagramm in Abbildung 2 kann man nun ablesen, daß im Begriffsverband zum Kontext ZahlB1 nur der Gegenstandsbegriff $(6'', 6')$ mit der Nummer 9 verbindungsreduzibel ist (er hat drei untere Nachbarn). Es ist kein Merkmal(begriff) schnittreduzibel. Der bereinigte und der reduzierte Kontext zu ZahlB1 sind in Tabelle 1 mit angegeben. In Tabelle 2 sind für den Kontext Teiler30 sowohl der merkmalreduzierte als auch der vollständig reduzierte Kontext mit angegeben. In diesem Fall gibt es nichts zu bereinigen.

5. (Merkmal-)Implikationen

Eine *(Merkmal-)Implikation* „$P \Longrightarrow C$" eines Kontextes $\mathbb{K} = (G, M, I)$ besteht aus zwei Teilmengen P und C der Merkmalmenge M des Kontextes (G, M, I), wobei man die Menge P als die *Prämisse* und C als die *Konklusion* dieser Implikation bezeichnet. Die Implikation $P \Longrightarrow C$ ist in dem Kontext (G, M, I) *gültig*, wenn für jeden Gegenstand g aus G gilt: wenn g jedes Merkmal aus der Prämisse P hat, so hat g auch jedes Merkmal aus der Konklusion C.[16] Dies ist damit gleichbedeutend, daß C Teilmenge von P'', der Kontexthülle der Prämisse P, ist. Die Gültigkeit der Implikation $P \Longrightarrow C$ im Kontext $\mathbb{K}$ läßt sich auch leicht am Liniendiagramm des Begriffsverbandes von $\mathbb{K}$ ablesen, da sie damit gleichbedeutend ist, daß das Infimum der Menge der zu den Elementen von C gehörenden Merkmalbegriffe durch einen

---

[16] Mit anderen Worten: Wenn jedes Merkmal aus der Prämisse P auf den Gegenstand g zutrifft, dann trifft auch jedes Merkmal aus der Konklusion C auf g zu.

aufsteigenden Linienzug vom Infimum der zu den Elementen von P gehörenden Merkmalbegriffe erreichbar – oder mit diesem identisch – ist (d. h. daß
inf $P \leq$ inf C gilt).

*So kann man z. B. an Abbildung 2 ablesen, daß im Kontext ZahlB1 die
Implikation*

$$(*) \qquad \{\text{ kubisch, ungerade}\} \Longrightarrow \{\text{ quadrat.}\}$$

*gilt; oder daß die Merkmale „ungerade" und „gerade" zusammen alle ande-
ren Merkmale implizieren (da es keinen Gegenstand im Kontext gibt, der
beide Merkmale gleichzeitig hat und das Infimum der beiden zugehörigen
Merkmalbegriffe daher der kleinste Begriff des Begriffsverbandes ist).*

Man sollte sich im Zusammenhang mit den von ConImp für einen Kontext berechneten Implikationen darüber im klaren sein, daß es sich dabei *um
Beziehungen zwischen den Merkmalen im aktuellen Kontext* und nicht unbedingt um Beziehungen zwischen den Merkmalen „im allgemeinen" handelt.

*So gilt z. B. in unserem Zahlenkontext ZahlB1 die Implikation
    „quadrat., kubisch $\Longrightarrow$ ungerade "
wie man der Tabelle 4 weiter unten entnehmen kann. Dies ist jedoch keine Implikation, die für alle positiven ganzen Zahlen gilt, da beispielsweise
die Zahl 64 quadratisch und kubisch ist, aber nicht ungerade (s. auch den
Abschnitt über Merkmalexploration).*

Bei empirisch gewonnenen Kontexten ist es für den Benutzer von ConImp
um so wichtiger, sich über mögliche Zufälligkeiten beim Auftreten von Implikationen im klaren zu sein. Die Angabe der Anzahl der „stützenden Beispiele"
(s. u.) kann dabei nur eine sehr schwache Bestätigung dafür liefern, daß eine
Implikation über den Gegenstandsbereich des Kontextes hinaus gültig sein
könnte. Auch die „Merkmalexploration" (s. u.) liefert dabei keine absolute Sicherheit, da sich im Fall nicht-mathematischer Probleme das Urteil häufig nur
auf eine gewisse Konsensbildung stützen kann (wenn z. B. mehrere Experten
daran mitgewirkt haben), das Verfahren aber ein sicheres Urteil erwartet.

Da die Menge der in einem Kontext gültigen Implikationen im allgemeinen
sehr groß ist, versucht man, Listen von Implikationen zu erstellen, aus denen
sich jeweils alle im Kontext gültigen Implikationen *erzeugen* lassen. Dieses
Erzeugen kann z. B. mit Hilfe von Regeln erfolgen, auf die wir hier nicht
eingehen wollen und für die wir z. B. auf [Ma83] oder [Bu91] verweisen.

Denn man kann es auch anders verstehen: Eine Menge T von Merkmalen
respektiert eine Implikation $P \Longrightarrow C$, wenn entweder P keine Teilmenge
von T ist (d. h. daß T mindestens ein in P vorkommendes Merkmal nicht
enthält), oder wenn C Teilmenge von T ist. Man sagt ferner, eine Implikation
$P \Longrightarrow C$ *folge* aus einer Menge $\mathcal{I}$ von Implikationen, wenn jede Menge T
von Merkmalen, die jede Implikation aus $\mathcal{I}$ respektiert, auch die Implikation
$P \Longrightarrow C$ respektiert.

– Eine Menge $\mathcal{I}$ heißt nun ein *Erzeugendensystem* der Menge $\mathcal{I}(\mathbb{K})$ aller im Kontext $\mathbb{K}$ gültigen Implikationen, wenn $\mathcal{I}$ Teilmenge von $\mathcal{I}(\mathbb{K})$ ist und jede Implikation aus $\mathcal{I}(\mathbb{K})$ aus $\mathcal{I}$ folgt;

– sie heißt *Basis* von $\mathcal{I}(\mathbb{K})$, wenn sie ein Erzeugendensystem dieser Implikationenmenge ist und diese Eigenschaft verliert, wenn man auch nur eine Implikation aus $\mathcal{I}$ wegläßt;

– schließlich heißt $\mathcal{I}$ eine *minimale Basis* von $\mathcal{I}(\mathbb{K})$, wenn $\mathcal{I}$ eine Basis ist und aus keiner Implikation aus $\mathcal{I}$ ein Merkmal – sei es aus einer Prämisse, sei es aus einer Konklusion – weggelassen werden kann, ohne daß die Erzeugungseigenschaft verloren geht.

Es gibt nun in der Formalen Begriffsanalyse eine kanonische Basis für die in einem Kontext $\mathbb{K}$ gültigen Implikationen, die sog. *Duquenne-Guigues-Basis* (vgl. [DG86] oder [Ga87], wo ein Algorithmus für ihre Berechnung angegeben wird).[17] Sie hat stets die Eigenschaft, daß alle in einer dieser Implikationen vorkommenden Merkmale zusammen jeweils einen Begriffsinhalt bilden. Mit ConImp lassen sich für einen gegebenen Kontext $\mathbb{K}$ sowohl die Duquenne-Guigues-Basis als auch (daraus) eine minimale Basis für die in $\mathbb{K}$ gültigen Implikationen berechnen.

In Tabelle 4 haben wir die Duquenne-Guigues-Basis und eine minimale Basis der Implikationen des Kontextes ZahlB1 aus Tabelle 1 angegeben.

Dabei setzen wir voraus, daß vorher die Begriffsliste mit ConImp erstellt wurde. Dann bedeutet die vorangestellte Nummer in runden Klammern gerade die Nummer des Begriffes, dessen Inhalt I durch die Menge der in dieser Implikation vorkommenden Merkmale gegeben ist (bei anderen Listen – z. B. bei dem gleichfalls in dieser Tabelle angegebenen minimalen Erzeugendensystem der im Kontext ZahlB1 gültigen Implikationen – wird er, d. h. der Inhalt I, jeweils nur von den Merkmalen der Prämisse P „erzeugt" (d. h. es gilt $P'' = I$; vgl. dazu auch weiter unten die Vorbereitung der Beschreibung der Implikationen mit unabhängiger Prämisse). Die in spitzen Klammern der Implikation vorangestellte Zahl gibt jeweils die Anzahl der Gegenstände im Kontext an, für die die Prämisse dieser Implikation im Inhalt des zugehörigen Gegenstandsbegriffs liegt; eine „0" bedeutet dabei, daß es keinen solchen Gegenstand gibt, der zugehörige Begriff muß dann der kleinste Begriff des Begriffsverbandes sein. Am Anfang jeder Zeile steht die laufende Nummer der jeweiligen Implikation. Mengenklammern werden bei den Programmausgaben weggelassen.

---

[17] Grundlage dieser Berechnung sind die sog. Pseudoinhalte: Eine Teilmenge P der Merkmalmenge M eines Kontextes (G, M, I) heißt *Pseudoinhalt* dieses Kontextes, wenn P selbst kein Inhalt ist, d. h. wenn $P \neq P''$ gilt, aber wenn für jeden echt in P enthaltenen Pseudoinhalt Q gilt, daß Q'' schon in P enthalten ist. Duquenne und Guigues haben nun in [DG86] gezeigt, daß die Menge

$$\{\, P \Longrightarrow C \mid P \text{ ist ein Pseudoinhalt von } \mathbb{K} \,\}$$

eine Basis für die Implikationen des Kontextes $\mathbb{K}$ ist.

Der Effekt der Verkürzung gerade auch der Prämissen beim Übergang von der Duquenne-Guigues-Basis zu einer minimalen Basis wird allerdings in Tabelle 4 nicht deutlich. Dazu kann man aber die minimale Basis von Implikationen zum Kontext ZahlB2de in Tabelle 5 mit der Liste der akzeptierten Implikationen im Protokoll der Merkmalexploration des Kontextes ZahlB2d in Abschnitt 6. vergleichen (die zum Kontext ZahlB2de führt).

Tabelle 4 Zwei Implikationenlisten zum Kontext ZahlB1

```
Duquenne-Guigues-Basis der im Kontext ZahlB1 gueltigen
Implikationen:
   1. (  7) <  1> :  quadrat.  kubisch   ===>   ungerade
   2. (  7) <  1> :  ungerade  kubisch   ===>   quadrat.
   3. ( 13) <  0> :       prim quadrat.  ===>        gerade ungerade
                                                     kubisch
   4. ( 13) <  0> :       prim kubisch   ===>        gerade ungerade
                                                     quadrat.
   5. ( 13) <  0> :    gerade ungerade   ===>          prim quadrat.
                                                     kubisch

Eine minimale Basis der im Kontext ZahlB1 gueltigen Implikationen:
   1. (  7) <  1> :  quadrat.  kubisch   ===>   ungerade
   2. (  7) <  1> :  ungerade  kubisch   ===>   quadrat.
   3. ( 13) <  0> :       prim quadrat.  ===>   ungerade
   4. ( 13) <  0> :       prim kubisch   ===>        gerade ungerade
   5. ( 13) <  0> :    gerade ungerade   ===>          prim kubisch
```

Darüber hinaus lassen sich mit ConImp für $\mathcal{I}(\mathbb{K})$ noch zwei weitere Erzeugendensysteme berechnen, die zwar im allgemeinen wesentlich umfangreicher als die Duquenne-Guigues-Basis sind, aber auch recht nützlich für verschiedene Fragestellungen sein können. Dabei handelt es sich um die *Liste der echten Implikationen* und der *Liste der Implikationen mit unabhängiger Prämisse*.

Bevor wir auf diese beiden Listen eingehen, wollen wir zunächst erwähnen, daß die Menge der Inhalte eines Kontextes aus genau denjenigen Teilmengen der Merkmalmenge M besteht, die alle Implikationen eines Erzeugendensystems der Menge $\mathcal{I}(\mathbb{K})$ (aller im Kontext $\mathbb{K}$ gültigen Implikationen) respektieren. Bezeichnen wir für eine Menge $\mathcal{I}$ von Merkmalimplikationen und für eine Teilmenge T von M mit $T^{\mathcal{I}}$ die kleinste Teilmenge von M, die T umfaßt und alle Implikationen aus $\mathcal{I}$ respektiert, so ist stets $T'' = T^{\mathcal{I}}$, wenn $\mathcal{I}$ ein Erzeugendensystem von $\mathcal{I}(\mathbb{K})$ ist (und nur dann) (d.h. die mit Hilfe des Kontextes gebildete Hülle T'' und die mit Hilfe von $\mathcal{I}$ gebildete Hülle $T^{\mathcal{I}}$ von T sind dann stets gleich, und damit läßt sich auch der Begriffsverband eines Kontextes stets bis auf Isomorphie eindeutig – und bis auf die Benennung der schnitt- und verbindungsirreduziblen Elemente durch Merkmale bzw. Gegenstände – aus einem Erzeugendensystem der Implikationen des Kontextes herstellen). Außerdem nennen wir eine Teilmenge U von M

unabhängig (bzgl. $\mathbb{K}$), wenn $V'' \neq U''$ gilt für jede echte Teilmenge V von U (die also mindestens ein Element weniger enthält als U).

Die beiden zuletzt erwähnten Listen von Implikationen lassen sich dann wie folgt beschreiben:

- Die Liste der *Implikationen mit unabhängiger Prämisse* zu einem Kontext $\mathbb{K} = (G, M, I)$ besteht aus genau denjenigen Implikationen $P \Longrightarrow C$, die in $\mathbb{K}$ gültig sind und bei denen P eine unabhängige Teilmenge von M ist und $P \neq P''$ gilt. Ferner ist stets $C = P'' \setminus P$, d. h. die Konklusion C besteht aus allen Merkmalen von P'', die nicht schon in P liegen. Wenn die Begriffsnummern mit ausgedrückt worden sind (d. h. wenn vor der Erstellung dieser Liste die Begriffsliste berechnet wurde), kann man an dieser Liste auch ablesen, welche unabhängigen Erzeugenden der Inhalt eines speziellen Begriffes hat. Für die nicht aufgeführten Begriffe ist außerdem der Inhalt selbst unabhängig. Eine solche Liste muß man sich aber von Hand erstellen (vgl. das Beispiel ZahlB2d etwas weiter unten).
- Die Liste $\mathcal{E}(\mathbb{K})$ der *echten Implikationen* des Kontextes $\mathbb{K} = (G, M, I)$ wird z.Z. in ConImp aus der Liste der Implikationen mit unabhängiger Prämisse gewonnen (bei längeren Listen kann es daher ggf. Speicherplatzprobleme geben).[18] Die echten Implikationen bilden ein Erzeugendensystem der Implikationen des Kontextes, das minimal ist bezüglich der folgenden Eigenschaft:
Für irgendeine Teilmenge T der Merkmalmenge M erhält man den von T erzeugten Inhalt T'' durch Hinzunahme aller derjenigen Konklusionen von Implikationen dieser Liste, für die die Prämisse Teilmenge von T ist, d. h.

$$T \cup \bigcup \{\, C \mid P \Longrightarrow C \text{ liegt in } \mathcal{E}(\mathbb{K}) \text{ und } P \subseteq T \,\} = T'' = T^{\mathcal{I}(\mathbb{K})}\,.$$

Beispiele für diese Listen geben wir für einen anderen Kontext. Und zwar betrachten wir den im nächsten Abschnitt „als repräsentativ" für die positiven ganzen Zahlen ermittelten Kontext ZahlB2de (in reduzierter Form) mit der Merkmalmenge $M_{2d} := \{$ gerade, ungerade, prim, quadrat, kubisch, n.prim, n.quadrat, n.kubisch $\}$.[19] Der zugehörige Kontext wird zusammen mit einer Liste minimaler Implikationen in Tabelle 5 dargestellt, in Tabelle 6 findet man eine Liste aller in ZahlB2de gültigen Implikationen mit unabhängiger Prämisse, und in Tabelle 7 eine Liste aller echten Implikationen des Kontextes ZahlB2de. Man beachte, daß diese Implikationenlisten Basen bzw. Erzeugendensysteme für die Gesamtheit aller Implikationen zwischen den Merkmalen aus M_{2d} bezüglich aller positiver ganzer Zahlen sind, wie sich aus dem nächsten Abschnitt ergeben wird. Die Liste der nicht-leeren

---

[18] Inzwischen gibt es unter Benutzung der sog. *Pfeilrelation*, die mit ConImp nicht berechnet werden kann, eine direkte Methode, die Liste der echten Implikationen zu erstellen – vgl. [GW96], S. 83.

[19] „n." steht dabei für „nicht" – wir verwenden hier die Merkmalnamen, wie sie (wegen der Längenbeschränkung) im Kontext unter ConImp benutzt werden.

Inhalte, die selbst (hüllentheoretisch) unabhängige Teilmengen der Merkmalmenge M_{2d} sind, muß man sich „per Hand" mit Hilfe eines Ausdrucks
der Begriffsliste und der Liste der Implikationen mit unabhängiger Prämisse
anhand der Begriffsnummern zusammenstellen. Solche Teilmengen erzeugen
im Begriffsverband sog. Boolesche Unterverbände (dreielementige z. B. eine
sog. Würfelstruktur), mit deren Hilfe man das Liniendiagramm häufig besser
strukturieren kann.

Man erkennt umgekehrt an dem Liniendiagramm des Begriffsverbandes
ZahlB2de in Abbildung 3, daß die Inhalte

$$I_1 := \{ \text{ n.quadrat, n.prim, n.kubisch, ungerade } \}$$

und

$$I_2 := \{ \text{ n.quadrat, n.prim, n.kubisch, gerade } \}$$

(und alle ihre Teilmengen) unabhängige Inhalte bilden. Dazu gehören gerade
die Begriffe Nr. 1 bis 8 (für den Durchschnitt $I_1 \cap I_2$ dieser beiden Inhalte,
der zum Begriff Nr. 8 gehört, und seine Teilmengen), Nr. 15 bis 22 (für die
Teilmengen des obigen Inhalts I_1, die das Merkmal „ungerade" enthalten –
I_1 ist der Inhalt des Begriffs Nr. 22) bzw. Nr. 29 bis 36 (für die Teilmengen
des obigen Inhalts I_2, die das Merkmal „gerade" enthalten – I_2 ist der Inhalt
des Begriffs Nr. 36), die in Tabelle 6 fehlen.

Von daher sind dann aber die maximalen Teilmengen darunter interessant,
die hier zu den Begriffen Nr. 8, Nr. 22 und Nr. 36 gehören.

Tabelle 5 Formaler Kontext ZahlB2de (reduziert), sowie eine minimale Basis von
Implikationen

```
ZahlB2de        nn    Minimale Basis der Implikationen des Kontextes
        u q   ..    ZahlB2de
        n uk qk
      gg aunuu   1. < 4> :   kubisch   ===>        n.prim
      ee db.ab   2. < 4> :   quadrat.  ===>        n.prim
      rrpripdi   3. < 4> :      prim   ===>  n.quadrat n.kubisch
      aarasrrs   4. < 0> :   kubisch n.kubisch ===>     gerade
      dditciac                                        ungerade
      eem.hmth   5. < 0> :   quadrat. n.quadrat ===>    gerade
      --------                                        ungerade
     1!.x.xxx..!  6. < 0> :     prim    n.prim   ===>    gerade
     2!x.x...xx!                                        ungerade
     3!.xx...xx!  7. < 0> :   gerade  ungerade   ===>      prim
     4!x..x.x.x!                                         quadrat.
     6!x....xxx!                                         kubisch
     8!x...xxx.!
     9!.x.x.x.x!
    15!.x...xxx!
    27!.x..xxx.!
    64!x..xxx..!
      ----------
```

Tabelle 6 Liste der Implikationen mit unabhängiger Prämisse zum Kontext ZahlB2de (Prämisse und Konklusion zusammen bilden immer einen Inhalt. Wenn alle Merkmale vorkommen, steht verkürzt „M_ 2d" als Konklusion)

```
 1. ( 9) < 4> :   kubisch        ===>      n.prim
 2. (10) < 2> :   kubisch n.quadrat        ===>        n.prim
 3. (11) < 4> :   quadrat.       ===>      n.prim
 4. (12) < 2> :   quadrat. n.kubisch       ===>        n.prim
 5. (13) < 2> :   quadrat. kubisch         ===>        n.prim
 6. (14) < 4> :      prim        ===>  n.quadrat n.kubisch
 7. (23) < 2> :   ungerade kubisch         ===>        n.prim
 8. (24) < 1> :   ungerade kubisch n.quadrat       ===>        n.prim
 9. (25) < 2> :   ungerade quadrat.        ===>        n.prim
10. (26) < 1> :   ungerade quadrat. n.kubisch       ===>        n.prim
11. (27) < 1> :   ungerade quadrat. kubisch         ===>        n.prim
12. (28) < 3> :   ungerade    prim        ===>  n.quadrat n.kubisch
13. (37) < 2> :   gerade kubisch          ===>        n.prim
14. (38) < 1> :   gerade kubisch n.quadrat          ===>        n.prim
15. (39) < 2> :   gerade quadrat.         ===>        n.prim
16. (40) < 1> :   gerade quadrat. n.kubisch         ===>        n.prim
17. (41) < 1> :   gerade quadrat. kubisch           ===>        n.prim
18. (42) < 1> :   gerade    prim          ===>  n.quadrat n.kubisch
19. (43) < 0> :      prim quadrat.        ===>      M_2d
20. (43) < 0> :   kubisch n.kubisch       ===>      M_2d
21. (43) < 0> :   quadrat. n.quadrat      ===>      M_2d
22. (43) < 0> :      prim n.prim          ===>      M_2d
23. (43) < 0> :      prim kubisch         ===>      M_2d
24. (43) < 0> :   gerade ungerade         ===>      M_2d
```

Beim Abspeichern irgendeiner der berechenbaren oder eingebbaren Implikationenlisten werden übrigens die ggf. zugeordneten Begriffsnummern und auch die Anzahlen der „Realisationen" (d.h. die Zahlen in den spitzen Klammern) nicht mit abgespeichert. Die „Anzahlen der Realisationen" werden bei jeder Ausgabe der Implikationen auf dem Bildschirm oder Drucker neu berechnet (falls diese Option nicht im Implikationenmenü ausgeschaltet wurde). Sie können z.B. im Zusammenhang mit Kontexten mit empirischen (z.B. medizinischen) Daten nützlich sein, um festzustellen, von wievielen Gegenständen (z.B. Patienten) die betreffende Implikation tatsächlich unterstützt wird. Im Implikationeneditor (s.u.) kann man sich dann mit Hilfe des „Suchmodus" auch – aber nur auf den Bildschirm – ausgeben lassen, um welche Gegenstände es sich dabei handelt, indem man die Merkmale der Prämisse der betreffenden Implikation mit einem „+" markiert und sich dann die Liste der Gegenstände anzeigen läßt, die alle diese Merkmale in ihrem Inhalt haben.

Die Implikationenlisten werden übrigens nicht so abgespeichert, wie sie normalerweise ausgedruckt werden, sondern mit einer Liste der Merkmalnamen und in Tabellenform, in der jede Zeile eine Implikation darstellt, in der in der k-ten Spalte ein „P" bzw. „C" steht, wenn das k-te Merkmal zur Prämisse

Tabelle 7 Liste der Implikationen mit echter Prämisse zum Kontext ZahlB2de

```
1. ( 9) < 4> :   kubisch     ===>       n.prim
2. (11) < 4> :   quadrat.    ===>       n.prim
3. (14) < 4> :      prim     ===>   n.quadrat n.kubisch
4. (43) < 0> :      prim  quadrat.   ===>      gerade     ungerade
                                              kubisch
5. (43) < 0> :   kubisch n.kubisch   ===>      gerade     ungerade
                                                 prim     quadrat.
                                              n.quadrat
6. (43) < 0> :   quadrat. n.quadrat  ===>      gerade     ungerade
                                                 prim      kubisch
                                              n.kubisch
7. (43) < 0> :      prim    n.prim   ===>      gerade     ungerade
                                              quadrat.     kubisch
8. (43) < 0> :      prim   kubisch   ===>      gerade     ungerade
                                              quadrat.
9. (43) < 0> :   gerade  ungerade    ===>        prim     quadrat.
                                              kubisch      n.prim
                                           n.quadrat   n.kubisch
```

bzw. zur Konklusion gehört – in ähnlicher Form können einige Listen allerdings auch ausgedruckt werden (im Druckmenü als „Blockform" bezeichnet) –, wobei noch eine Liste von Markierungen hinzukommt, die anzeigt, ob die *l*-te Implikation als sicher (T) oder unsicher (U) akzeptiert wurde, was jedoch nur im Zusammenhang mit der noch zu besprechenden „Merkmalexploration" Sinn macht (berechnete Implikationen erhalten immer das Attribut „T"). In diesem Zusammenhang sei jedoch angemerkt, daß bis auf die Begriffs-, Vorgänger- und Nachfolgerlisten alle anderen Daten, die sich mit dem Programm ConImp überhaupt abspeichern lassen, „relativ uncodiert" gespeichert werden, so daß man sie sich jederzeit mit einem Texteditor ansehen kann, auch wenn das insofern etwas mühselig ist, weil die Namen von der Tabelle getrennt sind. Begriffs-, Vorgänger- und Nachfolgerlisten werden „zeilenweise" binär codiert und lassen sich auch mit einem Texteditor betrachten. Die direkte Entschlüsselung ist möglich, aber recht mühsam.

6. Merkmalexploration und (Hintergrund-)Implikationeneditor

Wenn wir uns nun die in Tabelle 4 aufgeführten Implikationen ansehen, so stellen wir – wie teilweise schon im letzten Abschnitt bemerkt – fest, daß die erste und zweite Implikation zwar für unseren Kontext ZahlB1 richtig sind, nicht aber in der Menge aller positiven ganzen Zahlen. Denn 64 ist quadratisch und kubisch, aber nicht ungerade, während 27 ungerade und kubisch, aber nicht quadratisch ist. Das bedeutet, daß die Zahlen von 1 bis 9

„nicht typisch" sind für alle positiven ganzen Zahlen relativ zu der gewählten Merkmalmenge.

Die Frage nach „typischen Gegenständen und Merkmalen" ist in der Wissensverarbeitung oder auch im Zusammenhang mit anderen Fragestellungen ein wichtiges Problem. In der Formalen Begriffsanalyse stellt sich diese Frage auch häufig, z. B. wenn man den Begriffsverband eines sehr großen oder sogar unendlichen – unter Umständen nur „im Prinzip" bekannten – Kontextes bestimmen möchte, wobei entweder die Merkmalmenge oder die Gegenstandsmenge relativ klein ist. Denn man weiß, daß der Begriffsverband eines Kontextes mit n Merkmalen oder Gegenständen höchstens 2^n Begriffe haben kann (und im allgemeinen sehr viel weniger). Den großen Ausgangskontext bezeichnet man in der Formalen Begriffsanalyse häufig als *begriffliches Universum.*

Ist $\mathbb{U} := (G_{\mathrm{U}}, M, I_{\mathrm{U}})$ ein begriffliches Universum mit fest vorgegebener endlicher Merkmalmenge M und im allgemeinen sehr großer Gegenstandsmenge, so heißt eine Teilmenge G von G_{U} für das begriffliche Universum *typisch,* (oder eine für $\mathbb{U}$ *repräsentative Gegenstandsmenge*), wenn die Begriffsverbände $(\mathfrak{B}(G_{\mathrm{U}}, M, I_{\mathrm{U}}), \leq)$ und $(\mathfrak{B}(G, M, I_{\mathrm{U}} \cap (G \times M)), \leq)^{20}$ derart isomorph sind, daß einander zugeordnete Begriffe den gleichen Inhalt haben: $(A, B) \mapsto (\tilde{A}, B)$.

In der *Merkmalexploration,* manchmal auch „interaktives Implikationenprogramm" genannt, bietet die Formale Begriffsanalyse ein Verfahren an, eine typische Gegenstandsmenge zu bestimmen (wenn der Experte, den man dabei befragt, genügend Wissen hat; man vergleiche dazu die allgemeinen Bemerkungen über Implikationen am Beginn des letzten Abschnittes). Durch Vertauschen der Rolle von Gegenständen und Merkmalen – man nennt dies auch Transponieren des Kontextes bzw. der Tabelle, und das ist über das Änderungsmenü möglich – kann man mit ConImp auch eine typische Merkmalmenge bestimmen, d. h. eine sog. *Gegenstandexploration* durchführen.[21] Wenn sowohl die Gegenstands- als auch die Merkmalmenge nicht von vornherein festlegen, kann man sie beide auch durch wechselweises Anwenden der Merkmal- und der Gegenstandexploration erweitern.

---

[20] D. h. dies ist der Begriffsverband des Kontextes, der aus der Teilmenge G von G_{U} als Gegenstandsmenge, der vorgegebenen Merkmalmenge M und der Einschränkung der Zutreffensrelation I_{U} auf diesen Teilbereich gebildet wird.

[21] Die dann zu stellende Frage bei einem Implikationenvorschlag lautet dann nicht *„Haben alle Gegenstände im begrifflichen Universum, auf die alle Merkmale der Prämisse zutreffen auch alle Merkmale der Konklusion?"*, sondern *„Treffen alle Merkmale des begrifflichen Universums, die auf alle Gegenstände der Prämisse zutreffen, auch auf alle Gegenstände der Konklusion zu?"* Eine solche Fragestellung ist z. B. im Zusammenhang mit einem Schlagwortkatalog für ein Bibliotheksprogramm von Interesse, bei dem die Bücher als die Gegenstände und die (klassifizierenden) Schlagwörter als die Merkmale angesehen werden (vgl. [WW92]).

Bei diesem Verfahren der Merkmalexploration werden dem Experten vom Programm Implikationenvorschläge gemacht, die er akzeptieren oder durch die Eingabe eines Gegenbeispiels mit allen seinen Merkmalen widerlegen muß.[22] Mit Hilfe der ggf. vorab mit Hilfe des Implikationeneditors eingegebenen Implikationen, den sog. *Hintergrundimplikationen* und der schon akzeptierten Implikationen wird ein „Kandidat P für einen Pseudoinhalt" erst einmal daraufhin geprüft, ob die Lücke zur Kontexthülle P'' schon geschlossen und damit der Implikationenvorschlag $P \Longrightarrow P'' \setminus P$ automatisch akzeptiert werden kann. Anderenfalls wird noch untersucht, was an der Prämisse und der Konklusion „unverzichtbar" ist, und dieser Teil wird dann beim Implikationenvorschlag an den Experten invertiert dargestellt. Der Experte muß nun entscheiden, ob er die Implikation beweisen oder widerlegen kann. Ist beides im Augenblick unmöglich, so kann die Implikation auch als *unsicher akzeptiert* werden. ConImp arbeitet mit einer als unsicher akzeptierten Implikation weiter, als wäre sie „normal akzeptiert" worden. Wenn aber ein Implikationenvorschlag nur unter Benutzung mindestens einer solchen unsicheren Implikationen und mit Hilfe akzeptierter und Hintergrundimplikationen automatisch akzeptiert werden könnte, so wird beim Experten noch einmal nachgefragt, ob er sie nicht vielleicht auch so beweisen kann.

Am Ende eines Verfahrens, in dem in allen Teilen richtig und vollständig (ggf. ohne übrig gebliebene Fragezeichen) geantwortet wurde, hat man einerseits eine Duquenne-Guigues-Basis für die im begrifflichen Universum gültigen Implikationen berechnet, sowie andererseits einen Kontext mit einer typischen Menge von Gegenständen. Insbesondere hat man also für jede Merkmalimplikation, die im begrifflichen Universum nicht gilt, in dieser Gegenstandsmenge ein Beispiel, dessen Inhalt diese Implikation nicht respektiert.

Wir hängen nun an die Liste der Gegenstände des Kontextes ZahlB1 zwei weitere Gegenstände an, d. h. über das Änderungsmenü von ConImp wird die Zahl der Gegenstände von 9 auf 11 erweitert, mit dem Namengebungsunterprogramm werden diesen neuen Gegenständen die Namen „27" bzw. „64" gegeben und dann im Kontexteditor die zutreffenden Merkmale angekreuzt. Auf diese Weise erhält man einen Kontext „ZahlB2". Wir laden die Liste der Duquenne-Guiges-Implikationen von ZahlB1 mit Hilfe der „speziellen Ladeoption für Implikationen"[23] in den Implikationeneditor.

Mit dieser Option kann man nämlich auch Implikationenlisten in den Implikationeneditor laden bzw. an eine vorhandene Liste anhängen, die für andere Kontexte berechnet wurden, solange nur im aktuellen Kontext und in der zu ladenden Liste Merkmalnamen gemeinsam vorkommen. Wenn eine

---

[22] Bei Wahl einer sog. dreiwertigen Logik braucht man auch nur höchstens einen Teil der Konklusion zu widerlegen (mindestens ein Merkmal davon) und kann die Beantwortung der anderen Fragen mit Hilfe von Fragezeichen offen lassen; solche Beispiele können ggf. bei einem anderen Implikationenvorschlag weiter bearbeitet werden.

[23] Dies geschieht mit den Befehlen „**I L S**" vom Hauptmenü aus.

Prämisse im aktuellen Kontext voll repräsentiert ist und noch mindestens ein Merkmal aus der Konklusion im Kontext Sinn macht, dann wird der „sinnvolle Teil" einer solchen Implikation eingelesen. Ggf. werden sogar Implikationen ausgesondert, die im aktuellen Kontext den Inhalt mindestens eines vorhandenen Gegenstandes nicht respektieren. Auch „als unsicher" akzeptierte Implikationen werden dabei ggf. ausgesondert.

Z. B. werden in unserem Beispiel ZahlB2 die Inhalte der Zahlen 64 bzw.
27 von den ersten beiden Implikationen von ZahlB1 nicht respektiert.[24]
Wenn man nun mit Hilfe der drei verbliebenen Implikationen im Hintergrund die Merkmalexploration für den Kontext ZahlB2.CXT startet, so werden alle Implikationen automatisch akzeptiert, d. h. $G := \{1, 2, 3, 4, 5, 6, 7, 8,$
$9, 27, 64\}$ ist schon eine typische Menge von Gegenständen bzgl. M in unserem begrifflichen Universum der positiven natürlichen Zahlen. Wenn man die automatisch akzeptierten Implikationen nicht immer noch bestätigen möchte, so kann man diese Bestätigungen und eine Reihe von – manchem lästigen – anderen Rückfragen in anderen Programmteilen abstellen. Insbesondere liefert dies dann eine einfache Möglichkeit, für einen Kontext $\mathbb{K}$ eine gegebene Menge von Implikationen daraufhin zu testen, ob sie die Implikationenmenge von $\mathbb{K}$ erzeugt. Im Implikationeneditor wird jeweils schon geprüft, ob die eingegebene Implikation im Kontext gilt (falls sie nicht gilt, kann man die aktuelle Eingabezeile nicht verlassen, bevor man sie nicht korrigiert oder gelöscht hat).

Mit Hilfe des Suchmodus im „Hintergrundimplikationeneditor" kann man nun den Kontext – und damit das begriffliche Universum – nach einer Liste aller derjenigen (oder mindestens einiger) Gegenstände abfragen, die gewisse Merkmale haben oder auch einige nicht haben sollen. Um aber sicher zu sein, daß man auch dann mindestens ein Beispiel angezeigt bekommt, wenn man neben Zutreffen von Merkmalen auch nach Nichtzutreffen fragt und wenn es im begrifflichen Universum ein Beispiel dafür gibt, so muß man den Kontext *dichotomisieren* (und dann wiederum explorieren). Beim Dichotomisieren werden mit Hilfe eines Unterprogramms des Änderungsmenüs an den Kontext ZahlB2 automatisch noch einmal so viele Merkmale angehängt, wie schon vorhanden sind, und die neuen Spalten werden so ausgefüllt, daß das neue Merkmal genau dann auf einen Gegenstand zutrifft, wenn das entsprechende alte nicht zutrifft (*Negation* dieses Merkmals). Im Namengebungsmenü werden den neuen Merkmalen nun vom Benutzer von ConImp Namen gegeben, die ausdrücken, daß dieses Merkmal Negation des alten ist. Hat der ursprüngliche Kontext $\mathbb{K}$ m Merkmale, so ist im dichotomisierten Kontext $\mathbb{K}_d$ das $(m + r)$-te Merkmal die Negation des r-ten Merkmals des Kontextes

---

[24] Bei der Umwandlung des Kontextes ZahlB1.CXT in den Kontext ZahlB2.CXT kann man auch die Duquenne-Guigues-Basis von ZahlB1 beibehalten (oder vorher in den Implikationeneditor laden und diese Liste beibehalten), dann in den Implikationeneditor laden und dort die beiden in unserem begrifflichen Universum nicht gültigen Implikationen löschen.

$\mathbb{K}$ (für $1 \leq r \leq m$). – Soll ein dichotomisierter Kontext (in dem also mit jedem Merkmal auch seine Negation vorkommt), eine typische Menge von Gegenständen des um die neuen Merkmale erweiterten Universums enthalten, so muß jeder Gegenstandsbegriff des ursprünglichen Kontextes hier auch durch einen Gegenstand vertreten sein. Im allgemeinen muß dann also eine erneute Merkmalexploration durchgeführt werden.

Wir führen in dem Kontext $\mathbb{K}_d$ als neue Merkmalnamen „n.gerade", „n.ungerad", „n.prim", „n.quadrat" und „n.kubisch" für die jeweiligen Negationen der ursprünglichen Merkmale ein. Da jedoch die Merkmale „n.gerade" und „ungerade" bzw. „n.ungerad" und „gerade" übereinstimmen, werden über das Änderungsmenü mit dem Unterprogramm „Reihenfolge und Anzahl von Merkmalen verändern" die entsprechenden beiden neuen Merkmale herausgestrichen. Der Kontext erhält den Namen ZahlB2d und hat damit die achtelementige Merkmalmenge $M_{2d} = \{$ gerade, ungerade, prim, quadrat., kubisch, n.prim, n.quadrat, n.kubisch $\}$.

Wir laden – wie oben beschrieben– die Duquenne-Guigues-Basis von ZahlB2 in den Implikationeneditor und erweitern bei diesen drei Implikationen, da jede eine unerfüllbare Prämisse hat, die Konklusionen um alle neuen Merkmale. Dann starten wir die Merkmalexploration für ZahlB2d. Dabei kann man sich bei Bedarf ein Protokoll auf den Drucker oder in eine Datei ausgeben lassen (oder in Beides). Die vom Programm nicht invertiert dargestellten Merkmale werden in Klammern wiedergegeben (sie können bei der Entscheidung über Annahme oder Ablehnung des Implikationenvorschlages zunächst vernachlässigt werden, müssen jedoch bei Ablehnung der Implikation mit berücksichtigt werden):

1. Implikationenvorschlag:
n.prim, n.quadrat, n.kubisch $\Longrightarrow$ gerade?
Die Antwort ist „Nein", denn 15 ist eine ungerade Zahl, die weder prim noch quadratisch noch kubisch ist.

2. Implikationenvorschlag:
kubisch $\Longrightarrow$ n.prim?
Dieser ist zu akzeptieren.

3. Implikationenvorschlag (alle Merkmale kommen vor):
kubisch, (n.prim), n.kubisch $\Longrightarrow$
$\Longrightarrow$ gerade, ungerade, (prim), (quadrat.), (n.quadrat) ?
Hier wird angemerkt, daß alle Merkmale vorkommen, um den Benutzer oder Experten darauf hinzuweisen, daß die Prämisse möglicherweise inkonsistent ist.
Da die „wesentlichen" Merkmale der Prämisse einander negieren, ist auch diese Implikation zu akzeptieren.

4. Implikationenvorschlag:
quadrat. $\Longrightarrow$ n.prim?
Auch diese Implikation ist zu akzeptieren.

5. Implikationenvorschlag (alle Merkmale kommen vor):

quadrat., (n.prim), n.quadrat $\Longrightarrow$
$\Longrightarrow$ **gerade, ungerade, (prim), (kubisch), (n.kubisch)?**

Die Implikation ist wegen sich negierender Merkmale in der Prämisse zu akzeptieren.

6. Implikationenvorschlag:

prim $\Longrightarrow$ **n.quadrat, n.kubisch?**

Auch diese Implikation trifft offensichtlich auf unser begriffliches Universum zu.

7. Implikationenvorschlag (alle Merkmale kommen vor):

prim, n.prim, (n.quadrat), (n.kubisch) $\Longrightarrow$
$\Longrightarrow$ **gerade, ungerade, (quadrat.), kubisch?**

Auch hier kommen alle Merkmale vor, und die Implikation ist wegen sich negierender Merkmale in der Prämisse zu akzeptieren.

8. Implikationenvorschlag (alle Merkmale kommen vor):

gerade, ungerade $\Longrightarrow$
$\Longrightarrow$ **prim, quadrat., kubisch, n.prim, n.quadrat., n.kubisch?**

Diese Implikation wurde automatisch akzeptiert.

Hier endet die Merkmalexploration. Es wurden 7 Implikationen als Basis akzeptiert und ein weiteres Gegenbeispiel erzeugt. Der Kontext erhält von uns den Namen ZahlB2de. Die typische Gegenstandsmenge

$$\{\,1,2,3,4,5,6,7,8,9,15,27,64\,\}$$

für das gegenwärtige begriffliche Universum oder auch die Gegenstandsmenge $\{\,1,2,3,4,6,8,9,15,27,64\,\}$ des reduzierten Kontextes ZahlB2de hat jetzt auch die Eigenschaft, daß jede Abfrage im Suchmodus des Implikationeneditors genau dann mindestens einen Gegenstand (d. h. eine Zahl) anzeigt, wenn es im begrifflichen Universum eine Zahl gibt, die die gewünschten Merkmale hat bzw. nicht hat. Der reduzierte Kontext zu ZahlB2de und einige Implikationenlisten dazu sind schon im letzten Abschnitt in den Tabellen 5, 6 und 7 dargestellt worden. Den Begriffsverband mit 43 Begriffen findet man in Abbildung 3.

Um noch kurz einen Eindruck vom Umgang mit unvollständigem Wissen im Zusammenhang mit ConImp zu vermitteln, gehen wir wie folgt vor:

– Wir entfernen aus dem Kontext ZahlB2 das Merkmal „kubisch" mit Hilfe des Unterprogramms „Reihenfolge und Anzahl der Merkmale verändern", und mit Hilfe der Unterprogramms „Anzahl der Merkmale vergrößern" – beide aus aus dem Änderungsmenü – fügen wir drei neue Merkmale hinzu:

Sum2ger   d. h.   „ist die Summe zweier gerader Zahlen"
Sum2quad   d. h.   „ist die Summe zweier Quadratzahlen"
Sum2prim   d. h.   „ist die Summe zweier Primzahlen"

– Nach einer Ergänzung der Einträge und anschließender Reduktion nach den Gegenständen erhalten wir den Kontext ZahlB3 := (G_3, M_3, I_3) mit der

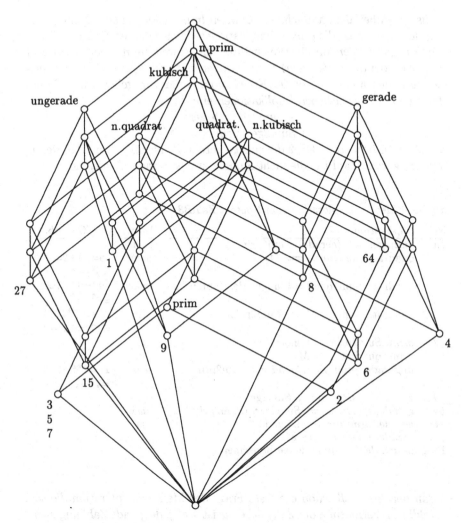

Abbildung 3 Liniendiagramm zum Kontext ZahlB2de

Gegenstandsmenge G_3 = { 1, 2, 3, 4, 5, 7, 8, 9 } (vgl. Tabelle 9). Dabei haben wir das Merkmal „Summe zweier ungerader Zahlen" nicht eingeführt, da es mit dem Merkmal „gerade" äquivalent ist, denn wir wollen die Liste der Fragen bei der folgenden Merkmalexploration nicht zu lang werden lassen).

– Wir verkürzen die Darstellung des Vorganges der Merkmalexploration, indem wir in Tabelle 8 die Fragen und Antworten in knapper Form angeben, wobei „unsi." für „Die Implikation wird als unsicher akzeptiert" steht, „aut." für „automatisch akzeptiert". Links wird die Implikation angegeben, in der Mitte die Antwort, rechts ggf. das Gegenbeispiel, bei dem wir Hinweise anfügen für einige Einträge in den Kontext, bzw. merken wir an, ob die Implikation automatisch akzeptiert wurde.

– *Falls wir dabei nicht alle schon bekannten Implikationen neu eingeben wollen, lesen wir z. B. die echten Implikationen des Kontextes ZahlB2 mit der Option „S" in den Implikationeneditor ein (soweit sie relevant sind) und ergänzen bei diesen (beiden) Implikationen mit widersprüchlicher Prämisse die neuen Merkmale in der Konklusion. Außerdem geben wir noch die folgenden offensichtlichen Implikationen ein:*

$$\text{Sum2ger} \implies \text{gerade}$$
$$\text{Sum2ger, prim} \implies M_3$$

(hier ist zu beachten, daß 2 die einzige gerade Primzahl ist und daß sie die einzige gerade Zahl ist, die nicht Summe zweier gerader Zahlen ist).

Tabelle 8 *Merkmalexploration zum Kontext ZahlB3*

Nr.	Implikation	Antw.	Art/Gegenb.
1u.	Sum2ger $\implies$ (gerade), Sum2prim	unsi.	
	quadrat., Sum2quad $\implies M_3$	nein	$25=23+2=$ $=3^2+6^2$
	quadrat., Sum2quad $\implies$ ungerade, Sum2prim	nein	$100=97+3=$ $=6^2+8^2$
	quadrat., Sum2quad $\implies$ Sum2prim	nein	$289=7*41+2=$ $=17^2=15^2+8^2$
2.	prim, Sum2prim $\implies$ ungerade	ja	
3.	prim, quadrat. $\implies M_3$	ja	aut.
	ungerade, prim, Sum2quad $\implies$ Sum2prim	nein	$17=3*5+2=$ $=4^2+1^2$
4.	gerade, Sum2prim $\implies$ Sum2ger	ja	
5u.	gerade, quadrat. $\implies$ Sum2ger, (Sum2prim)	unsi.	
6.	gerade, prim $\implies$ Sum2quad	ja	
7.	gerade, ungerade $\implies M_3$	ja	aut.

Programmende; 7 Implikationen berechnet

– *Man beachte, daß schon die erste Frage der Merkmalexploration die sog. Goldbach-Vermutung der Zahlentheorie ist, daß jede gerade Zahl ungleich 2 die Summe zweier Primzahlen sei. Diese ist weder bewiesen noch widerlegt, so daß wir diese Implikation als unsicher akzeptieren müssen.*

– *Wir laden nach Beendigung der Merkmalexploration die berechnete Duquenne-Guigues-Basis in den Implikationeneditor, streichen dort die beiden als unsicher akzeptierten Implikationen (dieses Attribut „unsicher/uncertain" wird in der Kopfzeile jeweils angezeigt), fügen aber die Teile davon, die richtig sind, an die Liste an, also*

    1.   **Sum2ger $\implies$ gerade,**

    5.   **gerade, quadrat. $\implies$ Sum2ger .**

– *Nun berechnen wir als Erweiterung des vorhandenen Kontextes ZahlB3e den von uns als ZahlB3ef bezeichneten Kontext, der die Menge der im Implikationeneditor befindlichen Implikationen als Erzeugendensystem der in ihm gültigen Implikationen hat und 5 neue „fiktive" Gegenstände G13*

*bis G17 (vgl. Tabelle 9). Der Kontext ZahlB3ef und die zugehörige Duquen-
ne-Guigues-Basis der Implikationen werden abgespeichert.*

– *Nach Reduktion bzgl. der Gegenstände erhalten wir den Kontext ZahlB3fr,
der als Hauptkontext übernommen wird, um mit ihm weiterarbeiten zu
können. Es bleiben die fiktiven Gegenstände G16 und G17 zurück.*

– *Jetzt wird zuerst G17 aus der Gegenstandsliste von ZahlB3fr gestrichen
und der erhaltene Kontext mit ZB3fr_17 bezeichnet.*

– *Mit der Duquenne-Guigues-Basis von ZahlB3ef im Hintergrund wird dann
eine Merkmalexploration für den Kontext ZB3fr_17 durchgeführt. Dabei
tritt als einzige neue Implikation*

   8.   (gerade), prim, Sum2prim, (Sum2quad) $\Longrightarrow M_3$

auf, die akzeptiert werden muß.

– *Streicht man nun in dem unreduzierten Kontext ZahlB3ef den Gegenstand
G17, so bleibt nach einer Reduktion bzgl. der Gegenstände auch nur G16 als
fiktiver Gegenstand zurück, so daß auf diese Weise keine neue Information
mehr gewonnen werden kann.*

– *Jetzt streichen wir im Kontext ZahlB3fr den Gegenstand G16, laden die
Duquenne-Guigues-Basis von ZahlB3ef in den Implikationeneditor und
führen hier eine Merkmalexploration durch. Als einzige neue Implikation
ergibt sich jetzt die zweite im ersten Durchgang als unsicher zu akzeptie-
rende Implikation*

   gerade, quadrat. $\Longrightarrow$ **(Sum2ger), Sum2prim .**

*(Nur wird jetzt ein anderes Merkmal der Konklusion als wichtig invertiert,
da ja die erste unsichere Implikation der ersten Exploration jetzt nicht
mehr auftritt.) Diese ist weiterhin als unsicher zu akzeptieren.*

*Mehr Information können wir unseres Wissens in diesem Fall mit den Mitteln
von ConImp nicht mehr aus unserem Experten herausholen. Die um die Implikation Nr. 8 ergänzte Duquenne-Guigues-Basis von ZahlB3ef (bzw. die von
ZB3fr_17) erzeugt alle uns in diesem Fall bekannten Implikationen, und wenn
man die Goldbach-Vermutung widerlegen will, muß man z. B. versuchen, eine
positive ganze Zahl zu finden, die dem fiktiven Gegenstand G16 entspricht.*

Da nach unseren Informationen die Merkmalexploration mit dreiwertiger
Logik noch nicht an authentischen Beispielen durchgeführt worden ist – und
ein eigenes authentisches Beispiel für diese Einführung zu umfangreich würde
–, geben wir hier (schon aus Platzgründen) dafür auch kein „konstruiertes"
Beispiel. Es soll nur angemerkt werden, daß bei einer solchen Merkmalexploration, bei der alle im begrifflichen Universum gültigen Implikationenvorschläge von ConImp als sicher akzeptiert werden konnten, ein zum Begriffsverband des begrifflichen Universums isomorpher Verband entsteht, bei dem
die Merkmale auch richtig ihren Merkmalbegriffen zugeordnet werden. Dagegen werden die Gegenstände, bei denen trotz Berücksichtigung aller akzeptierten Implikationen noch Fragezeichen in der Tabelle übriggeblieben sind
– was bei der Umwandlung der Fragezeichen in Leerstellen in ConImp dadurch angedeutet wird, daß an den Gegenstandsnamen ggf. ein Fragezeichen

Tabelle 9 Formaler Kontext ZahlB3, explorierter (ZahlB3e), fiktiver (ZahlB3ef) und reduzierter fiktiver Kontext (ZahlB3fr)

```
ZahlB3        ZahlB3e        ZahlB3ef        ZahlB3fr
    u q SS         u q SS          u q SS          u q SS
    n uSuu         n uSuu          n uSuu          n uSuu
   gg aumm        gg aumm         gg aumm         gg aumm
   ee dm22        ee dm22         ee dm22         ee dm22
   rrpr2pq        rrpr2pq         rrpr2pq         rrpr2pq
   aaragru        aaragru         aaragru         aaragru
   dditeia        dditeia         dditeia         dditeia
   eem.rmd        eem.rmd         eem.rmd         eem.rmd
   -----          -----           -----           -----
 1!.x.x...!      1!.x.x...!       1!.x.x...!      2!x.x...x!
 2!x.x...x!      2!x.x...x!       2!.x.x...x!     4!x..xxx.!
 3!.xx....!      3!.xx....!       3!.xx....!      5!.xx..xx!
 4!x..xxx.!      4!x..xxx.!       4!x..xxx.!      7!.xx..x.!
 5!.xx..xx!      5!.xx..xx!       5!.xx..xx!      8!x...xxx!
 7!.xx..x.!      7!.xx..x.!       7!.xx..x.!      9!.x.x.x.!
 8!x...xxx!      8!x...xxx!       8!x...xxx!     25!.x.x.xx!
 9!.x.x.x.!      9!.x.x.x.!       9!.x.x.x.!    100!x..xxxx!
 ------         25!.x.x.xx!      25!.x.x.xx!    289!.x.x..x!
               100!x..xxxx!     100!x..xxxx!     17!.xx...x!
               289!.x.x..x!     289!.x.x..x!    G16!x..xx.x!
                17!.xx...x!      17!.xx...x!   ( G17!x.x.x.x! )
                ------         G13!x...x..!      ------
                              G14!x...x.x!
                              G15!x..xx..!        ohne G17:
                              G16!x..xx.x!         Kontext
                              G17!x.x.x.x!        ZB3fr_17
                               ------
```

angehängt wird –, unter Umständen nicht richtig dem von ihnen erzeugten Gegenstandsbegriff zugeordnet.

7. Weitere Möglichkeiten von ConImp

Über die an den Beispielen geschilderten Möglichkeiten hinaus bietet ConImp noch weitere, die wir hier nur ganz kurz ansprechen wollen.

So kann man z. B. einen vorhandenen Kontext noch auf folgende Weisen verändern:

– Man kann in die Merkmalmenge ein Merkmal einfügen, das die „oder-Verknüpfung" einer Reihe von vorhandenen Merkmalen ist. Die zugehörige Spalte wird automatisch berechnet, nur der neue Name muß noch eingegeben werden.

– Man kann den aktuellen Kontext durch seinen „komplementären" ersetzen, d. h. alle vorhandenen Merkmale werden negiert, indem Kreuze durch Punkte und Punkte durch Kreuze ersetzt werden.

– Bei einigen Veränderungen am Kontext kann man den alten Hauptkontext durch einen Tastendruck wiederherstellen, ohne ihn neu einladen zu müssen.

– Bei einem Kontext mit ebenso vielen Gegenständen wie Merkmalen kann man die „reflexive und transitive Hülle" bilden (d. h. die vom aktuellen Kontext erzeugte „Quasiordnung", wobei Gegenstände mit den Merkmalen gleicher Nummer identifiziert werden müssen).

Mit Hilfe des *Implikationeneditors* kann man für eine eingegebene Implikation testen, ob sie im aktuellen Kontext gültig ist und sich ggf. eine Liste der Gegenstände anzeigen lassen, deren Inhalte diese Implikation nicht respektieren. Außerdem kann man sich anzeigen lassen, welche Merkmale der eingegebenen Konklusion aus der eingegebenen Prämisse nicht folgen, bzw. welche noch nicht eingegebenen sich noch (aufgrund des Kontextes) folgern lassen (Bildung der Kontexthülle aus der Prämisse).

Darüber hinaus kann man

– die „Scrollparameter" des Kontexteditors ändern, d. h. die Entfernungen des Cursors vom Rand des Kontextausschnittes, bei denen ein neuer Ausschnitt des Kontextes angezeigt wird;

– sich beim Speichern oder Laden von Daten den Inhalt des aktuellen Ordners (oder durch geeignete Auswahl Teile davon) anzeigen lassen;

– die Anzahl der Zeichen auf der Druckzeile (Voreinstellung: 80 Zeichen) ändern; dies geht nicht nur im Druckmenü, sondern auch über das Änderungsmenü; die letzte Option ist besonders für den Fall wichtig, in dem einige Rückfragen des Programms ausgeschaltet wurden (wobei dann auch die Frage nach der Länge der Druckzeile beim Ausdrucken von berechneten Daten ausgeschaltet wird);

– sich einige Parameter des Programmes ConImp ansehen (Maximalzahl der Merkmale bzw. Gegenstände und die maximale Länge der Namen dafür) und überprüfen, welche Berechnungen für den aktuellen Kontext schon vorgenommen worden sind, wobei gegebenenfalls die Größe des (reduzierten) Kontextes, die Längen der berechneten Listen oder die Art der durchgeführten Reduktion angezeigt werden.

An einigen Stellen bietet ConImp schließlich die Möglichkeit, Hilfebildschirme aufzurufen, die Informationen über die dort wählbaren Unterprogramme oder über die Funktionen der dort sinnvoll einsetzbaren Tastendrucke enthalten.

Literatur

[Bu91]   P. Burmeister: Merkmalimplikationen bei unvollständigem Wissen. In:
           W. Lex (Hrsg.): *Arbeitstagung Begriffsanalyse und Künstliche Intelli-
           genz*, Informatik-Bericht 89/3. TU Clausthal 1991, 15–46

[DG86]   V. Duquenne und J.-L. Guigues. Familles minimales d'implications in-
           formatives résultant d'un tableau de données binaires. *Math. Sci. hum.*
           95, 1986, 5–18

[Ga87]   B. Ganter: Algorithmen zur Formalen Begriffsanalyse. In: B. Ganter,
           R. Wille und K. E. Wolff (Hrsg.): *Beiträge zur Begriffsanalyse*. B.I.-
           Wissenschaftsverlag, Mannheim 1987, 241–254

[GW96]   B. Ganter und R. Wille: *Formale Begriffsanalyse: Mathematische
           Grundlagen*. Springer-Verlag, Heidelberg 1996

[Ma83]   D. Maier: *The Theory of Relational Databases*. Computer Science Press,
           Rockville 1983

[Sk89]   M. Skorsky: How to draw concept lattices with parallelograms. In:
           R. Wille (Hrsg.): *Klassifikation und Ordnung*. Indeks-Verlag, Frankfurt
           1989, 191–196

[WW92]   C. Wachter, R. Wille: Formale Begriffsanalyse von Literaturdaten. In:
           DGD (Hrsg.): *Deutscher Dokumentartag 1991 – Information und Do-
           kumentation in den 90er Jahren: Neue Herausforderung, neue Techno-
           logien*. Frankfurt 1992, 203–224

[Wi82]   R. Wille: Restructuring lattice theory: an approach based on hierarchies
           of concepts. In: I. Rival (Hrsg.): *Ordered sets*. Reidel, Dordrecht-Boston
           1982, 445–470

[Wi84]   R. Wille: Liniendiagramme hierarchischer Begriffssysteme. In: H. H.
           Bock (Hrsg.): *Anwendungen der Klassifikation: Datenanalyse und nu-
           merische Klassifikation*. Indeks-Verlag, Frankfurt 1984, 32–51

Ähnlichkeit als Distanz in Begriffsverbänden

Katja Lengnink

Inhalt

1. Formalisierung von Ähnlichkeit

Ähnlichkeit wurde schon früh als erklärendes und ordnendes Prinzip für die Phänomene der Welt verstanden. Dies wird etwa in der Analyse des Ähnlichkeitsverständnisses des sechzehnten Jahrhunderts von M. Foucault [Fo93] deutlich, wo der Einfluß der Ähnlichkeitsauffassung auf das Weltbild der damaligen Epoche herausgearbeitet wird. Auch die heutige Wissenschaft zieht die Ähnlichkeit von Objekten zur Strukturierung von Wissensgebieten heran (siehe z. B. die Untersuchung von Verwandtschaften in der Biologischen Taxonomie, die Strukturierung von Wortfeldern in der Linguistik, die Aufbereitung von Literaturbeständen für die Literaturrecherche, und vieles mehr). Für die Umsetzung des Ähnlichkeitsverständnisses in automatisierbare Verfahren zur Bestimmung von Ähnlichkeit und damit zur Strukturierung oben genannter Bereiche ist zunächst eine Formalisierung des Begriffs „Ähnlichkeit" nötig. Es sei darauf hingewiesen, daß es für unterschiedliche Fragestellungen möglicherweise verschiedener Mathematisierungen bedarf. Eine ausführlichere Diskussion der Formalisierungen von Ähnlichkeit findet sich in [Le96].

Die dieser Arbeit zugrundeliegende ordnungstheoretische Formalisierung von Ähnlichkeit stellt eine Verallgemeinerung des Tverskyschen „Feature Matching" [Tv77] dar. Dabei wird zunächst von Daten der Form (G, M, W, I) ausgegangen, wobei G, M und W Mengen sind, deren Elemente Gegenstände, Merkmale und Merkmalswerte genannt werden. Die ternäre Relation $I \subseteq G \times M \times W$ erfüllt die Bedingung $(g, m, v), (g, m, w) \in I \Rightarrow v = w$. Ferner bedeutet $(g, m, w) \in I$, daß der Gegenstand g bezüglich des Merkmals m die Ausprägung w hat. Ein solches Quadrupel (G, M, W, I) wird im folgenden als *mehrwertiger Kontext* bezeichnet.

Tversky geht beim Feature Matching davon aus, daß jeder Gegenstand eines Datensatzes durch die Menge seiner Merkmale beschrieben ist. Diese Darstellung der Gegenstände als Merkmalsmengen ist das Ergebnis eines vorherigen Extraktionsprozesses, in dem die zunächst möglicherweise mehrwertigen Merkmale eines mehrwertigen Kontextes in binäre Merkmale umgesetzt werden. Der zugrundeliegende Datentyp entspricht demnach einem *(formalen) Kontext* (G, M, I) mit den Mengen G bzw. M, deren Elemente Gegenstände bzw. Merkmale genannt werden, und der binären Relation $I \subseteq G \times M$. Dabei bedeutet $(g, m) \in I$, daß der Gegenstand g das Merkmal m hat. Unter einem Ähnlichkeitsmaß versteht Tversky nun eine Abbildung $s : G^2 \to V$, wobei $V := (V, \preceq)$ eine linear geordnete Menge von Ähnlichkeitswerten ist, so daß für alle $a, b, c, d \in G$ mit $a \neq b$ die Ungleichung $s(a, b) \succ s(c, d)$ bedeutet „a ist ähnlicher zu b als c zu d". Bezeichnet man die zu a bzw. b gehörigen Merkmalsmengen mit A bzw. B, so gilt für das Ähnlichkeitsmaß s die Bedingung

$$s(a, b) = F(A \cap B, A \setminus B, B \setminus A) \, .$$

Dabei bezeichnet F eine Funktion, die von den Mengen $A \cap B$ der gemeinsamen Merkmale von a und b, $A \setminus B$ der zu a gehörigen Merkmale, die b nicht hat, und $B \setminus A$ der zu b gehörigen Merkmale, die a nicht hat, abhängt. Zusätzlich muß noch die folgende Monotoniebedingung erfüllt sein:

$$A \cap B \supseteq A \cap C, \ A \setminus B \subseteq A \setminus C, \ B \setminus A \subseteq C \setminus A \ \Rightarrow s(a, b) \succeq s(a, c) \, .$$

„That is, similarity increases with addition of common features and/or deletion of distinctive features." ([Tv77], S. 330) Jede Funktion F, die beide obigen Bedingungen erfüllt, ist eine „matching function".

In der von Tversky vorgeschlagenen Mathematisierung von Ähnlichkeit ist demnach ein Gegenstand a ähnlicher zu b als zu c, falls bei a und b mindestens ein gemeinsames Merkmal zu der Menge der gemeinsamen Merkmale von a und c hinzukommt ($A \cap B \supset A \cap C$), oder mindestens ein trennendes Merkmal für a und b von der Menge der trennenden Merkmale von a und c wegfällt ($A \setminus B \subset A \setminus C$). Die Tverskysche Formalisierung von Ähnlichkeit beruht demnach auf der Merkmalsstruktur der Gegenstände. Sie setzt einen weiten Rahmen für die Bestimmung von Ähnlichkeit, da einerseits die Monotoniebedingung zwar ein hinreichendes, jedoch kein notwendiges Kriterium für den Anstieg der Ähnlichkeit zwischen Gegenständen darstellt und andererseits die Abbildung F nicht spezifiziert wird.

Die Klassifikation der Gegenstände bzgl. ihrer Ähnlichkeit hängt jedoch sowohl von den betrachteten Gegenständen selbst als auch von den bei den Daten berücksichtigten Merkmalen ab. Diese „Kontextabhängigkeit" von Ähnlichkeit, die in dem Tverskyschen Ansatz nicht erfaßt ist, läßt sich durch die zusätzliche Betrachtung der Menge $\overline{A} \cap \overline{B}$ derjenigen Merkmale, die weder a noch b hat, formalisieren [GLW95]. Eine Voraussetzung für die Interpretationsfähigkeit der Formalisierung ist hierbei, daß es für jedes Merkmal m nur die Möglichkeiten „a hat m" oder „a hat m nicht" gibt (Dichotomie). Die Tverskysche Monotoniebedingung wird entsprechend erweitert.

Insbesondere läßt sich Unähnlichkeit in der erweiterten Mathematisierung als eine Funktion $d : G^2 \to V$ verstehen, die durch die folgende Antitoniebedingung von den vier Indikatormengen abhängt:

$$\left. \begin{array}{ll} A \cap B \supseteq C \cap D, & A \setminus B \subseteq C \setminus D, \\ \overline{A} \cap \overline{B} \supseteq \overline{C} \cap \overline{D}, & B \setminus A \subseteq D \setminus C \end{array} \right\} \Rightarrow d(a,b) \preceq d(c,d) .$$

Dabei bedeutet $d(a,b) \preceq d(c,d)$, daß „die Unähnlichkeit von a und b mindestens so groß ist wie die von c und d". Durch diese Formalisierung ergibt sich ein weiter Rahmen für die Bestimmung von Ähnlichkeit, der je nach Anwendungsbezug der konkreten Fragestellung eingeschränkt werden muß. Dazu ist jedoch eine Reflexion der fünf Ebenen empirischer Forschung („Metatheorie", „Theorie", „Daten", „Methoden" und „Resultate") im Henningschen Sinne [He94] wesentlich.

In der vorliegenden Arbeit wird ein Ansatz zur Analyse von Daten vorgestellt, der sowohl die inhaltliche Struktur der Daten aufdeckt, als auch Aussagen über die Unähnlichkeit von Gegenständen des Datensatzes erlaubt. Dabei wird die den Daten innewohnende begriffliche Hierarchie in natürlicher Weise mit der durch die Unähnlichkeit von Gegenständen gegebenen metrischen Struktur verbunden. Die Repräsentation der Daten durch Liniendiagramme von sogenannten „Hamming-Erweiterungen" der Begriffsverbände bietet sich dazu besonders an. Die Idee, die Ähnlichkeitsstruktur von Daten mit einer inhaltlichen Beschreibung zu versehen, ist nicht neu. In diesem Zusammenhang sind schon die von A. Tversky entwickelten „feature trees" [Tv77] zu sehen, bei denen nachträglich den aufgrund der Ähnlichkeit von Gegenständen erstellten Clustern Merkmale zugewiesen werden. Dieser Ansatz wurde 1986 von J. E. Corter und A. Tversky unter Aufgabe der überlappungsfreien Beschreibung durch Merkmale zu den sogenannten „extended similarity trees" weiterentwickelt [CT86]. Im Unterschied zu den zitierten Arbeiten sind die Merkmale der Ausgangsdaten im vorliegenden Ansatz konstitutiv für die Einteilung der Gegenstände des Datensatzes in Klassen. Es wird hier sowohl die gesamte begriffliche Struktur der Daten entfaltet, als auch die durch die sogenannte „Hamming-Distanz" mathematisierte Unähnlichkeit zwischen den Gegenständen graphisch dargestellt. Die Angemessenheit des hier ausgewählten speziellen Unähnlichkeitsmaßes für die Anwendungssituation läßt sich nicht formal begründen, hier geht eine Entscheidung des Experten ein.

Im zweiten Abschnitt der vorliegenden Arbeit wird die mathematische Theorie der Hamming-Erweiterungen von Begriffsverbänden entwickelt und anhand von Beispielen erläutert. Die dabei auftretenden „Hamming-treuen Verbände" werden im dritten Abschnitt über Merkmalsimplikationen charakterisiert. Abschließend wird die Bedeutung der präsentierten Ergebnisse in Hinblick auf die Interpretation der bei Anwendung der Methode erzielten Resultate im Vergleich zu bereits bekannten Analysemethoden diskutiert.

2. Einbettung von Begriffsverbänden in Hamming-treue Verbände

Daten können in den meisten Fällen als mehrwertige Kontexte verstanden werden, die sich durch den Prozeß des Begrifflichen Skalierens in formale Kontexte überführen lassen, siehe [GW89] und [GW96]. (Zur Einführung in die Formale Begriffsanalyse siehe auch den Beitrag von B. Ganter in diesem Buch.) Zu einem formalen Kontext $\mathbb{K} := (G, M, I)$ liefert der Begriffsverband $\mathfrak{B}(\mathbb{K})$ eine begriffliche Strukturierung der Daten. Die Umfänge der formalen Begriffe können als Cluster verstanden werden, die sich durch die zugehörigen Inhalte interpretieren lassen. Die Darstellung von Daten durch Liniendiagramme von Begriffsverbänden gibt jedoch zunächst keinen Aufschluß über die Ähnlichkeit der betrachteten Gegenstände. So sagt etwa der Abstand der die Begriffe im Liniendiagramm repräsentierenden Kreise in der Zeichenebene nichts über die Ähnlichkeit der zugehörigen Umfänge aus. Ein Maß für die Unähnlichkeit von Gegenständen eines formalen Kontextes, das mit der dargelegten ordnungstheoretischen Grundlegung von Ähnlichkeitsmaßen verträglich ist, ist die sogenannte „Hamming-Distanz".

Definition 1. *Sei* $\mathbb{K} := (G, M, I)$ *ein formaler Kontext. Die Abbildung*

$$d_H : G^2 \to \mathbb{R}_0^+ \quad mit \quad d_H(g, h) := |g' \Delta h'|$$

heißt Hamming-Distanz, *wobei* $g' := \{m \in M \mid (g, m) \in I\}$ *und* $g' \Delta h' := (g' \setminus h') \cup (h' \setminus g')$ *sind.*

Die Hamming-Distanz $d_H(g, h)$ zwischen zwei Gegenständen $g, h \in G$ ist genau die Anzahl der g und h trennenden Merkmale. Damit die Mathematisierung sinnvoll ist, muß die Dichotomie der Merkmale gegeben sein, d. h. $(g, m) \notin I$ bedeutet „der Gegenstand g hat das Merkmal m nicht". Durch das Einfügen begrifflich nicht interpretierbarer Elemente im Liniendiagramm von $\mathfrak{B}(\mathbb{K})$ läßt sich erreichen, daß die Hamming-Distanz der Gegenstände als Länge des kürzesten Pfades zwischen den Gegenstandsbegriffen im erweiterten Liniendiagramm ablesbar ist. Dem wird die folgende Definition zugrundegelegt.

Definition 2. *Die Abbildung* $d_{\mathfrak{B}(\mathbb{K})} : \mathfrak{B}(\mathbb{K})^2 \to \mathbb{R}_0^+$ *heißt* Graphen-Distanz, *wobei* $d_{\mathfrak{B}(\mathbb{K})}((A, B), (C, D))$ *gleich der Länge des kürzesten Pfades zwischen* (A, B) *und* (C, D) *im Nachbarschaftsgraphen von* $\mathfrak{B}(\mathbb{K}) \setminus \{(\emptyset, M)\}$ *ist. Dabei ist der Nachbarschaftsgraph von* $\mathfrak{B}(\mathbb{K}) \setminus \{(\emptyset, M)\}$ *der (ungerichtete) Graph* $(\mathfrak{B}(\mathbb{K}) \setminus \{(\emptyset, M)\}, K_\prec)$ *mit* $\{(A, B), (C, D)\} \in K_\prec :\iff (A, B) \prec (C, D)$.

Falls $(\emptyset, M)$ nicht in $\mathfrak{B}(\mathbb{K})$ liegt, ist das Nullelement des Begriffsverbandes ein Gegenstandsbegriff und bei obiger Definition der Graphendistanz sind auch Pfade über das Nullelement zugelassen. In diesem Fall entspricht die Graphen-Distanz zweier Begriffe genau der Länge des sie verbindenden kürzesten Pfades im Begriffsverband, ohne daß die Begriffsordnung beachtet wird. Ist $(\emptyset, M) \in \mathfrak{B}(\mathbb{K})$, so werden für die Graphendistanz nur Pfade betrachtet, die nicht über das Nullelement des Begriffsverbandes laufen.

Definition 3. *Ein Kontext* $\mathbb{K} := (G, M, I)$ *heißt Hamming-treu, wenn für alle Gegenstandspaare* $(g, h) \in G^2$ *die Gleichung* $d_H(g, h) = d_{\mathfrak{B}(\mathbb{K})}(\gamma g, \gamma h)$ *gilt. Der Begriffsverband eines Hamming-treuen Kontextes heißt entsprechend Hamming-treu.*

Die Entscheidung, ob ein Begriffsverband Hamming-treu ist, kann nicht ausschließlich aufgrund der Verbandsstruktur getroffen werden. Sie hängt wesentlich von dem unterliegenden Kontext ab. Am Liniendiagramm drückt sich dies in der Belegung mit Gegenständen und Merkmalen aus.

In Abb. 1 ist ein Ausschnitt des in [GZ90] veröffentlichten Datensatzes zur *Kontakta 1989* dargestellt. Auf dieser alljährlich an der Technischen Hochschule Darmstadt stattfindenden Konferenz stellen sich Firmen den Studierenden vor. Dabei kommen neben Firmenmerkmalen auch die für die Einstellung von Hochschulabsolventen wesentlichen Kriterien zur Sprache. Die Gegenstandsmenge des abgebildeten Kontextes besteht aus den befragten Firmen, die Merkmale sind Einstellungskriterien, wobei gIm bedeutet „für die Firma g ist m ein besonders wichtiges Einstellungskriterium". Der Kontext der *Kontakta*-Daten und sein Begriffsverband sind nicht Hamming-treu, da beispielsweise $d_H(\text{VW}, \text{KPMG}) = 4 \neq 2 = d_{\mathfrak{B}(\mathbb{K})}(\text{VW}, \text{KPMG})$ gilt. Ziel ist es, zu einem gegebenen Kontext $\mathbb{K}$ einen Hamming-treuen Kontext $\widetilde{\mathbb{K}}$ so zu finden, daß $\mathfrak{B}(\mathbb{K})$ eine Unterstruktur von $\mathfrak{B}(\widetilde{\mathbb{K}})$ ist und die inhaltliche Interpretation der Begriffsumfänge erhalten bleibt.

Definition 4. *Sei* $\mathbb{K} := (G, M, I)$, *sei* $\widetilde{\mathbb{K}} := (\widetilde{G}, M, \widetilde{I})$ *ein Hamming-treuer Kontext und* $\alpha : G \to \widetilde{G}$ *eine injektive Abbildung mit* $(g, m) \in I \iff (\alpha(g), m) \in \widetilde{I}$. *Dann heißt* $\widetilde{\mathbb{K}}$ *Hamming-Erweiterung von* $\mathbb{K}$. *Der Begriffsverband* $\mathfrak{B}(\widetilde{\mathbb{K}})$ *heißt entsprechend Hamming-Erweiterung von* $\mathfrak{B}(\mathbb{K})$.

In Abb. 2 ist eine Hamming-Erweiterung des Kontextes und Begriffsverbandes der *Kontakta*-Daten dargestellt. Dabei ist $\widetilde{G} = G \cup \{d_1, d_2, d_3\}$ und α die Identität auf der Gegenstandsmenge. Da die Begriffsinhalte des Ausgangskontextes $\mathbb{K}$ wieder Inhalte der Hamming-Erweiterung $\widetilde{\mathbb{K}}$ sind, ist $\varphi : \mathfrak{B}(\mathbb{K}) \to \mathfrak{B}(\widetilde{\mathbb{K}})$ mit $\varphi(A, B) := (B^{\widetilde{I}}, B)$ eine Supremumeinbettung. Die Bilder des Begriffsverbandes $\mathfrak{B}(\mathbb{K})$ unter φ sind im Liniendiagramm der Hamming-Erweiterung als schwarze Kreise dargestellt, wobei die ungefärbten Kreise die durch das Einfügen von d_1, d_2 und d_3 entstandenen Begriffe darstellen. Die Interpretation der als Cluster verstehbaren Begriffsumfänge verändert sich durch die Supremumeinbettung von $\mathfrak{B}(\mathbb{K})$ in $\mathfrak{B}(\widetilde{\mathbb{K}})$ nicht, da Inhalte unter φ erhalten bleiben. Man beachte, daß es zu jedem Kontext $\mathbb{K}$ eine triviale Hamming-Erweiterung $\widetilde{\mathbb{K}}$ gibt, wobei $\mathfrak{B}(\widetilde{\mathbb{K}}) \cong (\mathfrak{P}(M), \supseteq)$ gilt. Diese ist jedoch für praktische Zwecke im allgemeinen zu groß.

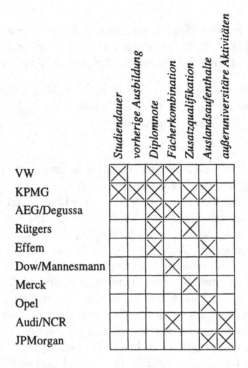

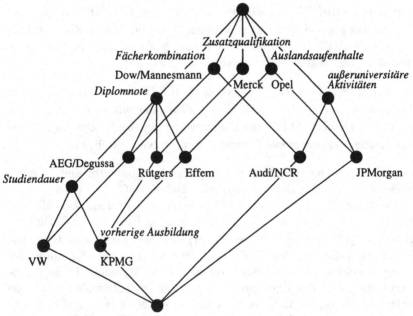

Abbildung 1 Formaler Kontext und ein Liniendiagramm seines Begriffsverbandes

Definition 5. *Eine Hamming-Erweiterung* $\widetilde{\mathbb{K}}$ *von* $\mathbb{K}$ *heißt* minimal, *wenn* $|\mathfrak{B}(\widehat{\mathbb{K}})| \geq |\mathfrak{B}(\widetilde{\mathbb{K}})|$ *für jede Hamming-Erweiterung* $\widehat{\mathbb{K}}$ *von* $\mathbb{K}$ *gilt.*

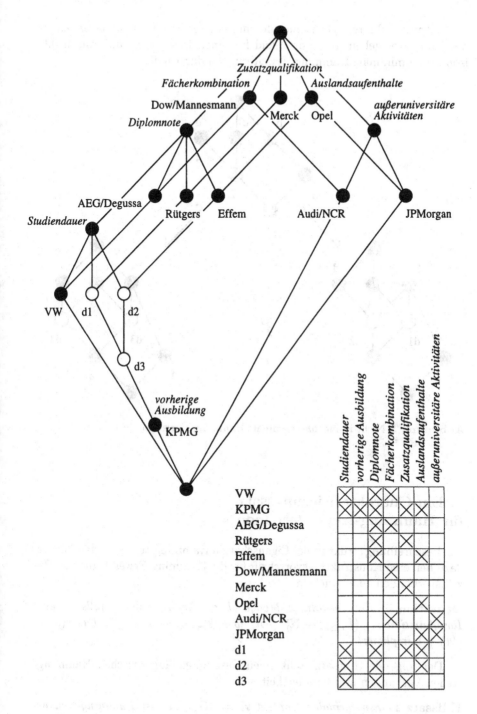

Abbildung 2 Hamming-Erweiterung des Kontextes und Begriffsverbandes aus Abb. 1

Es kann mehrere nicht-isomorphe minimale Hamming-Erweiterungen eines Kontextes geben. In Abb. 3 sind für einen Begriffsverband zwei nicht-isomorphe minimale Hamming-Erweiterungen dargestellt.

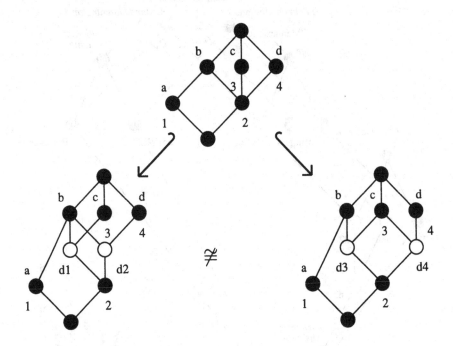

Abbildung 3 Nicht-isomorphe minimale Hamming-Erweiterungen

3. Ein Charakterisierungssatz für Hamming-treue Verbände

Die Beschreibung struktureller Eigenschaften Hamming-treuer Verbände trägt dazu bei, eine Konstruktionsvorschrift für die Hamming-Erweiterung von Begriffsverbänden zu entwickeln.

Definition 6. *Eine geordnete Menge* $(P, \leq)$ *heißt* gradiert, *falls es eine Rangfunktion* $r : (P, \leq) \to \mathbb{N}_0^+$ *gibt, so daß* $x \prec y$ *in* $(P, \leq)$ *stets* $r(y) = r(x) + 1$ *impliziert.*

Der folgende Hilfssatz stellt einen Zusammenhang zwischen Hamming-treuen Verbänden und Gradiertheit her.

Hilfssatz 1. *Ein formaler Kontext* $\mathbb{K} := (G, M, I)$ *ist Hamming-treu genau dann, wenn* $(\mathfrak{B}(\mathbb{K}) \setminus \{(\emptyset, M)\}, \leq)$ *durch die Rangfunktion* $r : \mathfrak{B}(\mathbb{K}) \setminus \{(\emptyset, M)\} \to \mathbb{N}_0$ *mit* $r(A, B) := |M \setminus B|$ *gradiert ist.*

Beweis. Zunächst wird mit Hilfe der Kontraposition gezeigt, daß für zwei benachbarte Begriffe $(A, B) \prec (C, D)$ eines Hamming-treuen Kontextes mit $A \neq \emptyset$ stets $|B \setminus D| = 1$ gilt, was zu $r(C, D) = r(A, B) + 1$ und damit zur Gradiertheit äquivalent ist.

Sei $(A, B) \prec (C, D)$, $A \neq \emptyset$, und es gelte $B \setminus D \supseteq \{m, n\}$ mit $m \neq n$. Dann gilt wegen $(C, D) > \mu m \wedge (C, D) \geq \mu m \wedge (A, B) = (A, B)$ schon $\mu m \wedge (C, D) = (A, B)$. Ebenso gilt dies für n. Damit enthält jeder Unterbegriff von (A, B) im Inhalt beide Merkmale m und n, wobei jeder Unterbegriff von (C, D), der nicht unter (A, B) liegt, die Merkmale m und n nicht im Inhalt hat. Wir betrachten Gegenstände $g \in A$ und $h \in C \setminus A$, d. h. mit $\gamma g \leq (A, B)$ und $\gamma h \leq (C, D)$ aber $\gamma h \not\leq (A, B)$. Jede Kette von γh nach $\gamma g \vee \gamma h$ hat höchstens die Länge $|h' \setminus (g' \cap h')|$, da $h' \supseteq g' \cap h'$ gilt und bei jedem Aufwärtsschritt zwischen γh und $\gamma g \vee \gamma h$ mindestens ein Merkmal verloren geht. Jede Kette von γg nach $\gamma g \vee \gamma h$ hat aber höchstens die Länge $|g' \setminus (g' \cap h')| - 1$, da jedes Element dieser Kette unter (C, D) liegt und $(g' \cap h') \cap \{m, n\} = \emptyset$ sowie $g' \supseteq \{m, n\}$ gelten, was einen Schritt zwischen γg und $\gamma g \vee \gamma h$ erzwingt, bei dem m und n gemeinsam verlorengehen. Damit ist wegen

$$
\begin{aligned}
d_H(g, h) &= |g' \setminus h'| + |h' \setminus g'| \\
&= |g' \setminus (g' \cap h')| + |h' \setminus (g' \cap h')| \\
&> |g' \setminus (g' \cap h')| - 1 + |h' \setminus (g' \cap h')| \\
&\geq d_{\mathfrak{B}(\mathbb{K})}(\gamma g, \gamma h)
\end{aligned}
$$

der Kontext $\mathbb{K}$ nicht Hamming-treu.

Für die andere Beweisrichtung sei $(A, B) \prec (C, D)$ mit $A \neq \emptyset$. Dann ist wegen der Gradiertheit mit der Rangfunktion r stets $|B \setminus D| = 1$. Die Graphen-Distanz am Nachbarschaftsgraphen des Begriffsverbandes entspricht somit genau der Hamming-Distanz am Kontext, da pro durchlaufener Kante im Nachbarschaftsgraphen genau ein g und h trennendes Merkmal ausgeglichen werden kann. $\square$

Im folgenden wird ein Begriffsverband $\underline{\mathfrak{B}}(\mathbb{K})$ als *inhaltsgradiert* bezeichnet, falls $\underline{\mathfrak{B}}(\mathbb{K})$ durch die Rangfunktion $r : \mathfrak{B}(\mathbb{K}) \to \mathbb{N}_0$ mit $r(A, B) := |M \setminus B|$ gradiert ist.

In Abb. 4 sind die Diagramme einiger nicht inhaltsgradierter Begriffsverbände dargestellt. Dabei seien a, x und y Elemente der Merkmalsmenge des zugrundeliegenden Kontextes, die Gegenstände wurden weggelassen. Diejenigen Nachbarschaftspaare, bei denen die Inhaltsgradiertheit verletzt ist, sind in den Diagrammen durch dicke Kanten hervorgehoben. So gilt beispielsweise in dem ersten Verband trotz der Nachbarschaft $(\{a, x, y\}', \{a, x, y\}) \prec (\{a\}', \{a\})$ schon $r((\{a\}', \{a\})) - r((\{a, x, y\}', \{a, x, y\})) = |\{x, y\}| - |\emptyset| = 2$. Nach Hilfssatz 1 treten diese Verbände nicht als Intervalle von $(\mathfrak{B}(\mathbb{K}) \setminus \{(\emptyset, M)\}, \leq)$ eines Hamming-treuen Kontextes $\mathbb{K}$ auf.

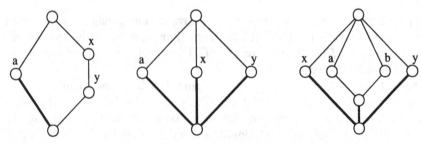

Abbildung 4 Liniendiagramme nicht inhaltsgradierter Begriffsverbände

Im folgenden wird eine Charakterisierung inhaltsgradierter Verbände über die Menge der in ihnen gültigen Merkmalsimplikationen angegeben. Die in Abb. 4 dargestellten Fälle sind dabei die wesentlichen verbotenen Unterstrukturen. Zunächst sei an einige grundlegende Notationen der Theorie der Merkmalsimplikationen erinnert, siehe [GW86] und [GW96]. Für einen Kontext $\mathbb{K} := (G, M, I)$ und Merkmalsmengen $A, B \subseteq M$ mit $A'' \supseteq B$ sagt man A *impliziert* B in $\mathbb{K}$ oder die Implikation $A \to B$ *gilt* in $\mathbb{K}$. Dann heißt A die *Prämisse* und B die *Konklusion* der Implikation $A \to B$. Eine Prämisse A heißt *echt*, falls $A'' \setminus (A \cup \bigcup \{(A \setminus \{a\})'' \mid a \in A\}) \neq \emptyset$ gilt. Für einen Kontext $\mathbb{K}$ sei im folgenden

$$L(\mathbb{K}) := \{A \to (A'' \setminus A) \mid A \text{ echte Prämisse von } \mathbb{K}\} \ .$$

Für die Merkmalsimplikationen der Begriffsverbände aus Abb. 4 gilt im ersten Fall $(\{a, x\} \to \{y\}), (\{y\} \to \{x\}) \in L(\mathbb{K})$, im zweiten Fall $(\{a, x\} \to \{y\}), (\{a, y\} \to \{x\}) \in L(\mathbb{K})$ und im dritten Fall $(\{a, x\} \to \{y\}), (\{b, y\} \to \{x\}) \in L(\mathbb{K})$ mit $(\{a, b\} \to \{x, y\}) \notin L(\mathbb{K})$. Diese Beobachtungen lassen sich zu dem folgenden Resultat verallgemeinern.

Satz 2. *Sei $\mathbb{K} := (G, M, I)$ ein Kontext. Der Begriffsverband $\underline{\mathfrak{B}}(\mathbb{K})$ ist inhaltsgradiert genau dann, wenn für alle paarweise disjunkten Mengen $A, X, Y \subseteq M$ mit $A = A''$ und $X, Y \neq \emptyset$, für die $A \cup X \to Y$ eine gültige Implikation von $\mathbb{K}$ ist, stets $A \cup Y \to X$ nicht gültig in $\mathbb{K}$ ist.*

Beweis. Die erste Beweisrichtung wird mit Hilfe der Kontraposition gezeigt, wobei aufgrund der Implikationen ein Nachbarschaftspaar konstruiert wird, das sich im Inhalt in mehr als einem Merkmal unterscheidet. Es seien $A, X, Y \subseteq M$ paarweise disjunkt mit $A = A''$ und $X, Y \neq \emptyset$. Ferner gelte $A \cup X \to Y$ sowie $A \cup Y \to X$ in $\mathbb{K}$. Dann existiert ein Inhalt $B \subseteq M$ mit $B \supseteq A$ und $(B', B) \succ ((A \cup X)', (A \cup X)'')$. Mit $B \supseteq A$ und $B \subset (A \cup X)''$ folgt $B \not\supseteq X$ und damit wegen der zweiten Implikation auch $B \not\supseteq Y$. Wegen $X \cap Y = \emptyset$ existieren ein $x \in X \setminus B$ und ein $y \in Y \setminus B$ mit $x \neq y$ und $\{x, y\} \subseteq (A \cup X)''$. Damit ist $r(B', B) \geq r((A \cup X)', (A \cup X)'') + 2$, woraus folgt, daß $\underline{\mathfrak{B}}(\mathbb{K})$ nicht inhaltsgradiert ist.

Die andere Beweisrichtung verläuft ebenfalls nach dem Prinzip der Kontraposition. Sei $\underline{\mathfrak{B}}(\mathbb{K})$ nicht inhaltsgradiert, dann existieren $(A', A), (B', B) \in$

$\mathfrak{B}(\mathbb{K})$ mit $(B', B) \prec (A', A)$ und $|B \setminus A| \geq 2$. Sei $B \setminus A \supseteq \{x, y\}$ mit $x \neq y$. Dann gelten $A \cup \{x\} \to \{y\}$ und $A \cup \{y\} \to \{x\}$ in $\mathbb{K}$. Damit ist obige Bedingung des Satzes verletzt. $\qquad\square$

Die Menge aller Implikationen eines Kontextes $\mathbb{K}$ kann sehr groß sein. Im folgenden wird gezeigt, daß die Inhaltsgradiertheit von $\mathfrak{B}(\mathbb{K})$ schon anhand der Implikationenmenge $L(\mathbb{K})$ festgestellt werden kann.

Satz 3. *Sei* $\mathbb{K} := (G, M, I)$ *ein Kontext. Der Begriffsverband* $\mathfrak{B}(\mathbb{K})$ *ist inhaltsgradiert genau dann, wenn für alle paarweise disjunkten Mengen* $A, X, Y \subseteq M$ *und für alle* $R, S \subseteq A$ *mit* $A = A''$ *und* $X, Y \neq \emptyset$, *für die* $(R \cup X \to Y) \in L(\mathbb{K})$ *gilt, stets* $(S \cup Y \to X) \notin L(\mathbb{K})$ *folgt.*

Beweis. Ist $\mathfrak{B}(\mathbb{K})$ nicht inhaltsgradiert, so existieren nach Satz 2 paarweise disjunkte Mengen $A, X, Y \subseteq M$ mit $A = A''$, X und $Y \neq \emptyset$, für die $A \cup X \to Y$ sowie $A \cup Y \to X$ gültig in $\mathbb{K}$ sind. Durch Abmagern der Prämissen findet man Mengen $R, S \subseteq A$ derart, daß $R \cup X$ und $S \cup Y$ echte Prämissen sind. Damit gilt $\{(R \cup X \to Y), (S \cup Y \to X)\} \subseteq L(\mathbb{K})$.

Sind A, R, S, X, Y wie oben gegeben mit $\{(R \cup X \to Y), (S \cup Y \to X)\} \subseteq L(\mathbb{K})$, so gelten in $\mathbb{K}$ offensichtlich auch die Implikationen $A \cup X \to Y$ und $A \cup Y \to X$. $\qquad\square$

Um aus der Inhaltsgradiertheit von Begriffsverbänden auf ihre Hamming-Treue schließen zu können, muß für jede Implikation aus $L(\mathbb{K})$ lediglich überprüft werden, ob sie von mindestens einem Gegenstand erfüllt wird. Dies ist in dem folgenden Resultat festgehalten.

Korollar 4. *Sei* $\mathbb{K} := (G, M, I)$ *ein Kontext und sei* $L_H(\mathbb{K}) := \{(A \to A'' \setminus A) \in L(\mathbb{K}) \mid A' \neq \emptyset\}$. *Genau dann ist* $\mathbb{K}$ *Hamming-treu, wenn für alle paarweise disjunkten Mengen* $A, X, Y \subseteq M$ *und für alle* $R, S \subseteq A$ *mit* $A = A''$ *und* $X, Y \neq \emptyset$, *für die* $(R \cup X \to Y) \in L_H(\mathbb{K})$ *gilt, stets* $(S \cup Y \to X) \notin L_H(\mathbb{K})$ *folgt.*

Durch das Streichen von „störenden" Implikationen lassen sich nun Hamming-Erweiterungen eines Kontextes $\mathbb{K}$ konstruieren, indem zu jedem Paar von Implikationen aus $L_H(\mathbb{K})$, das die Bedingung aus Korollar 4 verletzt, eine der beiden Prämissen als Gegenstandsinhalt im Kontext angefügt wird. Danach muß allerdings für den erweiterten Kontext $\mathbb{K}_1$ wieder die Menge $L_H(\mathbb{K}_1)$ seiner Implikationen auf die Bedingung überprüft werden. Gegebenenfalls werden wieder neue Inhalte zum Kontext hinzugefügt. Der Prozeß bricht wegen der Endlichkeit der Merkmalsmenge stets ab. Im ungünstigsten Fall ist die so erhaltene Hamming-Erweiterung von $\mathbb{K}$ isomorph zum Potenzmengenverband der Merkmalsmenge.

Für einen Kontext $\mathbb{K}$ heißt der Graph $\mathfrak{G}(\mathbb{K}) := (L_H(\mathbb{K}), K)$ der *Implikationengraph* von $\mathbb{K}$, wobei $\{(A \to B), (C \to D)\} \in K$ gelten, falls sie die Bedingung aus Korollar 4 verletzen. Der Implikationengraph eines Hamming-treuen Kontextes ist somit total unzusammenhängend. In Abb. 5 ist der

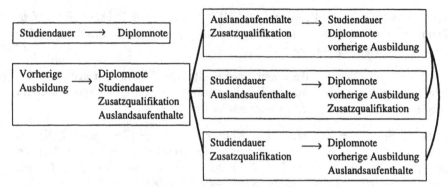

Abbildung 5 Implikationengraph der *Kontakta*-Daten

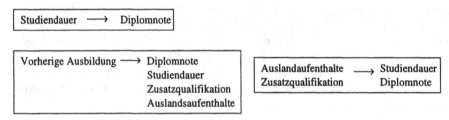

Abbildung 6 Implikationengraph der Hamming-Erweiterung der *Kontakta*-Daten

Implikationengraph der *Kontakta*-Daten dargestellt, wobei Abb. 6 den Implikationengraph der Hamming-Erweiterung der *Kontakta*-Daten aus Abb. 2 zeigt.

Sei M eine Merkmalsmenge und $\mathcal{L}$ eine Menge von Implikationen in M. Man sagt, $T \subseteq M$ *respektiert* eine Implikation $(A \to B) \in \mathcal{L}$, falls $A \nsubseteq T$ oder $B \subseteq T$ gilt. Zu einer gegebenen Merkmalsmenge M und einer Menge $\mathcal{L}$ von Implikationen in M ist $\mathfrak{H}(\mathcal{L}) := \{X \subseteq M \mid X \text{ respektiert alle } (A \to B) \in \mathcal{L}\}$ ein Hüllensystem auf M, siehe [GW96]. Zu einer Menge $\mathcal{L}$ von Implikationen in M sei $\mathbb{K}_{\mathcal{L}} := (\mathfrak{H}(\mathcal{L}), M, \ni)$. Dann sind die Begriffsinhalte von $\mathbb{K}_{\mathcal{L}}$ genau die $\mathcal{L}$ respektierenden Teilmengen von M. Außer den Implikationen aus $\mathcal{L}$ gelten in $\mathbb{K}_{\mathcal{L}}$ nur die Implikationen, die aus $\mathcal{L}$ folgen. Dabei folgt $A \to B$ aus $\mathcal{L}$, falls alle $T \subseteq M$, die alle Implikationen aus $\mathcal{L}$ respektieren, auch $A \to B$ respektieren.

Satz 5. *Sei* $\mathbb{K} := (G, M, I)$ *merkmalsbereinigt und sei* $L_1(\mathbb{K}) := \{\{a\} \to B \mid (\{a\} \to B) \in L(\mathbb{K})\}$. *Dann ist* $\widetilde{\mathbb{K}} := (\mathfrak{H}(L_1(\mathbb{K})), M, \ni)$ *eine Hamming-Erweiterung von* $\mathbb{K}$. *Ferner ist* $\underline{\mathfrak{B}}(\widetilde{\mathbb{K}})$ *distributiv.*

Beweis. Es gilt $L_1(\mathbb{K}) = L(\widetilde{\mathbb{K}})$. Da $\mathbb{K}$ merkmalsbereinigt ist, folgt wegen des Charakterisierungssatzes, daß $\underline{\mathfrak{B}}(\widetilde{\mathbb{K}})$ inhaltsgradiert ist. Nach Hilfssatz 1 ist $\widetilde{\mathbb{K}}$ Hamming-treu, wobei $\alpha : G \to \mathfrak{H}(L_1(\mathbb{K}))$ mit $\alpha(g) := g'$ eine injektive Abbildung ist. Daher ist $\widetilde{\mathbb{K}}$ eine Hamming-Erweiterung von $\mathbb{K}$.

Für den Nachweis der Distributivität von $\tilde{\mathbb{K}}$ genügt es, für zwei Inhalte A und B von $\tilde{\mathbb{K}}$ zu zeigen, daß auch $A \cup B$ ein Inhalt von $\tilde{\mathbb{K}}$ ist. Mit $L_1(\mathbb{K}) = L(\tilde{\mathbb{K}})$ folgt aus der Einelementigkeit der Prämissen $(A\cup B)'' = (A\cup B)$. Damit ist die Vereinigung von Inhalten stets ein Inhalt, weshalb $\mathfrak{B}(\tilde{\mathbb{K}})$ distributiv ist. □

4. Diskussion

Durch die Hamming-Erweiterung von Begriffsverbänden wird die Darstellung der begrifflichen Struktur der Daten mit der am Liniendiagramm der Hamming-Erweiterung ablesbaren Hamming-Distanz angereichert. Dabei sind zwei wesentliche Aspekte der Datenanalyse verwirklicht, einerseits das inhaltliche Clustern von Gegenständen, das durch den Begriffsverband entsteht, andererseits die graphische Darstellung der Unähnlichkeit zwischen Gegenständen. Wie in der Einleitung bereits kurz erwähnt wurde, hat Tversky in [Tv77] schon die Notwendigkeit gesehen, die Ähnlichkeitsstruktur der Daten um eine inhaltliche Beschreibung durch Merkmale zu ergänzen. Dies führte zu der Entwicklung der „feature trees" und später zu den „extended similarity trees" (siehe [CT86]). Diesen Baumrepräsentationen von Ähnlichkeitsdaten liegen die sogenannten „additive similarity trees" zugrunde (siehe [ST77]). Dort werden analog zu der Darstellung von Ähnlichkeitsdaten durch Dendrogramme die Blätter des Baumes mit den Gegenständen beschriftet. Die Länge des kürzesten Pfades zwischen zwei Blättern gibt nun die Unähnlichkeit der durch sie repräsentierten Gegenstände an. Die Verallgemeinerung der Dendrogramme kommt dadurch zustande, daß bei additiven Ähnlichkeitsbäumen der Abstand der Blätter zur Wurzel unterschiedlich sein kann. In jedem additiven Baum gilt für alle Gegenstände $x, y, u, v \in G$ die „additive Ungleichung"

$$d(x,y) + d(u,v) \leq \max\{d(x,u) + d(y,v), d(x,v) + d(y,u)\} \,,$$

was die den Dendrogrammen zugrundeliegende „ultrametrische Ungleichung"

$$d(x,z) \leq \max\{d(x,y), d(y,z)\}$$

verallgemeinert ([Bo74], [JS77]). Die Entwicklung „additiver Clusterverfahren" wurde von H.-J. Bandelt und A. Dress in zahlreichen Arbeiten weitergeführt, siehe z. B. [BD86] und [BD89]. Die Verfahren zur Konstruktion additiver Bäume gehen in der Regel von einem symmetrischen Ähnlichkeits- bzw. Unähnlichkeitskontext (G, G, W, I) aus, wobei $(g, h, w) \in I(\Longleftrightarrow (h,g,w) \in I)$ bedeutet, daß die Gegenstände g und h mit Wert w zueinander ähnlich sind. Die für die Ähnlichkeitsstruktur der Daten verantwortlichen Merkmale werden zunächst nicht in den Blick genommen. Bei den feature trees sind nun in dem Diagramm des additiven Baumes Merkmale zur Beschreibung

der Cluster eingefügt, wobei die mit der Baumstruktur einhergehende Überlappungsfreiheit der Cluster Schwierigkeiten aufwirft. So stellen Corter und
Tversky in [CT86] heraus, daß sich nur die sogenannten „nested feature structures" adäquat durch additive Bäume darstellen lassen, da bei ihnen die zu
den Merkmalen gehörenden Gegenstandsmengen entweder disjunkt oder in-
einander enthalten sind. Da dies nicht für alle Daten der Fall ist, führen die
Autoren markierte Segmente auf den Kanten des Baumes ein, die jeweils eine Merkmalsmenge repräsentieren. Die so entstehenden „extended similarity
trees" ermöglichen eine Beschreibung der Cluster durch Merkmalsmengen, die
nicht an die Überlappungsfreiheit der Gegenstandsmengen gebunden ist. Die
Unähnlichkeit der die Gegenstände repräsentierenden Blätter im Diagramm
eines feature trees oder eines extended similarity trees ist stets durch eine
Funktion auf den die Gegenstände trennenden Merkmalsmengen gegeben.

Dies macht den engen Zusammenhang zu den Hamming-Erweiterungen
von Begriffsverbänden deutlich. Durch den Übergang von der Baumstruktur zur Verbandsstruktur wird es möglich, sowohl die gesamte begriffliche
Struktur der Daten zu berücksichtigen, als auch eine graphische Darstellung für die Unähnlichkeit zwischen den Gegenständen zu erhalten. Hierbei
sind die in den Daten betrachteten Merkmale konstitutiv für die Cluste-
rung auf der Gegenstandsmenge, was einen wesentlichen Unterschied zu den
von Corter und Tversky entwickelten extended similarity trees ausmacht.
Die Übersichtlichkeit der Darstellung Hamming-treuer Verbände wird durch
die in Hilfssatz 1 nachgewiesene Gradiertheit von $(\mathfrak{B}(\mathbb{K}) \setminus \{(\emptyset, M)\}, \leq)$ noch
erhöht. Die Sätze 2 und 3 bilden eine Grundlage für die Konstruktion einer
Hamming-Erweiterung, die sich in der in Satz 5 angegebenen distributiven
Hamming-Erweiterung umsetzt. Das algorithmische Auffinden einer minimalen Hamming-Erweiterung hat sich hingegen als ein den Rahmen dieser Arbeit sprengendes Problem herausgestellt. Die Weiterführung der Bemühungen
in diesem Bereich wäre wünschenswert.

Es sei darauf hingewiesen, daß die Bedeutung der Hamming-Distanz für
die Daten eines konkreten Anwendungsfeldes stets überprüft werden muß.
Dies wirft die Frage auf, inwieweit die erfolgreiche Zusammenschau von
Begriffsverbänden und Hamming-Distanzen auf andere Unähnlichkeitsmaße
übertragen werden kann.

Literatur

[BD86]   H.-J. Bandelt, A. Dress: Reconstructing the shape of a tree from ob-
          served dissimilarity data. *Advances in Applied Mathematics* **7** (1986),
          309–343

[BD89]   H.-J. Bandelt, A. Dress: Weak hierarchies associated with similarity
          measures – an additive clustering technique. *Bulletin of Mathematical
          Biology* **51** (1989), 133–166

[Bo74]   H. H. Bock: *Automatische Klassifikation*. Vandenhoeck & Ruprecht,
          Göttingen 1974

[CT86]   J. E. Corter, A. Tversky: Extended similarity trees. *Psychometrika* **51** (1986), 429–451

[Fo93]   M. Foucault: *Die Ordnung der Dinge: Eine Archäologie der Humanwissenschaften.* 12. Aufl., Suhrkamp, Frankfurt am Main 1993

[GW86]   B. Ganter, R. Wille: Implikationen und Abhängigkeiten zwischen Merkmalen. In: P. O. Degens, H.-J. Hermes and O. Opitz (Hrsg.): *Die Klassifikation und ihr Umfeld.* Indeks-Verlag, Frankfurt 1986, 171–185

[GW89]   B. Ganter, R. Wille: Conceptual scaling. In: F. Roberts (Hrsg.), *Applications of combinatorics and graph theory to the biological and social sciences.* Springer, New York, 1989, 139–167

[GW96]   B. Ganter, R. Wille: *Formale Begriffsanalyse: Mathematische Grundlagen.* Springer, Heidelberg 1996

[GZ90]   B. Ganter, M. Zickwolff: *Nach welchen Kriterien wählen Firmen Hochschulabsolventen aus? - Auswertung einer Befragung.* FB4–Preprint 1343, TH Darmstadt 1990

[GLW95]   S. Geist, K. Lengnink, R. Wille: *An order–theoretic foundation for similarity measures.* FB4–Preprint 1797, TH Darmstadt 1995

[He94]   H. J. Henning: Zur kontextualistischen Sichtweise und methodologischen Entwicklung in der psychologischen Datenanalyse. In: R. Wille, M. Zickwolff (Hrsg.): *Begriffliche Wissensverarbeitung: Grundfragen und Aufgaben.* B. I.–Wissenschaftsverlag, Mannheim 1994, 301–321

[JS77]   N. Jardine, R. Sibson: *Mathematical Taxonomy.* John Wiley & Sons Ltd., London 1977

[KLST71]   D. M. Krantz, R. D. Luce, P. Suppes, A. Tversky: *Foundations of measurement,* Vol. I. Academic Press, New York – London 1971

[Le96]   K. Lengnink: *Formalisierungen von Ähnlichkeit aus Sicht der Formalen Begriffsanalyse.* Dissertation, Darmstadt 1996. Verlag Shaker.

[ST77]   S. Sattah, A. Tversky: Additive similarity trees. *Psychometrika* **42** (1977), 319–345

[Tv77]   A. Tversky: Features of similarity. *Psychological Review* **84** (1977), 327–352

[Wi82]   R. Wille: Restructuring lattice theory: an approach based on hierarchies of concepts. In: I. Rival(Hrsg.): *Ordered Sets,* Reidel, Dordrecht–Boston 1982, 445–470

Datenanalyse mit Fuzzy-Begriffen

Silke Pollandt

Inhalt

1. Einleitung

Die Formale Begriffsanalyse (vgl. [GW96], [Wi82]) ist eine Methode zur Formalisierung begrifflichen Wissens. Ausgehend vom philosophischen Verständnis eines Begriffes als Einheit von Begriffsumfang (Gegenstände) und Begriffsinhalt (Merkmale), ermöglicht sie die Untersuchung begrifflicher Hierarchien. Begriffliche Relationen können durch Netzwerke (vgl. z. B. „zwischenbegriffliche Relationen" bei [Kl84]), durch Mengensysteme (vgl. z. B. „innerbegriffliche Relationen" bei [Kl84]) oder durch Regelsysteme (wie z. B. in der Künstlichen Intelligenz) dargestellt werden. Die Formale Begriffsanalyse verwendet ein mengentheoretisches Begriffsmodell, stellt Oberbegriff-Unterbegriff-Relationen in Liniendiagrammen dar und ermöglicht die Untersuchung implikativer Zusammenhänge zwischen Merkmalen. Die dabei verwendeten Datenstrukturen sind Kontexte, Begriffsverbände und Implikationensysteme.

Ausgangspunkt für die Formale Begriffsanalyse ist ein (formaler) Kontext, in dem der relationale Zusammenhang zwischen Gegenständen und Merkmalen erfaßt wird. Bei diesem Zusammenhang handelt es sich zunächst um eine binäre Relation, die angibt, ob die Gegenstände das jeweilige Merkmal besitzen oder nicht. Der Umfang jedes Begriffes ist dabei eine Menge von Gegenständen, der Inhalt eine Menge von Merkmalen. Beide sind maximal mit der Eigenschaft, daß jeder zum Begriffsumfang gehörende Gegenstand jedes zum Begriffsinhalt gehörende Merkmal hat. Die durch die „Unterbegriff-Oberbegriff"-Relation geordnete Menge aller Begriffe ist der Begriffsverband des Kontextes, der alle im Kontext enthaltenen Informationen widerspiegelt.

Im Kontext geltende Merkmalimplikationen sind am Verbandsdiagramm ablesbar, und aus den gültigen Implikationen läßt sich andererseits die Struktur des Begriffsverbandes bestimmen.

Häufig ist der relationale Zusammenhang zwischen Gegenständen und Merkmalen nicht einfach durch eine binäre Relation erfaßbar. Verschiedene Arten von „Unschärfe" können auftreten, und zwar sowohl bezüglich der Relation (Merkmalsausprägungen oder Bewertungen von Merkmalen für Gegenstände), als auch bezüglich der Merkmale (obligatorische und fakultative Merkmale, vgl. [Kl84]) oder der Gegenstände (Prototypen, vgl. [Ros75]). Verschiedene Ansätze erlauben es, auch einige dieser Unschärfetypen mit begriffsanalytischen Methoden zu behandeln. Mehrwertige Kontexte (vgl. [GSW86], [GW89]) ermöglichen die Behandlung von Problemen, bei denen die Gegenstände für jedes Merkmal einen von mehreren möglichen Werten besitzen. (Zur Unterscheidung werden die formalen Kontexte auch als einwertige Kontexte bezeichnet.) Kleene-Kontexte, d. h. dreiwertige Kontexte (mit den Werten $+, -, ?$), bei denen nicht für jeden Gegenstand und jedes Merkmal bekannt ist, ob sie in Relation stehen oder nicht, werden in [Bu91] behandelt. In [Lu93] wird eine Möglichkeit erläutert, partielle Implikationen – d. h. Implikationen, die nicht für den gesamten Kontext, aber „mit wenigen Ausnahmen" gelten – zu berücksichtigen. In [Pa85] werden Begriffe auf der Grundlage von „rough sets" (siehe [Pa82]) und der Charakterisierbarkeit von Gegenständen durch Merkmale definiert.

Im folgenden sollen zunächst unter Verwendung geeigneter mehrwertiger Logiken Kontexte untersucht werden, in denen die Gegenstände jedes Merkmal mit einem bestimmten (Möglichkeits-)Grad besitzen. Dies führt zu einer Verallgemeinerung der Formalen Begriffsanalyse mittels der Theorie der Fuzzy-Mengen und mehrwertiger Prädikatenlogik (vgl. [Um95] bzw. [Po96]). Es werden Fuzzy-Kontexte – das sind Kontexte, bei denen die Relation zwischen Gegenständen und Merkmalen eine Fuzzy-Relation ist – und fuzzy-wertige Kontexte – das sind mehrwertige Kontexte, deren Werte Fuzzy-Mengen sind – definiert. Die eingeführten Kontexte stellen Verallgemeinerungen einwertiger bzw. mehrwertiger Kontexte dar. Die grundlegenden Definitionen und Aussagen der Formalen Begriffsanalyse lassen sich auf diese Fälle ausdehnen. Inhalt und Umfang der zugehörigen Fuzzy-Begriffe werden durch Fuzzy-Mengen charakterisiert. Jedem Fuzzy-Kontext bzw. fuzzy-wertigen Kontext werden Fuzzy-Begriffsverbände zugeordnet, die wiederum die gesamte Kontextinformation widerspiegeln.

2. Formale Kontexte

Ein *(formaler) Kontext* wird als ein Tripel (G, M, I) definiert, wobei G eine Menge von Gegenständen, M eine Menge von Merkmalen und I ($\subseteq G \times M$) eine binäre Relation zwischen G und M sind. Dabei bedeutet gIm (bzw. $(g, m) \in I$) „der Gegenstand g hat das Merkmal m". Kontexte können als

Kreuztabellen dargestellt werden, wobei die Zeilen durch die Gegenstände, die Spalten durch die Merkmale bezeichnet werden. Ein Kreuz in der Zeile g und der Spalte m bedeutet gIm.

Die Abbildungen

$$A \;\mapsto\; A' := \{m \in M : gIm \text{ für jedes } g \in A\} \qquad \text{für } A \subseteq G,$$
$$B \;\mapsto\; B' := \{g \in G : gIm \text{ für jedes } m \in B\} \qquad \text{für } B \subseteq M$$

bilden eine Galois-Korrespondenz zwischen den Potenzmengen von G und M, d.h., es gilt für alle $A, A_1, A_2 \in G$ und alle $B, B_1, B_2 \in M$

$$A_1 \subseteq A_2 \implies A_1' \supseteq A_2', \qquad A \subseteq A'',$$
$$B_1 \subseteq B_2 \implies B_1' \supseteq B_2', \qquad B \subseteq B''.$$

Die Operatoren $'$ werden *Ableitungsoperatoren* genannt. Ein *Begriff* des Kontextes (G, M, I) wird als ein Paar (A, B) mit $A \subseteq G, B \subseteq M, A' = B, B' = A$ definiert, wobei A als *Umfang* und B als *Inhalt* des Begriffes bezeichnet wird. Der Umfang A und der Inhalt B eines Begriffes sind somit maximale Mengen mit der Eigenschaft, daß jeder Gegenstand aus $A \subseteq G$ jedes Merkmal aus $B \subseteq M$ besitzt. Für jeden Begriff (A, B) gilt $(A, B) = (A'', A') = (B', B'')$. Durch

$$(A_1, B_1) \leq (A_2, B_2) :\Longleftrightarrow A_1 \subseteq A_2 \quad (\Longleftrightarrow B_2 \subseteq B_1)$$

wird eine Ordnungsrelation zwischen allen Begriffen des Kontextes (G, M, I), die *Unterbegriff-Oberbegriff-Relation*, eingeführt. Die Menge aller Begriffe eines Kontextes (G, M, I) wird mit $\mathcal{B}(G, M, I)$ bezeichnet. Die durch die Unterbegriff-Oberbegriff-Relation geordnete Menge $\underline{\mathcal{B}}(G, M, I)$ aller Begriffe von (G, M, I) ist ein vollständiger Verband, der *Begriffsverband* von (G, M, I). Begriffsverbände können durch Liniendiagramme veranschaulicht werden. Die Begriffe werden darin durch Punkte repräsentiert und die Ordnungsrelation zwischen den Begriffen wird durch auf- bzw. absteigende Linienzüge widergespiegelt. Aus Gründen der Übersichtlichkeit werden die Begriffe in der Regel so durch einzelne Gegenstände oder Merkmale bezeichnet, daß zum Umfang eines Begriffes genau die über absteigende Linienzüge erreichbaren Gegenstände und zum Inhalt genau die über aufsteigende Linienzüge erreichbaren Merkmale gehören.

Aus einem Begriffsverband kann stets der zugrundeliegende Kontext zurückgewonnen werden. Beim Übergang zwischen Kontexten und Begriffsverbänden tritt kein Informationsverlust auf.

3. Fuzzy-Mengen

Die Grundlagen der Theorie der Fuzzy-Mengen (oder „unscharfen Mengen") entstanden in den sechziger Jahren. Seitdem sind zu diesem Gebiet zahlreiche Arbeiten – darunter eine Reihe von Lehrbüchern wie [DP80], [Zi90],

[Ka86], [BG93] und [Got93] – veröffentlicht worden. Häufig wird zwischen verschiedenen Arten von „Unschärfe" unterschieden. In [Zi90] wird zwischen „intrinsischer Unschärfe" – der Unschärfe menschlicher Empfindungen (z. B. „alte Frau") – und „informationaler Unschärfe" – der Unschärfe beim Bilden eines Gesamturteils aufgrund zu umfangreicher Informationen (z. B. „Kreditwürdigkeit") – unterschieden. In [Rom88] werden außerdem „unscharfe Relationen" (z. B. „nicht viel größer als") aufgeführt. Der Versuch, mathematische Modelle zur Verarbeitung solcher unscharfen Informationen zu schaffen, führte zur Verallgemeinerung des Mengenbegriffes.

Der Begriff der Fuzzy-Menge wurde von L. A. Zadeh ([Za65]) eingeführt. Statt durch charakteristische Funktionen (wie die klassischen Mengen) werden diese Fuzzy-Mengen durch Zugehörigkeitsfunktionen charakterisiert, deren Wertebereich das reelle Intervall [0, 1] ist. Die Elemente gehören also mit Zugehörigkeitswerten zwischen 0 und 1 zur Fuzzy-Menge.

Zum Beispiel werden in [La87] (S. 27 f.) Zugehörigkeitsfunktionen von Fuzzy-Mengen angegeben, die von P. Kay und C. McDaniel zur Darstellung der Ergebnisse neurophysiologischer Untersuchungen zur Farbwahrnehmung (B. Berlin und P. Kay) verwendet werden. Dabei entsprechen die Zugehörigkeitswerte dem Reaktionsanteil der entsprechenden Nervenzellen auf Licht der jeweiligen Wellenlänge.

In [Za65] werden für die eingeführten Fuzzy-Mengen Mengenoperationen, algebraische Operationen und Fuzzy-Relationen definiert. Eine weitere Verallgemeinerung erfolgt in [Gog67] und [Gog69], indem als Wertebereich der Zugehörigkeitsfunktionen geeignete geordnete Mengen (zum Beispiel vollständige Verbände oder vollständig verbandsgeordnete Halbgruppen) zugelassen werden.

W. Wechler ([We78]) führt L-Fuzzy-Mengen ein, bei denen die Werte der Zugehörigkeitsfunktionen als Quasiwahrheitswerte von Aussagen in der mehrwertigen Logik (Fuzzy-Logik, siehe [No86]) interpretiert werden können. Die zugrundeliegende Struktur ist die L-Fuzzy-Algebra. Sie ist zugleich der Wertebereich der Zugehörigkeitsfunktionen der L-Fuzzy-Mengen und die Menge der Quasiwahrheitswerte der entsprechenden mehrwertigen Logik. Die Mengenoperationen sind auf die Quasiwahrheitswertfunktionen der mehrwertigen Logik zurückführbar. Die Theorie der Fuzzy-Mengen kann dann durch die mehrwertige Logik (siehe [Re69], [Got89], [KGS90]) begründet werden. Dieser Zusammenhang zwischen Fuzzy-Mengen und mehrwertiger Logik kann für die Theorie der Fuzzy-Begriffe genutzt werden.

Zur Definition der L-Fuzzy-Mengen bzw. der ihnen zugrundeliegenden Struktur wird der Begriff eines vollständigen Halbringes benötigt. Ein *vollständiger Halbring* (siehe [We78]) ist definiert als ein Halbring $(R; +, \cdot)$, wobei die Summe jeder Familie $(r_i)_{i \in I}$ ($r_i \in R$, I Indexmenge) in R definiert ist und die folgenden Bedingungen erfüllt sind:

$$\sum_{i \in I} r_i = \sum_{j \in J} (\sum_{i \in I_j} r_i), \quad \text{wenn} \quad I = \bigcup_{j \in J} I_j,$$

$$r \cdot (\sum_{i \in I} r_i) = \sum_{i \in I} (r \cdot r_i), \qquad (\sum_{i \in I} r_i) \cdot r = \sum_{i \in I} (r_i \cdot r).$$

Eine *L-Fuzzy-Algebra* (siehe [We78]) ist definiert als eine algebraische Struktur $(L; \wedge, \vee, \cdot, \rightarrow)$ mit vier binären Operationen, die den folgenden Bedingungen genügen[1]:

1. $(L; \wedge, \vee)$ ist ein vollständiger Verband mit dem größten Element 1,
2. $(L; \vee, \cdot)$ ist ein vollständiger geordneter kommutativer Halbring mit 1 als Einselement,
3. $a \cdot b \leq c \Longleftrightarrow a \leq b \rightarrow c$.

Das kleinste Element 0 des vollständigen Verbandes $(L; \wedge, \vee)$ ist dabei das Nullelement des Halbringes $(L; \vee, \cdot)$.

Spezielle *L*-Fuzzy-Algebren können durch residuale T-Normen (s. [Got89]) definiert werden. Ist t eine residuale T-Norm in $L \subseteq [0, 1]$, so ist $(L; \wedge, \vee, \cdot, \rightarrow)$ mit

$$a \wedge b := \min(a, b), \quad a \cdot b := t(a, b),$$
$$a \vee b := \max(a, b), \quad a \rightarrow b := \sup\{x : t(a, x) \leq b\}$$

eine *L*-Fuzzy-Algebra. Den T-Normen

$$t(a, b) = \max(0, a + b - 1) \qquad \text{bzw.}$$
$$t(a, b) = \min(a, b)$$

sind dabei die →-Operationen

$$a \rightarrow b = \min(1, 1 - a + b) \qquad \text{(genannt Łukasiewicz-Implikation)} \quad \text{bzw.}$$

$$a \rightarrow b = \begin{cases} 1, & \text{wenn} \quad a \leq b, \\ b, & \text{wenn} \quad a > b \end{cases} \quad \text{(genannt Gödel-Implikation)}$$

zugeordnet. Jedes direkte Produkt von *L*-Fuzzy-Algebren ist eine *L*-Fuzzy-Algebra.

Jeder *L*-Fuzzy-Algebra entspricht in dem Sinne eine mehrwertige Logik, daß die Quasiwahrheitswerte der Aussagen $P \wedge Q$, $P \vee Q$ und $P \rightarrow Q$ (mit $\wedge, \vee, \rightarrow$ als logische Verknüpfungen) durch $p \wedge q$, $p \vee q$ bzw. $p \rightarrow q$ definiert werden können, wobei $p \in L$ und $q \in L$ die Quasiwahrheitswerte der Aussagen P und Q sind.

---

[1] Die Operationen → und · sind eine „residuation" bzw. eine „multiplication" im Sinne von [WD39]. Der Begriff „*L*-Fuzzy-Algebra" stimmt mit den Begriffen „integral residuated clo-monoid" in [Bi40] und „residuated commutative closg" in [Gog69] überein.

Im weiteren sei X ein Grundbereich. Eine *L-Fuzzy-Menge* (oder einfach eine *Fuzzy-Menge* bzw. eine *unscharfe Menge*) in X wird als Menge

$$A = \{(x, \mu_A(x)) : x \in X\}$$

definiert, wobei $\mu_A : X \to L$ mit

$$\begin{aligned}
\mu_{A_1 \cap A_2}(x) &= \mu_{A_1}(x) \wedge \mu_{A_2}(x), \\
\mu_{A_1 \cup A_2}(x) &= \mu_{A_1}(x) \vee \mu_{A_2}(x)
\end{aligned}$$

die *Zugehörigkeitsfunktion* von A ist. Der Wert $\mu_A(x)$ gibt den „Möglichkeitsgrad" an, mit dem das Element $x \in X$ zur Fuzzy-Menge A gehört, und kann als Quasiwahrheitswert der Aussage „x ist Element von A" in der entsprechenden mehrwertigen Logik interpretiert werden.

Für Fuzzy-Mengen A_1 und A_2 in X wird der Quasiwahrheitswert (truth value: tv) der Aussage „A_1 ist Fuzzy-Teilmenge von A_2" durch

$$\begin{aligned}
\mathrm{tv}(\text{„}A_1 \subseteq_{\sim} A_2\text{"}) &:= \mathrm{tv}(\forall x \in X (x \in A_1 \to x \in A_2)) \\
&= \bigwedge_{x \in X} (\mu_{A_1}(x) \to \mu_{A_2}(x))
\end{aligned}$$

definiert (vgl. [Got86]). $A_1 \subseteq_{\sim} A_2$ *gilt* genau dann, wenn $\mathrm{tv}(\text{„}A_1 \subseteq_{\sim} A_2\text{"}) = 1$ gilt. Durch

$$A_1 \subseteq_{\sim} A_2 \quad :\Longleftrightarrow \quad \mu_{A_1}(x) \leq \mu_{A_2}(x) \text{ für jedes } x \in X$$

wird somit eine Ordnungsrelation zwischen Fuzzy-Mengen definiert. Jede Fuzzy-Teilmenge R von $X = X_1 \times \ldots \times X_n$ ist eine *n-äre Fuzzy-Relation* zwischen $X_1, \ldots, X_n$.

4. Fuzzy-Kontexte

Unter Verwendung der Theorie der L-Fuzzy-Mengen können L-Fuzzy-Kontexte definiert werden, bei deren Bearbeitung Zusammenhänge zwischen L-Fuzzy-Mengen und Aussagen in der mehrwertigen Prädikatenlogik ausgenutzt werden.

Definition 1. *Ein L-Fuzzy-Kontext (oder einfach ein Fuzzy-Kontext) ist ein Tripel (G, M, R), bestehend aus Mengen G (von Gegenständen) und M (von Merkmalen) sowie einer Fuzzy-Relation R zwischen G und M (definiert durch $\mu_R : G \times M \to L$).*

Der Wert $\mu_R(g, m)$ kann als Quasiwahrheitswert der Aussage „der Gegenstand g hat das Merkmal m" in der entsprechenden mehrwertigen Logik verstanden werden. In der Tabellendarstellung dieser Fuzzy-Kontexte treten also anstelle von Kreuzen und Punkten Elemente einer L-Fuzzy-Algebra auf, die angeben, mit welchem Möglichkeitswert die Gegenstände die entsprechenden Merkmale besitzen.

Als Beispiel soll das Wetter in einer Sommerwoche betrachtet werden. Die Gegenstände sind die Tage der entsprechenden Woche. Um Begriffe wie „Wanderwetter" oder „Badewetter" zu charakterisieren, ist es nicht notwendig, die genauen Temperaturwerte, Niederschlagsmengen und Windgeschwindigkeiten für jeden dieser Tage zu kennen. Es genügt, die Merkmale „warm", „kalt", „niederschlagsarm" und „windstill" zu betrachten, die an den einzelnen Tagen mit bestimmten Wahrheitswerten (zum Beispiel aus der Menge $\{0, \frac{1}{2}, 1\}$) zutreffen. $(L; \wedge, \vee, \cdot, \rightarrow)$ sei die der dreiwertigen Łukasiewicz-Logik entsprechende L-Fuzzy-Algebra. Dann wird durch die Tabelle in Abbildung 1 (mit vertauschten Rollen von Zeilen und Spalten) ein L-Fuzzy-Kontext dargestellt. Die Einträge dieser Tabelle können dabei einerseits dadurch ermit-

	Mo	Di	Mi	Do	Fr	Sa	So
warm	$\frac{1}{2}$	1	$\frac{1}{2}$	$\frac{1}{2}$	0	0	0
kalt	$\frac{1}{2}$	0	$\frac{1}{2}$	$\frac{1}{2}$	1	1	1
ns.-arm	1	1	1	0	0	$\frac{1}{2}$	1
windstill	1	1	0	0	0	0	1

Abbildung 1 Fuzzy-Kontext „Wetter"

telt worden sein, daß zum Beispiel täglich die Mittagstemperatur gemessen wurde und der Zugehörigkeitswert zur L-Fuzzy-Menge der Temperaturwerte warmer Tage (in °C) in die Spalte „warm" eingetragen wurde. Die entsprechende Zugehörigkeitsfunktion könnte die Gestalt

$$\mu_{\text{„warm"}}(x) = \begin{cases} 1, & \text{wenn } 25 \leq x, \\ \frac{1}{2}, & \text{wenn } 15 < x < 25, \\ 0, & \text{wenn } x \leq 15 \end{cases}$$

haben. Andererseits können die Einträge auch allein aufgrund des menschlichen Empfindens zustande gekommen sein.

Die zu Fuzzy-Kontexten gehörenden Begriffe sollen (analog zu denen formaler Kontexte, siehe [GW96]) mit Hilfe von Ableitungsoperatoren definiert werden. Für einwertige Kontexte (G, M, I) wird für jedes $B \subseteq M$ die Menge

$$B' := \{g \in G : \forall m \in B \ (gIm)\} = \{g \in G : \forall m \in M \ (m \in B \rightarrow gIm)\}$$

und analog $A' \subseteq M$ für $A \subseteq G$ definiert. Für Fuzzy-Kontexte ist eine entsprechende Definition mit Hilfe der Quasiwahrheitswerte von Aussagen in der mehrwertigen Prädikatenlogik, die der verwendeten L-Fuzzy-Algebra entspricht, möglich. $(G, \underset{\sim}{M}, R)$ sei ein Fuzzy-Kontext. Für $B \subseteq \underset{\sim}{M}$ wird die Fuzzy-Menge B' durch

$$\mu_{B'}(g) := \text{tv} \ (\forall m \in M \ (\text{„}m \in B\text{"} \rightarrow \text{„}g \text{ hat } m\text{"}))$$

$$= \bigwedge_{m \in M} (\mu_B(m) \rightarrow \mu_R(g, m))$$

und analog $A' \subseteq M$ für $A \subseteq G$ definiert. Damit gilt die folgende Aussage:

Hilfssatz 1. *Die Operatoren ' definieren eine Galois-Korrespondenz zwischen den Verbänden $\mathcal{F}(G)$ und $\mathcal{F}(M)$ aller Fuzzy-Teilmengen von G bzw. M, d. h., die Operatoren '' sind Hüllenoperatoren auf $\mathcal{F}(G)$ bzw. $\mathcal{F}(M)$.*

Dieser Hilfssatz ermöglicht die folgende Definition:

Definition 2. *Ein L-Fuzzy-Begriff (oder einfach ein Fuzzy-Begriff) von (G, M, R) ist ein Paar (A, B) mit $A \subseteq G$, $B \subseteq M$, $A' = B$, $B' = A$.*

Nach dieser Definition gilt für jeden Fuzzy-Begriff

$$(A, B) = (A'', A') = (B', B'').$$

Die Fuzzy-Menge A ist der *Umfang* und B der *Inhalt* des Fuzzy-Begriffes (A, B). Eine Ordnungsrelation (die „Unterbegriff-Oberbegriff"-Relation) zwischen Fuzzy-Begriffen wird durch

$$(A_1, B_1) \leq (A_2, B_2) :\Longleftrightarrow A_1 \subseteq A_2 \ (\Longleftrightarrow B_1 \supseteq B_2)$$

definiert. Die Menge aller Fuzzy-Begriffe von (G, M, R) wird mit $\mathcal{B}(G, M, R)$ und die geordnete Menge $(\mathcal{B}(G, M, R), \leq)$ mit $\underline{\mathcal{B}}(G, M, R)$ bezeichnet. Der Hauptsatz über Begriffsverbände (1.Teil) gilt auch für Fuzzy-Kontexte.

Satz 2. *(G, M, R) sei ein L-Fuzzy-Kontext. Dann ist $\underline{\mathcal{B}}(G, M, R)$ ein vollständiger Verband, der L-Fuzzy-Begriffsverband (oder einfach der Fuzzy-Begriffsverband) von (G, M, R), in dem Infimum und Supremum wie folgt beschrieben werden können:*

$$\bigwedge_{t \in T} (A_t, B_t) = (\bigcap_{t \in T} A_t, (\bigcup_{t \in T} B_t)''),$$

$$\bigvee_{t \in T} (A_t, B_t) = ((\bigcup_{t \in T} A_t)'', \bigcap_{t \in T} B_t).$$

Jeder von einer einelementigen[2] Fuzzy-Menge $A = \{(g, \nu)\} \subseteq G$ erzeugte Fuzzy-Begriff (A'', A') wird *Gegenstandsbegriff* genannt. Für die Fuzzy-Menge $\{(g, \nu)\}$ wird auch (g, ν) geschrieben. Die Fuzzy-Menge $\{g\}$ (im Fall $\nu = 1$) wird auch durch g bezeichnet. $G \times L$ ist dann die Menge aller einelementigen Fuzzy-Teilmengen von G. Für Merkmale werden analoge Bezeichnungen verwendet.

Es ist ausreichend, die Gegenstands- und Merkmalsbegriffe im Diagramm des Fuzzy-Begriffsverbandes durch ihre erzeugenden einelementigen Fuzzy-Mengen zu bezeichnen. Umfang und Inhalt eines Fuzzy-Begriffes können

---

[2] Fuzzy-Mengen, bei denen genau ein Element des Grundbereiches einen von Null verschiedenen Zugehörigkeitswert besitzt, werden als *einelementige Fuzzy-Mengen* bezeichnet. Für die durch $\mu_A(x) := \begin{cases} \nu, & \text{wenn } x = g, \\ 0 & \text{sonst} \end{cases}$ charakterisierte Fuzzy-Menge A wird abkürzend $\{(g, \nu)\}$ geschrieben.

dann wie in Begriffsverbänden formaler Kontexte aus dem Diagramm abgelesen werden: Der Begriffsumfang eines Fuzzy-Begriffes ist die Vereinigung der darunterstehenden einelementigen Fuzzy-Mengen von Gegenständen, der Begriffsinhalt ist die Vereinigung der darüberstehenden einelementigen Fuzzy-Mengen von Merkmalen. Der Fuzzy-Begriffsverband zum Fuzzy-Kontext in Abbildung 1 ist in Abbildung 2 dargestellt. Die Symbole Ba, Wa bzw. Wo

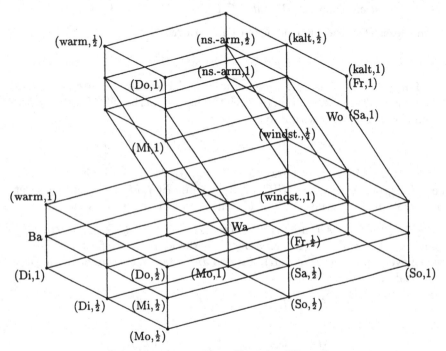

Abbildung 2 Begriffsverband zum Fuzzy-Kontext „Wetter"

im Diagramm bezeichnen die Fuzzy-Begriffe „Badewetter", „Wanderwetter" bzw. „Wochenendwetter". „Badewetter" ist beispielsweise der von

$$\{(\text{warm}, 1), (\text{niederschlagsarm}, 1)\} \subseteq M$$

erzeugte Fuzzy-Begriff. Der Begriffsumfang ist die Fuzzy-Menge

$$\{(\text{Mo}, \tfrac{1}{2}), (\text{Di}, 1), (\text{Mi}, \tfrac{1}{2})\} \subseteq G,$$

der Begriffsinhalt ist die Fuzzy-Menge

$$\{(\text{warm}, 1), (\text{niederschlagsarm}, 1), (\text{windstill}, \tfrac{1}{2})\} \subseteq M.$$

An den warmen, niederschlagsarmen Tagen dieser Woche ist es also nicht sehr windig. Zum Baden sind der Dienstag sehr gut, der Montag und Mittwoch einigermaßen gut, die übrigen Tage jedoch nicht geeignet.

Fuzzy-Kontexte und Fuzzy-Begriffsverbände stellen eine Verallgemeinerung der formalen (einwertigen) Kontexte und ihrer Begriffsverbände dar: Die klassische Logik kann als Spezialfall mehrwertiger Logik (mit den Quasi-wahrheitswerten 0 und 1) aufgefaßt werden. Ist L_0 die (eindeutig bestimmte) L-Fuzzy-Algebra mit der Trägermenge $\{0,1\}$, so ist die Zugehörigkeitsfunktion jeder L_0-Fuzzy-Menge die charakteristische Funktion einer scharfen Menge. L_0-Fuzzy-Kontexte sind einwertige Kontexte. Die zugehörigen Ableitungsoperatoren ′ stimmen mit denen im entsprechenden einwertigen Kontext überein.

5. „Doppelte Skalierung" von Fuzzy-Kontexten

Jeder Fuzzy-Begriffsverband ist in natürlicher Weise zum Begriffsverband eines einwertigen Kontextes isomorph. Dieser Zusammenhang zwischen Fuzzy-Kontexten und einwertigen Kontexten kann zum Beispiel ausgenutzt werden, um Fuzzy-Begriffsverbände mit Hilfe der Computerprogramme für einwertige Kontexte (wie [Bu87]) zu berechnen.

Im folgenden wird die Abkürzung

$$A_* := \{(g,\nu) : g \in G,\ \nu \in L,\ \nu \leq \mu_A(g)\}$$

für jedes $A \subseteq G$ verwendet, womit $A_* \subseteq G_* = G \times L$ gilt. Weiterhin sei (für jedes $A \subseteq G_*$) $A_\diamond$ die durch

$$\mu_{A_\diamond}(g) := \bigvee \{\nu : (g,\nu) \in A\}$$

charakterisierte Fuzzy-Teilmenge von G. Für $B \subseteq M$ bzw. $B \subseteq M_*$ werden die Bezeichnungen B_* bzw. $B_\diamond$ in analoger Weise erklärt. Für jede Fuzzy-Relation R zwischen G und M sei $I_R \subseteq G_* \times M_*$ die durch

$$(g,\nu)I_R(m,\lambda) : \Longleftrightarrow \nu \cdot \lambda \leq \mu_R(g,m)$$

definierte binäre Relation zwischen G_* und M_*. Der einwertige Kontext (G_*, M_*, I_R) geht somit durch „doppelte Skalierung" aus dem Fuzzy-Kontext (G, M, R) hervor, und es gilt die folgende Aussage:

Satz 3. $\underline{B}(G, M, R) \cong \underline{B}(G_*, M_*, I_R)$.

Da jede Zeile $(g,0)$ und jede Spalte $(m,0)$ (für alle $g \in G$ und $m \in M$) im einwertigen Kontext (G_*, M_*, I_R) nur Kreuze enthält, bleibt die Struktur des Begriffsverbandes von (G_*, M_*, I_R) unverändert, wenn diese Zeilen und Spalten weggelassen werden.

Im folgenden soll ein Beispiel aus dem Getriebekonstruktionsprozeß betrachtet werden. Bei der Auswahl von Getriebelagern treten Klassifizierungen auf, die durch Fuzzy-Begriffe dargestellt werden können. Zum Beispiel sind Fahrzeuggetriebelager durch die Merkmale „niedriger Preis", „leichte Verfügbarkeit" und „geringes Geräusch" gekennzeichnet, an Merkmale wie „Belastbarkeit", „Bauraum", „Montage/Demontage" werden normale Ansprüche gestellt, die Lebensdauer hingegen darf gering sein. In Fahrzeuggetriebe werden daher fast ausschließlich Rillenkugellager (RKL) und Nadellager (NL) eingebaut, in Ausnahmefällen kommen noch Zylinderrollenlager (ZRL) und zweireihige Kugellager (2KL) in Betracht. Der Fuzzy-Begriff „Fahrzeuggetriebelager" kann demzufolge als Einheit des Begriffsumfanges

$$\{(\text{RKL}, 1), (\text{NL}, 1), (\text{ZRL}, \tfrac{1}{2}), (\text{2KL}, \tfrac{1}{2})\}$$

und des Begriffsinhaltes

$$\{(\text{Preis}, 1), (\text{Verfügbarkeit}, 1), (\text{Geräusch}, 1),$$
$$(\text{Belastbarkeit}, \tfrac{1}{2}), (\text{Bauraum}, \tfrac{1}{2}), (\text{Montage}, \tfrac{1}{2}), (\text{Lebensdauer}, 0)\}$$

verstanden werden.

Zur Erprobung eines Entscheidungshilfeprogrammes (siehe [Sa93]) wird in [SU95] ein Problem aus dem Konstruktionsbereich behandelt, bei dem Experten eine von zehn Lagerarten für eine vorgegebene Getriebewelle auszuwählen hatten. Dabei tritt zunächst der in Abbildung 3 (mit vertauschten Rollen der Zeilen und Spalten) dargestellte mehrwertige Kontext auf, der als Gegenstände die zehn in Frage kommenden Lagerarten (Alternativen), als Merkmale zehn entscheidungsrelevante Attribute und als Werte die Ausprägungen (Bewertungen) dieser Attribute enthält. Von mehreren Gruppen von Konstrukteuren wurden mit Hilfe des Entscheidungshilfesystems (unter Gewichtung der betrachteten Attribute) Rangreihen ermittelt, an deren erster Stelle vier verschiedene Lagerarten standen: Rillenkugellager, Zylinderrollenlager, Pendelrollenlager oder Kegelrollenlager. Zum mehrwertigen Kontext in Abbildung 3 kann durch ordinale Merkmalsskalierung ein Begriffsverband berechnet werden. Unter Beachtung der von den Experten vorgenommenen Gewichtungen ist eine Vorauswahl im Begriffsverband möglich, die eine genauere Untersuchung gerade der mit dem Entscheidungshilfesystem in die engere Wahl gezogenen vier Lagerarten nahelegt. Dazu kann einerseits der entsprechende Teilkontext des obigen mehrwertigen Kontextes ordinal merkmalsskaliert werden (siehe [Po96]). Andererseits kann aber auch der in Abbildung 4 angegebene L-Fuzzy-Kontext (wobei L die der dreiwertigen Łukasiewicz-Logik entsprechende L-Fuzzy-Algebra ist) betrachtet werden. Wird dieser Fuzzy-Kontext „doppelt skaliert", so entsteht der in Abbildung 5 dargestellte einwertige Kontext. Der zugehörige Fuzzy-Begriffsverband (siehe Abbildung 6) kann dann zum Beispiel mit Hilfe des Computerprogrammes [Bu87] berechnet werden. Den Gewichtungen der einzelnen Attribute entsprechen geeignete Zugehörigkeitswerte der Merkmale, die vom Experten so zu wählen sind, daß der von dieser Merkmalsmenge erzeugte Begriff einen Gegenstand enthält. Ist dies nicht der Fall, so muß die Merkmalsmenge verkleinert werden, die Forderungen an die Attribute sind also abzuschwächen.

Merkmal	Rillenkugellager (RKL)	2reihiges Rillenkugellager (2RL)	Schrägkugellager (SKL)	Vierpunktlager (4PL)	Pendelkugellager (PKL)	Zylinderrollenlager (ZRL)	vollrolliges Zylinderrollenlager (vZL)	Pendelrollenlager (PRL)	Axialpendelrollenlager (APL)	Kegelrollenlager (KRL)
Belastbarkeit radial	normal (2)	hoch (1)	normal (2)	normal (2)	normal (2)	hoch (1)	hoch (1)	hoch (1)	niedrig (3)	hoch (1)
Belastbarkeit axial	normal (2)	niedrig (3)	hoch (1)	hoch (1)	niedrig (3)	niedrig (3)	niedrig (3)	niedrig (3)	hoch (1)	hoch (1)
Lebensdauererwartung	normal (2)	normal (2)	normal (2)	normal (2)	niedrig (3)	hoch (1)	hoch (1)	hoch (1)	normal (2)	hoch (1)
Bauraum	normal (2)	hoch (3)	normal (2)	normal (2)	hoch (3)	normal (2)	gering (1)	hoch (3)	sehr hoch (4)	normal (2)
Führungsgenauigkeit	gering (3)	gering (3)	gering (3)	gering (3)	gering (3)	hoch (1)	hoch (1)	hoch (1)	gering (3)	hoch (1)
Geräusche	gering (1)	hoch (3)	gering (1)	gering (1)	normal (2)	normal (2)	hoch (3)	hoch (3)	hoch (3)	normal (2)
Fluchtungsfehlerausgleich	normal (2)	kein/sehr gering (4)	normal (2)	normal (2)	hoch (1)	gering (3)	gering (3)	hoch (1)	hoch (1)	gering (3)
Montage, Demontage	normal (2)	aufwendig (3)	einfach (1)	einfach (1)	normal (2)	einfach (1)	aufwendig (3)	aufwendig (3)	einfach (1)	einfach (1)
Preis	niedrig (1)	normal (2)	normal (2)	hoch (3)	hoch (3)	normal (2)	hoch (3)	hoch (3)	sehr hoch (4)	hoch (3)
Verfügbarkeit	leicht (1)	normal (2)	normal (2)	schlecht (3)	schlecht (3)	normal (2)	schlecht (3)	normal (2)	sehr schlecht (4)	normal (2)

Abbildung 3 Gesamtkontext „Lager"

Enthält der Begriff mehrere Gegenstände, so kann die Auswahl unter diesen durch Hinzuziehen zusätzlicher Forderungen an die Merkmale erfolgen. Diese

	R K L	Z R L	P R L	K R L
Belast. radial	½	1	1	1
Belast. axial	½	0	0	1
Lebensdauer	½	1	1	1
Bauraum	½	½	0	½
Genauigkeit	0	1	1	1
Geräusch	1	½	0	½
Fluchtung	½	0	1	0
Montage	½	1	0	1
Preis	1	½	0	0
Verfügbarkeit	1	½	½	½

Abbildung 4 Fuzzy-Kontext „Lager"

	R K L 1	Z R L 1	P R L 1	K R L 1	R K L ½	Z R L ½	P R L ½	K R L ½
(Belast. radial, 1)	•	×	×	×	×	×	×	×
(Belast. axial, 1)	•	•	•	×	×	•	•	×
(Lebensdauer, 1)	•	×	×	×	×	×	×	×
(Bauraum, 1)	•	•	•	•	×	×	•	×
(Genauigkeit, 1)	•	×	×	×	•	×	×	×
(Geräusch, 1)	×	•	•	•	×	×	•	×
(Fluchtung, 1)	•	•	×	•	×	•	×	•
(Montage, 1)	•	×	•	×	×	×	•	×
(Preis, 1)	×	•	•	•	×	×	•	•
(Verfügbarkeit, 1)	×	•	•	•	×	×	×	×
(Belast. radial, ½)	×	×	×	×	×	×	×	×
(Belast. axial, ½)	×	•	•	×	×	×	×	×
(Lebensdauer, ½)	×	×	×	×	×	×	×	×
(Bauraum, ½)	×	×	•	×	×	×	×	×
(Genauigkeit, ½)	•	×	×	×	×	×	×	×
(Geräusch, ½)	×	×	•	×	×	×	×	×
(Fluchtung, ½)	×	•	×	•	×	×	×	×
(Montage, ½)	×	×	•	×	×	×	×	×
(Preis, ½)	×	×	•	•	×	×	×	×
(Verfügbarkeit, ½)	×	×	×	×	×	×	×	×

Abbildung 5 Durch „doppelte Skalierung" abgeleiteter Kontext zum Fuzzy-Kontext „Lager"

Schritte werden im Begriffsverband des Fuzzy-Kontextes dadurch erleichtert, daß der Begriffsumfang nicht nur diejenigen Lager (mit dem Zugehörigkeitswert 1), welche die geforderten Eigenschaften besitzen, sondern außerdem die Lager mit dem Zugehörigkeitswert ½ enthält, die in ihren Merkmalen maximal um „eine Stufe" von den geforderten abweichen. Zum Beispiel ist der Begriffsumfang des von $\{(\text{Preis}, 1)\}$ erzeugten Fuzzy-Begriffes die Fuzzy-Menge

$$\{(\text{Rillenkugellager}, 1), (\text{Zylinderrollenlager}, \tfrac{1}{2})\}.$$

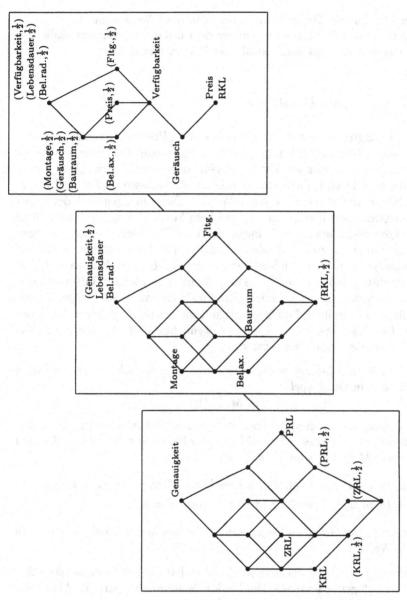

Abbildung 6 Begriffsverband zum Fuzzy-Kontext „Lager"

Das Rillenkugellager ist also die einzige Alternative mit einem niedrigen Preis, während das Zylinderrollenlager (im Gegensatz zu allen übrigen Lagern) dieser Eigenschaft in dem Sinne nahekommt, daß es einen normalen (und keinen hohen) Preis hat. Werden also weitere Merkmale gefordert, die das Rillenkugellager ausschließen (zum Beispiel eine hohe Führungsgenauigkeit), so ist das

Zylinderrollenlager in Betracht zu ziehen. Auf diese Weise kann der Begriffs-verband des Fuzzy-Kontextes gegenüber dem des entsprechenden skalierten mehrwertigen Kontextes die Auswahl des Experten erleichtern.

6. Fuzzy-wertige Kontexte

In der Umgangssprache werden Merkmale wie „Preis", „Geschwindigkeit", „Alter" oder „Temperatur" häufig nicht durch exakte Maße, sondern durch Werte wie „teuer", „sehr schnell", „fast neu" oder „warm" bzw. „kalt" ange-geben, die sich durch L-Fuzzy-Mengen beschreiben lassen. Daher sind mehr-wertige Kontexte von Interesse, deren Werte L-Fuzzy-Mengen sind, deren Zu-gehörigkeitsfunktionen angeben, mit welchem Möglichkeitsgrad das jeweilige Merkmal die möglichen Ausprägungen annimmt. Für solche L-fuzzy-wertigen Kontexte können die grundlegenden Definitionen und Aussagen der Formalen Begriffsanalyse ähnlich formuliert werden wie für L-Fuzzy-Kontexte. Dabei ist zu beachten, daß „kleinere" L-Fuzzy-Mengen „schärfere" Informationen über die Ausprägung des jeweiligen Merkmals enthalten als „größere", wo-durch die Aussagen über L-fuzzy-wertige Kontexte im allgemeinen dann de-nen für L-Fuzzy-Kontexte entsprechen, wenn bezüglich der Merkmale die duale Ordnungsrelation eingesetzt wird.

Definition 3. *Ein L-fuzzy-wertiger Kontext (oder einfach ein fuzzy-wertiger Kontext) ist ein Quadrupel*

$$(G, M, U, I),$$

wobei G und M Mengen, U eine Menge von L-Fuzzy-Mengen über den Grundbereichen X_m ($m \in M$) und I ($\subseteq G \times M \times U$) eine dreistellige Relation zwischen G, M und U sind, so daß gilt:

aus $(g, m, u) \in I$ folgt, daß u eine Fuzzy-Menge über X_m ist, und

aus $(g, m, u) \in I$ und $(g, m, v) \in I$ folgt $u = v$.

Die Elemente von G heißen Gegenstände, *die von M* Merkmale *und die von U* Fuzzy-Werte[3].

Dann kann $(g, m, u) \in I$ als „das Merkmal m hat für den Gegenstand g den Fuzzy-Wert u" gelesen werden. Die Merkmale können als partielle Abbildun-gen aus G in U verstanden werden, so daß auch

$$m(g) = u \quad \text{statt} \quad (g, m, u) \in I$$

geschrieben wird. Die Fuzzy-Mengen $m(g)$ sind durch ihre Zugehörigkeits-funktionen

---

[3] In der Sprache der Theorie unscharfer Mengen werden auch die Bezeichnun-gen „linguistische Variable" für die Merkmale und „linguistische Werte" für die Fuzzy-Werte verwendet.

$$\mu_{m(g)} : X_m \to L$$

charakterisiert. Auch fuzzy-wertige Kontexte können durch Tabellen dargestellt werden, in denen die Zeilen mit den Gegenständen, die Spalten mit den Merkmalen benannt sind. Der Eintrag in Zeile g und Spalte m ist dann der Fuzzy-Wert $m(g)$, d. h. eine Fuzzy-Menge.

In Abbildung 7 ist ein L-fuzzy-wertiger Kontext dargestellt. L sei die

	Verbrauch	Geschwindigkeit
F1	ziemlich hoch	schnell
F2	8-10 l/ 100 km	ziemlich schnell
F3	mindestens 8 l/100 km	nicht ganz so schnell wie F2
F4	mindestens 8 l/100 km	schnell

Abbildung 7 Fuzzy-wertiger Kontext „Fahrzeuge"

der dreiwertigen Łukasiewicz-Logik entsprechende L-Fuzzy-Algebra. Die im fuzzy-wertigen Kontext auftretenden (Fuzzy-)Werte können als Fuzzy-Mengen interpretiert werden, die durch ihre Zugehörigkeitsfunktionen wie in Abbildung 8 charakterisiert werden.

Da durch die Fuzzy-Teilmengen-Relation eine Ordnungsrelation zwischen den Fuzzy-Werten definiert ist, können fuzzy-wertige Kontexte direkt (d. h. ohne „Skalierung") bearbeitet werden. Es sei $B_m \subseteq X_m$ ($m \in M$). Für die Familie $B := (B_m : m \in M) \in \prod_{m \in M} \mathcal{F}(X_m)$ wird die Fuzzy-Menge B' durch

$$
\begin{aligned}
\mu_{B'}(g) \; &:= \; \mathrm{tv}\,(\forall m \in M \; \text{„}g \text{ hat } B_m\text{"}) \\
&= \; \mathrm{tv}\,(\forall m \in M \; \text{„}m(g) \subseteq B_m\text{"}) \\
&= \; \bigwedge_{m \in M} \bigwedge_{x \in X_m} (\mu_{m(g)}(x) \to \mu_{B_m}(x))
\end{aligned}
$$

definiert. Für $A \subseteq G$ wird die Familie $A' := (A'_m : m \in M)$ von Fuzzy-Mengen durch

$$\mu_{A'_m}(x) = \bigvee_{g \in G} (\mu_A(g) \cdot \mu_{m(g)}(x))$$

($x \in X_m$) definiert. Damit gilt die folgende Aussage:

Hilfssatz 4. *Die Operatoren ' definieren eine gemischte [4] Galois-Korrespondenz zwischen dem direkten Produkt* $\prod_{m \in M} \mathcal{F}(X_m)$ *der Fuzzy-Teilmengen-Verbände über den Grundbereichen* $X_m(m \in M)$ *und dem Verband* $\mathcal{F}(G)$ *der*

---

[4] Eine *gemischte Galois-Korrespondenz* (oder ein *adjungiertes Paar*) erhält man aus einer gewöhnlichen Galois-Korrespondenz bzw. umgekehrt, indem man bei einer der geordneten Mengen (hier: $\prod_{m \in M} \mathcal{F}(X_m)$) zur dualen Ordnung übergeht.

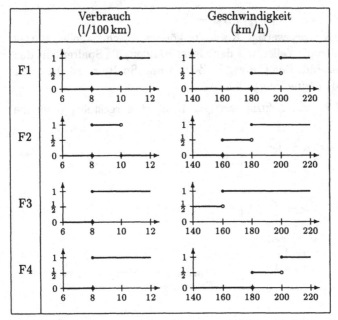

Abbildung 8 Fuzzy-wertiger Kontext „Fahrzeuge" (Darstellung mit Zugehörigkeitsfunktionen)

Fuzzy-Teilmengen von G, d. h., die Operatoren $''$ sind ein Kernoperator in $\prod_{m \in M} \mathcal{F}(X_m)$ und ein Hüllenoperator in $\mathcal{F}(G)$.

Dieser Hilfssatz ermöglicht die folgende Definition:

Definition 4. *Ein L-Fuzzy-Begriff (oder einfach ein Fuzzy-Begriff) des L-fuzzy-wertigen Kontextes (G, M, U, I) ist ein Paar (A, B) mit*

$$A \subseteq G, \quad B_m \subseteq X_m \ (m \in M), \quad B = (B_m : m \in M),$$
$$A' = B, \quad B' = A.$$

Damit gilt für jeden Fuzzy-Begriff von (G, M, U, I)

$$(A, B) = (A'', A') = (B', B'').$$

Die Fuzzy-Menge A ist der *Umfang*, die Familie B von Fuzzy-Mengen B_m ($m \in M$) ist der *Inhalt* des Fuzzy-Begriffes (A, B). Eine Ordnungsrelation zwischen Fuzzy-Begriffen von (G, M, U, I) wird durch

$$(A_1, B_1) \leq (A_2, B_2) \ :\Longleftrightarrow \ A_1 \subseteq A_2 \ (\Longleftrightarrow \ B_1 \subseteq B_2)$$

definiert. Die Menge aller Fuzzy-Begriffe von (G, M, U, I) wird im weiteren mit $\mathcal{B}(G, M, U, I)$ und die geordnete Menge $(\mathcal{B}(G, M, U, I), \leq)$ mit $\underline{\mathcal{B}}(G, M, U, I)$ bezeichnet. Der Hauptsatz über Begriffsverbände (Teil 1) läßt sich auch auf den Fall fuzzy-wertiger Kontexte ausdehnen.

Satz 5. (G, M, U, I) *sei ein L-fuzzy-wertiger Kontext. Dann ist* $\underline{B}(G, M, U, I)$ *ein vollständiger Verband, der (L-)Fuzzy-Begriffsverband von* (G, M, U, I), *in dem Infimum und Supremum in folgender Weise beschrieben werden können:*

$$\bigwedge_{t \in T} (A_t, B_t) = (\bigcap_{t \in T} A_t, (\bigcap_{t \in T} B_t)''),$$

$$\bigvee_{t \in T} (A_t, B_t) = ((\bigcup_{t \in T} A_t)'', \bigcup_{t \in T} B_t).$$

Im folgenden wird ein Fuzzy-Begriff $(B', B'') \in \underline{B}(G, M, U, I)$, der von einer Familie $B = (B_n : n \in M)$ mit

$$B_n = \left\{ \begin{array}{cc} \nu \cdot m(g), & \text{wenn } n = m, \\ X_n & \text{sonst} \end{array} \right.$$

$(\nu \in L, \ g \in G)$ erzeugt wird, *Merkmalsgrundbegriff (zum Merkmal m)* genannt.[5] Die Familie B wird dann auch mit $(m(g), \nu)$ bezeichnet. Ein von einer Familie $B = (B_n : n \in M)$ mit

$$B_n = \left\{ \begin{array}{cc} \bigcup_{g \in G} (\nu_g \cdot m(g)), & \text{wenn } n = m, \\ X_n & \text{sonst} \end{array} \right.$$

$(\nu_g \in L)$ erzeugter Fuzzy-Begriff wird *Merkmalsbegriff (zum Merkmal m)* genannt. Für die Familie B wird in diesem Fall auch $\bigcup_{g \in G} (m(g), \nu_g)$ geschrieben. Die *Gegenstandsbegriffe* für fuzzy-wertige Kontexte werden wie die für Fuzzy-Kontexte definiert (vgl. Abschnitt 4).

Es genügt, im Diagramm des Fuzzy-Begriffsverbandes die Gegenstandsbegriffe durch die erzeugenden einelementigen Fuzzy-Mengen und die Merkmalsbegriffe zu jedem $m \in M$ durch die (m-ten Komponenten der) erzeugenden Familien zu bezeichnen. Inhalt und Umfang eines Fuzzy-Begriffes lassen sich dann wie im Diagramm eines klassischen Begriffsverbandes ablesen, d. h., zu jedem Fuzzy-Begriff gehören die darunterstehenden Gegenstände und die darüberstehenden Merkmalsausprägungen. Der Begriffsumfang ist die Vereinigung der darunterstehenden einelementigen Fuzzy-Mengen von Gegenständen, der Begriffsinhalt der Durchschnitt der darüberstehenden Familien von Fuzzy-Mengen (Merkmalsausprägungen).

Der Fuzzy-Begriffsverband zum Fuzzy-Kontext in Abbildung 8 ist in Abbildung 9 dargestellt. Die in Abbildung 9 auftretenden Zugehörigkeitsfunktionen können wie in Abbildung 10 wieder durch die im fuzzy-wertigen Kontext vorkommenden Bezeichnungen der Fuzzy-Werte ersetzt werden. Dabei ist jedoch zu beachten, daß hier zum Beispiel die Fuzzy-Werte „8-10 l/100 km oder ziemlich hoher Benzinverbrauch" und „mindestens 8 l/100 km" übereinstimmen.

---

[5] Für die durch $\mu_A(x) := \nu \cdot \mu_{m(g)}(x)$ charakterisierte Fuzzy-Menge A wird abkürzend $\nu \cdot m(g)$ geschrieben.

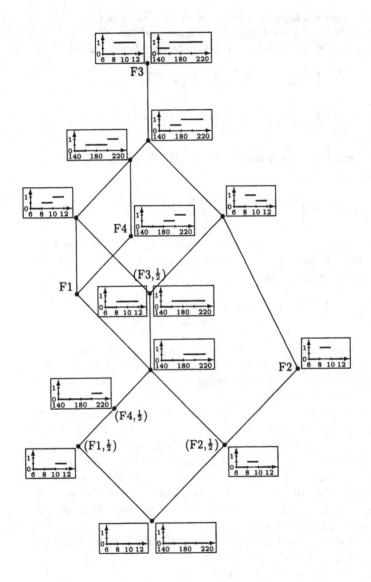

Abbildung 9 Begriffsverband zum fuzzy-wertigen Kontext „Fahrzeuge" (Darstellung mit Zugehörigkeitsfunktionen)

Um die Begriffsinhalte aller Fuzzy-Begriffe im Diagramm des Fuzzy-Begriffsverbandes ablesen zu können, genügt es sogar, die Merkmalsgrundbegriffe (statt aller Merkmalsbegriffe) durch ihre erzeugenden Familien zu bezeichnen (siehe [Po96]).

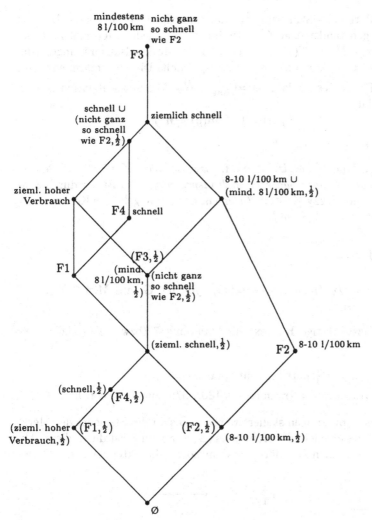

Abbildung 10 Begriffsverband zum fuzzy-wertigen Kontext „Fahrzeuge"

7. Skalierung fuzzy-wertiger Kontexte

Von jedem L-fuzzy-wertigen Kontext (G, M, U, I) kann durch Skalierung ein L-Fuzzy-Kontext (G, N, S) abgeleitet werden. Der Fuzzy-Begriffsverband des Fuzzy-Kontextes (G, N, S) ist dann in den des fuzzy-wertigen Kontextes (G, M, U, I) einbettbar. Durch geeignete Wahl der Merkmalsmenge N von (G, N, S) (d. h. durch hinreichend „feine" Skalierung) kann erreicht werden, daß die beiden Fuzzy-Begriffsverbände isomorph sind. Das Ermitteln der Fuzzy-Begriffe fuzzy-wertiger Kontexte kann so auf das der Fuzzy-Begriffe von Fuzzy-Kontexten zurückgeführt werden.

Bei der (Merkmals-)Skalierung des fuzzy-wertigen Kontextes (G, M, U, I) bleibt die Gegenstandsmenge G unverändert. Für jedes Merkmal $m \in M$ wird eine Menge $N_m \subseteq \mathcal{F}(X_m)$ „interessanter" Merkmalsausprägungen (die nicht im Kontext vorkommen müssen) ausgewählt. Die Merkmalsmenge des abgeleiteten Kontextes ist dann $N = \dot{\bigcup}_{m \in M} N_m$. Die Fuzzy-Relation S wird so definiert, daß

$$\mu_S(g, n) = \text{tv} \left(\text{„} m(g) \underset{\sim}{\subseteq} n \text{"} \right)$$

für $g \in G$, $m \in M$, $n \in N_m$ gilt.

Definition 5. *Sind (G, M, U, I) ein L-fuzzy-wertiger Kontext und $N_m \subseteq \mathcal{F}(X_m)$ $(m \in M)$ Mengen von Merkmalsausprägungen, so ist der durch Skalierung abgeleitete Fuzzy-Kontext (oder einfach der abgeleitete Kontext) der L-Fuzzy-Kontext (G, N, S) mit*

$$N := \dot{\bigcup_{m \in M}} N_m,$$

$$\mu_S(g, n) := \bigwedge_{x \in X_m} (\mu_{m(g)}(x) \to \mu_n(x)) \quad \textit{für } g \in G, m \in M, n \in N_m.$$

Soll der fuzzy-wertige Kontext in Abbildung 7 (bzw. 8) bezüglich der Mengen

$$N_{\text{Verbrauch}} = \{\text{sparsam, sehr sparsam}\},$$

$$N_{\text{Geschwindigkeit}} = \{\text{mindestens } 180\,\text{km/h, ziemlich schnell}\}$$

von Merkmalsausprägungen skaliert werden, so sind die Elemente der Merkmalsmenge N des abgeleiteten Kontextes (G, N, S) zunächst durch die in Abbildung 11 angegebenen Zugehörigkeitsfunktionen charakterisierbar. Damit

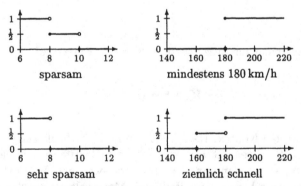

Abbildung 11 Zugehörigkeitsfunktionen von Merkmalsausprägungen

ergibt sich der in Abbildung 12 dargestellte abgeleitete Kontext. Der zugehörige Fuzzy-Begriffsverband ist in Abbildung 13 dargestellt.

	sparsam	sehr sparsam	mindestens 180 km/h	zieml. schnell
F1	0	0	1	1
F2	$\frac{1}{2}$	0	$\frac{1}{2}$	1
F3	0	0	0	$\frac{1}{2}$
F4	0	0	1	1

Abbildung 12 Abgeleiteter Kontext zum fuzzy-wertigen Kontext „Fahrzeuge"

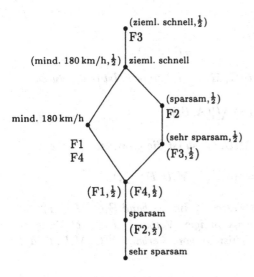

Abbildung 13 Begriffsverband des abgeleiteten Kontextes zum fuzzy-wertigen Kontext „Fahrzeuge"

Die Abbildung

$$\sigma : \prod_{m \in M} \mathcal{F}(X_m) \to \mathcal{F}(N)$$

werde durch

$$\mu_{\sigma B}(n) := \bigwedge_{x \in X_m} (\mu_{B_m}(x) \to \mu_n(x))$$

für $B \in \prod_{m \in M} \mathcal{F}(X_m)$, $m \in M$, $n \in N_m$ definiert, die Abbildung

$$\varrho : \mathcal{F}(N) \to \prod_{m \in M} \mathcal{F}(X_m)$$

durch

$$\mu_{(\varrho B)_m}(x) := \bigwedge_{n \in N_m} (\mu_B(n) \to \mu_n(x))$$

für $B \subseteq N$, $m \in M$, $x \in X_m$. Ist der Fuzzy-Kontext (G, N, S) ein abgeleiteter Kontext zum fuzzy-wertigen Kontext (G, M, U, I), so gelten die folgenden Aussagen:

Hilfssatz 6. *Für jedes $A \subseteq G$ stimmen die Fuzzy-Mengen A' in (G, N, S) und $\sigma(A')$ in (G, M, U, I) überein. Für jedes $B \subseteq N$ stimmen die Fuzzy-Mengen B' in (G, N, S) und $(\varrho B)'$ in (G, M, U, I) überein.*

Korollar 7. *Jeder Begriffsumfang $A \in \mathcal{F}(G)$ in (G, N, S) ist auch Begriffs-umfang in (G, M, U, I). Ist $B \in \prod_{m \in M} \mathcal{F}(X_m)$ Begriffsinhalt in (G, M, U, I), so ist $\sigma B \in \mathcal{F}(N)$ Begriffsinhalt in (G, N, S).*

Mit der oben eingeführten Abbildung σ gilt für jeden fuzzy-wertigen Kontext (G, M, U, I) die folgende Aussage:

Satz 8. *Durch*

$$(A, B) \; \Theta \; (C, D) \quad :\Longleftrightarrow \quad \sigma B = \sigma D$$

wird eine $\bigvee$-Kongruenzrelation in $\underline{B}(G, M, U, I)$ definiert. Ist α die durch

$$\alpha : (A, B) \mapsto \bigvee [(A, B)]_\Theta$$

definierte Hüllenoperation in $\underline{B}(G, M, U, I)$, so ist die geordnete Menge

$$\alpha(\underline{B}(G, M, U, I)) := (\alpha(\underline{B}(G, M, U, I)); \leq_\alpha),$$

wobei $\leq_\alpha$ die Einschränkung der Relation $\leq$ im Verband $\underline{B}(G, M, U, I)$ auf $\alpha(\underline{B}(G, M, U, I))$ bezeichnet, ein vollständiger Verband. Die Abbildung α ist ein Ordnungs- und $\bigvee$-Homomorphismus vom Verband $\underline{B}(G, M, U, I)$ auf $\alpha(\underline{B}(G, M, U, I))$.

Für den Fuzzy-Begriffsverband in Abbildung 10 und die obige Menge N von Merkmalsausprägungen (siehe Abbildung 11) sind die Kongruenzklassen bezüglich Θ in Abbildung 14 angegeben. Ist (G, N, S) ein abgeleiteter Kontext zum fuzzy-wertigen Kontext (G, M, U, I), so ergeben sich weiterhin die folgenden Aussagen:

Satz 9. *Es gilt*

$$\alpha(\underline{B}(G, M, U, I)) \; \cong \; \underline{B}(G, N, S)$$

mit

$$\varphi : (A, B) \mapsto (A, \sigma B)$$

als zugehörigem Isomorphismus.

Korollar 10. *Die geordnete Menge*

$$(\{(A, B) \in \underline{B}(G, M, U, I) : A \text{ Begriffsumfang in } (G, N, S)\}; \leq)$$

bildet einen $\bigwedge$-Unterhalbverband von $\underline{B}(G, M, U, I)$. Durch

$$(A, B) \mapsto ((\sigma B)', \sigma B)$$

wird ein Ordnungs- und $\bigvee$-Homomorphismus vom Fuzzy-Begriffsverband $\underline{B}(G, M, U, I)$ auf $\underline{B}(G, N, S)$ definiert.

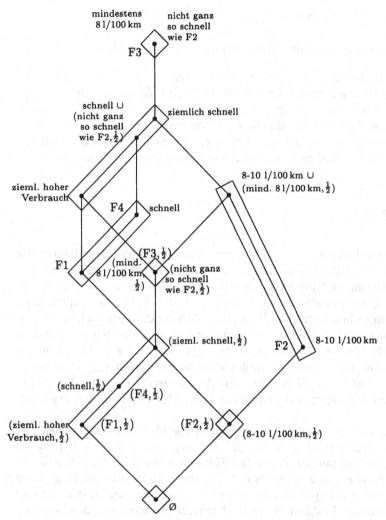

Abbildung 14 Kongruenzklassen bezüglich der Relation Θ im Begriffsverband zum fuzzy-wertigen Kontext „Fahrzeuge"

In [Po96] (bzw. [Um95]) werden hinreichende Bedingungen dafür angegeben, daß der Fuzzy-Begriffsverband eines fuzzy-wertigen Kontextes (G, M, U, I) zu dem des durch Skalierung bezüglich einer Menge N von Merkmalsausprägungen abgeleiteten Kontextes (G, N, S) isomorph ist. Für jeden fuzzy-wertigen Kontext werden Mengen von Merkmalsausprägungen angegeben, die diesen Bedingungen genügen. Es gilt dann

$$\underline{B}(G, N, S) \cong \underline{B}(G, M, U, I)$$

mit

$$\varphi : (A, B) \mapsto (A, \sigma B) \qquad \text{und} \qquad \varphi^{-1} : (A, B) \mapsto (A, \varrho B)$$

als zugehörigem Isomorphismus und dessen inverser Abbildung.

In [Po96] wird gezeigt, daß jedem skalierten mehrwertigen Kontext in natürlicher Weise ein L_0-fuzzy-wertiger Kontext (wobei L_0 wieder die L-Fuzzy-Algebra mit der Trägermenge $\{0, 1\}$ ist) zugeordnet werden kann, dessen Begriffsverband zu dem des abgeleiteten Kontextes zum mehrwertigen Kontext isomorph ist, und umgekehrt. Fuzzy-wertige Kontexte können in diesem Sinne als Verallgemeinerung mehrwertiger Kontexte aufgefaßt werden.

8. Ausblick

Die hier vorgestellte und in [Po96] (bzw. [Um95]) ausführlicher dargestellte Theorie der Fuzzy-Begriffe beruht im wesentlichen auf der Verallgemeinerung von Definitionen und Methoden der Formalen Begriffsanalyse. Neben der Übertragung der grundlegenden Aussagen wurden in [Po96] hauptsächlich Fragestellungen bearbeitet, die für erste praktische Beispiele wichtig erschienen. So kann das Bereinigen und Reduzieren von Kontexten auf den Fall von Fuzzy-Kontexten übertragen werden. Dabei erweist sich ein gegenüber der klassischen Begriffsanalyse zusätzlicher Schritt, das strenge Bereinigen, als nützlich. Das (strenge) Bereinigen und Reduzieren von Fuzzy-Kontexten kann auf das Bereinigen und Reduzieren einwertiger Kontexte zurückgeführt werden.

Weiterhin werden in [Po96] die Gültigkeit von Merkmalimplikationen, das semantische Folgen einer solchen Implikation aus einer Menge von Implikationen sowie die Vollständigkeit von Implikationenmengen in Fuzzy-Kontexten und in fuzzy-wertigen Kontexten definiert und untersucht. Die Frage nach der Gültigkeit von Implikationen in fuzzy-wertigen Kontexten läßt sich auf das entsprechende Problem für Fuzzy-Kontexte zurückführen, dieses seinerseits auf das analoge Problem für einwertige Kontexte. In der Fuzzy-Logik gebräuchliche Methoden des approximativen Schließens werden entsprechenden Schlußweisen gegenübergestellt, die unter Ausnutzung des semantischen Folgens in Fuzzy-Kontexten und fuzzy-wertigen Kontexten möglich sind.

(Verallgemeinerte) komplementäre Fuzzy-Kontexte und (verallgemeinerte) komplementäre fuzzy-wertige Kontexte werden in [Po96] eingeführt. Die Elemente einer L-Fuzzy-Algebra besitzen im allgemeinen keine Komplemente. Es wird daher eine Möglichkeit angegeben, durch geeignete Definition der Ableitungsoperatoren Fuzzy-Begriffe so zu definieren, daß der jeweilige Begriffsverband, falls die Komplemente existieren, zu dem des komplementären Kontextes isomorph ist und sonst eine sinnvolle Verallgemeinerung darstellt. In ähnlicher Weise können zu fuzzy-wertigen und Fuzzy-Kontexten (verallgemeinerte) dichotome Kontexte definiert werden.

Literatur

[BG93]   H. Bandemer, S. Gottwald: *Einführung in Fuzzy-Methoden.* Akademie-Verlag, Berlin 1993

[Bi40]   G. Birkhoff: *Lattice Theory.* AMS, Providence, R.I., 1940

[Bu87]   P. Burmeister: *Programm zur formalen Begriffsanalyse einwertiger Kontexte.* TH Darmstadt 1987 (Neueste Version 1996)

[Bu91]   P. Burmeister: Merkmalsimplikationen bei unvollständigem Wissen. In: W. Lex (Hrsg.): *Arbeitstagung Begriffsanalyse und Künstliche Intelligenz*, Informatik-Bericht 89/3, TU Clausthal 1991, 15–46

[DP80]   D. Dubois und H. Prade: *Fuzzy Sets and Systems: Theory and Applications.* Academic Press, New York 1980

[GSW86] B. Ganter, J. Stahl, R. Wille: Conceptual measurement and many-valued contexts. In: W. Gaul, M. Schader (Hrsg.): *Classification as a tool of research*, North-Holland, Amsterdam 1986, 169-176

[GW89]   B. Ganter, R. Wille: Conceptual Scaling. In: F. Roberts (Hrsg.): *Applications of combinatorics and graph theory to the biological and social sciences*, Springer, New York 1989, 139-167

[GW96]   B. Ganter, R. Wille: *Formale Begriffsanalyse: Mathematische Grundlagen.* Springer, Heidelberg 1996

[Gog67] J. A. Goguen: L-Fuzzy Sets. *Journal of Mathematical Analysis and Applications* 18(1967), 145-174

[Gog69] J. A. Goguen: The logic of inexact concepts. *Synthese* 19(1969), 325-373

[Got86] S. Gottwald: Characterizations of the Solvability of Fuzzy Equations. *Elektronische Informationsverarbeitung und Kybernetik* 22(1986), 67-91

[Got89] S. Gottwald: *Mehrwertige Logik.* Akademie-Verlag, Berlin 1989

[Got93] S. Gottwald: *Fuzzy Sets and Fuzzy Logic.* Vieweg, Wiesbaden 1993

[Ka86]   A. Kandel: *Fuzzy Mathematical Techniques with Applications.* Addison-Wesley, Reading, MA, 1986

[Kl84]   F. Klix: Über Wissensrepräsentation im menschlichen Gedächtnis. In: F. Klix (Hrsg.): *Gedächtnis – Wissen – Wissensnutzung.* Deutscher Verlag der Wissenschaften, Berlin 1984

[KGS90] L. Kreiser, S. Gottwald, W. Stelzner (Hrsg.): *Nichtklassische Logik.* Akademie-Verlag, Berlin 1990

[La87]   G. Lakoff: *Women, Fire, and Dangerous Things.* The University of Chicago Press, Chicago–London 1987

[Lu93]   M. Luxenburger: *Implikationen, Abhängigkeiten und Galois Abbildungen: Beiträge zur Formalen Begriffsanalyse.* Verlag Shaker, Aachen 1993

[No86]   V. Novák: The origin and claims of fuzzy logic. In: S. Bocklisch, S. Orlovski, M. Peschel, Y. Nishiwaki (Hrsg.): *Fuzzy Sets Applications, Methodological Approaches, and Results*, Akademie-Verlag Berlin, 1986

[Pa82]   Z. Pawlak: Rough sets. *International Journal of Computer and Information Sciences* 11(1982), 341-356

[Pa85]   Z. Pawlak: Rough Concept Analysis. *Bulletin of the Polish Academy of Sciences: Technical Sciences* 33(1985), 495-498

[Po96]   S. Pollandt: *Fuzzy-Begriffe: Formale Begriffsanalyse von unscharfen Daten.* Springer, Heidelberg 1996

[Re69]   N. Rescher: *Many-valued Logic.* Mc Graw-Hill Book Company, New York 1969

[Rom88] H. Rommelfanger: *Entscheiden bei Unschärfe.* Springer, Heidelberg 1988

[Ros75] E. Rosch: Cognitive Representations of Semantic Categories. *Journal of Experimental Psychology* 104(3)(1975), 192-233

[Sa93]   P. Sachse: *Das Entscheidungshilfesystem „Adele".* Forschungsberichte, Band 1, TU Dresden 1993

[SU95]   P. Sachse, S. Umbreit*: *The Decision Aid „ADELE" and Formal Concept Analysis: An Evaluation.* Forschungsberichte, Band 23, TU Dresden 1995

[Um95]   S. Umbreit*: *Formale Begriffsanalyse mit unscharfen Begriffen.* Dissertation, Martin-Luther-Universität Halle-Wittenberg 1995

[WD39]   M. Ward, R. P. Dilworth: Residuated Lattices. *Transactions of the AMS* **45**(1939), 335-354

[We78]   W. Wechler: *The Concept of Fuzziness in Automata and Language Theory.* Akademie-Verlag, Berlin 1978

[Wi82]   R. Wille: Restructuring lattice theory: an approach based on hierarchies of concepts. In: I. Rival (Hrsg.): *Ordered Sets*, Reidel, Dordrecht–Boston 1982, 445-470

[Za65]   L. A. Zadeh: Fuzzy Sets. *Information and Control* **8**(1965), 338-353

[Za75]   L. A. Zadeh: The Concepts of a Linguistic Variable and its Applications to Approximate Reasoning. I.-III. *Information Sciences* **8**(1975), 199-249, 301-357, **9**(1975), 43-80

[Za81]   L. A. Zadeh: PRUF - a meaning representation language for natural languages. In: E. H. Mamdani, B. R. Gaines, *Fuzzy Reasoning and its Applications*, Academic Press, London 1981

[Zi90]   H.-J. Zimmermann: *Fuzzy set theory and its applications.* Kluwer Academic Publishers, Dordrecht 1990

---

* Silke Pollandt geb. Umbreit

Terminologische Merkmalslogik in der Formalen Begriffsanalyse

Susanne Prediger

Inhalt

1. Einleitung

In den letzten Jahren gab es immer wieder Anstöße, logische Sprachelemente in die *Formale Begriffsanalyse* einzuführen. Vor allem bei den Aktivitäten im Bereich der begrifflichen Wissensverarbeitung entstand zunehmend das Bedürfnis nach formal-logischen Ausdrucksmitteln. Den Anlaß, eine logische Sprache für die Formale Begriffsanalyse zu entwerfen, lieferte das Vorhaben, die von Edwin Diday entwickelte *Symbolische Datenanalyse* in engere Verbindung zur Formalen Begriffsanalyse zu bringen (vgl. [Pre96]). Dieser Anlaß legte nahe, eine Merkmalslogik mit extensionaler Semantik bereitzustellen.

Die eingeführte Sprache lehnt sich eng an die logischen Formalismen terminologischer Systeme an, wie sie im Bereich der Wissensrepräsentation entwickelt und in verschiedenen Varianten unter dem gemeinsamen Namen *terminologische Logik* (engl.: *description logics*) umgesetzt worden sind (vgl. [Ne90]). Die in der vorliegenden Arbeit beschriebene Merkmalslogik orientiert sich an einer als $\mathcal{ALC}$ bezeichneten terminologischen Sprache, die erstmals in [SS91] vorgestellt wurde. Sie entspricht ihr allerdings nicht in jedem Detail, da es galt, sie den Anforderungen der Formalen Begriffsanalyse anzupassen.

Die Sprache der terminologischen Merkmalslogik wird sowohl für einwertige als auch für mehrwertige Kontexte entwickelt, wobei zusätzlich binäre Relationen auf den Gegenstandsmengen der Kontexte berücksichtigt werden können. Die Sprachen der Merkmalslogik sind so angelegt, daß für einen mehrwertigen Kontext dieselben Extensionen beschreibbar sind wie für seine einwertige nominale Ableitung. Einen besonderen Gewinn der Merkmalslogik stellt die *logische Skalierung* als vielseitig verwendbare Alternative der begrifflichen Skalierung mehrwertiger Kontexte dar, bei der sogenannte *Terminologien* die Ableitung einwertiger Kontexte aus mehrwertigen Kontexten bestimmen.

Es wird darauf verzichtet, die benötigten Grundlagen der Formalen Begriffsanalyse in dieser Arbeit zu erläutern. Stattdessen sei für alle grundlegenden Definitionen und Resultate der Formalen Begriffsanalyse auf die ersten Kapitel des Lehrbuchs [GW96] verwiesen.

2. Die Sprache der terminologischen Merkmalslogik

Die Sprache der extensionalen terminologischen Merkmalslogik besteht aus einer Syntax der Merkmale, in der die Merkmale als einstellige Prädikate aufgefaßt werden, und einer Semantik, die durch eine extensionale Interpretation in einem relationalen Kontext erklärt ist. In Anlehnung an [Pri96] wird ein relationaler Kontext wie folgt definiert:

Definition 1. *Ein formaler Kontext* (G, M, I) *zusammen mit einer Familie* $\mathfrak{R}$ *von (zweistelligen) Relationen* $R \subseteq G \times G$ *auf der Gegenstandsmenge wird* **(binär-) relationaler Kontext** *genannt und mit* $((G, \mathcal{R}), M, I)$ *bezeichnet.*

Da in dieser Arbeit ausschließlich zweistellige Relationen betrachtet werden, wird im folgenden schlicht von relationalen Kontexten gesprochen. Weiterhin sei betont, daß in der ganzen Arbeit davon ausgegangen wird, daß die Gegenstands- und Merkmalsmengen stets endlich sind.

Durch die relationalen Kontexte wird ein Beschreibungsmittel bereitgestellt, mit dem nicht nur Beziehungen von Merkmalen und Gegenständen, sondern auch Zusammenhänge zwischen den Gegenständen formalisiert werden können. Die in der Formalen Begriffsanalyse üblichen formalen Kontexte (G, M, I) können wir als Sonderfälle der relationalen Kontexte mit leerer Relationenmenge $\mathcal{R}$ verstehen.

Ausgehend von der Definition eines relationalen Kontextes kann nun die Sprache der *terminologischen Merkmalslogik* eingeführt werden. Sie soll dazu dienen, aus einer gegebenen Menge von Merkmalen und Relationen weitere Merkmale zu konstruieren, wie im 3. Abschnitt genauer erläutert wird. Dazu werden zunächst das Alphabet der Sprache (Definition 2) und die zulässigen Wörter, die sogenannten Relations- und Merkmalsterme, definiert (Definition 3). Die Interpretation der Relations- und Merkmalsterme ergibt sich als Fortsetzung der Interpretation von Merkmals- und Relationsnamen in einem relationalen Kontext (Definition 4 und 5).

Sind Syntax und Semantik der Sprache der terminologischen Merkmalslogik bestimmt, wird durch die sogenannte Terminologie ein Sprachmittel geschaffen, um Merkmalsnamen durch gewisse Merkmalsterme zu beschreiben (Definition 8). Ein Beispiel für die Verwendung der eingeführten Sprache wird schließlich im 3. Abschnitt diskutiert.

Definition 2. *Das* **Alphabet** $\mathcal{A}_{M,\mathcal{R}}$ *der terminologischen Merkmalslogik setzt sich zusammen aus:*

- *einer Menge M von Merkmalsnamen,*
- *einer Menge $\mathcal{R}$ von Relationsnamen,*
- *den Zeichen* id, ^{c}, ^{d}, $\top$, $\bot$, $\neg$, $\wedge$, $\vee$, $\exists$, $\forall$.

Mit diesem Alphabet bilden wir unsere Sprache, deren Wörter mit bestimmten, nicht im Alphabet aufgeführten Hilfszeichen wie Klammern, Punkten und Indizierungen wie „$k \in K$" für endliche Indexmengen K geschrieben werden.

Definition 3. *Die Menge $\mathcal{S}_\mathcal{R}$ der* **Relationsterme** *und die Menge $\mathcal{S}_M$ der* **Merkmalsterme** *werden rekursiv durch folgende Regeln konstruiert:*

- $\mathcal{R} \subseteq \mathcal{S}_\mathcal{R}$
- $id \in \mathcal{S}_\mathcal{R}$
- $R \in \mathcal{S}_\mathcal{R} \Rightarrow R^c, R^d \in \mathcal{S}_\mathcal{R}$

- $M \subseteq \mathcal{S}_M$
- $\top, \bot \in \mathcal{S}_M$
- $t \in \mathcal{S}_M \Rightarrow \neg t \in \mathcal{S}_M$
- *für alle* $k \in K$: $t_k \in \mathcal{S}_M \Rightarrow \bigvee_{k \in K} t_k, \bigwedge_{k \in K} t_k \in \mathcal{S}_M$
- $t \in \mathcal{S}_M$, $R \in \mathcal{S}_\mathcal{R} \Rightarrow \exists R.t, \forall R.t \in \mathcal{S}_M$

Die **formale Sprache** S *der terminologischen Merkmalslogik über dem Alphabet $\mathcal{A}_{M,\mathcal{R}}$ besteht aus den Mengen $\mathcal{S}_M$ und $\mathcal{S}_\mathcal{R}$.*

Es sei hier explizit darauf hingewiesen, daß die Merkmalsterme $\exists R.t$ und $\forall R.t$ im Gegensatz zu dem in der klassischen Prädikatenlogik üblichen Gebrauch nicht als Formeln, sondern als einstellige Prädikate aufgefaßt werden.

Eine extensionale Semantik dieser Sprache erhält man durch die extensionale Interpretation i der Merkmals- und Relationsnamen in einem relationalen Kontext:

Definition 4. *Sei S die formale Sprache über dem Alphabet $\mathcal{A}_{M,\mathcal{R}}$, $\mathbb{K} := ((G_\mathbb{K}, \mathcal{R}_\mathbb{K}), M_\mathbb{K}, I_\mathbb{K})$ ein relationaler Kontext und*

$$^-: M \,\dot{\cup}\, \mathcal{R} \rightarrow M_\mathbb{K} \,\dot{\cup}\, \mathcal{R}_\mathbb{K}$$

eine Abbildung, die jedem Relationsnamen R eine zweistellige Relation $\overline{R}$ und jedem Merkmalsnamen m ein Merkmal $\overline{m}$ zuordnet. Dann heißt die Abbildung

$$
\begin{aligned}
i: \quad & M \,\dot{\cup}\, \mathcal{R} && \rightarrow && \mathfrak{P}(G_\mathbb{K}) \,\dot{\cup}\, \mathcal{R}_\mathbb{K} \\
& R && \mapsto && \overline{R} \\
& m && \mapsto && \overline{m}^{I_\mathbb{K}} = \{ g \in G_\mathbb{K} \mid (g, \overline{m}) \in I_\mathbb{K} \}
\end{aligned}
$$

eine **extensionale Interpretation** *der Merkmals- und Relationsnamen der formalen Sprache S im Kontext $\mathbb{K}$.*

Wir werden also die Semantik der terminologischen Merkmalslogik auf eine rein extensionale Semantik beschränken: Als Interpretation eines Merkmalsnamens m betrachten wir nicht sein Bild unter der Abbildung $\overline{\cdot}$, also ein Merkmal $\overline{m}$, sondern den Merkmalsumfang von $\overline{m}$. Die extensionale Interpretation i einer Menge M von Merkmalsnamen erhält man somit durch die Verknüpfung einer nicht extensionalen Interpretation $m \mapsto \overline{m}$ mit dem Ableitungsoperator $\overline{m} \mapsto \overline{m}^{I_{\mathbb{K}}}$, der jedem Merkmal $\overline{m}$ seine Extension im Kontext $\mathbb{K}$ zuordnet. Diese Verkürzung auf eine extensionale Interpretation ist in der terminologischen Logik üblich und erweist sich auch für die hier angestrebten Ziele als zweckmäßig.

Hat man eine extensionale Interpretation i der Merkmals- und Relationsnamen in einem relationalen Kontext gegeben, so erhält man die extensionale Semantik der Merkmals- und Relationsterme durch die folgende Fortsetzung von i:

Definition 5. *Ist i eine Interpretation der Merkmals- und Relationsnamen der formalen Sprache S im relationalen Kontext $\mathbb{K} := ((G_{\mathbb{K}}, \mathcal{R}_{\mathbb{K}}), M_{\mathbb{K}}, I_{\mathbb{K}})$, dann ist die* **extensionale Interpretation** *der formalen Sprache S die Fortsetzung*

$$\{\!\!\{\ \}\!\!\}_i \colon\ S\ \to\ \mathfrak{P}(G_{\mathbb{K}}) \,\dot{\cup}\, \mathfrak{P}(G_{\mathbb{K}} \times G_{\mathbb{K}})$$

von i auf S, die rekursiv definiert ist durch:

$$
\begin{aligned}
\{\!\!\{R\}\!\!\}_i &:= i(R) && \text{für } R \in \mathcal{R}\\
\{\!\!\{id\}\!\!\}_i &:= \{(g,g) \mid g \in G_{\mathbb{K}}\}\\
\{\!\!\{R^d\}\!\!\}_i &:= \{(g,h) \mid (h,g) \in \{\!\!\{R\}\!\!\}_i\}\\
\{\!\!\{R^c\}\!\!\}_i &:= (G_{\mathbb{K}} \times G_{\mathbb{K}}) \setminus \{\!\!\{R\}\!\!\}_i
\end{aligned}
$$

$$
\begin{aligned}
\{\!\!\{m\}\!\!\}_i &:= i(m) && \text{für } m \in M\\
\{\!\!\{\top\}\!\!\}_i &:= G_{\mathbb{K}}\\
\{\!\!\{\bot\}\!\!\}_i &:= \emptyset\\
\{\!\!\{\neg t\}\!\!\}_i &:= G_{\mathbb{K}} \setminus \{\!\!\{t\}\!\!\}_i\\
\{\!\!\{\textstyle\bigwedge_{k\in K} t_k\}\!\!\}_i &:= \textstyle\bigcap_{k\in K} \{\!\!\{t_k\}\!\!\}_i\\
\{\!\!\{\textstyle\bigvee_{k\in K} t_k\}\!\!\}_i &:= \textstyle\bigcup_{k\in K} \{\!\!\{t_k\}\!\!\}_i\\
\{\!\!\{\exists R.t\}\!\!\}_i &:= \{g \in G_{\mathbb{K}} \mid \exists h \in \{\!\!\{t\}\!\!\}_i \colon (g,h) \in \{\!\!\{R\}\!\!\}_i\}\\
\{\!\!\{\forall R.t\}\!\!\}_i &:= \{g \in G_{\mathbb{K}} \mid \forall h \in G_{\mathbb{K}} \colon (g,h) \in \{\!\!\{R\}\!\!\}_i \Rightarrow h \in \{\!\!\{t\}\!\!\}_i\}
\end{aligned}
$$

Falls der Bezug auf die jeweilige Interpretation i durch den Zusammenhang eindeutig ist, wird im folgenden zuweilen auch $\{\!\!\{t\}\!\!\}$ statt $\{\!\!\{t\}\!\!\}_i$ geschrieben.

Damit sind Syntax und Semantik der Sprache der extensionalen terminologischen Merkmalslogik festgelegt. Um sie für die Formale Begriffsanalyse fruchtbar zu machen, sind weitere Elemente der terminologischen Logik von Bedeutung, insbesondere die sogenannten terminologischen Axiome, mit denen Merkmalsnamen Merkmalsterme zugeordnet werden können. Eine endliche, zyklenfreie Menge solcher terminologischer Axiome wird in der terminologischen Logik eine Terminologie oder T-Box genannt (vgl. [Ne90]). Es soll zunächst definiert werden, wann wir eine Zuordnung zyklenfrei nennen:

Definition 6. *Sei* $\nu : M \to S_M$ *eine partielle Abbildung. Der Merkmalsname* $m_1 \in M$ **benutzt direkt** *den Merkmalsnamen* $m_2 \in M$, *wenn* m_2 *im zugeordneten Merkmalsterm* $\nu(m_1)$ *vorkommt. Der Merkmalsname* $m_1 \in M$ **benutzt** *den Merkmalsnamen* $m_n \in M$, *wenn es eine Kette* $m_1, m_2, \ldots, m_n$ *von Merkmalsnamen gibt, so daß für jedes* $k \in \{1, 2 \ldots, n-1\}$ *der Merkmalsname* m_{k+1} *den Merkmalsnamen* m_k *direkt benutzt.*

Die partielle Abbildung ν *heißt* **zyklenfrei**, *wenn kein Merkmalsnname sich selbst benutzt.*

Nun können wir den Begriff der Terminologie in Anpassung an die Bedürfnisse der Formalen Begriffsanalyse so definieren, daß die durch Merkmalsterme beschriebenen Merkmalsnamen explizit mit ausgewiesen werden:

Definition 7. *Als* **Terminologie** *bezeichnet man das Tupel* $(\widetilde{M}, \nu)$, *wobei* $\nu : M \to S_M$ *eine zyklenfreie partielle Abbildung ist und* $\widetilde{M} := \nu^{-1}(S_M)$.

Die Menge $M_p := M \setminus \widetilde{M}$ *nennt man die Menge der* **primitiven Merkmalsnamen** *der Terminologie* $(\widetilde{M}, \nu)$.

Zwar werden Terminologien rein in der Syntax definiert, doch will man in der Praxis oft die Semantik mit einbeziehen. Dann wird man in einer Terminologie nicht beliebige Zuordnungen von Merkmalsnamen und Merkmalstermen treffen wollen, sondern einem Merkmalsnamen nur dann einen Merkmalsterm zuordnen, wenn beide die gleiche extensionale Interpretation haben. Dies wird durch die Eigenschaft der Konsistenz erfaßt:

Definition 8. *Die Terminologie* $(\widetilde{M}, \nu)$ *heißt* **konsistent** *bzgl. einer Interpretation* i, *wenn für jedes* $m \in \widetilde{M}$ *die Gleichheit* $\{m\}_i = \{\nu(m)\}_i$ *gilt.*

Eine solche Terminologie zeigt das Beispiel in Abb. 1, das in etwas abgewandelter Form aus [Ba92] entnommen ist. Ausgehend von einer Menge

$$M := \{\text{Mensch, Frau, Mann, Mutter, Vater, Elternteil,}$$
$$\text{Mutter-ohne-Tochter, Großmutter, Ehefrau}\}$$

von Merkmalsnamen und einer Menge $\mathcal{R} := \{\text{hat-Kind, verheiratet}\}$ von Relationsnamen, wird darin eine Terminologie aus dem Bereich der Familienbeziehungen definiert. Man überzeugt sich leicht, daß für die Beschreibung aller Merkmalsterme dieser Terminologie lediglich zwei primitive Merkmalsnamen benutzt werden, nämlich Frau und Mensch. Alle anderen Merkmalsterme werden letztlich mit diesen beiden konstruiert.

Das Aufstellen einer Terminologie kann in der Merkmalslogik verschiedene Funktionen erfüllen: Ganz direkt dient sie dazu, Merkmalsterme durch Merkmalsnamen zu benennen bzw. Merkmalsnamen durch Merkmalsterme

Mann $\mapsto$ ¬ Frau ∧ Mensch
Mutter $\mapsto$ Frau ∧ ∃ hat-Kind.Mensch
Vater $\mapsto$ Mann ∧ ∃ hat-Kind.Mensch
Elternteil $\mapsto$ Mutter ∨ Vater
Mutter-ohne-Tochter $\mapsto$ Mutter ∧ ∀ hat-Kind.Mann
Großmutter $\mapsto$ Mutter ∧ ∃ hat-Kind.Elternteil
Ehefrau $\mapsto$ Frau ∧ ∃ verheiratet.Mann

Abbildung 1 Beispielterminologie *Familie*

zu beschreiben. Darüber hinaus erfüllt sie aber auch die ausgesprochen wichtige Funktion, die Menge aller Merkmalsterme über einem gegebenen Alphabet $\mathcal{A}_{M,\mathcal{R}}$ auf diejenigen Merkmalsterme einzuschränken, die für die jeweilige Fragestellung relevant sind, denn mit anderen Merkmalstermen als den in der Terminologie angegebenen wird im weiteren nicht mehr gearbeitet.

Zuweilen dient eine Terminologie auch dazu, die relevanten Merkmalsterme schrittweise aus den primitiven Merkmalsnamen zu konstruieren und zur Abkürzung mit Merkmalsnamen zu versehen. So können wir in unserem Beispiel die Merkmalsnamen in vier Schritten aus den primitiven Merkmalsnamen der Menge $M_p :=\{$Frau, Mensch$\}$ konstruieren:

0. Schritt: $\quad M_0 \quad := \quad M_p \quad = \quad \{$Frau, Mensch$\}$
1. Schritt: $\quad M_1 \quad := \quad M_0 \quad \cup \quad \{$Mann, Mutter$\}$
2. Schritt: $\quad M_2 \quad := \quad M_1 \quad \cup \quad \{$Vater, Mutter-ohne-Tochter$\}$
3. Schritt: $\quad M_3 \quad := \quad M_2 \quad \cup \quad \{$Elternteil$\}$
4. Schritt: $\quad M_4 \quad := \quad M_3 \quad \cup \quad \{$Großmutter$\}$

Entsteht eine Terminologie auf diese Weise iterativ, so wird man im allgemeinen die Interpretation der neu eingeführten Merkmalsnamen erst nach Bestimmung der Terminologie festlegen und zwar so, daß diese konsistent ist. Dann definiert man zu einer für die formale Sprache über dem Alphabet $\mathcal{A}_{M_p,\mathcal{R}}$ gegebenen Interpretation i die Interpretation der Merkmalsnamen der formalen Sprache über dem Alphabet $\mathcal{A}_{M,\mathcal{R}}$ sukzessive durch

$$\{\!|m|\!\} := \{\!|\nu(m)|\!\}.$$

Die Grundmenge M aller möglichen Merkmalsnamen kann so in den Hintergrund treten, und man kann, ohne $\underline{M}$ und die Interpretation seiner Elemente im voraus festzulegen, eine Menge $\widetilde{M}$ von Merkmalsnamen konstruieren, die dann, vereinigt mit M_p, als Grundmenge M gesetzt wird.

Somit können wir eine Menge M_p von primitiven Merkmalsnamen mit Hilfe einer Terminologie $(\widetilde{M}, \nu)$ zu einer Menge $\widetilde{M}$ sukzessive erweitern. Die

Interpretation der Elemente von $\widetilde{M}$ ist dann durch ihre Konstruktion bestimmt.

3. Kontexterweiterung mit terminologischer Merkmalslogik

Da die Fragestellungen, unter denen die terminologische Logik im allgemeinen betrieben wird, etwas anders sind als in der Formalen Begriffsanalyse, soll nun explizit beschrieben werden, wie eine terminologische Merkmalslogik im Rahmen der Formalen Begriffsanalyse genutzt werden kann: Die Einführung der Sprache der terminologischen Merkmalslogik ermöglicht es, die Erweiterung eines gegebenen Kontextes durch bestimmte Verknüpfungen von Merkmalen zu beschreiben, denn man verfügt nun über eine Sprache, in der ausgedrückt werden kann, wie sich neue Merkmale aus alten zusammensetzen.

Im allgemeinen geht man also für die Verwendung der terminologischen Merkmalslogik von einem relationalen Kontext $\mathbb{K} := ((G_{\mathbb{K}}, \mathcal{R}_{\mathbb{K}}), M_{\mathbb{K}}, I_{\mathbb{K}})$ aus. Ihn gilt es zu erweitern, um die begriffliche Struktur des Kontextes durch Verknüpfungen von Merkmalen und ggf. Relationen anzureichern, die für die jeweilige Fragestellung an die Daten interessant sind.

Dazu betrachten wir die Merkmalsmenge $M_{\mathbb{K}}$ des Kontextes $\mathbb{K}$ als Menge der primitiven Merkmalsnamen, lassen also die Merkmale mit ihren Merkmalsnamen zusammenfallen und ebenso die Relationen aus $\mathcal{R}_{\mathbb{K}}$ mit ihren Relationsnamen. Naheliegenderweise definieren wir die Interpretation i der Merkmalsnamen aus $M_{\mathbb{K}}$ in dem relationalen Kontext $\mathbb{K}$ durch die Kontextrelation $I_{\mathbb{K}}$: Für jedes $m \in M_{\mathbb{K}}$ ist $i(m) := m^{I_{\mathbb{K}}}$. Ebenso setzen wir $i(R) := R$ für jede Relation $R \in \mathcal{R}_{\mathbb{K}}$.

Nun muß nach inhaltlichen Gesichtspunkten entschieden werden, welche weiteren Merkmale für die Fragestellung an die Ausgangsdaten interessant sein können. Diese werden in der Menge $\widetilde{M}$ zusammengefaßt. Anschließend gibt man an, wie sie sich aus den primitiven Merkmalsnamen zusammensetzen lassen. Dies geschieht durch Aufstellen einer Terminologie $(\widetilde{M}, \nu)$ mit $\nu \colon \widetilde{M} \to \mathcal{S}_M$, die als primitive Merkmalsnamen gerade die Elemente von $M_{\mathbb{K}} \subseteq M$ hat.

$\mathbb{K}$	Mensch	Frau
Elizabeth	×	×
Diana	×	×
Charles	×	
Andrew	×	
William	×	

hat-Kind $= \{$(Elizabeth, Charles),
(Elizabeth, Andrew),
(Diana, William),
(Charles, William)$\}$

verheiratet $= \{$(Charles, Diana),
(Diana, Charles)$\}$

Abbildung 2 Relationaler Kontext *Königsfamilie*

$\mathbb{K}^{\mathcal{T}}$	Mensch	Frau	Mann	Mutter	Vater	Elternteil	Mutter-ohne-Tochter	Großmutter	Ehefrau
Elizabeth	×	×		×		×	×	×	
Diana	×	×		×		×	×		×
Charles	×		×		×	×			
Andrew	×		×						
William	×		×						

Abbildung 3 Erweiterter Kontext *Königsfamilie* bzgl. der Terminologie *Familie*

Die Menge $\widetilde{M}$ bildet nun die Merkmalsmenge des erweiterten Kontextes, dessen Relation durch die Interpretation $\{\ \}_i$ der zugeordneten Merkmalsterme eindeutig bestimmt ist. Wir sprechen dann von dem bzgl. der Terminologie $(\widetilde{M}, \nu)$ abgeleiteten Kontext:

Definition 9. *Sei* $\mathbb{K} := ((G_{\mathbb{K}}, \mathcal{R}_{\mathbb{K}}), M_{\mathbb{K}}, I_{\mathbb{K}})$, *ein relationaler Kontext und* $\mathcal{S}$ *die formale Sprache über dem Alphabet* $\mathcal{A}_{M, \mathcal{R}_{\mathbb{K}}}$ *mit* $M_{\mathbb{K}} \subseteq M$ *und extensionaler Interpretation* i *im Kontext* $\mathbb{K}$. *Ist* $\mathcal{T} := (\widetilde{M}, \nu)$ *eine bzgl.* i *konsistente Terminologie, deren primitive Merkmalsnamen aus* $M_{\mathbb{K}}$ *sind, so heißt der formale Kontext* $\mathbb{K}^{\mathcal{T}} := (G_{\mathbb{K}}, \widetilde{M}, E)$ *mit*

$$g \, E \, \widetilde{m} \ :\iff\ g \in \{\nu(\widetilde{m})\}_i$$

der bzgl. der Terminologie $\mathcal{T}$ **abgeleitete Kontext** *von* $\mathbb{K}$. *Ist* $\mathbb{K}$ *ein Teilkontext von* $\mathbb{K}^{\mathcal{T}}$, *so heißt* $\mathbb{K}^{\mathcal{T}}$ *auch der bzgl. der Terminologie* **erweiterte Kontext** *von* $\mathbb{K}$.

Als Beispiel für eine solche Kontexterweiterung soll hier das in [Ba92] vorgestellte Modell der englischen Königsfamilie (auf dem Stand von ca. 1990) aufgenommen werden: Abb. 2 zeigt den vorausgesetzten relationalen Kontext *Königsfamilie*, dessen Gegenstandsmenge aus einigen Mitgliedern des englischen Königshauses besteht, während die Merkmale und Relationen dem

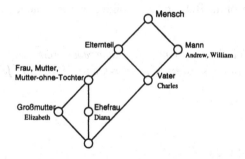

Abbildung 4 Begriffsverband des erweiterten Kontextes *Königsfamilie*

Beispiel aus Abb. 1 entnommen sind. Nun wird die Merkmalsmenge $M_K :=$ {Mensch, Frau} auf die in der Terminologie *Familie* festgelegte Menge

$$\widetilde{M} := \{\text{Mensch, Frau, Mann, Mutter, Vater, Elternteil,}$$
$$\text{Mutter-ohne-Tochter, Großmutter, Ehefrau}\}$$

von Merkmalsnamen erweitert, deren Elemente durch die in Abb. 1 definierte Abbildung ν: $\widetilde{M} \to \mathcal{S}_M$ beschrieben werden. Dann kann der erweiterte Kontext $\mathbb{K}^T := (G_K, \widetilde{M}, E)$ mit Hilfe der Interpretation der zugeordneten Merkmalsterme bestimmt werden. So erhält man den in Abb. 3 abgebildeten erweiterten Kontext *Königsfamile* bzgl. der Terminologie *Familie* aus Abb. 1.

Wie der Begriffsverband des erweiterten Beispielkontextes *Königsfamilie* in Abb. 4 zeigt, läßt sich auf diese Weise aus dem relationalen Kontext *Königsfamilie*, der nur ein einziges interessantes Merkmal, aber zusätzlich Relationen auf den Gegenständen besitzt, bereits eine relativ komplexe begriffliche Struktur entwickeln, indem man nach inhaltlichen Gesichtspunkten aus den alten Merkmalen und den Relationen mit Hilfe der Sprache der Merkmalslogik neue Merkmale konstruiert.

4. Teilsprachen der terminologischen Merkmalslogik und spezielle Kontexterweiterungen

4.1 Boolesche Erweiterungen

Man kann die terminologische Merkmalslogik selbstverständlich auch zur Erweiterung gewöhnlicher formaler Kontexte verwenden, wenn man diese als relationale Kontexte mit leerer Relationenmenge versteht. Da man als Merkmalsterme für eine Terminologie nur diejenigen zulassen kann, die ohne Relationen gebildet werden, beschränkt sich die Sprache der terminologischen Merkmalslogik auf die üblichen logischen Verknüpfungen Disjunktion, Konjunktion und Negation. Eine Terminologie, deren Termmenge nur Merkmalsterme umfaßt, die ohne Relationen gebildet werden, nennen wir *Boolesche Terminologie*:

Definition 10. *Sei S die formale Sprache über dem Alphabet $\mathcal{A}_{M,\mathcal{R}}$ und $T_b \subseteq S_M$ die Termmenge über M, die rekursiv durch die folgenden Regeln definiert ist:*

- $M \subseteq T_b$
- $\top, \bot \in T_b$
- $t \in T_b \Rightarrow \neg t \in T_b$
- *für alle $k \in K$: $t_k \in T_b \Rightarrow \bigvee_{k \in K} t_k, \bigwedge_{k \in K} t_k \in T_b$.*

Dann wird T_b die **Boolesche Termmenge** *über M und jede Terminologie $(\widetilde{M}, \nu)$ mit $\nu(\widetilde{M}) \subseteq T_b$ eine* **Boolesche Terminologie** *von S genannt.*

Die Erweiterung eines Kontextes bzgl. einer Booleschen Terminologie nennen wir Boolesche Erweiterung:

Definition 11. *Sei $\mathbb{K}$ ein relationaler Kontext und S die formale Sprache über dem Alphabet $\mathcal{A}_{M_{\mathbb{K}}, \mathcal{R}_{\mathbb{K}}}$ mit extensionaler Interpretation i im Kontext $\mathbb{K}$. Ist $\mathcal{T}_b := (\widetilde{M}, \nu)$ eine bzgl. i konsistente Boolesche Terminologie von S, so heißt der bzgl. der Terminologie $\mathcal{T}_b$ abgeleitete Kontext $\mathbb{K}^{\mathcal{T}_b}$ eine* **Boolesche Erweiterung** *von $\mathbb{K}$.*

Die bis auf Bereinigung größte Boolesche Erweiterung $\mathbb{K}^b$ ist unter dem Namen *Boolescher Kontext* bereits in [St94] untersucht worden: Es ergibt sich, daß ihr Begriffsverband $\mathfrak{B}(\mathbb{K}^b)$ für jeden Kontext $\mathbb{K}$ eine vollständig distributive vollständige Boolesche Algebra ist.

Ebenso wie im relationalen Fall ist es allerdings im Booleschen Fall selten notwendig, tatsächlich alle Merkmalsterme zuzulassen. Daher wird man sich im allgemeinen nicht für die größte Boolesche Erweiterung, sondern für die Erweiterung bzgl. einer kleineren Booleschen Terminologie interessieren. Auch hier bleibt also die Terminologie ein wichtiges Mittel, um die Termmenge auf diejenigen Merkmalsterme zu begrenzen, die für die jeweiligen Fragestellungen relevant sind.

Man sieht jedoch leicht ein, daß jede beliebige Boolesche Erweiterung eines Kontextes bis auf Bereinigung und Benennung der Merkmale einen Teilkontext von $\mathbb{K}^b$ bildet. Der zugehörige Begriffsverband ist somit stets isomorph zu einem $\bigwedge$-Unterhalbverband des Booleschen Begriffsverbandes $\mathfrak{B}(\mathbb{K}^b)$.

4.2 Konjunktiv-Disjunktive Erweiterungen

Eine weitere für die Anwendungen wichtige Einschränkung der (Booleschen) terminologischen Merkmalslogik ist die *konjunktiv–disjunktive Teilsprache*:

Es gibt Kontexte, in denen die Beziehung $(g, m) \notin I$ nicht bedeutet, daß der Gegenstand g das Merkmal m tatsächlich nicht besitzt, sondern beispielsweise das Merkmal m für den Gegenstand g irrelevant ist oder man über die Information nicht verfügt. Wenn man aber das Merkmal m nicht dichotom auffassen kann, ist eine Erweiterung des Kontextes durch das Merkmal $\neg m$ nicht angemessen, denn nach Definition der Relation E des erweiterten Kontextes würde der Gegenstand g zu $\neg m$ in Relation gesetzt. Daher ist es zuweilen zweckmäßig, die Merkmalsterme auf Verknüpfungen von Konjunktionen und Disjunktionen zu beschränken und die Negation auszuschließen.

Definition 12. *Sei S die formale Sprache über dem Alphabet $\mathcal{A}_{M,\mathcal{R}}$ und $T_{kd} \subseteq S_M$ die Termmenge über M, die rekursiv durch die folgenden Regeln definiert ist:*

- $M \subseteq T_{kd}$

- $\top, \bot \in T_{kd}$

- *für alle $k \in K$: $t_k \in T_{kd} \Rightarrow \bigvee_{k \in K} t_k, \bigwedge_{k \in K} t_k \in T_{kd}$.*

Dann wird T_{kd} die **konjunktiv-disjunktive Termmenge** *über M und jede Terminologie $(M_p, \widetilde{M}, \nu)$ mit $\nu(\widetilde{M}) \subseteq T_{kd}$ eine* **konjunktiv-disjunktive Terminologie** *von S genannt.*

Die Erweiterung eines Kontextes bzgl. einer konjunktiv-disjunktiven Terminologie nennen wir eine konjunktiv-disjunktive Erweiterung:

Definition 13. *Sei $\mathbb{K}$ ein relationaler Kontext und S die formale Sprache über dem Alphabet $\mathcal{A}_{M_{\mathbb{K}}, \mathcal{R}_{\mathbb{K}}}$ mit extensionaler Interpretation i im Kontext $\mathbb{K}$. Ist $\mathcal{T} := (\widetilde{M}, \nu)$ eine bzgl. i konsistente konjunktiv-disjunktive Terminologie von S, so heißt der bzgl. der Terminologie $\mathcal{T}$ abgeleitete Kontext $\mathbb{K}^{\mathcal{T}}$ eine* **konjunktiv-disjunktive Erweiterung** *von $\mathbb{K}$.*

Auch die bis auf Bereinigung größte konjunktiv-disjunktive Erweiterung ist (unter dem Namen *positiv-Boolescher Kontext*) in [St94] bereits untersucht worden. Dort wurde gezeigt, daß ihr Begriffsverband stets ein vollständig distributiver vollständiger Verband ist, in dem sich der Begriffsverband des Ausgangskontextes als $\bigwedge$-Unterhalbverband wiederfindet.

Auch hier muß die Möglichkeit erwähnt werden, vor der Erweiterung des Kontextes in der Terminologie eine eingegrenzte Menge $\nu(\widetilde{M})$ von relevanten Merkmalstermen auszuwählen, denn selbst in der konjunktiv-disjunktiven Teilsprache steigt die Zahl der möglichen Merkmalsterme exponentiell mit der Zahl der Merkmale.

5. Merkmalslogik mehrwertiger Kontexte

Im folgenden soll die bisher nur für einwertige Kontexte eingeführte Merkmalslogik auf mehrwertige Kontexte erweitert werden.

Ein *mehrwertiger Kontext* ist ein Quadrupel (G, M, W, I), bestehend aus einer Gegenstandsmenge G, einer Menge M von (mehrwertigen) Merkmalen, einer Wertemenge W und einer dreistelligen Relation $I \subseteq G \times M \times W$ mit der Eigenschaft, daß aus $(g, m, v) \in I$ und $(g, m, w) \in I$ stets $v = w$ folgt. Daher können die Merkmale m als partielle Abbildungen aus G in eine Wertemenge $W_m \subseteq W$ gedeutet werden. Man schreibt dann zuweilen $(W_m)_{m \in M}$ statt W und $m(g) = w$ statt $(g, m, w) \in I$. Der Urbildbereich $\{g \in G \mid \exists w \in W : m(g) = w\}$ wird mit $dom(m)$ bezeichnet.

Um die begriffliche Struktur eines mehrwertigen Kontextes untersuchen zu können, muß er in einen formalen (einwertigen) Kontext umgewandelt werden. Dazu ist die Methode der begrifflichen Skalierung entwickelt worden, die in [GW89] ausführlich dargestellt ist und hier nur kurz wiederholt werden soll:

5.1 Begriffliche Skalierung mehrwertiger Kontexte

Unter *begrifflicher Skalierung* versteht man den Interpretationsvorgang, bei dem jedes mehrwertige Merkmal durch die Skalenmerkmale einer geeignet gewählten Skala ersetzt wird. Dabei ist eine *Skala* $\mathbb{S}_m$ zu einem Merkmal $m \in M$ ein formaler Kontext $\mathbb{S}_m := (G_m, M_m, I_m)$ mit $W_m \subseteq G_m$. Die Auswahl der Skala wird nach inhaltlichen Aspekten getroffen: Man versucht, der den Ausprägungsmengen inhärenten Strukturen und vor allem den Fragestellungen an die Daten gerecht zu werden und wählt auf diesem Hintergrund die Skalenmerkmale und -relationen.

Hat man zu einem mehrwertigen Kontext (G, M, W, I) für jedes Merkmal $m \in M$ einen Skalenkontext $\mathbb{S}_m := (G_m, M_m, I_m)$ ausgewählt, so muß entschieden werden, wie die verschiedenen mehrwertigen Merkmale kombiniert werden können. Dazu wird formal ein Produktoperator definiert, der aus den einzelnen Skalen eine gemeinsame *komponierte Skala* bildet:

$$\Pi_{m \in M}\, \mathbb{S}_m := (\times_{m \in M}\, G_m, N_\Pi, I_\Pi)$$

Für die Wahl des Produktoperators Π gibt es verschiedene Möglichkeiten, die in [GW89] dargestellt sind. In der Praxis wird bislang fast ausschließlich mit dem Halbprodukt $\mathbb{X}$ der Skalenkontexte gearbeitet, bei dem sich die Kombinationsmöglichkeiten der Merkmale auf die Konjunktion von Merkmalen beschränken. Es ist auf die folgende Weise definiert:

$$\mathbb{S} := \mathbb{X}_{m \in M}\, \mathbb{S}_m := (\times_{m \in M}\, G_m, \bigcup_{m \in M} \dot{M}_m, \nabla)$$

mit $\dot{M}_m := \{m\} \times M_m$ und $(w_k)_{k \in M} \,\nabla\, (m, n) : \iff w_m\, I_m\, n$. Ein mehrwertiger Kontext (G, M, W, I) zusammen mit einer so komponierten Skala $\mathbb{S}$ heißt *schlicht skalierter mehrwertiger Kontext*. (Für andere Skalenkompositionen als dem Halbprodukt spricht man allgemein von dem skalierten mehrwertigen Kontext $((G, M, W, I), \Pi_{m \in M}\, \mathbb{S}_m)$.) Von dem skalierten Kontext kann man nun zu einem einwertigen Kontext übergehen:

Zu einem schlicht skalierten Kontext $((G, M, W, I), \bigtimes_{m \in M} \mathbb{S}_m)$ ist der *abgeleitete Kontext* definiert als Kontext

$$(G, \bigcup_{m \in M} \dot{M}_m, J) \quad \text{mit} \quad g \, J \, (m, n) \; : \Longleftrightarrow \; m(g) \, I_m \, n.$$

Die Gegenstände des abgeleiteten Kontextes sind also die Gegenstände des mehrwertigen Kontextes, die Merkmale sind die Merkmale der komponierten Skala, und die Relation J wird durch die Skalenrelationen I_m induziert.

Durch die Sprache der *Merkmalslogik mehrwertiger Kontexte* soll mit der *logischen Skalierung* nun eine alternative Methode zur begrifflichen Skalierung bereitgestellt werden, um einen mehrwertigen Kontext in einen einwertigen zu überführen. Ähnlich wie in der Merkmalslogik einwertiger Kontexte wird dabei eine Formalisierung der Ausgangsdaten in einem relationalen mehrwertigen Kontext zugrunde gelegt:

5.2 Relationale mehrwertige Kontexte

Der Ansatz der Formalisierung von Daten durch einen relationalen mehrwertigen Kontext ist geprägt von dem Grundgedanken des Messens, wie er in der Meßtheorie entwickelt worden ist. Hierbei geht man davon aus, daß Voraussetzung allen Messens das Vorhandensein einer *„Menge beobachtbarer Dinge"* ist, *„die aufgrund unterschiedlicher Ausprägungen einer ihnen gemeinsamen Eigenschaft in beobachtbaren Relationen zueinander stehen."* Eine solche, mit einer Familie von Relationen ausgestattete Menge von Gegenständen wird *empirisches Relativ* genannt. Unter Messen versteht man nun *„die Bestimmung der Ausprägung einer Eigenschaft eines Dinges"*, wenn sie durch eine strukturerhaltende Abbildung der Gegenstände auf Werte einer mit Relationen desselben Typs ausgestatteten Wertemenge, dem sogenannten *numerischen Relativ*, erfolgt (vgl. [Or74, S. 18]). Im Gegensatz zu den bisher betrachteten einwertigen relationalen Kontexten werden also in der Meßtheorie die beobachtbaren Relationen zwischen Gegenständen durch Relationen auf Wertemengen mehrwertiger Merkmale formalisiert.

Für die bisher in der Formalen Begriffsanalyse üblichen mehrwertigen Kontexte bedeuten die meßtheoretischen Überlegungen andererseits, daß immer, wenn man die Ausprägungen gewisser Gegenstände bzgl. eines bestimmten Merkmales durch die Zuordnung von Werten formalisieren will, ein Vorverständnis über die sogenannte Meßstruktur der Gegenstandsmenge bzgl. dieses Merkmals mit einfließt. Dabei wird unter Meßstruktur ein empirisches Relativ verstanden, dessen Eigenschaften explizit formuliert sind. Eine angemessene Formalisierung, eine Messung, erhält man aber nur dann, wenn auch die Wertemenge mit Relationen mit den gleichen Eigenschaften ausgestattet sind.

Folglich ist es zweckmäßig, die aus Messungen im Sinne der Meßtheorie gewonnenen Daten in einem relationalen mehrwertigen Kontext zu formalisieren:

Definition 14. *Ein mehrwertiger Kontext* (G, M, W, I) *zusammen mit einer Menge* $\mathcal{R}$ *von (zweistelligen) Relationen auf der Wertemenge* W *wird* **(binär-) relationaler mehrwertiger Kontext** *genannt und im allgemeinen mit* $(G, M, (W, \mathcal{R}), I)$ *bezeichnet.*

Wir gehen also im Fall des mehrwertigen relationalen Kontextes von Relationen auf der Wertemenge aus, von denen im Sinne der Meßtheorie auf Relationen auf der Gegenstandsmenge zurückgeschlossen werden kann. Daß diese Verlagerung in der Formalisierung für die Ausdrucksmöglichkeiten der Sprache der mehrwertigen Merkmalslogik keine Einschränkung bedeutet, wird im 7. Abschnitt ausgeführt.

Wir beschränken uns auch hier im folgenden auf die binären Relationen, um den Formalismus möglichst einfach zu halten. Natürlich lassen sich alle folgenden Definitionen auf beliebige n-stellige Relationen verallgemeinern, was insbesondere nützlich ist, um auch Operationen wie die Addition auf numerischen Werten formalisieren zu können.

5.3 Syntax und extensionale Semantik der Merkmalslogik mehrwertiger Kontexte

Die Merkmalslogik mehrwertiger Kontexte wird in weitgehender Analogie zur Merkmalslogik einwertiger Kontexte entwickelt, allerdings ergeben sich durch die Einbeziehung einer zusätzlichen Wertemenge W gewisse Abweichungen.

Definition 15. *Das* **Alphabet** $\mathcal{A}_{M,W,\mathcal{R}}$ *der terminologischen Merkmalslogik mehrwertiger Kontexte setzt sich zusammen aus:*

- *einer Menge* M *von Merkmalsnamen,*
- *einer Menge* W *von Wertenamen,*
- *einer Menge* $\mathcal{R}$ *von Relationsnamen,*
- *und den Zeichen* $id,^c,^d, \top, \bot, \wedge, \vee, \neg$.

Insbesondere wird in der Sprache der Merkmalslogik mehrwertiger Kontexte auf die Zeichen $\exists$ und $\forall$ verzichtet, was im Zusammenhang mit dem 7. Abschnitt begründet werden kann. Die Elemente der Menge W von Wertenamen werden zur besseren Übersichtlichkeit ohne Beschränkung der Allgemeinheit einem Merkmalnamen zugeordnet und in der Form (m, w) geschrieben.

Nun sollen als Elemente der Sprache wiederum nur gewisse Wörter zugelassen werden:

Definition 16. *Die Menge* $\mathcal{S}_{\mathcal{R}}$ *der* **Relationsterme** *und die Menge* $\mathcal{S}_M$ *der* **Merkmalsterme** *werden rekursiv durch folgende Konstruktionsregeln definiert:*

- $\mathcal{R} \subseteq \mathcal{S}_{\mathcal{R}}$
- $id \in \mathcal{S}_{\mathcal{R}}$
- $R \in \mathcal{S}_{\mathcal{R}} \;\Rightarrow\; R^c, R^d \in \mathcal{S}_{\mathcal{R}}$

- $W \subseteq S_M$
- $(m, \top), (m, \perp) \in S_M$ *für alle* $m \in M$
- $\top, \perp \in S_M$
- $(m, w) \in W, R \in S_{\mathcal{R}} \Rightarrow (m, R.w) \in S_M$
- $(m, n) \in S_M \Rightarrow (m, \neg n) \in S_M$
- $t \in S_M \Rightarrow \neg t \in S_M$
- *für alle* $k \in K : (m, n_k) \in S_M \Rightarrow (m, \bigvee_{k \in K} n_k) \in S_M$
- *für alle* $k \in K : (m, n_k) \in S_M \Rightarrow (m, \bigwedge_{k \in K} n_k) \in S_M$
- *für alle* $k \in K : t_k \in S_M \Rightarrow \bigvee_{k \in K} t_k, \bigwedge_{k \in K} t_k \in S_M$

Die **formale Sprache** S *über dem Alphabet* $\mathcal{A}_{M,W,\mathcal{R}}$ *setzt sich aus der Menge* $S_{\mathcal{R}}$ *der Relationsterme und der Menge* S_M *der Merkmalsterme zusammen.*

Eine extensionale Semantik dieser Sprache erhält man durch die extensionale Interpretation in einem relationalen mehrwertigen Kontext, der im folgenden stets mit $\mathbb{K} := (G_{\mathbb{K}}, M_{\mathbb{K}}, (W_{\mathbb{K}}, \mathcal{R}_{\mathbb{K}}), I_{\mathbb{K}})$ bezeichnet werden soll:

Definition 17. *Gegeben sei die formale Sprache* S *über dem Alphabet* $\mathcal{A}_{M,W,\mathcal{R}}$, *ein relationaler mehrwertiger Kontext* $\mathbb{K}$ *und eine Abbildung* $\overline{\cdot}$, *die jedem* $m \in M$ *ein Merkmal* $\overline{m} \in M_{\mathbb{K}}$, *jedem Wertenamen* $(m, w) \in W$ *einen Wert* $\overline{w} \in W_{\mathbb{K}}$ *und jedem Relationsnamen* $R \in \mathcal{R}$ *eine zweistellige Relation* $\overline{R}$ *aus* $\mathcal{R}_{\mathbb{K}}$ *zuordnet. Dann heißt die Abbildung*

$$i : W \,\dot\cup\, \mathcal{R} \quad \to \quad \mathfrak{P}(G_{\mathbb{K}}) \,\dot\cup\, \mathcal{R}_{\mathbb{K}},$$

mit

$$R \quad \mapsto \quad \overline{R} \qquad\qquad\qquad\quad \textit{für } R \in \mathcal{R}$$
$$(m, w) \quad \mapsto \quad \{g \in G_{\mathbb{K}} \mid \overline{m}(g) = \overline{w}\} \quad \textit{für } (m, w) \in W$$

eine **extensionale Interpretation** *der Namen der formalen Sprache* S *im Kontext* $\mathbb{K}$.

Analog zur einwertigen Merkmalslogik läßt sich die Einschränkung der extensionalen Interpretation i auf W als Verknüpfung der nicht extensionalen Interpretation $\overline{\cdot} : W \to W_{\mathbb{K}}$, die jedem Wertenamen (m, w) eine Ausprägung $\overline{w}$ zuordnet, und dem Operator, der jedem Wert $\overline{w} \in W_{\mathbb{K}}$ seine Extension in $G_{\mathbb{K}}$ zuweist, darstellen.

Hat man eine extensionale Interpretation in einem relationalen mehrwertigen Kontext gegeben, so läßt sich die extensionale Semantik der Merkmals- und Relationsterme durch folgende Regeln beschreiben:

Definition 18. *Ist* i *eine extensionale Interpretation der Namen der formalen Sprache* S *über dem Alphabet* $\mathcal{A}_{M,W,\mathcal{R}}$ *im relationalen mehrwertigen Kontext* $\mathbb{K} := (G_{\mathbb{K}}, M_{\mathbb{K}}, (W_{\mathbb{K}}, \mathcal{R}_{\mathbb{K}}), I_{\mathbb{K}})$, *dann ist die* **extensionale Interpretation** *der formalen Sprache* S *die Fortsetzung*

$$\{\ \}_i\colon\ S_R \cup S_M \to \mathfrak{P}(W_{\mathbf{K}} \times W_{\mathbf{K}})\ \dot\cup\ \mathfrak{P}(G_{\mathbf{K}})$$

von i, die wie folgt rekursiv definiert wird:

$$
\begin{aligned}
\{R\}_i &:= i(R) &&\text{für } R \in \mathcal{R}\\
\{id\}_i &:= \{(\overline{w},\overline{w}) \mid \overline{w} \in W_{\mathbf{K}}\}\\
\{R^d\}_i &:= \{(\overline{v},\overline{w}) \mid (\overline{w},\overline{v}) \in \{R\}_i\}\\
\{R^c\}_i &:= (W_{\mathbf{K}} \times W_{\mathbf{K}}) \setminus \{R\}_i\\
\{(m,w)\}_i &:= i(m,w) &&\text{für } (m,w) \in W\\
\{(m,\top)\}_i &:= dom(\overline{m})\\
\{(m,\bot)\}_i &:= \emptyset\\
\{(m,R.w)\}_i &:= \{g \in G_{\mathbf{K}} \mid (\overline{m}(g),\overline{w}) \in \{R\}_i\}\\
\{(m,\neg n)\}_i &:= dom(\overline{m}) \setminus \{(m,n)\}_i\\
\{(m,\textstyle\bigwedge_{k \in K} n_k)\}_i &:= \textstyle\bigcap_{k \in K}\{(m,n_k)\}_i\\
\{(m,\textstyle\bigvee_{k \in K} n_k)\}_i &:= \textstyle\bigcup_{k \in K}\{(m,n_k)\}_i\\
\{\top\}_i &:= G_{\mathbf{K}}\\
\{\bot\}_i &:= \emptyset\\
\{\neg t\}_i &:= G_{\mathbf{K}} \setminus \{t\}_i\\
\{\textstyle\bigwedge_{k \in K} t_k\}_i &:= \textstyle\bigcap_{k \in K}\{t_k\}_i\\
\{\textstyle\bigvee_{k \in K} t_k\}_i &:= \textstyle\bigcup_{k \in K}\{t_k\}_i
\end{aligned}
$$

Damit sind Syntax und Semantik der formalen Sprache S festgelegt. Ebenso wie im einwertigen Fall wird nun auch in der Merkmalslogik mehrwertiger Kontexte eine Terminologie definiert, um diejenigen Merkmalsterme festlegen zu können, die für die jeweilige Fragestellung relevant sind. Dabei verzichten wir zwar auf die iterative Konstruktion neuer Merkmalsterme, nicht aber auf die Möglichkeit, die Merkmalsterme mit Namen zu versehen:

Definition 19. *Es sei S die formale Sprache über dem Alphabet $\mathcal{A}_{M,W,\mathcal{R}}$ und $\widetilde{M}$ eine Menge, deren Elemente Merkmalsnamen genannt werden. Dann heißt die surjektive Abbildung $\nu\colon \widetilde{M} \to T \subseteq S_M$ eine* **Benennung** *von T und das Tupel $\mathcal{T} := (\widetilde{M},\nu)$ eine* **Terminologie** *von S.*

Die Merkmalsnamen aus $\widetilde{M}$ gehören nicht zur bereits definierten formalen Sprache S, denn sie sind Namen von einwertigen Merkmalen, während die Elemente von M mehrwertige Merkmale benennen. Daher wird die Interpretation erst durch die zugeordneten Merkmalsterme bestimmt, und so müssen Konsistenzüberlegungen hier nicht angestellt werden. Eine sich anbietende Erweiterung der Sprache, in der auch mit den Merkmalsnamen aus $\widetilde{M}$ sukzessive neue Terme gebildet werden können, soll hier nicht näher diskutiert werden.

6. Logische Skalierung mehrwertiger Kontexte

6.1 Ableitung mehrwertiger Kontexte mit Merkmalslogik

Mit der bereitgestellten Sprache einer Merkmalslogik mehrwertiger Kontexte ergibt sich nun eine neue Möglichkeit, einen relationalen mehrwertigen Kontext in einen einwertigen Kontext umzuwandeln, die wir in Analogie zur begifflichen Skalierung im folgenden *logische Skalierung* nennen wollen. Gegeben sei ein relationaler mehrwertiger Kontext

$$\mathbb{K} := (G, M, (W, \mathcal{R}), I).$$

Nun wollen wir die Merkmale eines abgeleiteten Kontextes mit Hilfe einer formalen Sprache $\mathcal{S}$ der Merkmalslogik konstruieren. Wir betrachten die Merkmalsmenge M als Menge von Merkmalsnamen, die Wertemenge W als Menge von Wertenamen und die Relationenmenge $\mathcal{R}$ als Menge von Relationsnamen. Aus der Menge aller möglichen Merkmalsterme wird eine Termmenge $T \subseteq \mathcal{S}_M$ festgelegt, deren Elemente durch eine Benennung ν gewissen Merkmalsnamen zugeordnet werden, bzgl. derer der mehrwertige Kontext abgeleitet werden soll. Die Relation des abgeleiteten Kontextes ist dann durch die Interpretation der den Merkmalsnamen zugeordneten Merkmalsterme bestimmt:

Definition 20. *Sei* $\mathbb{K} := (G, M, (W, \mathcal{R}), I)$ *ein relationaler mehrwertiger Kontext und* $\mathcal{T} := (\widetilde{M}, \nu)$ *eine Terminologie der Sprache* $\mathcal{S}$ *über dem Alphabet* $\mathcal{A}_{M,W,\mathcal{R}}$ *mit extensionaler Interpretation* i *im Kontext* $\mathbb{K}$*. Dann heißt der Kontext* $\mathbb{K}^{\mathcal{T}} := (G, \widetilde{M}, E)$ *mit*

$$(g, \widetilde{m}) \in E \ :\Longleftrightarrow\ g \in \{\nu(\widetilde{m})\}_i$$

der bzgl. der Terminologie $\mathcal{T}$ *abgeleitete Kontext von* $\mathbb{K}$*.*

6.2 Beispiel einer logischen Skalierung

Zur Veranschaulichung soll beispielhaft ein relationaler mehrwertiger Kontext logisch skaliert werden. Dazu betrachten wir den mehrwertigen Kontext *Schlafsäcke* in Abb. 5, der einem Ausrüstungskatalog für Camping- und Wanderbedarf [KF96] entnommen ist. Seine Gegenstände sind Schlafsäcke unter 1,85 m Länge, denen durch die mehrwertigen Merkmale **Hersteller** H, minimale Komforttemperatur (kurz **Temperatur** T), **Gewicht** G, **Preis** P und **Füllmaterial** F bestimmte Ausprägungen zugeordnet werden.

Zu jedem Merkmal m der Merkmalsmenge $M := \{H, T, G, P, F\}$ (außer H) ist außerdem genau eine Relation auf W_m gegeben: Die Wertemenge W_T, W_G, W_P verstehen wir als linear geordnete Mengen, nämlich als Teilmengen der geordneten Menge $(\mathbb{Z}, \leq)$ bzw. $(\mathbb{N}, \leq)$.

$\mathbb{K}$	Hersteller H	Temperatur T	Gewicht G	Preis P	Füllmaterial F
One Kilo Bag	Wolfskin	7° C	940 g	149,-	Liteloft
Sund	Kodiak	3° C	1880 g	139,-	Hohlfaser
Kompakt Basic	Ajungilak	0° C	1280 g	249,-	MTI Loft
Finmark Tour	Finmark	0° C	1750 g	179,-	Hohlfaser
Interlight Lyx	Caravan	0° C	1900 g	239,-	Thermolite
Kompakt	Ajungilak	-3° C	1490 g	299,-	MTI Loft
Touch the Cloud	Wolfskin	-3° C	1550 g	299,-	Liteloft
Cat's Meow	The North Face	-7° C	1450 g	339,-	Polarguard
Igloo Super	Ajungilak	-7° C	2060 g	279,-	Terraloft
Donna	Ajungilak	-7° C	1850 g	349,-	MTI Loft
Tyin	Ajungilak	-15° C	2100 g	399,-	Ultraloft
Travellers Dream	Yeti	3° C	970 g	379,-	Gänsedaune
Yeti light	Yeti	3° C	800 g	349,-	Gänsedaune
Climber	Finmark	-3° C	1690 g	329,-	Entendaune
Viking	Warmpeace	-3° C	1200 g	369,-	Gänsedaune
Eiger	Yeti	-3° C	1500 g	419,-	Gänsedaune
Climber light	Finmark	-7° C	1380 g	349,-	Gänsedaune
Cobra	Ajungilak	-7° C	1460 g	449,-	Entendaune
Cobra Comfort	Ajungilak	-10° C	1820 g	549,-	Entendaune
Foxfire	The North Face	-10° C	1390 g	669,-	Gänsedaune
Mont Blanc	Yeti	-15° C	1800 g	549,-	Gänsedaune

Abbildung 5 Mehrwertiger Kontext *Schlafsäcke*

Die Ausprägungen des Merkmals F (Füllmaterial) werden durch ihre Materialbeschaffenheit klassifiziert. Dies wird durch die Äquivalenzrelation α formalisiert, deren Äquivalenzklassen wie folgt definiert sind:

$$W_F/\alpha = \{\{\text{Hohlfaser, Thermolite, Polarguard}\},$$
$$\{\text{Liteloft, MTI Loft, Terraloft, Ultraloft}\},$$
$$\{\text{Entendaune, Gänsedaune}\}\}.$$

Für den auf diese Weise definierten relationalen mehrwertigen Kontext $\mathbb{K} := (G, M, ((W_m)_{m \in M}, \mathcal{R}), I)$ wollen wir nun eine Terminologie festlegen. Dazu wird zuerst eine Menge $\widetilde{M}$ von Merkmalsnamen bestimmt, etwa

$$\widetilde{M} := \{\text{billig, mittel-teuer, teuer, Daune, Kunstfaser, gut, akzeptabel, schlecht}\}.$$

$$
\begin{array}{lll}
\nu: & \widetilde{M} & \rightarrow \quad T \\
& \text{billig} & \mapsto \quad (P, \leq . 250) \\
& \text{mittel-teuer} & \mapsto \quad (P, > . 250 \land \leq . 400) \\
& \text{teuer} & \mapsto \quad (P, > . 400) \\
& \text{Daune} & \mapsto \quad (F, \alpha. \text{ Gänsedaune}) \\
& \text{Kunstfaser} & \mapsto \quad (F, \neg \alpha. \text{ Gänsedaune}) \\
& \text{gut} & \mapsto \quad ((T, > . 0 \land \leq . 7) \land (G, \leq . 1000)) \lor \\
& & \quad\quad ((T, > . -7 \land \leq . 0) \land (G, \leq . 1400)) \lor \\
& & \quad\quad ((T, > . -15 \land \leq . -7) \land (G, \leq . 1700)) \lor \\
& & \quad\quad (T, \leq . -15) \land (G, \leq . 2000)) \\
& \text{akzeptabel} & \mapsto \quad ((T, > . 0 \land \leq . 7) \land (G, \leq . 1400)) \lor \\
& & \quad\quad ((T, > . -7 \land \leq . 0) \land (G, \leq . 1700)) \lor \\
& & \quad\quad ((T, > . -15 \land \leq . -7) \land (G, \leq . 2000)) \lor \\
& & \quad\quad (T, \leq . -15) \\
& \text{schlecht} & \mapsto \quad ((T, > . 0 \land \leq . 7) \land (G, > . 1400)) \lor \\
& & \quad\quad ((T, > . -7 \land \leq . 0) \land (G, > . 1700)) \lor \\
& & \quad\quad ((T, > . -15 \land \leq . -7) \land (G, > . 2000))
\end{array}
$$

Abbildung 6 Beispiel für eine Terminologie

Die Festlegung einer Benennung ν, also die Zuordnung von Merkmalstermen aus $\mathcal{S}_M$ zu den Merkmalsnamen aus $\widetilde{M}$, vollzieht sich nicht automatisch, sondern ist Teil der Interpretation der Datenzusammenhänge. Daher muß in die Wahl der Benennung stets eine inhaltliche Deutung der Merkmalsnamen aus $\widetilde{M}$ eingehen.

In der Terminologie in Abb. 6 ist eine mögliche Benennung ν angegeben, in der die Merkmale gut, akzeptabel und schlecht auf das Verhältnis von minimalen Temperaturen und Gewicht bezogen sind: Je leichter ein Schlafsack ist, desto weniger ist er im allgemeinen für niedrige Temperaturen geeignet. Das Verhältnis von Gewicht und Temperatur wird dann als schlecht bezeichnet, wenn ein Schlafsack trotz hohem Gewicht nicht für niedrige Temperaturen geeignet ist, genauer gesagt: Ein Schlafsack soll im abgeleiteten Kontext das Merkmal schlecht besitzen, wenn er eine Temperatur zwischen 0° und 7° C aushält und ein Gewicht über 1400 g hat, oder wenn er bei einer Temperatur zwischen 0° und -7° C über 1700 g wiegt, oder wenn er trotz eines Gewichtes von über 2000 g nur Temperaturen über -15° C verträgt. Analog sind akzeptabel und gut definiert, wobei davon ausgegangen wird, daß jeder gute Schlafsack insbesondere akzeptabel ist.

Für die Merkmale billig, mittel-teuer und teuer wurden gewisse Preisintervalle festgelegt, und die Merkmale Daune und Kunstfaser sind durch die

$\mathbb{K}^T$	billig	mittel-teuer	teuer	Daunen	Kunstfaser	gut	akzeptabel	schlecht
One Kilo Bag	×				×	×	×	
Sund	×				×			×
Kompakt Basic	×				×	×	×	
Finmark Tour	×				×			×
Interlight Lyx	×				×			×
Kompakt		×			×		×	
Touch the Cloud		×			×		×	
Cat's Meow		×			×	×	×	
Igloo Super		×			×			×
Donna		×			×		×	
Tyin		×			×		×	
Travellers Dream		×		×		×	×	
Yeti light		×		×		×	×	
Climber		×		×			×	
Viking		×		×		×	×	
Eiger			×	×			×	
Climber light		×		×		×	×	
Cobra			×	×		×	×	
Cobra Comfort			×	×			×	
Foxfire			×	×		×	×	
Mont Blanc				×	×		×	×

Abbildung 7 Abgeleiteter Kontext *Schlafsäcke*

Äquivalenzklassen der Relation α bestimmt. Das Merkmal **Hersteller** wird in dieser Terminologie nicht einbezogen.

Nun setzt man $T := \nu(\widetilde{M})$ und erhält mit dem Tupel $\mathcal{T} := (\widetilde{M}, \nu)$ eine Terminologie, mit der Zusammenhänge von Preis, Materialbeschaffenheit und dem Verhältnis von Gewicht zu Kältefestigkeit betrachtet werden können.

Abb. 7 zeigt den bzgl. dieser Terminologie abgeleiteten Kontext $\mathbb{K}^T$, dessen Gegenstände die Schlafsäcke und dessen Merkmale die Elemente der Menge $\widetilde{M}$ von Merkmalsnamen sind. Die Kontextrelation ist durch die extensionale Interpretation der mittels ν den Merkmalsnamen zugeordneten Merkmalsterme bestimmt.

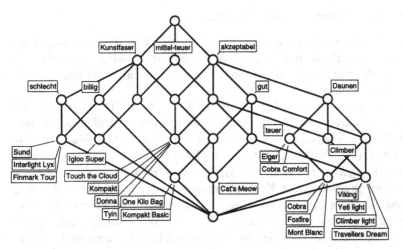

Abbildung 8 Begriffsverband des logisch skalierten Kontextes *Schlafsäcke*

An dem in Abb. 8 dargestellten Begriffsverband lassen sich nun interessante Zusammenhänge ablesen: So sind etwa Daunenschlafsäcke tendenziell teurer als Kunstfaserschlafsäcke (es gibt keinen einzigen billigen Daunenschlafsack, dafür sind alle teuren Schlafsäcke aus Daunen), sie schneiden aber in dem Verhältnis von Gewicht zu Kältefestigkeit im allgemeinen besser ab: Es gibt keinen Daunenschlafsack mit schlechtem Verhältnis von Gewicht und Kältefestigkeit. Nach den hier aufgestellten Kriterien empfehlen sich daher zwei Kategorien von Schlafsäcken: Zum einen die billigen, aber im Gewicht-Temperatur-Verhältnis guten Kunstfaserschlafsäcke „Kompakt Basic" und „One Kilo Bag" und zum anderen die ebenfalls guten Daunenschlafsäcke der mittleren Preisklasse „Viking",„Yeti light", „Climber light" und „Travellers Dream".

Der bzgl. dieser Terminologie abgeleitete Kontext enthält jedoch keine Informationen mehr über das tatsächliche Gewicht der einzelnen Schlafsäcke. Wenn dies für die Kaufentscheidung eine Rolle spielt, muß die Terminologie daher entsprechend erweitert werden, indem man wiederum neue Merkmalsnamen angibt und ihnen durch eine Benennungsfunktion einen Merkmalsterm zuordnet. So lassen sich mit Hilfe der Sprache der Merkmalslogik auf einfache Weise Merkmale für einen abgeleiteten Kontext konstruieren. Ihre inhaltliche Deutung wird durch die Angabe einer syntaktischen Beschreibung in der Terminologie stets offengelegt, so daß die Auswahl der Merkmale des abgeleiteten Kontextes jederzeit diskutierbar bleibt.

6.3 Begriffliche und logische Skalierung

Nach der Diskussion des Beispiels soll im folgenden kurz darauf eingegangen werden, wie begriffliche und logische Skalierung zusammenhängen, da sich die begriffliche Skalierung mit Standardskalen auch durch die Sprache der Merkmalslogik erfassen läßt:

Gegeben sei ein mehrwertiger Kontext $\mathbb{K} := (G, M, (W_m)_{m \in M}, I)$, den wir als relationalen Kontext mit leerer Relationenmenge auffassen können, und eine Familie $(\mathbb{S}_m)_{m \in M}$ von Skalenkontexten $\mathbb{S}_m := (G_m, \widetilde{M}_m, I_m)$. Mit der schlichten (begrifflichen) Skalierung erhält man den abgeleiteten Kontext $\mathbb{K}^{\mathbb{S}} := (G, \dot{\bigcup}_{m \in M} \widetilde{M}_m, J)$ mit $(g, (m, n)) \in J \iff m(g) \, I_m \, (m, n)$.

Den gleichen abgeleiteten Kontext erhält man durch logische Skalierung, wenn man für jedes $m \in M$ die Mengen $\widetilde{M}_m$ der Skalenmerkmale in einer Terminologie so durch eine Termmenge $T_{\mathbb{S}_m}$ über W beschreibt, daß die extensionale Interpretation des dem Skalenmerkmal (m, n) zugeordneten Merkmalstermes $\nu(m, n)$ gerade dem Merkmalsumfang von (m, n) im abgeleiteten Kontext $\mathbb{K}^{\mathbb{S}}$ entspricht.

Als Beispiel für solche Zuordnungen sind in Abb. 9 verschiedene aus [GW89] entnommene Standardskalen $\mathbb{S}_m$ und die entsprechenden Termmengen $T_{\mathbb{S}_m}$ über einer mit $(P, \leq)$ bezeichneten (geordneten) Wertemenge bzgl. des Merkmals m aufgeführt:

Skala $\mathbb{S}_m$		Termmenge $T_{\mathbb{S}_m}$
Nominalskala	$\mathbb{N}_P = (P, P, =)$	$\{(m, p) \mid p \in P\}$
Kontranominalskala	$\mathbb{N}_P^c = (P, P, \neq)$	$\{(m, \neg p) \mid p \in P\}$
Ordinalskala	$\mathbb{O}_P = (P, P, \leq)$	$\{(m, \leq \cdot p) \mid p \in P\}$
Interordinalskala	$\mathbb{I}_P = (P, P, \leq) \mid (P, P, \geq)$	$\{(m, \leq \cdot p) \mid p \in P\} \, \dot{\cup} \, \{(m, \geq \cdot p) \mid p \in P\}$
Boolesche Skala	$\mathbb{B}_P = (\mathfrak{P}(P), \mathfrak{P}(P), \subseteq)$	$\{\bigvee_{p \in V} (m, p) \mid V \subseteq P\}$

Abbildung 9 Standardskalen in der Merkmalslogik

Hat man für jedes $m \in M$ eine entsprechende Termmenge $T_{\mathbb{S}_m}$ und eine Benennung ν_m gefunden, so kann nun die Terminologie bestimmt werden, bzgl. der der Kontext abgeleitet werden muß, um zu $\mathbb{K}^{\mathbb{S}}$ zu gelangen: Der Kombination der Skalen durch schlichte Skalierung entspricht in der logischen Skalierung gerade die Vereinigung der Termmengen $T_{\mathbb{S}_m}$. Daher betrachtet man die Terminologie $(\dot{\bigcup}_{m \in M} \widetilde{M}_m, \nu)$, wobei die Benennung ν durch die Einschränkungen ν_m stückweise definiert ist. Der bzgl. dieser Terminologie abgeleitete Kontext ist schließlich genau der gesuchte Kontext $\mathbb{K}^{\mathbb{S}}$.

Damit können wir also eine begriffliche Skalierung immer dann auch durch logische Skalierung erfassen, wenn die Skalenmerkmale durch Merkmalsterme über den Wertenamen beschrieben werden können.

Umgekehrt ist es i. a. nicht möglich, eine logische Skalierung durch begriffliche Skalierung zu erfassen, da die Sprache der Merkmalslogik komplexere
Möglichkeiten für die Konstruktion von Merkmalen des abgeleiteten Kontextes aus Werten verschiedener Merkmale bereitstellt. So sind etwa die Merkmale gut, akzeptabel und schlecht aus dem oben diskutierten Beispiel *Schlafsäcke*
(vgl. Abb. 6) mit den bisher entwickelten Methoden der begrifflichen Skalierung als Merkmale einer komponierten Skala nur dann zu erfassen, wenn man
Kombinationen von mehrwertigen Merkmalen selbst wieder als skalierbares
Merkmal auffaßt.

Insgesamt stellt sich die logische Skalierung daher als interessantes Mittel
dar, einen mehrwertigen Kontext in einen einwertigen umzuwandeln. Diese neue Methode kann die begriffliche Skalierung gewinnbringend ergänzen,
denn sie setzt in der Datenanalyse andere Schwerpunkte:

Während man mit Hilfe der begrifflichen Skalierung eher eine globale
Sicht auf die Datenzusammenhänge bekommt, ist die logische Skalierung eher
für spezifischere Fragestellungen geeignet, denn der Experte muß im Vorfeld
Entscheidungen über die relevanten Prädikate fällen, die er dann explizit in
der Terminologie angibt. Da das Aufstellen einer Terminologie für ungeübte
Anwender intuitiv leichter zugänglich ist als die Konstruktion einer Skala,
können die beiden Methoden auch kombiniert werden, indem man mit Hilfe
der logischen Skalierung konkrete begriffliche Skalen konstruiert. (Für eine
ausführlichere Diskussion der Unterschiede zwischen begrifflicher und logischer
Skalierung vgl. [Pre97].)

7. Entsprechung der Merkmalslogik für einwertige und mehrwertige Kontexte

Im folgenden sollen die Sprachen der Merkmalslogik einwertiger und mehrwertiger Kontexte miteinander in Beziehung gesetzt werden, um zu veranschaulichen, daß sich die beiden Sprachen im endlichen Fall in ihren Ausdrucksmöglichkeiten entsprechen. Das bedeutet, daß bei endlichen Gegen-
stands-, Merkmals- und Wertemengen in beiden Sprachen die gleichen Extensionen beschrieben werden können.

Gegeben sei die formale Sprache S der Merkmalslogik mehrwertiger Kontexte über dem Alphabet $\mathcal{A}_{M,W,R}$ mit einer extensionalen Interpretation i in
dem relationalen mehrwertigen Kontext

$$\mathbb{K} := (G_{\mathbb{K}}, M_{\mathbb{K}}, ((W_{(\overline{m},\mathbb{K})})_{\overline{m} \in M_{\mathbb{K}}}, \mathcal{R}), I_{\mathbb{K}}).$$

Wir konstruieren nun dazu die formale Sprache S° der Merkmalslogik einwertiger Kontexte mit extensionaler Interpretation i° in einem relationalen
(einwertigen) Kontext $\mathbb{K}^{\circ}$. Dazu muß zunächst der mehrwertige Kontext $\mathbb{K}$
in einen einwertigen umgewandelt werden. Dies geschieht durch nominale

schlichte Skalierung und geeignete Übertragung der Relationen auf die Gegenstandsmenge.

Wir gehen dabei ohne Beschränkung der Allgemeinheit davon aus, daß es zu jeder Relation $\overline{R} \in \mathcal{R}_{\mathbb{K}}$ ein Merkmal $\overline{m} \in M_{\mathbb{K}}$ gibt, so daß gilt $\overline{R} \subseteq W_{(\overline{m},\mathbb{K})} \times W_{(\overline{m},\mathbb{K})}$, also die Relation nur auf Werten dieses Merkmals existiert. Dann schreiben wir auch $\overline{R} \in \mathcal{R}_{(\overline{m},\mathbb{K})}$. Nun können wir zu jeder Relation $\overline{R} \in \mathcal{R}_{(\overline{m},\mathbb{K})}$ eine Relation

$$\widehat{R} := \{(g,h) \in G_{\mathbb{K}} \times G_{\mathbb{K}} \mid (\overline{m}(g), \overline{m}(h)) \in \overline{R}\} \quad \text{definieren.}$$

Der *zu* $\mathbb{K}$ *gehörige relationale einwertige Kontext* wird dann definiert durch $\mathbb{K}^{\circ} := ((G_{\mathbb{K}}, \widehat{\mathcal{R}}_{\mathbb{K}}), N_{\mathbb{K}}, J_{\mathbb{K}})$, dessen Merkmalsmenge durch $N_{\mathbb{K}} := \bigcup_{\overline{m} \in M_{\mathbb{K}}} (\{\overline{m}\} \times W_{(\overline{m},\mathbb{K})})$, die Relationen durch $\widehat{\mathcal{R}}_{\mathbb{K}} := \{\widehat{R} \subseteq G_{\mathbb{K}} \times G_{\mathbb{K}} \mid \exists \overline{m} \in M_{\mathbb{K}} : \overline{R} \in \mathcal{R}_{\mathbb{K}\overline{m}}\}$ und die Inzidenzrelation durch

$$(g, (\overline{m}, \overline{w})) \in J_{\mathbb{K}} :\Longleftrightarrow (g, \overline{m}, \overline{w}) \in I_{\mathbb{K}} \quad \text{definiert wird.}$$

Damit läßt sich für die zugehörige einwertige formale Sprache $\mathcal{S}^{\circ}$ über dem Alphabet $\mathcal{A}_{N,\mathcal{R}}$ mit $N := W$ die extensionale Interpretation i° im Kontext $\mathbb{K}^{\circ}$ auf folgende Weise festlegen:

$$
\begin{aligned}
i^{\circ}: \quad N \,\dot{\cup}\, \mathcal{R} \;&\to\; \mathfrak{P}(G_{\mathbb{K}}) \,\dot{\cup}\, \widehat{\mathcal{R}}_{\mathbb{K}} \\
(m, w) \;&\mapsto\; i(m, w) = (\overline{m}, \overline{w})^{J_{\mathbb{K}}} \\
R \;&\mapsto\; \widehat{R}
\end{aligned}
$$

Die so definierte formale Sprache $\mathcal{S}^{\circ}$ mit extensionaler Interpretation i° heißt die *zu* $\mathcal{S}$ *gehörige formale Sprache einwertiger Kontexte*. Mit diesen Begrifflichkeiten kann für endliche Kontexte der folgende Satz formuliert werden. Dieser läßt sich auf unendliche Kontexte dann leicht übertragen, wenn man Probleme der Entscheidbarkeit ausklammert, denn es müßten insbesondere unendliche Konjunktionen und Disjunktionen zugelassen werden:

Satz. *Die Extensionen der formalen Sprache* $\mathcal{S}$ *mit extensionaler Interpretation* i *in einem relationalen mehrwertigen Kontext* $\mathbb{K}$ *sind genau die Extensionen der zugehörigen formalen Sprache* $\mathcal{S}^{\circ}$ *mit extensionaler Interpretation* i° *in dem zugehörigen relationalen einwertigen Kontext* $\mathbb{K}^{\circ}$.

Beweis. Wir betrachten rekursiv die verschiedenen Merkmalsterme der formalen Sprache $\mathcal{S}$ und geben durch die Abbildung $\varphi: \mathcal{S}_M \to \mathcal{S}_M^{\circ}$ jeweils einen Merkmalsterm in $\mathcal{S}^{\circ}$ mit gleicher extensionaler Interpretation an:

t	$\varphi(t)$	$\{t\}_i = \{\varphi(t)\}_{i^\circ}$
$(m, w) \in W$	$(m, w) \in N$	$\{g \in G_{\mathbf{K}} \mid (g, \overline{m}, \overline{w}) \in I_{\mathbf{K}}\}$
$(m, \top)$	$\bigvee_{w \in W}(m, w)$	$\{g \in G_{\mathbf{K}} \mid \exists\, \overline{w} \in W_{(\overline{m},\mathbf{K})}\colon \overline{m}(g) = \overline{w}\}$
$(m, \bot)$	$\bot$	$\emptyset$
$(m, R.w)$	$\exists\, R.(m, w)$	$\{g \in G_{\mathbf{K}} \mid (\overline{m}(g), \overline{w}) \in \{R\}_i\}$
$(m, \neg\, n)$	$\neg\, \varphi(m, n) \wedge \bigvee_{w \in W}(m, w)$	$\{(m, \top)\}_i \setminus \{(m, n)\}_i$
$(m, \bigwedge_{k \in K} n_k)$	$\bigwedge_{k \in K} \varphi(m, n_k)$	$\bigcap_{k \in K}\{(m, n_k)\}_i$
$(m, \bigvee_{k \in K} n_k)$	$\bigvee_{k \in K} \varphi(m, n_k)$	$\bigcup_{k \in K}\{(m, n_k)\}_i$
$\top$	$\top$	$G_{\mathbf{K}}$
$\bot$	$\bot$	$\emptyset$
$\neg\, t$	$\neg\, \varphi(t)$	$G_{\mathbf{K}} \setminus \{t\}_i$
$\bigwedge_{k \in K} t_k$	$\bigwedge_{k \in K} \varphi(t_k)$	$\bigcap_{k \in K}\{t_k\}_i$
$\bigvee_{k \in K} t_k$	$\bigvee_{k \in K} \varphi(t_k)$	$\bigcup_{k \in K}\{t_k\}_i$

Folglich sind alle Extensionen der Sprache $\mathcal{S}$ auch Extensionen der Sprache $\mathcal{S}^\circ$. Analog können wir nun umgekehrt auch zu jedem Merkmalsterm der Sprache $\mathcal{S}_M^\circ$ einen Term in $\mathcal{S}_M$ direkt angeben. Genauer müssen lediglich die Terme $(\exists\, R.t)$ und $(\forall\, R.t)$ betrachtet werden: Hier gilt

$$\{(\forall\, R.\, t)\}_{i^\circ} = G_{\mathbf{K}} \setminus \{\neg\, \exists\, R.\neg\, t)\}_{i^\circ}$$

Der Merkmalsterm $(\exists\, R.t)$ ist nur mit Rückgriff auf die Interpretation in die Sprache $\mathcal{S}$ der mehrwertigen Kontexte zu übersetzen: Sei $\overline{m} \in M_{\mathbf{K}}$ so, daß $\{R\}_{i^\circ} \subseteq W_{(\overline{m},\mathbf{K})} \times W_{(\overline{m},\mathbf{K})}$ ist, und stehe ferner die Bezeichung „w_h" als Abkürzung für einen der Wertenamen, denen durch die Interpretation i der Wert $\overline{m}(h)$ zugewiesen wird. Mit diesen Bezeichnungen haben die Merkmalsterme $(\exists\, R.t)$ und $\bigvee_{h \in \{\psi(t)\}_{i^\circ}}(m, R.\, w_h)$ dieselbe Extension, können also aufeinander abgebildet werden, wie folgende Überlegung zeigt:

$$
\begin{aligned}
\{\exists\, R.t\}_{i^\circ} &:= \{g \in G_{\mathbf{K}} \mid \exists\, h \in \{t\}_{i^\circ}\colon (g, h) \in \{R\}_{i^\circ}\} \\
&= \{g \in G_{\mathbf{K}} \mid \exists\, h \in \{t\}_{i^\circ}\colon (\overline{m}(g), \overline{m}(h)) \in \{R\}_i\} \\
&= \bigcup_{h \in \{t\}_{i^\circ}}\{g \in G_{\mathbf{K}} \mid (\overline{m}(g), \overline{m}(h)) \in \{R\}_i\} \\
&= \bigcup_{h \in \{t\}_{i^\circ}}\{m, R.w_h\}_i \\
&= \{\bigvee_{h \in \{\psi(t)\}_i}(m, R.\, w_h)\}_i
\end{aligned}
$$

$\square$

Durch die Tatsache, daß die in der Merkmalslogik einwertiger Kontexte eingeführten Ausdrücke mit beschränkten Quantoren gerade die Entsprechungen einfacher Merkmalsterme der „quantorenfreien" Merkmalslogik mehrwertiger Kontexte darstellen, wird nachträglich gerechtfertigt, warum genau diese Ausdrücke im Einwertigen (wie auch in der terminologischen Logik allgemein) eingeführt wurden.

Umgekehrt sind die im Einwertigen eingeführten Quantorenausdrücke im Mehrwertigen nur durch sehr komplexe Merkmalsterme und unter Rückgriff auf die Interpretation zu übersetzen. Daher wäre es hilfreich, auch die Sprache der Merkmalslogik mehrwertiger Kontexte um die beschränkten Quantoren zu erweitern. Dies setzt eine Formalisierung der Ausgangsdaten in mehrwertigen Kontexten voraus, die auch mit Relationen auf der Gegenstandsmenge ausgestattet sein können. Das wäre auch aus einem anderem Grund hilfreich: Zwar können im Sinne der Meßtheorie formal alle Relationen auf der Gegenstandsmenge mit Hilfe eines mehrwertigen Merkmals auf Relationen einer Wertemenge übertragen werden und umgekehrt, doch bedeutet dies oft eine nicht notwendige Kodierung der eigentlich relevanten Information. Daher wäre eine Erweiterung der Sprache der Merkmalslogik mehrwertiger Kontexte, die mit einer erweiterten Formalisierungsmöglichkeit für die Ausgangsdaten verbunden ist, eine wünschenswerte Bereicherung der hier eingeführten terminologischen Merkmalslogik, die auch für weitere Anwendungen der Merkmalslogik fruchtbar gemacht werden könnte.

Literatur

[Ba92]   F. Baader: *Logische Methoden in der Wissensrepräsentation am Beispiel terminologischer Repräsentationssprachen.* RWTH Aachen 1992

[GW89]   B. Ganter, R. Wille: Conceptual scaling. In: F. Roberts (Hrsg.): *Applications of combinatorics and graph theory to the biological and social sciences.* Springer, New York 1989, 139–167

[GW96]   B. Ganter, R. Wille: *Formale Begriffsanalyse. Mathematische Grundlagen.* Springer, Heidelberg 1996

[KF96]   Kleine Fluchten: *Ausrüstungskatalog 1996 der Finmark-Gruppe.* Würzburg 1996

[Ne90]   B. Nebel: *Reasoning and Revision in Hybrid Representation Systems.* Lecture Notes in Artificial Intelligence **422**, Springer, Heidelberg 1990

[Or74]   B. Orth: *Einführung in die Theorie des Messens.* Kohlhammer, Stuttgart 1974

[Pre96]   S. Prediger: *Symbolische Datenanalyse und ihre begriffsanalytische Einordnung.* Staatsexamenarbeit, FB Mathematik, TH Darmstadt 1996

[Pre97]   S. Prediger: Logical Scaling in Formal Concept Analysis. In: D. Lukose, H. Delugach, M. Keeler, L. Searle, J. F. Sowa (Hrsg.): *Conceptual Structures: Fulfilling Peirce's Dream.* Lecture Notes in Artificial Intelligence **1257**, Springer, Berlin 1997, 332–341

[Pri96]   U. Priß: The formalization of WordNet by methods of relational concept analysis. In: C. Fellbaum (Hrsg.): *WordNet – An electronic lexical database and some of its applications.* MIT-Press 1996

[SS91]   M. Schmidt-Schauß, G. Smolka: Attributive concept descriptions with complements. In: *Artificial Intelligence* **48**(1991), 1–26

[St94]   G. Stumme: *Boolesche Begriffe.* Diplomarbeit, FB Mathematik, TH Darmstadt 1994

Grundlagen einer Triadischen Begriffsanalyse

Rudolf Wille, Monika Zickwolff

Inhalt

1. Formalisierung von Begriffen und Begriffssystemen

Die *Triadische Begriffsanalyse* ist eine aktuelle Erweiterung der bislang dyadisch verstandenen *Formalen Begriffsanalyse*, die am Fachbereich Mathematik der Technischen Hochschule Darmstadt seit 1979 entwickelt worden ist [Wi82, GW96]. Grundlegend für die Formale Begriffsanalyse ist ein intersubjektiv-orientiertes Begriffsverständnis, das Begriffe als Mittel zwischenmenschlicher Verständigung in Situationen zweckgerichteten Handelns sieht. Die Formalisierung von Begriffen und Begriffssystemen sollen derartige Verständigungen unterstützen, indem formale Zusammenhänge im Begriffsdenken transparent und faßbar gemacht werden. Im Sinne dieser Zwecksetzung konnten die bisher entwickelten Methoden und Verfahren der Formalen Begriffsanalyse schon in mehr als 150 Projekten in einem breiten Spektrum von Anwendungsbereichen erfolgreich eingesetzt werden. Dafür war insbesondere wichtig, daß sich die begriffsanalytischen Verfahren mithilfe geeigneter Computerprogramme (wie vor allem das Managementsystem TOSCANA [K+94]) effizient durchführen lassen.

Für die Formalisierung von Begriff und Begriffssystem, auf die sich die Formale Begriffsanalyse gründet, ist die Auffassung bestimmend, daß menschliches Denken und menschliche Kommunikation stets in kontextuellen Zusammenhängen geschieht, die Sinn und Bedeutung der gebrauchten Begriffe prägen. Als Konsequenz dieser Auffassung hat jeder formalen Analyse von Begriffen eine Formalisierung des jeweils zugrunde liegenden Kontextes vorauszugehen. Nach dem *dyadischen* Ansatz der Formalen Begriffsanalyse besteht die elementarste Formalisierung von einem *Kontext* aus einer Menge „*formaler Gegenstände*", einer Menge „*formaler Merkmale*" sowie einer binären

Relation zwischen diesen Mengen, die festhält, wann in dem Kontext welcher Gegenstand welches Merkmal hat. *Begriffe* des Kontextes können dann
durch die Formalisierung ihrer jeweiligen *Extension* als eine Menge formaler
Gegenstände und ihrer jeweiligen *Intension* als eine Menge formaler Merkmale erfaßt werden.

In verschiedenen Anwendungen der Formalen Begriffsanalyse hat sich gezeigt, daß eine Formalisierung, die ein formales Sprechen über Gegenstände,
Merkmale und Beziehungen zwischen ihnen ermöglicht, nicht ausdrucksstark
genug ist. Das war auch schon durch die triadische Kategorienlehre von
Charles S. Peirce, dessen *pragmatische Philosophie* die kontextualitstische
Sichtweise der Formalen Begriffsanalyse am überzeugendsten begründet, auf
philosophischer Ebene klar geworden (s. [LW95]). Für die elementare Beziehung *„ein Gegenstand hat ein Merkmal"* gilt es in vielen Fällen zu spezifizie-
ren,

– unter welchen Bedingungen,
– mit welcher Begründung,
– zu welchem Zweck,
– in welcher Art von Beziehung,

das Merkmal dem Gegenstand zugeordnet wird. Deshalb nimmt der *triadische* Ansatz der Formalen Begriffsanalyse bei der elementaren Formalisierung
von Kontext neben der Gegenstands- und Merkmalsmenge noch eine dritte
Menge von *„formalen Modalitäten"* hinzu und erweitert die binäre Relation zu einer ternären Relation, die festhält, wann in dem Kontext welcher
Gegenstand welches Merkmal in welcher Modalität hat (s. [Wi95, LW95]).
Hierbei werden die Gegenstände, Merkmale bzw. Modalitäten des Kontextes
im Sinne der Peirceschen Kategorienlehre als von erster, zweiter bzw. dritter Kategorie verstanden. Die formalen Modalitäten, mit denen die Art und
Weise der Beziehung zwischen Gegenstand und Merkmal erfaßt wird, können
je nach Fall Bedeutungen, Bedingungen, Begründungen, Bewertungen, Darstellungen, Interpretationen, Relationen, Zwecke o.ä. formalisieren.

Im folgenden sollen die Grundlagen einer *Triadischen Begriffsanalyse* dargestellt werden, die auf dem beschriebenen triadischen Ansatz der Formalen
Begriffsanalyse aufbaut. Im Vordergrund steht dabei die Mathematisierung
triadischer Begriffe und Begriffssysteme sowie grundlegende Untersuchungen der dabei auftretenden Strukturen. Beispiele werden die jeweils diskutierten Zusammenhänge veranschaulichen. Auch Bezüge zu Anwendungen
der Triadischen Begriffsanalyse werden angesprochen. Um die Lesbarkeit der
Ausführungen zu erhöhen, werden die Beweise nicht offensichtlicher mathematischer Aussagen in den Anhang dieser Arbeit verschoben.

Im zweiten Abschnitt werden die zum Verständnis notwendigen Grundlagen der Dyadischen Begriffsanalyse aufgeführt, damit insbesondere die Ana-
logien zwischen Dyadischer und Triadischer Begriffsanalyse deutlich werden
können. Der dritte Abschnitt behandelt die Grundbegriffe der Triadischen
Begriffsanalyse. Im vierten Abschnitt wird dann die mathematische Struktur-

theorie triadischer Begriffssysteme entwickelt, die im *Hauptsatz über Begriffs-triverbände* zusammengefaßt wird. Der fünfte Abschnitt diskutiert Konkreti-sierungen und Veranschaulichungen der strukturtheoretischen Ergebnisse an-hand von Beispielen mithilfe triadischer Diagramme. Im sechsten Abschnitt wird aufgezeigt, wie die Merkmalslogik dyadischer Kontexte auf triadische Kontexte erweitert werden kann. Den Abschluß bildet ein Ausblick auf wei-tere Entwicklungen in der Triadischen Begriffsanalyse.

2. Dyadische Begriffsanalyse

In diesem Abschnitt sollen die Grundlagen der Dyadischen Begriffsanalyse wiedergegeben werden, die zum Verständnis der Triadischen Begriffsanalyse unbedingt notwendig sind. Für weitere Definitionen und Resultate der For-malen Begriffsanalyse sei auf [GW96] verwiesen.

Der dyadische Ansatz der Formalen Begriffsanalyse beginnt mit der Defi-nition eines *formalen Kontextes* als einem Tripel (G, M, I), wobei G und M Mengen und I eine binäre Relation zwischen G und M (d.h. $I \subseteq G \times M$) ist. Die Elemente von G bzw. M heißen *(formale) Gegenstände* bzw. *Merkmale*, und gIm (d.h. $(g, m) \in I$) wird gelesen: *"der Gegenstand g hat das Merkmal m"*. Für einen Kontext (G, M, I) werden folgende wichtige Ableitungsopera-toren definiert:

$$A \;\mapsto\; A' := \{m \in M \mid gIm \text{ für alle } g \in A\} \quad \text{für } A \subseteq G$$
$$B \;\mapsto\; B' := \{g \in G \mid gIm \text{ für alle } m \in B\} \quad \text{für } B \subseteq M$$

d. h. A' ist die Menge aller Merkmale, die auf *alle* Gegenstände aus A zutreffen und B' ist die Menge aller Gegenstände, die *alle* Merkmale aus B haben.

Ein *(formaler) Begriff* eines Kontextes (G, M, I) wird definiert als ein Paar (A, B) mit $A \subseteq G$, $B \subseteq M$ und $A' = B$, $B' = A$. Dann wird A der *Umfang* und B der *Inhalt* des Begriffes (A, B) genannt. Die hierarchische Begriffsordnung, gegeben durch die *Unterbegriff-Oberbegriff*-Beziehung, wird wie folgt formalisiert:

$$(A_1, B_1) \leq (A_2, B_2) \; :\Longleftrightarrow \; A_1 \subseteq A_2 \; (\Longleftrightarrow \; B_1 \supseteq B_2),$$

d.h. jeder Gegenstand des Unterbegriffs (A_1, B_1) ist auch Gegenstand des Oberbegriffs (A_2, B_2) und jedes Merkmal des Oberbegriffs (A_2, B_2) ist auch Merkmal des Unterbegriffs (A_1, B_1). Die Menge aller Begriffe von (G, M, I) zusammen mit der so definierten Ordnungsrelation $\leq$ bildet einen vollständi-gen Verband, der *Begriffsverband* von (G, M, I) genannt wird. Nach dem *Hauptsatz der Formalen Begriffsanalyse* (s. [Wi82, GW96]) ist nicht nur der Begriffsverband eines Kontextes ein vollständiger Verband, sondern jeder vollständige Verband ist auch als Begriffsverband eines geeignet gewählten Kontextes darstellbar.

Gegenstände → ↓ Merkmale	□	⊠	△	△̇	∧	⌐	⋈	ǀ
zusammenhängend	×	×	×		×		×	×
kreisfrei					×	×		×
mit Kreis	×	×	×	×			×	
vollständig		×	×					×
Baum					×			×
eulersch	×		×	×			×	
hamiltonsch	×	×	×					

Abbildung 1 Kontext von Eigenschaften schlichter Graphen [1]

Formale Kontexte können als (elementare) Modelle der Wissensdarstellung verstanden werden.[2] Zum Beispiel enthält der Kontext in Abbildung 1 spezifisches Wissen über die Eigenschaften schlichter Graphen (mit mindestens einer Kante), die in [OW76] aufgeführt werden. Der Begriffsverband dieses Kontextes wird in Abbildung 2 durch ein Liniendiagramm dargestellt, wobei die Begriffe durch kleine Kreise und die Begriffsordnung durch aufsteigende Linien zwischen den Kreisen dargestellt werden. Der Kreis, an dem der Name des Gegenstands g steht, repräsentiert den Begriff $\gamma g := (\{g\}'', \{g\}')$, d.h. den kleinsten Begriff, der g in seinem Umfang hat, und der Kreis, an dem der Name des Merkmals m steht, repräsentiert den Begriff $\mu m := (\{m\}', \{m\}'')$, d.h. den größten Begriff, der m in seinem Inhalt hat. Die erläuterte Beschriftung erlaubt es, für jeden Begriff (A, B) dessen Umfang und Inhalt zu bestimmen, da $A = \{g \in G \mid \gamma g \le (A, B)\}$ und $B = \{m \in M \mid \mu m \le (A, B)\}$. Zum Beispiel ist

$$\gamma\,(\square) = (\{\square, \triangle\}, \{\text{hamiltonsch, eulersch, mit Kreis, zusammenhängend}\})$$

und μ (vollständig) $= (\{\square, \triangle, |\}, \{\text{vollständig, zusammenhängend}\})$.

Da allgemein die Äquivalenz $g\,I\,m \iff \gamma g \le \mu m$ gilt, kann man den Kontext am beschrifteten Liniendiagramm des zugehörigen Begriffsverbandes ablesen. Ein durch ein Liniendiagramm dargestellter Begriffsverband kann somit als Entfaltung der begrifflichen Struktur des zugrunde liegenden Kontextes verstanden werden, bei der jeder erkannte Zusammenhang bis auf die Originaldaten zurückverfolgt werden kann. Besonders dieser Sachverhalt macht formale Kontexte, Begriffsverbände und Liniendiagramme zu erfolgreichen Werkzeugen der Formalisierung und Darstellung begrifflichen Wissens (vgl. [Wi92, Wi97]).

---

[1] Üblicherweise werden die Gegenstände an die linke Seite und die Merkmale an die obere Seite der Kontexttabelle geschrieben. Wir haben zugunsten einer besseren graphischen Darstellung Gegenstände und Merkmale in unserem Beispiel vertauscht.

[2] Allgemeinere Modelle der Formalen Begriffsanalyse sind die sogenannten *mehrwertigen Kontexte*, bei denen jedes Merkmal unterschiedliche Werte annehmen kann (vgl. [GW96])

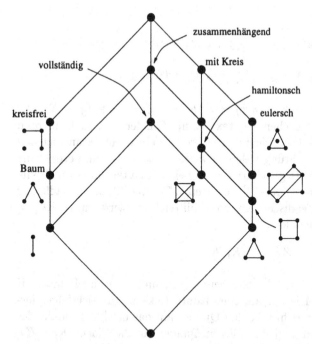

Abbildung 2 Begriffsverband von Eigenschaften schlichter Grahpen

3. Triadischer Kontext und Begriff

Ein *triadischer Kontext* wird definiert als ein Quadrupel (G, M, B, Y), wobei G, M und B Mengen sind und Y eine dreistellige Relation zwischen diesen Mengen ist, d.h. $Y \subseteq G \times M \times B$. Die Elemente von G, M bzw. B werden *(formale) Gegenstände, Merkmale* bzw. *Modalitäten* genannt. Für die Elemente von B werden je nach inhaltlichem Zusammenhang statt „Modalitäten" auch Benennungen wie „Bedeutungen", „Bedingungen", „Begründungen", „Bewertungen", „Darstellungen", „Interpretationen", „Relationen" oder „Zwecke" verwendet. Die Beziehung $(g, m, b) \in Y$ liest man:

Der Gegenstand g hat das Mermal m in der Modalität b.

Bei anderen Benennungen für die Modalitäten ergeben sich Modifikationen, z. B.: der Gegenstand g hat das Merkmal m unter der Bedingung b, oder: der Gegenstand g steht in Relation b zum Merkmal m. Für die Formulierung theoretisch-formaler Aussagen über triadische Kontexte ist es häufig vorteilhaft K_1, K_2 bzw. K_3 an Stelle von G, M bzw. B zu schreiben; die alternativen Zeichen zeigen an, daß die Elemente der Komponente K_i als von i-ter Kategorie im Sinne der Peirceschen Kategorienlehre aufgefaßt werden können.

Ein triadischer Kontext $\mathbb{K} := (K_1, K_2, K_3, Y)$ enthält verschiedene *dyadische* Kontexte, die von Interesse sind. Naheliegend ist, folgende formale

Kontexte zu betrachten:

$$\mathbb{K}^{(1)} := (K_1, K_2 \times K_3, Y^{(1)}),$$
$$\mathbb{K}^{(2)} := (K_2, K_1 \times K_3, Y^{(2)}),$$
$$\mathbb{K}^{(3)} := (K_3, K_1 \times K_2, Y^{(3)}),$$

wobei $g\,Y^{(1)}\,(m,b) \iff m\,Y^{(2)}\,(g,b) \iff b\,Y^{(3)}\,(g,m) \iff (g,m,b) \in Y$.
Stellt man sich den triadischen Kontext $\mathbb{K}$ als Quader vor, so kann man die dyadischen Kontexte $\mathbb{K}^{(i)}$ folgendermaßen verstehen: Man schneidet den triadischen Kontext in Richtung i elementweise in 'Scheiben' und ordnet die Zellen der Scheiben jeweils gleichartig in vertikale Spalten an, so daß eine rechteckige Tabelle entsteht, die $\mathbb{K}^{(i)}$ beschreibt. Für die Bildung „triadischer Begriffe" sind weitere dyadische Kontexte hilfreich; so wird für $\{i, j, k\} = \{1, 2, 3\}$ und $A_k \subseteq K_k$ definiert:

$$\mathbb{K}^{ij}_{A_k} := (K_i, K_j, Y^{ij}_{A_k}),$$

wobei genau dann $(a_i, a_j) \in Y^{ij}_{A_k}$ gilt, wenn a_i, a_j und a_k in der Relation Y für alle $a_k \in A_k$ stehen. Diese dyadischen Kontexte kann man sich folgendermaßen vorstellen: Man beschränkt den Quader auf das direkte Produkt der Mengen K_i, K_j, A_k und projiziert diesen Quader auf die Fläche $K_i \times K_j$, wobei in der Zelle (a_i, a_j) dieser Fläche nur dann ein „Kreuz" steht, wenn der Quader $\{a_i\} \times \{a_j\} \times A_k$ ganz in Y liegt. Ist beispielsweise $C \subseteq K_3$ eine Menge von Bedingungen, dann besagt die Beziehung $g\,Y^{12}_C\,m$ in dem dyadischen Kontext $\mathbb{K}^{12}_C$, daß der Gegenstand g das Merkmal m in jeder der Modalitäten aus C hat.

Für die von $\mathbb{K} := (K_1, K_2, K_3, Y)$ abgeleiteten dyadischen Kontexte werden die in Abschnitt 2 angegebenen Ableitungsoperatoren folgendermaßen beschrieben:

$$X^{(i)} \qquad \text{ist die Ableitung von } X \text{ im Kontext } \mathbb{K}^{(i)},$$
$$X^{(i,j,A_k)} \qquad \text{ist die Ableitung von } X \text{ im Kontext } \mathbb{K}^{ij}_{A_k}.$$

Für $i < k$ gilt $A_k^{(k)} = Y^{ij}_{A_k}$, was insbesondere $\mathbb{K}^{ij}_{A_k} = (K_i, K_j, A_k^{(k)})$ ergibt.

Folgender Zusammenhang besteht zwischen den Ableitungen in den dyadischen Kontexten, die für triadische Kontexte eingeführt worden sind:

Hilfssatz 1. *Sei* $\mathbb{K} := (K_1, K_2, K_3, Y)$ *ein triadischer Kontext,* $\{i, j, k\} = \{1, 2, 3\}$ *mit* $i < k$ *und* $A_i \subseteq K_i$ *sowie* $B_k \subseteq K_k$. *Dann gilt* $(A_i \times B_k)^{(j)} = A_i^{(i,j,B_k)} = B_k^{(j,k,A_i)}$.

Was sind nun die „triadischen Begriffe" eines triadischen Kontextes? Als Denkheiten tendieren Begriffe dahin, homogen und abgeschlossen zu sein. Die Formalisierungen von Begriffen in einem triadischen Kontext sollten deshalb homogene und abgeschlossene Kombinationen von Gegenständen, Merkmalen und Modalitäten sein. Homogenität läßt sich dadurch erreichen, daß in einer solchen Kombination jeder Gegenstand jedes Merkmal in jeder Modalität hat. Ist die Kombination maximal mit dieser Eigenschaft, liefert das die geforderte Abgeschlossenheit. Diese Überlegungen liegen der folgenden Definition triadischer Begriffe zugrunde, was durch den nachfolgenden Hilfssatz deutlich wird:

Definition 1. *Ein triadischer Begriff eines triadischen Kontextes (K_1, K_2, K_3, Y) ist ein Tripel (A_1, A_2, A_3) mit $A_i \subseteq K_i$ für $i = 1, 2, 3$ und*

$$A_i = (A_j \times A_k)^{(i)} \quad \text{für } \{i, j, k\} = \{1, 2, 3\} \text{ mit } j < k.$$

A_1 heißt der Umfang*, A_2 der* Inhalt *und A_3 der* Modus *des triadischen Begriffs (A_1, A_2, A_3).*

Hilfssatz 2. *Die triadischen Begriffe eines triadischen Kontextes (K_1, K_2, K_3, Y) sind genau die maximalen Tripel (A_1, A_2, A_3) in $\mathfrak{P}(K_1) \times \mathfrak{P}(K_2) \times \mathfrak{P}(K_3)$ mit $A_1 \times A_2 \times A_3 \subseteq Y$ bezüglich der komponentenweisen Mengeninkulsion.*

Aus diesem Hilfssatz läßt sich direkt folgende Aussage ableiten, die eine erste Idee für einen Algorithmus zur Berechnung aller triadischen Begriffe liefert:

Hilfssatz 3. *(A_1, A_2, A_3) ist ein triadischer Begriff genau dann, wenn die folgenden zwei Bedingungen gelten: Für $\{i, j, k\} = \{1, 2, 3\}$ und $j < k$:*

1. $A_i = (A_j \times A_k)^{(i)}$,
2. (A_j, A_k) ist ein Begriff des Kontextes $\mathbb{K}^{jk}_{A_i}$,

oder äquivalent dazu:

1'. (A_i, A_k) ist ein Begriff des Kontextes $\mathbb{K}^{ik}_{A_j}$,
2'. (A_j, A_k) ist ein Begriff des Kontextes $\mathbb{K}^{jk}_{A_i}$.

Hilfssatz 3 liefert den folgenden *Algorithmus* zur Erzeugung aller triadischen Begriffe eines triadischen Kontextes (G, M, B, Y): *Für jeden Umfang A von $(G, M \times B, Y^{(1)})$ bilde alle Begriffe (C, D) von (M, B, Y^{23}_A) $(= (M, B, A^{(1)}))$ und überprüfe, ob $A = (C \times D)^{(1)}$ ist. Wenn ja, dann ist (A, C, D) ein triadischer Begriff, und jeder triadische Begriff wird auf diese Weise gewonnen.* (vgl. [KOG94])

Die Menge $\mathfrak{T}(\mathbb{K})$ aller triadischen Begriffe von $\mathbb{K} := (K_1, K_2, K_3, Y)$ wird durch die drei Quasiordnungen

$$(A_1, A_2, A_3) \lesssim_i (B_1, B_2, B_3) : \iff A_i \subseteq B_i \quad \text{für } i = 1, 2, 3$$

strukturiert. Die Äquivalenzrelationen $\sim_i$ sind definiert durch

$$(A_1, A_2, A_3) \sim_i (B_1, B_2, B_3) : \iff A_i = B_i \quad \text{für } i = 1, 2, 3.$$

Die Quasiordnung $\lesssim_i$ induziert jeweils eine Ordnungsrelation $\leq_i$ auf der Menge $\mathfrak{T}(\mathbb{K})/{\sim_i}$ aller Äquivalenzklassen von $\sim_i$. Die Äquivalenzklasse des triadischen Begriffs (A_1, A_2, A_3) bezüglich $\sim_i$ wird mit $[(A_1, A_2, A_3)]_i$ bezeichnet.

Hilfssatz 4 (Quasiordnungen der triadischen Begriffe). *Für die Quasiordnungen auf $\mathfrak{T}(\mathbb{K})$ gilt $\lesssim_i \cap \lesssim_j \subseteq \gtrsim_k$ für $\{i, j, k\} = \{1, 2, 3\}$. Weiterhin ist $\sim_i \cap \sim_j$ die Identität auf $\mathfrak{T}(\mathbb{K})$ für $i \neq j$.*

Die relationalen Strukturen $\underline{\mathfrak{T}}(\mathbb{K}) := (\mathfrak{T}(\mathbb{K}), \lesssim_1, \lesssim_2, \lesssim_3)$ spielen in der Triadischen Begriffsanalyse eine entsprechende Rolle wie die Begriffsverbände im dyadischen Fall. Eine grundlegende Frage ist daher: Was sind natürliche algebraische Operationen auf $\underline{\mathfrak{T}}(\mathbb{K})$, die dem Infimum und dem Supremum in Begriffsverbänden entsprechen? Allgemein dienen derartige Operationen dazu, Begriffe aus anderen Begriffen zu konstruieren. Deshalb soll zunächst untersucht werden, wie man triadische Begriffe innerhalb eines triadischen Kontextes erzeugen kann. Im dyadischen Fall geschieht dies durch die Bildung von (H'', H') bzw. (N', N'') für eine Teilmenge H von G bzw. N von M. Im triadischen Fall benötigt man zwei Teilmengen, um einen triadischen Begriff zu erzeugen:

Lemma 5. *Für $X_i \subseteq K_i$ und $X_k \subseteq K_k$ mit $\{i, j, k\} = \{1, 2, 3\}$ sei*

$$
\begin{aligned}
A_j &:= X_i^{(i,j,X_k)}, \\
A_i &:= A_j^{(i,j,X_k)} \left(= X_i^{(i,j,X_k)(i,j,X_k)}\right), \\
A_k &:= \begin{cases} (A_i \times A_j)^{(k)}, & \text{falls } i < j \\ (A_j \times A_i)^{(k)}, & \text{falls } j < i. \end{cases}
\end{aligned}
$$

Dann ist $\mathfrak{b}_{ik}(X_i, X_k) := (A_1, A_2, A_3)$ der triadische Begriff mit der kleinsten k-Komponente unter allen triadischen Begriffen (B_1, B_2, B_3) mit $X_i \subseteq B_i$ und $X_k \subseteq B_k$, die die größte j-Komponente haben. Insbesondere gilt $\mathfrak{b}_{ik}(A_i, A_k) = (A_1, A_2, A_3)$ für alle triadischen Begriffe (A_1, A_2, A_3).

Die Konstruktion des Lemmas kann man dazu verwenden, algebraische Operationen auf $\mathfrak{T}(\mathbb{K})$ einzuführen:

Definition 2 (*ik*-Verbindung von triadischen Begriffen). *Für einen triadischen Kontext $\mathbb{K} := (K_1, K_2, K_3, Y)$, $i \neq k$ in $\{1, 2, 3\}$, seien $\mathfrak{X}_i$ und $\mathfrak{X}_k$ zwei Mengen von triadischen Begriffen. Dann ist die ik-Verbindung von den Begriffsmengen $\mathfrak{X}_i$ und $\mathfrak{X}_k$ definiert durch*

$$
\nabla_{ik}(\mathfrak{X}_i, \mathfrak{X}_k) := \mathfrak{b}_{ik}\left(\bigcup\{A_i \mid (A_1, A_2, A_3) \in \mathfrak{X}_i\}, \bigcup\{A_k \mid (A_1, A_2, A_3) \in \mathfrak{X}_k\}\right).
$$

Im nächsten Abschnitt soll zunächst die relationale Struktur $\underline{\mathfrak{T}}(\mathbb{K})$ und die Operationen ∇_{ik} rein ordnungstheoretisch betrachtet werden, um dann am Ende des Abschnittes den Hauptsatz der Triadischen Begriffsanalyse analog zum dyadischen Fall formulieren zu können.

4. Begriffstriverbände

4.1 Triverbände

Zunächst ist zu klären, was die Ordnungsstrukturen sind, die im Triadischen die analoge Rolle spielen wie die geordneten Mengen im Dyadischen. Nach den bisher erkannten Eigenschaften der relationalen Struktur $\mathfrak{T}(\mathbb{K})$ bietet sich hierfür folgende Definition an:

Definition 3. *Eine* trigeordnete Menge *ist eine relationale Struktur* $(S, \lesssim_1, \lesssim_2, \lesssim_3)$, *in der die Relationen* $\lesssim_i$ *Quasiordnungen sind und* $\lesssim_i \cap \lesssim_j \subseteq \gtrsim_k$ *für* $\{i,j,k\} = \{1,2,3\}$ *sowie* $\sim_1 \cap \sim_2 \cap \sim_3 = id_S$ *gilt, wobei* $\sim_i := \lesssim_i \cap \gtrsim_i$ *ist* $(i = 1,2,3)$.

Es folgt sofort, daß sogar $\sim_i \cap \sim_j = id_S$ für $i \neq j$ gilt. Für $x \in S$ sei $[x]_i := \{y \in S \mid x \sim_i y\}$. Die Quasiordnungen $\lesssim_i$ induzieren jeweils eine Ordnungsrelation $\leq_i$ auf $S/\sim_i$ ($= \{[x]_i \mid x \in S\}$). Zur rein ordnungstheoretischen Einführung von ik-Verbindungen in trigeordneten Mengen wird für $X, Y \subseteq S$ und $u \in S$ definiert:

u ist ik-*Schranke* von (X,Y) $:\Longleftrightarrow$ $u \gtrsim_i x$ für alle $x \in X$ und $u \gtrsim_k y$ für alle $y \in Y$;

u ist ik-*Grenze* von (X,Y) $:\Longleftrightarrow$ u ist ik-Schranke von (X,Y) und $u \gtrsim_j v$ für alle ik-Schranken v von (X,Y);

u ist ik-*Verbindung* von (X,Y) $:\Longleftrightarrow$ u ist ik-Grenze von (X,Y) und $u \lesssim_k w$ für alle ik-Grenzen w von (X,Y).

Während es mehrere ik-Schranken als auch mehrere (allerdings $\sim_j$-äquivalente) ik-Grenzen von (X,Y) geben kann, ist das für ik-Verbindungen nicht der Fall:

Hilfssatz 6. *In einer trigeordneten Menge* $(S, \lesssim_1, \lesssim_2, \lesssim_3)$ *existiert höchstens eine ik-Verbindung von* (X,Y), *die mit* $\nabla_{ik}(X,Y)$ *bezeichnet wird.*

Der Beweis ergibt sich unmittelbar aus der Bedingung $\sim_i \cap \sim_j = id_S$ für $i \neq j$, die in trigeordneten Mengen gilt. Definiert man

$$\uparrow_i X := \{y \in S \mid y \gtrsim_i x \text{ für alle } x \in X\}$$

und $max_i X$ bzw. $min_i X$ als die Menge aller maximalen bzw. minimalen Elemente von X bezüglich der Quasiordnung $\lesssim_i$ ($i = 1,2,3$), dann gilt im endlichen Fall

$$\nabla_{ik}(X,Y) = min_k max_j(\uparrow_i X \cap \uparrow_k Y).$$

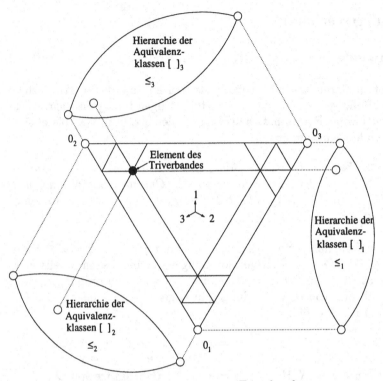

Abbildung 3 Triadisches Diagramm eines Triverbandes

Definition 4. *Ein* vollständiger Triverband *ist eine trigeordnete Menge* $\underline{V} :=$ $(V, \lesssim_1, \lesssim_2, \lesssim_3)$, *in der für alle Paare von Teilmengen von V und alle $i \neq k$ in $\{1, 2, 3\}$ die ik-Verbindung existiert. In einem vollständigen Triverband $\underline{V}$ ist $0_i := \nabla_{jk}(V, V) (= \nabla_{kj}(V, V))$ das eindeutige Element mit $0_i \lesssim_i x$ für alle $x \in S$. (Es gilt ferner $0_i = \nabla_{ij}(\emptyset, V) = \nabla_{ik}(\emptyset, V) = \nabla_{ki}(\emptyset, \emptyset) = \nabla_{ji}(\emptyset, \emptyset)$.)*

Die *graphische Darstellung von Triverbänden* fällt im Vergleich zu der von Verbänden komplexer aus. Neben den *Hierarchien* der Ordnungen $\leq_1$, $\leq_2$ und $\leq_3$ muß auch die *Geometrie* der Äquivalenzklassen von $\sim_1$, $\sim_2$ und $\sim_3$ graphisch erfaßt werden. Abbildung 3 zeigt, wie ein *triadisches Diagramm* eines Triverbandes gestaltet werden kann. Die Geometrie der Äquivalenzklassen wird durch ein *Dreiecksnetz* dargestellt, das aus drei „Parallelscharen" von Linien gebildet wird. Die horizontalen Linien repräsentieren die Äquivalenzklassen $[x]_1$, die Linien von links unten nach rechts oben die Äquivalenzklassen $[x]_2$ und die Linien von rechts unten nach links oben die Äquivalenzklassen $[x]_3$. Die Hierarchien der Äquivalenzklassen bezüglich der Ordnungen $\leq_1$, $\leq_2$ und $\leq_3$ sind jeweils durch Ordnungsdiagramme neben dem Dreiecksnetz dargestellt; diese *Komponentendiagramme* werden entsprechend der darge-

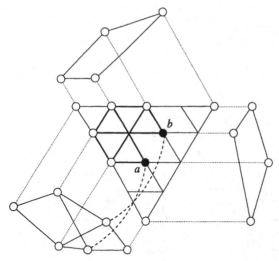

Abbildung 4 Triverband, der nicht die Thomsen-Bedingung erfüllt

stellten Elemente *Umfangsdiagramm*, *Inhaltsdiagramm* und *Modusdiagramm* genannt.

Die Elemente eines Triverbandes werden im Dreiecksnetz durch kleine Kreise dargestellt, die jeweils auf dem Schnittpunkt dreier Linien aus den drei Parallelscharen liegen. Die Ordnungsbeziehungen zwischen den Elementen können an den Komponentendiagrammen abgelesen werden, in denen die jeweils zugehörigen Äquivalenzklassen durch kleine Kreise dargestellt sind. Die Darstellung durch drei Parallelscharen von *Geraden* gelingt jedoch nicht immer, da die Äquivalenzklassengeometrie eines Triverbandes z.B. nicht die *Thomsen-Bedingung* erfüllen muß (vgl. [WW96]); der Triverband in Abbildung 4 genügt nicht der Thomsen-Bedingung, da $[a]_2 \neq [b]_2$ ist. Dennoch hat sich bewährt, die vorgeschlagenen Diagramme zur Darstellung von Triverbänden zu verwenden; notfalls muß man gebogene und sich kreuzende Linien benutzen.

Für einen Triverband, ja sogar eine trigeordnete Menge kann man stets eine algebraische Beschreibung durch eine geeignete geordnete Loop $(L, +, 0, \leq)$ finden und zwar durch Einbettung in die trigeordnete Menge $(L^2, \lesssim_1, \lesssim_2, \lesssim_3)$ mit $(a,b) \lesssim_1 (c,d) : \Longleftrightarrow a \leq c$, $(a,b) \lesssim_2 (c,d) : \Longleftrightarrow b \leq d$ und $(a,b) \lesssim_3 (c,d) : \Longleftrightarrow a + b \geq c + d$ (s. [WW96]).

Eine wichtige Klasse von Triverbänden bilden die *vollständigen Triketten*, die dadurch definiert werden, daß in ihnen die drei Faktorordnungen vollständige Ketten sind. Im Endlichen hat man als prägnante Beispiele die *äquilateralen Triketten* $\underline{TC}_n := (TC_n, \lesssim_1, \lesssim_2, \lesssim_3)$ mit

$$TC_n := \left\{ (x_1, x_2, x_3) \in \{0, 1, \ldots, n\}^3 \mid x_1 + x_2 + x_3 = 2n \right\}$$

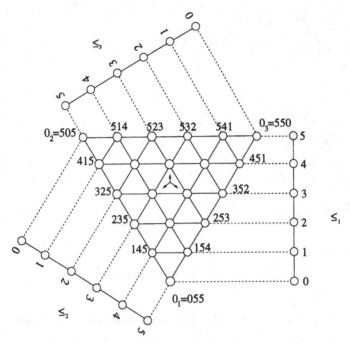

Abbildung 5 Diagramm der äquilateralen Trikette $\underline{TC}_5$

und $(x_1, x_2, x_3) \lesssim_i (y_1, y_2, y_3) : \iff x_i \leq y_i \; (i = 1, 2, 3)$. Das triadische Diagramm der äquilateralen Trikette $\underline{TC}_5$ in Abbildung 5 macht deutlich, wie die drei Quasiordnungen $\lesssim_i$ Anlaß zu drei Richtungen geben. Es mag überraschen, daß nicht jede endliche Trikette in eine äquilaterale Trikette eingebettet werden kann. U. Wille hat in [Wl96] sogar eine unendliche Serie solcher nicht einbettbaren Triketten angegeben und damit gezeigt, daß die Klasse der endlichen Triketten, die in äquilaterale Ketten einbettbar sind, in der Prädikatenlogik erster Stufe nicht endlich axiomatisierbar ist.

In trigeordneten Mengen sind Eigenschaften, die die drei Quasiordnungen verbinden, von besonderem Interesse. Eine solche Eigenschaft von grundlegender Bedeutung liefert die folgende Definition:

Definition 5 (Verbundene Tripel von Teilmengen).
Ein Tripel (X_1, X_2, X_3) von Teilmengen einer trigeordneten Menge $(S, \lesssim_1, \lesssim_2, \lesssim_3)$ heißt verbunden, falls ein Element $u \in S$ existiert mit $u \geq_i x_i$ für alle $x_i \in X_i$ und $i \in \{1, 2, 3\}$ (d.h. u ist eine ik-Schranke von (X_i, X_k) für alle $i \neq k$ in $\{1, 2, 3\}$). Ein Tripel (x_1, x_2, x_3) von Elementen einer trigeordneten Menge heißt verbunden, falls $(\{x_1\}, \{x_2\}, \{x_3\})$ verbunden ist.

In vollständigen Triverbänden können verbundene Tripel von Teilmengen durch verbundene Tripel von Elementen charakterisiert werden:

Lemma 7 (Verbindungslemma). *Ein Tripel* (X_1, X_2, X_3) *von Teilmengen eines vollständigen Triverbandes ist genau dann verbunden, wenn* (x_1, x_2, x_3) *für alle* $x_i \in X_i$ *mit* $i \in \{1, 2, 3\}$ *verbunden ist. Falls* (X_1, X_2, X_3) *verbunden ist, gilt insbesondere* $\nabla_{12}(X_1, X_2) \gtrsim_i x_i$ *für alle* $x_i \in X_i$ *mit* $i \in \{1, 2, 3\}$.

4.2 Hauptsatz über Begriffstriverbände

In diesem Teilabschnitt soll klargemacht werden, daß die relationalen Strukturen $\mathfrak{T}(\mathbb{K})$ der triadischen Kontexte $\mathbb{K}$ bis auf Isomorphie genau die vollständigen Triverbände sind. Die ordnungstheoretische Definition eines vollständigen Triverbandes liefert mit Hilfssatz 5 direkt folgenden Hilfssatz:

Hilfssatz 8 (Begriffstriverband). *Die triadischen Begriffe eines triadischen Kontextes* $\mathbb{K} := (G, M, B, Y)$ *bilden einen vollständigen Triverband bezüglich der drei komponentenweise definierten Quasiordnungen.*

Aus diesem Grunde wird $\mathfrak{T}(\mathbb{K})$ der *Begriffstriverband* des triadischen Kontextes $\mathbb{K}$ genannt. Um den *Hauptsatz über Begriffstriverbände* formulieren zu können, werden noch einige ordnungstheoretische Begriffe eingeführt: Eine Teilmenge F einer trigeordneten Menge $\underline{S} := (S, \lesssim_1, \lesssim_2, \lesssim_3)$ heißt ein *i-Ordnungsfilter*, wenn aus $x \in F$ und $x \lesssim_i y$ stets $y \in F$ folgt; die Menge aller *i*-Ordnungsfilter von $\underline{S}$ wird mit $\mathcal{F}_i(\underline{S})$ bezeichnet ($i = 1, 2, 3$). Ein Teilmenge $\mathcal{X}$ von $\mathcal{F}_i(\underline{S})$ wird *i-dicht* in S genannt, falls jeder *i-Hauptfilter* von $\underline{S}$, d. h. jeder *i*-Ordnungsfilter $[x)_i := \{y \in S \mid x \lesssim_i y\}$ mit $x \in S$, der Durchschnitt von *i*-Ordnungsfiltern aus $\mathcal{X}$ ist.

In einem triadischen Kontext $\mathbb{K} := (K_1, K_2, K_3, Y)$ kann nicht wie in dyadischen Kontexten jedem Gegenstand bzw. jedem Merkmal (bzw. jeder Modalität) auf kanonische Weise ein Begriff des Kontextes zugeordnet werden. Da Zuordnungen zwischen Kontextelementen und Begriffen auch im Triadischen gebraucht werden, wird für jede Komponente K_i ($i = 1, 2, 3$) die Abbildung $\kappa_i : K_i \longrightarrow \mathfrak{P}(\mathfrak{T}(\mathbb{K}))$ eingeführt durch

$$\kappa_i(a_i) := \{(A_1, A_2, A_3) \in \mathfrak{T}(\mathbb{K}) \mid a_i \in A_i\} \quad \text{für alle } a_i \in K_i.$$

Für $i = 1, 2, 3$ ist $\kappa_i(K_i)$ *i*-dicht in $\mathfrak{T}(\mathbb{K})$, denn für jeden triadischen Begriff $\mathfrak{a} := (A_1, A_2, A_3)$ von $\mathbb{K}$ gilt:

$$[\mathfrak{a}]_i = sup_i\{[\mathfrak{x}]_i \mid \mathfrak{x} \in \kappa_i(a_i) \cap (\mathfrak{a}]_i \text{ mit } a_i \in A_i\}$$

Satz 9 (Hauptsatz über Begriffstriverbände, s. [Wi95]). *Sei* $\mathbb{K} := K_1, K_2, K_3, Y$) *ein triadischer Kontext. Dann ist* $\mathfrak{T}(\mathbb{K})$ *ein vollständiger Triverband mit den ik-Verbindungen*

$$\nabla_{ik}(\mathfrak{X}_i, \mathfrak{X}_k) := \mathfrak{b}_{ik}\left(\bigcup\{A_i \mid (A_1, A_2, A_3) \in \mathfrak{X}_i\}, \bigcup\{A_k \mid (A_1, A_2, A_3) \in \mathfrak{X}_k\}\right).$$

Ein vollständiger Triverband $\underline{V} := (V, \lesssim_1, \lesssim_2, \lesssim_3)$ *ist genau dann isomorph zu* $\mathfrak{T}(\mathbb{K})$, *wenn Abbildungen* $\tilde{\kappa}_i : K_i \longrightarrow \mathcal{F}_i(V)$ ($i = 1, 2, 3$) *existieren, so daß*

- $\widetilde{\kappa}_i(K_i)$ *i-dicht in* $\underline{V}$ *ist und*
- $(A_1 \times A_2 \times A_3) \subseteq Y \iff \bigcap_{i=1,2,3} \bigcap_{a_i \in A_i} \widetilde{\kappa}(a_i) \neq \emptyset$
  für $A_1 \subseteq K_1$, $A_2 \subseteq K_2$, $A_3 \subseteq K_3$.

Insbesondere gilt $\underline{V} \cong \underline{\mathfrak{T}}(V, V, V, Y_V)$ *mit*

$$Y_V := \{(x_1, x_2, x_3) \in V^3 \mid (x_1, x_2, x_3) \text{ ist verbunden}\} \ .$$

5. Diagramme und Beispiele von Begriffstriverbänden

5.1 Triadischen Diagramme von Begriffstriverbänden

Was hilft der Hauptsatz für die graphische Darstellung von endlichen Begriffstriverbänden? Zunächst ergibt sich, daß die relationale Struktur eines Begriffstriverbandes durch ein *triadisches Diagramm* dargestellt werden kann, wie es in Abschnitt 4 beschrieben ist. Jeder triadische Begriff wird im Dreiecksnetz des triadischen Diagramms durch einen kleinen Kreis repräsentiert, während die drei Quasiordnungen zwischen ihnen an den drei Komponentendiagrammen ablesbar sind, die jeweils die geordnete Menge der Begriffsumfänge, der Begriffsinhalte und der Begriffsmodi darstellen (vgl. Abbildung 6).

Im Gegensatz zum dyadischen Fall sichert der Hauptsatz nicht, daß man im triadischen Diagramm die Benennungen der Gegenstände, Merkmale und Modalitäten jeweils nur einem Kreis so zuordnen kann, daß sich alle Begriffsumfänge, Begriffsinhalte und Begriffsmodi am Diagramm ablesen lassen. Der Grund dafür ist, daß die Begriffsumfänge (und entsprechend die Begriffsinhalte und Begriffsmodi) eines triadischen Kontextes im allgemeinen kein Hüllensystem bilden (s. [Wi95]). Um die triadischen Begriffe mit ihren Komponenten vollständig repräsentiert zu bekommen, muß man die Benennung von jedem $a_i \in K_i$ ($i = 1, 2, 3$) an alle Kreise im i-ten Komponentendiagramm schreiben, die die minimalen a_i enthaltenden i-Begriffskomponenten (d.h. die minimalen $[\mathfrak{a}]_i$ mit $\mathfrak{a} \in \kappa_i(a_i)$) darstellen. Dann enthält eine i-te Begriffskomponente genau die Elemente, deren Benennungen im i-ten Komponentendiagramm an Kreisen unter dem Kreis der Begriffskomponente stehen. Die auf die angegebene Weise eingetragenen Benennungen kann man als Beschreibung einer Abbildung $\underline{\kappa}_i$ von K_i in die Potenzmenge des Triverbandes $\underline{V}$ auffassen, für die $\underline{\kappa}_i(a_i) = min_i\kappa_i(a_i)$ ($a_i \in K_i$) gilt. Die aus den Benennungen gewonnenen Abbildungen $\underline{\kappa}_i$ ($i = 1, 2, 3$) können dazu genutzt werden, mithilfe der Bedingungen 1., 2. und 3. des Hauptsatzes, die Korrektheit des beschrifteten Diagramms zu bestätigen.

Zu lesen ist ein triadisches Diagramm eines Begriffstriverbandes folgendermaßen: Ausgehend von einem Kreis im Dreicksnetz, der einen bestimmten triadischen Begriff repräsentiert, verfolgt man für alle drei Richtungen die (gestrichelten) Linien bis in die Komponentendiagramme jeweils zu dem Kreis, der die zugehörige Äquivalenzklasse repräsentiert; dann kann man den jeweiligen Umfang (horizontale Linie nach rechts), Inhalt (Linie nach links

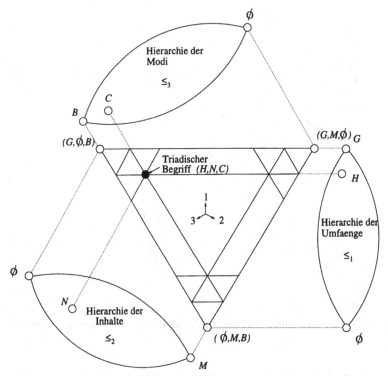

Abbildung 6 Triadisches Diagramm eines Begriffstriverbandes

unten) und Modus (Linie nach links oben) des triadischen Begriffs ablesen und zwar an den Benennungen, die an einem Streckenzug stehen, der von dem im jeweiligen Komponentendiagramm erreichten Kreis abwärts führt. (vgl. Abbildung 7).

In dem Begriffstriverband, der in Abbildung 7 dargestellt wird, gibt es keine kleinste Äquivalenzklasse $[\mathfrak{r}]_2$, deren triadische Begriffe das Merkmal n enthalten, obwohl die Begriffsinhalte des Beispiels einen Verband bilden; dem Begriffstriverband liegt folgender Kontext zugrunde:

a					b			
	m	n	l			m	n	l
g	×	×			g			
h					h		×	×

Für die Beschriftung triadischer Diagramme von Begriffstriverbänden ist offenbar folgende Frage wichtig: Wie kann man erkennen, daß ein Merkmal einen *eindeutigen Merkmalsinhalt* hat, d. h. einen Begriffsinhalt, der der kleinste das Merkmal enthaltende Begriffsinhalt ist? Ebenso wichtig sind die entsprechenden Fragen nach *eindeutigen Gegenstandsumfängen* und *eindeutigen Modalitätsmodi*. Aus Symmetriegründen genügt es die Frage nach den eindeutigen Merkmalsinhalten zu beantworten.

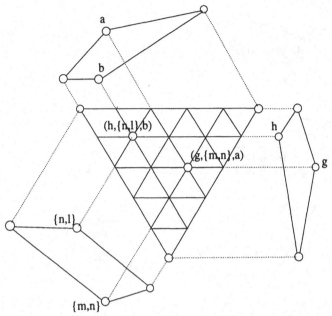

Abbildung 7 Begriffstriverband mit einem Merkmal, das keinen eindeutigen Merkmalbegriff hat

Hilfssatz 10 (Charakterisierung eindeutiger Merkmalsinhalte). *Ein Merkmal m eines triadischen Kontextes (G, M, B, Y) hat genau dann einen eindeutigen Merkmalsinhalt, wenn $\{m\}^{(2)(2)}$ ein Begriffsinhalt von (G, M, B, Y) ist.*

Im Fall, daß alle Merkmale eines triadischen Kontextes $\mathbb{K} := (G, M, B, Y)$ einen eindeutigen Merkmalsinhalt haben, existiert nach Hilfssatz 10 eine Abbildung

$$\gamma_2 : M \to (\mathfrak{T}(\mathbb{K})/{\sim_2}, \leq_2), \qquad m \mapsto [(A_1, A_2, A_3)]_2 \text{ mit } A_2 = m^{(2)(2)},$$

die jedem Merkmal m die kleinste m enthaltende Äquivalenzklasse $[\mathfrak{x}]_2$ zuordnet, d.h. $\gamma_2(m) = \underline{\kappa}_2(m) \in \mathfrak{T}(\mathbb{K})/{\sim_2}$. Bei entsprechenden Voraussetzungen gilt $\gamma_1(g) = \underline{\kappa}_1(g) \in \mathfrak{T}(\mathbb{K})/{\sim_1}$ für Gegenstände g und $\gamma_3(b) = \underline{\kappa}_3(b) \in \mathfrak{T}(\mathbb{K})/{\sim_3}$ für Modalitäten b.

5.2 Beispiele von Begriffstriverbänden

Aus mathematischer Sicht sind für die Triadische Begriffsanalyse vor allem Begriffstriverbände mit reichhaltiger Symmetrie interessant. Eine elementare Beispielklasse derartiger Triverbände bilden die äquilateralen Triketten (s. Abschnitt 4.1), die als Begriffstriverbände der triadischen Kontexte $\mathfrak{T}(\mathbb{K}_n^c)$ mit $\mathbb{K}_n^c := (\{1, \ldots, n\}, \{1, \ldots, n\}, \{1, \ldots, n\}, Y_n^c)$ und $(x_1, x_2, x_3) \in$

	1			2			3		
	1	2	3	1	2	3	1	2	3
1	×	×	×	×	×	×	×	×	×
2	×	×	×	×		×	×	×	×
3	×	×	×	×	×	×	×	×	

Abbildung 8 Der triadische Potenzmengenkontext $\mathbb{K}^{b}_{\{1,2,3\}}$

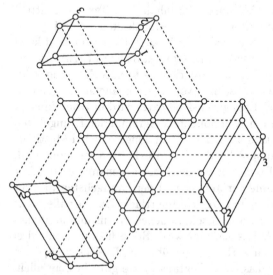

Abbildung 9 Der Potenzmengentriverband $\mathfrak{T}(\mathbb{K}^{b}_{\{1,2,3\}})$

$Y^{c}_{n} :\Longleftrightarrow x_{1} + x_{2} + x_{3} \leq 2n$ dargestellt werden können: $(x_{1}, x_{2}, x_{3}) \mapsto ([1, x_{1}], [1, x_{2}], [1, x_{3}])$ beschreibt einen Isomorphismus von der äquilateralen Trikette $\underline{TC}_{n}$ auf den Begriffstriverband von $\mathfrak{T}(\mathbb{K}^{c}_{n})$. Da im Dreiecksnetz der äquilateralen Triketten jeder Geradenschnittpunkt ein Triverbandselement darstellt (vgl. Abbildung 5), spielen die äquilateralen Triketten bei der Frage nach der graphischen Darstellung von Begriffstriverbänden eine grundlegende Rolle.

Von grundlegender Bedeutung sind natürlich auch die triadischen Analoga zu den Potenzmengenverbänden des dyadischen Falles: die „Potenzmengentriverbände" (vgl. [Wi95, Bi98a]). Für eine Menge S wird der zugehörige *Potenzmengentriverband* definiert als der vollständige Triverband $\mathfrak{T}(S) := (\mathfrak{T}(S), \lesssim_{1}, \lesssim_{2}, \lesssim_{3})$ mit $\mathfrak{T}(S) := \{(X_{1}, X_{2}, X_{3}) \in \mathfrak{P}(S)^{3} \mid X_{1} \cap X_{2} \cap X_{3} =$ und $X_{i} \cup X_{j} = S$ für $i \neq j$ in $\{1, 2, 3\}\}$ und $(X_{1}, X_{2}, X_{3}) \lesssim_{i} (Y_{1}, Y_{2}, Y_{3}) :\Longleftrightarrow X_{i} \subseteq Y_{i}$ $(i = 1, 2, 3)$. Der Potenzmengentriverband $\mathfrak{T}(S)$ ist nichts anderes als der Begriffstriverband des *triadischen Potenzmengenkontext* $\mathbb{K}^{b}_{S} := (S, S, S, Y^{b}_{S})$ mit $Y^{b}_{S} := S^{3} \setminus \{(x, x, x) \mid x \in S\}$, d.h. $\mathfrak{T}(S) = \mathfrak{T}(\mathbb{K}^{b}_{S})$. Als Beispiel sind der triadische Kontext $\mathbb{K}^{b}_{\{1,2,3\}}$ und sein Begriffstriverband in Abbildung 8 und 9 dargestellt. Die Abbildung 9 zeigt an, daß Potenzmengentriverbände äquilaterale Triketten als lineare Erweiterungen haben.

Als typisches Beispiel dafür, wie reale Zusammenhänge durch einen triadischen Kontext und damit auch durch einen Begriffstriverband repräsentiert werden können, kann der triadische Kontext zu den drei synoptischen Evangelien in Abbildung 10 angesehen werden. Diskutiert ist dieses Beispiel als Multikontext in [Wi96b], wo allgemein der Zusammenhang zwischen Multikontexten und triadischen Kontexten aufgezeigt wird. Gegenstände des Evangelien-Kontextes sind die zwölf Jünger, Merkmale die Inhalte von Textabschnitten, in denen Jünger namentlich genannt werden, und Modalitäten die drei synoptischen Evangelien „Matthäus", „Markus" und „Lukas". Eine Modalität kann in diesem Beispiel als eine Sichtweise bzw. Interpretation eines Erzählers verstanden werden. Die durch die Kreuze beschriebene ternäre Relation zeigt an, wann ein Jünger in einem Textabschnitt von einem Evangelisten genannt wird. Der Begriffstriverband des Evangelien-Kontextes wird in Abbildung 11 dargestellt (vgl. [Bi97]). Allein am Komponentendiagramm der Evangelisten kann man das interessante Faktum ablesen, daß ein Jünger der bei Matthäus und bei Lukas in inhaltlich entsprechenden Textabschnitten genannt wird, auch in dem entsprechenden Textabschnitt bei Markus genannt wird. Liest man die Komponentendiagramme der Jünger und der Evangelisten in ihrer Verbindung über die im Dreiecksnetz dargestellten triadischen Begriffe, sieht man z.B. daß bei Markus in Textabschnitten, in denen Petrus und Johannes genannt werden, stets auch Jakobus erwähnt wird. Betrachtet man alle drei Komponentendiagramme in ihren Verbindungen über das Dreiecksnetz, dann erkennt man, daß es nur bei Lukas einen Textabschnitte gibt, in dem allein Johannes zusammen mit Petrus genannt wird, und zwar den Abschnitt 25: „Vorbereitung des Passamahles". Viele weitere Zusammenhänge lassen sich an dem triadischen Diagramm ablesen.

Anhand weiterer Beispiele triadischer Kontexte kann exemplarisch deutlich gemacht werden, in welcher Vielfalt die Modalitäten jeweils zu interpretieren sind. So werden die Modalitäten in dem aus [KOG94] entnommenen und in [LW95] ausgearbeiteten Beispiel eines triadischen Kontextes experimenteller Daten aus der Psychologie als Ziele bzw. Zwecke verstanden, bezüglich derer Typen von Personen mit gewissen Merkmalstypen verbunden werden. In [Sö98] (s. auch [DW99]) sind die Modalitäten Bezugsobjekte im Bereich der Informationstechnik, bei denen für Gefährdungen entsprechende Gegenmaßnahmen angegeben werden. Bei der in [HK99] wiedergegebenen Untersuchung des Risikoverständnisses einer juristischen Expertengruppe sind die Modalitäten des gewonnenen triadischen Datenkontextes Darstellungsstile von Publikationsorganen, deren Einfluß auf die Beurteilung von Rollenträgern in Hinblick auf zu ziehende Konsequenzen erfaßt wird. Bei der Ausweitung der Kontextuellen Begriffslogik zur Kontextuellen Urteilslogik (s. [Wi96a]) werden triadische Kontexte gebraucht, um eine mengensprachliche Semantik für geschachtelte Begriffsgraphen zu bekommen; die Modalitäten liefern dabei die Mittel zur Beschreibung von kontextuellen bzw. situativen Zusammenhängen (s. [Wi98, Pr98]).

1. Jesus beruft die ersten Jünger
2. Jesus heilt die Schwiegermutter des Petrus
3. Jesus zieht von Kapernaum weg
4. Der Fischzug des Petrus
5. Die Berufung des Levi
6. Heilung der Blutfüßigen und Aufweckung der Tochter des Jairus
7. Die Aussendung der zwölf Apostel
8. Jesus wird von einer Sünderin gesalbt. Das Gleichnis von den zwei Schuldnern.
9. Die Rückkehr der Jünger und die Speisung der 5000
10. Jesus wandelt auf dem See
11. Das Bekenntnis des Petrus und die erste Leidensansage
12. Die Verklärung Jesu
13. Der fremde Dämonenaustreiber
14. Das ungastliche Samariterdorf
15. Die Frage eines Reichen nach dem ewigen Leben
16. Jesus und die Söhne des Zebedäus
17. Das Ende des Tempels. Anlaß zu den Endzeitreden
18. Die Aufstehung des Lazarus
19. Die Ankündigung der Verherrlichung
20. Jesus, der Weg zum Vater
21. Die Verheißung des Heiligen Geistes
22. Thomas
23. Die Salbung in Bethanien
24. Verabredung des Verrates
25. Vorbereitung des Passamahles
26. Jesus kündigt den Verrat des Judas an
27. Jesus auf dem Weg nach Gethsemane
28. Jesus in Gethsemane
29. Die Gefangennahme Jesu
30. Jesu vor dem hohen Rat
31. Jesus wird von Petrus verleugnet
32. Der Tod des Judas
33. Das leere Grab
34. Der Gang nach Emmaus
35. Der Auferstandene am See Tiberias
36. Petrus und Johannes

MATTHÄUS	1	2	3	4	5	6	7	8	9	10	11	12	13	14	15	16	17	18	19	20	21	22	23	24	25	26	27	28	29	30	31	32	33	34	35	36
Petrus	×	×		×			×	×			×	×	×				×											×	×		×	×				
Andreas	×			×			×																													
Jakobus	×			×			×					×				×												×								
Johannes	×			×			×					×				×																				
Philippus							×																													
Bartholomäus							×																													
Thomas							×																													
Matthäus					×		×																													
Jak. Alphäus							×																													
Judas Thadäus							×																													
Simon							×																													
Judas Ischariot							×																	×		×		×		×						

MARKUS	1	2	3	4	5	6	7	8	9	10	11	12	13	14	15	16	17	18	19	20	21	22	23	24	25	26	27	28	29	30	31	32	33	34	35	36
Petrus	×	×	×	×		×	×	×			×	×				×		×										×	×		×	×		×		
Andreas	×	×	×				×									×																				
Jakobus	×	×		×		×	×					×				×	×											×								
Johannes	×	×		×		×	×					×	×			×	×											×								
Philippus							×																													
Bartholomäus							×																													
Thomas							×																													
Matthäus					×		×																													
Jak. Alphäus							×																													
Judas Thadäus							×																													
Simon							×																													
Judas Ischariot							×																				×			×						

LUKAS	1	2	3	4	5	6	7	8	9	10	11	12	13	14	15	16	17	18	19	20	21	22	23	24	25	26	27	28	29	30	31	32	33	34	35	36
Petrus	×	×		×		×	×				×	×				×									×		×				×	×		×		
Andreas							×																													
Jakobus	×			×		×	×					×		×																						
Johannes	×			×		×	×					×	×	×											×											
Philippus							×																													
Bartholomäus							×																													
Thomas							×																													
Matthäus					×		×																													
Jak. Alphäus							×																													
Judas Thadäus							×																													
Simon							×																													
Judas Ischariot							×																		×		×										

Abbildung 10 Ein triadischer Kontext zu den drei synoptischen Evangelien

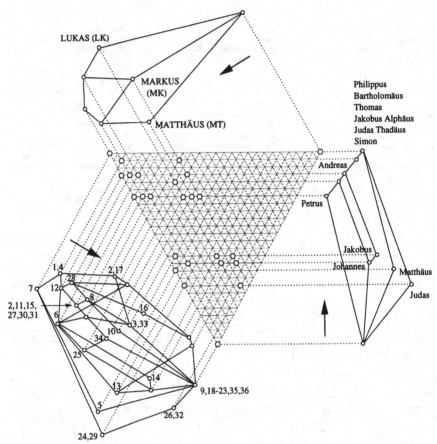

Abbildung 11 Der Begriffstriverband des Evangelien-Kontextes in Abb. 10

6. Triadische Merkmalslogik

Da in der Dyadischen Begriffsanalyse neben der begrifflichen Strukturierung die Merkmalslogik eine grundlegende Rolle spielt, soll hier noch aufgezeigt werden, wie man die *Merkmalslogik im Triadischen* angehen kann. Dazu soll die im Sinne der Booleschen Klassenlogik entwickelte Merkmalslogik dyadischer Kontexte (s. [GW99]) auf triadische Kontexte erweitert werden, wozu sich folgender modal-logischer Ansatz anbietet:

Für einen triadischen Kontext $\mathbb{K} := (G, M, B, Y)$ werden zunächst zwei dyadische Kontexte definiert und zwar der $\square$-*Kontext*

$$\mathbb{K}_\square := (G, M, I_\square) \text{ mit } gI_\square m :\Leftrightarrow \forall b \in B : (g, m, b) \in Y$$

sowie der $\Diamond$-*Kontext*

$$\mathbb{K}_\Diamond := (G, M, I_\Diamond) \text{ mit } gI_\Diamond m :\Leftrightarrow \exists b \in B : (g, m, b) \in Y;$$

$gI_\square m$ wird gelesen: der Gegenstand g hat *notwendigerweise* das Merkmal m, und $gI_\Diamond m$ wird gelesen: der Gegenstand g hat *möglicherweise* das Merkmal m. Im Fall $|B| = 1$, den man als den dyadischen Fall ansehen kann, sind die beiden Relationen $I_\square$ und $I_\Diamond$ identisch, d.h. $\mathbb{K}_\square = \mathbb{K}_\Diamond$. Die Merkmalsumfänge der beiden Kontexten sind

$$m^\square := \{g \in G \mid \forall b \in B : (g, m, b) \in Y\} \text{ und}$$
$$m^\Diamond := \{g \in G \mid \exists b \in B : (g, m, b) \in Y\} \quad (m \in M).$$

Offenbar gilt $m^\square \subseteq m^\Diamond$. Die Mengenstruktur $\mathfrak{M}(\mathbb{K}) := (m^\square, m^\Diamond)_{m \in M}$ der Merkmalsumfänge von $\mathbb{K}_\square$ und $\mathbb{K}_\Diamond$ kann man allgemein folgendermaßen charakterisieren:

Lemma 11. *Zu einer Mengenstruktur* $\mathfrak{M} := (U_m, V_m)_{m \in M}$ *gibt es genau dann einen triadischen Kontext* $\mathbb{K} := (G, M, B, Y)$ *mit* $\mathfrak{M} = \mathfrak{M}(\mathbb{K})$, *wenn* $U_m \subseteq V_m$ *für alle* $m \in M$ *gilt; als triadischen Kontext kann man dabei* $\mathbb{K}_{\mathfrak{M}} := (G_{\mathfrak{M}}, M, \{\square, \Diamond\}, Y_{\mathfrak{M}})$ *mit* $G_{\mathfrak{M}} := \bigcup_{m \in M} V_m$ *und* $Y_{\mathfrak{M}} := \{(g, m, \square) \mid g \in U_m\} \cup \{(g, m, \Diamond) \mid g \in V_m\}$ *wählen.*

In der Merkmalslogik eines triadischen Kontextes $\mathbb{K} := (G, M, B, Y)$, in dem die Abbildung $m \mapsto m^{13}$ ($m \in M$) injektiv ist, sollen die logischen Junktoren $\wedge$, $\vee$ und $\neg$ auf folgende Weise als (partielle) Operationen auf M verwendet werden $(m, n, p \in M)$:

$$p = m \wedge n \quad :\Leftrightarrow \quad \forall b \in B : ((g, p, b) \in Y \Leftrightarrow ((g, m, b) \in Y \text{ und } (g, n, b) \in Y)),$$
$$p = m \vee n \quad :\Leftrightarrow \quad \forall b \in B : ((g, p, b) \in Y \Leftrightarrow ((g, m, b) \in Y \text{ oder } (g, n, b) \in Y)),$$
$$p = \neg m \quad :\Leftrightarrow \quad \forall b \in B : ((g, p, b) \in Y \Leftrightarrow (g, m, b) \notin Y).$$

Für die zugehörigen Merkmalsumfänge in $\mathbb{K}_\square$ und $\mathbb{K}_\Diamond$ gilt

$$(m \wedge n)^\square = m^\square \cap n^\square, \quad (\neg m)^\square = (m^\Diamond)^c,$$
$$(m \vee n)^\Diamond = m^\Diamond \cup n^\Diamond, \quad (\neg m)^\Diamond = (m^\square)^c.$$

Ein triadischer Kontext $\mathbb{K} := (G, M, B, Y)$ soll *boolesch-abgeschlossener Kontext* genannt werden, wenn in ihm die Abbildungen $m \mapsto m^\square$ und $m \mapsto m^\Diamond$ ($m \in M$) injektiv sind und seine Merkmalsmenge unter den aussagenlogischen Operationen abgeschlossen ist. Das Lemma 11 kann zu folgender Charakterisierung boolesch-abgeschlossener Kontexte ausgebaut werden (s. auch [DW99]):

Lemma 12. *Zu einer Mengenstruktur* $\mathfrak{M} := (U_m, V_m)_{m \in M}$ *gibt es genau dann einen boolesch-abgeschlossenen Kontext* $\mathbb{K} := (G, M, B, Y)$ *mit* $\mathfrak{M} = \mathfrak{M}(\mathbb{K})$, *wenn die Abbildungen* $m \mapsto U_m$ *und* $m \mapsto V_m$ ($m \in M$) *injektiv sind,* $\{U_m \mid m \in M\}$ *abgeschlossen unter Durchschnitt ist,* $\{V_m \mid m \in M\}$ *abgeschlossen unter Vereinigung ist, eine Bijektion* $m \mapsto \overline{m}$ *von* M *auf sich mit* $(U_m)^c = V_{\overline{m}}$ *und* $(V_m)^c = U_{\overline{m}}$ *existiert und* $U_m \subseteq V_m$ *für alle* $m \in M$ *gilt; als boolesch-abgeschlossenen Kontext kann man dabei* $\mathbb{K}_{\mathfrak{M}}$ *wählen.*

Das Lemma 12 zeigt, daß die Boolesche Mengenalgebra des dyadischen Falles sich im Triadischen in einen ∩-Mengenhalbverband und einen ∪-Mengenhalbverband aufspaltet, zwischen denen die Komplementbildung auf der Potenzmenge von G (entsprechend den dyadischen de Morganschen Gesetzen) zueinander inverse Halbverbandsisomorphismen liefert; die dyadischen Distributiv-Gesetze haben in der triadischen Merkmalslogik, wie sie in diesem Abschnitt eingeführt wird, keine Entsprechung.

Abschießend soll kurz auf *Merkmalimplikationen* eingegangen werden, die für die Formale Begriffsanalyse von besonderer Bedeutung sind (vgl. [GW96]). Eine Implikation $m \longrightarrow n \, (:= \neg m \vee n)$ soll *notwendigerweise gültig* in dem triadischen Kontext $\mathbb{K} := (G, M, B, Y)$ heißen, wenn $(m \longrightarrow n)^\square = \{g \in G \mid \forall b \in B : (g, m, b) \notin Y \text{ oder } (g, n, b) \in Y\} = G$ ist. Somit ist $m \longrightarrow n$ genau dann notwendigerweise gültig in $\mathbb{K}$, wenn $m \longrightarrow n$ eine Merkmalimplikation des dyadischen Kontextes $(G \times B, M, Y^{(13)})$ mit $Y^{(13)} := (Y^{(2)})^{-1}$ ist, was gleichbedeutend ist mit $m^{(2)} \subseteq n^{(2)}$. Eine Implikation $m \longrightarrow n$ soll *möglicherweise gültig* in $\mathbb{K}$ heißen, wenn $(m \longrightarrow n)^\lozenge = \{g \in G \mid \exists b \in B : (g, m, b) \notin Y \text{ oder } (g, n, b) \in Y\} = G$ ist. Wegen $(m \longrightarrow n)^\lozenge = (\neg m \vee n)^\lozenge = (\neg m)^\lozenge \cup n^\lozenge = (m^\square)^c \cup n^\lozenge$ ist $m \longrightarrow n$ genau dann möglicherweise gültig, wenn $(m^\square)^c \subseteq n^\lozenge$ gilt. Von Interesse sind auch die Merkmalimplikationen des $\square$- und $\lozenge$-Kontextes, für die gilt: $m \xrightarrow{\square} n$ ist genau dann gültig in $\mathbb{K}_\square$, wenn $(m^\square)^c \subseteq n^\square$ ist, und $m \xrightarrow{\lozenge} n$ ist genau dann gültig in $\mathbb{K}_\lozenge$, wenn $(m^\lozenge)^c \subseteq n^\lozenge$ ist. Für die ebenfalls interessanten Implikationen in den dyadischen Kontexten (G, M, Y_C^{12}) mit $C \subseteq B$ soll allgemein $m \xrightarrow{C} n$ geschrieben werden; dann ist insbesondere $m \xrightarrow{B} n$ gleichbedeutend mit $m \xrightarrow{\square} n$, denn $m^{(1,2,B)} = m^\square$ für alle $m \in M$.

Die angegebenen Beschreibungen implikativer Zusammenhänge zwischen den Merkmalen eines triadischen Kontextes können entsprechend auch für implikative Zusammenhänge zwischen Modalitäten formuliert werden, wobei Merkmale und Modalitäten die Rollen tauschen. Allerdings hat man im Anwendungsfall dabei die jeweils unterschiedliche Interpretation der formalen Merkmale und Modalitäten zu beachten, um relevante Aussagen über die Zusammenhänge in den vorliegenden Datenkontexten zu bekommen. Gleiches gilt erst recht, wenn man die Rolle der Gegenstände in der formalen Beschreibung von Implikationen verändert.

7. Ausblick

Nach den initialen Arbeiten [Wi95, LW95] hat die Dissertation „A foundation of the theory of trilattices" [Bi98b] substantielle mathematische Grundlagen für die Triadische Begriffsanalyse geliefert. Vor allem die Charakterisierung der Triverbände als gleichungsdefinierte allgemeine Algebren eröffnet reichhaltige Anwendungen der Allgemeinen Algebra auf Triverbände. So sind Begriffe wie Untertriverband, Kongruenzrelation, Faktortriverband, (sub-)direktes Produkt, subdirekt irreduzible Triverbände, freie Triverbände etc. verfügbar mit den sie betreffenden allgemein-algebraischen Sätzen. Für den Übergang zu vollständigen Triverbänden stellt die Dissertation eine detaillierte Analyse der triadischen Vervollständigung bereit in Analogie zur Dedekind-MacNeilleschen Vervollständigung im Dyadischen.

Naturgemäß fordert eine gelungene mathematische Grundlegung weiterführende Forschungen heraus, die im Fall der Triverbände sicherlich durchgeführt werden sollten, wobei eine Orientierung an den vielfältigen Verwendungen in der Begrifflichen Datenanalyse und Wissensverarbeitung fruchtbar sein wird. Da sich in den letzten Jahren die Kontextuelle Logik als Grundlage der Begrifflichen Wissensverarbeitung herausgebildet hat, sind die Anwendungen der Triadischen Begriffsanalyse in der Kontextuellen Logik von besonderer Bedeutung. Fortschritte im Bereich der Triadischen Begriffsanalyse könnten das offene Problem der Angabe einer vollständigen kontextuellen Semantik für geschachtelte Begriffsgraphen lösen helfen. Für die wünschenswerte Algebraisierung der Kontextuellen Logik ist eine ausgebaute Theorie der Triverbände, die auch eine substantielle Theorie boolescher Triverbände umfaßt, notwendige Voraussetzung. Für eine zu entwickelnde kontextuelle Modallogik ist die Triadische Begriffsanalyse grundlegend.

Um triadische Begriffsanalysen besser kommunizierbar zu machen, ist an der graphischen Darstellung von Begriffstriverbänden zu arbeiten. Ein Weg scheint zu sein, das Zusammenspiel von dyadischen Kontexten, die aus einem triadischen Kontext ableitbar sind, zweckgerecht graphisch darstellen zu lernen. Wünschenswert wäre, wenn dieses Zusammenspiel so gut verstanden würde, daß eine Erweiterung des TOSCANA-Managementsystems erstellt werden könnte, mit dem ein Navigieren durch die Vielfalt der aus einem triadischen Kontext ableitbaren Begriffsstrukturen möglich wird. Auch die graphische Darstellung von triadischen Begriffsgraphen ist dahingehend zu entwickeln, daß sie ein besseres Verstehen dieser Graphen und einen flexibleren Umgang mit ihnen ermöglicht. Wieweit das beim kontextuell-logischen Erfassen sprachlicher Texte genutzt werden kann, ist eine besonders interessante Forschungsfrage.

A. Anhang

Beweis (des Lemmas 5). Ohne Beschränkung der Allgemeinheit sei $i = 1$, $j = 2$ und $k = 3$. Offensichtlich ist $X_1 \subseteq A_1$ und, da $(A_1 \times A_2 \times X_3) \subseteq Y$, auch $X_3 \subseteq A_3$. Zunächst zeigen wir, daß (A_1, A_2, A_3) ein triadischer Begriff ist. $A_3 = (A_1 \times A_2)^{(3)}$ folgt aus der Definition. Es gilt

$$A_2 \subseteq (A_1 \times (A_1 \times A_2)^{(3)})^{(2)} = (A_1 \times A_3)^{(2)} \subseteq (X_1 \times X_3)^{(2)} = X_1^{(1,2,X_3)} = A_2$$

und somit $A_2 = (A_1 \times A_3)^{(2)}$. Analog ergibt sich $A_1 = (A_2 \times A_3)^{(1)}$. Sei nun (B_1, B_2, B_3) ein triadischer Begriff mit $X_1 \subseteq B_1$ und $X_3 \subseteq B_3$. Dann ist $B_2 = (B_1 \times B_3)^{(2)} = B_1^{(1,2,B_3)} \subseteq X_1^{(1,2,X_3)} = A_2$ und somit $B_2 \subseteq A_2$. Um die Behauptung zu zeigen, können wir also annehmen, daß $B_2 = A_2$, da (B_1, B_2, B_3) die größte 2-Komponente $(j = 2)$ haben soll. Zu zeigen ist jetzt noch, daß $\mathfrak{b}_{13}(X_1, X_3)$ die kleinste 3-Komponente $(k = 3)$ hat, d.h. wir zeigen $A_3 \subseteq B_3$. Nun gilt $A_1 = (A_2 \times X_3)^{(1)} \supseteq (B_2 \times B_3)^{(1)} = B_1$ und somit $A_3 = (A_1 \times A_2)^{(3)} \subseteq (B_1 \times B_2)^{(3)} = B_3$. Die zweite Behauptung folgt sofort aus der Definition eines triadischen Begriffs.

Beweis (des Lemmas 7). Offenbar folgt aus der Verbundenheit von (X_1, X_2, X_3), die Verbundenheit von $(x_1, x_2, x_3) \in X_1 \times X_2 \times X_3$. Für die umgekehrte Richtung sei (x_1, x_2, x_3) verbunden für alle $(x_1, x_2, x_3) \in X_1 \times X_2 \times X_3$. Nach Voraussetzung gibt es zu $(x_1, x_2, x_3) \in X_1 \times X_2 \times X_3$ ein Element u mit $x_1 \underset{\sim}{\lesssim}_1 u$, $x_2 \underset{\sim}{\lesssim}_2 u$ und $x_3 \underset{\sim}{\lesssim}_3 u$. Mit $x_2 \nabla_{23} x_3 := \nabla_{23}(\{x_2\}, \{x_3\}) = \min_3(\max_1(\uparrow_2(x_2) \cap \uparrow_3(x_3)))$ folgt

$$x_1 \underset{\sim}{\lesssim}_1 u \underset{\sim}{\lesssim}_1 (x_2 \nabla_{23} x_3) \quad \text{für alle } x_1 \in X_1, x_2 \in X_2, x_3 \in X_3.$$

Danach ist $x_2 \nabla_{23} x_3 \in \uparrow_1(X_1)$, und mit $x_2 \nabla_{23} x_3 \in \uparrow_3(x_3)$ folgt

$$x_2 \underset{\sim}{\lesssim}_2 x_2 \nabla_{23} x_3 \underset{\sim}{\lesssim}_2 \nabla_{13}(X_1, \{x_3\}) \quad \text{für alle } x_2 \in X_2, x_3 \in X_3.$$

Mit $\nabla_{13}(X_1, \{x_3\}) \in \uparrow_1(X_1) \cap \uparrow_2(X_2)$ erhält man

$$x_3 \underset{\sim}{\lesssim}_3 \nabla_{13}(X_1, \{x_3\}) \underset{\sim}{\lesssim}_3 \nabla_{12}(X_1, X_2) \quad \text{für alle } x_3 \in X_3.$$

Somit ist $\nabla_{12}(X_1, X_2) \underset{\sim}{\gtrsim}_i x_i$ für alle $x_i \in X_i$ mit $i = 1, 2, 3$, d.h. (X_1, X_2, X_3) ist verbunden.

Beweis (des Satzes 9 (Hauptsatz)). Die erste Behauptung ergibt sich aus Hilfssatz 8. Für den weiteren Beweis sei zunächst die Existenz eines Isomorphismus $\varphi : \mathfrak{T}(\mathbb{K}) \to \underline{V}$ vorausgesetzt. Für $i \in \{1, 2, 3\}$ definieren wir $\widetilde{\kappa}_i(a_i) := \{\varphi(A_1, A_2, A_3) \in \mathfrak{T}(\mathbb{K}) \mid a_i \in A_i\}$ für alle $a_i \in K_i$. Für den von dem triadischen Begriff (A_1, A_2, A_3) erzeugten Hauptfilter in $(\mathfrak{T}(\mathbb{K}), \underset{\sim}{\lesssim}_i)$ gilt

$$((A_1, A_2, A_3)]_i = \{(B_1, B_2, B_3) \in \mathfrak{T}(\mathbb{K}) \mid A_i \subseteq B_i\} = \bigcap_{a_i \in A_i} \kappa_i(a_i);$$

deshalb ist $\kappa_i(K_i)$ i-dicht in $\mathfrak{T}(\mathbb{K})$, also $\widetilde{\kappa}_i(K_i)$ i-dicht in $\underline{L}$. Weiterhin gilt:

$$A_1 \times A_2 \times A_3 \subseteq Y \iff \text{es gibt ein } (B_1, B_2, B_3) \in \mathfrak{T}(\mathbb{K}) \text{ mit } A_i \subseteq B_i \text{ für } i = 1, 2, 3$$

$$\iff \bigcap_{i=1,2,3} \bigcap_{a_i \in A_i} \kappa(a_i) \neq \emptyset \iff \bigcap_{i=1,2,3} \bigcap_{a_i \in A_i} \widetilde{\kappa}(a_i) \neq \emptyset$$

Seien umgekehrt $\widetilde{\kappa}_i : K_i \to \mathcal{F}_i(\underline{L})$ $(i = 1, 2, 3)$ beliebige Abbildungen mit den geforderten Eigenschaften. Wir definieren

$$\psi : L \to \mathfrak{P}(K_1) \times \mathfrak{P}(K_2) \times \mathfrak{P}(K_3)$$

durch

$$\psi(x) := (A_1^x, A_2^x, A_3^x) \text{ mit } A_i^x := \{a_i \in K_i \mid x \in \widetilde{\kappa}(a_i)\} \text{ für } i = 1, 2, 3.$$

Dann folgt, daß $[x]_i = \bigcap_{a_i \in A_i^x} \widetilde{\kappa}(a_i)$, und mit $[x]_1 \cap [x]_2 \cap [x]_3 = \{x\}$ erhalten wir

$$\bigcap_{i=1,2,3} \bigcap_{a_i \in A_i^x} \widetilde{\kappa}(a_i) = \{x\},$$

insbesondere $A_1^x \times A_2^x \times A_3^x \subseteq Y$. Wir zeigen nun, daß (A_1^x, A_2^x, A_3^x) ein triadischer Begriff ist: Sei $\hat{A}_3^x := (A_1^x \times A_2^x)^{(3)}$, dann gilt $(A_1^x \times A_2^x \times \hat{A}_3^x) \subseteq Y$ und somit

$$\bigcap_{a_1 \in A_1^x} \tilde{x}_1(a_1) \cap \bigcap_{a_2 \in A_2^x} \tilde{x}_2(a_2) \cap \bigcap_{a_3 \in \hat{A}_3^x} \tilde{x}_3(a_3) \neq \emptyset.$$

Da $A_3^x \subseteq \hat{A}_3^x$, ist dieser Durchschnitt gleich $\{x\}$. Aufgrund der Definition von A_3^x ist $A_3^x = \hat{A}_3^x$. Entsprechendes erhalten wir für die Indizes 1 und 2. Damit ist $\psi(x) \in \mathfrak{T}(\mathbb{K})$. Die Abbildung $\psi : L \to \mathfrak{T}(\mathbb{K})$ erhält offenbar die Quasiordnungen $\lesssim_1$, $\lesssim_2$ und $\lesssim_3$. Um zu zeigen, daß ψ ein Isomorphismus ist, sei $(A_1, A_2, A_3) \in \mathfrak{T}(\mathbb{K})$ und x ein beliebiges Element des nichtleeren Durchschnitts $\bigcap_{i=1,2,3} \bigcap_{a_i \in A_i} \tilde{\kappa}_i(a_i)$. Es folgt sofort, daß $(A_1, A_2, A_3) = \psi(x)$ und somit ist ψ surjektiv. Gleichzeitig besteht der Durchschnitt genau aus dem Element x, womit ψ auch injektiv ist. Offensichtlich erhält auch ψ^{-1} die Quasiordnungen $\lesssim_1$, $\lesssim_2$ und $\lesssim_3$ womit ψ der gewünschte Isomorphismus ist.

Um $\underline{L} \cong \mathfrak{T}(L, L, L, Y_L)$ zu zeigen, definieren wir

$$\tilde{\kappa}_i : L \to \mathcal{F}_i(L) \text{ durch } \tilde{\kappa}_i(x) := [x]_i \text{ für } i = 1, 2, 3 \text{ und } x \in L.$$

Damit ist $\tilde{\kappa}_i$ i-dicht bzgl. $\underline{L}$. Sei $A_1 \times A_2 \times A_3 \subseteq Y_L$ mit $A_1, A_2, A_3 \in L$. Nach Lemma 7 ist (A_1, A_2, A_3) verbunden, und es folgt sofort die zweite Bedingung $\bigcap_{i=1,2,3} \bigcap_{a_i \in A_i} [a_i) \neq \emptyset$, um $\underline{L} \cong \mathfrak{T}(L, L, L, Y_L)$ zu erhalten.

Literatur

[Bi97]   K. Biedermann: How triadic diagrams represent conceptual structures. In: D. Lukose, H. Delugach, M. Keeler, L. Searle, J. Sowa (eds.): *Conceptual Structures: Fulfilling Peirce's Dream*. Lecture Notes in Artificial Intelligence **1257**, Springer, Heidelberg 1997, 304–317

[Bi98a]   K. Biedermann: Powerset trilattices. In: M.-L. Mugnier, M. Chein (eds.): *Conceptual Structures: Theory, Tools and Applications*. Lecture Notes in Artificial Intelligence **1453**. Springer, Heidelberg 1998, 209–221

[Bi98b]   K. Biedermann: *A foundation of the theory of trilattices*. Dissertation, TU Darmstadt 1998. Shaker Verlag, Aachen 1998

[DW99]   F. Dau, R. Wille: On the modal understanding of triadic contexts. FB4-Preprint, TU Darmstadt 1999

[GW96]   B. Ganter, R. Wille: *Formale Begriffsanalyse: Mathematische Grundlagen*. Springer, Heidelberg 1996

[GW99]   B. Ganter, R. Wille: Contextual Attribute Logic. In: Lecture Notes in Artificial Intelligence. Springer, Heidelberg 1999

[HK99]   H. J. Henning, W. Kemmnitz: Entwicklung eines kontextuellen Methodenkonzeptes mit Hilfe der Formalen Begriffsanalyse an Beispielen zum Risikoverständnis. In diesem Band.

[K+94]   W. Kollewe, M. Skorsky, F. Vogt, R. Wille: TOSCANA - Ein Werkzeug zur begrifflichen Analyse und Erkundung von Daten. In: R. Wille, M. Zickwolff (Hrsg.): *Begriffliche Wissensverarbeitung: Grundfragen und Aufgaben*, B.I.-Wissenschaftsverlag, Mannheim 1994, 267–288

[KOG94]   S. Krolak-Schwerdt, P. Orlik, B. Ganter: TRIPAT: a model for analyzing three-mode binary data. In: H.-H. Bock, W. Lenski, M.M. Richter (eds.): *Information systems and data analysis*. Springer, Heidelberg 1994, 298–307

150   Rudolf Wille, Monika Zickwolff

[LW95] F. Lehmann, R. Wille: A triadic approach to formal concept analysis.
        In: G. Ellis, R. Levinson, W. Rich, J.F. Sowa (eds.): *Conceptual structu-*
        res: applications, implementation and theory. Lecture Notes in Artificial
        Intelligence **954**. Springer, Heidelberg 1995, 32–43
[LW91] P. Luksch, R. Wille: A mathematical model for conceptual knowledge
        systems. In: H.-H. Bock, P. Ihm (Hrsg.): *Classification, data analysis,*
        and knowledge organization. Springer, Heidelberg 1991, 156–162
[OW76] W. Oberschelp, D. Wille: *Mathematischer Einführungskurs für Informa-*
        tiker. Teubner, Stuttgart 1976
[Pr98] S. Prediger: *Kontextuelle Urteilslogik mit Begriffsgraphen. Ein Beitrag*
        zur Restrukturierung der mathematischen Logik. Dissertation, TU Darm-
        stadt. Shaker Verlag, Aachen 1998
[Sö98] H. Söll: *Begriffliche Analyse triadischer Daten: Das IT-Grundschutzhand-*
        buch des Bundesamts für Sicherheit in der Informationstechnik. Diplom-
        arbeit, FB4, TU Darmstadt 1998
[Wi82] R. Wille: Restructuring lattice theory: an approach based on hierarchies
        of concepts. In: I. Rival (Hrsg.): *Ordered sets.* Reidel, Dordrecht-Boston
        1982, 445–470
[Wi87] R. Wille: Bedeutungen von Begriffsverbänden. In: B. Ganter, R. Wille,
        K.E. Wolff (Hrsg.): *Beiträge zur Begriffsanalyse.* B. I.–Wissenschaftsver-
        lag, Mannheim 1987, 161–211
[Wi92] R. Wille: Begriffliche Datensysteme als Werkzeug der Wissenskommu-
        nikation. In: H. H. Zimmermann, H.-D. Luckhardt, A. Schulz (eds.):
        Mensch und Maschine - Informationelle Schnittstellen der Kommunika-
        tion. Univ.-Verl. Konstanz 1992, 63–73
[Wi95] R. Wille: The basic theorem of triadic concept analysis. *Order* **12**(1995),
        149–158
[Wi96a] R. Wille: Restructuring mathematical logic: an approach based on Peir-
        ce's pragmatism. In: A. Ursini, P. Agliano (Hrsg.): *Logic and Algebra.*
        Marcel Dekker, New York 1996, 267–281
[Wi96b] R. Wille: Conceptual structures of multicontexts. In: P. W. Eklund, G. El-
        lis, G. Mann (Hrsg.): *Conceptual Structures: Knowledge Representation*
        as Interlingua. Lecture Notes in Artificial Intelligence **1115**. Springer,
        Heidelberg 1996, 23–39.
[Wi97] R. Wille: Conceptual landscapes of knowledge: a pragmatic paradigm for
        knowledge processing. In: G. Mineau, A. Fall (Hrsg.): *Proceedings of the*
        Second International Symposium on Knowledge Retrieval, Use, Storage
        for Efficiency. Simon Fraser University, Vancouver 1997, 2–13
[Wi98] R. Wille: Triadic Concept Graphs. In: M.-L. Mugnier, M. Chein (eds.):
        Conceptual Structures: Theory, Tools and Applications. Lecture Notes in
        Artificial Intelligence **1453**. Springer, Heidelberg 1998, 194–208
[WW96] R. Wille, U. Wille: Coordinatizations of ordinal structures. *Or-*
        der **13**(1996), 281–294
[WZ94] R. Wille, M. Zickwolff (Hrsg.): *Begriffliche Wissensverarbeitung: Grund-*
        fragen und Aufgaben, B.I.-Wissenschaftsverlag, Mannheim 1994
[Wl96] U. Wille: *Geometric representation of ordinal contexts.* Dissertation, Uni-
        versität Gießen 1995. Shaker Verlag, Aachen 1996

Formale Begriffsanalyse im Software Engineering

Christian Lindig, Gregor Snelting

Inhalt

1. Einleitung: $(Re)^3$

Wiederverwendung und *Altlastensanierung* sind hochaktuelle Themen im Software Engineering. Früher befaßte sich Software Engineering allein mit dem Problem, *neue* Programme nach einer gegebenen Spezifikation zu entwickeln, wobei Qualitätskriterien wie Korrektheit, Effizienz, Robustheit usw. erfüllt werden müssen. Heute wird dies völlig anders gesehen, denn die klassische statische Sichtweise, daß Software einmal entwickelt und nach einer gewissen Lebensdauer ausrangiert wird, hat zu immensen Wartungskosten geführt. Allgemein zielt Software Engineering heute auf eine bessere *Evolutionsfähigkeit* von Software – möglichst schon beim Entwurf soll auf zukünftige Änderungen Rücksicht genommen werden (Antizipation des Wandels). Aus Rationalisierungs- und Qualitätsgründen sollen ferner vorgefertigte Komponenten und Schablonen eingesetzt werden, so wie dies in anderen Ingenieursbereichen längst üblich ist.

Ganz massiv ist in diesem Zusammenhang das Problem der Altsoftware in den Blickpunkt gerückt: viele (fast) unersetzliche Systeme sind schon 20 Jahre alt und wurden nicht nach modernen softwaretechnischen Kriterien entwickelt. Durch fortwährende Fehlerreparaturen und Funktionserweiterungen unterlagen sie zudem einem andauernden Strukturverlust (Gesetz der zunehmenden Entropie). Nur durch *Software-Geriatrie* [Pa94] können alte Systeme auch weiterhin lebensfähig erhalten werden.

Als Reaktion auf die genannten Problemfelder entwickelten sich in den letzten Jahren die „$(Re)^3$-Technologien": Reuse, Reengineering und Restructuring.

Software-Reuse zielt auf die Wiederverwendung von Komponenten oder Schablonen. Schon vor 25 Jahren wurde die bis heute nicht erreichte Zielvorstellung formuliert: Software-Komponenten sollen aus einem Katalog anhand ihrer Beschreibungen auswählbar und zusammensetzbar sein, ganz so wie dies für elektronische Bauteile und Chips möglich ist. In der Tat sind ja Bibliotheken etwa mit mathematischen Funktionen oder Betriebssystemroutinen nichts Neues – hier ist aber das Zusammensetzen trivial, da derartige Komponenten eine festumrissene Funktionalität haben. Wesentlich lohnender, aber auch schwieriger wird es, wenn Schablonen, Entwürfe oder abstrakte Konzepte wiederverwendet werden sollen.

Ziel ist es heute, allgemeine Systemstrukturen und Lösungsschemata für einen Anwendungsbereich in Form sog. *Referenzarchitekturen* zu beschreiben, die dann für konkrete Systeme erweitert und instantiiert werden können. Ein anderes Problem ist das *Software-Komponentenretrieval*: geeignete Komponenten oder Schablonen müssen anhand von möglichst einfachen Beschreibungen aus einer Bibliothek ausgewählt werden; dabei wird gleichzeitig hohe Trefferquote (d. h. relevante Komponenten werden auch gefunden) und hohe Präzision (d. h. die gefundenen Komponenten sind relevant) angestrebt.

Software-Reengineering, manchmal emphatisch „Programmverstehen" genannt, zielt auf die Rekonstruktion von Abstraktionen aus vorhandenen Quelltexten. In der Praxis ist man oft mit großen Altsystemen konfrontiert, deren Dokumentation unvollständig oder nicht vorhanden ist; die ursprünglichen Entwickler sind in der Regel nicht mehr greifbar. Die Software ist dann vom *Entropietod* bedroht: sie läuft zwar, kann aber – da intern das Chaos herrscht – nicht mehr verstanden, geschweige denn geändert werden. Eine komplette Neuentwicklung kann man sich aber meist auch nicht leisten, denn die enormen Investitionen in die Altsoftware (dazu gehören auch Hardware, Mitarbeiterschulung und andere Infrastruktur) kann man nicht einfach abschreiben. Mithin müssen Informationen wie Kontroll- und Datenflußabhängigkeiten, Modulkopplung, Systemarchitektur, Struktur des Konfigurationsraums aus dem Quelltext eruiert werden. Es gibt sogar Versuche, nachträglich die Spezifikation aus dem Code zu rekonstruieren (Retroengineering) – sicher nützlich, wenn der Verfall schon so fortgeschritten ist, daß man nicht mehr weiß, was die Software überhaupt tut.

Software-Restrukturierung zielt auf eine Transformation und Reorganisation des Codes, um das System wieder lebensfähig zu machen. Nach erfolgreichem Reengineering kann man daran gehen, Software-Engineering-Grundprinzipien wie Antizipation des Wandels und Modularisierung zu realisieren, wobei Kriterien wie hohe Kohäsion und schwache Kopplung von Modulen berücksichtigt werden müssen. Dabei werden Codestücke aufgebrochen und neu zu Prozeduren zusammengefaßt, Prozeduren werden zu Modulen gekapselt, für Prozeduren und Module werden exakte Schnittstellen definiert usw. Restrukturierung ist weitgehend manuelle Arbeit; es gibt erst wenige Verfahren zur vollautomatischen Restrukturierung. Ein klassisches Beispiel ist die Elimination von GOTOs: GOTOs erhöhen die Codeentropie und sind deshalb verpönt, alte Software in alten Sprachen enthält aber massenweise GOTOs. Bekanntlich läßt sich jedes Programm in strukturierte Form verwandeln (d. h. es werden geschachtelte WHILE-Schleifen und IF-Anweisungen statt GOTOs benutzt). Mit graphtheoretischen Verfahren kann der Datenflußgraph und damit der Quelltext entsprechend transformiert werden.

In diesem Artikel wenden wir formale Begriffsanalyse für $(Re)^3$ an. Wir präsentieren Werkzeuge, die den Begriffsverband nutzbar machen und zeigen

- zum Thema **Reuse**: Die Strukturierung von indizierten Sammlungen durch einen Begriffsverband erlaubt eine sehr effiziente, inkrementelle Komponentensuche mit Rückkopplung;
- zum Thema **Reengineering**: Die Analyse von Konfigurationsräumen mit Begriffsanalyse ermöglicht die Darstellung aller Abhängigkeiten und Interferenzen zwischen Konfigurationspfaden;
- zum Thema **Restrukturierung**: Die Reorganisation von Konfigurationsräumen durch Verbandszerlegung führt zu besserer Kohäsion.

Die vorgestellten Werkzeuge sind Teil der experimentellen Softwareentwicklungsumgebung NORA [SGS91, SFGKZ94]. NORA zielt auf die Nutzbarmachung neuer theoretischer Ergebnisse und Verfahren in Softwarewerkzeugen. Neben den auf Begriffsanalyse basierenden Werkzeugen bietet NORA zur Zeit

- deduktionsbasiertes Software-Komponentenretrieval: Komponenten können anhand einer formalen Spezifikation mit Vor- und Nachbedingungen gesucht werden; dazu werden Resolutionsbeweiser und Model Checker eingesetzt [FKSt95, FKSn95];
- Konfigurationsmanagement mit Feature-Logik: Feature-Logik bietet einen einheitlichen Formalismus zur Beschreibung von Versionen und Varianten von Softwarekomponenten, und unterstützt die konsistente Konfigurierung großer Systeme [ZS95, Ze95];
- semantikbasierten Architekturentwurf: Ein $\lambda\delta$-Kalkül mit *Dependent Types* erlaubt die Beschreibung von Referenzarchitekturen; fertige Systeme werden durch Ausführen von sog. Modulprogrammen montiert [Gr95a, Gr95b].

NORA ist ein offenes System, das keine vollständige Unterstützung des Software-Entwicklungszyklus anstrebt, sondern für solche ausgewählten Problembereiche Unterstützung bietet, für die vielversprechende neue theoretische Resultate vorhanden sind. NORA hat insofern auch einen Technologietransferaspekt und soll die Kluft zwischen Grundlagenforschung und praktischer Softwaretechnologie verringern helfen.

2. Begriffsbasierte Komponentensuche

In diesem ersten Hauptteil der Arbeit wollen wir zeigen, wie Begriffsanalyse eingesetzt werden kann, um effizient Software-Komponenten in einer Bibliothek wiederzufinden. Wir gehen dabei davon aus, daß für jede Komponente

Sys.-Call	Kurzbeschreibung	Indexierung
chmod	*change mode of file*	change mode permission file
chown	*change owner and group of a file*	change owner group file
stat	*get file status*	get file status
fork	*create a new process*	create new process
chdir	*change current working directory*	change directory
mkdir	*make a directory file*	create new directory
open	*open or create a file for reading or writing*	open create file read write
read	*read input*	read file input
rmdir	*remove a directory file*	remove directory file
write	*write output*	write file output
creat	*create a new file*	create new file
access	*determine accessibility of file*	check access file

Abbildung 1 Unix-System-Calls mit Kurzbeschreibung und Indexierung

eine Indexierung mit *Schlüsselwörtern* gegeben ist. Der Benutzer kann interaktiv Schlüsselwörter angeben, zu denen dann passende Komponenten angezeigt werden. Schlüsselwörter können auch inkrementell hinzugefügt oder gelöscht werden. Begriffsanalyse wird angewendet, um die möglichen Suchpfade und Entscheidungsmöglichkeiten quasi zu „compilieren". Ziel ist also nicht eine direkte Nutzung des Verbandes; vielmehr dient der Verband im Hintergrund als effizienzsteigernde Datenstruktur. Anstatt also die Bibliothek sequentiell nach passenden Komponenten zu durchsuchen (was bei großen Bibliotheken sehr lange dauern kann), liefert der Verband in „Nullzeit" die richtigen Antworten.

Der Verband wird aus der Indexierung einmal berechnet. Da der Inhalt der Komponenten keine Rolle spielt, können genausogut Programmstücke, Dokumente, Entwürfe usw. bearbeitet werden. Durch eine Indexierung der Grundkomponenten mit Schlüsselwörtern entsteht so automatisch ein syntaxorientiertes Retrievalsystem für Softwarekomponenten [Li95a, Li95b].

2.1 Beispiel: Unix Dokumentation

Unix-Systeme besitzen traditionell eine Online-Dokumentation ihrer Programme, Systemaufrufe, Bibliotheken und Dateiformate, die zusammen etwa 1 800 Dokumente umfaßt. Ein kleiner Ausschnitt aus der Dokumentation der Betriebssystemaufrufe (System Calls) soll demonstrieren, wie Dokumente, stellvertretend für ihren Programmcode, indexiert und gesucht werden können. Abbildung 1 zeigt die Namen von zwölf Unix System-Calls zusammen mit einer einzeiligen Beschreibung aus ihrer Dokumentation [Sun90] und einer Menge von Schlüsselwörtern als Indexierung.

Die Schlüsselwörter ergeben sich aus den Beschreibungen der Komponenten und bilden ihre Indexierung, die die Grundlage für die spätere Suche ist. Die Indexierung der einzelnen Komponenten ist zunächst völlig un-

	access	change	check	create	directory	file	get	group	input	mode	new	open	output	owner	permission	process	read	remove	status	write
access	×	×		×																
chdir	×	×																		
chmod	×			×		×									×					
chown	×			×	×									×						
creat		×		×						×										
fork		×									×					×				
fstat								×	×										×	
mkdir		×	×							×										
open		×		×								×					×			×
read				×	×												×			
rmdir		×	×															×		
write				×									×							×

Abbildung 2 Kontext für Unix-System-Calls

abhängig voneinander, sollte aber praktischerweise auf einem Grundwortschatz von Schlüsselwörtern aufbauen. In Abbildung 2 sind die Komponenten und ihre Indexierung nochmals in der bekannten Form der Kontexttabelle wiedergegeben. Die Relation $\mathcal{R}$ zwischen Komponenten $\mathcal{O}$ (Objekten) und Schlüsselwörtern $\mathcal{A}$ (Attributen) wird als formaler Kontext $(\mathcal{O}, \mathcal{A}, \mathcal{R})$ aufgefaßt.

2.2 Suche von Komponenten

Komponenten werden durch die Angabe von Schlüsselwörtern gesucht: eine *Anfrage* $A \subseteq \mathcal{A}$ ist eine Menge von Schlüsselwörtern. Eine Komponente $o \in \mathcal{O}$ *erfüllt* eine Anfrage, wenn sie mindestens mit den in der Anfrage geforderten Attributen indexiert ist: $\{o\}' \supseteq A$. Alle Komponenten, die eine Anfrage erfüllen, bilden zusammen das *Ergebnis* $[\![A]\!]$ einer Anfrage: $[\![A]\!] := \{o \in \mathcal{O} \mid \{o\}' \supseteq A\}$.

Abbildung 3 zeigt vier Beispiele für Anfragen und die zugehörigen Ergebnisse. Das erste Beispiel selektiert alle Komponenten, die mindestens mit *change* indexiert sind. Im zweiten Beispiel wird diese Anfrage dann verschärft, indem zusätzlich eine Indexierung mit *file* gefordert wird. Das zweite Ergebnis ist eine Untermenge des ersten, die Anfrage eine Obermenge der ersten Anfrage. Eine leere Anfrage selektiert alle Dokumente der Sammlung und bei unvereinbaren Attributen wie im vierten Beispiel ergibt sich ein leeres Ergebnis. Diese Situation soll natürlich möglichst vermieden werden, da sie den Mißerfolg einer Suche dokumentiert.

Die Berechnung eines Ergebnisses kann natürlich an Hand der Kontexttabelle vorgenommen werden – sie wird dazu linear durchlaufen und alle die Anfrage erfüllenden Komponenten aufgesammelt. Eleganter und effizienter ist es, das Ergebnis mit Hilfe des Begriffsverbandes $\mathcal{B}(\mathcal{O}, \mathcal{A}, \mathcal{R})$ zu bestimmen.

Beispiel	Anfrage A	Ergebnis $[A]$
1	*change*	`chdir chmod chown`
2	*change file*	`chmod chown`
3	∅	$\mathcal{O}$
4	*change new*	∅

Abbildung 3 Beispiele für die Suche von Komponenten

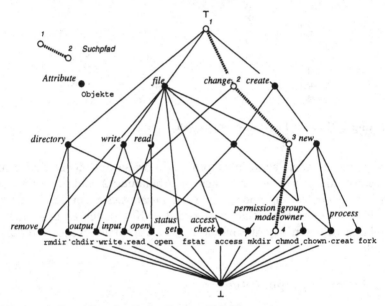

Abbildung 4 Begriffsverband der System-Call Kontextes

Abbildung 4 zeigt den Begriffsverband des Beispiels, wobei jeder Begriff b wie üblich mit dem Attribut a und dem Objekt o gekennzeichnet wurde, wenn $\mu(a) = b$, bzw. $\gamma(o) = b$ gilt.

Welche Objekte bilden nun das Ergebnis $[A]$ einer Anfrage A? Jedes Attribut $a \in A$ wird durch einen Begriff $\mu(a)$ in den Begriffsverband eingeführt und von dort an Unterbegriffe „vererbt". Alle Objekte des größten gemeinsamen Unterbegriffs (Infimum) dieser Begriffe enthalten die Attribute aus A. Da das Infimum gerade der größte Begriff mit dieser Eigenschaft ist, existiert keine größere Menge von Objekten, die die Anfrage erfüllen. Also bilden die Objekte des Infimums das Ergebnis: $[A] = O_1$ mit $(O_1, A_1) = \bigwedge_{a \in A} \mu(a)$. Algorithmisch wird die Berechnung des Infimums nach dem Hauptsatz der Begriffsanalyse auf den Schnitt der beteiligten Objektmengen zurückgeführt: $[A] = \bigcap_{a \in A} O_a$ mit $(O_a, A_a) = \mu(a)$ – die Schnittmenge ist das Ergebnis.

Eine Anfrage A selektiert eine Menge von Komponenten $[A]$, die mindestens die Attribute aus A besitzen. Darüberhinaus können die Objekte aus $[A]$ noch weitere gemeinsame Attribute besitzen, die nicht in A enthalten sind; der Benutzer könnte sie zusätzlich fordern, ohne das Ergebnis zu beeinflussen. Zum Beispiel besitzt die Anfrage $A = \{file, create\}$ aus dem System-Call-Kontext das Ergebnis $[A] = \{create\}$; create besitzt aber auch noch das Attribut *new*, so daß $[file, create, new] = \{create\}$ ebenfalls gilt. Die vollständige Menge aller Attribute, die zu dem selben Ergebnis einer Anfrage führen, ist die Attributmenge des Infimums, also A_1 mit $(O_1, A_1) = \bigwedge_{a \in A} \mu(a)$. In einer Implementierung der Suche sollte der Benutzer über diese impliziten Attribute $A_1 \setminus A$ seiner Anfrage informiert werden und die Anfrage entsprechend vervollständigt werden, da andernfalls nicht jede Erweiterung der Anfrage zu einem kleineren Ergebnis führt.

2.3 Verfeinerung von Anfragen

Eine Anfrage A kann durch Hinzunahme eines Attributs $a \in \mathcal{A} \setminus A$ verfeinert werden, so daß $[A \cup \{a\}] \subseteq [A]$ gilt. Wenn die Anfrage A bereits alle impliziten Attribute enthält, ist das neue Ergebnis sogar eine echte Teilmenge des alten. Nun sind nicht alle Attribute zur Verfeinerung einer bestehenden Anfrage sinnvoll – als nicht sinnvoll sollen die bezeichnet werden, die im Widerspruch zu den bisherigen Attributen stehen und deshalb zu einem leeren Ergebnis führen. Umgekehrt sollen als sinnvolle Attribute $\langle\!\langle A \rangle\!\rangle$ zu einer Anfrage A diejenigen bezeichnet werden, die zu einem kleineren, aber nicht leeren Ergebnis führen: $\langle\!\langle A \rangle\!\rangle := \{a \in \mathcal{A} \mid \emptyset \subset [A \cup \{a\}] \subset [A]\}$. Durch die Wahl eines sinnvollen Attributs zur Verfeinerung wird sichergestellt, daß das neue Ergebnis nicht leer ist.

Die sinnvollen Attribute $\langle\!\langle A \rangle\!\rangle$ zur Verfeinerung einer Anfrage A lassen sich ebenso wie das Ergebnis mit Hilfe des Begriffsverbandes bestimmen. Die Objekte O_1 des Ergebnisses weisen neben den gemeinsamen Attributen A_1 mit $(O_1, A_1) = \bigwedge_{a \in A} \mu(a)$ auch nicht gemeinsame Attribute auf (Abbildung 5). Diese Attribute sind die sinnvollen Attribute zur Verfeinerung einer Anfrage: $\langle\!\langle A \rangle\!\rangle = (\bigcup_{o \in [A]} \{o\}') \setminus A$. Offensichtlich muß das neue Ergebnis $[A \cup \{a\}]$ mit $a \in \langle\!\langle A \rangle\!\rangle$ eine echte Teilmenge des alten sein, da a nicht gemeinsames Attribut der Objekte des alten Ergebnisses ist, also nicht alle Objekte die neue Anfrage erfüllen. Gleichzeitig ist das neue Ergebnis nicht leer, denn es existiert mindestens eine Objekt in dem alten Ergebnis, das alle bisherigen und das neue Attribut aufweist, also die neue Anfrage erfüllt.

2.4 Inkrementelles Retrieval

Die Suche von Komponenten und die anschließende Verfeinerung einer Anfrage lassen sich zu einem inkrementellen Retrieval von Komponenten kombinieren:

– Die Suche beginnt mit einer leeren Anfrage: $A = \emptyset$ – es gilt $[A] = \mathcal{O}$ und $\langle\!\langle A \rangle\!\rangle = \mathcal{A}$, wenn $\top = (\mathcal{O}, \emptyset)$ gilt. Der zu der Anfrage gehörende Begriff b ist der größte Begriff $\top$ des Verbandes $\mathcal{B}(\mathcal{O}, \mathcal{A}, \mathcal{R})$.

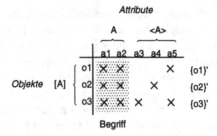

Abbildung 5 Berechnung der signifikanten Attribute

– Der Benutzer wählt interaktiv aus der Liste der präsentierten sinnvollen Attribute $\langle\langle A \rangle\rangle$ ein Attribut a zur Verfeinerung seiner Anfrage aus. Der neue Begriff $\tilde{b}$ ergibt sich aus dem Infimum des alten und $\mu(a)$: $\tilde{b} = (O_{\tilde{b}}, A_{\tilde{b}}) = b \wedge \mu(a)$. Mit Hilfe von $\tilde{b}$ kann nun das neue Ergebnis und die neue Liste der sinnvollen Attribute berechnet werden: $[A \cup \{a\}] = O_{\tilde{b}}$. Dabei wird die bisherige Anfrage um die impliziten Attribute erweitert.
– Wenn das Ergebnis noch keine überschaubare Größe erreicht hat, wird der Verfeinerungsprozeß wiederholt. Dies ist so lange möglich, bis $\langle\langle A \rangle\rangle = \emptyset$ gilt. Dies ist spätestens nach sovielen Schritten der Fall, wie die Komponente in $\mathcal{O}$ mit maximaler Attributanzahl Attribute besitzt.

Da jede Anfrage einem Begriff des Verbandes entspricht, ergibt sich durch die Folge der Anfragen ein Suchpfad entlang den Kanten des Verbandes, der am größten Element $\top$ des Verbandes beginnt. In Abbildung 4 ist ein solcher Pfad eingezeichnet – er ergibt sich durch die Wahl der sinnvollen Attribute *change*, *file* und *mode* und dem Ergebnis chmod.

2.5 Prototyp

Das beschriebene Verfahren wurde als Prototyp zur Verwaltung einer Unix Online-Dokumentation implementiert. Insgesamt 1658 Dokumente wurden mit mehreren Attributen aus einer Menge von 92 Attributen versehen – der zugehörige Begriffsverband enthält 714 Begriffe. Abbildung 6 zeigt die Schnittstelle des Prototyps zum Benutzer, nachdem die Attribute *change* und *file* ausgewählt wurden.

In der mittleren Liste werden die ausgewählten Attribute A angezeigt und rechts die noch wählbaren Attribute, also die Menge $\langle\langle A \rangle\rangle$. Die linke Liste enthält die durch die Attribute A ausgewählten Dokumente $[A]$; durch Anklicken kann das entsprechende Dokument angesehen werden, wie es im Hintergrund für das Kommando chmod zu sehen ist. Ein rechts ausgewähltes Attribut wird in die mittlere Liste übernommen und führt zu einer Verringerung der ausgewählten Dokumente und der noch wählbaren Attribute. Die Auswahl eines Attributs geschieht entweder direkt mit der Maus oder durch schriftliche Eingabe, wobei die Angabe eines Präfixes schon genügt, um den

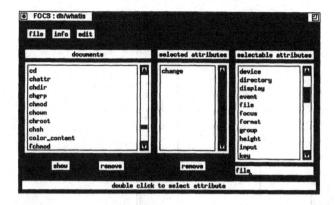

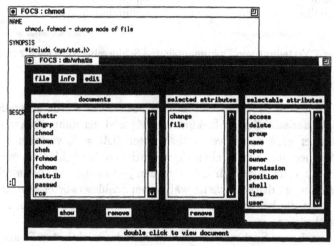

Abbildung 6 Zwei Schritte einer Suche mit dem Prototyp

Listen-Cursor an das entsprechende Attribut springen zu lassen. Ein beliebiges bereits ausgewähltes Attribut kann durch nochmaliges Auswählen mit der Maus zurückgenommen werden, woraufhin die Darstellung entsprechend aktualisiert wird. Dabei kann eine völlig neue Situation entstehen, wenn die Menge der dann noch ausgewählten Schlüsselwörter neu ist, so daß das Ergebnis neu berechnet werden muß, statt daß auf ein altes Zwischenergebnis zurückgegriffen werden kann.

Die Reaktion des Prototyps auf die Aktionen des Benutzers ist verzögerungsfrei – der Benutzer kann sehr schnell durch den Datenbestand navigieren. Durch die Präsentation seiner verbleibenden Wahlmöglichkeiten wird er dabei stark kontextsensitiv unterstützt. Das Berechnen des Begriffsverbandes aus einer Indexierung von Objekten mit Attributen benötigt 150 Sekunden auf einer SPARCstation ELC. Diese Berechnung ist allerdings nur nötig, wenn sich die Ausgangsdaten geändert haben, ansonsten wird der vorberechnete Begriffsverband benutzt.

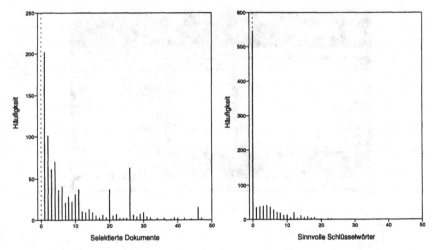

Abbildung 7 Verteilung von Dokumenten und Schlüsselwörtern nach 2 Suchschritten

Für die mit dem Prototyp verwalteten Dokumente wurde untersucht, wie sich die Zahl der selektierten Dokumente $[A]$ und der dann noch wählbaren Schlüsselwörter $\langle\langle A \rangle\rangle$ nach zwei Suchschritten ($|A| = 2$) verteilen. Von den $\binom{92}{2} = 4186$ theoretisch möglichen Kombinationen von Schlüsselwörtern sind 903 tatsächlich erreichbar. Für diese wurden jeweils die Zahl der selektierten Dokumente und im dritten Schritt wählbaren Schlüsselwörter bestimmt. Abbildung 7 zeigt die beiden Verteilungen: links für die Dokumente, rechts für die Schlüsselwörter.

Bereits nach zwei Suchschritten ist die Zahl der selektierten Dokumente in 52% aller Fälle von anfänglich 1658 auf weniger als sechs gefallen. Gleichzeitig ist die Zahl der noch zusätzlich wählbaren Schlüsselwörter in 68% aller Fälle kleiner als zwei. Dies zeigt, wie das Verfahren den Suchraum eingrenzt und damit die Navigation zielgerichtet und schnell wird.

2.6 Ergebnis

Der Begriffsverband einer Sammlung von Komponenten und ihrer Indexierung bildet eine automatisch gewonnene Organsiation der Sammlung, die eine effiziente und inkrementelle Suche nach Komponenten erlaubt. Der Benutzer wird dabei durch die vollständige und genaue Präsentation seiner Wahlmöglichkeiten unterstützt und so schnell und gerichtet zu seinem Ziel geführt. Die Effizienz resultiert aus der Tatsache, daß der Begriffsverand sozusagen eine kompilierte Form aller Entscheidungsmöglichkeiten darstellt. Eine prototypische Implementierung als Teil von NORA demonstriert die praktische Anwendung und die Eignung des Verfahrens zur Verwaltung einer Unix Online-Dokumentation. Da das Suchverfahren unabhängig vom Inhalt der verwalteten Komponenten ist, können auch inhomogene und multimediale Sammlungen begriffsbasiert verwaltet werden.

3. Analyse von Konfigurationsstrukturen

In diesem Hauptteil der Arbeit beschreiben wir NORA/RECS, eine Werkzeug zur Analyse und Restrukturierung von Konfigurationsstrukturen. Wir beginnen mit einer kurzen Beschreibung des softwaretechnologischen Hintergrundes.

3.1 Software-Konfigurationsmanagement

Früher war die Welt des Software-Entwicklers einfach: er entwickelte ein Programm, das in nur *einer* spezifischen Hard- und Softwareumgebung (die sog. Plattform) ablauffähig sein mußte. Software wurde von den Hardwareherstellern eifersüchtig gehütet; es war nahezu unmöglich, Software zwischen Plattformen zu migrieren. Dies hatte den großen „Vorteil", daß Kunden an den jeweiligen Hersteller gebunden wurden.

Mit dem Aufkommen von Workstations und PCs änderte sich diese Welt. Die neuen Maschinen haben herstellerunabhängige Betriebssysteme (jedenfalls im Prinzip), und dies führte zur Forderung nach *Interoperabilität*: moderne Anwendungssoftware muß – im Gegensatz zu Systemsoftware – heute in ganz verschiedenen Umgebungen laufen, sei es DOS, UNIX oder gar BS2000, sonst lassen sich keine hinreichend großen Marktanteile erreichen. Nach wie vor sind jedoch Teile des Systems und damit des Quelltextes plattformspezifisch. Für jede Installation müssen die passenden Codestücke bzw. Komponenten zusammengebaut werden; dies nennt man *Konfigurieren*. Konfigurationsmanagement umfaßt das Verwalten, Selektieren und Zusammensetzen von konfigurationsspezifischem Code. Plattformspezifische Codestücke müssen nach vorgegebenen Kriterien ausgewählt und zu einem vollständigem Quelltext komponiert werden. Die Menge aller möglichen Konfigurationen wird als Konfigurationsraum bezeichnet, und eine plattformspezifische Komposition von Codestücken nennt man Konfigurationspfad oder kurz Konfiguration.

Es gibt heute sehr ausgefeilte Konfigurationsmanagementsysteme. Industriestandard im UNIX-Bereich ist jedoch der C-Präprozessor CPP. Dieser wird sowieso bei jedem Compilerlauf zur Vorverarbeitung des Quelltextes aufgerufen und kann dann die Auswahl und Komposition eines Konfigurationspfades gleich mitübernehmen. Dazu wird die Fähigkeit des CPP zur *bedingten Textauswahl* ausgenutzt: konfigurationsspezifischer Code wird in sog. #ifdef...#endif Klammern eingeschlossen; dieser Code wird nur bei Erfülltsein der *regierenden Bedingung* in den Konfigurationspfad übernommen (inkludiert). Regierende Bedingungen sind boolesche Ausdrücke über

```
...I...
#ifdef DOS
...II...
#endif
#ifdef OS2
...III...
#endif
#if defined(DOS) && defined(X_win)
...IV...
#endif
#ifdef X_win
...V...
#endif
...VI...
```

Abbildung 8 Variantenauswahl mit dem Präprozessor

sog. *Präprozessorsymbolen*, die beim Aufruf des Compilers „gesetzt" (definiert) werden können und deren Definiertsein in regierenden Bedingungen abgefragt werden kann.

Abbildung 8 zeigt ein einfaches Beispiel. Die Codestücke I und VI sind konfigurationsunabhängig und werden immer inkludiert. Codestück II wird nur inkludiert, wenn "DOS" definiert ist, Codestück III nur wenn „OS2" und Codestück V nur wenn „X_win" gesetzt ist. Codestück IV wird nur inkludiert, wenn sowohl „DOS" als auch „X_win" definiert sind. Letzteres kann eigentlich nicht vorkommen, da das X-Window-System nur unter UNIX läuft; das Beispiel soll aber gerade zeigen, wie solche problematischen Codestücke durch einen Begriffsverband aufgedeckt werden können.

Um eine spezifische Konfiguration zu erzeugen, müssen beim Compileraufruf „cc" die entsprechenden CPP-Symbole definiert werden. Für die DOS-Version muß „DOS" definiert werden:

```
cc -DDOS prog.c
```

und für die OS/2–Version muß „OS2" definiert werden:

```
cc -DOS2 prog.c
```

Da #ifdefs beliebig geschachtelt werden und beliebig komplexe regierende Ausdrücke enthalten können, können sich beliebig unverständliche Quelltexte ergeben. Ein Beispiel ist das X-Window-Tool „xload", das gewisse Systemauslastungsfaktoren anzeigt. Das 724-zeilige Programm benutzt 43 CPP-Symbole, um eine Fülle von Konfigurationen zu verwalten (z. B. SYSV, macII, ultrix, sun, CRAY, sony). Abbildung 9 zeigt einen Quelltextausschnitt. Man beachte, daß sogar Teile von Ausdrücken konfigurationsspezifisch ausgewählt werden. Das Programm ist völlig unverständlich, eine Dokumentation ist nicht vorhanden, Änderungen oder Erweiterungen sind mit einer hohen

```
#if (!defined(SVR4) || !defined(__STDC__)) && !defined(sgi) &&
!defined(MOTOROLA)
 extern void nlist();
#endif
#ifdef AIXV3
 knlist( namelist, 1, sizeof(struct nlist));
#else
   nlist( KERNEL_FILE, namelist);
#endif
#ifdef hcx
    if (namelist[LOADAV].n_type == 0 &&
#else
 if (namelist[LOADAV].n_type == 0 ||
#endif /* hcx */
 namelist[LOADAV].n_value == 0) {
 xload_error("cannot get name list from", KERNEL_FILE);
 exit(-1);
   }
 loadavg_seek = namelist[LOADAV].n_value;
#if defined(umips) && defined(SYSTYPE_SYSV)
    loadavg_seek &= 0x7fffffff;
#endif /* umips && SYSTYPE_SYSV */
#if (defined(CRAY) && defined(SYSINFO))
    loadavg_seek += ((char *) (((struct sysinfo *)NULL)->avenrun)) -
((char *) NULL);
#endif /* CRAY && SYSINFO */
   kmem = open(KMEM_FILE, O_RDONLY);
 if (kmem < 0) xload_error("cannot open", KMEM_FILE);
#endif
```

Abbildung 9 Quelltextausschnitt aus dem X-Window Tool „xload"

Fehlerwahrscheinlichkeit behaftet, der Entropietod ist nahe – es ist Zeit für Reengineering und Restrukturierung.

3.2 Reengineering von Konfigurationsstrukturen

Ziel des Reengineering ist es, aus Quelltexten wie „xload" die Struktur des Konfigurationsraumes zu extrahieren. Dies erlaubt erst ein Verständnis des Quelltextes und ist die Grundlage für spätere Restrukturierungsversuche. Ausgangspunkt unseres Werkzeugs NORA/RECS ist ein Quelltext mit Präprozessoranweisungen. Das Verfahren kann auch auf die moderneren Konfigurationsmanagementsysteme übertragen werden, jedoch wäre dies eine rein technische Aufgabe. Das Vorgehen ist im Prinzip wie folgt:

1. Aufstellen der Konfigurationstabelle
2. Berechnung und Anzeige des entsprechenden Begriffsverbands
3. Analyse und Zerlegung des Verbandes (Reengineering)

```
...I...
#ifdef DOS
...II...
#endif
#ifdef OS2
...III...
#endif
#if defined(DOS) && defined(X_win)
...IV...
#endif
#ifdef X_win
...V...
#endif
...VI...
```

	DOS	OS2	X_win
I			
II	×		
III		×	
IV	×		×
V			×
VI			

Abbildung 10 ein einfacher Quelltext und seine Konfigurationstabelle

4. entsprechende Zerlegung und Transformation des Quelltextes (Restrukturierung)

Die *Konfigurationstabelle* enthält die Klassifikation der Codestücke nach regierenden CPP-Symbolen (Abbildung 10). Falls ein Codestück von einem CPP-Symbol regiert wird, wird ein Kreuz in die Tabelle eingetragen; auf diese Weise ergibt sich ein formaler Kontext. Da Quelltexte geschachtelte `#ifdefs` und boolesche Ausdrücke über CPP-Symbolen enthalten können, ist die Konstruktion der Tabelle nicht trivial. Komplexe regierende Ausdrücke müssen zuerst in konjunktive Normalform gebracht werden. Für negierte CPP-Symbole müssen zusätzliche Spalten eingeführt werden, da formale Kontexte nur positive Aussagen ausdrücken können (dichotomisierter Kontext). Falls die konjunktive Normalform elementare Disjunktionen der Form $a \vee b \vee c$ enthält (wobei a, b, c einfache oder negierte CPP-Symbole sind), müssen für diese Disjunktionen gleichfalls zusätzliche Spalten eingeführt werden; jedes Kreuz, das in einer Spalte für a, b oder c eingeführt wird, führt zum Eintragen eines zusätzlichen Kreuzes in der Spalte für die Disjunktion. Hierdurch werden triviale Implikationen der Form $a \Rightarrow a \vee b \vee c$ in die Konfigurationstabelle eingebracht [Kr93]. Der Prozeß der Tabellenerzeugung aus dem Quelltext ist vollautomatisiert, Details finden sich in [Sn95].

Nachdem die Konfigurationstabelle erzeugt ist, wird der entsprechende Begriffsverband berechnet. Abbildung 11 zeigt den Begriffsverband zu Abbildung 10, wie er vom Werkzeug NORA/RECS angezeigt wird. Am Begriffsverband läßt sich die Struktur des Konfigurationsraums genau ablesen:

- für jede Konfiguration kann ihr *Umfang* (i. e. die Codestücke, die zur Konfiguration gehören) und ihr *Inhalt* (i. e. die CPP-Symbole, die die Konfiguration „regieren") abgelesen werden;
- alle *Abhängigkeiten* (Implikationen) zwischen Konfigurationen werden sichtbar, wobei Abhängigkeiten von der Form sind: „Alle Codestücke, die in der SUN-Konfiguration vorkommen, kommen auch in der Ultrix- und Sony-Konfiguration vor";

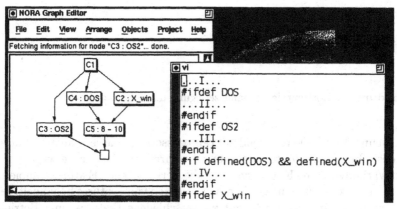

Abbildung 11 entsprechender Begriffsverband

- Der Konfigurationsverband macht eine *Taxonomie* von Konfigurationen sichtbar;
- unzulässige Abhängigkeiten (sog. *Interferenzen*) erscheinen als Infima im Verband; dabei zeigt eine Interferenz an, daß Konfigurationen gemeinsamen Code haben, was u. U. softwaretechnischen Prinzipien widerspricht;
- anhand der Verbandsgestalt kann die Qualität des Konfigurationsraums entsprechend softwaretechnischer Kriterien beurteilt werden.

Betrachtet man etwa den Verband in Abbildung 11, so tauchen die vier möglichen Konfigurationen des Quelltextes als Begriffe auf (Top- und Bottomelement stehen normalerweise nicht für zulässige Konfigurationen: das Topelement steht für alle Codestücke, die konfigurationsunabhängig sind, das Bottomelement steht für CPP-Symbole, die nichts regieren). Man sieht, daß die „OS2"-Konfiguration unabhängig von den drei anderen ist. Hingegen haben die „DOS"- und die „UNIX"-Konfiguration gemeinsamen Code, denn Zeilen 8–10 hängen sowohl von „DOS" als auch von „X_win" ab. Dies ist sehr verdächtig, denn DOS und X_win sind eigentlich unverträglich, da das X-Window-System – wie alle Eingeweihten wissen – nur auf UNIX-Plattformen läuft. Mithin haben wir durch einfaches Betrachten des Verbandes verdächtige Codeteile entdeckt, die im Verband als Interferenz sichtbar werden. Mag dieses Beispiel auch trivial sein, so ist eine derartige Analyse für komplexe Programme wie „xload" von Hand praktisch nicht zu leisten!

Das Beispiel zeigt aber auch, daß die erhaltenen Verbände interpretiert werden müssen. Ob ein Infimum tatsächlich eine Interferenz ist, hängt nämlich von der Bedeutung der involvierten CPP-Symbole ab. Diese kann aus einer „syntaktischen" Analyse, wie sie die elementare Begriffsanalyse darstellt, allein nicht erschlossen werden – wenngleich der Begriffsverband eine enorme Hilfe darstellt. Der Restrukturierer muß i. a. selbst Wissen einbringen, z. B. daß DOS und X-Window nicht zusammenpassen. Andererseits kann es sehr wohl sinnvoll sein, daß Konfigurationen gemeinsamen Code ha-

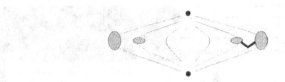

Abbildung 12 Horizontale Verbandszerlegung und eine Interferenz

ben, wenn nämlich die regierenden Präprozessorsymbole verschiedene Varianten desselben Konfigurationsteilraums beschreiben. Hat man etwa verschiedene Varianten eines Fenstersystems, die verschiedene „Features" anbieten, so kann ein Code, der eine gewisse *Kombination* von Features behandelt, sehr wohl sinnvoll sein; das gleiche gilt für verschiedene Features einer Betriebssystemfamilie. Werden aber wie im Beispiel Betriebssystem- und Fenstersystemaspekte vermischt, so widerspricht dies dem softwaretechnischen Prinzip der *schwachen Kopplung*. Dieses besagt, daß orthogonale Aspekte eines Softwaresystems wie Betriebssystem- bzw. Fenstersystemspezifika im Quelltext streng getrennt werden sollten. Nach der herrschenden Lehrmeinung müssen Fenster- bzw. Betriebssystemspezifika in getrennten Modulen gekapselt werden (*Geheimnisprinzip* von Parnas).

Aus diesen Überlegungen ergibt sich schon, daß die entstehenden Verbände möglichst flach sein sollten. Ein flacher Konfigurationsverband zeigt an, daß es keine wie auch immer gearteten Abhängigkeiten zwischen Konfigurationen gibt, was aus softwaretechnischer Sicht optimal ist. Ist der Verband nicht flach, so sollte er wenigstens horizontal zerlegbar sein. Die CPP-Symbole in den Teilverbänden (horizontalen Summanden) sollten orthogonal, also unabhängig voneinander sein: ein Unterverband enthält z. B. alle Fenstersystemvarianten, der andere alle Betriebssystemvarianten (Abbildung 12).

Wir haben diverse UNIX-Programme mit NORA/RECS analysiert, darunter auch das RCS-System zur Versionsverwaltung. Ein besonders eindrucksvolles Beispiel für die Leistungsfähigkeit der Begriffsanalyse lieferte der RCS-Stream Editor. Dieses Hilfsprogramm des RCS-Systems hat 1656 Zeilen und verwendet 21 CPP-Symbole zum Konfigurationsmanagement. Abbildung 13 zeigt den entsprechenden Begriffsverband. Die linke Verbandshälfte ist flach, was positiv zu bewerten ist (die entsprechenden Varianten befassen sich mit gewissen Features diverser UNIX-Versionen). Hingegen sind rechts einige Interferenzen zu erkennen. So ist etwa C3 mit „has_rename" markiert; C26 ist mit „has_NFS" markiert, und C27 ist mit „1425–1427" markiert. Mithin werden die Zeilen 1425–1427 sowohl von „has_rename" als auch von „has_NFS" regiert. Wie jeder UNIX-Kenner weiß, hat „rename" etwas mit dem Dateisystem zu tun, „NFS" ist hingegen das Netzwerk. Beide Aspekte sind eigentlich orthogonal, denn Dateisystem und Netzwerksystem sollten unabhängig voneinander konfiguriert werden können. Die Interferenz in C27 ist also äußerst verdächtig. Und tatsächlich: ein Blick in den Quelltext zeigt, daß der entsprechende Code der Reparatur eines NFS-Fehlers dient: eine bestimmte Kombi-

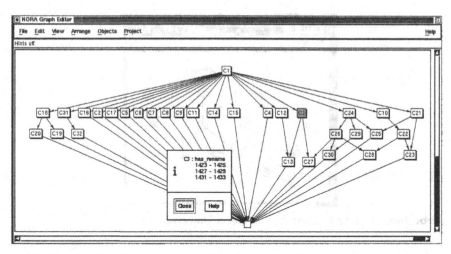

Abbildung 13 Konfigurationsraum des RCS-Stream-Editors

nation von Dateisystem und Netzwerk kann nämlich dazu führen, daß „rename" die RCS-Datei zerstört! Dies war den Programmierern durchaus bewußt, denn in einem Kommentar ist zu lesen:

> An even rarer NFS bug can occur when clients retry requests. ... This not only wrongly deletes B's lock, it removes the RCS file! ... Since this problem afflicts scads of Unix programs, but is so rare that nobody seems to be worried about it, we won't worry either.

3.3 Verbandsanalyse mit NORA/RECS

Nachdem der Verband berechnet ist, kann er interaktiv inspiziert und zerlegt werden. NORA/RECS bietet dazu die folgenden Funktionen an:

- Die Begriffsmarkierungen (Codestücke und CPP-Symbole) können angezeigt werden;
- Der entsprechende Quellcode kann angezeigt werden;
- Der Verband kann in horizontale Summanden zerlegt werden (falls möglich);
- Unterverbände bzw. Unterhalbordnungen können ausgewählt werden;
- Interferenzen können automatisch bestimmt werden;
- Restrukturierungen können angestoßen werden.

Für kleine Verbände werden die Markierungen direkt in die Begriffe gezeichnet; dies ist aber schon bei mittelgroßen Verbänden unmöglich. Deshalb werden die Markierungen und entsprechenden Codestücke durch Anklicken in einem separaten Fenster dargestellt (Abbildung 13). Nach einer horizontalen Zerlegung können die entstandenen Teilverbände rekursiv weiterverarbeitet

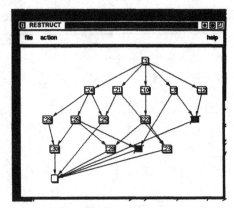

Abbildung 14 Interferenzanalyse in einem Unterverband

werden. Unterverbände bzw. Unterhalbordnungen sind gleichfalls sehr interessant: eine Unterhalbordnung $\downarrow \{a_1, a_2, ..., a_n\}$ gibt alle Codestücke an, die
gleichzeitig von $a_1, a_2, ..., a_n$ abhängen; Durchschnitte von Unterhalbordnungen enthalten in der Regel Interferenzen. In großen Verbänden (z. B. Abbildung 15) ist diese Information nicht ohne weiteres zu erkennen. Es ist
geplant, Unterverbände farbig darzustellen, so daß Interferenzen durch ihre
„Mischfarbe" sofort sichtbar werden.

Eine andere Methode zur Interferenzbestimmung nutzt die Konnektivität
des Verbandsgraphen: Wenn der Graph nach Entfernen des Top- und Bot-
tomelementes in Teilgraphen zerfällt, sind die Teilgraphen horizontale Summanden. Gibt es zwischen Teilgraphen eine *Brücke* – zwei Kanten, die zu
einem Infimum führen und deren Entfernung den Graph zerfallen läßt – so
entspricht die Brücke einer Interferenz der Konnektivität 1. Muß man zwei
derartige Brücken entfernen, um den Graphen zerlegbar zu machen, bilden
diese eine Interferenz der Konnektivität 2 usw. Diese Interferenzen können
gleichfalls am Bildschirm sichtbar gemacht werden. Wie oben ausgeführt,
müssen alle Interferenzkandidaten jedoch noch manuell überprüft werden, ob
wirklich aus semantischer Sicht eine unzulässige Verkupplung von Konfigurationspfaden vorliegt.

Abbildung 14 zeigt den rechten Teilgraphen von Abbildung 13, der durch
horizontale Zerlegung entstanden ist. Er enthält zwei Interferenzen der Konnektivität 1, die markiert dargestellt werden. Die C27-Interferenz wurde bereits erläutert, hingegen ist die C13-Interferenz in Wirklichkeit keine, weil sich
sowohl C3 als auch C12 mit Dateisystemvarianten befassen; mithin werden
keine orthogonalen Konfigurationsaspekte verkoppelt.

3.4 Restrukturierung durch Verbandszerlegung

Das Beispiel des RCS-Stream-Editors zeigt, daß Interferenzen manchmal
nicht zu verhindern oder aufzulösen sind, denn die zugrundeliegende Ursache

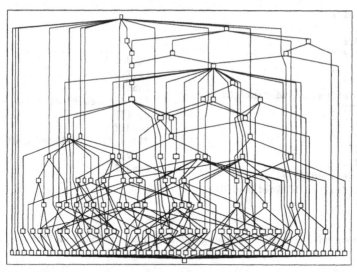

Abbildung 15 Konfigurationsstruktur von xload

– der NFS-Fehler – kann nicht behoben werden. In anderen Fällen hat man es aber mit regelrechtem Konfigurationshacking zu tun, das einer Restrukturierung bedarf. Als Beispiel betrachten wir den Konfigurationsverband zu „xload" (vgl. Abbildung 9), der in Abbildung 15 zu sehen ist. Der Verband hat über hundert Begriffe, und von horizontaler Zerlegbarkeit kann keine Rede sein – sogar die Interferenzen der Konnektivität 3 führen nicht zum Zerfall des Verbandes, sondern nur zum Abspalten einzelner Begriffe.

Wir wollen nun zeigen, wie der Begriffsverband zur Restrukturierung verwendet werden kann. Ziel ist es, unverständliche Konfigurationsräume zu vereinfachen und in Teilräume aufzuspalten, wobei die Software-Engineering-Prinzipien „hohe Kohäsion" (in einem Teilraum) und „schwache Kopplung" (zwischen Teilräumen) beachtet werden müssen. Dies entspricht einer „Modularisierung" des Quelltextes und geschieht im Prinzip durch eine horizontale Verbandszerlegung. Ein weiteres Ziel ist die Vereinfachung regierender Ausdrücke, wobei nach Möglichkeit nicht nur die bekannten Regeln für boolesche Ausdrücke, sondern auch verbandsspezifische Eigenschaften ausgenutzt werden sollen. In der Tat können die irreduziblen Elemente zur Ausdrucksvereinfachung verwendet werden.

Wir wollen zunächst die Modularisierung beschreiben. Diese erzeugt keine traditionellen Module, aber liefert eine möglichst entkoppelte Zerlegung des Quelltextes, wobei jeder Quelltext einen Teil des Konfigurationsraumes abdeckt. Läßt sich etwa der Verband interferenzfrei in horizontale Summanden zerlegen, und sind die CPP-Symbole in den Unterverbänden jeweils disjunkt (d. h. sie können nicht gleichzeitig definiert werden), so kann man den Quelltext in Module zerlegen, wobei jedem Unterverband ein Modul entspricht. Trotzdem bleiben alle Konfigurationspfade erhalten.

```
#ifdef A
...I...
#endif
#ifdef B                          #ifdef B
...II...                          ...II..
#endif                            #endif
#if defined(B)||defined(C)        #if defined(B) || defined(C)
...III...                    ⟹    ...III...
#endif                            #endif
#ifdef A                          #if defined(B)&&defined(C)
...IV...                          ...V...
#endif                            #endif
#if defined(A) ||
   (defined(B)&&defined(C))
...V...
#endif
```

Abbildung 16 Partielle Auswertung unter Kontextausdruck ¬defined(*A*)

```
/* OS variants */   /* WS variants */   /* problematic variant */
...I...             ...I...             #if defined(DOS)
#ifdef DOS          #ifdef X_win           && defined(X_win)
...II...            ...V...              ...I...
#endif              #endif              ...II...
#ifdef OS2          ...VI...            ...IV...
...III...                               ...V...
#endif                                  ...VI...
...VI...                                #endif
```

Abbildung 17 Zerlegung in Konfigurationsteilräume

Die Quelltextzerlegung basiert auf partieller Auswertung von CPP-Ausdrücken. Partielle Auswertung beruht auf der Annahme, daß *einige* CPP-Symbole einen bekannten Wert (also „gesetzt" bzw. „nicht gesetzt") haben. In diesem Fall kann man den Quelltext vereinfachen: eventuell fallen Codestücke komplett weg, zumindest werden regierende Ausdrücke kürzer. Im vereinfachten Quelltext kommen nur noch CPP-Symbole vor, deren Wert gerade nicht bekannt war. Das gewöhnliche CPP-Verhalten ergibt sich als Grenzfall, wenn nämlich *alle* CPP-Symbole einen definierten Wert (gesetzt/ nicht gesetzt) haben. Abbildung 16 zeigt ein einfaches Beispiel, bei dem Code unter der Annahme vereinfacht wird, daß „A" nicht gesetzt ist, die Werte der anderen CPP-Symbole hingegen unbekannt sind. Die Implementierung der partiellen Auswertung ist nicht trivial, denn es können beliebige „Kontextausdrücke" angegeben werden (nicht nur einfache Symbole). Das Verfahren ist Teil des inferenzbasierten Konfigurationsmanagementsystems NORA/ICE; Details finden sich in [ZS95].

Falls nun der Verband horizontal in Unterverbände zerlegt werden kann, deren CPP-Symbole disjunkt sind, können daraus Module erzeugt werden.

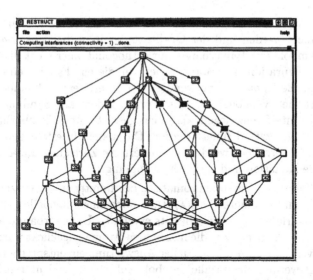

C1		0-36 38-40 42-44 50-53 60-63 72-75 77-82 86-93 180-181 202-203 205-206 208-209 213-214 224-225 228-229 231-232 252-253 255-256 258-259 263-264 418-419 493-494 497-506
C2	SVR4 OR sun	
C3	!SYSV OR !SYSV386	181-191 193-195 197-202 214-220 223-224 232-240 244-248 250-252 264-273 282-285 300-307 353-364 368-370 417-418 494-497
C4	!USG	276-277 281-282
C5		370-376
C6	!STDC_ OR !SVR4	
C7	USG 273-276	
C8	!SVR4	222-223
C9		279-281
C10	!sun	376-377 416-417
C11	!SYSV	229-231
C12	hpux	191-193 240-241 243-244
C13	hp9000s800	241-243
C14	SYSV386	
C15	SVR4	82-86
C16		220-222
C17		277-279
C18	macII	63-72
C19		195-197 285-294 307-328 364-366
C20		377-382
C21	AIXV3	53-60
C22		248-250
C23	sun	44-46 49-50
C24	i386	46-49
C25	SYSV	
C26	!SYSV386	
C27		225-228
C28		93-180
C29	MOTOROLA	
C30		209-210 212-213 259-260 262-263
C31		75-77
C32		210-212 260-262
C33		40-42
C34		
C35	m88k	206-208 256-258
C36	m68k	203-205 253-255
C37	!macII	36-38
C38		294-300 328-329 331-333 337-353 366-368
C39	!AIXV3	335-337
C40		
C41	!MOTOROLA	329-331
C42		382-383 415-416
C43		414-415
C44		333-335
C45		383-414
C46		490-493
C47		419-490
C48		

Abbildung 18 „xload" nach Amputation irrelevanter Konfigurationen

Dies geschieht, indem die CPP-Symbole eines Unterverbandes als „nicht gesetzt" definiert werden und der Quelltext damit partiell ausgewertet wird.
Falls die Symbole der Teilverbände nur orthogonal, aber nicht disjunkt sind,
können Konfigurationen verloren gehen; in diesem Fall ist eine manuelle
Prüfung der Zerlegbarkeit notwendig. Bei Interferenzen können spezielle,
„problematische" Versionen erzeugt werden, indem alle Symbole, die nicht
oberhalb der Interferenz liegen, als „nicht gesetzt", und alle oberhalb der Interferenz als „gesetzt" definiert werden. Da ja stets Interferenzen minimaler
Konnektivität berechnet werden, garantiert die Zerlegung anhand des Verbandes hohe Kohäsion und schwache Kopplung.

Da die Zerlegung anhand automatisch bestimmter Interferenzen nicht immer befriedigend ist, bietet NORA/RECS noch eine „manuelle" Möglichkeit:
Der Restrukturierer kann - wie bereits erwähnt - Unterverbände auswählen,
indem das Top-Element bzw. die maximalen Atome angeklickt werden. Zu jedem Unterverband kann mit partieller Auswertung ein entsprechender Quelltext erzeugt werden, indem alle Symbole außerhalb des Unterverbandes als
„nicht gesetzt" definiert werden.

Als Beispiel betrachten wir den Quelltext aus Abbildung 8. Wählt man im
Verband einerseits die beiden Betriebssystem-CPP-Symbole, andererseits das
X-Window-CPP-Symbol, so erhält man zwei Unterverbände, denen die linken
beiden Quelltexte in Abbildung 17 entsprechen. Man erhält zwei „Module",
jeweils für den betriebssystemspezifischen bzw. fensterspezifischen Code. Da
X-Window und die beiden anderen CPP-Symbole disjunkt sind, bleiben alle Konfigurationspfade erhalten. Anhand der Interferenz kann eine spezielle
„problematische Version" erzeugt werden (rechts in der Abbildung), die aber
in unserem Beispiel wenig Sinn macht.

Das Beispiel zeigt, daß für die verbesserte Kohäsion innerhalb der neuen
Quelltexte ein Preis bezahlt werden muß: Codestück I und VI kommen in
beiden Dateien vor, und es ist bekannt, daß Codeduplizierung fehleranfällig
ist: man ändert aus Versehen leicht den Code in einer Datei, nicht aber in
der anderen. Zukünftige Forschung muß zeigen, ob man z. B. durch subdirekte
Zerlegung von Begriffsverbänden redundanzfreie Module erhalten kann.

Oft weiß der Restrukturierer (oder sieht anhand des Verbandes), daß bestimmte Konfigurationen nicht mehr benötigt werden, und möchte den Quelltext entsprechend vereinfachen. Auch dies kann mit partieller Auswertung geschehen, indem die entsprechenden CPP-Symbole als „nicht gesetzt" definiert
werden. Im Grunde wird auch hier ein Unterverband ausgewählt, jedoch wird
keine vollständige Zerlegung angestrebt. Parnas nennt eine derartige Vereinfachung deshalb *Amputation* [Pa94]. Der vereinfachte Code kann dann nur
noch auf einer Teilmenge der ursprünglichen Plattformen installiert werden.

Als Beispiel betrachten wir eine Vereinfachung von „xload". Amputiert
werden sollen die Konfigurationen apollo, X_NON_POSIX, sony, CRAY,
mips, umips, att, LOADSTUB, alliant, sequent, UTEK, hcx, sgi. Der re-
sultierende Quelltext hat nurmehr 501 Zeilen, sein Verband hat nur noch 48

Begriffe (Abbildung 18). Durch Auswahl von C3 kann man nun z. B. noch alle „not System V" Konfigurationen selektieren, was zu einem noch wesentlich kleineren Quelltext führt. Dieser kann dann natürlich nur noch auf "not System V" Plattformen installiert werden!

Abschließend sei noch einmal auf die Möglichkeit hingewiesen, die regierenden Ausdrücke mittels irreduzibler Elemente zu vereinfachen. Bekanntlich kann man sich bei den Attributen (CPP-Symbole) bzw. den durch sie markierten Begriffen auf die *meet-irreduziblen Begriffe* beschränken, also auf die, von denen nur eine Kante im Verband nach oben weist. Hat ein meet-irreduzibler Begriff keine Markierung mit einem (einfachen oder negierten) CPP-Symbol, so muß für diesen Begriff ein neues CPP-Symbol eingeführt werden. Nachdem dies geschehen ist, lassen sich alle anderen CPP-Symbole als Konjunktion von Irreduziblen darstellen. Dies vereinfacht die regierenden Ausdrücke u. U. erheblich; man braucht weniger CPP-Symbole, und insbesondere *verschwinden alle Disjunktionen.* Die regierenden Ausdrücke eines Codestücks enthalten nur noch Konjunktionen einfacher oder negierter CPP-Symbole, nämlich jene, die im Verband oberhalb des mit dem Codestück markierten Begriffs liegen. Allerdings können darunter neu eingeführte CPP-Symbole sein, die für elementare Disjunktionen stehen. Dies ist ein Hinweis, daß die Wahl der ursprünglichen Symbole nicht optimal war; NORA/RECS liefert den Verbesserungsvorschlag gleich mit.

4. Ausblick

NORA/RECS eignet sich hervorragend zur *Analyse* von Konfigurationsabhängigkeiten; als Werkzeug zur *Restrukturierung* steckt der Ansatz aber noch in den Kinderschuhen. Der Nutzen der formalen Begriffsanalyse ist allerdings schon jetzt deutlich geworden. Wir wollen als nächstes darangehen, gewisse Zerlegungen (z. B. subdirekte, subtensoriale) von Begriffsverbänden zu untersuchen: wenn der Verband sich so zerlegen läßt, daß in den Faktoren nur orthogonale CPP-Symbole stehen, so kann dies Grundlage wesentlich verbesserter Restrukturierungsverfahren sein.

Neben der Analyse von Konfigurationsstrukturen sind ohne weiteres andere Anwendungen der Begriffsanalyse im Software-Reengineering vorstellbar. So sind Software-Architekturen ganz allgemein durch Beziehungen zwischen Komponenten definiert und können mithin Gegenstand von Begriffsanalyse sein; hierbei können auch skalierte Kontexte eingesetzt werden, da es verschiedene Arten von Beziehungen gibt. Überhaupt kommen Relationen zwischen Objekten und Attributen im Software Engineering andauernd vor, so daß neben Reengineering und Reuse noch ganz andere Anwendungen der formalen Begriffsanalyse denkbar sind.

Danksagung. Maren Krone implementierte das Frontend von NORA/RECS, Anke Lewien implementierte die Verbandszerlegung. Andreas Zeller implementierte den

Graph-Editor und -Layouter und entwickelte NORA/ICE. Peter Dettmer implementierte NORA/FOCS. Martin Skorsky lieferte wertvolle theoretische Unterstützung. NORA wird von der DFG unter den Kennzeichen Sn11/1-1, Sn11/1-2, Sn11/2-1, Sn11/2-2, Sn11/4-1 gefördert. NORA/RECS, NORA/ICE und NORA/FOCS sind von den Autoren erhältlich.

Literatur

Zwischenzeitlich sind die bereits angesprochenen Arbeiten [Sn95], [ZS95], [Ze95] international publiziert worden. Darüberhinaus sind zwei neue Anwendungen [LS97], [Li98] formaler Begriffsanalyse dazugekommen, die die im Ausblick formulierte Richtung einschlagen.

[FKSt95]   B. Fischer, M. Kievernagel, W. Struckmann: VCR: A VDM-Based Software Component Retrieval Tool. *Proc. ICSE-17 Workshop on Formal Methods in Software Engineering*, 1995

[FKSn95]   B. Fischer, M. Kievernagel, G. Snelting: Deduction-Based Software Component Retrieval. *Proc. IJCAI-95 workshop on Reuse of Plans, Proofs, and Programs*, Montréal, August 1995

[Gr95a]   F.-J. Grosch: Eine typisierte, rein funktionale Modulsprache für das Programmieren im Großen. *Proc. 12. Workshop der GI FG 2.1.4*, Bad Honnef 1995

[Gr95b]   F.-J. Grosch: *No Type Stamps and No Structure Stamps – a Fully Applicative Higher-Order Module Language.* Informatik-Bericht 95–05, TU Braunschweig 1995

[Kr93]   M. Krone: *Reverse Engineering von Konfigurationsstrukturen.* Diplomarbeit, TU Braunschweig, Abteilung Softwaretechnologie, September 1993

[KS94]   M. Krone, G. Snelting: On the Inference of Configuration Structures from Source Code. *Proc. 16th International Conference on Software Engineering*, IEEE 1994, 49–58

[Le95]   A. Lewien: *Restrukturierung von Konfigurationen mit formaler Begriffsanalyse.* Diplomarbeit, TU Braunschweig, Abteilung Softwaretechnologie, September 1995

[Li95a]   C. Lindig: Concept Based Component Retrieval. *Proc. IJCAI-95 Workshop on Reuse of Plans, Proofs, and Programs*, Montréal, August 1995

[Li95b]   C. Lindig: Komponentensuche mit Begriffen. *Proc. Softwaretechnik '95*, Softwaretechnik-Trends, September 1995

[Li98]   C. Lindig: *Analyse von Softwarevarianten.* Informatik-Bericht, 98-04, TU Braunschweig, Januar 1998

[LS97]   C. Lindig, G. Snelting: Assessing Modular Structure of Legacy Code Based on Mathematical Concept Analysis. *Proc. International Conference on Software Engineering (ICSE 97)*, Boston, USA, Mai 1997, 349–359

[Pa94]   D. Parnas: Software Aging. *Proc. 16th International Conference on Software Engineering*, IEEE 1994, 279–290

[Sn95]   G. Snelting: Reengineering of Configurations Based on Mathematical Concept Analysis. *ACM Transactions on Software Engineering and Methodology* 5(2), April 1996, 146–189

[SGS91]   G. Snelting, F.-J. Grosch, U. Schroeder: Inference-Based Support for
            Programming in the Large. *Proc. 3rd European Software Engineering
            Conference*, Lecture Notes in Computer Science **550**, Springer, Hei-
            delberg 1991, 396–408
[SFGKZ94]   G. Snelting, B. Fischer, F.-J. Grosch, M. Kievernagel, A. Zeller: Die
            inferenzbasierte Softwareentwicklungsumgebung NORA. *Informatik –
            Forschung und Entwicklung* **9**(3), September 1994, 116–131
[Sun90]   Sun Microsystems. *SunOS Reference Manual*. Sun Microsystems, Inc.,
            SunOS 4.1.1, 1990
[ZS95]   A. Zeller, G. Snelting: Handling Version Sets through Feature Logic.
            In: W. Schäfer, P. Botella (Hrsg.): *Proc. 5th European Software Engi-
            neering Conference*, Sitges, Spain, September 1995, Lecture Notes in
            Computer Science **989**, Springer, Heidelberg 191–204
[Ze95]   A. Zeller: *A Unified Version Model for Configuration Management*.
            Gail Kaiser (Hrsg.): *Proc. ACM SIGSOFT '95 Symposium on the
            Foundations of Software Engineering (FSE-3)*, Washington, DC, Ok-
            tober 1995, 151–160

Zugriffskontrolle bei Programmsystemen und im Datenschutz mittels Formaler Begriffsanalyse

Hermann Strack, Martin Skorsky

Inhalt

1. Einleitung

Es werden Anwendungen der Formalen Begriffsanalyse für den Entwurf von informationstechnischen Systemen unter zwei Sicherheitsaspekten vorgestellt — denen der Zugriffskontrolle und des Datenschutzes.

Zur Zugriffskontrolle: Das Angebot von verteilten IT-Dienstleistungen sowie geschäftliche Kooperationen mittels verteilten IT-Systemen verlangen unter Verläßlichkeits- und Verbindlichkeitsgesichtspunkten nach einer neuen Systeminfrastruktur zur Unterstützung *mehrparteiengerechter* Systemkontrolle, d.h. nach organisations- und kooperationsgerechter, unabhängig von Systembetreiber- oder Administratoreingriffen verbindlich prüfbarer und mit Auflagen versehbarer Systemkontrolle. Der heutige architekturbedingte Kontrollvorteil von Systembetreibern und Administratoren soll dabei zugunsten einer kooperations- und mehrparteiengerechten Systemkontrolle aufgehoben werden, garantiert durch systemversiegelnde Zertifizierungen vertrauenswürdiger Dritter. Ein Lösungszugang von H. Strack vgl. [St93a, St93b, StLa93, St94, St95, StDB95, Stra95a] für die Modell-, Architektur-, Mechanismen- und Realisierungs-Ebene von IT-Systemen basiert auf zwei Konzepten: zum einen auf systemintegrierte *Digitale Mehrparteien-Zertifizierung (MPZ)* von Softwarekomponenten, authentisch autorisiert und gegen Manipulationen versiegelt durch (kryptographische) digitale Signaturen, zum anderen auf gleichzeitig organisations- *und* systemstrukturgerechte *OrgSys*-Systemkontrolle, modell- und mechanismenbezogen ableitbar mittels *Formaler Begriffsanalyse*.

Zum Datenschutz: Diese Anwendung betrifft die Umsetzung des Datenschutzes in der Datenverarbeitung von personenbezogenen Daten im Gesundheitswesen. Unser Ziel ist es hierbei, mit der Formalen Begriffsanalyse ein Hilfsmittel anzugeben, mit dem das Prinzip des Bundesverfassungsgerichts, „... personenbezogene Daten dürfen nur für denjenigen Zweck verwendet werden, für den sie erhoben wurden ..." umzusetzen. Bei näherer Betrachtung stellen wir fest, daß die Zwecke, für die Daten erhoben wurden, eine Hierarchie bilden und in vielfältiger Weise mit den Daten verknüpft sind. Diese Problemstellung wurde zuerst von A. Podlech auf der Tagung „Begriffliche Wissensverarbeitung: Grundfragen und Aufgaben" 1994 in Darmstadt in einem Vortrag dargelegt. Von ihm und von B. Ganter stammt das Material für die weiteren Ausführungen zu dieser Anwendung.

Für das erste Beispiel wurden bereits einsatzfähige MPZ-Betriebssystemprototypen realisiert, beim zweiten Beispiel steht die technische Umsetzung der Konzepte noch bevor.

2. Problematik und Zielsetzung

Mit diesem Artikel stellen wir zwei Anwendungen Formaler Begriffsanalyse in der Datenverarbeitung dar, die wir in den folgenden Abschnitten detaillierter aus der Problemanalyse entwickeln.

Die erste Anwendung ist die mehrparteiengerechte Kontrolle von Informationstechnischen Systemen, im folgenden kurz IT-Systeme genannt. Sie entstammt dem Bereich der Systemverwaltung von verteilten oder vernetzten Rechnersystemen mit vielen Benutzern und verschiedenen Benutzergruppen in verschiedenen Kooperationsverhältnissen und basiert auf organisations- und systemgerechter Zugriffskontrolle mittels digitaler Mehrparteien-Zertifizierung (MPZ). Ziel der mehrparteiengerechten Zugriffs- und Systemkontrolle ist, den Einfluß aller Benutzergruppen bei der Kontrolle und Manipulation von Systemkonfigurationen und Zugriffsrechten auf Daten/Programme *vertrauenswürdig* und *verbindlich* entsprechend der bestehenden Kooperationsverhältnisse abzusichern sowie organisatorisch handhabbar zu machen. Die Formale Begriffsanalyse erweist sich dabei als Hilfsmittel um solche Zugriffsrechte und Konfigurationen aus Strukturdaten der beteiligten Organisationen und IT-Systeme mathematisch abzuleiten.

Als neue Sicherheitsqualität wird in dem hier von H. Strack vorgestellten MPZ-Zugang auf der Ebene der Sicherheitsarchitektur der durch bisherige Systemarchitekturen bedingte einseitige Kontroll- und Manipulationsvorteil von Systembesitzern und Systembetreuern hinsichtlich der Änderung von Systemkonfigurationen und der Vergabe von Zugriffsrechten aufgehoben. Stattdessen wird die Systemkontrolle manipulationsgeschützt und verbindlich nachweisbar durch Digitale Mehrparteien-Zertifizierung wieder exklusiv an organisatorisch und inhaltlich zuständige Stellen zurückgegeben (z.B. der mittels der Rechnersysteme kopererierenden Organisationen). Die Digitale

Mehrparteien-Zertifizierung wurde von H. Strack im Rahmen der Arbeiten zu seiner Dissertation entwickelt, vgl. [St93a, St93b, StLa93, St94, St95, StDB95, Stra95a].

Die zweite Anwendung betrifft die Umsetzung des Datenschutzes in der Datenverarbeitung von personenbezogenen Daten im Gesundheitswesen. Unser Ziel ist es hierbei, mit der Formalen Begriffsanalyse ein Hilfsmittel anzugeben, mit dem das Prinzip des Bundesverfassungsgerichts, „... personenbezogene Daten dürfen nur für denjenigen Zweck verwendet werden, für den sie erhoben wurden ..." umzusetzen. Bei näherer Betrachtung stellen wir fest, daß die Zwecke, für die Daten erhoben wurden, eine Hierarchie bilden und in vielfältiger Weise mit den Daten verknüpft sind. Diese Problemstellung wurde zuerst von A. Podlech auf der Tagung „Begriffliche Wissensverarbeitung: Grundfragen und Aufgaben" 1994 in Darmstadt in einem Vortrag dargelegt. Von ihm und von B. Ganter stammt das Material für die weiteren Ausführungen zu dieser Anwendung (siehe auch [Po95]).

2.1 Verbindliche, organisations- und systemgerechte IT-Kontrolle durch Digitale Mehrparteien-Zertifizierung (MPZ)

Bei zunehmenden IT-Einsatz im technischen, geschäftlichen und behördlichen Bereich werden folgende Qualitäts- und Sicherheitsmerkmale immer wichtiger: verbindliche Nachweisbarkeit sowie mehrparteiengerechte Kontrolle von Datenverarbeitungsvorgängen, systemintegrierter Manipulationsschutz für Benutzer (auch gegenüber Systembetreibern und Administratoren) und manipulationsgeschützte Zusicherung von geprüften IT-Systemeigenschaften durch vertrauenswürdige Prüfstellen (vgl. TÜV beim Auto). Beispielszenarien mit Bedarf an verbindlicher und mehrparteiengerechter Kontrolle sind: Gebührenabrechnung für IT-Dienstleistungen, Betriebs- und Konfigurationsauflagen für IT-Systeme (z.B. bei Auftragsbearbeitung für Dritte, Durchsetzung und Zusicherung von Softwarestandards, Anlagensteuerungen z.B. unter Umweltschutzaspekten), automatisierte Formularverarbeitung, Kontrolle und Abschöpfung von Einnahmen bei IT-gestützten Geschäften (z.B. für Beteiligungen, Lizenzen, Steuern).

Heute übliche IT-Systeme bieten keine ausreichende Unterstützung, um eine verbindliche und mehrparteiengerechte Systemkontrolle technisch durchzusetzen, denn Systembetreiber und Systemadministratoren haben heute einen immensen, systemtechnisch bedingten Kontroll- und Manipulationsvorteil (z.B. bei Gebührenabrechnungen für Telekommunikationsdienste). Sie können volle Kontrolle über alle softwaregesteuerten Aktivitäten und Vorgänge anderer Parteien (wie Benutzer/Kunden) auf den Systemen erlangen. D.h. sie können Systemveränderungen und damit implizit Veränderungen von Vorgangsbearbeitungen auf den Systemen auch entgegen den vertraglich vereinbarten Geschäftsbeziehungen zwischen den Parteien vornehmen, ohne daß Benutzer oder Kunden dies feststellen oder gar verhindern

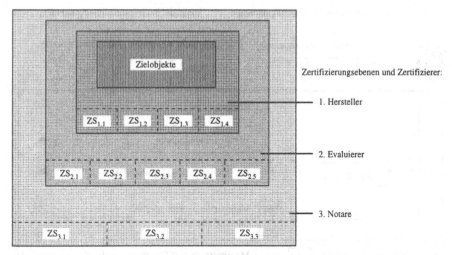

Abbildung 1 Aufbau von Mehrparteien-Zertifikaten (vgl. [Stra93h], [Stra93i], [Stra95a]): Zielobjekte zusammen mit Zertifikaten digital signiert von Zertifizierern auf 3 Ebenen (Ebene 1: Softwaremodule zertifiziert von Herstellern), Zertifizierungen auf höheren Ebenen schließen die auf niedrigeren ein ($zs_{i,j}$: Zertifikats- und Signaturdaten auf Ebene i von Partei j).

könnten. Heute übliche Systeme sind daher nicht mehrparteiengerecht kontrollierbar.

2.1.1 Überblick zur Digitalen Mehrparteien-Zertifizierung (MPZ)

Die Digitale Mehrparteien-Zertifizierung (MPZ) bietet für organisatorisch und inhaltlich zuständige Stellen nun systemintegriert die Möglichkeit verbindlicher, mehrparteiengerechter Kontrolle und Systemsteuerung (vgl. Abbildung 1), die inhärent manipulationsgeschützt gegenüber Systembetreibern und Administratoren ist. Dazu können sich diese Stellen auf systemintegriert auswertbare, kryptographisch signaturversiegelte MPZ-Zertifizierungen, d.h. Beurteilungen bzw. Zusicherungen bestimmter Systemeigenschaften, von Softwaremodulen durch Zertifizierer eigenen Vertrauens abstützen (wie firmeneigene Qualitätssicherungsabteilung, TÜV, BSI ...), vgl. auch Abbildung 2. Sie können so z.B. die mittels MPZ digital zertifizierten Module nur bei ausreichend positiver MPZ-gebundener Beurteilung durch die Zertifizierer ihres Vertrauens zum Einsatz auf dem System zulassen. Systemtechnisch werden diese Zulassungen von MPZ-geschützten Modulen mittels über Netze hinweg versendbaren signierten Mehrparteien-Kontrollparametrisierungen (MKP) realisiert, wobei in diesen MKP die Zulassungsanforderungen für diese Module von den für die Zulassungskontrolle zuständigen Stellen bezogen auf die mittels MPZ von den Zertifizierern bescheinigten Attribute und Merkmale der Module spezifiziert werden. Die dabei notwendige Auswertung von

Digitale Mehrparteien-Zertifizierung   **Digitale Mehrparteien-Kontrolle**

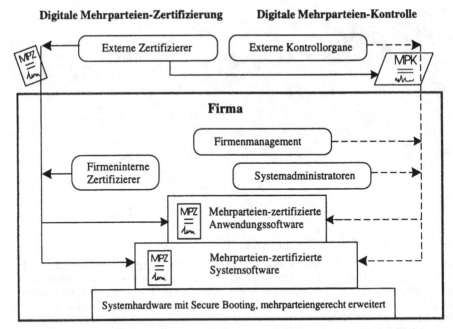

Abbildung 2 Pfade der Digitalen Mehrparteien-Zertifizierung und der Mehrparteien-Kontrolle für firmenlokal und firmenübergreifend organisatorisch eingebettete IT-Systeme (vgl. [Stra94, StDB95, Stra95a]): Festlegungen organisationshierarchisch höherer Instanzen setzen obligatorische Randbedingungen für niedrigere, ggf. subsidiär ausfüllbar.

MPZ versus MPK zum Zwecke der Zulassung der Module wird vom ebenfalls MPZ-geschützten Zugriffskontrollsystem vorgenommen.

Authentifizierbarkeit und Manipulationsschutz für MPZ/MKP wird dabei mit kryptographischen Mitteln durch Digitale Signaturen[1] der Zertifizierer bezogen auf die Verbundeinheit "Softwaremodul und Zertifikat" erreicht. Das Betriebssystem mit MPZ-Schutz startet nur digital zertifizierte Programme bzw. bearbeitet nur zertifizierte Dateien, d.h. nur *MPZware* statt ungeschützter Software. Dadurch ist sichergestellt, daß ausschließlich unmanipulierte Daten und Programme verwendet werden. Bedingt durch den kryptographischen Schutz der Zertifizierung und den mehrparteiengerechten Schutz der MPZ-Basissysteminfrastruktur kann damit die Anwendungs- und Konfigurationskontrolle verbindlich nachweisbar und exklusiv an organisatorisch/inhaltlich Zuständige zurückgegeben werden.

---

[1] Digitale Signaturen hatten bereits Eingang in spezielle rechtliche Regelungen gefunden, vgl. Registerverfahrenbeschleunigungsgesetz [BGBL93] bzw. Grundbuchverordnung [BGBL95]. Zum 1.8.97 trat mit dem Signaturgesetz im Rahmen des IuKD-Gesetzes [IuKDG97] eine neue gesetzliche Regelung zur Rechtsverbindlichkeit der Digitalen Signatur mit Unterschriftsfunktion in Kraft.

Als neue Qualitäten der Systemkontrolle werden so verbindliche Kontroll-inspektionen, Betriebsauflagen und Steuerungen für vernetzte IT-Systeme unabhängig von Systembetreibern und Systemadministratoren möglich (d.h. auch von firmenexterner Seite her, vgl. Abbildung 2).

Eine weitere neue Qualität mehrparteiengerechter Datenverarbeitung wird durch die manipulationsgeschützte Übertragung von MPZ-Programmzer-tifikaten auf die Ein-/Ausgaben der mpz-geschützten Programme erreicht (Input-Output-Zertifizierung mittels MPZ, kurz *MPZ-IO*). Denn eine durch-geführte Bearbeitung oder Erzeugung von Daten durch vorgesehene und zertifizierte Programme wird anhand der *MPZ-IO*-Zertifikate verbindlich nachweisbar (Abstammungsnachweis). Dies ist z.b. bei der Erzeugung von Gebührendaten durch Abrechnungsprogramme von höchstem Interesse.

Die neuen Sicherheitsqualitäten sind von zentraler Bedeutung für An-wendungen mit nachweisbarer Funktionalitätszusicherung und verbindlicher Kontrolle zwischen mehreren Parteien, wie Abrechnungssysteme, Anlagen-überwachungssysteme, Elektronische (Waren-)Börsen, Zugangsschutzsyste-me für firmeninterne Netze (Firewalls), Workflow-Management-Systeme im Büro- und Technikbereich, verbindliche Softwaredistribution und Konfigura-tionsverwaltung sowie beim Einsatz kryptographischer Software selbst. Mit-tels des MPZ-Systems wird zur Zeit am FhG-IITB ein Sicherheitsserver für die Konfigurationsverwaltung bei Fernwartung realisiert.

2.1.2 Digitale Mehrparteien-Zertifizierung und Formale Begriffsanalyse

Bei der Einführung mehrparteiengerechter Systemkontrolle, die gleichzeitig der Organisationsstruktur *und* der Systemstruktur gerecht wird, gilt es, zwei Kontrollhierarchien zu beachten. Die eine Kontrollhierarchie ist die der Or-ganisationsstruktur zwischen den Stellen der Organisation, die andere Kon-trollhierachie ist die Benutzt-Relation der Systemmodule. Insbesondere soll je nach Kontrollpolitik eine Stelle einer Organisation, die einen Systemmodul direkt oder indirekt benötigt, selber oder aber eine ihr organisatorisch vor-gesetzte Stelle Einfluß auf Kontrollrechte dieses Moduls haben. Dabei kann dieser Einfluß direkt oder auch indirekt (zur Entlastung) über jeweils vertrau-enswürdige Dritte bzw. deren manipulationsgeschützte Programme wahrge-nommen werden.

Die Abweichung der realen Kontrollschnittstellen bei IT-Systemen von diesem beschriebenen Idealzustand wird nach Strack [Stra95a] subsumiert unter dem Phänomen der virtuellen Schnittstellenverbreiterung SVB, das für betroffene Benutzer die schnittstellentechnische Ursache für unerwünsch-te Kontrolleinflüsse durch Nicht-Zuständige liefert. In heutigen Systemen kann ein Benutzer ohne Administratorunterstützung typischerweise weder unabhängig prüfen noch festschreiben, welche Systemkonfiguration bei der Arbeit mit dem System zugrundeliegt. Damit ist die Kontrollschnittstelle des Benutzers mindestens um diese Kontrollschnittstellen der Administratoren verbreitert. Das IT-System präsentiert sich dabei dem Benutzer typischerweise wie ein Eisberg mit nur sichtbarer Eisbergspitze, bei dem der überwiegende Anteil des Systems jedoch weder erkennbar noch steuerbar ist und damit entsprechendes Bedrohungspotential liefert.

Grundsätzlich kann auf der Systemarchitekturebene die SVB durch Einführung der MPZ abgebaut werden. Dabei setzt die MPZ als integraler Systembestandteil auf mehrparteiengerechter Systeminitialisierung mittels erweitertem *Secure Booting* auf, da so nur unversehrte mpz-geschützte Software bearbeitet werden kann. Bei dieser globalen Sicht bleibt jedoch das Problem der modultechnischen Schnittstellenverbreiterung MSVB offen. D.h. es stellt sich die Frage, wie für nach außen angebotene Dienste und Module des Systems (Eisbergspitze), die von Stellen einer Organisation in Anspruch genommen werden sollen, die Kontrollrechte für die dafür notwendige systeminterne Modulinfrastruktur im Sinne der Benutzt-Relation (Unterwasseranteil des Eisbergs) unter den Stellen zu verteilen ist. Die Verteilung der Kontrollrechte über die Module ist dabei so vorzunehmen, daß die angestrebte Kontrollpolitik auch mehrparteiengerecht durchgesetzt wird. Deren Umgehung auf systemtechnischer Ebene durch unerwünschte Kontrolleinflußnahme von Parteien auf die Modulinfrastruktur (Unterwasseranteil des Eisbergs) mit ihren Kontrollschnittstellen muß daher durch diese Verteilung verhindert werden (Reduktion der MSVB). Für eine so ausgelegte Verteilung der Kontrollrechte über Stellen und Module liefert die Formale Begriffsanalyse ein Ableitungsverfahren und damit die notwendige Zuordnung von Stellen und Modulen für den MPZ-Schutz.

Wegen des hierarchischen Aufbaus von IT-Systemen im Sinne einer "Modul-benötigt-Modul"-Hierarchie wird dies zu einer geteilten Kontrolle über die (gemeinsamen) Module der Systeminfrastruktur mit entsprechenden Kontrollanteilen der von diesen Modulen "betroffenen" Stellen der Organisationsstruktur führen müssen. Dabei ist diese Kontrollteilung in die systemstrukturgerecht geteilte Kontrolle mit Delegation nach dem *MIKA*-Prinzip vgl. [St93a, Stra95a] für die Konfigurationskontrolle einzubetten.

Nach dem MIKA-Prinzip wird die Teilung der Systemkontrolle nach den system- und kontrolltechnisch zu unterscheidenen Ebenen Management, Installation, Kontrollparametrisierung und Anwendungsbenutzung zunächst modulspezifisch vorgenommen. In einem dem Modul entsprechend zugeordnetem SCU^2-Kontrollblock werden diese vier MIKA-Kontrollebenen nach einem erweiterten Mehraugen-Kontrollschema verwaltet. Die SCU-Kontrollblöcke selbst sind wiederum in einer Delegationshierarchie angeordnet, die an die Organisations- und an die MPZ-Basissysteminfrastruktur angepaßt ist. In [St93a, StDB95] findet sich eine Darstellung im Überblick.

---

[2] Shared Control Unit: Kontrollblock der geteilten Kontrolle mit Delegation nach dem MIKA-Prinzip.

2.2 Zweckgebundene Verwendung von Daten im Gesundheitswesen

Im Gesundheitswesen werden personengebundene Daten unter anderem von Ärzten, Krankenhäusern und Krankenversicherungen erhoben. Sie dienen in erster Linie der Therapie der einzelnen Personen. Die Sozialgesetzbüchern legen fest, für welchen Zweck welche Daten verwendet werden dürfen. Bei der näheren Untersuchung der Zwecke stellt sich heraus, daß einzelne Zwecke Teilzwecke haben. Damit wird auf der Menge aller Zwecke, für die Daten erhoben werden, eine Hierarchie definiert. Außerdem sollen bestimmte Daten für die allgemeine Planung des Gesundheitswesens verwendet werden, wozu neue Daten abgeleitet werden. Dies macht die Umsetzung des oben zitierten Prinzips des Bundesverfassungsgerichts zu einer komplizierten Angelegenheit.

Wenden wir uns nun der Hierarchie der Zwecke zu. Wir wollen hier nicht darauf eingehen, wie die Zwecke definiert werden, sondern angeben, mit welchen Regeln diese Hierarchie aufgebaut wird und mit welchen Operationen sie verwaltet wird. Die durch die Sozialgesetze und Urteile festgelegten Zwecke enthalten Teilzwecke (speziellere Zwecke). Ein Datum, das für einen allgemeinen Zweck erhoben wurde, darf auch für jeden Teilzweck dieses allgemeinen Zwecks verwendet werden. Abgeleitete Daten dürfen für einen Zweck verwendet werden, falls jedes Datum, das zur Ableitung gebraucht wird, für diesen Zweck verwendet werden darf. Mit diesen beiden Regeln läßt sich die Hierarchie der Zwecke aus eine Liste der Zwecke aufbauen.

Es wird ein System angestrebt, mit dem zu einem Datum abgefragt werden kann, welche Verwendungszwecke für dieses Datum unter Beachtung der derzeitigen Gesetze und Urteile erlaubt sind. Dazu ist es nötig die Liste der Zwecke zusammen mit den vorgegebenen Oberzweck-Unterzweck-Beziehungen dynamisch zu verwalten. Außerdem ist es nötig, eine Liste von „Fällen" aufzubauen. Ein Fall ist in dieser Liste ein Datum mit den für dieses Datum erlaubten bzw. nicht erlaubten Zwecken. Die Liste der Fälle wird als Liste von Gegenbeispielen benutzt, wenn Anfragen auftauchen, in denen von einem Zweck auf einen anderen Zweck geschlossen werden soll.

Ebenso wie auf den Zwecken liegt auch auf den Daten eine Hierarchie vor. Diese Hierarchie wird durch die Beziehung „ein Datum ist abgeleitet (oder zusammengesetzt) aus anderen Daten" definiert. Im Normalfall wird diese Hierarchie keine Baumhierarchie sein, da Daten durchaus Bestandteil mehrerer anderer Daten sein können bzw. für mehrere Ableitungen benutzt werden können.

Auf diese Anwendung gehen wir im Abschnitt 5. erneut ein.

3. Formalisierungen mittels Formaler Begriffsanalyse

Für die Anwendung der Formalen Begriffsanalyse auf die oben geschilderten Probleme ist es nötig, die Grundsituation, von der Begriffsanalyse ausgeht, herzustellen. Hierzu werden die Menge der Gegenstände und die Menge der Merkmale festgelegt und es wird eine Relation zwischen diesen Mengen etabliert. Zur Terminologie der Begriffsanalyse vergleiche [GW96], [Wi82] oder [Wi87].

In unserer ersten Anwendung werden die Merkmale von den Benutzern des untersuchten Computersystems gebildet. Je nach Feinheit der Analyse können auch Gruppen von Benutzern, die sich hinsichtlich ihrer Zugriffsrechte unterscheiden, betrachtet werden. Die Gegenstände sind in dieser Anwendung die verschiedenen Computerprogramme oder auch Funktionsbibliotheken und Datenbanken, für die jeweils eigene Zugriffsrechte vergeben werden. Die Relation zwischen diesen Mengen ist zunächst einwertig: an der Zugriffskontrolle auf Programm p ist Benutzer b beteiligt. Ein Benutzer ist an der Zugriffskontrolle beteiligt, wenn er eine Änderung der Kontrollrechte freizugeben hat.

Zusätzlich zu diesem Kontext haben wir noch die Hierarchien auf der Menge der Benutzer und der Menge der Programme zu betrachten. Diese Hierarchien entstehen durch die Relation „Wenn Benutzer b_1 an einer beliebigen Zugriffskontrolle beteiligt ist, dann ist dies auch Benutzer b_2" auf der Menge der Benutzer und durch die Relation „Wenn Zugriff auf Programm p_1 benötigt wird, dann auch auf Programm p_2". Programm steht hier stellvertretend für Programm, Modul oder Systemmodul.

In unserer zweiten Anwendung ist die Menge der Gegenstände die Menge aller Daten, jeweils angegeben durch Name und Bedeutung des Datums. Die Menge der Merkmale ist die Menge aller Zwecke, für die im Gesundheitswesen Daten verwendet werden sollen. Die Relation zwischen diesen beiden Mengen ist die Relation „Datum d darf für Zweck z verwendet werden. Wie in der Problemstellung bereits beschrieben, sind auch hier die Hierarchien auf den Daten und den Zwecken zu beachten. Diese Hierarchien werden durch die Relationen „Datum d_1 wird zur Ableitung von Datum d_2 verwendet" und „Zweck z_1 enthält Teilzweck z_2" aufgebaut.

Beiden Anwendungen ist gemeinsam, daß neben der Grundsituation der Formalen Begriffsanalyse, dem Kontext, noch Hierarchien auf Gegenständen und Merkmalen beachtet werden müssen, um von einem Abfragesystem gültige Antworten auf Fragen wie „Ist es erlaubt, Datum d für Zweck z zu verwenden?" oder „Ist Benutzer b an der Zugriffskontrolle für Programm p beteiligt" zu erhalten. Um die Beachtung dieser Hierarchien sicherzustellen, müssen bestimmte Konsistenzbedingungen von den Relationen eingehalten werden. Diese Bedingungen sind:

$$g_1 \leq_G g_2 \quad \Rightarrow \quad (\forall m \in M : g_2 I m \Rightarrow g_1 I m)$$
$$m_1 \leq_M m_2 \quad \Rightarrow \quad (\forall g \in G : g I m_1 \Rightarrow g I m_2)$$

Hierbei ist G jeweils die Menge der Gegenstände und M die Menge der Merkmale, während die Relation mit I bezeichnet wird. Die Relation

$g_1 \leq_G g_2$, die die Hierarchie der Gegenstände festlegt, ist im Fall der Zugriffskontrolle „Wenn Zugriff auf Programm g_2 benötigt wird, dann auch auf Programm g_1" und im Fall des Datenschutzes „Datum g_1 darf für jeden Zweck verwendet werden, für den auch Datum g_2 verwendet werden darf". Bemerkenswert ist bei dieser Festlegung der Hierarchie, daß dabei allgemeine Daten unter spezielleren (Teil-)Daten liegen. Diese Festlegung ist aber konform mit der Hierarchie der Begriffe, die sich aus der Relation I ergibt.

Auf der Seite der Merkmale ist die Relation $m_1 \leq_M m_2$ im Fall der Zugriffskontrolle „Benutzer m_2 ist an jeder Zugriffskontrolle beteiligt, an der Benutzer m_1 beteiligt ist" und im Fall des Datenschutzes „Zweck m_1 enthält Teilzweck m_2". Die Konsistenzbedingungen sichern ab, daß die Gegenstands- und Merkmalsbegriffe im Begriffsverband die vorgegebenen Hierarchien widerspiegeln. Für das angedeutete Abfragesystem bedeutet dies, daß aus der Relation, die den Zusammenhang zwischen Gegenständen und Merkmalen definiert, eine zweite Relation berechnet wird, die die definierende Relation enthält und die Konsistenzbedingungen beachtet (vgl. Abb. 6).

Für die Hierarchien auf den Gegenständen und Merkmalen betrachten wir noch die ordnungstheoretischen Begriffe des Ordnungsfilters und des Ordnungsideals einer geordneten Menge (vgl. [Er82] oder [GW96, p. 57]). Ein Ordnungsideal O der geordneten Menge $(G, \leq_G)$ ist eine Teilmenge von G mit der Eigenschaft $O = \{g \in G \mid \exists h \in O : g \leq h\}$. Dual ist ein Ordnungsfilter F der geordneten Menge $(G, \leq_G)$ eine Teilmenge von G mit der Eigenschaft $F = \{g \in G \mid \exists h \in F : h \leq g\}$. Für eine beliebige Teilmenge $A \subseteq G$ ist $\{g \in G \mid \exists h \in A : g \leq h\}$ das von A erzeugte Ordnungsideal. Entsprechend ist $\{g \in G \mid \exists h \in A : h \leq g\}$ der von A erzeugte Ordnungsfilter.

Wesentliches Hilfsmittel zur Modellierung sind die Ableitungsoperatoren auf G und M, wie sie in [Wi82] eingeführt werden. Sei $A \subseteq G$ und $B \subseteq M$. Dann ist definiert

$$A' := \{m \in M \mid \forall g \in A : gIm\}$$
$$B' := \{g \in G \mid \forall m \in B : gIm\}$$

A' ist der von A erzeugte (Begriffs-)Inhalt und B' der von B erzeugte (Begriffs-)Umfang.

Zu beachten ist, daß für $A \subseteq G$ der erzeugte Inhalt A' ein Ordnungsfilter in $(M, \leq_M)$ ist und für $B \subseteq M$ der erzeugte Umfang B' ein Ordnungsideal in $(G, \leq_G)$ ist. Dagegen ist ein Ordnungsfilter nicht notwendig ein Inhalt und ein Ordnungsideal nicht notwendig ein Umfang.

4. Ein System zur mehrparteiengerechten Zugriffskontrolle

Die Formalisierung aus dem vorangegangenen Abschnitt wird nun auf die Problemstellung aus dem ersten Abschnitt für IT-Systeme angewandt, vgl.

[St95]. Anhand eines kleinen Beispiels werden die Definitionen und die Ergebnisse zunächst für die systeminterne Kontrollsicht erläutert. Dazu wird zunächst von einfachen modulbezogenen Rechteschnittstellen ausgegangen (vgl. auch Dittrich [Di83] S. 89 ff). Diese Rechteschnittstellen können nach dem MIKA-Prinzip feiner zerlegt werden. Später werden an dem gleichen Beispiel auch die Auswirkungen der organisatorischen Kontrollsicht aufgezeigt. Zusätzlich tritt dann der Schutz mittels MPZ hinzu.

Als Beispiel betrachten wir die organisatorische und die IT-technische Infrastruktur eines Betriebes in groben Einheiten. Die Organistion bestehe aus folgenden acht Einheiten: Vorstand, Personalabteilung, Entwicklung, Controlling, Verkauf, Einkauf, Finanzbuchhaltung und Produktion. Diese Einheiten bilden die Menge M. Die Hierarchie dieser Organisationseinheiten und die zughörige Relation 'Einheit m_1 ist Einheit m_2 vorgesetzt' ist in Abbildung 5 dargestellt. Eine Einheit, die einer anderen Einheit vorgesetzt ist, steht im Diagramm oberhalb dieser anderen Einheit. Zwischen diesen Einheiten gibt es im Diagramm einen absteigenden Linienzug.

In dem Betrieb wird im IT-System mit folgenden Modulen gearbeitet: Frontend Controlling, CAD-System, Frontend Verkauf, Frontend Einkauf, Frontend Finanzbuchhaltung, Frontend Produktion, Backend Disposition 2, Backend Disposition 1, Textverarbeitung, Backend Finanzbuchhaltung, Backend Qualitätskontrolle, Betriebssystem, C-Bibliothek. Diese Module bilden die Menge G. Ihre Hierarchie und die zugehörige Relation 'Modul g_1 wird von Modul g_2 benutzt' ist in Abbildung 3 dargestellt. Ein Modul steht im Diagramm oberhalb aller Module, die es benutzt. Von diesem Modul gibt es zu jedem benutzten Modul einen absteigenden Linienzug.

Definition 1 (Modulhierarchie und Schnittstellenverbreiterung).
Es sei M die Menge der Organisationseinheiten („Benutzer") einer Organisation und G die Menge der Software-Module („Programme"), die von den Organisationseinheiten aus M genutzt werden kann. Mit $G_i \subseteq G, M_i \subseteq M$ seien Teilmengen bezeichnet. Es sei $I \subseteq G \times M$ die folgende Relation (mit $g \in G$ und $m \in M$)

$$gIm \ :\Longleftrightarrow \ \text{Organisationseinheit } m \text{ benötigt Modul } g$$

1. Durch das Mengenpaar $(G_1, M_1) \in \wp(G) \times \wp(M)$ wird eine Schnittstellenkontrollzuordnung, oder kurz eine Schnittstellenzuordnung, von (Modulkontrollschnittstellen) G_1 zu M_1 (in $G \times M$) zur Zuweisung von Modulrechten an M_1 definiert, d.h. alle $m \in M_1$ haben Modulrechte für alle $g \in G_1$.
   Gilt dabei gIm für alle $g \in G_1$ und für alle $m \in M_1$, so heißt (G_1, M_1) eine mit der Relation I verträgliche Schnittstellenzuordnung oder kurz I-konforme Schnittstellenzuordnung.
   Für eine Indexmenge J heiße eine Menge von Schnittstellenzuordnungen $\{(G_i, M_i) \mid i \in J\}$ auch System von Schnittstellenzuordnungen oder

Schnittstellenkontrollsystem. Eine Eigenschaft, die für alle Schnittstellen-zuordnungen eines Schnittstellenkontrollsystems gilt, heißt Eigenschaft des Schnittstellenkontrollsystems.

2. Es sei durch die Relation „Modul g_2 benötigt Modul g_1" die technische Modulkopplung formalisiert. Durch die Ordnung $\leq_{H_M}$ auf G, definiert mit:

$g_1 \leq_{H_M} g_2$: g_1 wird von g_2 zum Ablauf auf dem IT-System benötigt

wird auf G die Modulhierarchie H_M definiert. g_2 heißt dann auch Ober-modul von g_1 und g_1 Untermodul von g_2. Ein Beispiel für H_M ist in Abbildung 3 dargestellt.

3. Sei $\mathrm{msvb}_{H_M}(G_1)$ das von G_1 in H_M erzeugte Ordnungsideal. Eine Schnittstellenzuordnung (G_1, M_1) heißt technisch stabil oder technisch abgeschlossen gegenüber modultechnischer Schnittstellenverbreiterung (bezüglich H_M), wenn $G_1 = \mathrm{msvb}_{H_M}(G_1)$, d.h. wenn die Modulmenge G_1 bereits alle für G_1 benötigten Module enthält. Dabei ist die Abbildung $\mathrm{msvb}_{H_M} : G \to \wp(G)$ mit $\mathrm{msvb}_{H_M}(g) := \{h \in G \mid h \leq g\}$ die durch H_M auf G induzierte Schnittstellenverbreiterung mit $G_1 \subseteq \mathrm{msvb}(G_1)$ für alle $G_1 \subseteq G$. Falls H_M feststeht, schreiben wir msvb anstelle von msvb_{H_M}.

4. Eine I-konforme Schnittstellenzuordnung (G_1, M_1) heißt organisatorisch stabil oder organisatorisch abgeschlossen gegenüber modultechnischer Schnittstellenverbreiterung, wenn G_1 der von M_1 erzeugte Umfang ist: $G_1 = M_1'$ d.h. wenn die Organisationseinheitenmenge M_1 bereits alle Organisationseinheiten enthält, die die Modulmenge G_1 benötigen.

5. Eine Schnittstellenzuordnung (G_1, M_1) heißt stabil oder abgeschlossen gegenüber modultechnischer Schnittstellenverbreiterung, wenn sie I-kon-form ist und technisch sowie organisatorisch stabil gegenüber modultech-nischer Schnittstellenverbreiterung ist.

Für das Beispiel, das diesen Abschnitt einleitet, betrachten wir folgendes Schnittstellenkontrollsystem, das Grundlage der berechneten Relation I in Abbildung 6 ist.

– Im Controlling wird auf das Frontend Controlling zugegriffen.
– In der Entwicklung wird auf das CAD-System zugegriffen.
– Im Verkauf wird auf das Frontend Verkauf zugegriffen.
– Im Einkauf wird auf das Frontend Einkauf zugegriffen.
– In der Finanzbuchhaltung wird auf das Frontend Finanzbuchhaltung zu-gegriffen.
– In der Produktion wird auf das Frontend Produktion zugegriffen.

Nun wird gezeigt, wie basierend auf der Formalen Begriffsanalyse, organi-satorisch *und* technisch sinnvolle sowie stabile Kontrollkomitees unter obigen Kontrollaspekten gebildet werden können.

$\mathcal{B}(G, M, I)$ sei der zugehörige Begriffsverband mit den Ableitungsopera-toren $'$ und der Begriffsanzahl $n := \mid \mathcal{B}(G, M, I) \mid$. Dann gilt:

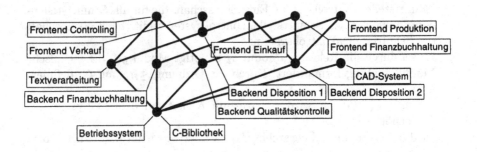

	Frontend Controlling	CAD-System	Frontend Verkauf	Frontend Einkauf	Frontend Finanzbuchhaltung	Frontend Produktion	Backend Disposition 2	Backend Disposition 1	Textverarbeitung	Backend Finanzbuchhaltung	Backend Qualitätskontrolle	C-Bibliothek Betriebssystem
Frontend Controlling	X											
CAD-System		X										
Frontend Verkauf			X									
Frontend Einkauf				X								
Frontend Finanzbuchhaltung					X							
Frontend Produktion						X						
Backend Disposition 2				X	X	X	X					
Backend Disposition 1			X	X				X				
Textverarbeitung	X		X	X				X	X			
Backend Finanzbuchhaltung	X				X					X		
Backend Qualitätskontrolle	X					X					X	
C-Bibliothek| Betriebssystem	X	X	X	X	X	X	X	X	X	X	X	X

Abbildung 3 Hierarchie der Module

1. Der Begriffsverband $\mathcal{B}(G, M, I)$ repräsentiert mit seinen Begriffen (G_i, M_i), $i \in \{1, ..., n\}$, die I-konformen Paarmengen von Organisationseinheiten und Modulen, die als Invarianten der Hüllenoperatoren $''$ auf $\wp(G)$ und $\wp(M)$ dadurch bestimmt sind, daß alle Organisationseinheiten aus den Begriffsinhalten M_i genau die Modulrechte aus den Begriffsumfängen G_i gemeinsam benötigen und dual die Begriffsumfänge G_i als Modulkonstellation gemeinsam genau von den Organisationseinheiten aus den Begriffsinhalten M_i benötigt werden.

2. Die Begriffe aus $\mathcal{B}(G, M, I)$ sind dabei stabil bezüglich der durch H_M induzierten modultechnischen Schnittstellenverbreiterung.

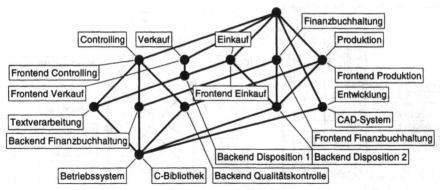

Abbildung 4 Verband der Kontrollkomitees und kontrollierten Module mit Berücksichtigung der Modulhierarchie aus Abb. 3

3. Ist I organisationsgerecht, so ist auch $\mathcal{B}(G, M, I)$ organisationsgerecht.
4. Werden unter den Organisationseinheiten der Begriffsinhalten die Rechte geteilt, so ist

$\mathcal{B}(G, M, I)$ gleichzeitig ein strikt mehrparteiengerechtes Schnittstellenkontrollsystem.

Zum Beweis siehe [Stra95a]. Der Beweis beruht im wesentlichen auf der Erfüllung der Konsistenzbedingungen aus Abschnitt 3.

Für unser Beispiel ist der Begriffsverband, der sich aus dem Schnittstellenkontrollsystem und der Modulhierarchie ergibt, in Abbildung 4 dargestellt. Die Begriffsinhalte legen die Kontrollkomitees fest und die Begriffsumfänge legen die von diesen Komitees kontrollierten Module fest. Die Ordnung der Gegenstandsbegriffe dieses Verbandes ist die Modulhierarchie aus Abbildung 3. Die Ordnung der Merkmale wird aus den sechs unvergleichbaren Organisationseinheiten gebildet, die an Anfang dieses Abschnitts erwähnt sind. Die Zuordnung zwischen Organisationseinheiten und Modulen ist das Schnittstellenkontrollsystem von Seite 187.

Nach Aspekten der technischen Modulhierarchie werden jetzt zusätzlich Aspekte der organisatorischen Hierarchie hinsichtlich der Modulkontrolle betrachtet. Im Beispiel nehmen wir eine Organisationshierarchie an, wie sie in Abbildung 5 zusammen mit der Relation 'Einheit m_1 ist Einheit m_2 vorgesetzt' dargestellt ist. In diese Relation ist aus formalen Gründen der Spezialfall 'Einheit m_1 ist sich selbst vorgesetzt' mit aufgenommen. Dies ist für die spätere Berechnung notwendig.

Die Organisationshierarchie kann in unterschiedlicher Weise in die Modulkontrolle einbezogen werden.

– Hat ein Vorgesetzter alle Rechte seiner Untergebenen, so findet die Modulkontrolle 'strikt organisationskonform' statt. Diese Form wird im folgenden Beispiel betrachtet. Sie ist einfach zu modellieren, ist jedoch für die Praxis sehr starr.

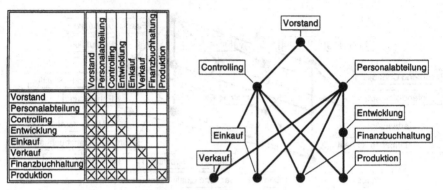

Abbildung 5 Hierarchie der Organisationseinheiten

- Trennt man zwischen Zugriffsrecht und Kontrollrecht, so spricht man von 'organisationsgerechter' Modulkontrolle.
- Ist jeder an einer Rechtevergabe beteiligt, der auf ein Modul zugreifen will, so ist die Modulkontrolle 'mehrparteiengerecht'.

Definition 2 (Organisationshierarchie und Modulkontrolle). Der Kontext (G, M, I) sei auch hier wie in Definition 1 definiert.

1. Es sei eine Organisationshierarchie H_O auf M durch die geordnete Menge $H_O := (M, \leq)$ definiert mit:

   $m_1 \leq m_2 \; :\Longleftrightarrow \; m_2$ ist Vorgesetzter des Untergebenen m_1.

2. Die Relation $I \subseteq G \times M$ heißt strikt organisationskonform, genau dann wenn für $m_1, m_2 \in M$ und $g \in G$ gilt:

   $(g, m_1) \in I$ und $m_1 \leq m_2 \Rightarrow (g, m_2) \in I$.

   Diese Bedingung ist äquivalent zu den Konsistenzbedingungen in Abschnitt 3.. Eine Schnittstellenzuordnung (G_1, M_1) wie oben heißt strikt konform bezüglich der Organisationshierarchie H_O bzw. abgekürzt "strikt organisationskonform" (bezüglich H_O), wenn M_1 Ordnungsfilter von H_O ist.

3. Für "organisationsgerecht" wird man weniger fordern. Für Schnittstellenkontrollen gemäß der MIKA-Zerlegung, wird daher definiert:

   Eine Relation $I \subseteq G \times M$ heißt organisationsgerecht (bezüglich H_O), wenn für $g \in G$ und $m_1, m_2 \in M$ gilt: $(g, m_1) \in I$ und $m_2 \geq m_1 \Rightarrow m_2$ hat ein Kontroll- oder Managementrecht für g.

   Ein Schnittstellenzuordnungssystem $\{(G_i, M_i) \mid i \in J\}$ heißt organisationsgerecht (bezüglich H_O nach MIKA-Zerlegung), wenn für jedes Paar (G_i, M_i) mit $i \in J$ gilt:

   alle Vorgesetzten von $m \in M_i$ haben Management- oder Kontrollrechte für $g \in G_1$, falls m diese Rechte hat.

4. Für "strikt mehrparteiengerechte" Schnittstellenkontrollen wird definiert:

   Ein Schnittstellenkontrollsystem $\mathcal{K} := \{(G_i, M_i) \mid \forall i \in J : G_i \subseteq G, M_i \subseteq$

	Vorstand	Personalabteilung	Controlling	Entwicklung	Verkauf	Einkauf	Finanzbuchhaltung	Produktion
Frontend Controlling			X					
CAD-System				X				
Frontend Verkauf					X			
Frontend Einkauf						X		
Frontend Finanzbuchhaltung							X	
Frontend Produktion								X
Backend Disposition 2								
Backend Disposition 1								
Textverarbeitung								
Backend Finanzbuchhaltung								
Backend Qualitätskontrolle								
C-Bibliothekl Betriebssystem								

	Vorstand	Personalabteilung	Controlling	Entwicklung	Verkauf	Einkauf	Finanzbuchhaltung	Produktion
Frontend Controlling	X	X						
CAD-System	X	X	X					
Frontend Verkauf	X	X	X	X				
Frontend Einkauf	X	X	X		X			
Frontend Finanzbuchhaltung	X	X	X				X	
Frontend Produktion	X	X	X	X				X
Backend Disposition 2	X	X	X	X		X	X	X
Backend Disposition 1	X	X	X		X	X		
Textverarbeitung	X	X	X		X	X		
Backend Finanzbuchhaltung	X	X	X				X	
Backend Qualitätskontrolle	X	X	X	X				X
C-Bibliothekl Betriebssystem	X	X	X	X	X	X	X	X

Abbildung 6 Schnittstellenkontrollsystem und Relation I

$M\}$ heißt strikt mehrparteiengerecht (oder strikt kooperationsgerecht), wenn es stabil gegen modultechnische Schnittstellenverbreiterung ist und wenn für jede Schnittstellenzuordnung (G_i, M_i) aus $\mathcal{K}$ die Rechte für $g \in G_i$ unter den Organisationseinheiten aus M_i geteilt sind, so daß die Zustimmung aller $m \in M_i$ zur Rechteerteilung für g notwendig ist.

Die Berechnung des Verbandes der Kontrollrechte basiert auf folgender Relation $I \subseteq G \times M$, die aus der Organisationshierarchie H_O, der Modulhierarchie H_M und dem Schnittstellenkontrollsystem $(G_j \times M_j), j \in J$ zusammengesetzt wird. Diese Definition formalisiert die Definition der Relation I in Def. 1 und bezieht die Hierarchie der Organisationseinheiten mit ein.

$$gIm : \iff \exists j \in J, \exists h \in G_j, \exists n \in M_j : g \leq_{H_M} h, (h,n) \in G_j \times M_j, n \leq_{H_O} m$$

Diese Relation ist für das Beispiel in Abbildung 6 dargestellt.

Aus diesen Definitionen ergeben sich zusätzlich bei Berücksichtigung der Organisationshierarchie folgende Aussagen.

1. Für jedes Modul bestimmen die Gegenstandsbegriffe $\gamma(g), g \in G$, mit ihrem Inhalt g' alle Organisationseinheiten, die das Modul bzw. das Modulrecht g direkt oder indirekt benötigen. Andererseits bestimmen für jede Organisationseinheit die Merkmalsbegriffe $\mu(m), m \in M$, mit ihrem Umfang alle Module bzw. Modulrechte, die von m direkt oder indirekt benötigt werden.

2. Der Begriff $\mu(m)$ ist dabei Oberbegriff von allen $\gamma(g)$, deren Modul bzw. Modulrecht g von der Organisationseinheit m benötigt wird. $\mu(m)$ ist dabei Oberbegriff von allen $\gamma(g)$, deren Organisationseinheit g das Modul bzw. Modulrecht m benötigt.

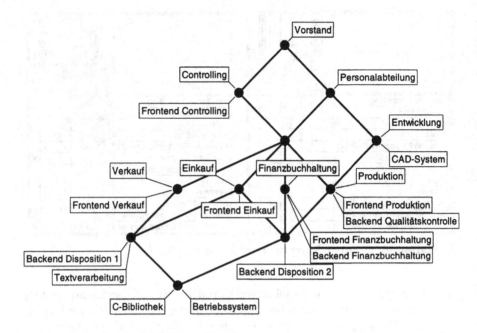

Abbildung 7 Verband der Kontrollkomitees

3. Exklusiv nur einer Organisationseinheit m (via I) zugeordnete Module, d.h. "private" Module von m, gibt es genau dann, wenn $\mu(m)$ im Begriffsinhalt nur m enthält und der Begriffsumfang von $\mu(m)$ diese Module als erzeugende Elemente enthält. Für solche privaten Module g einer Organisationseinheit m bezüglich der Organisationshierarchie H_O ist $\mu(m) = \gamma(g)$.

4. Feiner interpretiert bezüglich Organisationshierarchien:
Ist I strikt organisationskonform, so ist auch $\mathcal{B}(G, M, I)$ strikt organisationskonform und es gilt:

$$\forall g \in G,\ \forall m \in M,\ \forall h \leq_{H_M} g,\ \forall n \geq_{H_O} m : gIm \Rightarrow hIn$$

d.h. für die Begriffe von $\mathcal{B}(G, M, I)$ sind die Begriffsinhalte bezüglich der Organisationshierarchie H_O und die Begriffsumfänge bezüglich der Modulhierarchie H_M abgeschlossen.

Zum Beweis siehe [Stra95a].

Für mehrparteien- bzw. organisationsgerechte Kontrolle wurde gefordert, daß jede technische Abhängigkeit einer Organisationseinheit von einem Modul direkte oder indirekte Kontrollrechte für diese Organisationseinheit bzw. ihre Vorgesetzten bezogen auf dieses Modul zur Folge haben muß. Unabdingbar ist diese modulbezogene Kontrolle, wenn man echte Datenverarbeitung betrachtet, die über bloße Speicher- und Transportfunktionalität für Daten hinausgeht. Bei reiner Speicher- und Transport-Funktionalität kann man sich gegen Integritäts-, Authentizitäts- und Vertraulichkeitsverletzung rein kryptographisch bezogen auf die Daten schützen (kryptographischer Kommunikationsschutz). Bei der echten Datenverarbeitung reicht dies dagegen nicht aus, da die verarbeitenden Programmeinheiten, die mit ihnen durchgeführten Verarbeitungsvorgänge und deren Steuerung ebenfalls geschützt werden müssen.

Folgerungen und Interpretationen für die IT-Systemkontrolle (es seien B, G, M, I, H_O, H_M wie oben definiert):

1. Systeminterpretation für geteilte Kontrolle mit Delegation nach dem MIKA-Prinzip: Im Schema der geteilten Kontrolle mit Delegation ist zur Erreichung organisations- oder mehrparteiengerechte Kontrollstrukturen zunächst die von einer SCU zu kontrollierende Modulmenge so zu erweitern, daß sie modultechnisch abgeschlossen ist. Bezogen auf einen Modul $g \in G$ erreicht man dies durch Aufnahme von zustimmungspflichtigen Vertretern Kontrollkommitees für Module $g_i \in G$, die von dem Modul g benötigt werden oder alternativ durch Erweiterung der bisherigen Modulmenge g der SCU um alle Module g_i. Andererseits nimmt man im Kontrollkomitee für den so erweiterten Modulkontrollbereich von g Vertreter der Organisationseinheiten auf, die die gleiche Modulkombination benötigen, d.h. alle Mitglieder des Inhalts von $\gamma(g)$.

2. Zusammengefaßt: für mehrparteiengerechte oder organisationsgerechte SCU-Kontrollkomitees $K \subseteq M$ mit zu kontrollierender Modulmenge $H \subseteq G$ ist Abgeschlossenheit bezüglich folgender Operatoren notwendig:
   a) $H \mapsto H''$
   b) $H \mapsto \{g \in G \mid \forall h \in H : g \leq_{H_M} h\}$
   c) $K \mapsto K''$

3. Die Abgeschlossenheit ist gegeben, wenn man die Kontrollkomitees mit den Begriffsinhalten von $\mathcal{B}(G, M, I)$ besetzt. Im Sinne der obigen Definitionen 1 und 2 von Sicherheitsmaßen für mehrparteien- bzw. organisationsgerechte Systeme ist ein so gebautes Kontrollsystem daher sicher.

4. Die Rechtebeteiligung der Organisationseinheiten im Sinne von Punkt 1 kann z. B. durch Vergabe entsprechend erweiterter Privilege Attribute Certificates ($PACs$)[3] realisiert werden. An die betreffenden Organisationseinheiten werden $PACs$ mit kombinierten Modulrechten für die Gesamtheit der durch die formalen Begriffe zugeordneten Module vergeben. Als Voraussetzung ist die technische Modulkopplung dabei durch ein für alle betroffenen Parteien vertrauenswürdiges und geschütztes Werkzeug explizit sichtbar zu machen und in entsprechende signaturgeschützte $PACs$ umzusetzen.

---

[3] Privilege Attribute Certificate: Ein Rechteticket, durch digitale Signaturen geschützt, vgl. [PiPK93, ECMA89]

5. Die Rechteverteilung, die sich aus der Organisationsstruktur und der Benutzersicht der Modulhierarchie ergibt, ist dem Problem mehrparteien- bzw. organisationsgerechter IT-Kontrolle nicht angemessen. Allein auf dieser Motivation basierende Strukturierungsvorschläge berücksichtigen nicht Bedrohungen, die aus der technischen Kopplung zwischen Modulen über Submodule und Kontrollproblemen für diese Submodule entstehen. Daher wird die Hierarchie der Module verwendet und es werden technisch stabile Modulmengen gebildet. Dann wirkt die Modulverteilung mit ihren technisch bedingten Submodulkopplungen auf die zunächst aus organisatorischer Sicht vorgenommene Rechteverteilung zurück. Sie erweitert entsprechend rein organisatorisch motivierte SCU-Komiteebesetzungen zu den notwendigen kleinsten modulkopplungsbedingten Obermengen, die notwendig sind um die Modulkopplungen zu respektieren.

6. Voraussetzung für die Durchsetzung der hier genannten Mechanismen im Netz ist pro Netzknoten eine digital mehrparteien-zertifizierte Software-Infrastruktur und mehrparteien-gerecht hardware-geschützte Hardware-Infrastruktur, vgl. Abschnitt 2. Erst diese MPZ-Systeminfrastruktur ermöglicht es gegenüber lokalen Betreibern nicht-lokale Kontrollstrukturen und Auflagen durchzusetzen sowie vertrauenwürdig Moduleigenschaften wie auch Modulkopplungen nachzuweisen. Grundlage ist dabei, daß die Zertifizierungen bzw. Kontrollparametrisierungen von Parteien stammen, denen die betroffenen Systemnutzerparteien vertrauen oder die die Weisungsbefugnis bzw. Berechtigung für die Inanspruchnahme dieses (pflichtgemäßen) Vertrauens haben (z.B.: privatrechtliche Kontrollorgane, der Staat in seinem verpflichtenden Gestaltungsfeld mittels Legislative, Judikative und Exekutive).

7. Kontrollinterpretation für verteilte Systeme: In einem verteilten System ist für eine Organisationseinheit m eine mehrparteien-zertifizierte Systemauthentifikation mit Schnappschuß-Sperr-Funktionalität notwendig durch Zertifikatsparteien, denen m persönlich oder pflichtgemäß vertraut, für von m verwendete Remote-Rechner, wenn irgendeiner der Unterbegriffe von $\mu(m)$ in seinem Inhalt Module von diesem Remote-Rechner enthält, die für m nicht nur "Speicher- und Transportfunktion" erfüllen (gegen Bedrohungen dieser Module kann man sich bereits mit nur datenbezogenen kryptographischen Mitteln schützen).

Die Ergebnisse können in folgender Weise angewandt werden, um kombiniert mit MPZ für mehrere Parteien zertifizierungstechnisch nachweisbare Vertrauenswürdigkeit bei IT-Systemen zu erreichen:

1. SCU-Besetzung bei Systemen mit geteilter Kontrolle mit Delegation und MPZ: Bei Neuinstallation von Anwendungsprogrammen in einem SCU-verwalteten IT-System und der Zuweisung der zugehörigen SCU-Besetzungen zu einer Anwendung wird der entsprechende Verband der Kontrollrechte durch ein von einer vertrauenswürdigen dritten Instanz digital zertifiziertes Analyseprogramm berechnet, welches dazu als Eingabe

die organisatorisch vorgesehenen Mitglieder der *SCU*-Besatzung und den mpz-geschützten Anwendungsprogramm-Code erhält. Aus diesen Eingaben bestimmt das Analyseprogramm unter Rückgriff auf eine Organisationsdatenbank und auf ein Analysewerkzeug für Modulabhängigkeiten den formalen Kontext der Kontrollrechte und berechnet dann den Begriffsverband.

Aus dem Begriffsverband der Kontrollrechte werden dann die Mitbeteiligungsrechte der *SCU*-Besatzung bei anderen *SCUs* ermittelt (über die Begriffsumfänge aller Unterbegriffe des betrachteten *SCU*-Begriffs) und in Form entsprechend signierter *PACs* an die betroffenen Organisationseinheiten und die *SCU*-Verwaltungssysteme ausgegeben.

2. Neben dieser Lösung mit *MPZ*-geschützter Basissysteminfrastrukur, bei der das digital zertifizierte Modulverwaltungssystem die Anordnung der Organisationseinheiten und Module zu formalen Begriffen wahrnimmt, ist auch eine direkter auf Modulebene aufsetzende Lösung denkbar. Bei der Prüfung von Mehrparteien-Signaturen auf einzelnen Modulen könnten dabei Konfigurationen ersatzweise durch Mehrparteien-Signaturen versiegelt werden. Diese Mehrparteien-Signaturen erstrecken sich jeweils über die Menge der Module im Begriffsumfang und über die Mitglieder im Begriffsinhalt eines Begriffs des Verbandes der Kontrollrechte. In der Praxis wäre diese Prüfung zur Aufwandsentlastung zu kombinieren mit geeigneten Sperrmechanismen für Modifikationszugänge der geprüften Module in einem Schutzsystem (Gralshüterprinzip), so daß Prüfungen nur bei Verletzungen des Schutzsystems notwendig würden.

3. Man kann die durch Evaluierer zertifizierte Verringerung der modultechnischen Schnittstellenverbreiterung als Vertrauenswürdigkeitsmaß nutzen. Dieses kann durch vorzertifizierte Vorbedingungen für Modulimporte von Modulen geschehen, digital zertifiziert in deren MPZ-Zertifikatstexten. Durch diese Vorzertifizierung und entsprechende Prüfung bei Modulnutzung durch das MPZ-geschützte Zugriffskontrollsystem erreicht man eine digital zertifizierte Verringerung der Schnittstellenverbreiterung und damit ein meßbar vertrauenswürdigeres IT-System.

5. Datenzugriffe unter Beachtung des Datenschutzes

Wir greifen in diesem Abschnitt das Beispiel aus Abschnitt 2.2 wieder auf. Wir widmen uns der Frage, was Formale Begriffsanalyse für die Zugriffsrechte auf Daten liefert. Dies dient dem Aufbau des oben skizzierten Systems zur Abfrage der erlaubten Verwendungszwecke zu einem Datum. Das System basiert auf den Hierarchien der Zwecke und der Daten und der Relation zwischen Daten und Zwecken. Dabei übernehmen die Daten die Rolle der Gegenstände und die Zwecke die Rolle der Merkmale. Ausgehend von den drei Relationen „ein Datum darf für einen Zweck verwendet werden" und „Datum d_1 wird zur Ableitung von Datum d_2 verwendet" (Hierarchie auf den Daten) und „Zweck z_1 enthält Teilzweck z_2" (Hierarchie auf den Zwecken) liefern die Konsistenzbedingungen aus Abschnitt 3. eine konsistente Sicht auf die Zwecke und Daten. Für die Berechnung des Begriffsverbandes wird zunächst die Relation I gebildet aus der Relation „ein Datum darf für einen Zweck verwendet werden". Aufgrund der beiden Relationen auf den Zwecken und den Daten wird I ergänzt, so daß die Konsistenzbedingungen erfüllt sind. Während der Berechnung können die Ergänzungen sichtbar gemacht werden, so daß Widersprüche erkennbar werden. Ein Widerspruch hierbei tritt auf, wenn einerseits Datum d_1 zur Ableitung von Datum d_2 verwendet wird und d_2 für einen Zweck verwendet werden darf. Andererseits ist aus externem Wissen bekannt, daß d_1 nicht für diesen Zweck verwendet werden darf.

Liegt aufgrund einer konsistenten Relation I ein Begriffsverband vor, so können folgende Zusammenhänge abgelesen werden:

— Welches Datum darf in dieser konsistenten Sicht für welchen Zweck verwendet werden. Zu einem Datum d liefert der Gegenstandsinhalt d' die Menge aller Zwecke, für die dieses Datum verwendet werden darf.

— Analog läßt sich aus dem Merkmalsumfang z' eines Zweckes z ablesen, welche Daten für diesen Zweck verwendet werden dürfen.

— Da aufgrund der Konsistenzbedingungen die Hierarchie der Zwecke im Begriffsverband eingebettet ist, wird die Regel „Wenn ein Datum für einen Zweck verwendet werden darf, so auch für jeden Teilzweck" respektiert und die Resultate dieser Regel können abgelesen werden.

— Die zweite Regel, die im Abschnitt 2.2 genannt wurde, läßt sich auch im Begriffsverband wiederfinden. Ist eine Menge D von Daten für einen Zweck z verwendbar, so ist auch das Supremum dieser Daten für den Zweck z verwendbar. Damit muß jedes Datum, das sich aus D ableitet, oberhalb vom Supremum von D liegen (oder gleich dem Supremum sein). Dabei wird das Supremum im Begriffsverband gebildet.

Wichtigstes Ergebnis ist jedoch, daß mit dem Begriffsverband Fragen der Art „Darf Datum d für Zweck z verwendet werden" automatisch und unter Beachtung der Hierarchien auf Daten und Zwecken beantwortet werden können.

6. Resümee und Ausblick

Es zeigte sich, daß in den Bereichen Zugriffskontrolle und Datenschutz wichtige inhaltliche Forderungen nach mehrparteien-, organisations- und systemgerechter Zugriffskontrolle bzw. nach datenschutzgerechter Verwendung von Personaldaten auf eine gemeinsame Formalisierung mittels um Hierachieverträglichkeiten im Gegenstands- und Merkmalsbereich erweiterter Formaler Begriffsanalyse zurückgeführt werden konnten.

Zur Formalisierung der Schnittstellenverbreiterung in Modulkomplexen wurde ein mathematisches Modell mittels verbandstheoretischer Zugänge der

Formalen Begriffsanalyse nach [GW96] entwickelt. In diesem Verbandsmodell wurde eine mathematische Semantik für mehrparteien- und organisationsgerechte Zugriffskontrolle in technisch zerlegten Modulkomplexen angegeben. Die formalen Begriffe sind Fixpunkte eines Hüllenoperators, der sowohl die technische als auch die organisatorische Hierarchie berücksichtigt und kontrollgerechte Strukturen unter Reduktion der modultechnischen Schnittstellenverbreiterung liefert.

Die Konsequenzen aus der technischen Schnittstellenverbreiterung in Modulhierarchien im Verbandsmodell wurden dann für die entitätenübergreifende Kontrolle in der geteilten Kontrolle mit Delegation gezogen. Die systemzerlegungs- und organisationshierarchie-gesteuerte Besetzungsstrategie für die Komitees der geteilten Kontrolle mit Delegation benutzt direkt die Struktur des Verbandes der Kontrollrechte. Während damit auf die persönliche technische Kompetenz der Komiteemitglieder zur Kontrolle der modultechnischen Schnittstellenverbreiterung zurückgegriffen wird, wird im Rahmen der Digitalen Mehrparteien-Zertifizierung (MPZ) von Software ein weiterer Weg zur Beherrschung der modultechnischen Schnittstellenverbreiterung vorgeschlagen und in die mehrparteien-gerechte Systemkontrolle mittels geteilter Kontrolle mit Delegation und Zugangs mit Formaler Begriffanalyse integriert. Die notwendige technische Kontrollkompetenz für obiges Problem kann mittels MPZ auf verbindlich fixierte, vorgefertigte Evaluierungsurteile beauftragter Evaluierungsparteien verlagert und damit die Systembetriebsparteien von Kontrollentscheidungen entlastet werden.

Als weitere noch zu erforschende Fragestellungen, die interessant für die beiden Themenbereiche Zugriffskontrolle und Datenschutz sind, ergeben sich:

1. Verallgemeinerungen des Zugangs mit Formaler Begriffanalyse hinsichtlich der Betrachtung mehrwertiger Rechte und der Schnittstellenverbreiterung mittels mehrwertiger formaler Kontexte nach [GW96] und zugehöriger Begriffsverbände. Zur Auswertung solcher Kontexte und Verbände existiert das Programmsystem "TOSCANA", das hier jedoch nicht zur Verfügung stand.

2. Verallgemeinerung dieses Zugangs hinsichtlich der Betrachtungsdimensionen: eine erste Erweiterung wäre z. B. die betrachteten Dimensionen Modulhierarchie und Organisationshierarchie um die systemexterne Dimension "Systemtechnisch unterstützte systemexterne Tätigkeit" zu erweitern. Oberquelle [Ob87] hat feinere Zerlegungen der Mensch–Maschine–Kooperation aufgezeigt, deren Einbeziehung im Zugang hier eine umfassende Darstellung der Zugriffskontrollproblematik in ihrem Umfeld ermöglichen könnte.

3. Berücksichtigung weiterer systemspezifischer Abhängigkeiten, auch im Software-Zyklus, für die Betrachtung zugeordneter Hüllenoperatoren.

4. Betrachtung des Zuganges mit Formaler Begriffsanalyse für dynamische Abläufe in der Zugriffskontrolle und zugeordnete Invarianz- und Stetigkeitsuntersuchungen (für Meßbarkeitsaussagen).

Literatur

[BSI-ZkSI93] BSI: *Zertifikat mit Zertifizierungsbericht zu SINIX-S V5.22 der Siemens Nixdorf Informationssysteme AG*, Bonn, 1993

[BGBL93] Bundesministerium der Justiz: *Registerverfahrenbeschleunigungsgesetz - RegVBG*. In: Bundesgesetzblatt, Teil 1, Nr. 70, Bonn, Dezember 1993

[BGBL95] Bundesministerium der Justiz: *Neufassung der Grundbuchverfügung*. In: Bundesgesetzblatt, Teil 1, Nr. 6, Bonn, Januar 1995

[CP91] W. Clesle, A. Pfitzmann: Rechnerkonzept mit digital signierten Schnittstellenprotokollen erlaubt individuelle Verantwortungszuweisung. In *Datenschutzberater*, Nr. 8-9, 1991

[Di83] K.R. Dittrich: Ein universelles Konzept zum flexiblen Informationsschutz in Rechensystemen, Dissertation, Universität Karlsruhe, Informatik-Fachberichte Nr. 75, Springer-Verlag, Heidelberg, 1983

[Du94] S. Dust: *Digitale Mehrparteien-Zertifizierung - Untersuchungen zur Realisierung*. Diplomarbeit, Universität Karlsruhe, E.I.S.S., 1994

[ECMA89] ECMA – European Computer Manufacturers Association: *Security in Open Systems – Data Elements and Service Definitions*. Standard ECMA 138, Genf, December 1989

[Er82] M. Ernè: *Einführung in die Ordnungstheorie*. Mannheim 1982

[GW96] B. Ganter, R. Wille: *Formale Begriffsanalyse: Mathematische Grundlagen*. Springer, Heidelberg, 1996

[GGKL89] M. Gasser, A. Goldstein, C. Kaufmann, B. Lampson: The Digital Distributed System Security Architecture. *Proc. of the National Computer Security Conference*, USA, 1989

[Gr91] M. Gross: Vertrauenwürdiges Booten als Grundlage authentischer Basissysteme, Informatik-Fachberichte 271, *Tagungsband VIS 91 – Verläßliche Informationsysteme*, GI-Fachtagung, März 1991. Springer, Heidelberg 1991

[Ha93] V. Hammer Beweiswert elektronischer Signaturen. In: G. Weck, P. Horster (Hrsg.): *Verläßliche Informationsysteme*, Proceedings der GI-Fachtagung VIS '93, Vieweg, 1993

[HKK93] H. Härtig, O. Kowalski, W. Kühnhauser: The BirliX Security Architecture, *Journal of Computer Security*, 2(1), IOS Press, 1993

[ITSEC91] Information Technology Security Criteria (ITSEC): *Harmonized Criteria of France, Germany, The Netherlands, The United Kingdom*. I.2, 1991

[ITSEM94] Commission of the European Communities: *Information Technology Security Evaluation Manual (ITSEM)*. Brüssel 1994

[IuKDG97] Deutscher Bundestag: *IuKDG-Gesetz mit dem Gesetz für die Digitale Signatur*. Juni 1997, erscheint im Bundesgesetzblatt

[Ob87] H. Oberquelle: *Sprachkonzepte für benutzergerechte Systeme*. Informatik-Fachberichte 144, Springer, Heidelberg 1987

[PiPK93] D. Pinkas, T. Parker, P. Kaijser: *SESAME, Secure European System for Applications in a Multivendor Environment*, Issue 1.2, September 1993

[Po95] A. Podlech: *Der Informationshaushalt der Krankenkassen, Datenschutzrechtliche Aspekte*. NOMOS, Baden-Baden 1995

[St93a] H. Strack: Mehr-Parteien-Zertifizierung für kontextorientierte Zugriffskontrollen in verteilten IT-Systemen. *Tagungsband des 3. Deutschen IT-Sicherheitskongreß des BSI*, Bonn, April 1993. In Buchform: SecuMedia Verlag, 1994

[St93b]   H. Strack: Digital Multi-Party Certification and Shared System-Control (Abstract). In: *Workshop-Proceedings "Green Book on the Security of Information Systems"*, Commission of the European Communities, Directorate XIII B (Hrsg.), Brüssel, September 1993

[St94]   H. Strack: *Sicherheitsmodellierung und Zugriffskontrolle in verteilten Systemen*. Universität Karlsruhe, 1994

[St95]   H. Strack: *Organisations- und systemgerechte Zugriffskontrollen mittels Begriffsverbänden und Digitaler Mehrparteien-Zertifizierung*. Tagung Begriffliche Wissensverarbeitung, FB Mathematik, TH Darmstadt, Februar 1995

[Stra95a]   H. Strack: Sicherheitsmodellierung und Zugriffskontrolle in verteilten Systemen – Digitale Mehrparteien-Zertifizierung (MPZ) für mehrparteiengerechte Systemsicherheit, Dissertation, Universität Karlsruhe, Fakultät für Informatik, 1995

[StDB95]   H. Strack, St. Dust, Th.Batz: Digitale Mehrparteien-Zertifizierung – Systemkonzepte, Mechanismen und Realisierungen. *Tagungsband TRUSTCENTER '95*, Vieweg Verlag, Braunschweig 1995

[StLa93]   H. Strack; K.-Y. Lam: Context-Dependent Access Control in Distributed Systems, *Proc. IFIP/SEC '93*, Toronto, Kanada, Mai 1993

[Wi82]   R. Wille: Restructuring lattice theory: an approach based on hierarchies of concepts. In: I. Rival (Hrsg.): *Ordered Sets*, Reidel, Dordrecht-Boston 1982, 445–470

[Wi87]   R. Wille: Bedeutungen von Begriffsverbänden. In: B. Ganter, R. Wille und K. E. Wolff (Hrsg.): *Beiträge zur Begriffsanalyse*. B. I.-Wissenschaftsverlag, Mannheim 1987, 161–211

Inhaltliche Erschließung des Bereichs ,Sozialorientierte Gestaltung von Informationstechnik'– Ein begriffsanalytischer Ansatz

Urs Andelfinger

Inhalt

1. Problemstellung und Zielsetzung

Seit Ende der 80er Jahre findet an der TH Darmstadt regelmäßig im Wintersemester ein interdisziplinäres Seminar *Sozialorientierte Gestaltung von Informationstechnik* (SOGIT) statt. Es wird von einer fachübergreifenden Veranstaltergruppe unter Federführung des Fachbereichs Informatik angeboten und vor allem von Studenten der Informatik und der Wirtschaftsinformatik besucht. Es wendet sich jedoch im Rahmen der fachübergreifenden Lehre an der TH Darmstadt grundsätzlich an Studierende aller Fachbereiche, die sich für Grundbegriffe von Technikfolgenabschätzung und sozialverträglicher Technikgestaltung mit besonderem Bezug zur Informationstechnik interessieren.

Im SOGIT-Seminar werden viele Begriffe verwendet, die den Bereich der Sozialorientierung in verschiedenster Hinsicht kennzeichnen. Wir sprechen beispielsweise von *Sozialverträglichkeit, Sozialnützlichkeit, Partizipation* und von *Verfassungsverträglichkeit*. Viele dieser Begriffe sind wegen der Interdisziplinarität und der Neuartigkeit des Themenbereichs (noch) nicht eindeutig bestimmt oder aufgrund ihrer unterschiedlichen disziplinären Herkunft inhaltlich zu überprüfen und ggf. neu zu bestimmen. Dies gilt für den engeren Kreis der Veranstalter des Seminars wie auch für die Teilnehmer der Seminare.

Es wäre deshalb wünschenswert, wenn uns geeignete Hilfsmittel zum besseren inhaltlichen Verständnis der von uns verwendeten und im Seminar zu vermittelnden Begriffen bereit stünden. Diese Hilfsmittel sollten gleichermaßen zu einem besseren inhaltlichen Verständnis der vielfältigen Querbeziehungen und der jeweils spezifischen Bedeutungen der verwendeten Begriffe wie auch zur besseren intersubjektiven Verständigung über die Grenzen fachspezifischer Perspektiven hinaus beitragen.

Zielsetzung dieser Arbeit ist, für die beschriebenen Aufgaben der inhaltlichen Erschließung des Bereichs der *Sozialorientierten Gestaltung von Informationstechnik* einen begriffsanalytischen Ansatz vorzustellen, um ein möglichst weitgehendes gemeinsames Grundverständnis wichtiger Begriffe aus diesem Bereich zu erreichen. Von besonderer Bedeutung für ein angemessenes Verständnis unseres Ansatzes ist dabei die Verbindung von Elementen zur (formalen) Wissensrepräsentation und zur intersubjektiven Wissenskommunikation im Sinne der begrifflichen Wissensverarbeitung (vgl. hierzu z. B. [WZ94], [Wi94]). Verständigungsziel ist vorrangig die intersubjektive Gültigkeit der Begriffsbestimmungen, die deshalb in einem gemeinsamen Verständigungsprozeß diskursiv erarbeitet werden müssen. Im folgenden werden die von uns zu diesem Zweck entwickelten Vorgehensweisen vorgestellt und die durchgeführten begriffsanalytischen Untersuchungen exemplarisch beschrieben und diskutiert:

In Kapitel 2 wird die Auswertung eines Glossars wichtiger Grundbegriffe von SOGIT dargestellt. Kapitel 3 beschreibt die Begriffsanalyse eines linearhierarchischen Kriterienrasters für SOGIT. In Kapitel 4 erfolgt eine zusammenfassende Bewertung des Nutzens und der Probleme beim Einsatz begriffsanalytischer Vorgehensweisen und ein Ausblick auf die Rückkopplung der Ergebnisse der Begriffsanalyse in die SOGIT-Veranstaltung.

2. Begriffsanalyse des SOGIT-Glossars

2.1 Ausgangsdaten

Im Wintersemester 1993/94 wurde das fachübergreifende Seminar *Sozialorientierte Gestaltung von Informationstechnik* an der TH Darmstadt von 26 Studenten der Informatik und der Wirtschaftsinformatik besucht. Zusätzlich zur Erarbeitung eines Referats in Zweiergruppen bekam jede Arbeitsgruppe am Ende des Seminars den Auftrag, aus einer von uns vorgegebenen Liste von 18 Stichwörtern, die wir für relevant für den Bereich SOGIT hielten, zu neun Stichwörtern kurze lexikonartige Begriffsklärungen zu formulieren. Dabei sollte insbesondere das durch den Besuch des Seminars vermittelte bzw. erworbene Verständnis einfließen. Dieser Auftrag wurde als Hausaufgabe ohne Benotung erteilt. In Tabelle 1 wird die von uns zur begriffsanalytischen Untersuchung herangezogene Auswahl von 14 Stichworten dokumentiert.[1]

---

[1] Die Streichung von vier der ursprünglich vorgegebenen Stichwörter erfolgte entweder wegen zu geringer Beantwortungshäufigkeit oder wegen zu großer inhaltlicher Entfernung vom Bereich SOGIT.

Tabelle 1 Stichwortliste zur Erarbeitung des Glossars

Stichwort	Anzahl Bearbeitungen
Anwenderorientiertheit	9
Benutzerakzeptanz	7
Benutzerfreundlichkeit	10
Humanisierung von Arbeitsprozessen	8
Informationelle Selbstbestimmung	10
Kommunikative Selbstbestimmung	7
Kommunikationsfördernd	7
Konvivialität	6
Kreativitätsfördernd	7
Partizipatives Design	7
Sozialnützlichkeit	4
Sozialorientiertheit	5
Sozialverträglichkeit	5
Verfassungsverträglichkeit	10

Die von den studentischen Arbeitsgruppen zu den genannten Stichworten abgegebenen Arbeiten sind numeriert von Q1 - Q12 in anonymer Form als *Volltextquellen* vollständig verfügbar. Sie werden jeweils als unteilbare Einheit und als inhaltlicher Bezugspunkt für die weitere Begriffsklärung angesehen. Nachfolgend werden beispielhaft für den SOGIT-Begriff *Anwenderorientiertheit* Auszüge aus zwei Definitionsansätzen wiedergegeben.

Anwenderorientiertheit, Benutzerakzeptanz, Benutzerfreundlichkeit: Die Benutzerfreundlichkeit als Qualitätsanforderung von Informationssystemen soll durch die Verwendung von Standards wie z. B. dem SAA-Standard ... garantiert werden. ... Die Forderung nach Anwenderorientiertheit beinhaltet noch weitere Punkte, wie die leichte Erlernbarkeit und die Übereinstimmung von Systemreaktionen mit den Erwartungen der Benutzer. Weiter wird gefordert, resultatsorientierte Ergebnisse zu liefern und den Anwender nicht durch überflüssige Informationen zu überfordern. (Q1)
Anwenderorientiertheit: Das System sollte sich an die sensomotorischen und kognitiven Fähigkeiten des jeweiligen Anwenders anpassen. Merkmale, die zur Anwenderorientiertheit eines Systems beitragen, sind z. B. Steuerbarkeit und Erwartungskonformität (nach DIN 66234, Teil 8, S. 3f). (Q4)

Für Zwecke der begriffsanalytischen Untersuchung im Sinne der Formalen Begriffsanalyse war nun zunächst eine schrittweise Formalisierung der Volltextquellen erforderlich. Zielvorstellung war eine nicht-reduktive Analyse in dem Sinne, daß der Weg und die Transformationen von den Ausgangsdaten in den Volltextquellen bis hin zur formalen und inhaltlich reduzierten Darstellung als Liniendiagramme möglichst vollständig nachvollziehbar bleibt. Um dieses Ziel zu erreichen, wurde die nachfolgend beschriebene Vorgehensweise zur begriffsanalytischen Untersuchung und inhaltlichen Zusammenführung der studentischen Einzelantworten entwickelt.

2.2 Vorgehensweise

Zur begriffsanalytischen Untersuchung der Volltextquellen war es erforderlich, die inhaltlichen Aussagen der von den studentischen Arbeitsgruppen formulierten Kurzdefinitionen in formale Strukturen zu überführen, die eine Anwendung der Formalen Begriffsanalyse, d. h. insbesondere die Erstellung formaler Kontexte erlauben. Bei der von uns entwickelten Vorgehensweise orientierten wir uns an den folgenden Grundannahmen bzw. Rahmenvorgaben:

- Die begriffsanalytische Untersuchung wichtiger Begriffe und ihrer Bedeutungen im Bereich von SOGIT erfordert notwendigerweise vielfache Transformationen, Reduktionen und Formalisierungen. Deshalb ist im Sinne der begrifflichen Wissensverarbeitung eine für alle Beteiligten nachvollziehbare Vorgehensweise erforderlich. Hieraus ergibt sich, daß dieser Prozeß in seinen wesentlichen Schritten verständlich dokumentiert wird.
- Die Dokumentation selbst kann stets nur einen Teil der geleisteten Verständigungsarbeit darstellen bzw. wiedergeben. Die begriffsanalytischen Darstellungen sind deshalb auch keinesfalls als endgültige, abgeschlossene und vollständige Definitionen der jeweils analysierten Begriffe zu verstehen. Vielmehr sollen sie zu einer immer wieder neuen Beschäftigung mit den darin dargestellten internen Beziehungen anregen. Und dies geschieht zu großen Teilen stets außerhalb der Dokumentation, sei es bei der (geistigen) Beschäftigung Einzelner mit den Liniendiagrammen, sei es im gemeinsamen Diskurs über die dargestellten Beziehungen.

Die von uns zur begriffsanalytischen Aufbereitung der Volltextquellen entwickelte Vorgehensweise umfaßt die folgenden hauptsächlichen Schritte, die nachstehend im einzelnen erläutert werden:

1. Erstellung *Komprimierter Texte* zur Erklärung des jeweiligen SOGIT--Stichwortes auf der Grundlage der *Volltextquellen.*
2. Klassifikation der Einzelaussagen in den komprimierten Texten nach den Verständigungsaspekten *Allgemeine Bedeutung, Umsetzungsmöglichkeiten* und *Querbezüge.* Außerdem wurde pro Verständigungsaspekt eine Zuordnung von Einzelaussagen zu Merkmalen vorgenommen, um die Erstellung formaler Kontexte vorzubereiten.
3. Umsortierung der für die einzelnen Stichworte erarbeiteten Merkmale in Merkmallisten und Übertragung in formale Kontexte. Es wurde für jeden Verständigungsaspekt ein eigener formaler Kontext erstellt.
4. Durchführung der Formalen Begriffsanalyse und Interpretation der Liniendiagramme.

Erstellung der komprimierten Texte.

Ausgehend von den Volltextquellen mit je neun erläuterten Stichworten wurde zunächst eine Umsortierung nach den einzelnen Stichworten und eine gleichzeitige Komprimierung der wichtigsten Aussagen in 14 *komprimierte Texte* vorgenommen. Pro Stichwort wurde also ein *komprimierter Text* erstellt. In Tabelle 2 wird beispielhaft der Beginn eines komprimierten Textes für das Stichwort *Anwenderorientiertheit* dargestellt.

Tabelle 2 Beginn des komprimierten Textes für das Stichwort *Anwenderorientiertheit*

Stichwort	Anwenderorientiertheit
Quelldokument	Komprimierte Aussage
Q1	hängt zusammen mit Benutzerakzeptanz/Benutzerfreundlichkeit
	beinhaltet leichte Erlernbarkeit
	kann erreicht werden durch Erwartungskonformität
	kann erreicht werden durch keine überflüssigen Infos liefern
Q4	beinhaltet Orientierung an sensomotorischen und kognitiven Fähigkeiten des Anwenders
…	…

In der Regel war es hilfreich für eine adäquate Komprimierung gewesen, auch den Duktus und Zusammenhang mit den anderen Stichwörtern des betreffenden Volltextes heranzuziehen: viele der Arbeiten weisen einen Gesamttenor oder eine Gesamtstruktur auf bzw. enthalten interne Verweise, die immanent inhaltliche Bedeutung enthalten. Innerhalb jedes *komprimierten Textes* gibt es pro Volltextquelle, die dieses Stichwort behandelt, außerdem einen eigenen Unterabschnitt, so daß von der komprimierten Fassung auf den Originaltext in der entsprechenden Quelle zugegriffen werden kann. Anhand dieser Unterteilung kann direkt die Entsprechung der Textkomprimierung mit der Quelle überprüft und nachvollzogen werden. Dies ist wichtig, um die Reduktionen und Umformulierungen bei der Komprimierung der einzelnen Stichworterklärungen im Sinne unserer Grundannahmen argumentativ nachprüfbar machen zu können.

Klassifikation der komprimierten Erklärungen.

In diesem Schritt wurde innerhalb der komprimierten Texte eine inhaltliche Klassifikation der Einzelerklärungen vorgenommen. Dabei wurde von der Beobachtung ausgegangen, daß sich die meisten Aussagen der Kurzdefinitionen angemessen danach klassifizieren lassen, ob sie auf *Querbezüge* und *gemeinsame* Bedeutungsaspekte bzw. auf Bedeutungs*unterschiede* der zu klärenden Stichworte hinweisen. Außerdem wurde in vielen Kurzdefinitionen *Umsetzungs*vorschläge zur Erreichung dieser Kriterien von Sozialorientierung formuliert. Hieraus wurden die folgenden drei *Verständigungsaspekte* abgeleitet, die anschließend zur Zuordnung der Einzelaussagen eingesetzt wurden:

– *Allgemeine Bedeutungsaspekte* (B)

- *Umsetzungsmöglichkeiten* (U)
- *Querbezüge* (Q)

Die von uns vorgenommene Klassifikation der Einzelaussagen ergab sich häufig bereits aus den Formulierungen der Quelltexte: Bedeutungsaspekte wurden z. B. häufig durch „bedeutet", „meint", „umfaßt" usw. zum Ausdruck gebracht, Umsetzungsaspekte z. B. häufig durch „kann erreicht werden durch", „geschieht durch", „erfordert" usw., Querbezüge schließlich durch Wendungen wie „hängt zusammen mit".

Tabelle 3 Klassifikation der komprimierten Einzelaussagen für das Stichwort *Anwenderorientiertheit*

Stichwort	Anwenderorientiertheit	Verständigungsaspekt	
Quelldokument	Komprimierte Aussage	Klassifikation	Merkmalsnummer
Q1	hängt zusammen mit Benutzerakzeptanz/Benutzerfreundlichkeit	Q	M1, M2
	beinhaltet leichte Erlernbarkeit	B	M1
	kann erreicht werden durch Erwartungskonformität	U	M1
	kann erreicht werden durch keine überflüssigen Infos liefern	U	M2
Q4	beinhaltet Orientierung an sensomotorischen und kognitiven Fähigkeiten des Anwenders	B	M2
...	...	...	...

Die Trennungslinie zwischen diesen drei Verständigungs-Aspekten war jedoch häufig nicht eindeutig zu ziehen. In unterschiedlichen Quellen wurden für das selbe Stichwort identische Erklärungen einmal als *Bedeutungs*aspekt formuliert und das andere mal als *Umsetzungs*aspekt aufgefaßt. Soweit möglich, wurde deshalb die Zuordnung auf der Grundlage der von den studentischen Autoren verwendeten Bindewörter oder Prädikate vorgenommen, um damit der Reichhaltigkeit der Interpretationen in den Volltextquellen möglichst gerecht zu werden, auch wenn dann eine Erklärung zu verschiedenen Verständigungsaspekten, d. h. mehrfach zugeordnet werden mußte.

In Tabelle 3 wird der Beginn einer Zuordnung der Einzelaussagen des komprimierten Textes für das Stichwort *Anwenderorientiertheit* zu den Verständigungsaspekten *Bedeutung, Umsetzung* und *Querbezüge* dargestellt.[2] Innerhalb jedes Verständigungsaspektes (B, U bzw. Q) wurde zugleich jeder Einzelaussage eine *Merkmalsnummer* zugeordnet. Diese Zuordnung wird für den nächsten Schritt unserer begriffsanalytischen Aufbereitung benötigt.

---

[2] Die Klassifikation wird in der Tabelle abgekürzt mit B, U bzw. Q dargestellt.

Umsortierung in Merkmallisten.

Die bislang erarbeitete Komprimierung der Volltextquellen und inhaltliche Klassifikation der komprimierten Einzelaussagen dient nun als Grundlage zur Erstellung von *Merkmallisten*. Pro Verständigungsaspekt (B, U und Q) gibt es eine Merkmalliste. Zugleich wird in der Merkmalliste festgehalten, in welchen Volltextquellen dieses Merkmal verwendet wurde und für welches Stichwort es als Erklärung diente. In Tabelle 4 wird beispielhaft der Beginn der Merkmalliste für den Verständigungsaspekt *Allgemeine Bedeutung* dargestellt.[3]

Tabelle 4 Merkmalliste für den Verständigungsaspekt *Bedeutung* (Auszug)

Merkmalsnr.	Merkmalsbeschreibung	Quelle
M1	Leichte Erlernbarkeit	Q1: Anwenderorientiertheit
M2	Orientierung an kognitiven/sensomotorischen Fähigkeiten des Anwenders	Q4,10: Anwenderorientiertheit
M3	Orientierung aller Phasen der Entwicklung an Anwenderbedürfnissen und Anwenderpraxis	Q4,6,9,12: Anwenderorientiertheit Q5,12: Benutzerfreundlichkeit Q2,7,8: Humanisierung der Arbeit Q11: Partizipatives Design Q2,3: Sozialverträglichkeit
M4	Zusammenarbeit von Auftraggebern und Anwendern bei der Entwicklung	Q1,3,4,10,11: Partizipatives Design Q6: Anwenderorientiertheit
...	...	...

Formale Kontexte und Liniendiagramme.

Durch die oben beschriebenen vorbereitenden Schritte der qualitativen Textkomprimierung und der Erstellung der Merkmallisten sind die Voraussetzungen geschaffen, eine begriffsanalytische Untersuchung im Sinne der Formalen Begriffsanalyse durchzuführen. Entsprechend der inhaltlichen Klassifikation in drei Verständigungsaspekte wurden dazu drei formale Kontexte erstellt, ein *Bedeutungs-*, ein *Umsetzungs-* und ein *Querbezüge*kontext. Als *Gegenstände* dienten die 14 zur Auswertung vorgesehenen SOGIT-Stichworte, als *Merkmale* die in den Merkmallisten enthaltenen Merkmale. Exemplarisch wird in Tabelle 5 der Beginn des *Bedeutung*kontextes dargestellt, wie er sich unmittelbar aus der in Tabelle 4 dargestellten Merkmalliste ergibt.

Im Anschluß an die Erstellung der formalen Kontexte, die hier exemplarisch für den *Bedeutungskontext* beschrieben wurde, wurden gemäß den

---

[3] Die vollständige Merkmalliste für den Verständigungsaspekt *Bedeutung* ist im Anhang dokumentiert.

Tabelle 5 Formaler Kontext zu den *Bedeutungs*aspekten des SOGIT-Glossars

	M1	M2	M3	M4	...
Anwenderorientierung		×	×	×	...
Benutzerakzeptanz					...
Benutzerfreundlichkeit		×			...
Humanis. der Arbeit		×			...
Informationelle Selbstbestimmung					...
Kommunikative Selbstbestimmung					...
Kommunikationsförderlich					...
Konvivialität					...
Kreativitätsförderlich					...
Partizipatives Design					...
Sozialnützlichkeit		×	×		...
Sozialorientierung					...
Sozialverträglichkeit		×			...
Verfassungsverträglichkeit					...
Quellen	Q1	Q4,10	Q2,3,5, 6,7,8,9, 11,12	Q1,3, 4,6, 10,11	...

Methoden der Formalen Begriffsanalyse die zugehörigen Begriffsverbände berechnet und als Liniendiagramme dargestellt (vgl. Abbildung 1).[4] Die Merkmale sind wegen der höheren Übersichtlichkeit nur mit ihrer Kurznumerierung dargestellt, als ausführliche Legende ist die im Anhang wiedergegebene Merkmalliste heranzuziehen.[5]

Auch beim Einsatz der Liniendiagramme ist die vollständige Überprüfbarkeit sämtlicher Transformations- und Reduktionsschritte gewährleistet:

Ausgehend von einem beliebigen formalen Begriff in den Liniendiagrammen kann anhand der Verweise im zugehörigen formalen Kontext der gesamte Weg der Analyse bis zurück zur Volltextquelle rekonstruiert und überprüft werden. Allerdings ist die inhaltliche Nachvollziehbarkeit der vorgenommenen Komprimierungen, Zuordnungen und Umformulierungen in der Regel nicht alleine aus den vorliegenden Dokumentationen voll erschließbar, sondern bleibt auf die argumentative Rechtfertigung und Begründung derjenigen angewiesen, die die Transformationen durchgeführt haben. Dies ergibt sich aus unserem grundsätzlichen Wissensverständnis von Wissen als anspruchsvollem Wissen im Sinne der Grundkonzeption der begrifflichen Wissensverarbeitung:

---

[4] Zur Verbesserung der Übersichtlichkeit wurde das Infimum in Abweichung zur normalen Darstellung von Liniendiagrammen nicht dargestellt. Im konkreten Fall war es weder Gegenstands- noch Merkmalsbegriff.

[5] Die beabsichtigte Implementierung der Ergebnisse der Begriffsanalyse in Form eines TOSCANA-Erkundungssystems wird es ermöglichen, interaktiv am Bildschirm zwischen der übersichtlichen Kurzfassung und den jeweiligen Volltextbeschreibungen der Merkmale hin- und herzuschalten. Die hier vorgestellte *Papierversion* kann solche Funktionalitäten leider nicht bieten.

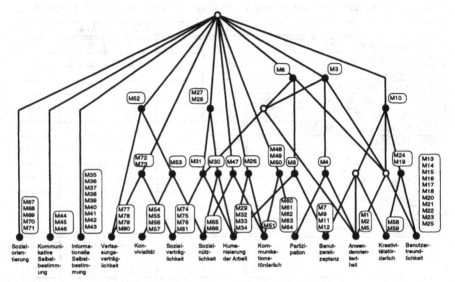

Abbildung 1 Liniendiagramm zum Formalen Kontext *Bedeutungsaspekte*

Die in den Liniendiagrammen und in der ergänzenden Dokumentation repräsentierten (formalen) Wissensstrukturen müssen erst·in einem zwischenmenschlichen Argumentations- und Verständigungsprozeß inhaltlich rekonstruiert und interpretiert werden, um die für anspruchsvolles Wissen konstitutiven Gewißheits- und Geltungsansprüche zu erfüllen (vgl. etwa [Lu94], [An94]).

2.3 Interpretationshinweise zur Begriffsanalyse

Das in Abbildung 1 dargestellte Liniendiagramm kann zunächst verstanden werden als eine begrifflich-inhaltliche Erschließung der *Bedeutungs*aspekte des Themengebietes SOGIT. Als inhaltlicher Bezugspunkt dienen uns die studentischen *Volltextquellen*. Die darin erklärten 14 Stichworte werden formal als *Gegenstände* im Sinne der Formalen Begriffsanalyse und inhaltlich als näher zu erläuternde Schlüsselbegriffe für das Themengebiet SOGIT betrachtet. Die aus den Volltextquellen abgeleiteten Einzelmerkmale der Merkmallisten stellen formal *Merkmale* im Sinne der Formalen Begriffsanalyse dar, inhaltlich werden sie als Bedeutungsfacetten der jeweils zu erklärenden Stichworte verstanden. Im folgenden werden einige Interpretationshinweise zum abgebildeten Liniendiagramm gegeben.[6] Sie führen in die Darstellung

---

[6] Ergänzend zum Liniendiagramm sollte hierfür auf die im Anhang wiedergegebene vollständige Merkmalliste zurückgegriffen werden. Die begriffsanalytischen Untersuchungen wurden in analoger Weise auch für die beiden anderen Verständigungsaspekte *Umsetzungsmöglichkeiten* und *Querbezüge* durchgeführt. Sie können aus Platzgründen hier jedoch nicht dargestellt werden.

wichtiger inhaltlicher Zusammenhänge im Themenbereich SOGIT ein und
sollen zur eigenen Weiterarbeit anregen.

- Die direkt bei einem Stichwort dargestellten Merkmale stellen spezifische
  Bedeutungsfacetten dar, die dieses Stichwort individuell charakterisieren
  und zugleich von allen anderen Stichworten unterscheiden.
  So ist z. B. *Anwenderorientiertheit* spezifisch zu charakterisieren durch
  die Merkmale M1 (Leichte Erlernbarkeit), M2 (Orientierung an kognitiven Fähigkeiten des Anwenders) und M5 (Grad der Berücksichtigung der
  Anwender-Interessen). Diese Merkmale sind in den als Auswertungsgrund-
  lage dienenden Volltextquellen bei keinem anderen Stichwort erwähnt worden.
- Die Merkmale, die jeweils weiter oben im Liniendiagramm dargestellt sind,
  stellen Bedeutungsfacetten dar, die verschiedene Stichworte inhaltlich miteinander verbinden und damit auch die inhaltliche Bildung von Stichwortgruppen erlauben, die sich aufgrund dieses Merkmals von allen anderen
  Stichworten oder Stichwortgruppen unterscheiden.
  So verbindet z. B. M4 (Zusammenarbeit von Auftraggebern und Anwendern bei der Entwicklung) die Stichworte *Anwenderorientiertheit* und *Partizipation*. In analoger Weise verbindet M3 (Orientierung aller Phasen der
  Entwicklung an Anwenderbedürfnissen und Anwenderpraxis) die Stichworte *Sozialverträglichkeit, Humanisierung der Arbeit, Partizipation, Anwenderorientiertheit* und *Benutzerfreundlichkeit*.
- Die Merkmale M3, 6, 10, 27, 28 und M52 zeichnen sich dadurch aus, daß
  sie jeweils für eine ganze Reihe von Stichworten im Bereich von SOGIT
  relevant sind. Im Liniendiagramm läßt sich dies (intuitiv) an der Position
  der zugehörigen Merkmalbegriffe folgendermaßen erkennen: Die genannten Merkmalbegriffe stehen ziemlich weit oben und sind deshalb für viele
  Stichwörter relevant. Die in Tabelle 6 als Volltext dargestellten inhaltlichen Bedeutungen dieser sechs Merkmale lassen erkennen, daß damit zentrale Inhalte von SOGIT in kompakter Weise benannt sind. Die inhaltliche
  Schlüsselfunktion dieser Merkmale innerhalb der Gesamtheit von über 80
  Einzelmerkmalen läßt sich also unmittelbar aus dem Liniendiagramm ablesen.

Tabelle 6 Zentrale Merkmale für den Themenbereich SOGIT

Merkmalsnr.	Merkmalsbeschreibung
M3	Orientierung aller Phasen der Entwicklung an Anwenderbedürf-nissen und Anwenderpraxis
M6	Förderung der Anwender-Autonomie bei der Entwicklung
M10	Konstruktives und produktives Arbeiten mit der Software-Lösung ist möglich
M27	Der Mensch, nicht die Maschine ist autonom handelndes Subjekt
M28	Orientierung der Systementwicklung am Werkzeugcharakter
M52	Normatives Konzept für die Technikgestaltung

– Es gibt Stichworte, die keine Merkmale gemeinsam haben mit anderen Stichworten. Dies kann auf eine Sonderstellung oder auf weitgehende Unabhängigkeit der betreffenden Stichworte hindeuten.

So stellen z. B. die Stichworte *Kommunikative Selbstbestimmung* und *Informationelle Selbstbestimmung* jeweils weitgehend in sich abgeschlossene Teilbereiche innerhalb von SOGIT dar. Dies zeigt sich auch deutlich im dargestellten Liniendiagramm.

Auch das Stichwort *Sozialorientierung* nimmt eine solche Einzelstellung innerhalb des Liniendiagramms ein. Hier hilft zu einem besseren Verständnis die inhaltliche Bedeutung der Merkmale M67–M71. Das Merkmal M67 bedeutet z. B.: *Umsetzung der Sozialverträglichkeitsanalysen in Technikgestaltung.* Zusammen mit den inhaltlichen Bedeutungen der Merkmale M68–M71 (vgl. hierzu im Anhang) wird damit der umfassende Anspruch der *Sozialorientierung* gegenüber den anderen Stichworten deutlich gemacht: Sozialorientierung stellt sinngemäß einen intuitiven Oberbegriff für den Themenbereich SOGIT dar. In der allgemeinsprachlichen Formulierung der Volltextquellen wurden dafür summarische Formulierungen wie die oben zitierte zu M67 gewählt. Dies wurde bei der Begriffsanalyse berücksichtigt durch die Vergabe eigener Merkmale und ist äußerlich unmittelbar erkennbar durch die Einzelstellung des Stichwortes im Liniendiagramm.

– Die Begriffsanalyse und insbesondere die inhaltliche Interpretation des Liniendiagramms können auch helfen, auf Inkonsistenzen oder unterschiedliche Begriffsverständnisse aufmerksam zu machen:

Das Merkmal M52 bedeutet *Normatives Konzept für die Technikfolgenabschätzung* und bezieht sich im abgebildeten Liniendiagramm auf die Stichworte *Verfassungsverträglichkeit*, *Konvivialität* und *Sozialnützlichkeit*. Das Stichwort *Sozialverträglichkeit* hingegen weist dieses Merkmal nicht auf, obwohl Sozialverträglichkeit nach allgemeinem Verständnis auch Wertvorstellungen und somit normativen Gehalt impliziert.

Die durch die Begriffsanalyse entdeckte Inkonsistenz könnte nun Anlaß sein, den durchgeführten Formalisierungsprozess bis zu den Volltextquellen zurückzuverfolgen, ob hier eine zu starke Reduktion oder Sinntransformation vorgenommen wurde. Die Inkonsistenz könnte im konkreten Fall auch als Hinweis auf Verständigungs- oder Vermittlungslücken bei unserer Lehrveranstaltung verstanden werden. Falls nämlich auch die Volltextquellen diese Lücke aufweisen, ist es uns im Seminar offensichtlich nicht ausreichend gelungen, den Zusammenhang zwischen Sozialverträglichkeit und der Charakterisierung als normatives Konzept zur Technikgestaltung zu vermitteln. In diesem Sinne hätte die Begriffsanalyse der studentischen Antworten auch zur Lern- und Vermittlungskontrolle unserer eigenen Lehrveranstaltung beigetragen.

3. Begriffsanalyse der SOGIT-Kriterien

3.1 Ausgangsdaten

Auf der Grundlage unserer Erfahrungen bei der mehrfachen Durchführung der Lehrveranstaltung SOGIT wurde unter Betreuung eines der Mitveranstalter eine Studienarbeit angefertigt mit der Aufgabe, einen *Kriterienkatalog zur Sozialorientierung von Softwareprodukten* zu erstellen. Innerhalb des linear-hierarchisch aufgestellten Kriterienkatalogs wurden die in Tabelle 7 wiedergegebenen Oberkriterien vorgeschlagen.

Tabelle 7 Oberkriterien zur Sozialorientierung von Software-Produkten

1. Funktionsfähigkeit
2. Sicherheit (abhängig von Umfeld und Einsatz
   in technischen bzw. nicht-technischen Systemen)
3. Wirtschaftlichkeit (einzelwirtschaftlich)
4. Gesundheit
5. Persönlichkeitsentfaltung und Gesellschaftsqualität
6. Datenschutz und informationelle Selbstbestimmung
7. Umweltqualität
8. Wohlstand (gesamtwirtschaftlich)

Unter jedem dieser Oberkriterien wurde dann in der Studienarbeit ein unterschiedlich umfangreicher Katalog von Einzelkriterien benannt, die besonderen Einfluß auf die Erreichung des Oberkriteriums haben bzw. die dabei besonders beachtet werden müssen. Bei vielen dieser Einzelkriterien trat nun die Schwierigkeit auf, sich aufgrund der linearen Struktur des Kriterienkatalogs für eine einzige Zuordnung des Einzelkriteriums zu entscheiden. Aufgrund der vielfältigen Wechselwirkungen und gegenseitigen Abhängigkeiten der Einzel- und Oberkriterien im Bereich von SOGIT mußte dabei häufig eine sehr grobe Entscheidung getroffen werden, die der Differenziertheit der Bedeutungsgehalte und den wechselseitigen inhaltlichen Bezügen zwischen den Einzelkriterien nur sehr bedingt gerecht wurde.

Im Anschluß an die Studienarbeit war deshalb in unserer Veranstaltergruppe das Bedürfnis aufgetreten, den vorgeschlagenen Kriterienkatalog nochmals detaillierter zu untersuchen, um auch die wechselseitigen inhaltlichen Beziehungen deutlicher erkennen zu können. Im folgenden wird die von uns zu diesem Zweck entwickelte diskursive Vorgehensweise beschrieben und die Ergebnisse der durchgeführten Begriffsanalyse exemplarisch anhand der Kriteriengruppen *Persönlichkeitsentfaltung und Gesellschaftsqualität* sowie *Datenschutz und informationelle Selbstbestimmung* verdeutlicht. Für die beiden Kriteriengruppen wurden in der zugrundeliegenden Studienarbeit die in Tabelle 8 wiedergegebenen Einzelkriterien benannt.

Tabelle 8 Einzelkriterien zu *Persönlichkeitsentfaltung* und *Datenschutz*

Persönlichkeitsentfaltung und Gesellschaftsqualität	Datenschutz und informationelle Selbstbestimmung
Globale Zweckbestimmung des Produkts	Datensicherheit
Akzeptanz	Mißbrauchschutz
Handlungsfreiheit	Privatheit
Informations- und Meinungsfreiheit	Informationelle Selbstbestimmung
Kreativität	Verfassungsverträglichkeit
Beteiligungschancen	Kontrolle über Verwendung des Produkts
Kompetenzförderung	
Selbstbestimmung	
Kontroll- und Überwachungsfreiheit	
Beherrschbarkeit und Überschaubarkeit – Benutzerfreundlichkeit	
Soziale Kontakte und soziale Anerkennung	
Solidarität und Kooperation	
Geborgenheit und soziale Sicherheit	
Kulturelle Identität	
Mindestübereinstimmung	
Ordnung, Stabilität und Regelhaftigkeit	
Transparenz und Öffentlichkeit	
Sinnhaftigkeit	
RationalisierungsgewinnerInnen bzw. -verliererInnen	
Gerechtigkeit	
Menschenwürde	

3.2 Vorgehensweise

Zur begriffsanalytischen Untersuchung des im vorigen Abschnitt beschriebenen Kriterienkatalogs aus der zugrundeliegenden Studienarbeit wurde folgende diskursive Vorgehensweise gewählt:

In einer Teilgruppe unseres Veranstalterkreises des SOGIT-Seminars bereitete zunächst jeder Teilnehmer für sich einen formalen Kontext vor, bei dem die *Gegenstände* die Einzelkriterien aus dem Kriterienkatalog waren und die *Merkmale* die in Tabelle 7 wiedergegebenen Oberkriterien. Dabei sollte für jedes Einzelkriterium die (allgemeine) Frage beantwortet werden, ob es *offensichtlich* etwas mit dem jeweiligen Oberkriterium zu tun hat. Damit war beabsichtigt, die vielfältigen inhaltlichen Querbeziehungen zwischen den Einzelkriterien und den verschiedenen Oberkriterien besser erfassen und abbilden zu können, als es eine baumartige Hierarchie erlaubt. Weitere denkbare inhaltliche Differenzierungen dieser Zuordnung, z. B. ob ein Einzelkriterium förderlich, störend, hinderlich, subsidiär usw. zu diesem Oberkriterium ist, sollten in dieser ersten Phase unberücksichtigt bleiben.

In insgesamt drei Gesprächsrunden wurde aus den einzelnen formalen Kontexten ein gemeinsamer entwickelt. Als Ausschnitt aus dem dabei entstandenen gemeinsamen formalen Kontext ist in Tabelle 9 der formale Kontext zum Oberkriterium *Datenschutz und informationelle Selbstbestimmung* dargestellt. Auf die sich hieran anschließende Begriffsanalyse und Interpretation des Liniendiagramms wird im nächsten Abschnitt eingegangen.

Tabelle 9 Formaler Kontext zum Oberkriterium *Datenschutz und Informationelle Selbstbestimmung*

	Funktionsfähigkeit	Sicherheit	Wirtschaftlichkeit (einzelwirtschaftlich)	Gesundheit	Persönlichkeitsentfaltung/ Gesellschaftsqualität	Datenschutz und informationelle Selbstbestimmung	Umweltqualität	Wohlstand (gesamtwirtschaflich)
Datensicherheit	X	X				X		
Mißbrauchschutz		X			X	X		
Privatheit					X	X		
Informationelle Selbstbestimmung					X	X		
Verfassungsverträglichkeit					X	X		
Kontrolle über Verwendung des Produktes	X		X			X		

3.3 Interpretationshinweise zur Begriffsanalyse

In diesem Abschnitt geben wir zunächst einige Interprationshinweise zum Liniendiagramm in Abbildung 2, das sich aus dem in Tabelle 9 dargestellten Formalen Kontext ergeben hat. Alle Merkmale in diesem Liniendiagramm waren in den Ausgangsdaten lediglich dem Oberkriterium *Datenschutz und informationelle Selbstbestimmung* zugeordnet. Durch die Begriffsanalyse gemäß der oben beschriebenen Vorgehensweise wurden zusätzlich alle weiteren Oberkriterien des zugrundeliegenden Kriterienkatalogs als möglicherweise relevant für die diskutierten Einzelkriterien angesehen. Im Diskurs war dann zu prüfen, inwieweit diese Annahme auch tatsächlich für jedes Einzelkriterium zutrifft.

Die durchgeführte Begriffsanalyse erlaubte nun in der Tat eine weitaus differenziertere inhaltlich-begriffliche Entfaltung und Verortung der mit den Einzelkriterien verbundenen Bedeutungsgehalten. Als zentrale Erfahrung zeigte sich, daß die inhaltlichen Differenzierungen erst durch die beschriebene Begriffsanalyse und ihre Einbettung in einen Diskursprozeß möglich wurden, daß sie dagegen aus systematischen Gründen in einem baumartigen

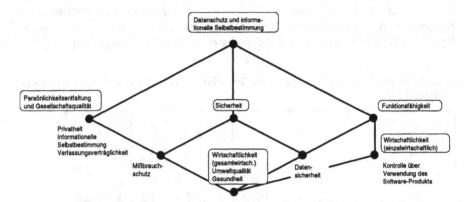

Abbildung 2 Liniendiagramm zum Oberkriterium *Datenschutz und informationelle Selbstbestimmung*

Kriterienkatalog nicht adäquat wiedergegeben werden können.[7] Im folgenden geben wir einige Interpretationshinweise, die selbstverständlich durch eigene Interpretationen noch weiter differenziert werden können oder denen auch evtl. widersprochen werden kann.

– Es läßt sich unmittelbar erkennen, daß von der Diskursgruppe für die Einzelkriterien des Oberkriteriums *Datenschutz* auch noch inhaltliche Beziehungen zu vier weiteren Oberkriterien gesehen werden, nämlich zu *Persönlichkeitsentfaltung, Sicherheit, Funktionsfähigkeit* und *Wirtschaftlichkeit (einzelwirtschaftlich)*. Lediglich zu den Oberkriterien *Wohlstand (gesamtwirtschaftlich), Umweltqualität* und *Gesundheit* werden von der Diskursgruppe auch nach einer genaueren Untersuchung keine inhaltlichen Beziehungen gesehen.

– Enge inhaltliche Beziehungen bestehen offensichtlich zwischen dem Themenbereich *Datenschutz* und der *Persönlichkeitsentfaltung*, und zwar durch die Einzelkriterien *Privatheit, Informationelle Selbstbestimmung, Verfassungsverträglichkeit* und *Mißbrauchschutz*.

– Eine Gruppe von Einzelkriterien im Themenbereich *Datenschutz* hat inhaltliche Bezüge zur *Sicherheit* (des Systemeinsatzes), nämlich die Einzelkriterien *Mißbrauchschutz* und *Datensicherheit*. Die *Datensicherheit* ist darüberhinaus auch ein relevantes Einzelkriterium für die Funktionsfähigkeit des Software-Systems.

---

[7] Dies gilt selbstverständlich unter der Voraussetzung, daß bei baumartig organisierten Kriterienkatalogen ein Einzelkriterium genau einem Oberkriterium zuzuordnen ist. Eine Mehrfachzuordnung eines Einzelkriteriums unter mehrere Oberkriterien wäre grundsätzlich als Alternative denkbar, ist jedoch mit Redundanz- und Inkonsistenzproblemen verbunden und erhöht deutlich die Unübersichtlichkeit des Katalogs.

- Das aus den Datenschutzgesetzen heraus geforderte Einzelkriterium *Kontrolle über Verwendung des Produkts* wurde von der Diskursgruppe auch als relevant für das Oberkriterium *Wirtschaftlichkeit (einzelwirtschaftlich)* angesehen.

In analoger Weise wie hier am Beispiel des Oberkriteriums *Datenschutz* exemplarisch dargestellt, wurden auch alle anderen Oberkriterien aus Tabelle 7 begriffsanalytisch untersucht. In Abbildung 3 ist abschließend das Liniendiagramm für das Oberkriterium *Persönlichkeitsentfaltung und Gesellschaftsqualität* wiedergegeben. Dabei zeigt sich unmittelbar, daß nach Ansicht der Diskursgruppe lediglich das Einzelkriterium *Kulturelle Identität* in eindeutiger Weise *nur* diesem Oberkriterium zuzuordnen ist. Für alle anderen Einzelkriterien existieren z. T. mehrfache weitere Zuordnungsmöglichkeiten, die erst aufgrund der durchgeführten Begriffsanalyse expliziert werden konnten. In den zugrundeliegenden Volltextquellen bzw. in den daraus abgeleiteten und linear organisierten komprimierten Texten hingegen waren diese inhaltlichen Differenzierungen nicht in dieser Deutlichkeit erkennbar. Auf eine eingehende inhaltliche Interpretation muß an dieser Stelle jedoch aus Platzgründen verzichtet werden.

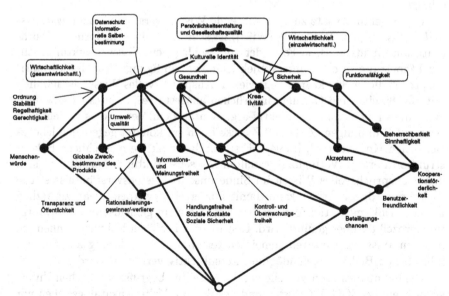

Abbildung 3 Liniendiagramm zum Oberkriterium *Persönlichkeitsentfaltung und Gesellschaftsqualität*

4. Bewertung und Ausblick

Die beiden auszugsweise dargestellten begriffsanalytischen Untersuchungen zur inhaltlichen Erschließung des Themenbereichs von SOGIT können verstanden werden als ein Ansatz zur begrifflichen Wissensverarbeitung im Sinne von Wille, weil das die Untersuchung „konstituierende Denken und Argumentieren begrifflich orientiert ist" ([Wi94, S. 18]). Die zur Untersuchung herangezogenen Ausgangsdaten waren in beiden Fällen besonders dafür geeignet, da sowohl die Volltextquellen mit Kurzdefinitionen wichtiger Stichworte zum Themenbereich SOGIT wie auch der hierarchische Kriterienkatalog bereits begrifflich vorstrukturiert waren.

Vor einer Anwendung der Methoden der Formalen Begriffsanalyse mußten jedoch zunächst geeignete Methoden zur qualitativen Textanalyse (vgl. z. B. [La88]) sowohl der Volltextquellen wie des Kriterienkatalogs entwickelt werden. Gemäß dem Postulat der begrifflichen Wissensverarbeitung, wonach hierfür eine „transparente Modellierung der Schnittstelle zwischen Inhaltlichem und Formalem unerläßlich" ([Wi94, S. 20] ist, wurde dabei besonderer Wert gelegt auf eine nicht-reduktive Vorgehensweise in dem Sinne, daß der Weg und die Transformationen von den Ausgangsdaten bis hin zur formalen und inhaltlich reduzierten Darstellung als Liniendiagramme möglichst vollständig für alle Beteiligten, d. h. intersubjektiv nachvollziehbar bleibt. Hierzu wurden deshalb umfangreiche Rekonstruktionsmöglichkeiten vorgeschlagen.

Das unserem Ansatz zugrundeliegende Wissensverständnis als *anspruchsvolles Wissen* (s. z. B. [An94], [Wi94]) ist schließlich über die formale Repräsentation hinaus, z. B. in Form der vorgeschlagenen Wissensstrukturen, auf die Einbettung in einen intersubjektiven Verständigungs- und Interpretationsprozeß dieser Strukturen angewiesen. Anspruchsvolles Wissen ist nämlich mit Gewißheits- und Geltungsansprüchen ausgestattet, d. h. es ist gewußtes Wissen, es läßt sich intersubjektiv-argumentativ einlösen und es bezieht sich stets auf Handlungen, Ziele und Zwecke in einem konkret gegebenen lebensweltlichen Kontext (vgl. [Lu94]). Erst durch die aktive menschliche Rekonstruktion der zur Verfügung gestellten Wissensstrukturen konstituiert sich daher anspruchsvolles Wissen im Sinne unseres Wissensverständnisses. Die Zielsetzung dieser Arbeit kann damit nur erreicht werden, wenn zusätzlich zu einer Dokumentation der Analyseergebnisse ein gemeinsamer Interpretationsprozeß darüber geführt wird. Erst in einem solchen Rahmen können die mit den Wissensstrukturen gemeinten reichhaltigen Erklärungsansätze und inhaltlichen Bedeutungen adäquat intersubjektiv vermittelt werden.

Die hauptsächlichen Vorteile der dargestellten begriffsanalytischen Untersuchungen des SOGIT-Glossars und des SOGIT-Kriterienkatalogs sehen wir vor allem in den folgenden Punkten:

– Die enge Verbindung diskursiver Elemente und formaler Repräsentationen bzw. Dokumentationen trägt wesentlich dazu bei, daß die begriffsanalytischen Untersuchungen zum Themenbereich SOGIT zur Entstehung, Vermittlung und Überprüfung anspruchsvollen Wissens und insofern als begriffliche Wissenskommunikation im Sinne von Wille ([Wi92]) verstanden werden kann.

– Die intensive Einbindung der begriffsanalytischen Untersuchungen in einen intersubjektiven Kommunikationsprozeß sowohl bei der Durchführung der Untersuchung wie bei der Vermittlung ihrer Ergebnisse trägt wesentlich zu einer begrifflich-inhaltlichen Erschließung des jeweils betrachteten Themenbereichs bei. Die gewählte Vorgehensweise erlaubt insbesondere auch, unterschiedliche inhaltlich-begriffliche (Vor-)Verständnisse zu entdecken bzw. ein gemeinsames Verständnis zu befördern.

– Der durch die Anwendung der Formalen Begriffsanalyse ausgeübte Formalisierungs- und Strukturierungsdruck in Verbindung mit der diskursiven Vorgehensweise trug in konstruktiver Weise dazu bei, die für intersubjektive Begründungen (vgl. hierzu [Ap89]) zentralen Leitfragen „Was ist mit ... gemeint?" und „Warum?" sich stets aufs Neue gegenseitig zu stellen, bevor der formale Kontext begriffsanalytisch weiter untersucht wurde. Die gewählte Vorgehensweise trägt damit zur Gewinnung und Präzisierung anspruchsvollen Wissens als argumentativ-intersubjektiv begründetes bzw. begründbares Wissen im Bereich von SOGIT bei.

Grenzen bzw. Problembereiche der vorgeschlagenen begriffsanalytischen Vorgehensweise sehen wir vor allem in den folgenden Punkten:

– Bei der Erstellung der Formalen Kontexte hat sich als ein zentraler Diskussionspunkt die genaue inhaltliche Interpretation der Inzidenzrelation herausgestellt:
Bei der ersten Analyse des Kriterienkataloges war es erforderlich, eine möglichst allgemeine Interpretation im Sinne von „hat offensichtlich zu tun mit" zu verwenden. In einer sich anschließenden Iteration könnten dann auch präzisere Interpretationen („fördert", „stört", „trägt positiv bei", ...) vorgenommen werden.
Bei der Analyse der Glossardefinitionen wurde versucht, durch die Unterscheidung in die drei Verständigungsaspekte *Bedeutung, Querbezüge* und *Umsetzungsmöglichkeiten* eine inhaltliche Vorstrukturierung durchzuführen. Hierbei trat die Schwierigkeit auf, daß sich nicht alle in den Volltextquellen genannten Aspekte in dieses Schema einordnen liessen. Dies betrifft z. B. Negationen wie „Im Unterschied zu (Stichwort S1) bedeutet (Stichwort S2) dieses-und-jenes" oder Beziehungen wie „(Stichwort) wird gefährdet durch ... ". Auch können die in den Lexikon-Einträgen vollsprachlich formulierbaren Argumentationszusammenhänge und Erklärungen nicht adäquat in ihrer vollen Reichhaltigkeit abgebildet werden. Bei dieser Untersuchung war deshalb die Rekonstruierbarkeit der Formalisierungsschritte von besonderer Bedeutung.

– Der Einsatz der Formalen Begriffsanalyse erfordert bei der Erstellung der formalen Kontexte letztlich immer eine klare Entscheidung, inwieweit ein Merkmal einem Stichwort zugeordnet werden soll oder nicht. Eine kompetente Entscheidung hierüber setzt damit schon eine grundsätzliche Vertrautheit mit dem untersuchten Gegenstandsbereich voraus. Insofern ist der pragmatisch sinnvolle Einsatz der Vorgehensweise von einem grundsätzlichen inhaltlichen Vorverständnis für den Gegenstandsbereich abhängig.

- Die Durchführung der vorgeschlagenen begriffsanalytischen Vorgehensweise ist aufgrund ihrer Einbindung in einen gemeinsamen Verständigungs- und Argumentationsprozess arbeits- und zeitaufwendig. Auf der anderen Seite stellt sie gerade dadurch über die Erarbeitung der formal dokumentierten Begriffsanalyse hinaus einen gemeinsamen Lernprozess dar, bei dem der zu analysierende Themenbereich SOGIT in einen weitgehend von allen Beteiligten geteilten größeren Sinnhorizont eingebettet wird, und zwar im Sinne anspruchsvollen Wissens: nämlich als gewußtes und ggf. argumentativ einlösbares Wissen.

Zusammenfassend tragen die vorgestellten begriffsanalytischen Untersuchungen in einer neuen Weise zu einem vertieften inhaltlichen Verständnis der Ausgangsdaten bei. Besondere Vorteile ergeben sich in der besseren Übersicht über inhaltliche Gemeinsamkeiten und Bedeutungsunterschiede, sowie in der unmittelbaren Erkennbarkeit zentraler Merkmale. Eine wesentliche Bedingung hierfür ist jedoch, daß die Begriffsanalyse in einen diskursiv-argumentativen Gesamtzusammenhang eingebettet ist, um dem immanenten Zusammenhang inhaltlicher und formaler Anteile menschlichen Denkens und der Prozeßhaftigkeit menschlicher Begriffsbildung im Sinne anspruchsvollen Wissens angemessen entsprechen zu können.

Konstitutiv für die hier vorgestellten begriffsanalytischen Untersuchungen ist deshalb die immer wieder erneute argumentative Erläuterung und gemeinsame Interpretation der vorliegenden Wissensstrukturen, was ausdrücklich die Bereitschaft zur gemeinsamen Fortentwicklung der bislang eingesetzten Liniendiagramme einschließt, weil „die Sicherung intersubjektiver Begriffe niemals abgeschlossen ist, sondern immer wieder in Prozessen kommunikativen Handelns hergestellt werden muß" ([Wi94, S. 19]). Es ist vorgesehen, die in dieser Arbeit nur auszugsweise dargestellten Ergebnisse unserer begriffsanalytischen Untersuchungen in den nächsten Lehrveranstaltungen zu SOGIT in diesem Sinne zur Wissensvermittlung einzusetzen.

Anhang

Merkmalliste für den Verständigungsaspekt *Bedeutung*:

Merkmals-nummer	Merkmalsbeschreibung	Quelle
M1	Leichte Erlernbarkeit	Q1
M2	Orientierung an kognitiven/sensomotori-schen Fähigkeiten des Anwenders	Q4,10
M3	Orientierung aller Phasen der Entwicklung an Anwenderbedürfnissen und Anwender-praxis	Q2,3,5,6,7,8,9, 11,12
M4	Zusammenarbeit von Auftraggebern und Anwendern bei der Entwicklung	Q1,3,4,6,10,11
M5	Grad der Berücksichtigung von Anwender-Interessen	Q8
M6	Förderung der Anwender-Autonomie bei der Arbeitsgestaltung	Q1,2,3,4,6,8,11,12
M7	System wird als Werkzeug empfunden	Q5
M8	System wird als sinnvoll und nicht als bedrohend oder komplex empfunden	Q1,5
M9	Grad der Akzeptanz durch die tatsäch-lichen Anwender	Q6,8,10,12
M10	Konstruktives und produktives Arbeiten mit der SW-Lösung ist möglich	Q5,6,9,11
M11	Grad der Zufriedenheit mit Funktion und Gestaltung der SW-Lösung	Q8
M12	Individuelle Einschätzung der Erfüllung der eigenen Anforderungen	Q9
M13	Qualitätsanforderung	Q1
M14	Erleichterung der Arbeit ohne Streß	Q2,5
M15	Sich wohlfühlen bei der Arbeit mit dem System	Q2,5
M16	Leichte Erlern- und Bedienbarkeit	Q3,4,6,11
M17	Bewertungsmerkmal für Benutzungsschnittstellen	Q4
M18	Verwendbarkeit für Marketing-Zwecke	Q4
M19	Individuelle Anpaßbarkeit der Oberfläche	Q6,9
M20	Adäquat für verschiedene Qualifikations-niveaus von Benutzern	Q6
M21	Maßstab für Einfachheit der Bedienung	Q8
M22	SW-ergonomische Gestaltung der Benutzungsschnittstelle und der Mensch-Maschine-Kommunikation	Q9,12

M23	Übersichtliche Oberflächengestaltung	Q11
M24	Individuelle Steuerbarkeit der Arbeitsgeschwindigkeit	Q9,12
M25	Unterstützung bei der Überprüfung der Korrektheit der Arbeit	Q12
M26	Betonung und Förderung zwischenmenschlicher Kommunikation bei der Arbeit	Q1,7,10,12
M27	Der Mensch, nicht die Maschine ist autonom handelndes Subjekt	Q1,3,4,8,9,12
M28	Orientierung der Systementwicklung am Werkzeug-Charakter	Q1,3,4,8,12
M29	Beachtung der Arbeitssicherheit	Q2
M30	Betonung und Beachtung spezifisch menschlicher Stärken	Q4,12
M31	Mensch steht im Mittelpunkt (der Arbeitsprozesse)	Q3,7,8,9
M32	Zurückstufung betriebswirtschaftlicher Kriterien	Q7
M33	Veränderung von Arbeitsprozessen	Q10
M34	Nachweisbare Verbesserung der Lebensqualität	Q10
M35	Berücksichtigung von Persönlichkeitsrechten bei der Informationstechnik	Q1
M36	Selbstbestimmungsrecht des Einzelnen über Datenerfassung, -speicherung usw. bei persönlichen Daten	Q2,4,6,7,8,11,12
M37	Auskunftsrecht über gespeicherte persönliche Daten	Q2
M38	Einschränkungen des Selbstbestimmungsrechts sind möglich, erfordert Güterabwägung	2,6,12
M39	Konkretisierung der Entfaltungsfreiheit nach GG für personenbezogene Informationen	Q3
M40	Weitergabeverbote für personenbezogene Daten sind möglich	Q2
M41	Vom Bundesverfassungsgericht anerkanntes Recht	Q8
M42	Möglichkeit der Zurückziehung (eigener) personenbezogener Daten	Q11
M43	Möglichkeit zur Erhaltung einer Privatsphäre vor Staat, Wirtschaft usw.	Q12
M44	Wahlrecht zur Eingehung von Kommunikationsbeziehungen	Q2,7
M45	Selbstbestimmungsrecht zum *Wann-wo-wie-mit wem* des eigenen Kommunikationsverhaltens	Q3,10,11

M46	Selbstbestimmungsrecht zur Aufnahme und Weitergabe von Informationen	Q6
M47	Technik- und Organisationsgestaltung zur Förderung zwischenmenschlicher Kommunikation	Q2,8
M48	Unterstützung von Gesprächen und gemeinsamer Urteilsbildung	Q4,9
M49	Unterstützung gegenseitiger Verständigung, auch nicht-sprachlich	Q4,10,12
M50	Höhere Qualität durch Integration verschiedener Sichtweisen	Q1,3,9
M51	Orientierung an sozialem Bedürfnis nach Kommunikation	Q8
M52	Normatives Konzept für Technikgestaltung	Q1,5,8
M53	Sozialorientierung: förderlich für die Gesellschaft	Q1,2,4,7,9,12
M54	Anthropologisch: Verantwortung gegenüber künftigen Generationen	Q1,4,7,9
M55	Ökologisch: Verpflichtung gegenüber stabilem ökologischem Zusammenleben	Q1,4,7,9
M56	Ganzheitliche Sichtweise des Lebens	Q4,9
M57	Orientierung an der Fülle des menschlichen Lebens	Q7
M58	Anwender anregen, den Arbeitsprozeß selbst mitzugestalten	Q2
M59	Hinweise durch das System auf übergreifende Zusammenhänge	Q5
M60	Verbesserung der Anforderungsermittlung	Q1
M61	Erhöhung der Benutzerakzeptanz	Q1
M62	Verbesserung der Sozialverträglichkeit	Q3
M63	Kostensenkung durch höhere Benutzerakzeptanz	Q3
M64	Möglichkeit zur Einbringung von eigenen Anforderungen an die Systementwicklung	Q8,10
M65	Setzt Sozialverträglichkeit voraus	Q2,12
M66	Bewertungsrahmen für die Erschließung und Erhaltung von Mitwelt, Umwelt, Nachwelt	Q5
M67	Umsetzung der Sozialverträglichkeitsanalysen in Technikgestaltung	Q3
M68	Orientierung der Technik an Sozialverträglichkeit	Q5,Q7,Q12
M69	Es ist nicht nur ein rein technisches Problem	Q7
M70	Zusammenfassung von Benutzerfreundlichkeit und Anwenderorientierung	Q11

M71	Einbeziehung sonstiger Betroffener in die Entwicklung	Q11
M72	Übereinstimmung technischer Systeme mit den Erfordernissen der sozialen Grundstrukturen	Q2,3
M73	Einzelfallbezogene Konkretisierung erforderlich	Q2,3,8,12
M74	Technisches System hat keinen negativen Einfluß auf menschliche Gemeinschaft	Q7,12
M75	Persönlicher Entfaltungsfreiraum bleibt bei Technikeinsatz erhalten	Q8
M76	Bewertung ist kulturell abhängig	Q12
M77	Übereinstimmung technischer Systeme mit Grundrechten und Gesetzen	Q2,11
M78	Orientierung von Handlungen an der Verfassung	Q3
M79	Kein Anwender oder Betroffener ist in seinen Grundrechten eingeschränkt	Q4,6
M80	Das technische System und sein Einsatz verstoßen gegen kein Grundrecht	Q5,10
M81	Menschzentrierter statt technikzentrierter Qualitätsbegriff	Q3

Literatur

[An94]   U. Andelfinger: Begriffliche Wissenssysteme aus pragmatisch-semiotischer Sicht. In: R. Wille, M. Zickwolff (Hrsg.): *Begriffliche Wissensverarbeitung: Grundlagen und Aufgaben.* B. I. Wissenschaftsverlag, Mannheim, 1994, 153–172

[Ap89]   K.-O. Apel: Begründung. In: H. Seiffert, G. Radnitzky (Hrsg.): *Handlexikon zur Wissenschaftstheorie.* Ehrenwirth, München, 1989, 14–20.

[La88]   S. Lamnek: *Qualitative Sozialforschung – Band 1: Methodologie.* Psychologie Verlags Union, München, 1988

[Lu94]   A. L. Luft: Zur begrifflichen Unterscheidung von ‚Wissen', ‚Information'und ‚Daten'. In: R. Wille, M. Zickwolff (Hrsg.): *Begriffliche Wissensverarbeitung: Grundlagen und Aufgaben.* B. I. Wissenschaftsverlag, Mannheim, 1994, 61–80

[Wi92]   R. Wille: Begriffliche Datensysteme als Werkzeug der Wissenskommunikation. In: A. S. Schulz, H. H. Zimmermann, H.-D. Luckhardt (Hrsg.): *Mensch und Maschine – Informationelle Schnittstellen der Kommunikation.* Universitätsverlag Konstanz, Konstanz, 1992, 63–73

[WZ94]   R. Wille, M. Zickwolff (Hrsg.): *Begriffliche Wissensverarbeitung: Grundlagen und Aufgaben.* B. I. Wissenschaftsverlag, Mannheim, 1994

[Wi94]   R. Wille: Plädoyer für eine philosophische Grundlegung der Begrifflichen Wissensverarbeitung. In: R. Wille, M. Zickwolff (Hrsg.): *Begriffliche Wissensverarbeitung: Grundlagen und Aufgaben.* B. I. Wissenschaftsverlag, Mannheim, 1994, 11–26

Wissensdarstellung in Informationssystemen, Fragetypen und Anforderungen an Retrievalkomponenten

Winfried Gödert

Inhalt

1. Einführung

Bei der Gestaltung von Informationssystemen herrschte in den letzten Jahrzehnten die Meinung vor, daß die Mehrzahl der früheren Probleme durch den Einsatz von Informationstechnologie gelöst und längerfristig optimale Systeme gestaltet werden könnten. Diese Meinung hat in der letzten Zeit eine gewisse Erschütterung erfahren, die prominente Vertreter des Information Retrieval zu resignativen Schlußfolgerungen kommen läßt. So liest man etwa bei F. W. Lancaster ([La91a], [La91b]):

> What evidence exists that technology has solved the subject access problem? Not much.
>
> The improvements that have occured in information handling may be enough to compensate for the growth of the literature but not to increase its accessibiblity. Scientists today may have about the same level of access to the literature relevant to their research interests as their counterparts of fifty years ago.
>
> The conclusion that emerges most clearly is that, if one wants to know the best things to read on some topic, there is no substitute for consulting an expert, either directly or indirectly (e. g. an expert-compiled bibliography).

Es stellt sich also die Frage, ob die zukünftige Gestaltung von Informationssystemen an den bisher verwendeten informationstechnischen Paradigmen orientiert werden soll, oder ob nicht gewisse grundsätzliche Faktoren kognitiver Informationsverabeitung für das Vorhaben einer externalisierten Wissensdarstellung und -wiedergewinnung ebenfalls zu berücksichtigen wären.

Nachfolgend sollen daher einige dieser Aspekte einer näheren Betrachtung unterzogen werden; im Vordergrund stehen dabei:

1. Probleme des Darstellens von Wissen in und Rezeption von Wissen aus externen Speichern bzw. Ordnungsstrukturen,
2. Analyse und Typologie von Fragen, wie sie an Informationssysteme gestellt werden, und welche Konsequenzen daraus für die Gestaltung der Retrievalkomponenten gezogen werden müssen.

Nicht detailliert werden verschiedene Methoden betrachtet, die derzeit zur Verbesserung des Indexierens oder des Retrievals in Informationssystemen eingesetzt werden, wie z. B.:

- Verfahren des automatischen Indexierens,
- Verfahren des gewichteten Indexierens und des Ranking,
- Verfahren des Relevance Feedback,
- Methoden zur konkreten Oberflächen-Gestaltung.

Alle diese Bemühungen können – ungeachtet ihres Nutzens für die Gestaltung konkreter Retrievalsysteme – in gewisser Interpretation den hier präsentierten Überlegungen als nachgeordnet angesehen werden. Im Vordergrund der Betrachtung sollen in diesem Beitrag vielmehr folgende Probleme der Konstruktion von Informationssystemen stehen:

- Probleme der Wissens*darstellung*,
- Probleme der Wissens*ordnung*,
- Probleme des *Zugriffs* auf externalisiertes Wissen.

Diese Fragen rücken die Gestaltung von Informationssystemen in einen Zusammenhang mit kognitiven Modellen der Wissensverarbeitung, von deren Ergebnissen bei der Entwicklung zukünftiger Systeme profitiert werden kann.

2. Das klassische Modell der Wissensdarstellung in Informationssystemen

An den Beginn der Diskussion soll das Modell der Wissensdarstellung in Informationssystemen gestellt werden, das als klassisches, allgemein akzeptiertes Modell angesehen werden kann (vgl. Abb. 1).

Dieses Modell orientiert sich in erster Linie an der derzeit (noch) am weitesten verbreiteten Form von Informationssystemen, den Literaturdatenbanken, mit ihrem Nachweis von in der Literatur niedergelegtem Wissen. Es ist aber problemlos übertragbar auf alle Formen von Informationssystemen, auf die mit den hier zu berücksichtigenden Retrievalmethoden zugegriffen werden kann. Dazu zählen beispielsweise Volltextdatenbanken aller Art (z. B. Enzyklopädien oder Zeitungen auf CD-ROM) oder die heute so populären Multimedia-Datenbanken mit der Integration verschiedener medialer Elemente unter einer Retrievaloberfläche.

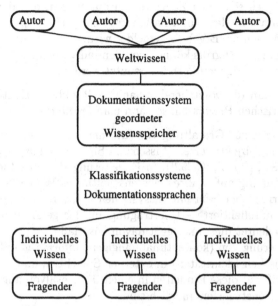

Abbildung 1 Modell des 'klassischen' Verständnisses einer Dokumenterschließung

Die Vorstellungen, die dem in Abb. 1 dargestellten Modell zugrunde liegen, können in folgenden Punkten referiert werden:

— Autoren legen ihr Wissen (oder Teile davon) in Texten oder anderer medialer Form nieder, die der Allgemeinheit zugänglich gemacht werden. Die Summe des publizierten Autorenwissens läßt sich mittels eines Wissensmodells zu einem Weltwissen zusammenfassen, wobei das einfachste Modell das eines additiven Zusammentragens ist.

— Das so definierte Weltwissen läßt sich mittels geeigneter Methoden und Verfahren ordnen und in Speichern vorrätig halten. Spezifisches Charakteristikum der Wissensdarstellung in Informationssystemen ist dabei die Aufbereitung in zugriffsfähige Einheiten, die abrufbare Portionierung des Wissens.

— Die dabei eingesetzten Wissens- und Ordnungsmodelle harmonieren mit den als allgemein angesehenen Ordnungsmodellen für das Weltwissen. Die Strukturen dieser Ordnungsmodelle kompensieren die zuvor vorgenommene Portionierung des Wissens.

— Bei geeigneter Konzeption und entsprechendem Ausbaustand enthält das Informationssystem zu einer speziellen Frage mehr Wissen als jeder Mensch.

— Es lassen sich Methoden und Verfahren entwickeln, die Fragenden mit individuellem Wissen und individuellen Wissensmodellen Zugriff auf das zusammengetragene und geordnet gespeicherte Wissen erlauben.

– Es sollte möglich sein, den Zugriff so zu optimieren, daß dem Anfragenden das gesamte in dem Informationssystem zu einer spezifischen Frage enthaltene Wissen als Ergebnis gemeldet wird.

– Die Ergebnisse des Zugriffs können von den individuell Nachfragenden zur Erweiterung ihres eigenen Wissens genutzt werden.

Betrachtet man die vorstehend genannten Punkte hinsichtlich ihrer erkenntnistheoretischen Prämissen, so kann man festhalten:

1. Als Paradigma zur Gestaltung von Informationssystemen wird die Vorstellung eines objektivierten Wissens im Sinne von *Popper's Welt 3* benutzt ([Po84], [Po93], [CC92]). In Erweiterung Popper's Ideen wird keine Beschränkung auf 'wahres' wissenschaftliches Wissen vorgenommen, vielmehr erfolgt bei Informationssystemen in der Regel eine zwanglose – manchmal unreflektierte – Übertragung auf das gesamte Alltagswissen. Konkret bedeutet dies, man geht davon aus, daß
   – eine Fixierung von (kontextunabhängigen) *informationellen Einheiten* (semantischen Identitäten) in externen Speichern, und
   – ein Zugriff auf diese Einheiten in einem Retrievalvorgang zum Zwecke eines Wissenstransfers möglich sind.
   Kritisch ist schon hier anzumerken, daß gerade die Existenz semantischer Identitäten dabei sehr zu hinterfragen wäre, da keineswegs trivial angebbar ist, wann ein Begriff begriffen wurde, ob ein Begriff überhaupt kontextfrei zu vermitteln und zu verstehen ist (vgl. auch [Gö95]).

2. Die semantischen Einheiten lassen sich in einem Transferprozeß – entsprechend der *Conduit-Metapher* (vgl. z. B. [Fi90]) – zunächst aus einer kognitiven Struktur in das Informationssystem hineinspeichern und dann wieder aus dem Informationssystem in die kognitive Struktur des Anfragenden überführen. Auch ein mehrstufiger Prozeß, in dem zwischen Autor und Informationssystem etwa noch eine weitere kognitive Struktur steht (z. B. ein Indexierer), die einen Verstehensprozeß durchführt und das Ergebnis in einer spezifischen Dokumentationssprache ausdrücken muß, wird in diesem Modell nicht als Anlaß genommen, an der prinzipiellen Möglichkeit des Transfers zu zweifeln.

3. Sowohl für das Indexieren als auch für das Retrieval von Sachverhalten ist eine Präferenz semantischen Wissens zu beobachten. Begriffe werden in der Regel mit sprachlicher Repräsentation berücksichtigt. Abhängigkeit begrifflichen Wissens von anderen Wissensformen (z. B.: *Gehen, Lieben*, die zum begrifflichen Verständnis die Durchführung der entsprechenden Handlungen voraussetzen) wird nicht explizit berücksichtigt.

4. Die zuvor postulierten semantisch abgeschlossenen Identitäten werden einer einfachen Strukturierung zugeführt. In erster Linie erfolgt ein Rückgriff auf 'logische' Begriffsbeziehungen als die intersubjektiv am einfachsten zu vermittelnden. Darüberhinaus finden vermutete oder durch Eigenschaften der Objekte nahegelegte Begriffsbeziehungen (z. B. Hierarchie, Verwandtschaft) Berücksichtigung.

5. Die semantischen Identitäten werden als zeitungebunden betrachtet. Da jedes Wissen zeitgebunden ist, ergeben sich zwei Teilprobleme:
   – Wie wird die Neuentwicklung von Sachverhalten, von neuem Wissen in das bestehende Informationssystem integriert. Für reine Fakten ist dies durch Berücksichtigung neuer Begriffe (Deskriptoren oder Notationen) noch am ehesten vorstellbar; doch wie verfährt man mit neuen Strukturen?
   – Wie geht man mit einem Paradigmenwechsel um (z. B. der Begriff „Materie" *vor* und *nach* Entwicklung der Relativitätstheorie)?

Für beide genannten Probleme sind bis heute keine befriedigenden Lösungen bekannt. Insbesondere das zweite Problem betont noch einmal die Fragwürdigkeit der Vorstellung, in einem Informationssystem sei Wissen absolut gespeichert und zugänglich.

Vorstehende Punkte treffen auf alle Formen von Ordnungs- oder Informationssystemen zu, sind von daher auch keine neuen Probleme. Sie müssen vielleicht nunmehr einer erneuten und schärferen Betrachtung unterzogen werden, weil durch die Entwicklung elektronischer Informationssysteme eine Reihe weiterer Herausforderungen entstanden sind. Nachdem man sich durch die elektronischen Systeme zunächst eine Lösung für die genannten Probleme versprochen hatte, muß man nun gewisse Bedenken anmelden. Es gibt Anzeichen, daß mit den bisher verfolgten Methoden weder die alten noch die neuen Probleme befriedigend gelöst werden können (vgl. eingangs angegebene Lancaster-Zitate).

3. Durch Datenbanken und Datennetze sowie deren Retrievalkomponenten entstandene Aufgaben und Anforderungen

Informationssysteme haben sich im Lauf ihrer Entwicklung stark diversifiziert. So muß man heute schon bei den lokalen Systemen unterscheiden in: Literaturdatenbanken mit bibliographischer Repräsentation von Dokumenten, Objekt-Datenbanken mit Repräsentation vielfältiger Daten und Medien, Volltextdatenbanken, Multimedia-Datenbanken. Insbesondere an letztere werden immer wieder besondere Erwartungen hinsichtlich eines Informations- oder Wissenstransfers gestellt. Als neueste Entwicklung muß die Zusammenfassung von lokalen Informationssystemen zu lokalen oder globalen, strukturierten oder unstrukturierten Informationsnetzen gesehen werden.

3.1 Wachsende Daten- (Wissens-)Bestände und zunehmende Vernetzung

Datenbanken oder Datennetze sind gekennzeichnet durch ein starkes Akkumulieren der in ihnen repräsentierten Objekte. So existieren heute bereits eine Vielzahl von Literaturdatenbanken mit mehreren Millionen nachgewiesener Bücher oder Zeitschriftenaufsätze. Die Entwicklung geht dahin, weitere Integrationen vorzunehmen und so immer größere Datenbestände aufzubauen. Die über das Internet schon heute abzufragenden Nachweise sind kaum noch überschaubar. Trotz des großen Bemühens um informationstechnische Verbesserungen des Suchens und Findens stellt sich Unzufriedenheit mit den Ergebnissen ein. Die Probleme werden in Zukunft eher noch verstärkt durch das Verwischen der Grenzen zwischen (bibliographischer) Dokumentrepräsentation (in den klassischen Literaturdatenbanken ausschließlich anzutreffen) und Volltext- bzw. voller medialer Speicherung in demselben Informationssystem (wie dies nun im Internet mit steigender Tendenz zu beobachten ist). Die Unzufriedenheit wird weiter steigen, wenn etwa auf eine Anfrage nur die bibliographische Beschreibung eines Dokumentes geliefert wird, obwohl der Volltext des Dokumentes ebenfalls im System gespeichert ist, für sein Auffinden aber möglicherweise andere Wege hätten beschritten und andere Hilfsmittel benutzt werden müssen.

3.2 Abgreifen systematischer Ausschnitte gemäß verschiedener Fragetypen

Elektronische Informationssysteme gestatten das Stellen von Fragen durch Kombination verschiedener elementarer Sucheinheiten und die Benutzung verschiedener Hilfsmittel. Wir werden dieser Problematik noch einen eigenen Abschnitt widmen.

3.3 Abgreifen assoziativer Beziehungen und Kontexte

Konventionelle Kataloge oder Bibliographien waren durch eine geringe Anzahl von Beziehungen zwischen den Deskribierungs-Elementen gekennzeichnet. Wenn überhaupt, wurden für sachliches Suchen wenige Quer-Verweisungen – meist gemäß hierarchischer Beziehungen – vorgesehen. In elektronischen Informationssystemen wird nun die Berücksichtigung der für Suchvorgänge so wichtigen assoziativen Beziehungen gewünscht. Die besondere Schwierigkeit wird schon durch den Namen dieser Beziehungen gekennzeichnet. Assoziativ bedeutet längst nicht für jeden das gleiche und ist nicht in gleicher Weise kodifizierbar wie etwa das Konzept der Hierarchie. Man kann zwar Typen assoziativer Verweisungen angeben (vgl. [DIN2330], [Ra83]), eine entsprechende Modellierung für Informationssysteme steht noch aus. Radikale Positionen, wie: wenn ich an 2 Begriffe denke, dann stehen sie in einem assoziativen Kontext, sind ebenfalls denkbar. Wo ist die Grenze? Bei: „Schiff" – „Gletscher" oder bei: „Schnürsenkel" – „Gummibärchen"?

3.4 Navigation und Orientierung

Das schon eingangs erwähnte Anwachsen der Informationssysteme bringt besondere Anforderungen an die Gestaltung der Abfragekomponenten mit sich. Allein die Bereitstellung von kommando-orientierten Retrievalsprachen kann spätestens dann nicht mehr ausreichen, wenn derartige Systeme eine Vermarktung im breiteren Publikum erfahren sollen. Es müssen besondere Suchoberflächen gestaltet werden, es muß die Abbildung systematischer Strukturen in diese Suchoberfläche erfolgen, und es muß eine Hinführung auf die Gesamtheit aller individuellen Erscheinungen ausgehend von Allgemeinbegriffen geben. Besondere Beachtung verdienen dabei die Möglichkeiten zur Orientierung und zur Navigation in den Informationssystemen. Derzeit populäre Hilfsmittel sind graphische Bedienungsoberflächen und Hypertext- bzw. Hypermedia-Konzepte: Hiermit werden Möglichkeiten geschaffen, individuelle Suchpfade zu definieren oder ein benutzergesteuertes Suchweg-Backtracking durchzuführen.

3.5 Anpassung des Datenbankmodells und der Retrievalvorgänge an Benutzerbedürfnisse

Vorstehend genannte Techniken sollen den Beginn kognitiver Techniken für die Gestaltung von Informationssystemen markieren (vgl. z. B. [In94], [In95]). Darunter kann nicht nur die Suchwegstaltung sondern auch die Modellierung typischer Suchinteressen einer definierten Benutzergruppe (in einem definierten Problembereich) verstanden werden, die es Nutzern in einem Informationssystem erleichtern, bestimmte Fragen zu formulieren als auch die Antworten zu interpretieren. Ein prominentes Beispiel für eine solche Art von Informationssystemen stellt das BOOKHOUSE dar, ein spezieller Katalog für den Nachweis belletristischer Literatur (vgl. z. B. [Pe92], [Pe95]). Es sind mit diesem Punkt aber auch Ansätze sogenannter Benutzermodellierung gemeint, die der Gefahr unterliegen, den individuellen Benutzer mit seinen kognitiven Vorstellungen einer systemseitig verankerten Normierung zu unterwerfen. Auf diesen Bereich wird noch zurückzukommen sein.

3.6 Erweiterung auf hyper- und multimediale Informationssysteme

Durch diese Schlagwörter wird die neueste und vielleicht wichtigste Entwicklung im Bereich der Informationssysteme beschrieben, die für die Zukunft die größten Herausforderungen bietet. Hyper- oder multimediale Informationssysteme treten bereits häufig mit dem Anspruch auf, für Prozesse der Wissensaneignung besonders geeignet zu sein. In den Massenmedien wird beispielsweise ihr Einsatz für Lehr- und Lernzwecke immer wieder thematisiert und die Systeme werden bereits als Ersatz für menschliche Lehrer vorgeschlagen (vgl. z. B. [Sp94], [Fo94]). Bei keinem anderen System ist jedoch so deutlich wie hier zu sehen, wie die enthaltenen Daten gleichsam in Portionen zerlegt werden, um den spezifischen Anforderungen der Darstellung am Bildschirm gerecht zu werden. Es wird zwar zunehmend versucht, durch die Gestaltung der Benutzungsoberflächen Zusammenhänge und Bezüge zu berücksichtigen, als zufriedenstellend kann das bisher Erreichte nicht angesehen werden. Das vorab vorgestellte Konzept der *informationellen Einheiten* erfährt hier bereits eine erste Form der Konkretisierung. Es wird dabei als selbstverständlich angesehen, daß die Form der Speicherung, des Abrufs und der Darbietung den kognitiven strukturdeterminierten Bedingtheiten der individuellen Rezipienten angemessen ist, die ihrerseits ja einen bestimmten Lern- und Bildungsweg zurückgelegt haben, der andere Rezeptionsmuster angelegt hat. Es sind bereits Anzeichen zu beobachten, möglicherweise zukünftig nicht die Wissensdarstellung in den Informationssystemen den kognitiven Rezeptionsbedürfnissen anzupassen sondern die Rezeptionsgepflogenheiten dem systemseitig Darstellbaren unterzuordnen.

Letzterer Punkt liefert eine starke Motivation für den hier eingeschlagenen Weg der Beschäftigung mit dem gesamten Problemkreis, denn Informationssysteme sind Werkzeuge, die einen bestimmten nützlichen Zweck erfüllen sollen und können. Mehr als vermeintlich gesicherte Erkenntnispositionen in der Wissensspeicherung und -ordnung abbilden zu wollen ist es die Aufgabe, den Fragen zu entsprechen, die seitens der Nutzer an solche Informationssysteme gestellt werden. Es ist daher lohnend, die Fragestellungen einmal in einer Typologie zu ordnen.

4. Typologie von Fragen an Informationssysteme

Für die Gestaltung von Informationssystemen ist es wichtig zu wissen, welche Arten von Fragen an diese Systeme gestellt werden. Bisherige Untersuchungen konzentrierten sich dabei entweder auf bestimmte fachliche Charakteristika oder auf die Art und Weise, wie Benutzer die im System enthaltenen technischen Hilfsmittel zur Formulierung ihrer Fragen einsetzen (z. B. die Verwendung Boolescher Operatoren, Maskierungen oder die Verwendung von Kontextoperatoren). Wenig bekannt ist bis heute, welche Arten von Fragen überhaupt gestellt werden, welche thematischen Interessen hinter den Fragen stehen und wie es um die postulierte Verbindung zwischen *bibliographischen* und *Wissens*fragen steht. Neben der üblichen Unterscheidung bei Suchvorgängen in *Broswing*, *Serendipity* und *gezieltes Suchen* kann es nützlich sein, das thematische Suchinteresse zu typologisieren, um Anhaltspunkte für die Gestaltung der Retrievalkomponenten eines Dokumentationssystems zu haben. Eine solche Typologisierung, die sowohl für bibliographische als auch für nicht-bibliographische Informationssysteme Anwendung finden kann, wird im folgenden vorgeschlagen (vgl. als Grundlage [Ba79a], [Ba79b]):

Fragen nach einfachen Sachverhalten (Begriffen). Diese Art von Fragen läßt sich auch als Lexikonfragen charakterisieren. Sie werden in der Regel durch die Eingabe einfacher Wörter, Deskriptoren einer verbalen Dokumentationssprache oder Notationen eines Klassifikationssystems an das System gestellt.

Fragen, in denen einfache Sachverhalte mit formalen Angaben (Verfasser, Verlag, Erscheinungsjahr, etc.) in Beziehung gesetzt werden. Beipiele für diese Art von Fragen liegen auf der Hand und bedürfen hier keiner weiteren Erläuterung.

Fragen, in denen einfache Sachverhalte (insbesondere Individualnamen) durch einen systematischen Kontext disambiguiert werden müssen. Die Verwendung von Individualnamen (z. B. Personen, geographische Orte oder Einheiten, naturwissenschaftliche Methoden oder Verfahren) zur Indexierung und zum Retrieval ist durch die Eigenschaft charakterisiert, daß die Individualnamen in ihrem Kontext in der Regel sehr aussagekräftig und wiedergabetreu sind. Allerdings kommt es häufiger vor, daß ein und derselbe Individualname in verschiedenen Kontexten Verwendung findet, so daß eine begriffliche Disambiguierung erforderlich wird.

Fragen, in denen einfache Sachverhalte mit räumlichen oder zeitlichen Angaben in Beziehung gesetzt werden. Es läßt sich vermuten, daß diese Art von Fragen recht häufig an alle Informationssysteme gestellt werden, die inhaltlich nicht fachlich begrenzt sind, z. B. an bibliothekarische Kataloge. Man denke etwa an Beispiele, wie „Die Außenpolitik Frankreichs in den 60er Jahren" oder „Der Einsatz der EDV in englischen Bibliotheken zwischen 1970 und 1985". Quantitative Untersuchungen zu diesem Thema liegen jedoch nicht vor.

Fragen, in denen komplexe a posteriori Beziehungen zwischen den Begriffen enthalten sind. Mit dieser Art von Fragen wird ein grundsätzlich neuer Typ beschrieben. Beispiele sind: „Das Brutverhalten der Blaumeisen beim Füttern ihrer Jungen" oder „Die Strafbarkeit der Drohung mit einem Unterlassen". Die reine Boole'sche Verknüpfung einzelner Deskriptoren ist nicht in allen Fällen ausreichend, um *gerichtete* Beziehungen zwischen den Deskriptoren im Sinne der Suchanfrage in der Dokumentationssprache abzubilden; es werden syntaktische Hilfsmittel in der Abfragesprache erforderlich, die ihrerseits syntaktische Hilfsmittel in den Indexaten voraussetzen.

Fragen, in denen neben einem Begriff alle Unterbegriffe mit in die Suche einbezogen sein sollen. Auch dieser Fragentyp eröffnet eine qualitativ neue Problematik; Beispiele sind Fragen nach „Literatur über Psychologie (einschließlich aller Teilgebiete)" oder der „Literatur über Greifvögel (gleichgültig welcher Art)". Für die Beantwortung solcher Fragen ist nicht allein ein Deskriptor oder eine Klasse „Greifvögel" ausreichend, sondern es müssen bei der Suche alle Unterbegriffe (wie ermitteln und eingeben?) mit einbezogen sein können.

Fragen, die einen Begriff nebst allen Unterbegriffen eines Begriffsfeldes in eine a posteriori Beziehung zu einem Begriff nebst allen Unterbegriffen eines zweiten Begriffsfeldes setzen. Dieser Fragetyp stellt eine Kombination aus den beiden vorangegangenen Typen dar und muß dementsprechend von beiden unterschieden werden. Man denke an Fragestellungen wie „Physiologie der Greifvögel" (gleichgültig, welcher Art bzw. unabhängig von einem speziellen physiologischen Aspekt) oder „Sakrale Bauwerke am Niederrhein" (d. h., *alle* sakralen Bauwerke in *allen* Orten des Niederrhein*gebietes*).

Analysiert man die voranstehenden Typen unter einem weiteren Gesichtspunkt, so erhält man als Ergebnis verschiedene Formen des Verständnisses von Hierarchie, wie sie häufig in Ordnungssystemen verwendet werden, ohne daß die Form der Hierarchisierung explizit gemacht wird:

– Begriffshierarchie,
– Räumliche Areale,
– Zeitliche Bereiche,
– Kategoriales Abgreifen einer Begriffshierarchie.

4.1 Fragen, in denen ausschließlich der eingegebene Suchausdruck, nicht aber die In-Beziehung-Setzung mit anderen Begriffen zu einem Treffer führt

Dieser Typ von Fragen bereitet im Boole'schen postkoordinierten Retrieval Schwierigkeiten, weil dort mit Eingabe eines Suchwortes (selbst bei Verwendung kontrollierten Vokabulars) auch alle Dokumente als Treffer gemeldet werden, in denen neben dem eingegebenen weitere Wörter deskribiert sind – gleichgültig ob dies additiv geschehen ist oder ob a posteriori Zusammenhänge zwischen den Deskriptoren zum Ausdruck gebracht werden sollen.

In den existierenden Informationssystemen werden eine ganze Reihe von Instrumenten eingesetzt, einzelnen dieser Fragetypen zu entsprechen (vgl. z. B. [Tr90], [GH90]). Hierzu gehören u. a. die Möglichkeit zur Einsichtnahme in die semantische Struktur des Vokabulars. Dies ist wichtig, um Null-Treffer-Antworten zu vermeiden, die lediglich auf die Eingabe eines nicht zugelassenen Synonyms zurückzuführen sind. Eine weitergehende Maßnahme stellt die Zurverfügungstellung eines um synonyme Zugänge erweiterten Suchvokabulars dar, das per automatischer Verknüpfung auf das Indexierungsvokabular hinführt. Weitere Hilfsmittel sind kategorisierte bibliographische Beschreibungen, der Einsatz von *Boole'schen Operatoren* zur Verknüpfung von verschiedenen Kategorien bei der Eingabe, Verfahren zur *Truncierung* bzw. *Maskierung* oder verschiedene Ausprägungen von *Kontext-Operatoren* sowie das differenzierte Aufsammeln aller Begriffe einer Begriffshierarchie oder Erstreckung einer Begriffsrelation sowie möglicherweise deren Kombination zu einem Suchkomplex. Weitere Hilfsmittel stellen *linguistische Algorithmen*, Verfahren des gewichteten Indexierens, des *Treffer-Rankings* sowie des nutzergesteuerten *Relevance Feedback* dar. Schließlich kommt der Entscheidung zwischen *Wort- oder Phraseninvertierung* für die einzelnen Kategorien eine gewisse Bedeutung zu (vgl. z. B. [Gö94]).

Kaum ein System wird der ganzen Vielfalt der vorgestellten Fragen-Typologie gerecht, so daß man sich von einer zukünftigen Berücksichtigung für die Gestaltung der Informationssysteme Verbesserungen versprechen darf. Entscheidend wird dabei sein, nicht nur einzelne Aspekte der Gestaltung von Informationssystemen herausgreifen sondern ein Systemdesign vorzunehmen. Vorschläge dieser Art finden sich zunehmend in der Literatur und Prototypen werden entwickelt, teilweise werden sie schon in kommerziellen Produkten am Markt angeboten (vgl. z. B. [Ba86], [Hi87], [Gr91]).

Auch wenn zukünftig noch häufiger Verbesserungen durch den Einsatz und die Kombination der genannten Methoden erreicht werden, stellt sich doch die Frage, ob allein mit diesen Möglichkeiten vollständig befriedigende Informationssysteme gestaltet werden können, solange am zugrundeliegenden informationstheoretischen Paradigma nichts verändert wird. Durch Einsatz genannter Methoden wird an der erkenntnistheoretischen Fundierung der Informationssysteme zunächst ja nichts verändert. Ein qualitativer Sprung ist wohl nur erreichbar, wenn Informationssysteme geschaffen werden, die Wissenstransfer als Prozeß behandeln, der an kognitive Informationserzeugung gebunden ist.

5. Noch einmal: Modelle der Wissensdarstellung in Informationssystemen

Es soll daher noch einmal eine Gegenüberstellung der Modelle von Wissensdarstellung in Informationssystemen erfolgen, um deutlich zu machen, an welchen Stellen veränderte erkenntnistheoretische Fundierungen zur Fragen der Wissenrezeption möglicherweise prinzipielle Verbesserungen erlauben.

Das Standardmodell für Informationssysteme war bereits weiter oben durch *Popper's Welt 3* in Verbindung mit der *Conduit-Metapher* charakterisiert worden. Nachfolgend seien die einzelnen Punkte noch einmal zusammengestellt:

- Es gibt (kontextfreie) *informationelle Einheiten*.
- Informationelle Einheiten lassen sich ent-individualisieren.
- Informationelle Einheiten lassen sich externalisieren und unabgängig von kognitiven Strukturen speichern.
- Die Gesamtheit des externalisierten Wissens wächst.
- Externalisiertes Wissen enthält wahre Aussagen über die Beschaffenheit der Welt.
- Informationelle Einheiten lassen sich zu externalisiertem *Wissen* strukturieren (ordnen).
- Auf das strukturierte externalisierte Wissen läßt sich in einem zielgerichteten Such- und Findeprozeß zugreifen.
- Informationelle Einheiten externalisierten Wissens lassen sich in individuelles Wissen einbauen, ohne daß erst neues strukturelles Wissen individuell aufgebaut werden muß.

Dieses Modell enthält des weiteren die Hypothese der Existenz eines *Weltwissens*, das als Summe der externalisiert gespeicherten informationellen Einheiten beschrieben werden kann. Auf Informationssysteme bezogen ergibt dies die Aussage: *Informationssysteme (z. B. Bibliotheken, Ordnungssysteme, Datennetze) enthalten Wissen – auch ohne daß Menschen als Nutzer vorhanden sind.*

Dagegen soll nun ein anderes Modell – das *konstruktivistische Modell für Informationssysteme* – gesetzt werden, das Wissensrezeption nicht primär als bloße Übernahme aus Quellen, sondern als kommunikativ generierte Wissenserzeugung versteht. Dieses Modell versteht die Informationserzeugung und den Informationsaustausch als einen Prozeß der strukturellen Kopplung zwischen strukturdeterminierten kognitiven Strukturen und besitzt somit eine kommunikative Komponente, die die Individualität der Partner einbezieht (vgl. zum Modell [GK93] und für die Grundlagen des Modells [Ro94], [Ma94]):

- Es gibt *keine* externalisierbaren informationellen Einheiten; Wissen ist Wissen kognitiver Strukturen.
- Informationsaustausch und Wissenstransfer zwischen Kommunikationspartnern erfordert ein jeweiliges Modell der kognitiven Struktur des Gegenübers.
- Jeder Kommunikationspartner trägt Verantwortung für das Gelingen des Kommunikationsaktes.
- Externalisierung von Wissen erfordert eine der späteren Rezeption angepaßte Wissensstruktur.
- Suchender Zugriff auf externalisiertes Wissen erfordert Suchstrukturen und Hilfsmittel, die es dem suchenden Nutzer erlauben, seine Fragen entsprechend seiner kognitiven Vorstellungen zu artikulieren.
- Rezeption von externalisiertem Wissen erfordert eine der Externalisierung identische Wissensstruktur, die ggf. vor Rezeption erst aufgebaut werden muß.
- Die Externalisierung von Wissen und damit auch das externalisierte Wissen ist also *ontologisch, zeitlich, kulturell* und *sozial* gebunden.

Im Gegensatz zum vorigen Modell beinhaltet dieses Modell also die Aussage: *Weltwissen gibt es nicht.* Es gibt nur kulturell und sozial kommunikativ gekoppelte Wissensgemeinsamkeiten. Die Rezeption von Wissen ist immer an die Teilhabe an diese sozial und kommunikativ gekoppelte Wissensgemeinschaft gebunden. Man akzeptiert in diesem Modell das Erzeugen von Wirklichkeiten innerhalb von Gruppen kommunikativ gekoppelter kognitiver Strukturen. Gleichwohl sind diese Wirklichkeiten nicht willkürlich, da die beteiligten Partner bestimmten Randbedingungen unterliegen: Sie handeln strukturdeterminiert in dem Sinn, daß sie sowohl in einer evolutionären Entwicklung stehen als auch individuell in einem sozialen und kulturellen, in einem ontologischen Kontext aufgewachsen sind. Sie stehen in einem ständigen Austausch ihres Wissens mit anderen kognitiven Strukturen – sei es Alltagswissen oder professionelles Spezialwissen. Bei diesem Austausch müssen

Konzepte vermittelt und verstanden werden. Darüberhinaus findet über die vielfältigen Sinneswahrnehmungen ständig eine individuell rückgekoppelte Auseinandersetzung mit der Umwelt statt.

Für die Externalisierung und spätere Rezeption von Wissen in und aus diversen Medien ist keine direkte kommunikative Rückkopplung möglich. Daher müssen hierfür zusätzliche Strukturen geschaffen werden, die als möglichst optimale Simulation der vielfältigen Gruppen-Interaktion dienen müssen. Dafür kann eine Modellierung von Wissensgemeinsamkeiten gemäß nachstehender Referenzbereiche herangezogen werden (vgl. auch [Sa92], [Lu92]):

Referenzbereich der inter-individuellen Gültigkeit. Mit inter-individueller Gültigkeit ist der weitestgehende Anspruch verbunden, soweit es um das Niederlegen und Rezipieren von wahren Aussagen geht. Dieser Referenzbereich korrespondiert daher am weitestgehenden mit den Vorstellungen einer Abbildung von Wirklichkeit. Daher kommt als Strukturierungsmittel hierfür nur die Logik mit ihren Gesetzen in Frage. Es lassen sich damit sicher nicht alle Wissensstrukturen, sondern prinzipiell nur ein Ausschnitt derselben abbilden; schon allein aus dem Gesichtspunkt, daß logischen Gesetzen die Dimension Zeit abgeht, die kognitiven Strukturen eigene Form der episodischen Erfahrung damit also nicht abbildbar ist.

Referenzbereich der ent-individualisierten Gültigkeit. Dieser Referenzbereich wird für jeden von uns durch die langjährige Sozialisation in Schule und Ausbildung geschaffen. Darüber werden Strukturen angelegt, die fast schon als inter-individuell erscheinen, die sich bei näherem Hinsehen häufiger aber doch als eine von mehreren Möglichkeiten entpuppen. Hinzu kommt der Bereich der Außenwelt-Erfahrung, der unsere Fähigkeit zur Lebensbewältigung konstitutiert.

Referenzbereich der fachlich ent-individualisierten Gültigkeit. Je länger die Zeit der Ausbildung dauert, je größer das Ausmaß der individuellen Spezialisierung (etwa innerhalb einer beruflichen Tätigkeit) ist, desto kleiner wird die Gruppe derer, die über die gleichen Wissensstrukturen verfügen, mit denen aber auch am ehesten eine problemlose Verständigung über fachliche Fragestellungen des Gruppeninteresses möglich ist. Außerhalb dieses Referenzbereiches unterliegt man den gleichen Bedingungen wie alle anderen.

Referenzbereich der kommunikativ vereinbarten Gültigkeit. Dieser Referenzbereich ist – da am weitesten von den klassischen Vorstellungen des Abbildens von Wirklichkeit entfernt – am schwierigsten für die Strukturierung von Informationssystemen mit unbestimmten Nutzergruppen zu nutzen. Es wäre erforderlich, alle an der Vereinbarung beteiligten kognitiven Strukturen am Planungsprozeß zu beteiligen. Für den Aufbau lokaler Informationssysteme ist dies noch vorstellbar, für globale Datennetze wird man in erster Näherung nur die Berücksichtigung statistisch ermittelter Durchschnitte ins Auge fassen können. Allerdings läßt sich eine Notwendigkeit zur Überprüfung einmal fixierter Strukturen mit der Anpassung an veränderte Gruppeninteressen ableiten.

Referenzbereich des individuellen episodischen Gedächtnisses. Dieser Referenzbereich scheint sich nun ganz und gar jeder Kodifizierung für den Aufbau von Informationssystemen zu entziehen. Umgekehrt dürfte gerade dieser Bereich für die individuelle Akzeptanz eines Informationssystems eine große Rolle spielen. Man kann an dieser Stelle durchaus Assoziationen ziehen zu individuellen Gepflogenheiten beim Anlegen eines Zettelkastens oder anderen Formen des sog. kreativen Chaos, das auch durch noch so bunte graphische Oberflächen von (ansonsten starren) Windows-Datenbanken nicht ersetzt werden kann.

Konsequenzen für den Aufbau von Informationssystemen und die Gestaltung von Retrievalkomponenten. Auf Informationssysteme bezogen ergibt sich als erste Konsequenz aus dem konstruktivistischen Modell für Informationssysteme die Aussage: *Informationssysteme (z. B. Bibliotheken, Ordnungssysteme, Datennetze) enthalten nur Daten, die von Menschen bei Vorhandensein eines entsprechenden Wissensmodells zur Wissensgenerierung benutzt werden können.*

Die übrigen Aussagen können angesichts des abstrakten Charakters der hier präsentierten Diskussion nur abstrakt ausfallen. Nachfolgende Aussagen sollten daher zunächst im Sinn von Leitsätzen verstanden werden, die beim Aufbau eines konkreten Informationssystems entsprechend zu präzisieren wären:

– Informationssysteme sind zweckorientierte Hilfsmittel, die unter bestimmten Bedingungen innerhalb einer Gruppe von Individuen einem Wissenstransfer dienen können.
– Die Möglichkeiten zur Abbildung einer als allgemein akzeptierten Wirklichkeit in Ordnungssystemen sind durch Randbedingungen und Modelle eng begrenzt.
– Die Gestaltung von Suchprozessen im Informationssystem und die Rezeption des repräsentierten Wissens erfordert die Offenlegung des erkenntnistheoretischen Modells und eine entsprechende vorhergegangene Externalisierung.
– Aufbau und Benutzung von Informationssystemen erfordert die Einsicht in kulturelle, soziale und ontologische Bedingtheit von Ordnungssystemen.
– Die Gültigkeitsräume für die Informationssysteme ergeben sich aus den jeweils eingesetzten Referenzbereichen.

Der Aufbau zukünftiger Informationssysteme kann nicht mehr nur entlang einzelner der genannten Referenzbereiche erfolgen (etwa allein dem Referenzbereich der inter-individuellen Gültigkeit oder der fachlich ent-individualisierten Gültigkeit, sondern muß sich zur Erfüllung der weitgesteckten Anforderungen zunächst mit der Existenz aller Referenzbereiche auseinandersetzen und sie möglichst einbeziehen. Zur Forderung der Transparenz würde es gehören, die Nicht-Berücksichtigung eines Referenzbereiches ebenfalls anzuzeigen.

Es kann nicht geleugnet werden, daß eine konkrete Präzisierung dieser Leitsätze beim gegenwärtigen Stand der Diskussion noch nicht leicht erfüllbar zu sein scheint. Es wäre aber schon ein wichtiger Schritt, wenn Modelle wie das hier vorgestellte konstruktivistische Modell für Informationssysteme dazu führten, daß überzogene Darstellungen und Erwartungen – häufig etwa im Kontext von multimedialen Informationsmitteln anzutreffen – hinsichtlich der Möglichkeiten zur Rezeption des in solchen Informationssystemen gespeicherten Wissens einer gründlicheren Diskussion zugeführt würden.

6. Schlußbemerkungen

Vorstehendes Plädoyer für die Berücksichtigung kognitiver Faktoren für den Aufbau von Informationssystemen stellt eine Gratwanderung dar. Es geht aus von der Unzufriedenheit mit bestehenden Systemen und bezieht damit eine kritische Position. Dies Plädoyer kann jedoch auch systemstabilisierend wirken, indem es Vorschläge enthält, wie Informationssysteme zukünftig gestaltet werden sollten; und zwar Vorstellungen, die die Systeme immer näher an die kognitiven Fähigkeiten des Menschen heranbringen sollen. Damit wird zwangsläufig auch die Möglichkeit eines Mißbrauchs geöffnet, der statt der Anpassung der Informationssysteme an die kognitiven Bedürfnisse letztlich die Unterwerfung unter gesetzte Strukturen beinhaltet. Diesen Fragen gilt es wachsam gegenüberzutreten.

Literatur

[Ba79a] M. J. Bates: Information search tactics. *Journal of the American Society for Information Science* **30**(1979), 205–214

[Ba79b] M. J. Bates: Idea tactics. *Journal of the American Society for Information Science* **30**(1979), 280–289

[Ba86] M. J. Bates: Subject access in online catalogs: a design model. *Journal of the American Society for Information Science* **37**(1986), 357–367

[CC92] J. P. Changeux, A. Connes: *Gedanken-Materie*. Übers. von Klaus Hepp. Springer, Heidelberg 1992. X,175 S.

[DIN] *DIN 2330. Begriffe und Benennungen*. Berlin 1979

[Fi90] R. Fiehler: Kommunikation, Information und Sprache: alltagsweltliche und wissenschaftliche Konzeptualisierungen und der Kampf um die Begriffe. In: R. Weingarten (Hrsg.): *Information ohne Kommunikation? Die Loslösung der Sprache vom Sprecher*. Fischer-Verlag, Frankfurt, 1990, 99–128

[Fo94] Nie wieder Schule. *Focus*, H. 4, 1994, 102–107

[GH90] W. Gödert, S. Horny: The design of subject access elements in Online Public Access Catalogs. *International Classification* **17**(1990), 66–76

[GK93] W. Gödert, H.-D. Kübler: Konzepte von Wissensdarstellung und Wissensrezeption medial vermittelter Information: Plädoyer für eine kommunikationstheoretische Betrachtungsweise. *Nachrichten für Dokumentation* **44**(1993), 149–156

[Gö94]   W. Gödert: Vom Nutzen einer syntaktischen Indexierung im Online Retrieval. *Bibliotheksdienst* **28**(1994), 654–674

[Gö95]   W. Gödert: Externalisierung von Wissen: eine informationstheoretische Betrachtung aus konstruktivistischer Sicht. In: N. Meder u. a. (Hrsg.): *Konstruktion und Retrieval von Wissen: 3. Tagung der Deutschen ISKO-Sektion einschließlich der Vorträge des Workshops „Thesauri als terminologische Lexika"*, Weilburg, 27.–29. 10. 1993. Indeks-Verlag, Frankfurt/M., 1995. 1–13 (Fortschritte in der Wissensorganisation; Bd. 3)

[Gr91]   J. M. Griffiths, J.-M. (Hrsg.): *ASIS'91: systems understanding people: Proceedings of the 54th ASIS Annual Meeting*, Washington, DC, 27.–31. 10. 1991. Learned Information Inc., Medford, 1991. (Proceedings of the ASIS annual meeting; vol. 28)

[Hi87]   C. R. Hildreth: Beyond Boolean: designing the next generation of online catalogs. *Library trends* **35**(1987), 647–667

[In94]   P. Ingwersen: Information science as a cognitive science. In: H. Best u. a. (Hrsg.): *Informations- und Wissensverarbeitung in den Sozialwissenschaften: Beiträge zur Umsetzung neuer Informationstechnologien*. Westdeutscher Verlag, Opladen 1994, 23–56

[In95]   P. Ingwersen: Information and information science. *Encyclopedia of library and information science* **56**(1995) [=Suppl. 19], 137–174

[La91a]   F. W. Lancaster, T. H. Connell, N. Bishop u. a.: Identifying barriers to effective subject access in library catalogs. *Library resources and technical services* **35**(1991), 377–391

[La91b]   F. W. Lancaster: *Has technology improved subject access?* Vortrag, International Conference on new Frontiers in Library and Information Services in Taipei, Taiwan, May 9–11, 1991

[Lu94]   A. L. Luft: Zur begrifflichen Unterscheidung von 'Wissen', 'Information' und 'Daten'. In: R. Wille und M. Zickwolff (Hrsg.): *Begriffliche Wissensverarbeitung: Grundfragen und Aufgaben*. B. I.–Wissenschaftsverlag, Mannheim 1994. 61–79

[Ma94]   H. Maturana: *Was ist Erkennen? Mit einem Essay zur Einführung von Rudolf zur Lippe.* Aus dem Engl. von H. G. Holl. Piper, München, 1994

[Pe92]   A. M. Pejtersen: New model for multimedia interface to online public access catalogues. *Electronic library* **10**(1992), 359–366

[Pe95]   A. M. Pejtersen: Cognitive engineering in information retrieval domains: merging paradigms? *Bibliothek: Forschung und Praxis* **19**(1995), 64–77

[Po84]   K. Popper: *Auf der Suche nach einer besseren Welt: Vorträge und Aufsätze aus dreißig Jahren.* Piper, München, 1984. Darin insbes.: Abschnitt 1: Über Erkenntnis, 9 ff.

[Po93]   K. Popper: *Objektive Erkenntnis.* Hoffmann und Campe, Hamburg 1993

[Ra83]   G. Rahmstorf: *Die semantischen Relationen in nominalen Ausdrücken des Deutschen.* Dissertation, Universität Mainz 1983

[Ro94]   G. Roth: *Das Gehirn und seine Wirklichkeit: kognitive Neurobiologie und ihre philosophischen Konsequenzen.* Suhrkamp, Frankfurt/M. 1994

[Sa92]   H. J. Sandkühler (Hrsg.): *Wirklichkeit und Wissen: Realismus, Antirealismus und Wirklichkeits-Konzeptionen in Philosophie und Wissenschaften.* Lang, Frankfurt/M., 1992. (Philosophie und Geschichte der Wissenschaften; Bd. 18). Hier 11 ff.

[Sp94]   Revolution des Lernens. *Spiegel*, H. 9, 1994, 96–116

[Tr90]   M. Trinkhaus: Möglichkeiten und Aspekte des sachlichen Zugriffs in Online-Katalogen. Bibliothek. *Forschung und Praxis* **14**(1990), 193–225

Ein TOSCANA-Erkundungssystem zur Literatursuche

Tammo Rock, Rudolf Wille

Inhalt

1. Das ZIT und seine Bibliothek

In diesem Beitrag soll die Erstellung und Funktionsweise des TOSCANA-*Erkundungssystems* beschrieben werden, das zur Literatursuche im Darmstädter *„Zentrum für Interdisziplinäre Technikforschung"* (kurz: ZIT) zur Verfügung steht. Um Zweck und Rahmenbedingungen des Erkundungssystems besser verständlich zu machen, soll zunächst erläutert werden, was das ZIT ist und was seine Bibliothek leisten soll.

Das „Zentrum für Interdisziplinäre Technikforschung" (ZIT) ist eine Einrichtung der Technischen Hochschule Darmstadt. Nach der *Ordnung des Zentrums* hat das ZIT folgende Aufgabe:

> „Das Zentrum dient der interdisziplinären Forschung und Lehre. Das Zentrum fördert die Zusammenarbeit der ingenieur-, natur-, sozial- und geisteswissenschaftlichen Fachbereiche mit dem Ziel, die sozialen und ökologischen Bedingungen, Wirkungen und Folgen der Technik zu untersuchen und Möglichkeiten einer Steuerung der Technikentwicklung aufzuzeigen, um so zu einer sozial- und naturverträglichen Technikentwicklung beizutragen." [OZ91]

Das ZIT erfüllt diese Aufgabe vor allem durch eine intensive Projektförderung, für die finanzielle Mittel des Landes Hessen eingesetzt werden. Anträge für interdisziplinäre Forschungsprojekte werden von verschiedenen Fachgebieten der TH Darmstadt gemeinsam erarbeitet und beim ZIT eingereicht. Nach positiver Begutachtung werden solche Projekte in die ZIT-Förderung aufgenommen. Durch gezielte Förderpraxis sowie Betreuung und Koordination durch das ZIT wird versucht, Einzelprojekte zu fächerintegrierten Arbeitsbereichen zusammenzuführen. Aus diesen Arbeitsbereichen wie auch aus

Einzelprojekten entstehen wiederum Anregungen zu weiteren Forschungsvorhaben, für die überwiegend Drittmittel von anderen Förderinstitutionen eingeworben werden.

Die *Bibliothek* des ZIT soll helfen, die Konzeption und Durchführung von interdisziplinären Forschungsprojekten zum Themenkreis *„Mensch, Technik und Gesellschaft"* zu unterstützen; darüberhinaus soll sie die Literatur zur interdisziplinären Technikforschung für alle Mitglieder der TH Darmstadt leichter zugänglich machen. Der Literaturauswahl für die ZIT-Bibliothek liegt ein Verständnis von *Technikforschung* zugrunde, das „Technik als einen bestimmenden Bestandteil unseres Lebens ansieht und versucht, über ihre Anlässe und Ziele, Bestimmungen und Bedingungen, Verfahren und Ergebnisse sowie Bedeutungen und Auswirkungen Erkenntnisse zu gewinnen, wobei der Bezug auf den Menschen und seine Lebenswelt grundlegendes Kriterium ist" [GZ87]. Buchpublikationen, deren Inhalte unter eine derart verstandene interdisziplinäre Technikforschung fallen, sollen möglichst vollständig in der ZIT-Bibliothek vorhanden sein. Darüberhinaus sollen auch Fachveröffentlichungen verfügbar sein, die für Projekte bzw. Arbeitsbereiche einer solchen Technikforschung nützlich sind.

Eine derartige Sonderbibliothek ist *notwendig*, da die Literatur zur interdisziplinären Technikforschung in Universitäts- und Fachbibliotheken, wenn überhaupt, dann nur schwer auffindbar ist. Die üblichen Suchverfahren in solchen Bibliotheken sind für das Auffinden *interdisziplinärer Literatur* besonders unbefriedigend. Ein entscheidendes Defizit besteht darin, daß den Dokumenten in der Regel nur wenige Schlagwörter zugeordnet werden, die den Inhalt des Dokumentes nur sehr unvollkommen erfassen; insbesondere multidiziplinäre Zusammenhänge werden dabei kaum aufgenommen. Daß interdisziplinäre Literatur vielfach gar nicht vorhanden ist, liegt an den Beschaffungsverfahren der Bibliotheken. Diese sind hauptsächlich disziplinär orientiert, weshalb Interdisziplinäres beim Ankauf oft unberücksichtigt bleibt. Das bestätigt u.a. ein Vergleich des Bestandes der ZIT-Bibliothek mit dem der Darmstädter Universitätsbibliothek.

Die ZIT-Bibliothek hat derzeit einen *Bestand* von ca. 2000 Büchern und 50 Zeitschriften. Bis zum Jahr 1996 wurde der Literaturbestand mit dem Bibliotheks-Informationssystem PC/PALS aufgenommen. Für die thematische Literatursuche hat dieses System den Nachteil, daß es nicht gestattet, allein mit *Schlagwörtern* die gewünschte Literatur zu suchen. Zwar kann man bei der Titelaufnahme eines Buches unter der Kategorie „Bemerkungen" auch Schlagwörter eingeben, doch werden sie wie „Stichwörter" behandelt. Unter „*Stichwörtern*" einer Titelaufnahme versteht man alle eingegebenen Wörter, die nicht durch einen Extra-Befehl ausgenommen sind (wie z.B. „und", „der" oder „in"). Von PC/PALS werden bei der Suche automatisch alle Stichwörter aus den Kategorien „Titel", „Verfasser", „Sachgebiet" und „Bemerkungen" aktiviert. Damit kann man zwar pro Buch eine größere

Anzahl von Suchwörtern bekommen, die jedoch wenig zuverlässig sind und häufig viel zu umfangreiche Titellisten als Antwort liefern. Den Büchern der ZIT-Bibliothek wurden bis 1994 insgesamt 8.471 Stichwörter zugeteilt. Nach Wegnahme aller Verfassernamen, sämtlicher Zahlen, Zahlwörter, nicht-substantivischen oder nicht-adjektivischen Wörter und inhaltlich unwesentlichen Stichwörter sowie Einschränkung auf den Nominativ-Singular blieben noch 4.108 Stichwörter übrig. Die Streichung und ggf. deutschsprachige Ersetzung aller englischen und französischen Stichwörter, die Vereinheitlichung bedeutungsähnlicher Stichwörter und die Herausnahme aller Ländernamen in eine gesonderte Länderliste ergab eine Liste von nur noch 1582 Stichwörtern. Selbst diese Liste ließ sich noch erheblich verkleinern, ohne daß ein wesentlicher Verlust für die thematische Literatursuche entstand. Der auf diese Weise stark verkleinerte Bestand an Suchwörtern war grundlegend für die sorgfältige Erarbeitung einer neuen Schlagwortliste für die ZIT-Bibliothek, mit der begriffliche Suchstrukturen für ein informatives TOSCANA-Erkundungssystem entwickelt werden konnten. Der Wechsel von PC/PALS zu dem Bibliotheksverwaltungssystem „Allegro", das eine Suche allein mit Schlagwörtern gestattet, ermöglichte die Zuordnung und den verläßlichen Einsatz der Schlagwörter für die Literatursuche. Die Erarbeitung der neuen Schlagwortliste und der begrifflichen Suchstrukturen sowie die Funktionsweise des TOSCANA-Erkundungssystems wird in den nächsten drei Abschnitten genauer beschrieben (eine ausführliche Darstellung findet man in [Ro96] sowie in [KSW95]).

2. Verschlagwortung der Literatur

Im bibliothekarischen Bereich werden „Schlagwörter" definiert als Begriffswörter, die Dokumenten (unabhängig von der eigentlichen Titelaufnahme) zugewiesen werden, um in sehr knapper Form deren Inhalte für die Literatursuche zu erfassen. Für die Verschlagwortung von Literatur sollte man stets nur standardisierte Schlagwörter benutzen, wofür in großer Vielfalt Schlagwortnormdateien bzw. Thesauri entwickelt wurden. Die interdisziplinäre Ausrichtung der ZIT-Bibliothek legte es nahe, für ihre Verschlagwortung die allgemeine „Schlagwortnormdatei" (kurz: SWD) [SWD94] der Deutschen Bibliothek heranzuziehen, die ca. 260.000 Schlagwörter umfaßt. Für den kleinen Literaturbestand der ZIT-Bibliothek galt es eine erheblich eingeschränkte „Schlagwortliste" auszuwählen. Diese Liste sollte folgende Anforderungen erfüllen:

1. Mit den Schlagwörtern der Liste muß es möglich sein, zu interessierenden Themen interdisziplinärer Technikforschung die in der Bibliothek vorhandene Literatur aufzufinden.
2. Die Schlagwörter müssen für Wissenschaftler unterschiedlicher Disziplinen, die an interdisziplinären Fragestellungen interessiert sind, verständlich und bedeutungsvoll sein.

3. Die Schlagwörter müssen entsprechend der gängigen Normen und Regeln großer deutscher Bibliotheken festgelegt sein.

4. Die *Schlagwortliste* muß bei ihren verschiedenartigen Verwendungen überschaubar bleiben; für den kleinen Literaturbestand der ZIT-Bibliothek werden deshalb zwischen 300 und 400 standardisierte Schlagwörter angestrebt.

Durch den strikten Grundsatz, sämtliche Schlagwörter der *Schlagwortliste* für die ZIT-Bibliothek der SWD zu entnehmen, wurde die *dritte Anforderung* in vollem Umfang erfüllt. Hierbei traten nur in Ausnahmefällen geringfügige inhaltliche Probleme auf: So konnten die Wörter „Maschinisierung", „Humanisierung" und „Produktlinienanalyse" trotz inhaltlicher Notwendigkeit nicht in die *Schlagwortliste* aufgenommen werden, weil sie in der SWD (Version April 1994) nicht enthalten sind.

Die *zweite Anforderung* ließ sich ebenfalls problemlos erfüllen, da die standardisierten Schlagwörter alle aus der SWD stammen. Die Bedeutung der Schlagwörter liegt durch die zugehörige Definition der SWD fest, die sich jeweils nach der neuesten, umfangreichsten Allgemeinenzyklopädie in deutscher Sprache und in zweiter Linie an den fachlichen Nachschlagewerken entsprechend der „Liste der fachlichen Nachschlagewerke zur Schlagwortnormdatei" [LN94] orientiert. Zur Unterstützung der Verschlagwortung in der ZIT-Bibliothek wurde ein relativ knapp gefaßtes „Lexikon der Schlagwörter" erstellt, für das die Definitionen der Schlagwörter der „Brockhaus-Enzyklopädie" [BE92] entnommen sind (mit ergänzenden Angaben aus der SWD).

Die *vierte Anforderung* wurde bei der Erarbeitung der *Schlagwortliste* ständig als Richtschnur berücksichtigt. So wurden (um die *Schlagwortliste* knapp und damit überschaubar zu halten) zu jedem potentiellen Schlagwort folgende Fragen gestellt:

– Wird ein interdisziplinär interessierter Benutzer das potentielle Schlagwort tatsächlich verwenden, so daß es nicht nur für den disziplinären Experten interessant ist?

– Wird das potentielle Schlagwort die inhaltliche Information über die betreffenden Bücher entscheidend vergrößern?

Wurde eine dieser beiden Fragen verneint, so wurde das potentielle Schlagwort nicht in die *Schlagwortliste* für die ZIT-Bibliothek aufgenommen. Die *Schlagwortliste* erreichte Ende März 1996 einen Stand von 377 Schlagwörtern. Allerdings werden weiterhin stets Ergänzungen und Änderungen nötig sein, wie ja auch die SWD der wissenschaftlichen, technischen und gesellschaftlichen Entwicklung sowie deren Niederschlag in der Literatur angepaßt wird.

Die *erste Anforderung* zu erfüllen, war bei der Erarbeitung der *Schlagwortliste* am aufwendigsten. Es galt sowohl dem Status quo der ZIT-Bibliothek zu genügen, als auch zukünftige Erweiterungen des Literaturbestandes soweit wie möglich zu berücksichtigen. Um inhaltlich den Status quo in den Blick zu bekommen, wurde die in Abschnitt 1 beschriebene stufenweise Redukti-

1 Interdisziplinäre Allgemeinwörter	19 Geowissenschaften
3 Religion	20 Astronomie
4 Philosophie	21 Physik
5 Psychologie	22 Chemie
6 Kultur, Erziehung, Bildung,	23 Allgemeine Biologie
Wissenschaft	24 Botanik
7 Recht	25 Zoologie
8 Politik	26 Anthropologie
9 Gesellschaft, Arbeit, Sozialgeschichte	27 Medizin
10 Wirtschaft	28 Mathematik
11 Sprache	30 Informatik
12 Literatur	31 Technik
13 Kunst	A1 Kommunikation und Medien
14 Musik	A2 Umweltschutz
15 Theater, Film	A3 Forschung und Methoden
16 Geschichte	A4 Infrastruktur und Verkehr
18 Natur, Naturwissenschaften allgemein	LC Länder

Abbildung 1 Gliederung der Schlagwortliste (nach den Hauptgruppen der SWD)

on der 8.471 Stichwörter durchgeführt. Die damit gewonnene, stark verkleinerte Stichwortliste wurde als inhaltliche Repräsentation des Bestandes der ZIT-Bibliothek der Erarbeitung zugrunde gelegt. Um eine längerfristige Perspektive zu erhalten, wurde bei die Erstellung der *Schlagwortliste* von der inhaltlichen Gliederung der SWD in 36 Hauptgruppen ausgegangen.

Zunächst wurde in mehreren Schritten eine Vorversion einer Schlagwortliste erarbeitet. Diese Liste enthielt die Bestandteile der Hauptgruppentitel und relevante Wörter aus den Untergruppentiteln der SWD sowie die Wörter der für die ZIT-Bibliothek repräsentativen Stichwortliste. Allerdings wurden diese Wörter nur in der Ansetzungsform eines in der SWD vorhandenen Schlagwortes aufgenommen. So ist etwa „Interdisziplinarität" kein Schlagwort der SWD, weshalb es durch das Schlagwort „Interdisziplinäre Forschung" ersetzt wurde. Durch sorgfältige Überarbeitung der Vorversion wurde schließlich die endgültige *„Schlagwortliste"* gewonnen, wobei die Gliederung nach den Hauptgruppen der SWD weitgehend beibehalten wurde: nur die Hauptgruppen 2, 17, 33, 34, 35 und 36 schieden aus, während die Gruppen A1 bis A4 (und LC) hinzukamen (s. Abb. 1). Ein wichtiges Kriterium war, jede Hauptgruppe inhaltlich möglichst vollständig zu erfassen, weshalb bei Bedarf weitere Schlagwörter der SWD hinzugenommen wurden. Wichtig dabei war, genügend allgemeinere Schlagwörter zu bekommen, die durch geeignete Kombination eine in die Tiefe gestaffelte Literatursuche gestatten. Überprüft wurde die entstehende *Schlagwortliste* für jede Hauptgruppe durch ihre exemplarische Anwendung bei der Verschlagwortung einer kleinen Stichprobe von Büchern der ZIT-Bibliothek.

Die gesamte *Verschlagwortung* des Buchbestandes (ausgenommen Wörterbücher, Lexika und Zeitschriftenbände) mit der erarbeiteten *Schlagwortliste* nahmen studentische Hilfskräfte in Zweierteams vor, was für die erfaßten

1556 Bücher eine Aufwand von 1308 Arbeitsstunden erforderte. Pro Buch wurden im Durchschnitt 32 Schlagwörter vergeben, die die jeweiligen Inhalte differenziert erfassen und so etwas wie einen kurzen Abstract des Buches bilden. Auch wenn sich noch kleine Änderungen der *Schlagwortliste* bei der Verschlagwortung als notwendig erwiesen, hat sich die aufwendige Erarbeitung der Liste bestens bewährt, da mit ihr die Literatur reichhaltig und inhaltlich verläßlich verschlagwortet werden konnte. Um die große Zahl von Schlagwörtern pro Buch in das Bibliotheksverwaltungssystem *Allegro* eingeben zu können, mußte eine Extra-Maske programmiert werden. Damit wird auch für neue Bücher eine systemgerechte Aufnahme gewährleistet.

3. Begriffliche Suchstrukturen

Üblicherweise liefert die elektronische *Literatursuche* mit Schlagwörtern (bzw. Stichwörtern) oder booleschen Kombinationen solcher Wörter bei jeder Eingabe *eine* Liste von Titeln, die groß, klein oder auch leer sein kann; die Titel zeigen dann diejenigen Dokumente an, denen der eingegebene Ausdruck zugeordnet ist. Wenn man Glück hat, ist die Liste überschaubar und gibt die gesuchte Literatur an. Sehr oft ist aber die Liste entweder so umfangreich, daß es zu aufwendig ist, die einzelnen Titel genauer zu überprüfen, oder uninteressant, weil man einen nicht passenden Suchausdruck gewählt hat. In beiden Fällen hat man fast nichts gelernt, um eine erfolgreichere Eingabe machen zu können.

Allgemein hat man davon auszugehen, daß eine thematische Literatursuche immer auch ein *Lernprozeß* ist, da man ja noch nicht genau weiß, was man finden wird. Dieser Lernprozeß wird durch Abfragen, die für jedes Dokument nur die Entscheidung „Anzeigen" oder „Nicht-Anzeigen" veranlassen, zu wenig gefördert. Wünschenswert ist die Unterstützung von Experten, die begriffliche Inhaltsgliederungen für die Literatursuche zur Verfügung stellen. Solche Inhaltsgliederungen liegen zwar schon in einer Vielzahl von Klassifikationssystemen bzw. Thesauri vor, doch sind die Klassen dieser Systeme in der Regel nur unzureichend vernetzt, so daß sie (insbesondere in einer interdisziplinären Bibliothek) zu wenig Zusammenhänge und Differenzierungen darstellen können. Notwendig sind reichhaltige *Begriffsnetze*, die thematisch geordnete Zusammenhänge darstellen und sich flexibel verfeinern, vergröbern und verändern lassen, um in geeignetem Umfang wünschenswerte Orientierungen liefern zu können. Wie man derartige Begriffsnetze im bibliothekarischen Bereich mit Methoden der *„Formalen Begriffsanalyse"* verfügbar machen kann, soll im folgenden am Beispiel der ZIT-Bibliothek erläutert werden (s. auch [KSW95]).

Die *„Formale Begriffsanalyse"* ist eine mathematische Theorie hierarchischer Begriffssysteme (s. [GW96]); sie gründet sich auf ein elementares Begriffsverständnis, das sich in der Philosophie seit der Antike herausgebildet hat und in die Normen DIN 2330 und 2331 eingegangen ist (vgl. [Wa73]).

Danach wird ein *Begriff* als eine gedankliche Einheit verstanden, die aus einem Begriffsumfang (Extension) und einem Begriffsinhalt (Intension) besteht; zum Umfang eines Begriffs gehören alle Gegenstände (Objekte), die unter den Begriff fallen, und zu seinem Inhalt alle Merkmale (Attribute), die auf alle Gegenstände des Begriffsumfanges zutreffen.

Dieses philosophische Begriffsverständnis wird in der Formalen Begriffsanalyse mengensprachlich formalisiert, wobei für die konkrete Anwendung von einem begrenzten *„Kontext"* bestehend aus einer Menge von *„Gegenständen"* und einer Menge von *„Merkmalen"* ausgegangen wird. Die Begriffsnetze zur inhaltlichen Gliederung des Bestandes der ZIT-Bibliothek werden aus Kontexten gewonnen, deren Gegenstände die Bücher der Bibliothek und deren Merkmale jeweils thematisch ausgewählte Schlagwörter der *Schlagwortliste* sind; ein Gegenstand „Buch x" hat das Merkmal „Schlagwort y", wenn das Schlagwort dem Buch zugewiesen ist. Ein (formaler) *„Begriff"* eines solchen Kontextes hat als Begriffsumfang eine Menge von Büchern und als Begriffsinhalt eine Menge von Schlagwörtern; dabei enthält der Begriffsumfang genau die Bücher des Kontextes, denen jedes Schlagwort des Begriffsinhaltes zugewiesen ist, und der Begriffsinhalt genau die Schlagwörter des Kontextes, die jedem Buch des Begriffsumfanges zugewiesen sind. Es gibt effektive Verfahren, mit denen alle (formalen) Begriffe eines mengensprachlichen Kontextes bestimmt werden können. Die Begriffe eines Kontextes bilden bzgl. der Unterbegriff-Oberbegriff-Relation (definiert durch: der Umfang des Unterbegriffs ist im Umfang des Oberbegriffs enthalten) die mathematische Struktur eines Verbandes, weshalb diese Struktur der *„Begriffsverband"* des Kontextes genannt wird.

Begriffsverbände können graphisch durch *„Liniendiagramme"* dargestellt werden, wofür Abb. 2 ein Beispiel liefert: gezeigt wird ein Begriffsnetz zum Thema *„Produktionswandel"*. Die schwarzen Kreise repräsentieren die 31 Begriffe des Kontextes, der durch die themageleitete Auswahl der Schlagwörter „Arbeitsteilung", „Automation", „Mechanisierung", „Produktion" und „Rationalisierung" bestimmt ist. Die Verbindungslinien in dem Diagramm steigen jeweils von einem Unterbegriff zu einem Oberbegriff auf. Ein Schlagwort (Merkmal des Kontextes) ist in dem Diagramm dem umfangsgrößten Begriff zugeordnet, der dieses Schlagwort in seinem Inhalt hat. Ein Buch (Gegenstand des Kontextes) ist in dem Diagramm dem umfangskleinsten Begriff zugeordnet, der dieses Buch in seinem Umfang hat. Allerdings werden in Abb. 2 bei fast allen Begriffen jeweils nur die Anzahl der ihnen zugeordneten Bücher angezeigt. Bei zwei Begriffen sind genauer die Titel der zugeordneten Bücher aufgeführt, was folgende Informationen liefert: Das Buch „Technik in Deutschland: Vom 18. Jahrhund..." ist das einzige Buch der ZIT-Bibliothek, dem von den fünf ausgewählten Schlagwörtern genau die Schlagwörter „Automation", „Mechanisierung", „Produktion" und „Rationalisierung" zugewiesen sind, und die drei Bücher „Arbeit und Technik im sozialen Prozeß", „Information technology: a luddite analy..." und „Über den Umgang mit Maschi-

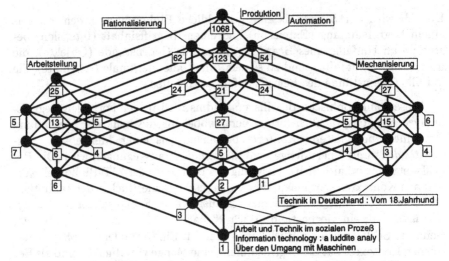

Abbildung 2 Begriffliche Suchstruktur zum Thema „Produktionswandel"

nen" sind genau die Bücher, denen von den fünf ausgewählten Schlagwörtern genau die Schlagwörter „Arbeitsteilung", „Automation", „Mechanisierung" und „Rationalisierung" zugewiesen sind. Allgemein gehören zu einem Buch genau diejenigen Schlagwörter des Kontextes, die an dem Begriff, dem das Buch zugeordnet ist, oder an einem seiner Oberbegriffe stehen, die von dem Begriff jeweils durch einen aufsteigenden Linienzug erreichbar sind.

Liniendiagramme wie das in Abb. 2 stellen informative *begriffliche Such-strukturen* für die thematische Literatursuche dar. Sie zeigen jeweils eine thematisch gegliederte Verteilung des gesamten Literaturbestandes an. Damit vermitteln sie eine inhaltliche Differenzierung des Literaturbestandes, an der der Suchende lernen kann, seine Wünsche genauer zu präzisieren und ggf. den Suchvorgang weiter zu fokussieren. Die begrifflichen Suchstrukturen sind ein Mittel, über die Schlagwörter hinaus weiteres Expertenwissen für die Literatursuche zu aktivieren. Für die ZIT-Bibliothek wurden bisher für 137 Themen begriffliche Suchstrukturen erstellt, wozu unterschiedliche Experten herangezogen wurden (s. Abb. 3). Den thematischen Suchstrukturen liegen in der Regel vier oder fünf Schlagwörter zugrunde, was Begriffsnetze von maximal 32 Begriffen ergibt. Eine gesonderte Liste informiert den Literatursuchenden über die Verteilung der Schlagwörter auf die begrifflichen Suchstrukturen. Dieser Liste kann man u.a. entnehmen, daß das Schlagwort „Gesellschaft" zwölfmal und damit am häufigsten in eine Suchstruktur eingebunden wurde. Die Liniendiagramme der begrifflichen Suchstrukturen wurden mit dem Programm ANACONDA erstellt, was sie für ein TOSCANA-Erkundungssystem direkt einsetzbar macht (s. [Vo96]). Genaueres dazu wird im nächsten Abschnitt erläutert.

Abfall
Amerika
Arbeit: Globale Ver-
flechtungen
Arbeitnehmer
Arbeitsorganisation
Arbeitssoziologie
Aufsatzsammlung
Ausland
Auto und Umwelt
Auto und Verkehr
Bauen und Architektur
Bebaute Umwelt
Berufsqualifikation
Betrieb: Leistungssystem
Beziehungsgefüge
Betrieb: Lenkungssystem
Beziehungsgefüge
Bildungswege
Biologie
Chemie
Demokratisierung
Deutschland
Didaktik
Ehemaliger Ostblock
Elektrotechnik
Empirie
Energiearten
Entwicklungs- u. Schwel-
lenländer
Erdteile
Erscheinungsjahr
Ethik
Europa
Europäische Länder:
Nord u. Mitte
Europäische Länder:
Süd u. Mitte
Fertigung
Fertigungswandel
Finanzwirtschaft
Formschlagwörter
Forschung
Forschung und Methoden
Gentechnologie: Glob.
Verflechtungen
Geowissenschaften
Geschichtliche Epochen
Gesellschaft
Gesellschaft u. Wissen-
schaft
Gesellschaft u. Zukunft
Gesellschaftliche Gruppen
Gesellschaftliche
Konfliktfelder
Hardware und Computer

Herrschafts- und Macht-
felder
Humanismus
Ideologie
Industriegesellschaft
Informatik
Informatik: Anwendungen
Informatik: Glob. Ver-
flechtungen
Informatik u. Gsellschaft
Informatik u. Individuum
Informatik u. Wissens-
verarbeitung
Informationstechnik
Innovation u. Entwick-
lung
Interdisziplinarität
Kommunalpolitik
Konflikt
Kultur
Kunst und Musik
Maschinenbau
Maschinenbau u. Daten-
technik
Mathematik
Medien
Medizin
Mensch: kognitiv
Mensch: psychisch
Mensch und Maschine
Menschliche Aktions-
räume
Natur
Naturwissenschaften:
Angewandte
Naturwissenschaften:
Biologische
Naturwissenschaften:
Exakte
Ökologie: Glob. Ver-
flechtungen
Ökologische Problem-
felder
Pädagogik
Philosophie: Bereichs-
disziplinen
Philosophie: Grund-
disziplinen
Philosophie: Strömungen
und Schulen
Philosophie und Nach-
bargebiete
Philosophie und Technik
Physik
Planung
Planung und Gestaltung
Politik

Politisches System
Politisch-gesellschaftl.-
Akteure
Produktionswandel
Psychologie: Allgemeine
Psychologie: ABO-
Psychologie:
Differentielle
Psychologie:
Entwicklungs-
Psychologie: Glob. Ver-
flechtungen
Psychologie: Klinische
Psychologie: Pädagogische
Psychologie: Sozial-
Raumfahrt
Recht
Religion
Risiko
Software: interdisziplinär
Softwaretechnik
Sozialisation
Sozialwissenschaften
Sprache
Stadt und Verkehr
Subjekt
Technik: Glob. Ver-
flechtungen
Technikbewertung
Technikgeschichte
Technikwissenschaften
Theorie und Praxis
Umweltfaktoren
Umweltschutz: Glob. Ver-
flechtungen
Umweltschutz: Metho-
dische Fragen
Ursache und Wirkung
Verkehrsarten
Verstehen
Volkswirtschaft
Wandel
Wichtige Industriestaaten
Wirtschaft
Wirtschaft: Glob. Ver-
flechtungen
Wirtschaft und Umwelt
Wirtschaft und Verkehr
Wirtschaftsordnung
Wirtschaftssektoren
Wirtschaftssubjekte
Wissenschaft
Wissensch.-techn.
Konfliktfelder
Zivilisation

Abbildung 3 Themen der begrifflichen Suchstrukturen

4. Das TOSCANA-Erkundungssystem

Die inhaltliche Information über die Bücher der ZIT-Bibliothek ist in einem großen Datensatz gespeichert, in dem 1556 Bücher mit 377 Schlagwörtern über ca. 50.000 Zuweisungen verbunden sind. Um auf diese Information zugreifen zu können, wurde der Datensatz auf einem DOS-Rechner unter *MS-Windows 3.1* mit dem relationalen Datenbankmanagementsystem *MS-Access* zugänglich gemacht. Auch die 137 begrifflichen Suchstrukturen mit ihren Liniendiagrammen wurden über ihre ANACONDA-Dateien funktionsgerecht eingebunden. Zu einem *begrifflichen Erkundungssytem* werden diese Dateien durch das sie verbindende Programm TOSCANA, mit dem die begrifflichen Suchstrukturen aufgerufen, kombiniert und zweckbezogen dargestellt werden können. TOSCANA läuft ebenfalls unter *MS-Windows 3.1*, ist objektorientiert in C++ programmiert und benutzt die *Structured Query Language* (SQL) zur Abfrage von Datenbanken. Mit dem Programm TOSCANA können allgemein gespeicherte Daten begrifflich strukturiert und anhand von begrifflichen Darstellungen und Navigationen untersucht und erkundet werden (s. [KW94]).

Wie das beschriebene TOSCANA-*Erkundungssystem* der ZIT-Bibliothek benutzt werden kann, soll am Beispiel einer Literatursuche erläutert werden. Man stelle sich einen Benutzer vor, der Literatur zum Thema „Automation in den wichtigsten Industrieländern der Welt" sucht und besonders an älterer Literatur zu diesem Thema interessiert ist. Zunächst sieht er in der Schlagwort-Suchstruktur-Liste nach, in welchen Suchstrukturen das Schlagwort „Automation" verwendet wird, und findet so die drei Themen „Arbeitssoziologie", „Produktionswandel" und „Mensch und Maschine". Da er vor allem an wirtschaftlichen Aspekten der Automation interessiert ist, ruft er mit TOSCANA die begriffliche Suchstruktur „Produktionswandel" auf und erhält das in Abb. 2 dargestellte Liniendiagramm auf den Bildschirm (ohne die schon aufgerufenen Buchtitel). Wegen der großen Anzahl der angezeigten Bücher, die mit „Automation" zu tun haben, präzisiert er sein Interesse auf die Verbindung von „Automation" und „Rationalisierung", wobei er durchaus bemerkt, daß vielen Büchern mit diesen beiden Schlagwörtern nicht das Schlagwort „Produktion" zugewiesen ist. In den Begriff, dessen Begriffsinhalt genau aus den Schlagwörtern „Automation" und „Rationalisierung" besteht (direkt über der Zahl 21), zoomt er mit der Suchstruktur „Wichtige Industriestaaten" hinein und erhält das Liniendiagramm in Abb. 4. Dieses Diagramm der Suchstruktur „Wichtige Industriestaaten" zeigt nur noch eine Verteilung der 68 Bücher an, die beide Schlagwörter „Automation" und „Rationalisierung" bei der Verschlagwortung erhalten haben. Der Benutzer erkennt nun, daß sich die Literatur der ZIT-Bibliothek zum Thema „Automatisierung und Rationalisierung" bei den fünf aufgeführten Industriestaaten nur auf „Deutschland" (insgesamt 15 Bücher), „USA" (12) und „Japan" (7) beschränkt (andere Länder könnten durch weitere Suchstrukturen der Gruppe LC „Länder" einbezogen werden). Indem der Benutzer jeweils in die Begriffe, die mit „Deutschland", „USA" und „Japan" beschriftet sind, mit der Suchstruktur „Erscheinungsjahr" hineinzoomt, erfährt er, wie sich die Literatur für diese Länder im einzelnen zeitlich verteilt; für „Deutschland"

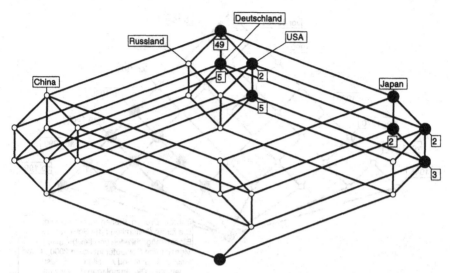

Abbildung 4 Begriffliche Suchstruktur zum Thema „wichtige Industriestaaten" eingeschränkt auf Bücher mit den Schlagwörtern „Automation" und „Rationalisierung"

erhält er dabei das Liniendiagramm „Erscheinungsjahr" in Abb. 5. An diesem Diagram sieht der Benutzer, daß sich die Erscheinungsjahre der 15 Bücher zum Thema „Automation und Rationalisierung in Deutschland" auf die Zeit von 1980 bis heute beschränken, wobei ein Schwerpunkt zwischen 1980 und 1990 zu erkennen ist.

Bei jedem Liniendiagramm einer begrifflichen Suchstruktur hat der Benutzer die Möglichkeit, nähere Informationen über die durch Anzahlen angezeigten Bücher zu erhalten. Dazu klickt er die Zahl an, die an dem Begriff seines Interesses steht. Daraufhin zeigt TOSCANA die Titel der Bücher an, die diesem Begriff zugeordnet sind; dabei werden die Titel aus Platzgründen auf 40 Zeichen begrenzt. Klickt man in Abb. 5 die Zahl 6 am Begriff mit den Mermalen „ab 1980" und „vor 1985" an, so erhält man die sechs Titel

„Bohren, Drehen, Fräsen: Geschichte der...",
„Die fünfte Generation: der Schlüssel zu...",
„Einsatzmöglichkeiten von flexibel automa...",
„Mensch und Computer im Jahr 2000: kon...",
„Mikroelektronik und Arbeit in der Indust...",
„Telematik: Die Grundlagen der Zukunft...".

Ist der Benutzer an weiteren Informationen zu einem Buchtitel interessiert, so kann er diesen gesondert aufrufen und erhält ein neues Fenster, in dem der volle Buchtitel, Autor(en), Signatur (der ZIT-Bibliothek), Erscheinungsjahr und ggf. ein Abstract angegeben sind. Im Fall des Titels „Mikroelektronik und Arbeit in der Indust..." werden folgende Informationen angeboten:

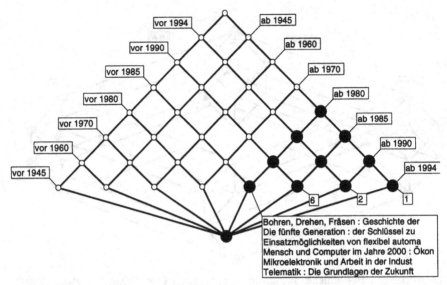

Abbildung 5 Begriffliche Suchstruktur zum Thema „Erscheinungsjahr" eingeschränkt auf Bücher mit den Schlagwörtern „Automation", „Rationalisierung" und „Deutschland"

Titel:	Mikroelektronik und Arbeit in der Industrie
Autor:	Sorge, Arndt
Signatur:	3.4SOR
Erscheinungsjahr:	1982
Abstract:	Erfahrungen beim Einsatz von CNC-Maschinen in Großbritannien und der Bundesrepublik Deutschland

Bisher sind nur Liniendiagramme begrifflicher Suchstrukturen diskutiert worden, in denen einem Begriff die Bücher zugeordnet sind, die von den Schlagwörtern des zugrundeliegenden Kontextes genau diejenigen des Inhalts dieses Begriffes haben. Man kann die Beschriftung auch darauf umstellen, daß jedem Begriff alle Bücher seines Umfangs zugeordnet werden; dann ergeben sich die neuen Anzahlen jeweils als die Summe der alten Anzahlen, die an dem jeweiligen Begriff selbst oder an einem seiner Unterbegriffe stehen. Auch die neuen Anzahlen kann man durch Anklicken in die Liste der zugehörigen Buchtitel umwandeln.

TOSCANA bietet unter den fünf Menütiteln „Datei", „Diagramm", „Beschriftung", „Optionen" und „Hilfe" weitere *Funktionen* an, die in Zusammenhang mit der thematischen Literatursuche mit Vorteil genutzt werden können. Hier sollen nur einige dieser Funktionen kurz angesprochen werden. Alle Liniendiagramme, ganz gleich welche Beschriftung sie haben, kann man mit TOSCANA abspeichern oder ausdrucken; so sind die in diesem Beitrag abgebildeten Liniendiagramme alle originale Ausdrucke des TOSCANA-Erkundungssystems. Hat man in einen Begriff einer Suchstruktur hineingezoomt, kann mit einem dafür vorgesehenen Befehl diesen Vorgang auch wieder rückgängig machen. Die Beschriftungen kann der Benutzer jeweils so verschieben, wie es ihm am besten gefällt. Er kann auch das Diagramm als Ganzes oder in Teilen in Format und Größe verändern. In der Funktionsgruppe „Hilfe" findet man für alle wichtigen Funktionen des TOSCANA-Erkundungssystems informative Erläuterungen.

Für die fortlaufende Aktualisierung des TOSCANA-Erkundungssystems ist der modulare Aufbau des Systems, der die einzelnen Komponenten weitgehend unabhängig voneinander hält, von großem Vorteil. So können jederzeit neue Suchstrukturen hinzugefügt oder bestehende abgeändert werden, ohne daß an anderen Komponenten etwas geändert werden muß. Auch neue Bücher können in der Regel ohne weiteres aufgenommen werden. Es muß nur geprüft werden, ob die Einschränkung ihrer Schlagwörter auf die Kontexte der Suchstrukturen jeweils einen Begriffsinhalt des entsprechenden Kontextes ergibt. Das dürfte bei den meisten Büchern der Fall sein. Ist das aber für ein neu aufzunehmendes Buch nicht der Fall, sind noch einmal die Schlagwörter dieses Buches genau zu überprüfen, insbesondere in bezug auf diejenigen Suchstrukturen, in die es nicht hineinpaßt. Nur dann, wenn eine passende Modifikation der dem Buch zugeteilten Schlagwörter nicht möglich ist, sollten die nicht passenden Suchstrukturen abgeändert werden, was jedoch kein großer Aufwand sein dürfte.

5. Ausblick

Da das beschriebene TOSCANA-Erkundungssystem erst 1997 in der ZIT-Bibliothek für die allgemeine Nutzung installiert werden konnte, muß abgewartet werden, ob die positiven Erfahrungen, die in vielen Testläufen mit dem System gemacht wurden, sich auch in der alltäglichen Bibliothekspraxis bestätigen. Eine grundsätzliche Frage ist, ob die Benutzer schnell lernen, die Liniendiagramme der begrifflichen Suchstrukturen systemgerecht zu lesen und zu verwenden. In den vielen Anwendungsprojekten der Formalen Begriffsanalyse hat sich immer wieder gezeigt, daß Liniendiagramme dann schnell und zweckgerecht verstanden werden, wenn der Nutzer mit den dargestellten Inhalten vertraut ist und ihn interessierende Fragen mit dem Diagramm beantworten möchte. Diese Situation dürfte bei den meisten der zukünftigen Benutzer des TOSCANA-Erkundungssystems der ZIT-Bibliothek vorliegen.

Trotzdem ist zu erwarten, daß noch einiges getan werden muß, damit das Erkundungssystem nutzerfreundlicher wird. Schon jetzt ist klar, daß die Auswahl der begrifflichen Suchstrukturen mehr unterstützt werden muß. Weiterhin sollte möglichst bald die Bildschirmoberfläche, die für die universelle Nutzung von TOSCANA entwickelt worden ist, durch eine Oberfläche ersetzt werden, die dem Zweck der thematischen Literatursuche in einer Bibliothek möglichst weitgehend gerecht wird. Das lange Zeit gewichtigste Problem kurzer Zugriffszeiten konnte am Ende doch noch befriedigend gelöst werden, was nicht heißt, daß noch schnellere Antworten des Systems wünschenswert wären; derzeit wird auf einem PC mit Pentium Prozessor (100 MHz) ein Liniendiagramm einer Suchstruktur nach deren Aufruf in weniger als 10 Sekunden auf dem Bildschirm vollständig aufgebaut.

Die Entwicklung eines TOSCANA-Erkundungssystems für die ZIT-Bibliothek hatte nicht nur den Zweck, im ZIT möglichst erfolgreiche Literatursuchen zu ermöglichen, sondern sollte auch allgemein herausfinden helfen, wie das bisher ungelöste Problem der thematischen Literatursuche angegangen werden kann. Insofern ist zu überlegen, wie die positiven Erfahrungen mit dem erstellten TOSCANA-Erkundungssystem für Bibliotheken mit größeren Literaturbeständen genutzt werden können. Voraussetzung für jedes Verfahren einer erfolgreichen Literatursuche ist eine umfassende Inhaltserschließung der vorhandenen Literatur. Obwohl hierfür in großer Vielfalt umfangreiche Schlagwortnormdateien, Klassifikationssysteme und Thesauri vorliegen, konnte bisher keine auch nur annähernd inhaltsgerechte Erfassung von größeren Literaturbeständen geleistet werden. Es ist vor allem der große zeitliche Aufwand der Verschlagwortung, an dem eine solche Inhaltserschließung scheitern mußte. Eine Chance scheinen bestensfalls zentrale Institutionen zu haben, die insbesondere die Autoren selbst bei der Inhaltserschließung ihrer Werke mit einbeziehen können. Gelänge so eine inhaltsgerechte Erfassung für ganze Literaturbereiche durch standardisierte Schlagwörter wie für die ZIT-Bibliothek, dann wäre die entsprechende Entwicklung von TOSCANA-Erkundungssystemen für diese Literaturbereiche sicherlich das kleinere Problem.

Literatur

[BE92] *Brockhaus-Enzyklopädie.* 24 Bände. 19. völlig neu bearb. Aufl. Brockhaus, Mannheim 1992

[GW96] B. Ganter, R. Wille: *Formale Begriffsanalyse: Mathematische Grundlagen.* Springer, Heidelberg 1996

[GZ87] *Grundlagenpapier des Zentrums für Technikforschung.* TH Darmstadt 1987

[KSW95] W. Kollewe, C. Sander, R. Schmiede, R. Wille: TOSCANA als Instrument der bibliothekarischen Sacherschließung. In: H. Havekost, H.-J. Wätjen (Hrsg.): *Aufbau und Erschließung begrifflicher Datenbanken.* (BIS)-Verlag, Oldenburg 1995, 95–114

[KW94] W. Kollewe, M. Skorsky, F. Vogt, R. Wille: TOSCANA - ein Werkzeug zur begrifflichen Analyse und Erkundung von Daten. In: R. Wille, M. Zickwolff (Hrsg.): *Begriffliche Wissensverarbeitung: Grundfragen und Aufgaben.* B. I.-Wissenschaftsverlag, Mannheim 1994, 267–288

[LN94] *Liste der fachlichen Nachschlagewerke zur „Schlagwortnormdatei".* Ausgabe April 1994. Deutsche Bibliothek, Frankfurt 1994

[OZ91] *Ordnung des Zentrums für Interdisziplinäre Technikforschung (ZIT).* TH Darmstadt 1991

[Ro96]   T. Rock: *TOSCANA-Erkundungssystem für die ZIT-Bibliothek.* ZIT, TH
         Darmstadt 1996
[SWD94] *Schlagwortnormdatei (SWD).* Ausgabe April 1994. Deutsche Bibliothek,
         Frankfurt 1994
[Vo96]   F. Vogt: *Formale Begriffsanalyse: Datenstrukturen und Algorithmen in
         C++.* Springer, Heidelberg 1996
[Wa73]   H. Wagner: Begriff. In: *Handbuch philosophischer Grundbegriffe.* Bd. 1.
         Kösel, München 1973, 191–209

Ein Erkundungssystem zum Baurecht: Methoden der Entwicklung eines TOSCANA-Systems

Dieter Eschenfelder, Wolfgang Kollewe, Martin Skorsky, Rudolf Wille

Inhalt

1. Einleitung

TOSCANA-*Erkundungssysteme* werden derzeit in unterschiedlichen Aufgabenbereichen entwickelt und angewandt (s. etwa [Kl96], [Ka96], [MW97], [RSW97], [GH98], [RW98]). Trotz vielfältiger Zwecke und Inhalte gibt es bei diesen Systementwicklungen methodische Gemeinsamkeiten, die ihren Grund vor allem in dem für TOSCANA konstitutiven Verständnis rationaler Wissenskommunikation haben (s. [Wi92]). Die bisher praktizierten Ansätze und Methoden der Entwicklung von TOSCANA-Systemen sollen in diesem Beitrag am Beispiel eines Erkundungssystems zum Baurecht ausführlich erläutert werden (vgl. [KSVW94]).

Die bei einem Bauvorhaben zu berücksichtigenden gesetzlichen Regelungen und technischen Bestimmungen haben in den letzten Jahrzehnten eine solche Vielfalt erreicht, daß sie nur noch von wenigen Experten in ihrer gesamten Tragweite überblickt werden können. Durch das organische und zum Teil unerwünschte Wachstum haben sich in diesem Bereich höchst komplexe Strukturen entwickelt, deren Zusammenwirken vielfach erst durch langwierige Recherchen ersichtlich wird. Für eine effiziente und inhaltlich gesicherte Arbeitsweise der Bauaufsichts- und Vergabebehörden, aber auch der Bauvorlageberechtigten ist es daher unumgänglich, rechnergestützte Werkzeuge zur Verfügung zu haben, mit denen schnell und zielgerichtet die anstehenden Fragestellungen beantwortet werden können. Präzise Abfragen – wie sie in den Abfragesprachen der gängigen Datenbanksysteme gefordert werden – reichen bei komplexen Problemstellungen nicht aus, da sie kaum Informationen über Zusammenhänge bereitstellen und sich zudem die Fragestellung häufig nur unvollständig formulieren läßt. Vielmehr ist ein *fokusierender Erkundungsprozeß*, durch den die interessierenden gesetzlichen und technischen Zusammenhänge offengelegt werden, in der Wissenslandschaft des Baurechts und der Bautechnik unumgänglich. Durch den Erkundungsprozeß gelangt der Anwender über inhaltliche Eingrenzungen zu dem betreffenden Wissensausschnitt, der für seine Problemstellung von Bedeutung ist. Durch die Kenntnisnahme der Rechtsvorschriften, der Technischen Baubestimmungen und ihrer Zusammenhänge erhält der Bearbeiter eine wirkungsvolle Entscheidungsunterstützung.

In einem mehrjährigen Forschungsprojekt wurde in Zusammenarbeit zwischen dem Ministerium für Bauen und Wohnen des Landes Nordrhein-Westfalen und der Forschungsgruppe Begriffsanalyse der Technischen Hochschule Darmstadt ein *Prototyp* eines Erkundungssystems zum Baurecht und zur Bautechnik für den Wohnungsbau entwickelt (s. [KSW94]). Das System wurde mit dem Programm TOSCANA [KSVW94] realisiert und basiert somit auf der mathematischen Theorie der Formalen Begriffsanalyse [GW96]. Das methodische Vorgehen bei der Entwicklung dieses Systems wird an folgenden *Hauptaufgaben begriffsanalytischer Systementwicklung* erläutert: zweckgerichtete Datenspezifikation, prozeßhafte Datenerarbeitung, Ausarbeitung begrifflicher Abfragestrukturen sowie Erprobung und Überarbeitung des entwickelten Prototyps.

2. Vom Zweck zur Datenspezifikation

Die Gestaltung der Datenbasis hängt unmittelbar von der inhaltlichen Ausrichtung des zu erstellenden TOSCANA-Erkundungssystems ab. Insofern hat man schon zu Beginn der Entwicklung sorgfältig festzulegen, welchen *Zwecken* das TOSCANA-Erkundungssystem dienen soll. Da die Zwecke eines Erkundungssystems nur unter Berücksichtigung des künftigen Anwenderkreises bestimmen lassen, ist es unumgänglich, schon in der Anfangsphase der Entwicklung möglichst ausführlich zu klären, was die potentiellen Anwender und deren Fragestellungen sein könnten und in welcher Form das System Antworten geben kann.

2.1 Dokumente als Suchobjekte

Als Hauptzweck des TOSCANA-Erkundungssytems zum Baurecht wurde festgelegt, daß es in Nordrhein-Westfalen die Bauaufsichts- und Vergabebehörden sowie die Bauvorlageberechtigten darin unterstützen soll, die gesetzlichen Regelungen und Technischen Bestimmungen bei der Planung, Prüfung und Durchführung von Bauvorhaben im erforderlichen Umfang zu berücksichtigen. Damit wurde insbesondere der potentielle Nutzerkreis des Erkundungssystems benannt und dessen jeweiliges Informationsbedürfnis umrissen. Nicht so klar war am Anfang, in welcher Form und Detailliertheit die Informationen den Nutzern vermittelt werden sollten. Zunächst wurde an die Erstellung eines rechtlich wie bautechnisch feingegliederten Thesaurus als Grundlage der Informationsvermittlung gedacht, was jedoch nach einigen Anlaufversuchen als zu aufwendig verworfen wurde. Erfolgreicher war die sorgfältige Auseinandersetzung mit der grundlegenden Frage: Was sind die Informationseinheiten („Objekte"), nach denen mit dem Erkundungssystem gesucht werden soll? Man entschied sich schließlich für die baurechtlich und bautechnisch relevanten Paragraphen bzw. Texteinheiten der einschlägigen Gesetze und Bestimmungen. Für Verweise auf diese „Suchobjekte" in der Form von Suchwörtern wurde ein reichhaltiges Spektrum an Bauteilen und Bauanforderungen bestimmt. Damit war eine erste Grundlage für die Datenspezifikation erarbeitet.

2.2 Auswahl der Dokumente

Nach der Entscheidung für Dokumente bzw. Teile von ihnen als Suchobjekte galt es zu klären, welche Dokumente in das Erkundungssystem aufgenommen werden müssen, damit der potentielle Nutzer vernünftig damit arbeiten kann. Einerseits würde eine vollständige Einbeziehung aller baurelevanten Dokumente einen nicht zu vertretenden Zeit- und Kostenaufwand bedeuten. Andererseits könnte eine zu knappe Auswahl dazu führen, daß eine größere Zahl von Bauvorhaben geplant und genehmigt wird, bei denen möglicherweise geltende Gesetze und Verordnungen nicht berücksichtigt werden. Wie mit dieser Problematik umgegangen werden kann, soll an einem kleinen Beipiel verdeutlicht werden: In dem fertiggestellten TOSCANA-Erkundungssystem zum Baurecht wurde auf die Hackfleischverordnung verzichtet, da davon ausgegangen werden kann, daß der Bau von Metzgereien oder Fleischverarbeitungsbetrieben einen äußerst geringen Anteil an der Gesamtheit aller Bauvorhaben darstellt. Hingegen wurde die Campingplatzverordnung im System berücksichtigt, da Bauvorhaben im Bereich von Campingplätzen erfahrungsgemäß häufiger vorkommen.

2.3 Gliederung der Dokumente

Nach der Auswahl der Dokumente war festzulegen, in welcher Gliederungstiefe die relevanten Dokumente dem Anwender angeboten werden sollen. Bei dieser Fragestellung waren wiederum zwei Gesichtspunkte zu berücksichtigen, die zueinander in Konkurrenz stehen. Zum einen möchte der Anwender keine unnötigen Informationen angeboten bekommen, was grundsätzlich für eine sehr feingliedrige Systematik spricht. Zum anderen wünscht sich der gleiche Anwender eine möglichst einfache und übersichtliche Struktur, was eher eine gröber gegliederte Systematik sinnvoll erscheinen läßt. Unter diesen Gesichtspunkten wurde bei der Datenspezifikation jede rechtliche und technische Bestimmung nach ihrer Relevanz für ein mögliches Planungsvorhaben bewertet. Während die Bauordnung des Landes Nordrhein-Westfalens in der Gliederung nach Paragraphen in das TOSCANA-Erkundungssystem Eingang gefunden hat, wurde das Bundeskleingartengesetz nur in seiner Gesamtheit berücksichtigt. Eine feinere Gliederung als die nach Paragraphen wurde nur in Ausnahmefällen bei der Bauordnung vorgenommen.

2.4 Auswahl der Suchwörter

Über die Verwendbarkeit und Akzeptanz eines Erkundungssystems entscheidet nicht nur eine angemessene Gliederung der Dokumente, sondern auch die nutzergerechte Auswahl von *standardisierten Suchwörtern („Schlagwörtern")*, die für Erkundungen zur Verfügung stehen. Wünschenswert ist insbesondere eine stufenweise Suche in die Tiefe, was hinreichend allgemeine Suchwörter erfordert, die sich vielseitig kombinieren lassen. In dem Projekt galt es zunächst herauszufinden, welche Sprachverwendung die Bauaufsichts- und Vergabebehörden sowie die Bauvorlageberechtigten über die Bauvorhaben haben, um aus diesem Vokabular die geeigneten Suchwörter ableiten zu können. Bei diesem Ableitungsprozeß war die Frage der angemessenen Bedeutungsbreite der Suchwörter zu beachten; daher sollten nur solche Suchwörter ausgewählt werden, die einerseits allgemein genug sind, um die Struktur des Erkundungssystems nicht zu differenziert und damit unhandlich zu machen, und andererseits spezifisch genug sind, daß sich die Bauvorhaben mit ihnen hinreichend genau beschreiben lassen. Auch hier gibt es keine generelle Lösung, sondern über jedes einzelne Suchwort muß gesondert befunden werden, inwieweit es der Zwecksetzung gerecht wird. Im Erkundungssystem zum Baurecht fanden vor allem Suchwörter Eingang, die Bauteile und Anforderungen an Bauteile benennen. Daneben wurden auch Wörter aufgenommen, die eine Kombination aus Bauteilen beschreiben wie z.B. „Treppenräume". Insgesamt umfaßt das Erkundungssystem 216 Suchwörter, mit denen nach Paragraphen bzw. Texteinheiten gesucht werden kann.

Von den Anwendern werden aber nicht nur Suchbegriffe des materiellen, sondern auch des formalen Rechts benötigt. So muß das Erkundungssystem auch darüber Auskunft geben können, ob ein Baugenehmigungsverfahren für das Bauvorhaben notwendig ist und welcher Art dieses Verfahren ist; ebenso werden Informationen darüber benötigt, welche Sachverständige in den Planungsprozeß einzubeziehen sind. In diesen Fällen war der Entscheidungsprozeß einfacher als beim materiellen Recht, da die Suchwörter weitgehend durch die Fachtermini der Bauordnung vorgegeben sind.

3. Der Prozeß der Datenerarbeitung

Nachdem die Liste der baurelevanten Dokumente und die Liste der einschlägigen Suchwörter festgelegt war, mußten die *Zuweisungen der Suchwörter zu den gelisteten Dokumenten* erarbeitet werden. Eine einfache Lösung dieses Problems wäre gewesen, immer dann eine Beziehung als gegeben anzunehmen, wenn ein Suchwort im Text eines Dokumentes vorkommt. Solche Beziehungen (und damit Zuweisungen) lassen sich maschinell gewinnen, was auch bei umfangreicheren Dokumentsammlungen nur einen vergleichsweise geringen Zeitaufwand beansprucht. Die Ergebnisse einer solchen Problemlösung sind aber in der Regel wenig befriedigend und genügen nicht den Ansprüchen an verläßliche Informationssysteme, da die Bauteile bzw. Anforderungen in den für sie relevanten Textteilen häufig nicht genannt werden. So treffen die Regelungen für Wohngebäude auch auf Hochhäuser für Wohnzwecke zu, in den gesetzlichen Bestimmungen wird aber meistens nur von Wohngebäude oder nur von Hochhaus gesprochen. Deshalb würden dem Nutzer bei seiner Suche im Bereich der Wohngebäude Dokumente fehlen, wenn er nicht auch im Bereich der Hochhäuser sucht. In vielen Fällen kann der Bezug zwischen Dokument und Suchwort sogar nur mit übergeordneten Rechtsnormen begründet werden, was keinesfalls maschinell leistbar ist.

Um eine möglichst große Verläßlichkeit von Rechercheergebnissen zu bekommen, wurde eine *manuelle Verschlagwortung* der bautechnischen und baurechtlichen Dokumente durchgeführt. Auch eine Mischform aus beiden Verfahren wäre denkbar gewesen, bei der mit einem maschinellen Verfahren eine Erstversion erstellt wird, die dann manuell überarbeitet wird. Eine solche Vorgehensweise ist nur dann zu empfehlen, wenn hierdurch gegenüber der manuellen Verschlagwortung entscheidende Zeitgewinne bei der Bearbeitung zu erwarten sind. Da die Dokumente im Baurecht wie der Bautechnik nur teilweise auf einem maschinenlesbaren Datenträger vorgelegen haben, hätten vor einer Verschlagwortung erst alle Dokumente in eine solche Form überführt werden müssen. Dies ist nur dann sinnvoll, wenn die maschinenlesbaren Texte auf Dauer genutzt werden. Da wegen der Neufassung der Bauordnung im Projektzeitraum die Dokumente an vielen Stellen geändert wurden, wäre eine maschinelle Erfassung der Texte ein nicht zu vertretender Arbeitsaufwand gewesen.

Bei der Verschlagwortung mußte jedes Dokument daraufhin untersucht werden, welche Suchwörter in Beziehung mit ihm stehen. Bei diesem Prozeß wurde vor allem auf die inhaltlichen Bezüge Wert gelegt; insbesondere wurde geprüft, ob einem Dokument, das über die Verknüpfung mit einem oder mehreren anderen Dokumenten zu einem Suchwort in Beziehung steht, dieses Suchwort aus inhaltlichen Gründen zuzuordnen ist. Durch solche inhaltlichen Argumentationen wurde für das Erkundungssystem ein direkt verfügbares *Expertenwissen* erschlossen, das sonst nur durch äußerst aufwendige Recherchen gewonnen werden kann. Da bei der Datenerstellung mehrere Experten beteiligt waren, stellt das System eine integrierte Zusammenfassung von Expertenwissen dar.

Insgesamt wurden 52 gesetzliche Bestimmungen zum Baurecht und zur Bautechnik für das TOSCANA-Erkundungssystem inhaltlich durchgearbeitet. Auch wenn viele Regelungen nur in großen Texteinheiten im Erkundungssystem dargestellt werden, mußten sie dennoch vollständig durchgesehen werden, um die inhaltlichen Bezüge in ihrer Gesamtheit erkennen zu können. Der Kontext, der die *Datenbasis* für das Erkundungssystem bildet, umfaßt 156 baurechtlich relevante Dokumente und 216 Suchwörter des Baurechts und der Bautechnik. Theoretisch können damit zwischen baurechtlichen Dokumenten und Suchwörtern annähernd 34.000 Beziehungen bestehen. Im Kontext des Baurechts wurden immerhin 5.895 inhaltlich relevante Beziehungen festgestellt. Es sei hier nochmals betont, daß die Beziehungen nicht nur auf einem einfachen Wortvergleich beruhen, sondern daß jedes baurechtliche Dokument dahingehend untersucht wurde, inwieweit es inhaltlich mit dem Suchwort in Beziehung steht, was in der Regel nur verläßlich von einem Experten des jeweiligen Sachgebiets beurteilt werden kann.

Für die Kommunikation im Projekt erwies es sich als nützlich, zunächst *Protokollkontexte* aufzustellen. Gegenstände dieser Kontexte sind die baurechtlichen und bautechnischen Dokumente, Merkmale sind vor allem die Suchwörter, die jeweils eine Anforderung an ein Bauteil wiedergeben (s. Abb. 1). Wenn ein Dokument Aussagen zum Inhalt eines Suchwortes macht, so ist in das zu Dokument und Suchwort gehörige Kontextfeld ein Kreuz eingetragen worden (eventuell notwendige Erläuterungen zu dieser Zuweisung sind jeweils extra protokolliert worden). Die übersichtliche Form der Protokollierung hat dazu geführt, daß sich ein intensiver Dialog zwischen Bau-Experten und Methodikern entwickelte. So konnte immer wieder von den Methodikern gezielt rückgefragt werden, warum an ein Bauteil eine gewisse Anforderung gestellt worden ist und an ein anderes nicht. Im Rahmen dieses diskursiven Wissenserwerbs zeigte sich, daß es immer wieder Bereiche gab, die einer Ergänzung oder Überarbeitung bedurften, um eine möglichst konsistente und zuverlässige Wissensbasis zu bekommen.

Für die Datenbasis des Erkundungssystems wurden die Protokollkontexte in *Systemkontexte* umgewandelt, indem die Suchwörter der Form „Anforderung an eine Bauteil" jeweils in die zwei zugehörigen Suchwörter „Bauteil" und „Anforderung" aufgeteilt wurden. Damit wurde eine flexiblere und tiefer gestaffelte Suchstruktur gewonnen. Die Trennung von „Bauteil" und „Anforderung" hat sich für die Dokumentensuche nicht als nachteilig erwiesen, da „Bauteil" und „Anforderung" in den Abfragen wieder verbunden werden können. Abb. 2 zeigt den Systemkontext, der aus dem Protokollkontext in Abb. 1 abgeleitet wurde.

4. Die Ausarbeitung Begrifflicher Abfragestrukturen

Neben der Datenerarbeitung ist die Ausarbeitung der *Begrifflichen Abfragestrukturen* ein entscheidender Vorgang im Prozeß der Erstellung eines TOSCANA-Erkundungssystems. Begriffliche Abfragestrukturen sind Interpre-

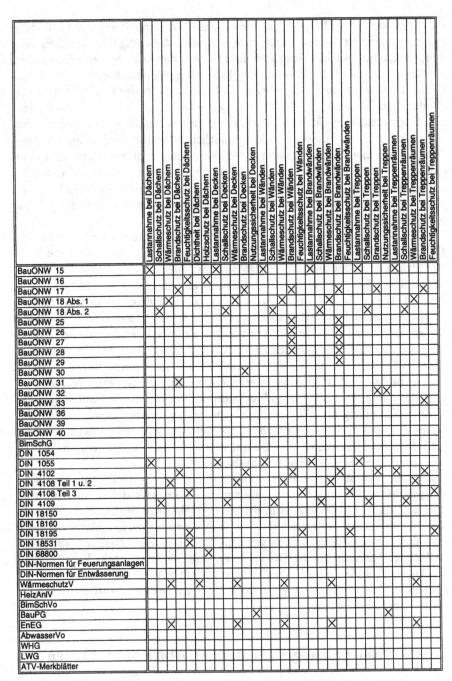

Abbildung 1 Ein Protokollkontext zum Wohnhausbau

	Nutzungssicherheit bei Treppenräumen	Lastannahme bei Fundamenten	Feuchtigkeitsschutz bei Fundamenten	Beschaffenheit des Baugrundes bei Fundamenten	Lastannahme beim Kellerfußboden	Wärmeschutz beim Kellerfußboden	Feuchtigkeitsschutz beim Kellerfußboden	Nutzungssicherheit beim Kellerfußboden	Lastannahme bei Fenstern	Schallschutz bei Fenstern	Wärmeschutz bei Fenstern	Dichtheit bei Fenstern	Nutzungssicherheit bei Fenstern	Schallschutz bei Wohnungseingangstüren	Nutzungssicherheit bei Glastüren	Brandschutz bei Brandschutztüren	Wärmeschutz bei heizungstechnischen Anlagen	Energieeinsparung bei heizungstechnischen Anlagen	Betriebs- und Brandsicherheit bei heizungstechnischen Anlagen	Emissionsschutz bei heizungstechnischen Anlagen	Kondensate bei heizungstechnischen Anlagen	Lastannahme bei Schornsteinen	Wärmeschutz bei Schornsteinen	Feuchtigkeitsschutz bei Schornsteinen	Betriebs- und Brandsicherheit bei Schornsteinen	Kondensate bei Schornsteinen	Versorgungssicherheit bei der Wasserversorgung	Brandschutz (Brandbekämpfung) bei der Wasserversorgung	Betriebssicherheit bei der Wasserversorgung
BauONW 15	X		X	X				X															X						
BauONW 16						X																			X				
BauONW 17																X		X								X			
BauONW 18 Abs. 1				X						X													X						
BauONW 18 Abs. 2									X				X																
BauONW 25																													
BauONW 26																													
BauONW 27																													
BauONW 28																													
BauONW 29																													
BauONW 30																													
BauONW 31																													
BauONW 32	X										X																		
BauONW 33	X														X														
BauONW 36											X	X																	
BauONW 39							X												X	X				X					
BauONW 40																												X	X
BimSchG																	X												
DIN 1054		X	X	X																		X							
DIN 1055		X	X	X					X																				
DIN 4102																X													
DIN 4108 Teil 1 u. 2						X					X																		
DIN 4108 Teil 3																													
DIN 4109										X			X																
DIN 18150																													
DIN 18160																													
DIN 18195			X				X																						
DIN 18531																													
DIN 68800																													
DIN-Normen für Feuerungsanlagen																			X										
DIN-Normen für Entwässerung																													X
WärmeschutzV						X					X	X					X												
HeizAnlV																	X	X											
BimSchVo																				X									
BauPG	X				X					X	X																		
EnEG					X						X						X	X											
AbwasserVo																						X					X		
WHG																						X					X		
LWG																						X					X		
ATV-Merkblätter																						X					X		

Abbildung 1 (Fortsetzung)

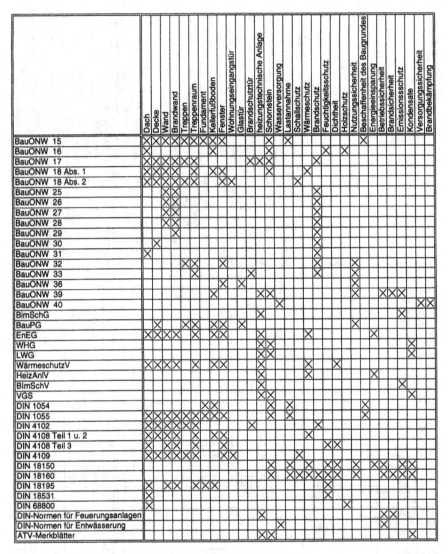

Abbildung 2 Der aus Abb. 1 abgeleitete Systemkontext

tationsmuster mit denen die Daten begrifflich strukturiert bzw. klassifiziert und letztendlich auch interpretiert werden. Da diese Abfragestrukturen das Handwerkszeug für den Recherche- bzw. Analysevorgang darstellen, ist ihre Qualität für die Ergebnisse, aber auch für die Akzeptanz des TOSCANA-Erkundungssystems von großer Bedeutung.

In die Ausarbeitung der Begrifflichen Abfragestrukturen gehen sowohl theoretische Vorstellungen als auch pragmatische Überlegungen und Bewertungen ein. Die Transparenz dieses Vorgangs ist deshalb sehr wichtig, denn die eingeflossenen Entscheidungen müssen einer inhaltlichen Kritik zugänglich gemacht werden. Im Forschungsprojekt wurden die Begrifflichen Abfragestrukturen in einem *diskursiven Prozeß* von den Bau-Experten und den Methodikern gemeinsam erarbeitet (vgl. [An97]).

Begriffliche Abfragestrukturen lassen sich (idealtypisch gesehen) unter zwei Gesichtspunkten entwickeln: theoriegeleitet oder datengeleitet. Bei der *theoriegeleiteten Methode* werden die begrifflichen Zusammenhänge aus einem Modell oder einer Theorie abgeleitet; die aktuellen Daten spielen bei Überlegungen, wie die Abfragestrukturen zu gestalten sind, keine Rolle. Wenn die Daten mit Hilfe dieser Abfragestrukturen durch Liniendiagramme dargestellt werden, findet man die theoretischen Vorstellungen entweder bestätigt oder es zeigen sich Widersprüche zwischen dem theoretischen Entwurf und den vorliegenden Daten. Im letzteren Fall ist man gezwungen, darüber nachzudenken, ob der Datenbestand für die Fragestellung relevant ist oder ob die theoretischen Vorstellungen einer Revision bedürfen. Um Begriffliche Abfragestrukturen theoriegeleitet entwickeln zu können, bedarf es hinreichend guter Kenntnisse über strukturelle Zusammenhänge des zu modellierenden Untersuchungsbereiches.

Mit der *datengeleiteten Methode* wird grundsätzlich anders an die Fragestellung herangegangen. Die Begrifflichen Abfragestrukturen werden aus den Zusammenhängen des zu untersuchenden Datenbestandes abgeleitet. Hierbei wird davon ausgegangen, daß die inhaltlichen Strukturen des vorliegenden Datenbestandes nicht zufälliger Natur sind, sondern annähernd den Strukturen des betreffenden Wissensgebietes entsprechen. Datengeleitete Begriffliche Abfragestrukturen können ein erster Schritt zu einer Theorie- oder Modellbildung in dem betreffenden Wissensbereich sein (vgl. [MW97]). Während bei der theoriegeleiteten Methode Begriffliche Abfragestrukturen erarbeitet werden können, ohne den betreffenden Datenbestand genau zu kennen, setzt die datengeleitete Methode einen abgeschlossenen Datenbestand voraus. Jede Erweiterung oder Veränderung des Datenbestandes kann auch zu Veränderungen der strukturbestimmenden Zusammenhänge führen und somit Änderungen an den Begrifflichen Abfragestrukturen erzwingen.

Im Bereich des Baurechts und der Bautechnik gibt es bisher kaum strukturtheoretische Vorstellungen über die Zusammenhänge zwischen den einzelnen Gesetzen, Verordnungen und Regeln der Bautechnik. Es war insofern gar nicht möglich, Begriffliche Abfragestrukturen nach der theoriegeleiteten Methode zu entwickeln. Darüber hinaus wären auch Begriffliche Abfragestrukturen nach der theoriegeleiteten Methode für die Bauämter und Bauvorlageberechtigten weniger geeignet gewesen, da diese Abfragestrukturen normative Vorstellungen widerspiegeln, Baugenehmigungsverfahren aber nach dem jeweils gültigem Recht entschieden werden müssen. Für diese Aufgabe sind Begriffliche Abfragestrukturen nach der datengeleiteten Methode adäquater, da sie nur die Begriffsbeziehungen wiedergeben, die auch im gültigen Baurecht vorkommen. Allerdings müssen bei Änderungen der gesetzlichen Regelungen

	Dach	Decke	Wand	Brandwand	Treppen	Treppenraum	Fundament	Kellerfußboden	Schornstein
BauONW § 15	X	X	X	X	X	X	X	X	X
BauONW § 16	X							X	X
BauONW § 17	X	X	X	X	X				X
BauONW § 18 Abs. 1	X	X	X	X		X		X	X
BauONW § 18 Abs. 2	X	X	X	X	X	X			
BauONW § 25					X	X			
BauONW § 26					X	X			
BauONW § 27					X	X			
BauONW § 28					X	X			
BauONW § 29						X			
BauONW § 30		X							
BauONW § 31	X								
BauONW § 32						X	X		
BauONW § 33							X		
BauONW § 36									
BauONW § 39								X	X
BauONW § 40									
BimSchG									
BauPG			X		X	X	X		
EnEG	X	X	X	X		X	X		
WHG									X
LWG									X
WärmeschutzV	X	X	X	X		X	X		
HeizAnlV									
BImSchV									
VGS									X
DIN 1054							X	X	X
DIN 1055		X	X	X	X	X	X	X	X
DIN 4102	X	X	X	X	X	X	X		
DIN 4108 Teil 1 u. 2	X	X	X	X		X	X		
DIN 4108 Teil 3	X		X	X			X		
DIN 4109	X	X	X	X	X	X			
DIN 18150									X
DIN 18160									X
DIN 18195	X		X	X			X	X	X
DIN 18531	X								
DIN 68800	X								
DIN-Normen für Feuerungsanlagen									
DIN-Normen für Entwässerung									
ATV-Merkblätter									X

Abbildung 3 Formaler Kontext zur Abfragestruktur „Rohbau"

die schon aus den Daten abgeleiteten Abfragestrukturen des Erkundungssystems ggf. angepaßt bzw. überarbeitet werden.

Die datengeleitete Erstellung Begrifflicher Abfragestrukturen soll hier beispielhaft an dem Thema „Rohbau" erläutert werden. Zur Ableitung der Abfragestruktur „Rohbau" wurden vom Bauexperten im Systemkontext der Abb. 2 diejenigen Suchwörter (Bauteile) ausgewählt, die zum Rohbau gehören. Mit den zugehörigen Spalten wurde dann die Kreuztabelle in Abb. 3 gebildet. Der durch diese Kreuztabelle beschriebene formale Kontext liefert als Abfragestruktur den Begriffsverband, der in Abb. 4 dargestellt ist.

Am Liniendiagramm dieser Abfragestruktur kann man z.B. ablesen, daß in Nordrhein-Westfalen beim Bau von Treppen in einem Wohnhaus die baurechtlichen Bestimmungen BauONW 32, BauPG, BauO NW 18 Abs. 2, DIN 4102, DIN 4109, BauO NW 17, BauO NW 15 und DIN 1055 zu berücksichtigen sind. Sollte sich der Begriffsverband in Abb. 4 in seiner Funktion als Abfragestruktur als zu komplex erweisen, kann man die Suchwörter zweiteilen und so kleinere Begriffliche Abfragestrukturen wie die in Abb. 5 ableiten. Die Abfragestrukturen von Abb. 5 kann man mit TOSCANA derart kombinieren, daß man das gestufte Liniendiagramm in Abb. 6 als eine gegliederte Darstellung des Begriffsverbandes von Abb. 4 erhält.

Die Gestaltung der Begrifflichen Abfragestrukturen hat für ein TOSCANA-Erkundungssystem zentrale Bedeutung. Da das in der Datenbasis gespeicherte Wissen über *Liniendiagramme* der Begrifflichen Abfragestrukturen dem Anwender zugänglich gemacht wird, müssen die Begrifflichen Abfragestrukturen und ihre Diagramme so gestaltet sein, daß der Nutzer in einer übersichtlichen und gut lesbaren Form den betreffenden Wissensauschnitt zur Verfügung gestellt bekommt. Schlecht lesbare Diagramme der Begrifflichen Abfragestrukturen führen in der Regel zu einer Ablehnung des gesamten Systems. Die Lesbarkeit eines Diagramms hängt im allgemeinen sowohl von der Form als auch von den präsentierten Inhalten ab. Ein Diagramm, das eine große Anzahl von Begriffsbeziehungen darstellt, ist im alllgemeinen schwerer zu erfassen als ein Diagramm mit wenig Begriffsbeziehungen. Allerdings wird auch eine zu kleine Auswahl des inhaltlichen Spektrums den Anwender kaum befriedigen. Es ist jeweils ein angemessenes Gleichgewicht zwischen möglichst inhaltsreicher Informationsvermittlung einerseits und guter Lesbarkeit andererseits anzustreben. Allgemein zeigt die Erfahrung, daß gut gestaltete Diagramme auch mit reichhaltigeren Begriffsbeziehungen besser verständlich sind als schlechter gestaltete Diagramme, die weniger Begriffsbeziehungen darstellen.

Die beschriebene Problematik soll am Beispiel der Begrifflichen Abfragestruktur „Konstruktion" verdeutlicht werden. Unter rein inhaltlichen Gesichtspunkten wäre es wünschenswert gewesen, folgende Suchwörter in eine Begrifflichen Abfragestruktur aufzunehmen: Brandwand, Decke, Durchfahrt, Durchgang, Empore, Geländer, Gesims, Giebel, Giebelfläche, Glas, Handlauf, Kellerdecke, Kellerfußboden, Pfeiler, Podest, Rampen, Stütze, Trennwand, Treppe, Trockenmauer, Umwehrung, Unterzug, Vorbauten und Wand. Dadurch, daß die Suchwörter der Abfragestruktur „Konstruktion" unterschiedlichsten Anforderungen genügen müssen und somit auch verschiedenste gesetzliche Regelungen und technische Bestimmungen auf sie zutreffen, ergab sich ein Begriffsverband mit über 250 Begriffen. Ein diesen Verband darstellendes Liniendiagramm wird sehr schwer lesbar sein und wird bei den Anwendern kaum Akzeptanz finden. Um dem Anwender gut lesbare Diagramme zur Verfügung stellen zu können, wurde der Bereich „Konstruktion" in drei

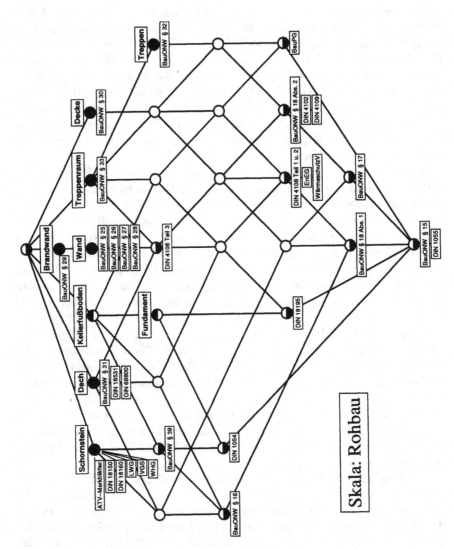

Abbildung 4 Begriffliche Abfragestruktur „Rohbau"

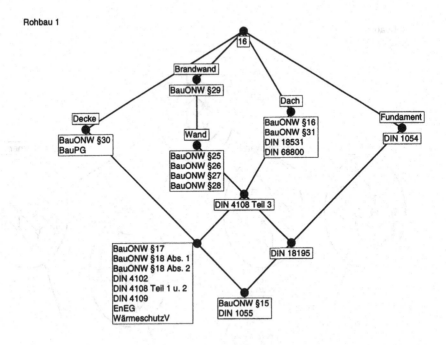

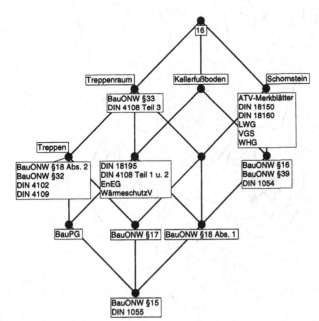

Abbildung 5 Begriffliche Abfragestrukturen „Rohbau 1" und „Rohbau 2"

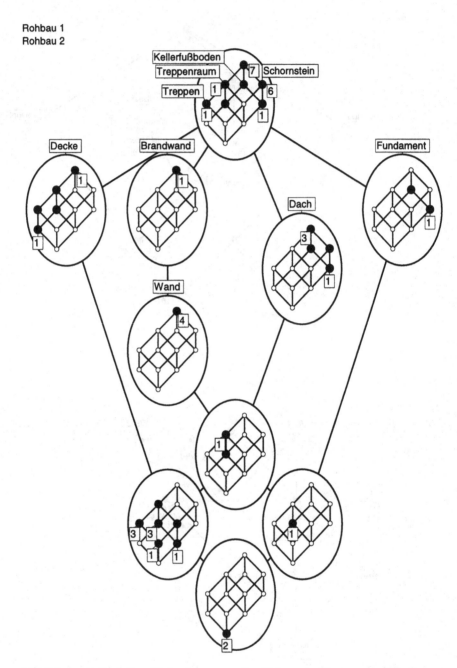

Abbildung 6 Gestuftes Liniendiagramm der Abfragestrukturen aus Abb. 5

Abfragestrukturen zerlegt: „Konstruktion: Decken und Wände", „Konstruktion: sonstige tragende Bauteile" und „Konstruktion: sonstige Teile". Eine Unterteilung lediglich in tragende und sonstige Teile erwies sich als ungenügend, da das Diagramm der Abfragestruktur der tragenden Bauteile immer noch über 150 Begriffe aufwies. Die Zerlegung dieses Bereiches in drei Abfragestrukturen ist ein guter Kompromiß zwischen den Kriterien der Übersichtlichkeit und des inhaltlichen Beziehungsreichtums. An diesem Beispiel wird deutlich, daß die optimale Größe einer Abfragestruktur nicht allgemein festgelegt werden kann, sondern jeweils im konkreten Fall geklärt werden muß, bei welchen Einschränkungen überzeugende Diagramme aufgestellt werden können.

Insgesamt liegen für das TOSCANA-Erkundungssystem zum Baurecht und zur Bautechnik mehr als 40 Abfragestrukturen vor, die beliebig miteinander kombiniert werden können. Diese Abfragestrukturen stellen eine gute Grundlage für baurechtliche Recherchen im Bereich des Wohnhausbaus dar, die sich je nach Bedarf durch weitere Abfragestrukturen erweitern läßt.

5. Erprobung und Überarbeitung

Bei der Entwicklung eines TOSCANA-Erkundungssystems ist wichtig, daß sie ständig von Erprobungsphasen begleitet wird. Die modulare Struktur der TOSCANA-Erkundungssysteme erlaubt es, parallel zum Prozeß der Gestaltung von Abfragestrukturen *Erprobungen* durchzuführen. So wird, nachdem die ersten Abfragestrukturen erarbeitet und implementiert worden sind, das mit ihnen gebildete Teilsystem einer ersten inhaltlichen Überprüfung unterzogen. Hierbei kommt den Diagrammen die wichtige Rolle zu, die Prüfung inhaltlicher Zusammenhänge zu unterstützen. Die Visualisierung erleichtert den Vergleich ähnlicher Tatbestände, so daß schneller Inkonsistenzen in der inhaltlichen Argumentation der Experten offenkundig werden. Das folgende Beispiel soll dies illustrieren. Der Paragraph 51 der Bauordnung des Landes Nordrhein-Westfalen beschäftigt sich mit „Baulichen Maßnahmen für besondere Personengruppen". In Absatz 2 Nr. 6 heißt es: „Die für den allgemeinen Besucherverkehr dienenden Teile von Krankenhäusern sind so zu errichten, daß sie von den besonderen Personengruppen ohne fremde Hilfe zweckentsprechend genutzt werden können". In der Abfragestruktur „Funktionsräume im Krankenhaus" wurde dieser Paragraph zuerst nur den Aborträumen zugeordnet, weil im Paragraphen 51 nur die Aborträume explizit genannt sind. Die Diskussion am Diagramm der Abfragestruktur machte jedoch klar, daß der Paragraph 51 auch auf Wasch- und Baderäume, Aufenthaltsräume wie auch auf die Laborräume anzuwenden ist (vgl. [KSVW94], S. 275ff.).

Neben diesen inhaltlichen Kriterien wird in den Erprobungsphasen auch geprüft, inwieweit die Zusammenstellung der einzelnen Suchwörter die jeweilige Abfragestruktur erschöpfend behandelt. Wie schon weiter oben angesprochen, wird letztendlich in den Erprobungsphasen auch die Lesbarkeit der

Diagramme beurteilt. Sollte das Diagramm für den Anwender zu komplex sein, so wird in einem diskursiven Prozeß entschieden, wie eine inhaltlich zu rechtfertigende Unterteilung gefunden werden kann.

Neben der Beurteilung der einzelnen Abfragestrukturen wird anhand von realistischen Fragestellungen untersucht, welche Abfragestrukturen noch zu erarbeiten sind bzw. wie die Abfragestrukturen zu gestalten sind, damit sie möglichst informativ zusammenwirken können. Insofern ist es für die Qualität und Akzeptanz eines TOSCANA-Erkundungssystems von entscheidender Bedeutung, daß potentielle *Anwender* in diesen diskursiven Prozeß einbezogen werden.

Neben der Gestaltung der Abfragestrukturen ist darüber zu befinden, welche *zusätzlichen Informationen* dem Anwender zur Verfügung gestellt werden sollen. Ein Minimum an Information, die der Anwender für seine Arbeit benötigt, sind die Namen der jeweils gefundenen Suchobjekte (Gegenstände). Vielfach werden für eine abschließende Beurteilung die genauen Daten des Einzelfalls bzw. der Text oder ein Abstract des Dokuments benötigt. Welche zusätzlichen Informationen dem Anwender vorliegen sollen, kann nur anhand der Zwecksetzung entschieden werden. Die Bauaufsichtbehörden und auch die Bauvorlageberechtigten müssen prüfen, ob bei den geplanten Bauvorhaben auch alle Bestimmungen des Baurechts sowie die anerkannten Regeln der Bautechnik berücksichtigt worden sind. Für diese Aufgabenstellung ist es nicht nur notwendig den Titel des zu berücksichtigenden Dokuments zu kennen, sondern auch den Inhalt. Im TOSCANA-Erkundungssystem zum Baurecht und zur Bautechnik hat der Anwender jederzeit die Möglichkeit sich den Text des interessierenden Dokuments anzeigen und ausdrucken zu lassen. Durch Hyperlinks kann sich der Anwender weiterführende Informationen bereitstellen lassen. Damit steht den Bauaufsichtsbehörden bzw. dem Bauvorlageberechtigten ein Werkzeug zur Verfügung, mit dem Bauvorhaben schnell und effektiv baurechtlich beurteilt werden können.

6. Zusammenfassung

Wie sich am TOSCANA-Erkundungssystems zum Baurecht und zur Bautechnik beispielhaft gezeigt hat, sind bei der Erarbeitung eines solchen Systems viele Aspekte zu berücksichtigen, um bei vorgegebener Aufgabenstellung ein funktionstüchtiges System bereitstellen zu können. Von zentraler Bedeutung sind die Abfragestrukturen, die eine doppelte Aufgabe erfüllen: Zum einen werden sie als Instrument zur inhaltlichen Überprüfung genutzt, zum anderen vermitteln sie die inhaltlichen Zusammenhänge im Erkundungsprozeß. Für diese Doppelfunktion sind die zugehörigen Diagramme aufgrund ihres hohen Kommunikationswertes bestens geeignet. Die Liniendiagramme der Abfragestrukturen werden auch von ungeübten Lesern schnell verstanden, wenn sie fachlich mit dem bearbeiteten Wissensgebiet vertraut sind. Durch die dargestellten Wissenszusammenhänge, die entweder noch nicht bekannt sind oder zunächst unverständlich erscheinen, werden inhaltliche Diskussionen angeregt. So wird der Nutzer immer wieder gezwungen diese Zusammenhänge zu hinterfragen und sie gegebenenfalls bei fehlerhaften Zuordnungen in der Datenbasis zu korrigieren. Diagramme sind auch deshalb so kommunikativ, da sich der Diskussionsgehalt an ihnen lokalisieren läßt, d. h. man kann auf die Stelle zeigen, über die man gerade spricht.

Die zentrale Bedeutung der Abfragestrukturen sollte jedoch nicht zu der Auffassung verleiten, daß der Erarbeitung der Suchwortliste und der Festlegung der zu untersuchende Objekte nur eine untergeordnete Rolle zukäme. Gerade die sorgfältig erstellte Suchwortliste bildet die Grundlage für ein leistungsfähiges TOSCANA-Erkundungssystem. Insbesondere stellt die Suchwortliste die Basis für die Kommunikation dar. Ohne eine geeignete Suchwortliste ist eine problemorientierte Analyse bzw. ein sinnvoller Retrievalprozeß nur schwer vorstellbar (vgl. [RW98]). Um diese Anforderungen erfüllen zu können, muß die Suchwortliste sowohl in der Granularität als auch in ihrer Reichhaltigkeit dem Wissensgebiet angemessen sein. Ist die Reichhaltigkeit der Liste zu gering, lassen sich Bereiche des Wissensgebietes nicht detailliert genug beschreiben. Fehlt insbesondere der Suchwortliste hierarchische Tiefe, dann leidet darunter das inhaltliche Fokussieren im Erkundungsprozeß. Wie tief eine Suchwortliste strukturiert ist, läßt sich auch wieder an Liniendiagrammen erkennen.

Neben den inhaltlichen Gesichtspunkten hat die Ausgestaltung eines TOSCANA-Erkundungssystem einen entscheidenden Einfluß auf die Akzeptanz. Vielfach sind es Kleinigkeiten, die darüber entscheiden ob ein Retrievalsystem von den Anwendern angenommen oder abgelehnt wird. Daher sollte der Arbeits- und Zeitaufwand für die Erprobungs- und Überarbeitungsphasen eines TOSCANA-Erkundungssystems nicht zu knapp bemessen werden. Die Qualität der Ausgestaltung wirkt sich nachhaltig auf die tägliche Recherchearbeit und damit auf die erfolgreiche Nutzung des Systems aus.

Literatur

[An97]   U. Andelfinger: *Diskursive Anforderungsanalyse: ein Beitrag zum Reduktionsproblem bei Systementwicklungen in der Informatik.* Peter Lang, Frankfurt 1997

[GW96]   B. Ganter, R. Wille: *Formale Begriffsanalyse: Mathematische Grundlagen.* Springer, Heidelberg 1996

[GH98]   A. Grosskopf, G. Harras: Begriffliche Erkundung semantischer Strukturen von Sprechaktverben. In diesem Band

[Kl96]   E. Kalix: *Entwicklung von Regelungskonzepten für thermische Abfallbehandlungsanlagen.* Diplomarbeit, TU Darmstadt 1997

[Ka96]   U. Kaufmann: *Begriffliche Analyse von Daten über Flugereignisse – Implementierung eines Erkundungs- und Analysesystems mit TOSCANA.* Diplomarbeit, TH Darmstadt 1996

[KSVW94] W. Kollewe, M. Skorsky, F. Vogt, R. Wille: TOSCANA - ein Werkzeug zur begrifflichen Analyse und Erkundung von Daten. In: R. Wille,

M. Zickwolff (Hrsg.): *Begriffliche Wissensverarbeitung – Grundfragen und Aufgaben*. B. I.-Wissenschaftsverlag, Mannheim 1994, 267–288

[KSW94]   W. Kollewe, M. Skorsky, R. Wille: *Abschlußbericht des Projektes "Be-griffliche Wissensverarbeitung auf dem Gebiet des Baurechts und der Bautechnik", Phase I bis III* (in Zusammenarbeit mit dem Ministerium für Bauen und Wohnen des Landes Nordrhein-Westfalen). Darmstadt und Düsseldorf 1994

[MW99]   K. Mackensen, U. Wille: Qualitative text analysis supported by con-ceptual data systems. *Quality & Quantity*, Kluwer Academic Publis-hers, Dordrecht 1999 (im Druck)

[RW98]   T. Rock and R. Wille: Ein TOSCANA-System zur Literatursuche. In diesem Band

[RSW97]   M. Roth-Hintz, M. Mieth, T. Wetter, S. Strahringer, B. Groh, R. Wille: *Investigating SNOMED by Formal Concept Analysis*. FB4-Preprint, TU Darmstadt 1998

[Wi92]   R. Wille: Begriffliche Datensysteme als Werkzeug der Wissenskommu-nikation. In: H. H. Zimmermann, H.-D. Luckhardt, A. Schulz (Hrsg.): *Mensch und Maschine - Informationelle Schnittstellen der Kommuni-kation*. Universitätsverlag Konstanz, Konstanz 1992, 63–73

Begriffliche Erkundung semantischer Strukturen von Sprechaktverben

Anja Großkopf, Gisela Harras

Inhalt

1. Klassifikationsprobleme von Sprechaktverben

1.1 Eine Motivation für die TOSCANA-Anwendung: das Problem der Klassifikation von Sprechaktverben

In diesem Beitrag soll eine TOSCANA-Anwendung für Sprachdaten, speziell Sprechaktverben, vorgestellt werden. Die Motivation für diese Anwendung ist im wesentlichen durch das linguistische Problem der Klassifikation dieses Wortschatzausschnitts begründet, dessen Bezugsbereich – grob umrissen – Akte des Kommunizierens oder technischer gesprochen: Sprechakte darstellen. Mit einer Klassifikation solcher Verben sollen zwei Zwecke verfolgt werden: zum einen sollen Bedeutungsrelationen, in denen die einzelnen Ausdrücke zueinander stehen, erfaßt werden und zum anderen soll damit gezeigt werden, welche Kommunikationskonzepte lexikalisch ausdrückbar sind und welche nicht. Klassifikationsmodelle finden sich bei Vertretern der philosophischen Sprechakttheoretiker, auf deren Vorschläge auch in linguistischen Arbeiten zur Semantik von Sprechaktverben zurückgegriffen wird.

Bereits der Begründer der Sprechakttheorie John L. Austin hat den Versuch unternommen, eine Klassifikation von Sprechakten vermittels derjenigen Verben, die sie bezeichnen, zu skizzieren. Als Kriterien führt er die „illocutionary force", also die kommunikative Sprecherabsicht, sowie die meist institutionenspezifische Situation an (vgl. [Au75]). Fortgeführt wurde dieser Klassifikationsversuch von John R. Searle, dessen Ergebnis einerseits als klassisch angesehen, zum andern aber auch heftig kritisiert wurde. Searle teilt die Sprechakte bekanntlich in fünf Kategorien ein, die durch vier Kriterien bestimmt sind (vgl. [Se80]):

	(i)	(ii)	(iii)	(iv)
Repräsentative z. B. *behaupten*	⊢	↓	G	p
Direktive z. B. *bitten*	!	↑	W	H tut p
Kommissive z. B. *geloben*	K	↑	A	S tut p
Expressive z. B. *fluchen*	E	∅	(P)	S/H & E
Deklarative z. B. *taufen*	D	↕	∅	p

Abbildung 1 Die fünf Kategorien nach Searle

(i) das *Kriterium des illokutionären Zwecks*, der kommunikativen Sprecher-absicht, die durch die folgenden fünf Ausprägungen charakterisiert ist:

   – das Erheben eines Wahrheitsanspruchs (Repräsentative),
notiert als ⊢
   – den Zweck der Direktive (Aufforderungen), notiert als !
   – den Zweck der Kommissive (Verpflichtungen), notiert als K
   – den Zweck der Expressive (Gefühlsäußerungen), notiert als E
   – den Zweck der Deklarative (institutionsgebundene Äußerungen),
notiert als D

(ii) das *Kriterium der Ausrichtung*:

   – von der Welt zur Sprache (für Behauptungen), notiert als ↓
   – von der Sprache zur Welt (für Aufforderungen und Verpflichtungen),
notiert als ↑
   – keine Ausrichtung (für expressive Äußerungen), notiert als ∅
   – bidirektionale Ausrichtung (für deklarative Äußerungen wie Kriegser-klärungen), notiert als ↕

(iii) das *Kriterium der propositionalen Einstellung*, d. h. der Einsstellung, die ein Sprecher zu dem hat, was er sagt:

   – glauben = G
   – wollen = W
   – Absicht, das, was man sagt, zu tun = A
   – emotional wertende Einstellung = (P)
   – ohne = ∅

(iv) das *Kriterium des propositionalen Gehalts* als:

   – beliebiger Sachverhalt p
   – Handlung des Hörers: H tut p
   – Handlung des Sprechers: S tut p
   – bestimmte Eigenschaften (Einstellungen, Gefühle) von S und H, no-tiert als: S/H & E

Insgesamt sind die Kriterien auf die fünf Kategorien wie folgt verteilt:

Gegen diese Klassifikation ist der Vorwurf erhoben worden, daß sie gegen das Prinzip der Disjunktivität, nach dem jedes zu klassifizierende Element nur in eine Kategorie fallen darf, verstößt (vgl. [Ba79]; [Me90]; [Ul92]). Die Kategorien der Klassifikation sind so konstituiert, daß die Zugehörigkeit eines Elements zu einer Kategorie seine Zugehörigkeit zu einer anderen Kategorie impliziert. Dafür sind vor allem zwei Begründungen angeführt worden:

(1) Direktive sind immer auch Repräsentative
(2) Kommissive sind immer auch Repräsentative

Für die erste Begründung wird folgende sprechakttheoretische Überlegung angeführt: ein illokutionäre Zweck jeder Äußerung ist das Verstandenwerden durch den Hörer, d. h. das Zutreffen bestimmter Glaubenszustände, im Fall von Direktiven wäre dies:

(1.1) S will, daß H glaubt, daß p (mit p = „S will, daß H r tut")

Die Beschreibung (1.1) ist äquivalent mit der von Repräsentativen aus der Searleschen Klassifikation. Mit ihr ist festgehalten, daß Akte wie Auffordern, Bitten, Anordnen, Anweisen usw. auch immer Informationsakte implizieren, oder verbsemantisch formuliert, daß zu den Bedeutungsimplikationen von *auffordern, bitten, anordnen, anweisen* usw. auch „mitteilen, daß S will, daß H r tun soll", gehört.

Zur zweiten Begründung: Kommissive sind auch Repräsentative, insofern sie dem Hörer eine bestimmte Sprecherabsicht mitteilen:

(1.2) S will, daß H glaubt, daß p (mit p = „S will r tun")

Aus den beiden Beispielen geht hervor, daß man das Problem der Klassifikation von Sprechakten bzw. den Verben, die sie bezeichnen, am besten durch die Berücksichtigung der Möglichkeit mehrdimensionaler hierarchischer Klassifikationen lösen kann. In den beiden genannten Fällen heißt dies: unter dem Aspekt des illokutionären Zwecks des Verstandenwerdens allein (H glaubt p) sind Direktive und Kommissive äquivalent mit Repräsentativen oder verbsemantisch formuliert: Verben wie *auffordern, bitten, sich verpflichten, versprechen* implizieren „mitteilen, daß p". Unter dem Aspekt der speziellen Ausprägung der jeweiligen propositionalen Gehalte fallen *auffordern* (mit p = „H tut r"), *versprechen* (mit p = „S tut r") und *mitteilen* (mit unspezifischem p) in je unterschiedliche Kategorien.

Es versteht sich von selbst, daß Mehrfachzuordnungen zu unterschiedlichen Kategorien eher den Normalfall als die Ausnahme darstellen; mit den beiden Beispielen sollte lediglich gezeigt werden, daß sich das Problem bereits bei der Anwendung der fundamentalen Klassifikationskriterien stellt.

Angesichts dieser Sachlage erscheint es uns vielversprechend, eine TOSCA-NA-Anwendung für die Klassifikation von Sprechaktverben auszuprobieren, vor allem um damit folgendes transparent zu machen:

- Die Zugehörigkeit eines Elements der Klassifikation, d. h. eines bestimmten Verbs, ist abhängig von der jeweiligen Kombination und Gewichtung der einzelnen Kriterien.
- Die Kombination und Gewichtung der einzelnen Kriterien ist abhängig von dem Bedürfnis, d. h. dem Erkenntnisinteresse der einzelnen Benützer, in diesem Fall von Linguisten, die etwas über die Semantik von Sprechaktverben herausfinden wollen.
- Die Klassifikation von Sprechaktverben muß nicht notwendigerweise dem Prinzip der Saturiertheit genügen, nach dem jede Kategorie mindestens ein Element enthalten muß. Nicht saturierte Klassifikationen lassen Voraussagen zu (vgl. [Ul92]), die durch TOSCANA stipuliert werden können.

1.2 Der semantische Bezugsrahmen für Sprechaktverben

Im folgenden geben wir einen Überblick über die Komponenten, die insgesamt den semantischen Bezugsrahmen für die Klassifikationsmöglichkeiten der einzelnen Verben darstellen. Der hier zugrunde gelegte Ausschnitt des Verbwortschatzes ist durch vier invariante Merkmale gekennzeichnet, die den Typ von Situationen charakterisieren, auf den mit jedem Verb Bezug genommen wird, z. B. für das Verb *versprechen* in:

(1) Franz versprach Fritz, beim Umzug zu helfen.

Die Merkmale sind die folgenden:

1. Es gibt eine Sprecher S (S = Franz)
2. Es gibt einen Hörer (Adressaten) H (H = Fritz)
3. Es gibt ein Äußerungsprodukt von S einem H gegenüber mit einem propositionalen Gehalt p (p = „beim Umzug helfen")
4. Es gibt eine kommunikative Einstellung von S („Verpflichtung, beim Umzug zu helfen")

Diese vier Merkmale konstituieren einen allgemeinen Typ von Bezugssituation als konzeptuelle Invariante der Verwendung aller betrachteten Verben.

Die Merkmale 3 und 4 können weiter differenziert werden, um spezielle Typen von Bezugssituationen der Verben zu unterscheiden. Die theoretische Basis der Differenzierung liefert eine sprechakttheoretisch fundierte Semantik, wie sie z. B. in [Bau77]), [Se85]), [Va90]) vorgeschlagen wurde.

Für das Merkmal 3 – Äußerungsprodukt von S einem H gegenüber mit einem propositionalen Gehalt – bezieht sich die Differenzierung auf folgende Eigenschaften propositionaler Gehalte:

- Gehalt: Mitteilungsgehalt – Fragegehalt
- Geschehenstyp
- Rollenbezug
- Zeitbezug

Diese Eigenschaften haben die folgenden Merkmale (Ausprägungen); für „Geschehenstyp":

– Zustand
– Ereignis
– Handlung

wobei das Merkmal „Handlung" eine Spezialisierung des Merkmals „Ereignis" darstellt. Linguistisch gesehen gestattet diese Unterscheidung eine erste semantische Strukturierung von Verben wie *behaupten, erklären, mitteilen* einerseits und Verben wie sich *verpflichten, anflehen, raten, vorschlagen* andererseits und erklärt die semantische Anomalie von Sätzen wie:

(2) * Er verpflichtet sich zur Wetterlage
(3) * Sie schlug vor, daß die Bäume blühn
(4) * Er fleht sie an, die Sonne zu scheinen usw.

(Die * markieren die semantische Abweichung.)

Für „Rollenbezug", d. h. die Ausprägung des Trägers eines Zustands oder einer Handlung, gelten die folgenden Merkmale:

– Sprecher: S
– Hörer: H
– Sprecher und Hörer: S und H
– Dritte
– H oder Dritte

Dies gestattet semantische Differenzierungen zwischen *versprechen* (Rollenbezug: S), *bitten* (Rollenbezug: H), *vorschlagen* (Rollenbezug: S und H) oder *festsetzen* (Rollenbezug: H oder Dritte).

Für „Zeitbezug" gelten die Merkmale:

– vergangen: prät
– gegenwärtig: präs
– zukünftig: fut

Distinktiv sind hier lediglich die Merkmale prät und fut; vgl. *bereuen, beklagen, verurteilen* vs. *ankündigen, geloben, bitten.*

Alle Verben des charakterisierten allgemeinen Typs von Bezugssituation lassen sich bezüglich dieser Merkmale charakterisieren, d. h. ihnen können bestimmte Kombinationen solcher Merkmale zugewiesen werden; z. B. hat dann das Verb *bereuen* die folgende Merkmalskombination:

– Geschehenstyp: Handlung
– Rollenbezug: S
– Zeitbezug: prät

Merkmale Gegenstände Auspr.	Geschehenstyp	Rollenbezug	Zeitbezug
bereuen	Handlung	S	prät
vorschlagen	Handlung	S und H	fut
zusichern	Handlung	S	fut
bitten	Handlung	H	fut
taufen	Zustand	H und Dritte	fut

Abbildung 2 Charakterisierung von Verben bzgl. der Bezugssituation

Und das Verb *auffordern:*

- Geschehenstyp: Handlung
- Rollenbzug: H
- Zeitbezug: fut

Das Verb *versprechen*

- Geschehenstyp: Handlung
- Rollenbzug: S
- Zeitbezug: fut

Diese Verteilung kann man auch in Form von Tabellen darstellen, wobei die Zeilen die Gegenstände, d. h. in diesem Fall die Verben, verzeichnen und die Spalten die Merkmale, vgl. Abb. 2.

Diese Tabelle stellt einen mehrwertigen Kontext dar, in dem Gegenständen bestimmte Merkmalsausprägungen zugeordnet sind. Der Kontext ist ein Welt- bzw. in diesem speziellen Fall ein Sprachausschnitt. Eine traditionelle linguistische Analyse der Sprachdaten wäre nun auf die Ausarbeitung der vollständigen Tabelle zur Merkmalsverteilung aller zugrundegelegter Verben angewiesen, um Aussagen über die jeweiligen Bedeutungen der einzelnen Verben im Zusammenhang mit allen anderen Verben des Paradigmas zu ermöglichen. Mit *Paradigma* oder *Lexikalischem Feld* wird eine Menge von Verben bezeichnet, die bezüglich eines oder mehrerer Merkmale übereinstimmen, also Begriffsumfänge im skalierten Kontext (vgl. Abschnitt 2 und drei) sind. Die Darstellung solcher Zusammenhänge würde sich als sehr komplex und unübersichtlich erweisen, zumal wir ja bisher nur die Eigenschaften propositionaler Gehalte und deren mögliche Ausprägungen betrachtet haben und noch nicht auf die sehr viel komplexeren Eigenschaften der kommunikativen Einstellung von S eingegangen sind. Um eine übersichtlichere und für den Benutzer/Leser nachvollziehbarere Darstellung der Datenstrukturen zu gewährleisten, wurde versucht, die Strukturen der Verben in einem TOSCANA-System zu repräsentieren und so eine systematische Erkundung der konzeptuellen Bedeutung der Verben zu ermöglichen.

2. Die Aufbereitung der semantischen Daten durch begriffliches Skalieren

Die Aufbereitung der Daten geschieht mit Hilfe der Formalen Begriffsanalyse. Die Basisstruktur der Analyse ist der *formale Kontext*. Dieser besteht aus zwei Mengen, einer Gegenstandsmenge und einer Merkmalsmenge, sowie einer binären Relation zwischen den beiden Mengen. Üblicherweise wird ein Kontext durch eine Kreuztabelle dargestellt: Die Zeilen werden mit den Namen der Gegenstände beschriftet und die Spalten mit den Namen der Merkmale. Die Relation zwischen Gegenständen und Merkmalen wird dadurch dargestellt, daß man für jedes Paar (g, m), welches Element der Relation ist, ein Kreuz an die entsprechende Stelle in der Tabelle setzt, d. h. genau da, wo sich die mit g beschriftete Zeile und die mit m beschriftete Spalte überschneiden. Man sagt dann: Der Gegenstand g hat das Merkmal m. Im Rahmen der Theorie der Formalen Begriffsanalyse gibt es nun eine Methode, wie man von dieser Tabelle ausgehend zu einem Begriffsverband gelangt, der als Liniendiagramm dargestellt wird. Das entsprechende Liniendiagramm enthält in übersichtlicher Weise die gleiche Information wie der formale Kontext.

In unserem Fall stellt die Menge der Sprechaktverben die Gegenstandsmenge dar und die Menge der Eigenschaften, die die Bezugssituationen charakterisieren, die Merkmalsmenge. Diese Eigenschaften stehen als Elemente der Merkmalsmenge gleichberechtigt nebeneinander, die Kontextdarstellung der Formale Begriffsanalyse berücksichtigt zunächst nicht die hierarchische Beziehung zwischen Eigenschaften (vgl. dazu Abschnitt 5).

Wie in Abb. 2 ersichtlich wird, hat jedes Verb bezüglich jeder Eigenschaft eine Ausprägung, die sich nicht einfach durch „hat die Eigenschaft" bzw. „hat die Eigenschaft nicht" beschreiben läßt. Die jeweiligen Eigenschaftsausprägungen sind differenzierender Natur, d. h. in den Feldern der Tabelle stehen nicht Kreuze, sondern eben die Ausprägungen, die die Verben bei den entsprechenden Eigenschaften haben.

Um diesen *mehrwertigen Kontext* durch ein übersichtliches Liniendiagramm darstellen zu können, muß er in einen formalen Kontext transformiert werden. Dies geschieht durch *begriffliches Skalieren*, wodurch aus einem mehrwertigen Kontext ein (einwertiger) formaler Kontext wird. Die Gegenstände bleiben dieselben, d. h. der abgeleitete einwertige Kontext hat die gleiche Gegenstandsmenge wie der ursprüngliche mehrwertige, und jedes mehrwertige Merkmal wird durch ein oder mehrere einwertige Merkmale ersetzt. Auf welche Weise eine bestimmte Merkmalsausprägung, die ein Gegenstand bezüglich eines Merkmals hat, im abgeleiteten einwertigen Kontext dargestellt wird, ist durch *begriffliche Skalen* vorgeschrieben. Diese geben die Transformationsregeln für jeweils ein Merkmal an. Eine begriffliche Skala eines mehrwertigen Merkmals wird durch einen formalen Kontext repräsentiert: Die Gegenstandsmenge ist die Menge der möglichen Ausprägungen des mehrwertigen Merkmals, und die Merkmalsmenge ist die Menge der einwertigen Merkmale, durch die das Merkmal im abgeleiteten Kontext ersetzt werden

	Zustand	Ereignis	Handlung	S	H	S & H	Dritte	H oder Dritte
Zustand	×							
Ereignis		×						
Handlung		×	×					
Zustand, S	×			×				
Zustand, H	×				×			×
Zustand, S & H	×			×	×	×		×
Zustand, Dritte	×						×	×
Zustand, H oder Dritte	×							×
Handlung, S		×	×	×				
Handlung, H		×	×		×			×
Handlung, S & H		×	×	×	×	×		×
Handlung, Dritte		×	×				×	×
Handlung, H oder Dritte		×	×					×
S				×				
H					×			×
S & H				×	×	×		×
Dritte							×	×
H oder Dritte								×

Abbildung 3 Skala für das Merkmal „Propositionaler Gehalt"

soll. Durch die Skalierung des mehrwertigen Kontextes wird die Ausprägung, die ein Gegenstand bezüglich eines Merkmals hat, durch das Kreuzchenmuster ersetzt, das diese Ausprägung als Gegenstand in der entsprechenden begrifflichen Skala als Inhalt hat. In Abb. 3 ist der abgeleitete formale Kontext der Merkmalsausprägung des propositionalen Gehalts wiedergegeben (vgl. Abb. 2).

Für jedes Merkmal wird eine begriffliche Skala benötigt. Die Skalen müssen weder alle identisch noch alle voneinander verschieden sein. Insbesondere gilt, daß es keine feste Vorgehensweise für die Erstellung von Skalen gibt. Vielmehr kann jeder beliebige formale Kontext als Skala herangezogen werden, wenn das sinnvoll ist. Welche Skala im einzelnen zum Skalieren eines mehrwertigen Kontextes zugrunde gelegt wird, muß hinsichtlich der Art der Daten, des Themengebiets und des Erkenntnisinteresses der jeweiligen Untersuchung, in diesem Fall also der Frage nach der Realisierung der konzeptuellen Merkmale als semantischer Gehalt der Sprechaktverben, festgelegt werden.

3. Liniendiagramme und was sie zeigen

Durch formale Kontexte werden Begriffsverbände konstituiert. Ein *formaler Begriff* eines formalen Kontexts setzt sich aus einem *Umfang* und einem *Inhalt* zusammen, wobei der Umfang aus einer Menge von Gegenständen und der Inhalt aus einer Menge von Merkmalen besteht. Sie hängen insofern zusammen, als der Inhalt eines Begriffs die Menge all der Merkmale ist, die allen Gegenständen des Umfangs gemeinsam sind, und genauso ist der Umfang des Begriffs die Menge all derjenigen Gegenstände, die alle Merkmale des Inhalts haben. Ein Begriff ist durch eine der beiden Mengen, also Umfang oder Inhalt, schon vollständig definiert, da sich die eine aus der jeweils anderen ergibt. Alle Begriffe eines formalen Kontexts bilden - mit der Mengeninklusion bezüglich der Umfänge als Ordnung - einen Verband: Das ist der *Begriffsverband* des formalen Kontexts. Solche Verbände werden durch Liniendiagramme dargestellt, die mit den Merkmalen und Gegenständen beschriftet sind. (Bei langen Gegenstandslisten oder auch der Übersicht halber mag es zuweilen opportun erscheinen, die Gegenstandslisten wegzulassen; stattdessen kann man sich dann statt dieser die Anzahl der Gegenstände angeben lassen.) Dabei wird der kleinste Begriff, der einen bestimmten Gegenstand im Umfang hat, mit dessen Gegenstandsnamen beschriftet; dieser Begriff wird auch als Gegenstandsbegriff des entsprechenden Gegenstands bezeichnet. Analog dazu wird für jedes Merkmal der größte Begriff, der dieses Merkmal im Inhalt hat, mit dessen Namen beschriftet; hier sprechen wir entsprechend vom Merkmalbegriff. Nehmen wir als Beispiel den Kontext, der entsteht, wenn man alle Sprechaktverben bezüglich Geschehenstyp, Rollenbezug und Zeitbezug charakterisiert; wir haben also die Sprechaktverben als Gegenstandsmenge und die Merkmale Geschehenstyp, Rollenbezug und Zeitbezug als Merkmalsmenge (Abb. 2 zeigt einen kleinen Ausschnitt dieses Kontextes). Dieser Kontext wird nun skaliert wie im vorigen Abschnitt beschrieben, das heißt also in einen formalen Kontext umgewandelt. Dazu verwenden wir die Skala von Abb. 3. Zu beachten ist dabei noch, daß nur die beiden ersten Spalten des Kontextes, also die Merkmale Geschehenstyp und Rollenbezug, beim Skalieren berücksichtigt werden; die zum Merkmal Zeitbezug gehörige dritte Spalte wird aus Gründen der Übersichtlichkeit vernachlässigt. In Abb. 4 ist das Liniendiagramm des durch diese Skalierung entstehenden Kontextes zu sehen.

Für Liniendiagramme gelten die folgenden Leseregeln: Ein Gegenstand hat ein Merkmal genau dann, wenn dessen Merkmalbegriff vom entsprechenden Gegenstandsbegriff aus durch einen aufsteigenden Linienzug im Liniendiagramm zu erreichen ist. An dem Liniendiagramm in Abb. 4 ist für die bearbeitete Datenmenge z. B. ablesbar, daß es 113 Verben gibt mit dem Merkmal „Handlung" und dem Rollenbezug „H" und „Hörer oder Dritte" (dies sind alle Aufforderungsverben), 17 Verben, nämlich *beanstanden, bemängeln, kritisieren, kritteln* usw. mit dem Merkmal „Handlung" und dem Rollenbezug „H oder Dritte" (dies sind alle Beanstandungsverben), und drei Verben, nämlich *aufnehmen, initiieren* und *taufen* mit dem Merkmal „Zustand" und

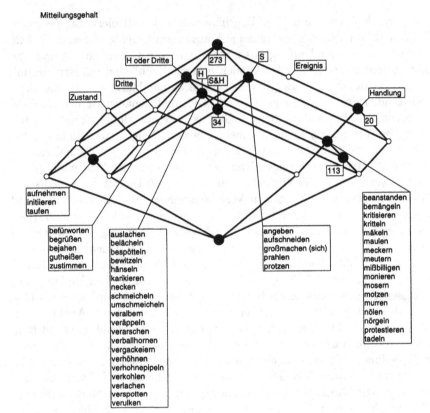

Abbildung 4 Liniendiagramm: Mitteilungsgehalt (propositionaler Gehalt)

dem Rollenbezug „H" (dies sind institutionengebundene Verben). Einige der Punkte im Diagramm sind klein und nicht ausgefüllt; das bedeutet, daß im Umfang des zugehörigen Begriffes keine Merkmale sind, die nicht auch schon im Umfang eines echten Unterbegriffes zu finden sind. Wir sprechen auch von einem *nichtrealisierten* Begriff. Die großen ausgefüllten Punkte stehen für die sogenannten *realisierten* Begriffe, d. h. in ihrem Umfang gibt es Gegenstände, die nicht im Umfang eines echten Unterbegriffes liegen.

An diesem Liniendiagramm ist auch bereits ablesbar, was am Anfang dieses Beitrags zur Klassifikation von Sprechaktverben gesagt wurde: Unter einem Aspekt allein ergeben sich Kategorien mit zunächst sehr heterogenen Elementen, und die einzelnen Kategorien selbst erscheinen prima facie als äußerst divergierend wie z. B. die Kategorie der institutionengebundenen und die der Beanstandungsverben.

Für ein weiteres aufschlußreiches Liniendiagramm untersuchen wir das vierte und letzte der anfangs aufgelisteten Merkmale, die den allgemeinen Typ der Bezugssituation charakterisieren, nämlich die kommunikative Einstellung von S. Diese ist auf der Basis der zugrundegelegten Theorie zu differenzieren in:

1. Propositionale Einstellung, d. h. einer Einstellung zu dem was man sagt, ob man es glaubt, will, für gut oder schlecht hält usw.
2. Intentionale Einstellung, d. h. einer Sprecherabsicht einem Hörer gegenüber
3. Situative Vorannahme von S aus seiner Sicht

(1) „Propositionale Einstellung" hat die folgenden systematisch möglichen Eigenschaften:

- „epistemische Einstellung", d. h. einer Glaubens- oder Wissenseinstellung des Sprechers zu dem, was er sagt, z. B. ob er es für wahr oder nicht (vgl. *behaupten* vs. *lügen*)
- „voluntative Einstellung", d. h. einer willentlichen Einstellung des Sprechers, ob er das, was er sagt (wozu er auffordert, rät usw.), will oder nicht (vgl. *flehen* vs. *verbieten* oder *warnen*)
- eine „ordinative Einstellung", d. h. eine Einstellung des Einordnens eines Gegenstands/Sachverhalts (vgl. *X als Y beurteilen, einstufen*)
- eine „evaluative Einstellung", d. h. eine wertende Einstellung des Gesagten, die Einschätzung als gut oder schlecht (vgl. *kritisieren, bereuen, loben*)
- eine „emotive Einstellung", d. h. eine emotionale Einstellung zum Gesagten wie Leid, Ärger und Freude (vgl. *klagen, jubeln, nörgeln*)

Für jede dieser Eigenschaften gibt es Liniendiagramme, die den Begriffsverband der jeweiligen Ausprägungen veranschaulichen. Aus Platzgründen sei hier nur das Beispiel des Diagramms für „propositionale epistemische Einstellung" angeführt; vgl. Abb. 5.

Aus diesem Diagramm ist ablesbar, daß die Verben *anflunkern, anlügen, anschwindeln, beflunkern* etc. die Merkmale „nicht für wahr halten" und „p" haben (das sind alle Lügen-Verben), die Verben *(beweisen), argumentieren, beharren, behaupten* etc. die Merkmalen „für wahr halten" und „p" (das sind alle Verben des Behauptens und Bejahens) und die Verben *abstreiten, abweisen, bestreiten, bezweifeln* etc. die Merkmale „für wahr halten" und „¬ p" (das sind alle Verneinens-Bestreitensverben). Aus dem Diagramm ist – und dies ist für linguistische Zwecke ein nicht zu unterschätzender Wert – aber auch ablesbar, daß es für bestimmte Merkmalsausprägungen keine Verben im Deutschen gibt, z. B. für „nicht für wahr halten „¬ p" oder „nicht kennen" „p", denn bei den Begriffen, die genau diese Merkmale als Inhalt haben, handelt es sich um nichtrealisierte Begriffe.

(2) „Intentionale Einstellung" hat die folgenden systematisch möglichen Eigenschaften:

Propositionale epistemische Einstellung

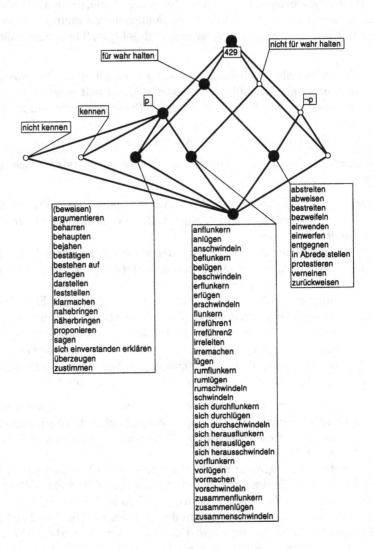

Abbildung 5 Propositionale epistemische Einstellung

- „handlungsbezogene Einstellung", d. h. die Intention, H zu einem Tun zu veranlassen
- „epistemische Einstellung", d. h. die Intention, H zu einem Glauben zu veranlassen
- „ordinative Einstellung", d. h. die Intention, H zu einer Einstufung zu veranlassen
- „evaluative Einstellung", d. h. die Intention, H zu einer Wertung zu veranlassen
- „emotive Einstellung", d. h. die Intention, H zu einer Emotion zu veranlassen
- „deklarative Einstellung", d. h. die Intention, eine institutionelle Tatsache zu schaffen, wie z. B. bei Taufen, Ernennungen, Eröffnungserklärungen u. ä.

Als Beispiel für ein Liniendiagramm ist die intentionale epistemische Einstellung in Abb. 6 wiedergegeben. Hier kann am Diagramm abgelesen werden, daß es 44 Verben mit den Merkmalen „kennen" und „p" gibt und 46 Verben mit den Merkmalen „für wahr halten" und „p".

Intentionale epistemische Einstellung

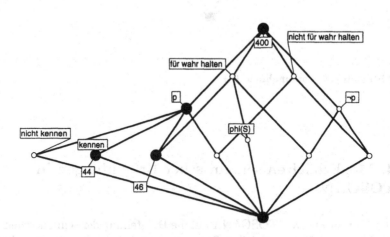

Abbildung 6 Intentionale epistemischeEinstellung

Die interessante Information, die dieses Diagramm liefert, ist, daß es auch zeigt, was es an sprachlichen Möglichkeiten nicht gibt, d. h. die Lücken in der Lexikalisierung des Deutschen, worauf wir in den Beispielen im Abschnitt 4 eingehen.

(3) Die situativen Vorannahmen des Sprechers aus seiner Sicht betreffen:

– institutionelle Tatsachen wie z. B. Rollenspezifik und Situierung des Gesagten

– Vorannahmen über den Verlauf der Welt und die Annahmen von H, vgl.
dazu das Liniendiagramm in Abb. 7

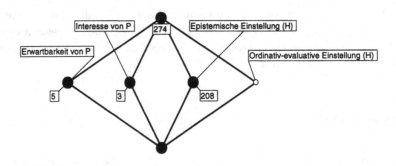

Abbildung 7 Vorannahmen (S)

4. Möglichkeiten semantischer Erkundungen in TOSCANA

Die Anwendung von TOSCANA auf die Darstellung der semantischen Struktur bietet für den potentiellen Benutzer zunächst den Vorzug, daß dieser die
der Darstellung zugrundegelegte Theorie anschaulich nachvollziehen und damit auch sehen kann, wie die Interpretation der Sprachdaten bezüglich der
gewählten Theorie einzuschätzen ist. Für die speziell linguistische Forschung
kann die TOSCANA–Anwendung in zwei Weisen genützt werden:

(1) Aufgrund der Möglichkeit der freien Auswahl der einzelnen Themen bzw.
Eigenschaften und deren freier Kombination können lexikalische Strukturen „entdeckt" werden, die bisher überhaupt noch nicht in den Blick
gekommen sind.

Ein einfaches Beispiel soll dies verdeutlichen: Wir betrachten zunächst nochmals die Skala der intentionalen epistemischen Einstellung, wie sie in Abb. 6 wiedergegeben ist. Das Liniendiagramm zeigt, daß es 44 Gegenstände (Verben) mit dem Merkmal „kennen p" und 46 mit dem Merkmal „für wahr halten p" gibt. Die Liste der 44 Verben enthält alle Mitteilensverben, also *informieren, melden, benachrichtigen, anvertrauen, verlautbaren, verkünden* usw. Die Liste der 46 Verben enthält alle Verben, die bezüglich der Sprecherabsicht das Merkmal „S will, daß H p für wahr hält" realisieren, wodurch sich ein Paradigma ergibt, das aus linguistischer Perspektive eher ungewöhnlich ist, nämlich die Kombination von Verben wie: *behaupten, beweisen* mit Verben wie: *lügen, einflüstern, bejahen, beharren auf* usw. Für eine Analyse der Versprachlichung von Kommunikationskonzepten ist die Darstellung einer solch ungewöhnlich anmutenden Sicht auf die lexikalische Ordnung der Wörter von nicht zu unterschätzendem heuristischen Wert.

Der Vorteil der Darstellung durch Liniendiagramme liegt nun darin, daß man die zunächst ungewöhnlich zusammengestellte Menge von Verben sukzessive durch die Erkundung von Liniendiagrammen weiterer Skalen differenzierend betrachten kann, indem man sich die Liniendiagramme mehrerer Skalen und deren Beziehungen zueinander in *gestuften Liniendiagrammen* zeigen läßt (vgl. die Abb. 8, 9, 10 und 11). Für ein gestuftes Liniendiagramm mit zwei Faktoren wählt man zunächst zwei Skalen aus. In einem nächsten Schritt muß man entscheiden, welche der beiden Skalen die Grobstruktur und welche die Feinstruktur darstellen soll – in diesem Sinn sind gestufte Liniendiagramme immer asymmetrisch. Es wird dann zunächst das Diagramm der Grobstruktur gezeichnet, wobei jeder Begriff(sknoten) durch eine Ellipse ersetzt wird. In jede dieser Ellipsen wird eine Kopie der Feinstruktur gezeichnet. Auf diese Weise kann man das direkte Produkt der beiden Skalen vereinfacht darstellen. Die Gegenstands- und Merkmalsnamen werden an die entsprechenden Begriffe der Feinstruktur geschrieben.

Die Leseregeln für gestufte Liniendiagramme sind analog zu denen der einfachen Liniendiagramme. Betrachtet man ein Gegenstand und ein Merkmal, deren Begriffe in der gleichen Ellipse liegen, so gilt das gleiche wie für einfache Liniendiagramme: Der Gegenstand hat das Merkmal, wenn der Merkmalsbegriff vom Gegenstandsbegriff aus durch einen aufsteigenden Streckenzug im Liniendiagramm der Feinstruktur zu erreichen ist. Liegen Gegenstands- und Merkmalsbegriff in zwei verschiedenen Ellipsen, so wird zunächst überprüft, ob die Ellipse des Merkmalsbegriffs durch einen aufsteigenden Linienzug im Liniendiagramm der Grobstruktur von der Ellipse des Gegenstandsbegriffs aus zu erreichen ist. Trifft dies zu, muß zusätzlich noch gelten, daß auch innerhalb eines Diagramms der Feinstruktur der dem Gegenstand entsprechende Knoten durch einen aufsteigenden Linienzug mit dem Knoten, der dem Merkmalbegriff entspricht, verbunden ist. Gelten diese beiden Bedingungen, so hat der Gegenstand das betreffende Merkmal.

Zur Differenzierung des Paradigmas der Verben wie *behaupten, lügen, einflüstern, bejahen, beharren auf* usw. betrachten wir das gestufte Liniendiagramm in Abb. 8. Die Skala „Propositionale epistemische Einstellung" stellt die Grobstruktur und die Skala „Intentionale epistemische Einstellung" die Feinstruktur dar. Betrachten wir das Liniendiagramm der Feinstruktur in der Ellipse, die in der Grobstruktur „Propositionale epistemische Einstellung" den Begriff mit den Merkmalen „nicht für wahr halten" und „p" darstellt. Hier gibt es als einzigen realisierten Begriff der Feinstruktur den Begriff mit den Merkmalen „für wahr halten" und „p". Sie sind nur in der Feinstruktur der obersten Ellipse explizit angegeben, lassen sich aber auf die Feinstrukturen der anderen Ellipsen übertragen. Die Menge der Gegenstände, die den Umfang dieses Begriffs ausmachen, ist die Menge aller Verben, auf die zutrifft: „S hält nicht für wahr: p" (d. h. die Merkmale „nicht für wahr halten" und „p" aus der Grobstruktur, also bezogen auf die propositionale epistemische Einstellung) und „S will: H hält für wahr p" (d. h. die Merkmale „für wahr halten" und „p" der Feinstruktur, also bezogen auf die intentionale epistemische Einstellung, was auch aus dem Vorsatz „S will" deutlich wird), d. h. alle Verben des Lügens. Die Feinstruktur derjenigen Ellipse, die in der Grobstruktur den Begriff mit den Merkmalen „für wahr halten" und „p" als Inhalt darstellt, enthält einen realisierten Begriff mit den Merkmalen „für wahr halten" und „p" (diese Merkmale sind also wieder der Feinstruktur entnommen), der 14 Gegenstände umfaßt: Dies sind alle Verben mit den Merkmalen „S hält für wahr: p" (aus der Grobstruktur, also bezogen auf die propositionale epistemische Einstellung) und „S will: H hält für wahr p" (aus der Feinstruktur, also bezogen auf die intentionale epistemische Einstellung), d. h. alle Behauptens- und Bejahensverben. In dieser Ellipse befindet sich noch ein weiterer realisierter Begriff, nämlich der oberste, das sogenannte Einselement. Der Umfang dieses Begriffes besteht aus all den Verben, die bezüglich der Grobstruktur die Merkmale „für wahr halten" und „p" haben, also die propositionale epistemische Einstellung „S hält p für wahr", jedoch keine Merkmale der Feinstruktur, also keine intentionale epistemische Einstellung. Es dürfte durch dieses Beispiel deutlich geworden sein, in welcher Weise und auch mit welchem heuristischen Nutzen die Erkundungsmöglichkeiten in TOSCANA geeignet sind, den Weg linguistischer Strukturierungen nachvollziehbar und transparent zu machen.

(2) TOSCANA zeigt vermittels der Strukturierung von Begriffsverbänden, die in den Liniendiagrammen anschaulich gemacht sind, jede begrifflich mögliche Position an. Das heißt: alle Kreise, denen keine Gegenstände zugeordnet sind, können potentielle, mögliche Wörter einer Sprache sein. Dies ist ein Ergebnis der Anwendung *theoriegeleiteter* Skalen, also solcher Skalen, die im vorhinein erstellt wurden, nicht erst in Anbetracht der erhoben Daten. Insofern ist die Anwendung von TOSCANA auf semantisch-konzeptuelle Strukturen eine ideale Ausgangsbasis für kontrastive Untersuchungen des lexikalischen Bestandes verschiedener Spra-

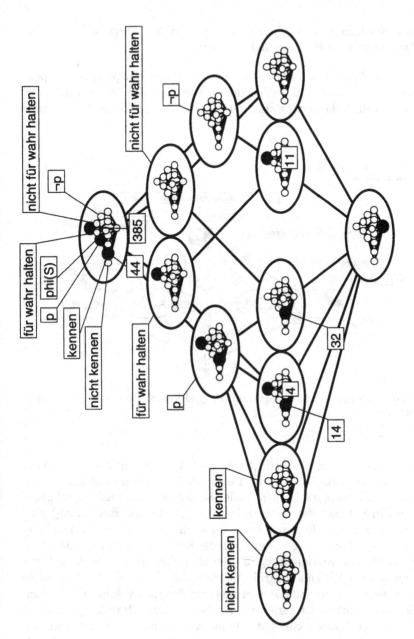

Abbildung 8 Gestuftes Liniendiagramm: Propositionale epistemische Einstellung
– Intentionale epistemische Einstellung

chen. Aber auch bezüglich *einer* Sprache, hier des Deutschen, bietet die
Möglichkeit der je individuellen Erkundung des Sprachdschungels interessante Aspekte und Anlaß, darüber nachzudenken, wieso bestimmte kom-

munikative Konzepte (Merkmalsausprägungen) lexikalisch realisiert sind, andere nicht. Drei Beispiele sollen dies zeigen.

Als erstes Beispiel betrachten wir die Zusammenhänge zwischen propositionaler und intentionaler Einstellung, wie sie im gestuften Liniendiagramm von Abb. 9 dargestellt sind. Die Skala „Propositionale Einstellung"

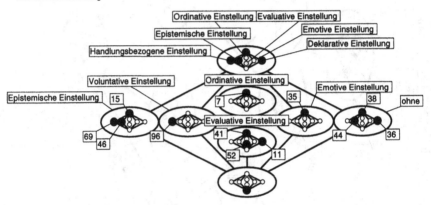

Abbildung 9 Gestuftes Liniendiagramm: Propositionaler Einstellung – intentionale Einstellung

ist als Grobstruktur und die Skala „Intentionale Einstellung" als Feinstruktur gewählt. Für die Lexikalisierung im Deutschen lassen sich zunächst die folgenden Zusammenhänge erkennen: In der Ellipse zum Merkmalsbegriff „Epistemische Einstellung" der Grobstruktur (Propositionale Einstellung) gibt es zwei realisierte Begriffe, denen auch eine explizite intentionale Einstellung zugeordnet wird. Der eine steht bezüglich der Feinstruktur (Intentionale Einstellung) unter dem Merkmalsbegriff „Handlungsbezogene Einstellung", der andere unter dem Merkmalsbegriff „Epistemische Einstellung". Der einzige realisierte Begriff in der Ellipse zum Merkmalsbegriff „Voluntative Einstellung" der Grobstruktur ist derjenige, der das Merkmal „Handlungsbezogene Einstellung" der Feinstruktur hat. Daran erkennt man, daß aus einer voluntativen propositionalen Einstellung eine handlungsbezogene intentionale Einstellung folgt. Ebenso folgert man, daß ein Verb mit einer evaluativen propositionalen Einstellung eine evaluative intentionale Einstellung hat oder ohne intentionale Einstellung ist. Insgesamt wird die Tendenz deutlich, daß sich die propositionale Einstellung in der intentionalen Einstellung widerspiegelt, d. h. die Verben bezeichnen Bezugssituationen, in denen der Sprecher will, daß der Hörer seine propositionale Einstellung übernimmt. Eine Ausnahme bilden allerdings die Zusammenhänge zwischen ordinativer und emotiver propositionaler Einstellung und der intentionalen Einstellung: In beiden Fällen sind die entsprechenden Ellipsen ohne realisierte Begriffe. Für die Lexikalisierung des Deutschen könnte man intuitiv zunächst die folgende Erklärung geben: Für die Verben mit ordinativer, aber ohne evaluative Einstellung gilt, daß der Sprecher seine Setzung oder Einordnung dem Hörer gegenüber zu erkennen gibt, wobei sich seine Absicht auf eine epistemische Einstellung – nämlich daß der Hörer dies erkennen soll – richtet. Gleiches gilt für den Fall der emotiven Einstellung: Der Sprecher gibt zu erkennen, daß er eine bestimmte Emotion hat, aber er beabsichtigt nicht durch das, was er sagt, zu bewirken, daß der Hörer seine Emotion übernimmt. Gefühle werden ausgedrückt, sie sind aber nicht kommunikativ übertragbar, könnte man etwas salopp formulieren. Ob solche Erklärungsversuche allerdings zutreffend sind, muß eine systematische Analyse, wobei auch andere Merkmalsausprägungen berücksichtigt werden müssen, bei weiteren TOSCANA-Erkundungen erst noch zeigen. Wir hoffen jedoch, daß das Beispiel zeigt, zu welchen Gedanken die Darstellungsweise der Daten anregen kann.

Für unser zweites Beispiel wählen wir die Skala „Mitteilungsgehalt - Fragegehalt" als Grobstruktur und die Skala „Vorannahmen: epistemische Einstellung" als Feinstruktur, vgl. Abb. 10. In der Ellipse zum Merkmalsbegriff „Mitteilungsgehalt" ist fast jeder mögliche Begriff realisiert. Dies bedeutet, daß Verben mit Mitteilungsgehalt Bezugssituationen bezeichnen, in denen der Sprecher alle möglichen Vorannahmen zur epistemischen Einstellung des Hörers haben kann. In der Ellipse zum Merkmalsbegriff „Fragegehalt" gibt es lediglich einen einzigen realisierten Begriff, nämlich „H kennt p". Dies mag auf den ersten Blick trivial erscheinen und den selbstverständllichen Einwand provozieren, daß man jemanden nur dann etwas fragen kann, wenn man annimmt, daß der Hörer die Antwort kennt. Was ist nun aber mit rhetorischen Fragen, Fangfragen, Prüfungsfragen, Suggestivfragen u.ä.? Offensichtlich sind diese Möglichkeiten des Fragens im Deutschen nicht lexikalisiert, d. h. sie können nicht durch ein einfaches Verb bezeichnet werden. Genau dies zeigt uns das gestufte Liniendiagramm auf einen Blick. Es wäre in kontrastiven Untersuchungen zu prüfen, in welchen Sprachen es welche realisierten Begriffe in der Ellipse „Fragegehalt" gibt.

Für unser letztes Beispiel wählen wir die Skala „Mitteilungsgehalt-Fragegehalt" als Grobstruktur und die Skala „Intentionale Einstellung" als Feinstruktur, vgl. Abb. 11. Wie im vorhergehenden Beispiel ist in der Ellipse zum Merkmalsbegriff „Mitteilungsgehalt" der Grobstruktur fast jeder Begriff realisiert: Es gibt also für fast jede Kombination aus „Mitteilungsgehalt" und einer der möglichen intentionalen Einstellungen einen Begriff, der diese Kombination in seinem Inhalt hat. Das bedeutet: Ein Verb mit Mitteilungsgehalt bezeichnet Bezugssituationen, in denen die intentionale Einstellung des Sprechers in keiner Weise festgelegt ist. Anders ist dies bei Verben mit Fragegehalt. Die entsprechende Ellipse enthält nur einen realisierten Begriff. Dieser

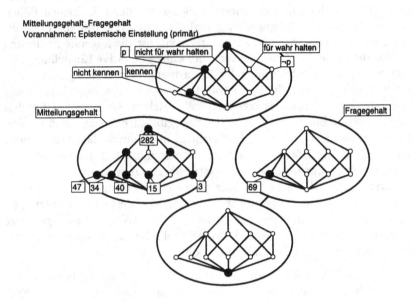

Abbildung 10 Gestuftes Liniendiagramm: Mitteilungsgehalt-Fragegehalt – Vorannahmen: epistemische Einstellung

liegt unter dem Merkmalsbegriff „Handlungsbezogene Einstellung" der Feinstruktur. Das heißt: für jedes Verb mit Fragegehalt ist die Bezugssituation durch eine handlungsbezogene intentionale Einstellung des Sprechers charakterisiert: Der Sprecher will, daß der Hörer handelt, d. h. antwortet. Auch hier könnte man die gleichen Überlegungen anschließen wie im obigen Beispiel, es sei denn, man stellt sich auf den Standpunkt, Fragen sei ein universales Konzept, das durch die Absicht, eine Antwort zu erhalten, strikt definiert ist.

5. Ausblick

Im Unterschied zu den meisten bisher verfügbaren Anwendungen von TOSCANA sind die Daten, die für Sprachanalyse aufbereitet werden müssen, sicher komplexer und vielschichtiger. Es wäre wünschenswert, mehrere Skalen auf einer Stufe miteinander kombinieren zu können, da die hier verwendeten Merkmale teilweise hierarchische Beziehungen zueinander haben. Zum Beispiel sind die Merkmale „epistemische propositionale Einstellung", „voluntative propositionale Einstellung", „ordinative propositionale Einstellung", „ordinative propositionale Einstellung" und „emotive propositionale Einstellung" Unterklassifikationsmerkmale zum Merkmal „propositionale Einstel-

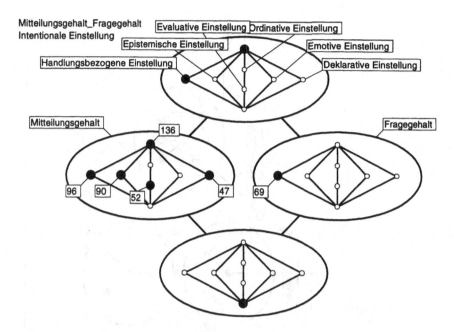

Abbildung 11 Gestuftes Liniendiagramm: Mitteilungsgehalt-Fragegehalt – Intentionale Einstellung

lung". Die verschiedenen Paradigmen, die durch das Merkmal „propositionale Einstellung" unterschieden werden – also die Verbmengen, die jeweils beim Merkmal „propositionale Einstellung" die gleiche Ausprägung haben – haben durchaus unterschiedliche Struktur. Es ist zum Beispiel sinnvoll, die Verben mit der Ausprägung „epistemische Einstellung" bezüglich der Skala „epistemische propositionale Einstellung" zu betrachten. Für die Verben mit der Ausprägung „voluntative Einstellung" ergäbe das jedoch keinen Sinn. Es wäre also wünschenswert, die Skala „propositionale Einstellung" mit den Skalen ihrer Unterklassifikationsmerkmale dergestalt kombinieren zu können, daß für jeden Begriff der Skala „propositionale Einstellung" die passende Skala in die Ellipse des entsprechenden Begriffes gezeichnet wird und man so alle Skalen in einem Diagramm zeichnen lassen und somit untersuchen kann. Mit dem *Lokalen Skalieren* ([St96], [Sc98]) ist es möglich geworden, ein komplexeres Liniendiagramm zu entwickeln, in dem man die verschiedenen Ausprägungen aller Merkmale der propositionalen Einstellung in der Zusammenschau erhalten kann. Das Ergebnis dieser Bemühung geben wir zum Abschluß unseres Beitrags in Abb. 12 wieder.

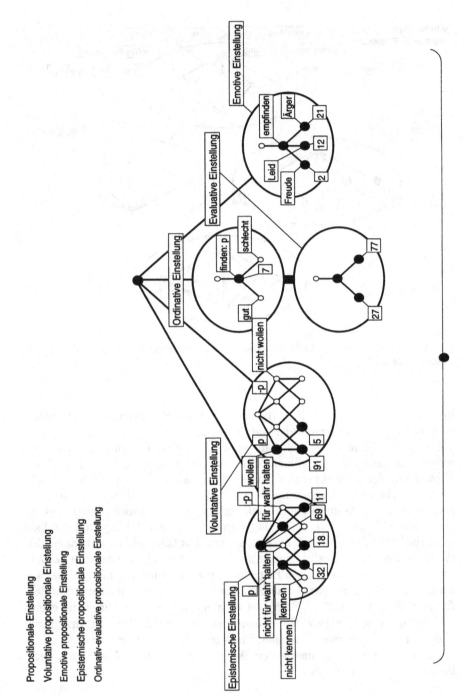

Abbildung 12 Lokales Skalieren

Literatur

[Au75]   J.L. Austin: *How to do things with words.* Oxford University Press, Oxford 1975

[Ba79]   Th. Ballmer: Probleme der Klassifikation von Sprechakten. In: G. Grewendorf (Hrsg.): *Sprechakttheorie und Semantik.* Suhrkamp, Frankfurt a. M. 1979, 247–274

[Bau77]   K. Baumgärtner: Lexikalische Systeme möglicher Performative. *Zeitschrift für germanistische Linguistik,*5,3, 257–277

[Bau79]   K. Baumgärtner: *Lexikalische Systeme möglicher Performative,* Manuskript, Stuttgart 1979

[Ha95]   G. Harras: Eine Möglichkeit der kontrastive Analyse von Kommunikationsverben. In: H.-P. Kromann und A.L. Kjaer (Hrsg.): *Von der Allgegenwart der Lexikographie.* Niemeyer, Tübingen 1995, 102–113

[Ha96]   G. Harras: *sprechen, reden, sagen.* Polysemie und Synonymie. In: G. Harras und M. Bierwisch (Hrsg.): *Wenn Semantik arbeitet. Klaus Baumgärtner zum 65. Geburtstag.* Niemeyer, Tübingen 1996, 191–216

[HaWi94]   G. Harras, E. Winkler: A Model for Describing Speech Act Verbs. The Semantic Base of a Polyfunctional Dictionary. In: W. Martin, W. Meijs, M. Moerland, E. ten Pas, E. von Sterkenburg, P. u. P. Vossen (Hrsg.): *Euralex 1994, Proceedings,* 440–449

[KSVW94]   W. Kollewe, M. Skorsky, F. Vogt, R. Wille: TOSCANA – ein Werkzeug zur begrifflichen Analyse und Erkundung von Daten. In: R. Wille und M. Zickwolff (Hrsg.): *Begriffliche Wissensverarbeitung: Grundfragen und Aufgaben.* B. I.-Wissenschaftsverlag, Mannheim 1994, 267–288

[Me90]   G. Meggle: *Handlungstheoretische Semantik.* Manuskript, Saarbrücken 1990

[Sc98]   A. Schatz: *Lokales Skalieren: Mathematische Grundlagen und objektorientiertes Design.* Diplomarbeit, TU Darmstadt 1998

[Se80]   J. R. Searle: *Expression and Meaning: Studies in the Theory of Speech Acts.* Cambridge University Press, Cambridge 1980

[Se85]   J. R. Searle, D. Vanderveken: *Foundations of Illocutionary Logic.* Cambridge University Press, Cambridge 1985

[St96]   G. Stumme: Local scaling in conceptual data systems. In: P. W. Eklund, G. Ellis, G. Mann (Hrsg.): *Conceptual structures: Knowledge representation als interlingua.* Lecture Notes in Artificial Intelligence **1115.** Springer, Heidelberg 1996, 308–320

[Ul92]   M. Ulkan: *Zur Klassifikation von Sprechakten. Eine grundlagentheoretische Fallstudie.* Niemeyer, Tübingen 1992

[Va90]   D. Vanderveken: *Meaning and Speech Acts.* 2 vols. Cambridge University Press, Cambridge 1990

[Ve80]   J. Verschueren: *On Speech Act Verbs.* Benjamins Publishing Company, Amsterdam 1980

[Wi95]   R. Wille: Begriffsdenken: Von der griechischen Philosophie bis zur Künstlichen Intelligenz heute. In: *Dilthey-Kastanie.* Ludwig-Georgs-Gymnasium, Darmstadt 1995, 77–109

[Win96]   E. Winkler: Kommunikationskonzepte und Kommunikationsverben. In: J. Grabowski, G. Harras, T. Herrmann, (Hrsg.): *Bedeutung. Konzepte. Bedeutungskonzepte. Theorie und Anwendung in Linguistik und Psychologie.* Westdeutscher Verlag, Opladen 1996, 256–276

Grundwerte, Ziele und Maßnahmen in einem regionalen Krankenhaus – Eine Anwendung des Verfahrens GABEK

Josef Zelger

Inhalt

1. Fragestellung und Vorbereitung der Untersuchung

1.1 Erfahrungen der Mitarbeiter – ein Wissenspotential

Zur qualitativen Leistungskontrolle von Krankenhäusern werden häufig Patientenbefragungen durchgeführt. Erfahrungsgemäß führen sie mit wenigen Ausnahmen zu sehr günstigen Bewertungen. Wenn man sich von einer Patientenbefragung Hinweise zur qualitativen Verbesserung erwartet, wird man eher enttäuscht. Patienten haben nämlich zu wenig Wissen über Strukturen und Prozesse, die im Hintergrund ablaufen und zu wenig Erfahrung über die vielen Auseinandersetzungen und Schwierigkeiten, mit denen die Mitarbeiter des Krankenhauses konfrontiert sind. So bleiben die Verbesserungsvorschläge der Patienten meistens auf schon bekannte Probleme beschränkt.[1]

---

[1] Dies gilt auch für das Krankenhaus Brixen in Südtirol: In einer schriftlichen und anonymen Patientenbefragung wurden (1994) fast nur positive Urteile abgegeben. Kritische Bemerkungen der Patienten waren mit einer einzigen Ausnahme immer in einen positiven Kontext eingebettet. Z. B.:

> Unterfertigte 72-jährige Patientin war in vielen Kliniken und Spitälern im In- und Ausland, und nirgends hab ich mich so gut betreut gefühlt in jeder Hinsicht wie in Brixen! Ich bin mit allem sehr zufrieden! Bin Vegetarierin und auch das wird liebevoll berücksichtigt. Medizinische, kardiologische Abteilung, Ärzte und Schwestern sind sehr, sehr nett. Was ich als einziges spüre ist der Streß, die Überlastung des Personals.

85% der befragten Patienten äußerten sich nur anerkennend ohne jede Kritik. Z. B.:

> Ich befinde mich seit fast zwei Jahren im Krankenhaus. Kann von mir aus nur Lob über alle aussprechen. Sehr liebevolles geschultes Personal, die einen als Mensch respektieren und nicht als Nummer behandeln.

Oder:

Wenn man Verbesserungen im Krankenhaus (KH) anstrebt, sollte man von einem umfassenderen Situationsbild ausgehen. Man muß erst darstellen, für welche Probleme man eine Lösung erreichen will. Dazu sollte man das „ja, aber..." der Mitarbeiter einbeziehen, die aus ihrer persönlichen Erfahrung viele kritische Perspektiven eröffnen. Dabei sollte man beachten, daß bei komplexen Problemen äußere und innere Bereiche eine Rolle spielen. Die äußeren soziokulturellen Bedingungen schließen gesetzliche Rahmenbedingungen ein sowie die Unternehmenskultur des Krankenhauses, wissenschaftliche Erkenntnisse, ökonomische Bedingungen usw. Aber nicht nur die äußeren Bedingungen, auch die inneren Zustände der einzelnen Mitarbeiter sollten berücksichtigt werden. So ihre Ziele, Wünsche, Vorstellungsbilder, ihre Überzeugungen und Emotionen. D. h. Fragen über das KH stehen stets in einem großen Zusammenhang, ohne dessen Berücksichtigung sie nicht angemessen beantwortet werden können. Verbesserungen können demnach sowohl durch Veränderung der äußeren Bedingungen aber auch durch die der inneren Zustände erreicht werden. Erfolgreiches Handeln beruht nicht nur auf vernünftiger Abwägung sondern auch auf gefühlsmäßiger Zustimmung: auch Freude, Zufriedenheit und andere Gefühle können ausschlaggebend sein. Die Ideen und Gefühle aller Mitarbeiter sind wichtig. Sie werden ausgetauscht, verstärkt oder abgewandelt und aufeinander abgestimmt. Dadurch entsteht Gemeinschaft. Je nach der Art der Arbeitsgemeinschaft werden Gemeinschaftsziele effektiver oder weniger effektiv verfolgt und Arbeiten mehr oder weniger gut ausgeführt. Es sollte dabei immer wieder versucht werden, alle Erlebensbereiche miteinander in Einklang zu bringen. Wir stellen uns also die Frage, wie Probleme bestimmt und Lösungswege gefunden werden können, so daß die obigen Erfordernisse eher erfüllt werden.

Eine erste Frage lautet: *Wie können wir die reichhaltige Erfahrung der Mitarbeiter erfassen und als Potential nutzbar machen?* Eine erste Antwort ist einfach: Wir fragen jeden Mitarbeiter nach seiner persönlichen Sicht der Dinge. Dies kann bei großen Institutionen schriftlich und anonym erfolgen. In kleinen Betrieben können es auch einfache Gespräche oder Tiefeninterviews sein. Einige offene Fragen erlauben es jedem Mitarbeiter, Vorschläge zu unterbreiten oder Kritik frei zu äußern, die ihm persönlich wichtig erscheinen. Dabei wird niemand zur Antwort angehalten, wenn er nicht antworten will.

Nun sind solche Umfragen nichts Neues. Schwieriger erscheint die zweite Frage: *Wie können die vielen Einzelvorschläge, die sich oft nur auf sehr spezielle Situationen und Erfahrungen beziehen, in einen sinnvollen Gesamtzusammenhang gebracht werden?* Wie kann man Ideen und kritische Äußerun-

---

Fühle mich hier sehr wohl. Dem Primar und seinem Ärzteteam gebührt ein großes Lob. Einen ganz speziellen Dank möchte ich diesem Arzt sagen, der sich einen Tag vor meiner Operation die Zeit genommen hat, mit mir über ein spezielles Problem zu reden. Es ist nicht selbstverständlich, daß sich dieser Arzt sehr mitfühlend zeigte.

Jedoch wurden von den Patienten nur sehr wenige realisierbare Maßnahmen vorgeschlagen. (Siehe Abschnitt 2.7.5)

gen von tausend oder mehr Mitarbeitern sinnvoll auswerten? Als Antwort auf
diese zweite Frage wird im folgenden das Verfahren GABEK vorgeschlagen,
d. h. *Ganzheitliche Bewältigung sprachlicher Komplexität* ([Ze93], [Ze94]).
Es ist eine qualitative software-unterstützte Analysemethode, die zur Vernetzung und Auswertung normalsprachlich formulierter Meinungen dient.

Eine dritte Frage erhebt sich: *Wie kann man sicher sein, daß die Befragung der Mitarbeiter nicht mehr Unruhe als Einsicht bewirkt?* Wir werden im dritten Abschnitt darauf eingehen und zeigen, wie solche Gefahren
vermieden werden durch behutsames Vorgehen und durch angemessene Information der Mitarbeiter über die Ergebnisse. GABEK bietet Wege an zur
kreativen Bewältigung von Interessenskonflikten. Gerade dadurch, daß die
Mitarbeiter ihre eigenen Werthaltungen, Überzeugungen und Einstellungen
besser verstehen lernen, entsteht Raum für Zielkompromisse. Und durch die
große Vielfalt der erkannten Handlungsmöglichkeiten kann in verschiedenen
Abteilungen, Interessensgruppen, Teams differenziert und situationsspezifisch
vorgegangen werden, ohne daß man dabei die gemeinsam akzeptierten Grundwerte und Oberziele der Institution aus den Augen verliert. Doch setzt das
Verfahren GABEK von Seiten der Unternehmensführung eine gewisse demo-
kratische Einstellung und Offenheit voraus, d. h. mindestens Interesse für die
Meinungen, Erfahrungen und Einstellungen der Mitarbeiter. Eine solche Offenheit wird belohnt durch größere Akzeptanz der Innovationen, die von den
Mitarbeitern initiiert worden sind und eine wesentlich kürzere Einführungs-
zeit. Wie sich auch im hier präsentierten Beispiel zeigt, sind die wenigsten
Maßnahmen direkt vom Management aus umsetzbar. Vielmehr muß man Verbesserungen in einer so komplexen Institution wie dem KH Brixen mit ca.
600 Mitarbeitern als ständigen Lernprozeß sehen, bei dem auf allen Ebenen,
in allen Abteilungen und Teams immer wieder etwas getan wird, was zur
Erfüllung der Oberziele des KH etwas beiträgt. Die vielen kleinen Verbesserungen werden aber in den verschiedenen Abteilungen und Teams verschieden
aussehen.

1.2 Die schriftliche Befragung der Mitarbeiter

Im Herbst 1994 wurde im KH Brixen in Südtirol eine anonyme Mitarbeiter-
befragung durchgeführt.[2] Die drei Fragen lauteten:

1. Bitte beschreiben Sie in wenigen Sätzen Ihre Erfahrungen, die Sie in
   letzter Zeit bei Ihrer Arbeit im Krankenhaus gemacht haben.
2. Was würde dazu beitragen, daß Sie sich mit Ihren Mitarbeiterin-
   nen/Mitarbeitern (oder auch mit dem Krankenhaus als ganzem) stärker verbunden fühlen?

---

[2] Ich danke Dr. Heinrich Psaier (Außerordentlicher Kommissär der Sanitätseinheit
Nord), Primar Dr. Josef Klammer (Medizinischer Direktor der Sanitätseinheit)
und Dr. Hans Willeit (Verwaltungsdirektor) für die Erlaubnis, Ergebnisse der
Befragung als Beispiel zu verwenden.

3. Sehen Sie Möglichkeiten für Verbesserungen in Ihrem Arbeitsbereich, die realisierbar sind?

Die Fragen waren absichtlich so offen gestellt worden, daß es den Mitarbeitern möglich war, selbst das Thema der Antwort zu bestimmen. Jeder Befragte sollte auf Probleme eingehen können, die ihm in der gegebenen speziellen Situation besonders wichtig erschienen. Sogenannte geschlossene Fragen wurden vermieden, weil man nicht annehmen darf, daß die relevanten Fragen von vornherein bekannt sind und daß jeder Mitarbeiter im speziellen gefragten Bereich jeder geschlossenen Frage auch über Erfahrungen verfügt. 88 Personen haben die Fragen beantwortet. Das sind ca. 15% der Mitarbeiter. Sie verteilen sich wie folgt auf die verschiedenen Berufsgruppen:

Ärzte ($\ddot{a}$)	11
Pflegepersonal (pp)	40
Verwaltungspersonal (vp)	12
technisches Personal (tp)	13
ausführendes Personal (aP)	8
unklare Zuordnung	4

Insgesamt liegen 243 Einzelantworten vor, die qualitativ ausgewertet wurden. Wie wir sehen werden, stellen die vorgebrachten Kritikpunkte und die vielen konstruktiven Vorschläge ein sehr großes Verbesserungspotential dar, bzw. liefern sie eine gute Ausgangsbasis für Verbesserungen.

Für die Auswertung selbst wurde in mehreren Gesprächen mit der Krankenhausleitung der folgende Schwerpunkt vereinbart: Es sollten vor allem Meinungen und Einstellungen der Mitarbeiter in bezug auf *Kommunikation, Motivation* und *Identifikation mit dem Krankenhaus* erhoben werden. Insgesamt sollten daraus Maßnahmen für eine Verbesserung von *Arbeitszufriedenheit* und *Arbeitsqualität* vorgeschlagen werden.

Es wird also davon ausgegangen, daß in der Erfahrung der Betroffenen und Mitarbeiter ein kreatives Problemlösungspotential liegt. Da diese aber vorwiegend Einzelaspekte sehen, müssen deren Vorschläge zunächst vernetzt und intersubjektiv überprüfbar in einen sinnvollen Gesamtzusammenhang gebracht werden. Zudem sind Probleme in einem Krankenhaus komplex und schwer definierbar. Häufig sind sie auch in dynamische Situationen eingebunden, von denen viele Personen und Berufsgruppen betroffen sind. Zu deren Lösung bedarf es einer ganzheitlichen und systemischen Herangehensweise, um sowohl eine differenzierte Beschreibung der Problemsituation vornehmen zu können als auch Werte, Ziele und Maßnahmen vorzuschlagen und Entscheidungen auf eine vernünftige Grundlage zu stellen.

Im folgenden stelle ich die einzelnen Auswertungsschritte dar, zuerst nur andeutungsweise die Vernetzung der verbalen Daten, dann die eigentliche inhaltliche Auswertung. Schließlich gebe ich Hinweise zur Umsetzung.

1.3 Vernetzung der verbalen Daten

Zunächst wird mit PC-Unterstützung ([SZ:95]) eine Art Indexierungssystem über alle Texte erstellt. Es entsteht ein formales linguistisches Netz, das wie eine Landkarte zur Orientierung über die ganze Meinungslandschaft verwendet wird. Der Benutzer erkundet die inhaltlichen Zusammenhänge wie „Reiserouten". Er arbeitet interaktiv am Bildschirm, liest die Texte, die ihn interessieren, vergleicht sie und entscheidet immer wieder neu, welche Wege er im Meinungsnetz verfolgen, welche Auswertungsgesichtspunkte er anwenden, welche Inhalte er ausblenden oder hervorheben will, usw.

Die einzelnen Arbeitsschritte (Texterfassung, Gliederung in Sinneinheiten, Codierung, Eliminierung von Synonymen und Homonymen), die dazu erforderlich sind, wurden andernorts beschrieben. Dasselbe gilt für vorbereitende formale Operationen (Darstellung der Ausdrucksliste, Selektion inhaltlicher Trends und schwacher Signale, Redundanzanalyse, Kohärenzanalyse, Clusteranalyse ([Ze93], [Ze94])).

2. Auswertung und Ergebnisse

2.1 Problemfelder, Schwerpunkte, die Relevanzpyramide

2.1.1 Problemfelder

Zunächst bilden wir[3] aus den vielen Einzelaussagen sinnvolle und kohärente Textgruppen. D. h. wir fassen Antworten der Mitarbeiter zusammen, die sich mit einem Thema oder Problemfeld befassen und die sich gegenseitig ergänzen. Wenn dabei bestimmte syntaktische, semantische und pragmatische Bedingungen erfüllt werden, dann spreche ich auch von einer *sprachlichen Gestalt*: Die Sätze einer sprachlichen Gestalt sollen inhaltlich eng zusammenhängen, dürfen aber doch nicht zu ähnlich sein. Vielmehr soll jeder Satz relativ zu den anderen in der Satzgruppe einen Neuigkeitswert haben. Außerdem muß eine sprachliche Gestalt noch bewußt als Einheit erlebt werden. Sie darf demnach nicht zu umfangreich sein. Desweiteren soll die Textgruppe interpretierbar sein, d. h., es soll möglich sein, ein paradigmatisches Beispiel aufzuweisen, das alle Bedingungen, die in der Textgruppe zum Ausdruck kommen, erfüllt. Schließlich soll die Textgruppe wenigstens für eine Person zu einem bestimmten Zeitpunkt und in einer bestimmten Situation einen Sinn haben, d. h. sie soll als Orientierungs-, Erklärungs- oder Handlungsmuster anwendbar sein. (Siehe [Ze94])

Betrachten wir ein Beispiel: Wenn wir uns fragen, was die Mitarbeiter zum Thema *Streß* sagen, das in der eingangs zitierten Patientenantwort angesprochen worden ist, so finden wir u. a. die folgenden Mitarbeitermeinungen. Die

---

[3] Die Auswertung der Ergebnisse wurde von Maier, M. & J. Zelger ([MZ95]) gemeinsam durchgeführt.

Buchstaben-Ziffern-Kombinationen bezeichnen die entsprechenden Antworten.

Ae1. - Zu wenig Platz + Betten - Viel Arbeit - ?? Streß, der sich in Gereiztheit + Ausgelaugtheit äußert - wachsende Bürokratie mehr Aufwand + Zeit für Zettelarbeit, mehr organisatorische Arbeit. *tp*

Cf3. Ich sehe die Möglichkeit, daß nur eine bestimmte Bettenanzahl vorhanden sein sollte, ohne daß noch von überallher Notbetten gebracht werden, wobei neben den vollbesetzten Zimmern auch noch die Gänge vollbelegt werden. Meiner Meinung nach ist auf dieser Abteilung bei so großem Patientenwechsel viel zu wenig Zeit vorhanden, das Notwendigste am Patienten auszuführen. Auch müssen die Schüler als volle Arbeitskraft eingesetzt werden, was ich aber nicht richtig finde, es anders aber nicht möglich ist. *pp*

Aw1. Mit den Mitarbeitern sind die Erfahrungen stets positiv. Die Patienten sind zufrieden. Trotz des Versuchs Betten zu reduzieren, verringert sich die Arbeit nicht, sie hat eher zugenommen, was mit drohender Personalreduzierung beantwortet wird. *pp*

Cs3. Durch eine gerechte Personalschlüsselverteilung wären wir nicht immer auf die Schüler angewiesen, könnten diesen mehr Praxis beibringen, und könnten vor allem den Patienten mehr Zeit widmen. Das wäre dann für alle befriedigender. Vielleicht würden wir dann diesen Beruf wieder mit Freude ausüben. *pp*

Cf1. Die Abteilung, in der ich arbeite, ist mehr als voll ausgelastet, daher hat man kaum Zeit, die Arbeit vollständig auszuführen, auch kann man bei diesem andauernden Streß kaum einem Patienten zuhören oder sogar mit ihm ins Gespräch kommen, was meiner Meinung nach auch zur Pflege gehört. *pp*

Cz1. Im allgemeinen positive Erfahrung. Stressige Situationen kommen bei uns ab + zu vor, aber bis dato konnten sie überwunden werden. *tp*

Cj2. - Patienten sollten viel mehr informiert werden, bei der Visite, die sehr oft viel zu schnell durchgeführt wird, haben die Patienten nicht den Mut Fragen zu stellen. *pp*

Ah1. Manchmal erfordert es großen Arbeitseinsatz (bzw. großen Arbeitsstreß) aller Beteiligten auf langen Zeitraum, wobei v. a. die Ärzte ungeduldig werden und den Unmut bei uns ablassen. Bei solchen Situationen habe ich oft den Wunsch die Arbeit aufzugeben, bzw. kann ich mir nicht vorstellen, den Anforderungen noch 10 Jahre lang gewachsen zu sein. *pp*

Db3. - Die verteilten Mitteilungen durchzulesen und sie dann auch zu befolgen würde viel Ärger und Zeit ersparen. - Weniger Streß und Hektik von Seiten der Ärzte. Auf Fragen bekommt man zu 90% keine Antwort oder unfreundliche hektische Antworten mit denen man meistens nichts anfangen kann. *pp*

Da1. Die Arbeit ist sehr streßbetont, besonders wenn man in führender Position ist und man ständig auf neue Herausforderungen reagieren muß, ohne speziell darauf vorbereitet zu sein. (Reagieren statt agieren).

Cr3. – Mehr Raum, d. h. Platz links u. rechts neben den Betten, daß man sich etwas weniger (räumlich) erdrückt fühlt. – Zeit für eine kurze – aber ruhige Kaffepause, nicht Streß und immer nur „schnell, schnell". *pp*

Ck3. Ich finde, daß man unter geringem Zeitdruck Besseres leisten kann. Außerdem zeichnen sich jene Abteilungen, welche von einem ruhigen und ausgeglichenen Leiter geführt werden, durch positive Ausstrahlung auf die

Bediensteten aus, was wiederum das Arbeitsklima und die Arbeitsqualität beeinflußt. *tp* (1)

Bu1. Fühle mich in letzter Zeit total überfordert, es kommen immer mehr Patienten (italienische) aus anderen Provinzen.

Cg5. Aufnahmen bzw. Entlassungen von Patienten sollten zusammen (Ärzte + Pflegepersonal) besprochen werden, um eine Überbelegung der Abteilung zu verhindern. So wäre das Personal nicht ständig überfordert u. jeder Patient hätte das Recht, ein Zimmer und so auch eine Privatsphäre zu haben. *pp* (3)

Bs2. Einsicht, daß Dauerstreß für Patienten als auch für Mitarbeiter schlecht ist und auch gefährlich werden kann. *pp*

Da *sprachliche Gestalten* später weiterverarbeitet werden sollen, ist es erforderlich, sie knapp zusammenzufassen. Wir suchen also eine Formulierung, durch die die wesentlichen Inhalte der sprachlichen Gestalten kurz repräsentiert werden. Bei der Formulierung der *selektiven Repräsentation* gehen wir davon aus, daß die Inhalte durch die in der Textgruppe mehrfach vorkommenden Begriffe wesentlich mitbestimmt sind. Daher formulieren wir eine Zusammenfassung, indem wir im wesentlichen die mehrfach vorkommenden Begriffe verwenden. Für die obige Textgruppe sind es die Begriffe: *Streß, Überlastung, Gereiztheit, Zeit, Patienten, Gespräche, Arbeitsqualität, Ärzte, Pflegepersonal, Schüler, Platzmangel, Bettenmangel, Bürokratie, Information.* Außerdem muß gelten: Wenn alle Sätze der Satzgruppe wahr sind, dann muß auch die selektive Repräsentation wahr sein. Es muß also eine *semantische Implikation aus der Satzgruppe* sein. Wir fassen die obige Textgruppe folgendermaßen zusammen:

> Streß, der sich in Gereiztheit und Ausgelaugtheit äußert, entsteht durch zu wenig Platz, Überlastung durch Patienten aus anderen Provinzen, wachsende Bürokratie, Ungeduld der Ärzte. Doch stehen die Ärzte ebenso unter Streß. Durch den Streß sinkt die Arbeitsqualität. Es gehen Informationen verloren – man bekommt oft nur hektische Antworten. Die Arbeit kann nicht vollständig ausgeführt werden, man hat keine Zeit, einem Patienten zuzuhören oder mit ihm ins Gespräch zu kommen. Die Schüler müssen als Arbeitskräfte eingesetzt werden. Zur Verminderung von Streß werden vorgeschlagen ein gerechter Personalschlüssel, eine Arbeitspause, ruhige und ausgeglichene Führung. Aufnahmen und Entlassungen sollten auch mit dem Pflegepersonal besprochen werden.

Wenn wir diese Zusammenfassung lesen, entstehen neue Fragen, z. B.: Was wird von den Mitarbeitern als *Arbeitsqualität* aufgefaßt? oder Gibt es Probleme zwischen *Ärzten und Pflegepersonal*? Wir finden das Begriffsverständnis der Mitarbeiter wieder in den Texten. Von solchen Begriffen ausgehend kann man weitere sprachliche Gestalten bilden. Da letzten Endes alle zentralen Problemfelder miteinander zusammenhängen, kann man auf diese Weise auch Schritt um Schritt durch das ganze Textmaterial wandern und immer wieder neue sinnvolle Textgruppen bilden und zusammenfassen. Wenn die Auswertung gemeinsam mit dem Auftraggeber durchgeführt werden kann, empfiehlt sich eine solche Navigation von Textgruppe zu Textgruppe durch das verbale Datenmaterial. Wir sind jedoch anders, mehr systematisch vorgegangen:

Durch *Clusteranalyse* wurden Textgruppen zunächst maschinell gebildet. Dabei werden die gemeinsamen Schlüsselbegriffe innerhalb einer Textgruppe maximiert und zwischen den verschiedenen Textgruppen minimiert. D. h. die Textgruppen werden maschinell so gebildet, daß möglichst viele begriffliche Verknüpfungen innerhalb jeder Gruppe und möglichst wenige zwischen den Gruppen zustandekommen. Darauf wurde jedes Cluster zu einer sinnvollen sprachlichen Gestalt umgebildet. Dies geschieht dadurch, daß zu ähnliche, redundante Sätze aus der Gruppe eliminiert werden und andere Sätze, die eine Textgruppe inhaltlich sinnvoll ergänzen, hinzugenommen werden. Das PC-Programm WINRELAN ([SZ:95]) bietet dazu ein einfach handhabbares Dialogverfahren.

Aus den 243 Originaltexten wurden auf diese Weise 31 sprachliche Gestalten gebildet, die sich inhaltlich überschneiden. Sie bringen die folgenden Themen zum Ausdruck. Für die fett gesetzten Themen werden in den angegebenen Abschnitten Zusammenfassungen wiedergegeben. *Sprachliche Gestalten* zeigen wichtige Zusammenhänge, Problem- oder Zielfelder auf.

Ga1 *Ärzte*	*Gb6* *Leistung/Anerkennung*
Ga2 **Gespräche** (siehe im Abschnitt 2.1.2)	*Gb7* *Information*
Ga3 **Anerkennung** (2.5)	*Gb8* *Pflegepersonal/Ärzte*
Ga4 **Fortbildung** (2.6)	*Gb9* *Pflegepersonal*
Ga5 *Platzmangel/Bettenmangel*	*Gc1* *Engagement/MitarbeiterInnen*
Ga6 **Zusammenarbeit** (2.5)	*Gc2* *Gerechtigkeit*
Ga7 **Patienten/Betreuung** (2.6)	*Gc3* **Arbeitsklima** (2.5)
Ga8 **Patienten/Streß** (siehe oben 2.1.1)	*Gc4* *Dienstplanung*
Ga9 **Administrative Tätigkeiten** (2.6)	*Gc5* *Klasse/Patienten*
Gb1 **Zusammengehörigkeitsgefühl** (2.1.2)	*Gc6* *verschiedenes Personal/Kommunikation*
Gb2 *Menschlichkeit*	*Gc7* **Hierarchie/Mitsprache** (2.5)
Gb3 **Führungskräfte/Vorgesetzte/Kommunikation** (2.1.2)	*Gc8* *Wartestand*
	Gc9 **Ärzte/Kommunikation/Information** (2.1.2)
Gb4 *Vorgesetzte/Führungskräfte*	*Gd1* **Supervision** (2.1.2)
Gb5 *Vorgesetzte/verschiedenes Personal*	*Gd2* *MitarbeiterInnen/Zusammenarbeit*
	Gd3 *Streß/Überlastung*
	Gd4 **Information** (2.6)

Wir können die Zusammenfassungen dieser Problemfelder wieder zu übergeordneten Gruppen verbinden. Es ergeben sich *Schwerpunkte*, die wir auch *Hypergestalten* nennen, weil nicht bloß Einzelantworten, sondern sprachliche Gestalten zusammengefügt werden.

2.1.2 Neun Schwerpunkte

Wir geben hier als Beispiel fünf Problemfelder wieder, also sprachliche Gestalten, die zu einer Hypergestalt, d. i. zu einem Schwerpunkt verknüpft werden. Die Buchstaben-Ziffern-Kombinationen am Ende der Zusammenfassung verweisen auf Antworten der Mitarbeiter, die zur Begründung des Textes geeignet sind.

Ga2 Gespräche. Innerhalb der Abteilungen, zwischen den Abteilungen und Diensten sowie zwischen Abteilungen und Direktion werden mehr Gelegenheiten zu Gesprächen gesucht. Innerhalb der Abteilungen fachliche Besprechungen zwischen Pflegepersonal und Ärzten. Vorgeschlagen wird eine 10 Minuten Besprechung aller, um Notwendiges zu klären. Dies könnte auch die Beziehungssituation verbessern. Probleme sollten immer sofort besprochen werden. Auch Supervision wird gewünscht. Primär werden Gespräche aber fachlich zur Informationsübermittlung über Probleme, Änderungen, Neuigkeiten, Apparate, Behandlungsmethoden, Dokumentationssystem usw. gesehen. *Dj2, Cj3, Aq3, Ah2, Aa2, Dk2, Ae2, Bk2, Ai3, Cg2.*

Gb3 Führungskräfte/Vorgesetzte/Kommunikation. Mit Führungskräften wünscht man sich vor allem mehr Kontakte. Sie sollten die Mitarbeiter eher informieren, beraten, motivieren und auch anerkennen als mit Arbeit überlasten. Den Außerordentlichen Kommissär möchte man kennenlernen. Als Möglichkeit dazu wird ein Betriebsfest vorgeschlagen. Es wird überwiegend ein mehr demokratischer Führungsstil gewünscht und vor allem mehr Kontakte zu den Führungskräften, jedoch zum Teil auch wieder eine strengere Führung und mehr Kontrolle. *Ck3, Ck5, Au3, At3, At1, Cz2, At2, Cc2, Bz3, Cm3, Cv1.*

Gb1 Zusammengehörigkeitsgefühl. Durch die Eröffnung einer Bar, ein Betriebsfest, einen Tag der offenen Tür, ein Gartenfest usw. vermehrte Aktivitäten des Freizeitringes, gemeinsame Ausflüge und private Treffen aber auch interne Fortbildungsveranstaltungen würden sicher ein besseres Zusammengehörigkeitsgefühl und eine bessere Kommunikation zwischen den Mitarbeitern erreicht werden. *Cf2, Cc2, Bm4, Bc2, Bf2, Cw2, Cr2, Co2, Dd2, Bl2.*

Gc9 Ärzte/Kommunikation/Information. Das Pflegepersonal wünscht sich eine bessere Kommunikation mit den Ärzten, mehr Informationen über interne Belange, mehr Zeit für Gespräche und mehr Mitspracherecht. *Bu3, Cy1, Cy2, Db3.*

Gd1 Supervision. Gelegenheiten zu regelmäßigen Aussprachen mit Supervision werden gewünscht. Dadurch könnten Probleme mit Patienten, Kollegen und Ärzten bearbeitet werden. *Bj3, Cj2, Ac3, Aa2.*

Die obige Textgruppe wird nun zum folgenden *Schwerpunkt* zusammengefaßt. Die Buchstaben-Ziffern-Kombinationen verweisen auf Problemfelder, die den Text rechtfertigen.

Innerhalb der Abteilungen, zwischen den Abteilungen und Diensten sowie zwischen Abteilungen und Direktion werden mehr Gelegenheiten zu Gesprächen gesucht. Innerhalb der Abteilungen fachliche Besprechungen zwischen Pflegepersonal und Ärzten, auch Aussprachen mit Supervision. Mit Führungskräften wünscht man sich mehr Kontakte. Als Möglichkeit dazu wird ein Betriebsfest vorgeschlagen. Auch Freizeitaktivitäten, Fortbildungs- und Informationsveranstaltungen würden die Kommunikation und das Zusammengehörigkeitsgefühl verstärken. *Ga2, Gb3, Gb1, Gc9, Gd1.*

Unter Anwendung derselben Regeln, die zur Gestaltbildung dienten, wurden so aus den 31 Zusammenfassungen sprachlicher Gestalten acht Hypergestalten gebildet.

2.1.3 Die Relevanzpyramide

Aus den acht Hypergestalten oder Schwerpunkten wurden schließlich – wieder unter Anwendung derselben Regeln – zwei Obergruppen gebildet, sodaß sich insgesamt eine hierarchische Übersicht über die Antworten der Mitarbeiter ergibt.

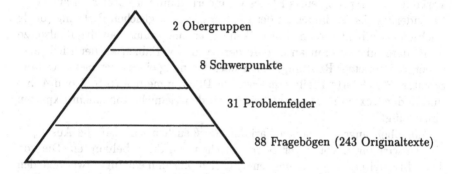

2 Obergruppen

8 Schwerpunkte

31 Problemfelder

88 Fragebögen (243 Originaltexte)

Abbildung 1 Die Relevanzpyramide

Die größere Relevanz der Texte an der Spitze der Relevanzpyramide wird aber erkauft durch Informationsverlust. Sie sind inhaltsärmer und dienen der Übersicht. Bei Interesse am Detail muß man die entsprechenden Texte je eine Stufe tiefer nachlesen, die die darüber liegenden begründen. Je weiter man in der Pyramide nach unten steigt, umso komplexer und situationsspezifischer werden die Texte. Wir geben nun die zwei Zusammenfassungen wieder, die an der Spitze der Relevanzpyramide liegen. Sie können als kürzeste Information über das Gesamtergebnis der Untersuchung angesehen werden. Die Buchstaben-Ziffern-Kombinationen verweisen auf die Schwerpunkte, die zur Rechtfertigung dienen.

Obergruppe 1. Für alle Berufsgruppen soll die Fortbildung intensiviert werden, auch für das Verwaltungspersonal und das ausführende Personal. Die einfachste Fortbildung erfolgt durch mehr Gelegenheiten zu fachlichen Gesprächen, Aussprachen mit Supervision und durch Informationsveranstaltungen innerhalb des KH. Es werden viele spezielle Vorschläge dazu gemacht. Damit wird auch die Zusammenarbeit und Kommunikation unterstützt. *Ha5, Ha4, Ha3, Ha8.*

Obergruppe 2. Das Arbeitsklima beim Pflegepersonal ist überwiegend gut. Auch innerhalb der Abteilungen gibt es im allgemeinen eine gute Zusammenarbeit der MitarbeiterInnen. Der Wunsch nach weniger hierarchischem Denken und mehr Mitsprache wird von allen Berufsgruppen geäußert. Mit Führungskräften wünscht man sich vor allem mehr Kontakte. Vorgesetzte können durch Anerkennung und Lob das Arbeitsklima und die Arbeitsqualität positiv beeinflussen. *Ha7, Ha1, Ha6.*

Wir sehen damit auf einen Blick, was den Mitarbeitern besonders wichtig ist. Betrachten wir nun aber die Antworten der Mitarbeiter wieder ganz genau im Detail!

Durch die Schlüsselbegriffe, die in den Hypergestalten vorkommen, werden thematische Schwerpunkte markiert. Wir wählen deswegen diese Schlüsselbegriffe – die wir auch Variablen nennen – und lesen zu jeder dieser Variablen alle Kausalaussagen der Mitarbeiter. Vermutungen über kausale Beziehungen repräsentieren wir in den Abbildungen 2, 3 und 4 durch Pfeile. Wenn sich die Variable am Ursprung eines Pfeiles verändert, dann vermutet man auch eine Veränderung der Variablen an der Pfeilspitze in der gleichen Richtung (beide wachsen oder beide nehmen ab). Wenn aber ein „minus" an der Pfeilspitze steht, dann glaubt man an eine Änderung der Variablen an der Pfeilspitze in entgegengesetzer Richtung immer nach Meinung eines oder mehrerer Mitarbeiter. Strichlierte Pfeile ergänzen die Diagramme der Abb. 3 und 4. Sie sind in den Texten nicht direkt belegt, wurden vielmehr von einem Experten hinzugefügt.

Zur oben angesprochenen Variable *Streß* suchen wir also alle Aussagen, die Auswirkungen von Streß oder Ursachen von Streß behaupten. Die von den Mitarbeitern angenommenen kausalen Zusammenhänge zwischen den Variablen werden am PC gekennzeichnet. Es gibt auch dazu in WINRELAN ein zeitsparendes Dialogverfahren. Dann können die Kausalaussagen als Pfeildiagramm ausgedruckt und beliebig nachbearbeitet werden. Dabei werden nicht nur die Texte berücksichtigt, die oben in der sprachlichen Gestalt *Streß/Patienten* verwendet wurden, sondern alle Mitarbeiteraussagen, die etwas über vermutete Ursachen von *Streß* oder über Auswirkungen von *Streß* enthalten.

Betrachten wir zum Problemfeld *Streß* in Abb. 2 die Pfeile, die auf die Variable *Streß* hinweisen. Wir sehen hier z. B., daß *Bettenmangel,* (zu) viele *provinzfremde Patienten, Überbelegung, Platzmangel, Nachtdienst, administrative Tätigkeiten* sowie *Unmut der Ärzte* zu *Streß* führen. Umgekehrt kann die *Einführung von Computern, mehr Information, Fortbildung, ruhige Führung, Anerkennung/Lob/Respekt, administrative Arbeiten der Ärzte* und ein *gerechter Personalschlüssel* den *Streß* reduzieren.

2.2 Kausale Zusammenhänge

Die vermuteten Auswirkungen von *Streß* sind durch Pfeile dargestellt, die von *Streß* ausgehen. Genannt werden eine reduzierte *Arbeitsqualität/Patientenbetreuung*, ein schlechteres *Arbeitsklima* und weniger *Gespräche*.

Die jeweiligen Kennnummern der Texte werden an den Kanten des Graphs angegeben. Sie können am PC zur Überprüfung durch Anklicken nachgele-

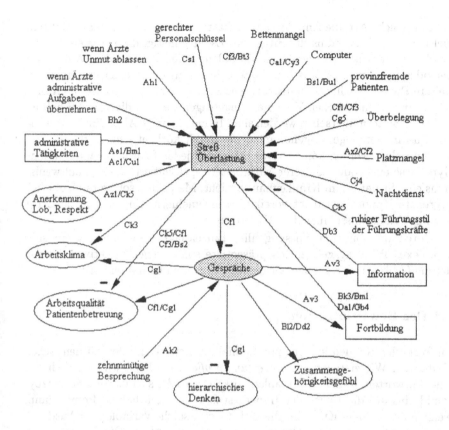

Abbildung 2

sen werden. Die Unterscheidung der Variablen in oval oder rechteckig umrahmte und nicht umrahmte weist auf eine spätere Differenzierung hin (siehe die Abschnitte 2.5, 2.6, 2.7): Die ovale Umrahmung zeigt an, daß es sich um Grundwerte handelt, rechteckige Umrahmung verweist auf übergeordnete Ziele. Die nicht eingerahmten Variablen werden als untergeordnete Ziele oder Maßnahmen aufgefaßt.

Wir können auch im (selektiven) Netz der Kausalaussagen *navigieren*. So sind wir in der Abb. 2 zu den Kausalannahmen über *Gespräche* übergegangen. Wir sehen, daß *Streß Gespräche* oft nicht aufkommen läßt. Eine *10 minütige Besprechung* würde hingegen Gelegenheit für *Gespräche* bieten (weitere mögliche Maßnahmen siehe unter 2.7.3).

Gespräche haben nach der Meinung von Mitarbeitern positive Auswirkungen auf das *Arbeitsklima*, das *Zusammengehörigkeitsgefühl* und auf die *Arbeitsqualität/Patientenbetreuung*. Sie werden außerdem als Beitrag zur *Fortbildung* und *Information* verstanden und wirken dem *hierarchischen Denken* entgegen.

Eine solche Art, die Antworten der Mitarbeiter durchzumustern trägt sehr viel bei zum Verständnis der Situation. Es ist günstig, die kausalen Zusammenhänge zwischen den zentralen Variablen gemeinsam mit dem Auftraggeber oder mit Experten aus dem Unternehmen zu besprechen und allenfalls weitere Pfeile (strichliert) hinzuzufügen. D. h. es könnten vermutete Gründe oder Wirkungen zwischen Variablen eingetragen werden, die von den befragten Mitarbeitern übersehen worden sind. In unsere obige Abbildung 2 wurden nur Zusammenhänge aufgenommen, die durch authentische Texte der Befragten belegt werden können. Das heißt, daß jeder Pfeil im Diagramm eine Hypothese eines oder mehrerer Mitarbeiter repräsentiert, die sich auf wenigstens eine Situation im Krankenhaus bezieht. Man sollte solche raum-zeitlich begrenzte Hypothesen nicht voreilig verallgemeinern. Uns geht es zunächst nur um Erkenntnisse über das KH Brixen.

Durch die Zusammenfassung aller Einzeldiagramme entsteht ein sehr komplexes Wirkungsgefüge. Ich präsentiere später einen selektiven Auszug daraus (Abb. 4), der nur die wichtigsten Variablen enthalten wird.

2.3 Das Bewertungsprofil

Im folgenden wenden wir uns nocheinmal auf neue Weise den authentischen Texten zu. Wir erstellen ein *Bewertungsprofil*. Dazu lesen wir neuerlich alle jene Antworten, in denen Variablen vorkommen, die sich in der Relevanzpyramide bis auf die Ebene der Hypergestalten erhalten haben. Immer dann, wenn Wünsche oder Kritik im Hinblick auf eine solche Variable zum Ausdruck kommen, stellen wir die entsprechenden Texte zusammen. Die folgende Liste zeigt Wünsche und mögliche Ziele der Befragten auf. Dabei ist zu beachten, daß Wünsche meistens indirekt geäußert werden. Es wird nicht gesagt: „Ich wünsche mir mehr Gespräche" sondern eher „Es gibt zu wenig Gelegenheit für Gespräche". Wenn sich Mitarbeiter also über etwas beklagen, so äußern sie indirekt auch Bewertungen und sie wünschen sich das Gegenteil. Dies haben wir dann als Werte oder als mögliche Ziele interpretiert. Die Zahlen links geben die Häufigkeit der Nennungen an, die Kennummern, die auf die entsprechenden Texte verweisen, wurden hier weggelassen.

23	bessere Kommunikation	8	weniger Hierarchie
23	weniger Streß/Überlastung	8	Beseitigung des Bettenmangels
22	mehr Lob/Anerkennung/Respekt	8	Beseitigung des Platzmangels
22	mehr Fortbildung	7	besseres Arbeitsklima
21	mehr Information	6	Gelegenheit zur Supervision
22	mehr Gespräche	5	gerechte Anwendung des Förderungsfonds
18	Freizeitaktivitäten/Betriebsfest		
15	bessere Zusammenarbeit	5	weniger Klassepatienten
12	mehr Mitsprache	4	mehr Kontrolle
10	bessere Patientenbetreuung/Arbeitsqualität	2	mehr Rotation

Die obige Liste zeigt jene Wünsche an, die wenigstens zweimal genannt wurden. Die Häufigkeit der bewertenden Nennung einer Variablen ist zwar ein Indiz für deren Relevanz, jedoch kann auch eine selten genannte Variable wichtig sein. Gründe für die seltene Nennung einer Variable können u. a. sein: Es gab wichtigere Themen für die befragten Mitarbeiter oder es wurde ganz einfach zum Zeitpunkt der Befragung nicht daran gedacht. Letzteres gilt vor allem für Variablen, die nicht nur Ziele sondern auch Maßnahmen darstellen (so wurde z. B. *Rotation*, eine Maßnahme, die große Wirkungen haben könnte, nur zweimal genannt). Man muß sich vor Augen führen, daß keine spezifischen Fragen gestellt worden sind, sodaß ein Thema nur dann in der Antwort auftaucht, wenn es einem Befragten in der gegebenen Situation vordringlich und wichtig erschien.

2.4 Die relevanten Variablen

In normalen Gesprächen werden nicht nur Situationen, Gegenstände usw. beschrieben. Es werden damit auch theoretische Überzeugungen und Bewertungen vermischt. Infolgedessen konnten wir durch Reorganisation der verbalen Daten sinnvolle Textgruppen bilden, die 1) spezielle Situationen beschreiben, wir konnten 2) theoretische Vermutungen über Ursache-Wirkungsbeziehungen herauslesen und uns 3) einen Überblick über die Bewertungen der Mitarbeiter verschaffen. Nun werden wir die Ergebnisse aller drei Lesarten vereinen, um eine Auswahl von Variablen im Hinblick auf Relevanz- und Bedeutsamkeit zu treffen.

1. Im Abschnitt 2.1 wurden die Texte so gruppiert, daß jede Textgruppe als sinnvolle gedankliche Einheit erschien und für wenigstens eine Problemsituation im KH als zutreffend aufgefaßt werden konnte. Zusammenfassungen dieser Textgruppen (Problemfelder) wurden wieder zu übergeordneten sinnvollen Textgruppen (zu Schwerpunkten oder sprachlichen Hypergestalten) zusammengefaßt. Dabei ergab sich eine erste Gewichtung der Variablen. Jene, die in diesen übergeordneten Textgruppen aufscheinen, werden als relevanter aufgefaßt als Variablen, die in diesen Textgruppen (Schwerpunkten) keine Rolle mehr spielen.

2. Darauf wurde nach einer neuen Codierung des Textmaterials das Wirkungsgefüge erstellt. Es enthält nur Variablen, die von den Mitarbeitern mit kausalen Wirkungen in Zusammenhang gebracht wurden. Variablen werden im Wirkungsgefüge dann als relevant aufgefaßt, wenn sie im Zusammenhang mit mehreren anderen Variablen als Ursachen und/oder Folgen aufgefaßt werden.

3. Schließlich wurde das Textmaterial neu codiert im Hinblick auf Bewertungen der Befragten. Jene Variablen, die von mehreren Mitarbeitern mit Wünschen, Zielen oder Kritik in Verbindung gebracht wurden, erschienen nun als relevant.

Wir betrachten Variablen als insgesamt wichtig und bedeutsam, wenn sie sich nach allen drei Gesichtspunkten als relevant erweisen. In unserem Beispielfall ergaben sich die folgenden elf Variablen:

- Arbeitsqualität/Patientenbetreuung
- gute Zusammenarbeit
- Mitsprache versus hierarchisches Denken
- Anerkennung/Lob/Respekt
- Zusammengehörigkeitsgefühl

- gutes Arbeitsklima
- Kommunikation/fachliche u. a. Gespräche
- Administrative Tätigkeiten
- weniger Streß
- Information
- Fortbildung

Es handelt sich durchwegs um Wünsche der Mitarbeiter, die große Auswirkungen auf das oberste Ziel des Krankenhauses *Patientenbetreuung/Arbeitsqualität* haben. Doch nicht bei allen kann man effektiv steuernd eingreifen. Sechs Variablen (*gute Zusammenarbeit, Mitsprache versus hierarchisches Denken, Anerkennung/Lob/Respekt, Zusammengehörigkeitsgefühl, gutes Arbeitsklima, Kommunikation/fachliche u. a. Gespräche*) stellen Gemeinschaftsideale oder Grundwerte der Zusammenarbeit dar. Sie umschreiben eine Art von Betriebsethik. Auch wo sie nicht erfüllt werden, wird anerkannt, daß sie erfüllt werden sollten. Sie werden als wichtig erachtet, weil sie die gewünschte Richtung für Veränderungen angeben.

Von den fünf restlichen Variablen gilt *Patientenbetreuung/Arbeitsqualität* als oberstes Ziel des Krankenhauses, das man als solches auch zu den Grundwerten zählen könnte. Die vier Variablen Bewältigung der *administrativen Tätigkeiten, weniger Streß, Information, Fortbildung* sind die Oberziele, die die Mitarbeiter vorschlagen. Wir werden später sehen, welche Maßnahmen genannt werden. Vorerst legen wir dar, wie die Mitarbeiter die Grundwerte verstehen.

2.5 Die Grundwerte des Krankenhauses

Um einen Überblick zu vermitteln, wie die Mitarbeiter die Grundwerte verstehen, gebe ich je eine Zusammenfassung für jeden Grundwert wieder. Der Überblick ist jedoch nicht vollständig, da weitere Textgruppen, die mit den hier zusammengefaßten zusammenhängen, ergänzend gelesen werden müßten Die Kennummern am Ende der Zusammenfassungen bezeichnen wieder die Originalanworten.

Ga6 Gute Zusammenarbeit. Es gibt in unserem KH eine erfreulich gute Zusammenarbeit unter den Abteilungen und innerhalb der Abteilungen (natürlich mit Ausnahmen). Die Rotation junger Ärzte ist da sehr wichtig. Dies wird auch für das Pflegepersonal vorgeschlagen. Die Zusammenarbeit kann verbessert werden durch häufigere fachliche Besprechungen zwischen Ärzten, Pflegepersonal und technischem Personal (Verwaltungspersonal?). Man müßte aber auch sehen, wie die Zusammenarbeit zwischen Sprengel Krankenhaus und zwischen den Diensten verbessert werden kann. Die

Zusammenarbeit wird erschwert mit unausgebildeten Leuten, sodaß die Weiterbildung (von Hilfspersonal) hier auch wesentlich ist. Durch Zusammenarbeit können Geräte besser genutzt und effektiver eingesetzt werden. Gerechtigkeit und Gleichbehandlung durch Vorgesetzte ist besonders wichtig zur Förderung der Zusammenarbeit. Doch ist es auch wichtig, daß jeder mit der Kritik bei sich selbst anfängt. *Bg1, Be2, Dg2, Aa2, Cx1, Bi2, Ai3, Bk3, Bp3, Ay2, Cv2.*

Gc7, Gc9 Weniger hierarchisches Denken und mehr Mitsprache. Der Wunsch nach weniger Hierarchie und mehr Mitspracherecht wird auf allen Ebenen geäußert. Dadurch könnte die gegenseitige Anerkennung und der Respekt zwischen den verschiedenen Berufsgruppen gefördert werden. Das Pflegepersonal wünscht sich eine bessere Kommunikation mit den Ärzten, mehr Informationen über interne Belange, mehr Zeit für Gespräche und mehr Mitsprache. *Ar2, Cr3, Cy2, Ce3, Ag1, As1, Bu3, Cy1, Cy2, Db3.*

Ga3 Anerkennung, Lob, Respekt. Manchmal ein Lob am Arbeitsplatz würde dem gesamten Personal gut tun. Anerkennung von Leistungen und Engagement sind wichtig, damit man sich mit dem KH verbunden fühlen kann. Durch die Hektik der Arbeit kommt es aber oft zu Unmutsäußerungen. Lob ernten vor allem die Ärzte, obwohl alle Mitarbeiter die Leistungen des KH gemeinsam erbringen. So z. B. auch die Organisations- und Verwaltungsarbeit. Feedback wäre auch zwischen den Abteilungen nötig, wenn eine der anderen zuarbeitet. Jeder sollte sich bemühen, die Leistung anderer anzuerkennen. Alle sind für das Arbeitsklima verantwortlich. Es gehört natürlich auch der Tadel und die Kritik dazu – aber wenn, dann sofort oder nie. Der Fonds sub 2 soll gerechter verteilt werden. *Cw1, Az1, Ah1, Cq1, Ab2, Da2, Ck4, Bm2, Ba4, Cm2.*

Gc3 Arbeitsklima. Es wird überwiegend ein gutes Arbeitsklima bekundet. Zu dessen Aufrechterhaltung oder Verbesserung wird genannt eine Personalaufstockung des Ärztepersonals und Pflegepersonals, weniger Zeitdruck, mehr kollegiales Verhalten und Respekt von Seiten der Vorgesetzten, insbesondere ein weniger hierarchisches Denken, Anerkennung und Lob, wem es gebührt (Tadel sofort oder nie), Gespräche und private Feiern. Insgesamt: Wir alle sind für ein besseres Arbeitsklima verantwortlich. *Ac2, Be1, Bf1, Ar1, Be3, Cl1, As1, As2, Ba4, Bf2, Cg1, Ck3, Cw2.*

Die Zusammenfassungen der Textgruppen *Ga2 Kommunikation, Gespräche, fachliche Gespräche* und *Gb1 Zusammengehörigkeitsgefühl* wurden bereits im Abschnitt 2.1.2 wiedergegeben.

Wie wir aus dem vollständigen Wirkungsgefüge ersehen – das hier nicht wiedergegeben wird – hängen die sechs Grundwerte untereinander eng zusammen: Wir sehen in Abb. 3 zunächst, daß auf die Variablen *gute Zusammenarbeit* und gutes Arbeitsklima viele Pfeile hinweisen. Aber auch auf *Zusammengehörigkeitsgefühl* weisen mehrere Pfeile hin. Dies heißt, daß wir diese Problemfelder beeinflussen können, indem wir andere Variablen ändern. Im Gegensatz dazu gehen von den Variablen *Anerkennung/Lob/Respekt, hierarchisches Denken, Kommunikation/fachliche u. a. Gespräche* viele Pfeile aus. Wenn sich diese positiv verändern, werden sie positive Veränderungen aller anderen Variablen nach sich ziehen. Im Falle der Variablen *hierarchisches Denken* wird deren Verminderung als Wert angesehen. Wenn wir sie ersetzen durch *weniger hierarchisches Denken,* dann fallen die Minuszeichen fort. Es gilt grundsätzlich, daß wir eher bei Variablen eingreifen sollen, die günstige

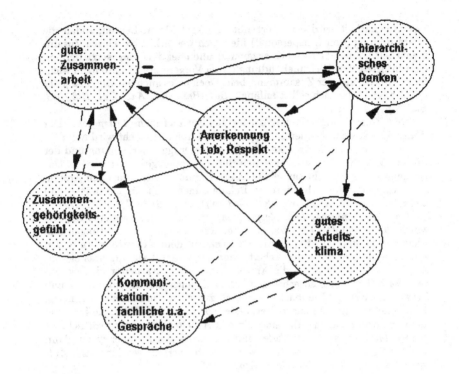

Abbildung 3

Wirkungen auf andere Variablen erwarten lassen. Es wird also genügen, daß man bei der Umsetzung primär diese Variablen im Auge behält.

2.6 Oberziele

Wie werden die Oberziele von den Mitarbeitern umschrieben? Wenn wir mehrere Textgruppen zusammennehmen, so ergeben sich für das oberste Ziel *Patientenbetreuung/Arbeitsqualität* die folgenden Auffassungen:

> *Ga7, Ga8, Ga5, Gb2 Patientenbetreuung/Arbeitsqualität.* Es wäre unbedingt notwendig, krankenhausintern jemanden anzustellen, der sich um die Sorgen und Probleme der Patienten kümmert (bes. bei sozialen Fällen z. B. auch bei Behörden). Patienten aus ärmeren Verhältnissen werden manchmal an den Rand gedrängt. Die Patienten sollten besser informiert werden, da sie oft nicht den Mut haben zu fragen. Die Unterstützung der Krankenpfleger und Ärzte durch einen Psychologen wäre in schwierigen Fällen gefragt. Der Wunsch nach mehr Menschlichkeit und Freundlichkeit bezieht sich auf die Behandlung der Patienten und auf die Beziehung zwischen den Mitarbeitern untereinander sowie zwischen Mitarbeitern und Vorgesetzten. In manchen Abteilungen stehen zu wenig Betten zur Verfügung. Und meist müssen noch einige Patienten auf dem Gang liegen (4–6 Pat.). Akutpatienten sind nicht eingeplant. Wenn Überbelegungen vermieden werden, würde die Privatsphäre der Patienten besser

geschützt. Das Krankenhaus ist zu viel ausgelastet (provinzfremde Patienten). Dies führt dazu, daß die Patienten nicht so gut betreut werden können und daß die Schüler als volle Arbeitskräfte eingesetzt werden müssen. Entweder weniger Patienten oder mehr Personal! Dazu kommt der Platzmangel: Links und rechts neben den Betten sollte mehr Platz sein. Arbeiten auf engstem Raum belastet die Psyche. Man müßte sehen, wie die Organisation von Betten verbessert werden kann. Die Patientenbetreuung leidet leitweise durch die Überlastung und den Streß, dem das Personal ausgesetzt ist. Dauerstreß kann sowohl für Patienten als auch für Mitarbeiter gefährlich werden. *Bo2, Bo3, Cj1, Bs3, Bu2, Aa1, Db1, Dj1, Ac2, Ae3, Ay3, Cr1, Ck5, Ba3, Aq2, Ac1, Bt3, Ch3, Bl3, Cd1, Cf3, Ax2, Cr3, Bd1, Cf3, Aw1, Cs3, Cf1, Bs2, Ck1, Cz1, Ae1, Bl1, Bu1, Ax1, Bt1, Cg5, Cj2.*

Für die Oberziele *Fortbildung, Information, administrative Tätigkeiten* bringen wir Zusammenfassungen von je einer Textgruppe. Eine Zusammenfassung für *Bewältigung von Streß* wurde bereits in Abschnitt 2.1.1 als Beispiel verwendet.

Ga4 Fortbildung. Fortbildung soll intensiviert werden für alle Berufsgruppen, auch für das Verwaltungspersonal und das ausführende Personal. Innerhalb des Krankenhauses durch regelmäßige Teambesprechungen mit spezialisierten Mitarbeitern aus dem Pflegepersonal und durch Vorträge von eigenen Ärzten. Eventuell Rotation des Pflegepersonals, Möglichkeit der Rücksprache mit kompetenten Personen, Fragestunden, Informationstagungen. Fortbildungsmöglichkeiten in Zusammenarbeit mit anderen Krankenhäusern (Gastarzt), in einer Klinik, jedoch nicht in Bozen, wo vom ersten bis zum letzten Kurstag nichts organisiert ist und nichts funktioniert. Inhalte z. B. Nutzung von Geräten, Neuerungen, Hilfe bei Pflegedokumentation, Hygiene, Darstellung der Vernetzung der unterschiedlichen Berufsgruppen und Dienste, Kompetenzenabklärung, Gesetzesvorschriften usw. Fortbildungsveranstaltungen tragen auch zur Verbesserung der internen Kommunikation bei. Man kommt sich näher, kann Erfahrungen austauschen. *Ac3, As3, Ak3, Cn1, Ad3, Cg3, Dg2, An2, Au4, Av3, Ba3, Bm1, Bp3, Bq2, Dd2.*

Ga4 Information. Informationen über die einzelnen Dienste, über Aufgabenbereiche der Teams, über Untersuchungsmöglichkeiten, Apparate, Erneuerungen usw. werden gewünscht. Über die Entwicklung der Landesgesundheitsdienste und neue gesetzliche Bestimmungen, Bauvorhaben soll intensiver informiert werden. Auf das Zeitungsprojekt wird hingewiesen. Innerhalb der Arbeitsbereiche ist ein ungestörter Informationsfluß wichtig. Jedoch werden Informationen oft nicht weitergegeben. Allgemein wünscht man sich mehr Informationen über interne Belange und mehr Zeit für Gespräche. In der Folge davon könnten Arbeiten selbständiger ausgeführt werden. *Cz2, Ai3, Bg2, Au3, Aj2, Aq3, Bm1, Do3, Cy1, Cm1, Dd1.*

Ga9, Ga1 Administrative Tätigkeiten. Die Organisation kann verbessert werden durch schnelleren Akten-, Briefverkehr, raschere Abwicklung von Bestellungen, kürzere Entscheidungswege, bessere Organisation, was die Anzahl der Betten betrifft, aber auch durch bessere Arbeitseinteilung zwischen bürokratischen und pflegerischen Tätigkeiten, Ersetzen der manuellen Karteien durch Computer. Der bürokratische Mehraufwand kann nur durch verschiedene Maßnahmen der Informationsweitergabe und Fortbildung für das Verwaltungspersonal bewältigt werden. Mitarbeiter der Verwaltung wünschen, daß Ärzte die bürokratischen Aufgaben ernster nehmen. Auch Maßnahmen zur Verbesserung der Zusammenarbeit zwischen

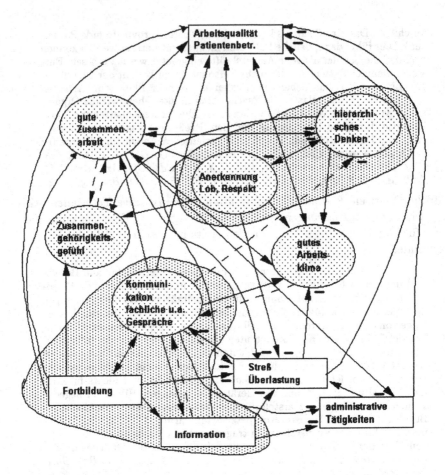

Abbildung 4

Ärzten und Pflegepersonal führen zur Lösung von Organisationsproblemen. Schwestern suchen die gemeinsame Erörterung der anfallenden Probleme und Unterstützung in ihrer organisatorischen Arbeit (z. B. Dokumentation). Sie fühlen sich manchmal allein gelassen, wenn sich niemand
zuständig zeigt bei Organisationsproblemen. *Bt3, Dd3, Bq1, Bg3, Ac1,
Cy3, Bm1, Co3, Au1, Cm3, Cg1, Di2, Bk1, Ad1, Bh2.*

Wenn wir die Oberziele (in rechteckiger Umrahmung) zu den Grundwerten (in
kreisförmiger Umrahmung) hinzufügen und die Annahmen über ihre kausalen
Verknüpfungen eintragen, dann erhalten wir die Abb. 4.

Anhand der Abb. 4 identifizieren wir die Variablen, die große Auswirkungen auf das ganze System erwarten lassen. Es sind jene, von denen viele Pfeile
ausgehen. Dabei kommen wir zu *Kommunikation/fachliche u. a. Gespräche*
(8 Pfeile), *Fortbildung* (6), *Anerkennung/Lob/Respekt* (6), (weniger) *hierarchisches Denken bzw. Mitsprache* (5), *gute Zusammenarbeit* (5), *Information*

(4). Es ergibt sich also nocheinmal eine Gewichtung innerhalb der wichtigen Variablen. Wie wir gleich sehen werden, gibt es dazu sehr viele konkrete Vorschläge (siehe Abschnitt 2.7).

Wenn wir auch die Pfeile berücksichtigen, die bei den Variablen ankommen, so sehen wir, daß *gutes Arbeitsklima, gute Zusammenarbeit, Zusammengehörigkeitsgefühl, Streß/Überlastung* und *administrative Tätigkeiten* kritische Variablen sind (bei denen viele Pfeile ankommen und von denen viele ausgehen). Auf *Arbeitsqualität/Patientenbetreuung* weisen nur Pfeile hin. Dies können wir dahingehend interpretieren, daß sich diese Variablen auch in der Folge von Veränderungen anderer Variablen ändern. D. h. wir müssen nicht unbedingt bei diesen Variablen mit Maßnahmen eingreifen.

Infolgedessen haben wir zwei Gruppen von Variablen in Abb. 4 durch untergelegte punktierte Felder hervorgehoben. Es sind die *Variablen, bei denen man mit einem Handlungsplan ansetzen sollte*. Wie wir außerdem noch sehen, verstärken sich Veränderungen selbst, die bei einer der Variablen *Anerkennung/Lob/Respekt* oder (weniger) *hierarchisches Denken bzw. Mitsprache* zustande kommen. Denn *Anerkennung/Lob/Respekt* führt zu weniger *hierarchischem Denken* und dieses wirkt sich darin aus, daß eher wieder *Anerkennung* ausgesprochen wird. Dasselbe gilt für die zweite Variablengruppe *Fortbildung, Information, Kommunikation/fachliche u. a. Gespräche*. Dies bedeutet, daß mit relativ geringfügigen Eingriffen bei diesen Variablen bereits eine positive Entwicklung angeregt werden kann. Da diese beiden Variablengruppen auch sehr stark auf alle anderen Variablen einwirken, kann durch deren Verbesserung eine positive Gesamtentwicklung eingeleitet werden.

2.7 Maßnahmen

Die obigen Grundwerte und Oberziele bringen allgemein im KH akzeptierte Wünsche zum Ausdruck. Wir werden also insgesamt Lösungen anstreben, bei denen für jede dieser übergeordneten Variablen ein positiver Einfluß erwartet werden darf. Dazu wurden von den Mitarbeitern sehr viele Einzelmaßnahmen vorgeschlagen. Wir haben sie so zusammengestellt, daß ihre primäre Zuordnung zu einer der obigen relevanten Variablen zum Ausdruck kommt. Meistens hat sich diese Zuordnung ganz zwanglos ergeben. Manche Vorschläge könnten als Mittel zur Realisierung mehrerer Ziele herangezogen werden. Um Wiederholungen zu vermeiden, ordnen wir sie jedoch nur je einem vorrangigen Ziel oder Grundwert zu. Wenn trotzdem der Eindruck von Wiederholungen entsteht, so dadurch, daß viele ähnliche Vorschläge gemacht wurden. Die Vorschläge selbst sind Zitate aus den authentischen Antworten der Mitarbeiter.

1. Maßnahmen zur Förderung einer guten Zusammenarbeit:
   - Aussprache über gerechte Diensteinteilung und Urlaubsplanung. *Af2, Bc1, Cc1.*
   - Gerechte Anwendung der Sub1, Sub2 Fonds. *Ai2, Aj2, Ao2, Di2.*
   - Dokumentation der Arbeit bei Überstunden mit Unterschrift des Primars. *A72*

- Kompetenzen klarer definieren. *Ba3.*
- Vernetzung des Betriebes bewußt machen. *Ba3, Au4.*

2. Maßnahmen zur Verbesserung des Zusammengehörigkeitsgefühls:
    - Ausflüge, Opernbesuche, Spiele (z. B. Minigolfturnier), wo man sich ungezwungen und unabhängig vom Dienst treffen kann. *Bc2, Dd2, Cr2.*
    - 1–2mal jährlich gemeinsam zusammensein. *Ce2.* Saal für Dia-Abend, Abschiedsfeiern langjähriger Mitarbeiter (Freizeitring). *Bm4.* Feiern (Weihnachten), einmal jährlich Gartenfest im Sanatoriumspark. *Cf2, Bc2, Cc2, Co2.* Sich außerhalb der Arbeit treffen (z. B. essen gehen). *Bf2, Bl2.*
    - Bar. *Cf2.*

3. Maßnahmen für vermehrte Kommunikation, fachliche u. a. Gespräche:
    - Möglichkeit einer kurzen persönlichen Begegnung mit Personen in anderen Diensten. *Bp2.*
    - Kennenlernen des neuen Präsidenten. *Ce2.*
    - Sprechstunden des Verwaltungsdirektors und des Außerordentlichen Kommissärs. *Bm3.*
    - Kontakte mit/Kennenlernen von Führungskräften (Betriebsleitbild). *Au3, At3*
    - Treffen auf verschiedenen Ebenen: einer Abteilung, zwischen Abteilungen, zwischen Abteilungen und der Verwaltungsdirektion. *Dj2.*
    - Öfters Gespräche mit Ärzten, Schwestern, übrigem Personal *Aq3,* z. B. Orthopädie-Physiotherapeut, Operateur-Pflegepersonal. *Af3, Cy3.*
    - Schwesternbesprechungen einige male im Jahr mit dem Primar. *Cf3.*
    - Regelmäßige gemeinsame Besprechungen über Probleme und Neuigkeiten in der Gruppe. *Cg2.*
    - Teambesprechungen zwischen Ärzten und Pflegepersonal. *Af3, Cy3.*
    - Neue Mitarbeiter/Innen vorstellen. *Aq2.*
    - 10-minütige Besprechungen für alle. *Cw2, Ah2.*

4. Maßnahmen zur Verstärkung von Mitsprache:
    - Bei Umbau oder Änderungen Absprache mit dem medizinischen Personal. *Aq1, Bl3.*
    - Vorschläge sollten wenigstens diskutiert werden. *Ce3.*

5. Maßnahmen zur Verbesserung der Patientenbetreuung/Arbeitsqualität:
    - Bessere Arbeitseinteilung zwischen bürokratischen und pflegerischen Tätigkeiten. *Cy3*
    - Ombudsmann/frau für Patienten (besondere soziale Fälle). *Bo2.*
    - Pflegearbeit mit den Ärzten. *Cf3.*
    - Guter Dienstplan. *Bc1, Cc1.*
    - Mitarbeiter flexibel einsetzbar. *Cc1.*
    - Gerechte Personalschlüsselverteilung. *Cs3.*
    - Einschulung neuer Mitarbeiter. *Ay3.*
    - Finanzieller Anreiz bei besonders guter Pflege. *Az2.*
    - Weniger Unterschiede bei Klasse-Patienten. *Am2.*
    - Probleme: Überbelegung, Bettenmangel. *Bd1, Bt3, Ch3, Cf3.*

Patientenvorschläge:

- Bar und Fernseher. *Qr1*
- Ein Badezimmer mehr. *Pj1*

- Fiebermessen (5–6 Uhr) später. *Qy1, Px1.*
- Vor der Operation nicht im Gang unterbringen. *Pg1.*
- Bessere vom Patienten selbst verstellbare Betten. *Pu1, Py1, Qt1, Qu1, Qf1, Qm1, Qs1, Qr1.*
- Weniger Überbelastung des Personals. *Qq1, Sc1.*

6. Maßnahmen zur Fortbildung:
Besprechungen:
- Öftere Absprachen der Ärzte untereinander. *Bl3.*
- Routinemäßige Absprachen mit Vorgesetzten. *Ad3.*
- Teambesprechungen mit Begleitung. *As3.*
- Aussprache über verschiedene Probleme auf Abteilung oder Ambulanz im Beisein eines Psychologen, Supervision. *Az3, Bk2.*
- Anwesenheit des Pflegedienstleiters oder eines Psychologen bei Schwesternbesprechung. *Az3.*
- Individuelle Beratung der Bediensteten über Administration (Personalführung). *Au3, Av2.*

Kurse und Vorträge:
- Gruppenarbeit, Seminare, Versammlungen. *Dd2, Aj2.*
- Veranstaltungen für das gesamte Personal. *Dd2.*
- Fortbildungskurse an einem anderen KH (aber nicht in Bozen). *Ak3.*
- Zusammenarbeit mit anderen KH. *Bp3.*
- Managementkurse für Führungskräfte. *At3.*
- Soziosanitäres Hilfspersonal durch Vorbereitungskurse ausbilden. *Bk3.*
- Wissenschaftliche Weiterbildung auf allen Ebenen. *Df3.*
- Periodische Informationstagungen, Fragestunden für Verwaltungsangestellte. *Bm1.*
- Vorträge von eigenen Ärzten in den jeweiligen Abteilungen. *An2, Ad3.*
- Rotation für neu aufgenommenes Pflegepersonal *Dg2* und in der Verwaltung. *Dd2.*

7. Maßnahmen zur besseren Information der Mitarbeiter:
- Zeitungsprojekt. *Au3.*
- Alle 5–10 Jahre ein Tag der offenen Tür für Bevölkerung und Bedienstete. *Co2.*
- Information der Verwaltungsabteilungen über Landesgesundheitsplan, gesetzliche Bestimmungen, organisatorische Veränderungen und Bauvorhaben. *Bo3.*
- Informationsfluss innerhalb des Arbeitsbereiches und über andere Abteilungen. *Dd1.*
- Informationen über Arbeitsbereiche der Teams, die direkt oder indirekt zusammenarbeiten. *Au3.*
- Versammlungen der Bediensteten (siehe auch Fortbildung). *Aj2.*

8. Maßnahmen zur Reduzierung von Streß und Überlastung:
- Beseitigung des Platz- und Bettenmangels. *Bl3, Cf3, Bt3.*
- Versetzungen nach Punktetabellen vermeiden, Stellenplan nach Arbeitsintensität und Zeitberechnung. *Ax2.*
- Zusätzliches Pflegepersonal. *Dj3.*
- Gewährung von Wartestand. *As3, At3.*
- Überbelegung vermeiden. *Cf1, Cf3, Cg5.*
- Ruhiger Führungsstil der Führungskräfte. *Ck5.*

9. Maßnahmen zur Bewältigung der administrativen Aufgaben:

- Strukturelle Abänderungen von Arbeitsabläufen. *Br3*.
- Kürzere und effizientere Entscheidungswege. *Bg3*.
- Schnellere Korrespondenz durch Rückgabe (mit Unterschrift) noch am selben Tag. *Dd3*.
- Mitteilungen lesen und Fragen (anderer Abteilungen) beantworten. *Db3*.
- Bessere Arbeitsteilung zwischen bürokratischen und pflegerischen Tätigkeiten. *Cy3*.
- Bessere Stundenplaneinteilung, Erfahrungsaustausch mit anderen Abteilungen *Cf3, Dg3*.
- Ärzte sollten die bürokratischen Arbeiten kontinuierlich erledigen, wie sie anfallen. *Bh2*.
- Reduzierung der Anzahl von Kommissionen. *Bg3*.
- Einschränkung der Gewerkschaftstätigkeit auf ein sinnvolles Maß. *Bg3*.
- Ersetzen der manuellen Karteien durch PCs. *Cy3*.

3. Schnittstellen zur Umsetzung

3.1 Rückmeldung der Ergebnisse an die Mitarbeiter

Um die Situation einer Arbeitsgemeinschaft besser zu verstehen ist es unerläßlich, die eigenen Meinungen, Einstellungen, Ziele und Wünsche in den Kontext des größeren Ganzen einzuordnen. So sind auch Zielkompromisse und Konfliktbewältigung nur möglich, wenn die Konfliktpartner die Positionen des je anderen verstehen und nachvollziehen können. Ein Lernprozeß auf breiter Basis setzt also voraus, daß jede Interessensgruppe, im Idealfall jeder Mitarbeiter die Meinungen, Einstellungen, Ziele und Wünsche der anderen Interessensgruppen und Mitarbeiter kennt. Es genügt nicht, auf der Basis obiger Ergebnisse irgendwelche Entscheidungen zu treffen und diese dann allen Mitarbeitern mitzuteilen. Vielmehr sollen die Mitarbeiter umfassend und ganzheitlich informiert werden. Es muß mehr Überblick und Verstehen der Gesamtsituation vermittelt werden. Dafür werden Mittel und Wege gesucht, die in verschiedenen Unternehmen oder Institutionen sehr unterschiedlich sein können.

3.1.1 Sichtung der Maßnahmen durch alle Berufsgruppen

Zunächst gab es einen kurzen Bericht der KH-Leitung im Mitteilungsblatt des Krankenhauses. Dann wurde durch den Autor und dessen Mitarbeiter unter Beisein der KH-Leitung den Primaren in einem zweistündigen Treffen berichtet. Dabei wurde von den Ärzten aus den vielen Vorschlägen (Abschnitt 2.7) die in Abb. 5 angegebenen Maßnahmen als vordringlich beurteilt und ausgewählt. Auf ähnlichen Veranstaltungen wurden von leitenden Vertretern des Pflegepersonals und dann von den Mitgliedern der Personalkommission jene Maßnahmen hervorgehoben, die diesen besonders wichtig erschienen. Die

Bessere Arbeitseinteilung zwischen
bürokratischen und pflegerischen Tätigkeiten.
Guter Dienstplan. - Mitarbeiter flexibel einsetzbar.
Einschulung neuer Mitarbeiter.
Probleme: Überbelegung, Bettenmangel.
Patientenvorschläge : Ein Badezimmer mehr.
Fiebermessen (5.oo Uhr) später.
Vor der Operation nicht im Gang
unterbringen.
Bessere vom Patienten selbst
verstellbare Betten.

Feiern (Weihnachten),
einmal jährlich.
Gartenfest im
Sanatoriums-
park.

Mitsprache : Bei Umbau oder Änderungen Absprache mit d. Pflegepersonal u.
dem medizinischen Personal.
Vorschläge sollten diskutiert werden.

Dokumentation der Arbeit bei
Überstunden mit Unterschrift
des Primars.

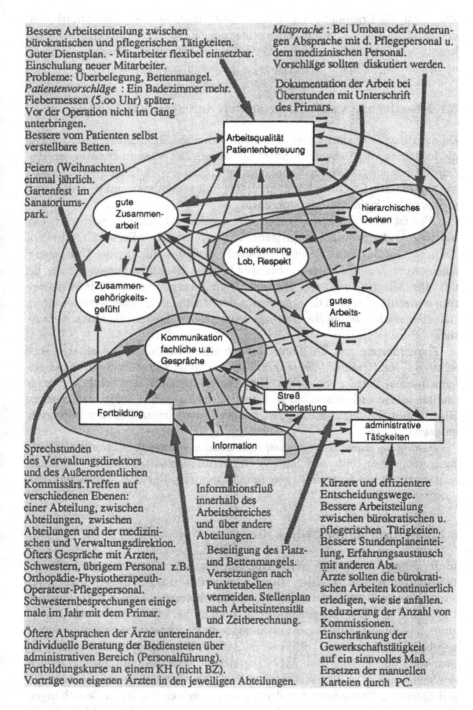

Sprechstunden
des Verwaltungsdirektors
und des Außerordentlichen
Kommissärs.Treffen auf
verschiedenen Ebenen:
einer Abteilung, zwischen
Abteilungen, zwischen
Abteilungen und der medizini-
schen und Verwaltungsdirektion.
Öfters Gespräche mit Ärzten,
Schwestern, übrigem Personal z.B.
Orthopädie-Physiotherapeuth-
Operateur-Pflegepersonal.
Schwesternbesprechungen einige
male im Jahr mit dem Primar.

Informationsfluß
innerhalb des
Arbeitsbereiches
und über andere
Abteilungen.
Beseitigung des Platz-
und Bettenmangels.
Versetzungen nach
Punktetabellen
vermeiden. Stellenplan
nach Arbeitsintensität
und Zeitberechnung.

Kürzere und effizientere
Entscheidungswege.
Bessere Arbeitsteilung
zwischen bürokratischen u.
pflegerischen Tätigkeiten.
Bessere Stundenplaneintei-
lung, Erfahrungsaustausch
mit anderen Abt.
Ärzte sollten die bürokrati-
schen Arbeiten kontinuierlich
erledigen, wie sie anfallen.
Reduzierung der Anzahl von
Kommissionen.
Einschränkung der
Gewerkschaftstätigkeit
auf ein sinnvolles Maß.
Ersetzen der manuellen
Karteien durch PC.

Öftere Absprachen der Ärzte untereinander.
Individuelle Beratung der Bediensteten über
administrativen Bereich (Personalführung).
Fortbildungskurse an einem KH (nicht BZ).
Vorträge von eigenen Ärzten in den jeweiligen Abteilungen.

Abbildung 5

Frage, ob die Ergebnisse der Untersuchung nach Meinung der Mitarbeiter der tatsächlichen Situation entsprechen oder nicht, wurde durchaus positiv beantwortet. Allen Teilnehmern dieser Treffen wurden die Gesamtergebnisse in einer kurzgefaßten Schrift (26 Seiten) übermittelt.

3.1.2 Festlegung von Schwerpunkten durch die KH Leitung

Da der Prozeß der Umsetzung in Brixen noch nicht abgeschlossen ist, können die folgenden vorgesehenen Schritte nur angedeutet werden: Die von den Berufsgruppen ausgewählten Maßnahmen sind immer noch zu zahlreich, als daß sie alle realisiert werden könnten. Daher müssen Schwerpunkte festgesetzt werden. Man kann wie folgt vorgehen:

Wer ist verantwortlich für die Umsetzung? Man sollte versuchen, je ein bis zwei Ärzte, Schwestern, Mitarbeiter des technischen Personals, der Verwaltung und des ausführenden Personals zu finden, die für die Umsetzung eine gewisse Zeit pro Woche aufwenden können. Es sollten Personen sein, die mit allen Mitarbeitern reden können. Sie sind Ansprechpartner für Verbesserungsvorschläge, sollten die Umsetzung der Maßnahmen in den verschiedenen Arbeitsbereichen in die Hand nehmen und der KH-Leitung als Beirat berichten.

Durchführung von 2-3 Sofortmaßnahmen. Grundsätzlich wird eine vorsichtige – schrittweise – Verwirklichung von Maßnahmen und ein ständiges gemeinsames Lernen angestrebt. Die Umsetzung sollte aber sofort beginnen und als solche auch erkennbar sein durch 2-3 eingeleitete Sofortmaßnahmen. Dies erhöht die Glaubwürdigkeit und wirkt der Frustration der Befragten entgegen.

Festlegung eines Schwerpunktprogramms. Gleichzeitig sollte die KH-Leitung gemeinsam mit dem für die Umsetzung verantwortlichen Beirat ein Schwerpunktprogramm festlegen mit Terminvorgaben und Benennung der Ansprechpartner.

3.1.3 Bericht an alle Mitarbeiter

In der Folge davon ist im KH Brixen eine Plenarveranstaltung zur breiteren Information möglichst vieler Mitarbeiter vorgesehen. Bei dieser Gelegenheit kann auch ein 5-10 Seiten umfassender Bericht verteilt werden über Ziele der Untersuchung, Ergebnisse, Schwerpunkte und über erste Schritte der Umsetzung. Die für die Umsetzung zuständigen Ansprechpartner werden bekanntgegeben. Es wird darauf hingewiesen, daß die Umsetzung in den verschiedenen Abteilungen, Diensten, Arbeitsbereichen individuell und unterschiedlich erfolgen muß, je nach der speziellen Situation. Das Schwerpunktprogramm soll dabei zur Fokussierung und Integration der verschiedenen Bemühungen dienen. Es wird den Zusammenhang zwischen unterschiedlichen Maßnahmen herstellen.

3.2 Vorbereitung der Umsetzung einzelner Maßnahmen

Qualitative Verbesserungen einer großen Institution sind im allgemeinen nicht durch eine oder wenige Maßnahmen zu erreichen, die von der der Leitung der Institution ausgehen. Vielmehr muß allen klar gemacht werden, daß viele kleine Veränderungen in allen Organisationseinheiten synergetisch zusammenwirken können. Die Integration der verschiedenen Maßnahmen wird durch gemeinsame Schwerpunkte bzw. Grundwerte und Ziele erreicht, auf die sie ausgerichtet sind. So zeigte sich, daß von den vielen Vorschlägen im Abschnitt 2.7 nur einige von der KH-Leitung selbst erfüllbar sind (z. B. Errichtung einer Bar – die bereits beschlossen ist). Andere Vorschläge können von mehreren Abteilungen zusammen mit der Direktion realisiert werden (z. B. Rotation) oder nur von einer Abteilung (z. B. Aussprache über gerechte Diensteinteilung und Urlaubsplanung). Wieder andere können überhaupt nur von einzelnen Mitarbeitern erfüllt werden (z. B. Lob/Anerkennung/Respekt). Angestrebt wird ein Vorgehen, bei dem sich jede Organisationseinheit etwas herausgreift, das innerhalb dieser Einheit als wichtig erachtet wird und das realisierbar erscheint. In manchen Fällen wird es nötig sein, sich mit anderen Abteilungen und/oder mit der hierarchisch höheren Organisationseinheit abzusprechen.

3.2.1 Spezielle Seminare zur Umsetzung eines Programmpunktes

Zunächst ist für das KH Brixen ein Seminar vorgesehen, bei dem je 6–9 Mitarbeiter aus drei Abteilungen teilnehmen. Nach einer ganzheitlichen Präsentation der Untersuchungsergebnisse sollen die Mitarbeiter jeder Abteilung eine realisierbare Maßnahme auswählen, die spezifisch in der gegebenen Situation akzeptiert wird und die den Schwerpunkten der KH-Leitung entspricht. Die gewählte Maßnahme soll dann konkretisiert werden. Es müssen Termine präzisiert, Aktivitäten festgelegt und Personen dafür gewonnen werden. Das Seminar dient außerdem als Muster für weitere KH-interne Seminare, die von Mitarbeitern des KH geleitet werden sollen.

3.2.2 Seminare zur Ausbildung von Moderatoren

KH-interne Moderatoren müßten ausgebildet werden. Seminarmuster werden dabei besprochen. Es wird gezeigt, wie die Umsetzung eines Programmpunktes vorbereitet und eingeleitet werden kann. Als KH-interne Moderatoren kommen u. a. Mitglieder des oben genannten „Beirates" in Frage.

3.2.3 Einbeziehung externer Fachleute

Die Ausarbeitung spezifischer Maßnahmen kann in manchen Fällen dazu führen, daß externe Fachleute hinzugezogen werden müssen. Dann soll aber die Problemstellung durch interne Seminare so präzis wie möglich vorgegeben werden, wodurch Kosten eingespart und Sackgassen vermieden werden.

Als Beispiel dafür könnte man die *Vereinfachung administrativer Aufgaben* nennen. Bei der Befragung wurden von den Mitarbeitern strukturelle Abänderungen von Arbeitsabläufen, kürzere Entscheidungswege, schnellere Korrespondenz empfohlen. Es handelt sich dabei um Vorschläge, zu deren Realisierung detaillierte Kenntnisse der eingefahrenen Informations- und Entscheidungsprozesse erforderlich sind. Um einige Schritte in die gewünschte Richtung weiterzukommen, kann eine *Prozeßanalyse* und/oder *Ereignisanalyse* vorgeschlagen werden. Einige häufig sich wiederholende Abläufe oder Ereignisse sollen untersucht werden. Dabei wird sich zeigen, wo genau Weiterbildungsmaßnahmen ansetzen sollen, welche Aufgaben durch Einführung von PCs erleichtert, welche Funktionen dezentralisiert werden können usw. Hier könnte zunächst ein Überblick über die Probleme solcher administrativer Prozesse durch KH-interne Seminare gewonnen werden. Dabei sollen alle betroffenen Organisationseinheiten im Seminar vertreten sein oder befragt werden. Die Bewältigung der gestellten Aufgaben wird aber spezielle Methoden der Prozeßplanung erfordern, für die ein externer Fachmann hinzugezogen werden müßte.

3.3 Ein Leitbild als langfristige Perspektive

Bei der Umsetzung von Maßnahmen sollen nicht nur kurzfristig zu erwartende Konsequenzen sondern auch mögliche langfristige Folgen bedacht werden. Es ist zu berücksichtigen, daß selbst Handlungen, die zur Realisierung des besten Zieles erfolgen, negative Nebenwirkungen nach sich ziehen können. In unklaren Situationen ist es oft besser abzuwarten und nichts zu tun, als voreilig zu agieren. Wenn man nicht bei den drei folgenden Überlegungen und Abschätzungen zu einem positiven Ergebnis kommt, dann sollte man von einer Umsetzung eher absehen:

Die Aktivitäten einer Gemeinschaft sollen zunächst einmal verträglich sein mit den Werten und Zielen des nächstgrößeren sozialen Systems, in das die Gemeinschaft eingebettet ist. Dies ist für das KH in Brixen das Land Südtirol, dessen Ziele im Landesgesundheitsplan dargestellt sind.

Jede Aktivität einer Gemeinschaft ist ferner daraufhin zu überprüfen, ob sie sich nicht negativ auf die Grundwerte der Gemeinschaft auswirken könnte. Schließlich sollte jede Aktivität einer Gemeinschaft die individuellen Werte und persönlichen Ziele der Mitglieder möglichst wenig stören. Aktivitäten der Gemeinschaft sollten also in abgewogener Weise sowohl Werte der Gemeinschaft realisieren als auch Werte der einzelnen Mitarbeiter unterstützen oder wenigstens nicht behindern.

Deswegen sind wir von einer Befragung der Mitarbeiter ausgegangen. Sie hat Aktivitäten in den Blick gerückt, die eine gewisse Harmonie zwischen Gemeinschaftsinteressen und individuellen Bedürfnissen möglich machen. Diese drei Gesichtspunkte werden für das KH Brixen durch die elf bedeutsamen Variablen (Abb. 4) verknüpft.

Das oberste Ziel der effizienten und qualitativ hochwertigen Patienten-betreuung repräsentiert die Anliegen der Gesellschaft. Das KH dient der gesundheitlichen Versorgung der Sanitätseinheit Nord in Südtirol. Die Erfüllung dieses gemeinsamen obersten Zieles durch gemeinsame Handlungen kann nur erfolgen, wenn es zwischen den Mitarbeitern des KH eine gute Gemeinschaft gibt. Die Mitarbeiter haben Ideale der Arbeitsgemeinschaft durch sechs Grundwerte umschrieben (Abb. 3). Es handelt sich um positive Einstellungen der Mitarbeiter zueinander, die sowohl auf der Grundlage vernünftiger Überlegungen als auch von Gefühlen und Emotionen entstehen. Nach Moravcsik ([Mo89]) sind es die Bindungen zwischen den Mitgliedern, die eine Gemeinschaft charakterisieren. Bei der Umsetzung konkreter Maßnahmen soll daher immer darauf geachtet werden, daß sich diese Bindungen unter den Mitarbeitern verstärken. D. h. man sollte sich immer wieder die von den Mitarbeitern umschriebenen Grundwerte vor Augen halten.

Schließlich sind auch noch die individuellen Interessen der Mitarbeiter wesentlich bei der Umsetzung von Maßnahmen. Das Gemeinsame davon kommt sowohl im obersten Ziel und den Grundwerten als auch in den vier Oberzielen zum Ausdruck (Abb. 4). Unterschiedliche persönliche Interessen zeigen sich in den vorgeschlagenen Maßnahmen. Das heißt für die Umsetzung, daß ein Vorgehen angestrebt wird, bei dem gegenseitige Anerkennung, Offenheit für Gespräche, gute Zusammenarbeit usw. eine möglichst differenzierte Realisierung unterschiedlicher Maßnahmen in den verschiedenen Arbeitsgruppen, Teams, Abteilungen, Diensten ermöglichen. Es kommt den verschiedenen Interessen der Mitarbeiter entgegen, wenn es möglich ist, in verschiedenen Abteilungen, Teams usw. unterschiedlich zu handeln – soweit eine Vereinheitlichung nicht aus Sachgründen notwendig ist. Eine Integration der unterschiedlichen Aktivitäten wird dabei durch deren Ausrichtung auf die gemeinsamen Grundwerte und Ziele erreicht. Wir könnten dies durch den bekannten Leitspruch zusammenfassen: „Denke global, handle lokal!"

Nachdem die elf bedeutsamen Variablen (Abb. 4) sowohl das zentrale Anliegen der übergeordneten Gesellschaft, als auch die der Gemeinschaft und das Gemeinsame der individuellen Interessen umfassen, liegt es nahe, sie als Kern eines langfristigen Leitbildes für das KH anzunehmen.

Nun sind aber Leitbilder nicht abstrakt zu formulieren. Vielmehr müßten die hier vorgeschlagenen Inhalte in eine konkrete, anschauliche Sprache, in Bilder und szenische Episoden übersetzt werden. Ein Leitbild kann nur wirksam werden, wenn es wie ein Traum, eine Phantasie, eine Geschichte den ganzen Menschen anspricht. Denn Einsicht muß zusammengehen mit Gefühlen und der Bereitschaft zum Handeln. Bloße Überzeugungen würden ohne Gefühle und Emotionen nicht zur Realisierung von Zielen und Maßnahmen führen. Bloße Emotionen würden in der Regel nicht vernünftige Lösungen eröffnen. Wenn sich beide ergänzen, dann erfolgen die Prozesse der Konsensbildung und Zielaushandlung effektiv und zeitsparend. Die Aktivitäten der Gemeinschaftsmitglieder werden damit besser koordiniert und auf die Erfordernisse der Gemeinschaft sowie der Individuen abgestimmt. Damit ist ein Prozeß in Gang gekommen, der wieder zur Verstärkung positiver gegenseitiger Einstellungen führen wird.

Literatur

[MZ95] M. Maier und J. Zelger: *Motivation, Kommunikation, Identifikation in einem Krankenhaus*. Projektbericht über eine Mitarbeiter- und Patientenbefragung, Institut für Philosophie der Leopold-Franzens-Universität Innsbruck, Innsbruck 1995, 260 Seiten

[Mo89] J. M. Moravcsik: Gemeinschaftsbande. *Conceptus* **23**(1989), 3–24

[SZ:95] J. Schönegger, J. Zelger: *WINRELAN 3.40. PC-Programm für GABEK-Anwendungen*. Institut für Philosophie der Leopold-Franzens-Universität Innsbruck 1995

[Ze93] J. Zelger: GABEK a New Method for Qualitative Evaluation of Interviews and Model Construction with PC-Support. In: E. Stuhler und M. Súilleabháin (Hrsg.): *Enhancing Human Capacity to Solve Ecological and Socio-economic Problems*. Hampp-Verlag, München-Mering 1993, 128–172

[Ze94] J. Zelger: Qualitative Auswertung sprachlicher Äußerungen. Wissensvernetzung, Wissensverarbeitung und Wissensumsetzung durch GABEK. In: R. Wille und M. Zickwolff (Hrsg.): *Begriffliche Wissensverarbeitung: Grundfragen und Aufgaben*. B. I.-Wissensschaftsverlag, Mannheim 1994, 239–266

Für Anregungen und Kritik zu diesem Beitrag danke ich Herrn Dr. Hellmuth Löckenhoff und Herrn Mag. Martin Maier.

Normen- und regelgeleitete internationale Kooperationen – Formale Begriffsanalyse in der Politikwissenschaft

Beate Kohler-Koch, Frank Vogt

Inhalt

1. Einleitung

Institutionen internationaler Kooperation spielen eine zentrale Rolle in den internationalen Beziehungen. Sie sind seit langem Gegenstand völkerrechtlicher und politikwissenschaftlicher Untersuchungen und Theorien. Mit dem Anwachsen internationaler Interdependenz wuchs das Interesse, die aus einer unkoordinierten Politik einzelner Staaten erwachsenden Probleme zu meistern und globalen Herausforderungen durch gemeinsame Anstrengungen zu begegnen. Solange Staaten jedoch eifersüchtig auf die Wahrung ihrer Eigenständigkeit achten und gegenläufige Interessen verfolgen, stellt sich internationale Kooperation nicht von selbst ein. Sie bedarf der institutionellen Absicherung durch *internationale Regime*, d. h. der Vereinbarung über Prinzipien, Normen, Regeln und Verfahren der politischen Problem- und Konfliktbearbeitung. Der Begriff des *Regimes* wurde aus dem englischen Sprachgebrauch übernommen, in dem er nicht mit dem im Deutschen umgangssprachlichen Verständnis von autoritärer Regierung(sform) belastet ist.

Waren die Politikwissenschaftler der USA, die als erste die Regimediskussion entfachten, zunächst an der Frage interessiert, wie angesichts des allmählichen Niedergangs der amerikanischen Hegemonie die von ihr getragene Nachkriegsordnung Bestand haben könne, wandte sich das Interesse der deutschen Forscher vornehmlich der Frage nach den Möglichkeiten kooperativer Konfliktsteuerung im Ost–West–Verhältnis zu. Auf beiden Seiten des Atlantik rückte dann der Beitrag internationaler Regime zur Umweltsicherung, Technologiesteuerung und zum Schutz der Menschenrechte in den Mittelpunkt der Aufmerksamkeit. Untersuchungen internationaler Regime werden unter dem Begriff *Regimeanalyse* zusammengefaßt. Die Bemühungen um generalisierbare Aussagen zur Darstellung und Erklärung internationaler Regime werden der Regimetheorie zugerechnet. Es gibt inzwischen eine Fülle einzelner Fallstudien zu Regimen in sehr unterschiedlichen Politikfeldern wie der internationalen Handels-, Währungs-, Kredit- und Ressourcenpolitik, der globalen und regionalen Sicherheitspolitik, dem internationalen Umweltschutz, Technologietransfer, etc. Die Regimeforschung hat sich insbesondere mit der Entstehung, der Struktur und dem Wandel von Regimen befaßt.

Die Analyse der spezifischen Funktionsleistung der Regime für internationale Kooperation und der konkreten Wirkung von Regimen blieb im Vergleich dazu unterbelichtet. Trotz der breiten empirischen Basis fällt es immer noch schwer, zu verallgemeinerbaren Aussagen zu kommen. Hierfür gibt es im wesentlichen zwei Gründe. Zum ersten wurden die Analysen von unterschiedlichen theoretischen Blickwinkeln über die Wirkungszusammenhänge internationaler Politik betrieben ([HMR97]). Zum zweiten gibt es nur wenige Studien, die den systematischen Vergleich zwischen verschiedenen Regimen anstrebten. Es ist aber zu erwarten, daß erst aus dem Vergleich gemeinsame Charakteristika erfolgreicher bzw. gescheiterter Regime deutlich werden und Zusammenhänge zwischen spezifischen Entstehungsbedingungen, Strukturmerkmalen und Leistungen von internationalen Regimen aufscheinen.

Ende der 80er Jahre wurden in der Sektion Internationale Politik der Deutschen Vereinigung für Politische Wissenschaft die bis dahin im deutschen Sprachraum vorliegenden Forschungsarbeiten zu internationalen Regimen zusammengetragen und einer vergleichenden Analyse unterzogen ([KK89a]). Dies war möglich, weil eine Vielzahl von Fallstudien vorgelegt wurde, die Autoren sich auf ein gemeinsames kategorisches Grundgerüst stützten und zusätzlich bereit waren, die in ihren Einzelstudien beschriebenen Sachverhalte nach einem einheitlichen Interpretationsschema zu klassifizieren. Auf diese Weise sollte vermieden werden, daß die interpretative Auswertung der einzelnen Fallstudien durch die Herausgeberin zu verzerrten Einschätzungen führte. Es wurde ein Katalog von Merkmalen und Merkmalsausprägungen erstellt, die nach den bisherigen Befunden der Regimetheorie am besten geeignet schienen, die Beziehungen zwischen verschiedenen Variablen zu erfassen und damit Einsicht in Entstehungs- und Erfolgsbedingungen internationaler Regime zu gewinnen ([KK89b]).

In der vorliegenden Arbeit soll gezeigt werden, wie Daten über internationale Regime mit Methoden der Formalen Begriffsanalyse analysiert werden können. Unser Beispiel kann dabei durchaus als prototypisch für Daten verstanden werden, bei denen aufgrund einer elaborierten Theorie eine reichhaltige Struktur vorhanden ist, die sich aber kaum einer aussagekräftigen numerisch-statistischen Analyse zugänglich zeigen.

2. Ein Datensatz über internationale Regime

Den in dieser Arbeit vorgestellten Analysen liegt der in Abbildung 1 gezeigte Datensatz über internationale Regime zugrunde. Eine solche Tabelle wird in der Formalen Begriffsanalyse als *mehrwertiger Kontext* bezeichnet. Die Zeilen der Tabelle repräsentieren die jeweiligen Regime (in der Sprache der Formalen Begriffsanalyse sind dies die Gegenstände des mehrwertigen Kontexts). Jede Spalte der Tabelle steht für ein Merkmal, dessen Ausprägung für ein Regime in der entsprechenden Zelle der Spalte angegeben ist. Die Merkmale sind in drei Klassen wie folgt unterteilt:

1. *Einflußfaktoren* für die Entstehung, Ausgestaltung und Wirkung internationaler Regime,
2. *Eigenschaften* von Regimen, aus denen heraus eine aussagekräftige Regimetypologie entwickelt werden könnte,
3. *Regimewirkung*, mit der die Frage nach der Wirksamkeit einzelner internationaler Regime, nicht aber die Art ihrer Wirkung erfaßt wird.

Die erste Ziffer der Numerierung der Merkmale in Abbildung 1 gibt die Zugehörigkeit der Merkmale zu den drei Klassen an.

In der Regimediskussion besteht weitgehend Uneinigkeit über die Bedeutung unterschiedlicher Einflußfaktoren. Kommen Regime leichter zustande, wenn sie von einem Hegemon unterstützt werden oder wenn sich gleich mächtige Staaten zur Kooperation entschließen („Machtstruktur")? Wie sehr ist ihr Zustandekommen von internationalen Organisationen abhängig („institutionelles Umfeld")? Ist die Wirtschaftspolitik regimetauglicher als Sicherheitspolitik oder Herrschaftssicherung („Verteilungsfelder")? Oder entscheidet die „Natur des Konfliktgegenstandes" (Werte– bzw. Interessenkonflikte) über Regimetauglichkeit? Welchen Einfluß hat die Auswahl der beteiligten Akteure („Politiknetze") und die Intensität internationaler Kontakte („Transnationalität")? Haben Regime eine unterschiedliche Erfolgsquote je nach „Zurechenbarkeit" ihrer Leistungen oder nach ihrer Eingriffsart („Allokationsmodi")?

Der Merkmalskatalog zur Bestimmung von Regimeeigenschaften dürfte kaum umstritten sein, obwohl auf keine ausgearbeitete Regimetypologie zurückgegriffen werden konnte. Unterscheidungen wurden vorgenommen nach potentieller Mitgliedschaft („Einzugsbereich"), der Breite des Politikfeldes („Umfang"), der Einseitigkeit oder Wechselseitigkeit von Interessen in der Entstehungsphase („Ursprung"), der gleichen oder ungleichen Kosten–Nutzen–Verteilung („Verteilungswirkung"), den Adressaten der Regime („Handlungsebene") und dem Grad an Konsens im Vorfeld der Regimeentstehung („Übereinstimmung"). Ferner wurde unterschieden, in welcher Beziehung die konkrete Zwecksetzung des Regimes wie z. B. Vertrauensbildung oder Umweltschutz zu der allgemeinen Funktion wie Stabilisierung von Erwartungssicherheit und Minderung von Transaktionskosten

1.1 *Machtstruktur*
  e : egalitär
  h : hegemonial
1.2 *Inst. Umfeld*
  IO : Institution
  K : Kommission
  S : Staat
  F : Forum
1.3 *Verteilungsfeld*
  S : Sicherheit
  W : Wohlfahrt
  H : Herrschaft
1.4 *Konfliktgegenstand*
  W : Werte
  Ia : absolute Interessen
  Ir : relative Interessen
1.5 *Politiknetz*
  e : enggefaßt
  w : weit gespannt
1.6 *Transnationalität*
  h : hoch
  n : niedrig
1.7 *Zurechenbarkeit*
  z : zurechenbar
  n : nicht zurechenbar
1.8 *Allokationsmodus*
  M : Markt
  R : Regulierung
  S : Staatstätigkeit
1.9 *Übereinstimmung Akteure*
  g : gleich
  u : ungleich
2.1.1 *Einzugsbereich*
  g : global
  r : regional
2.1.2 *Einzugsbereich systemar*
  iW: innersystemar West–West
  t : intersystemar
  to : Ost–West
  tg : global
2.2 *Umfang*
  k : komplex
  e : eng
2.3 *Ursprung*
  e : einseitiges Interesse
  w : wechselseitiges Interesse
2.4 *Verteilungswirkung*
  g : gleich
  u : ungleich
2.5 *Handlungsebene*
  G : Gesellschaft
  S : Staat
  IO : Internationale Organisation
2.6 *Übereinstimmung*
  K : Konsens
  D : Dissens
2.7 *Zweck/Funktion*
  Z : Zweck
  F : Funktion
2.8 *Kohärenz*
  ü : übereinstimmend
  w : widersprüchlich
2.9 *Gleichgewicht*
  g : gleichgewichtig
  u : ungleichgewichtig
2.10 *Ausgestaltungsgrad*
  h : hoch
  m : mittel
  n : niedrig
2.11 *Organisat. Verfestig.*
  D : Durchführung
  F : Fortentwicklung
  O : ohne Organisation
3.1 *Entwicklungsgrad*
  d : deklaratorisch
  h: handlungsanleit.
  i : implementiert
3.2 *Effektivität*
  h : hoch
  m: mittel
  n : niedrig
3.3 *Dauerhaftigk.*
  h : hoch
  m: mittel
  n : niedrig

Regime	1-1	1-2	1-3	1-4	1-5	1-6	1-7	1-8	1-9	2-1-1	2-1-2	2-2	2-3	2-4	2-5	2-6	2-7	2-8	2-9	2-10	2-11	3-1	3-2	3-3
Antarktis	h	K.S	W	Ir	e	n	z	R	u	g	t	k	e	u	G.S	K	Z	ü	g	h	D	i	h	h
Cocom	h	S.F	W	Ia	e	h	n	M	u	r	to	e	e	u	G.S	K	Z	ü	u	h	D	h	h	h
Daten	h	K.S.F	W	Ia	w	h	z	M	g	r	to	e	h	g	G.S.IO	K	Z	ü	u	h	D.F	h	h	h
Freizügigkeit	e	IO	H	W	w	n	n	M	g	r	t	e	e	g	S	e	Z	ü	g	e	O	i	h	h
Journalismus	e	IO.K.S	S	Ia	w	n	z	R	g	r	u	e	e	g	S	K	Z	ü	g	e	D.F	h	h	h
KVAE	e	K.S.F	W	W	w	n	n	S	g	r	to	e	e	g	G.S	K	Z	ü	g	e	F	h	h	h
Luft	e	IO.K	H	Ia	w	n	z	R	g	r	t	e	e	g	S	e	Z	ü	g	e	O	d	h	h
Menschenrechte	e	IO.K	W	W	e	h	n	M	u	r	u	n	e	u	S	K	Z	ü	g	e	D.F	h	h	h
Mittelmeer	h	F	W	Ia	w	n	z	S	g	r	t	e	e	g	S	e	Z	ü	g	h	D.F	i	h	h
Nonintervention	h	IO.S	S.W	Ir	w	h	zn	M.R.S	u	r	u	e	e	u	G.S.IO	K	Z	ü	g	e	D.F	h	h	m
Nonproliferation	e	K	W	Ia	w	n	n	M	g	r	t	e	e	g	S	K	Z	ü	g	h	D.F	h	h	h
Nordsee	h	K.S	W	Ia	w	h	zn	M	g	r	u	e	e	g	G.S	K	Z	ü	u	h	D.F	i	h	m
Ostsee	e	K.S.F	W	Ia	w	n	n	M	g	r	t	e	e	g	G.S	K	Z	ü	g	h	D.F	h	h	h
Ozon	h	IO	W	Ir	w	h	zn	M	g	r	u	e	e	g	G.S.IO	K	Z	ü	g	h	D.F	i	h	h
Rhein	h	S.F	W	Ia	e	n	z	M	g	r	t	e	e	g	G.S	K	Z	ü	u	h	D.F	h	h	m
Schulden	h	IO	S	Ia	w	h	n	M	g	r	u	e	e	g	G.S	K	Z	ü	g	h	O	i	h	m
Streitbeilegung	e	IO	W	Ia	w	n	z	M	g	r	u	e	e	g	S	K	Z	ü	g	h	F	h	h	h
Wirtsch. Wissensch. Technik	e	IO	W	Ia	w	n	n	M.R	g	r	u	e	e	g	G.S	K	Z	ü	g	h	O	d	h	m

Abbildung 1 Die Auswertung verschiedener Merkmale internationaler Regime

steht („Zweck/Funktion"). Zur Erfassung der Regimestrukturen wurde die „Kohärenz" und das „Gleichgewicht" zwischen den einzelnen Regimeelementen, d. h. den Prinzipien, Normen, Regeln und Verfahren aufgenommen. Zusätzlich wurde die Regelungsdichte („Ausgestaltungsgrad") und die Einsetzung einer das Regime betreuenden Organisation („organisatorische Verfestigung") erfragt.

Bezogen auf die Regimeentwicklung wurde zwischen verschiedenen „Entwicklungsgraden" und Stufen von „Effektivität" und „Dauerhaftigkeit" unterschieden.

3. Begriffliches Skalieren

Um Analysen von Teilen des Datensatzes in Abbildung 1 beschreiben zu können, müssen wir zunächst noch kurz auf die Grundbegriffe der Formalen Begriffsanalyse eingehen. Wir werden dabei auf eine umfangreichere Erläuterung und die Angabe spezieller Beispiele verzichten und verweisen dafür auf die Beiträge von B. Ganter und M. Zickwolff in diesem Band.

Die Ausgangsstruktur der Formalen Begriffsanalyse ist der *formale Kontext*. Ein formaler Kontext ist eine Tabelle, deren Zeilen Gegenstände und deren Spalten Merkmale repräsentieren. In jedem Feld der Tabelle wird ein Kreuz eingetragen, wenn der entsprechende Gegenstand das Merkmal hat, sonst bleibt das Feld frei. Zum Beispiel hat im formalen Kontext in Abbildung 2f) der Gegenstand „h" die Merkmale „hoch" und „mittel–hoch", nicht aber die Merkmale „mittel", „niedrig–mittel" und „niedrig". Im Unterschied zu einem mehrwertigen Kontext (vgl. Abbildung 1) erlauben wir in einem formalen Kontext also keine Merkmale mit beliebigen Ausprägungen, sondern nur solche Merkmale, die ein Gegenstand entweder haben oder nicht haben kann (sogenannte binäre oder zweiwertige Merkmale).

Die in einem formalen Kontext enthaltene Information kann durch ein *Liniendiagramm* des *Begriffsverbands* des formalen Kontexts übersichtlich in graphischer Form dargestellt werden, wobei keinerlei Reduktion der Daten stattfindet. Durch die graphische Darstellung ist es allerdings leichter als in der Tabelle, Zusammenhänge und Beziehungen zu erkennen. In Abbildung 2 sind die zu den formalen Kontexten gehörenden Liniendiagramme jeweils unterhalb der Kontexte abgebildet.

Die Darstellung eines Datensatzes in einem Liniendiagramm ist eine grundlegende Technik bei der Datenanalyse mit Methoden der Formalen Begriffsanalyse. Dabei werden von der Theorie Verfahren bereitgestellt, mit denen aus einem formalen Kontext der zugehörige Begriffsverband gewonnen und in einem Liniendiagramm dargestellt werden kann. Der Datensatz über internationale Regime aus Abbildung 1 liegt aber als mehrwertiger Kontext vor, d. h. die Felder der Tabelle haben nicht nur ein Kreuz oder kein Kreuz, sondern ihre Einträge kommen aus beliebigen Wertebereichen. Es ist sogar

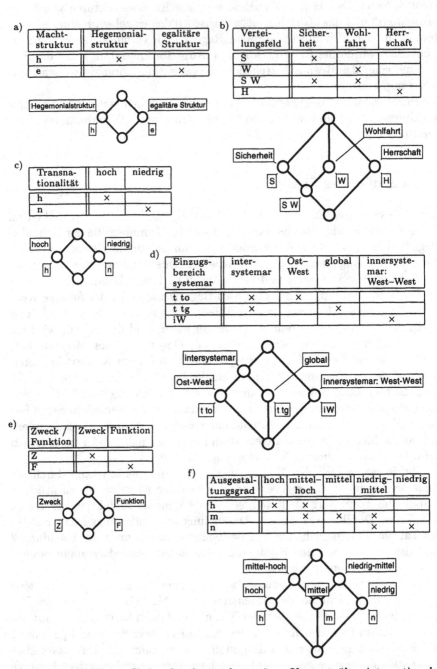

Abbildung 2 Einige Skalen für den mehrwertigen Kontext über internationale Regime

eine allgemeine Beobachtung, daß Daten in der Realität weitaus häufiger in Form eines mehrwertigen als eines formalen Kontexts vorliegen. Um einen mehrwertigen Kontext mit Methoden der Formalen Begriffsanalyse bearbeiten zu können, d. h. aus ihm ein oder mehrere Liniendiagramme zu gewinnen, muß die in ihm enthaltene Information in geeigneter Weise in einem formalen Kontext dargestellt werden. Diese Darstellung geschieht mit der begrifflichen Skalierung, die wir jetzt erläutern werden.

Die Grundidee der begrifflichen Skalierung ist, aus dem mehrwertigen Kontext einen formalen abzuleiten, indem die Gegenstände des mehrwertigen Kontexts beibehalten werden, die mehrwertigen Merkmale hingegen durch jeweils mehrere binäre Merkmale ersetzt werden. Abbildung 3 zeigt einen vom mehrwertigen Kontext der internationalen Regime abgeleiteten formalen Kontext. Das mehrwertige Merkmal „Machtstruktur" (1.1) wurde durch die beiden binären Merkmale „Hegemonialstruktur" und „egalitäre Struktur" ersetzt (die ersten beiden Spalten im formalen Kontext in Abbildung 3). Ebenso wurde das Merkmal „Institutionelles Umfeld" (1.2) durch die vier binären Merkmale „Institution", „Kommission", „Staat" und „Forum" (dritte bis sechste Spalte in Abbildung 3) ersetzt.

Um einen formalen Kontext von einem mehrwertigen Kontext abzuleiten, ist es also notwendig, für jedes Merkmal eine Übersetzungsregel anzugeben. Diese Übersetzungsregel heißt in der formalen Begriffsanalyse *(begriffliche) Skala* und kann ebenfalls als formaler Kontext notiert werden. Abbildung 2 zeigt einige der Skalen, die benutzt wurden, um den einwertigen Kontext in Abbildung 3 von dem mehrwertigen Kontext in Abbildung 1 abzuleiten. Am Beispiel der Skala in Abbildung 2a) werden wir nun den Übersetzungsprozeß erläutern. Diese Skala wurde für das mehrwertige Merkmal „Machtstruktur" (1.1) benutzt. Der mehrwertige Kontext über internationale Regime enthält in der zugehörigen Spalte die Einträge „h" und „e" für „hegemonial" und „egalitär". In der Skala in Abbildung 2a) tauchen diese Einträge wieder auf, und zwar diesmal als Gegenstände der Skala. Außerdem treten in der Skala die zwei neuen (binären) Merkmale „Hegemonialstruktur" und „egalitäre Struktur" auf, und die in der Skala eingetragenen Kreuze bestimmen die Beziehungen zwischen diesen neuen Merkmalen und den ursprünglichen Einträgen des mehrwertigen Kontexts. Mit dieser Skala können wir jetzt die Übersetzung des Merkmals „Machtstruktur" durchführen. Dazu führen wir im formalen Kontext die binären Merkmale auf, die auch in der Skala vorkommen, in unserem Fall also „Hegemonialstruktur" und „egalitäre Struktur" (die ersten beiden Spalten in Abbildung 3). Für jeden Gegenstand, d. h. jedes Regime, sind nun zwei Felder im formalen Kontext vorhanden, die mit den entsprechenden Kreuzen markiert werden müssen. Dazu sehen wir zunächst im mehrwertigen Kontext nach, welchen Wert dort das Merkmal „Machtstruktur" für das betreffende Regime hat. Dann übernehmen wir das Kreuzmuster, welches in der Skala in der mit diesem Merkmalswert bezeichneten Zeile

Schulden	Daten	Ozon	Luft	Ostsee	Mittelmeer	Nordsee	Rhein	Nonintervention	Journalismus	KVAE	Freizügigkeit	Wirts., Wissens., Technik	Menschenrechte	Streitbeilegung	Nonproliferation	Antarktis	Cocom	
X	X	X					X								X	X	X	Hegemonialstruktur
			X	X	X	X		X	X	X	X	X	X					egalitäre Struktur
					X	X	X		X	X	X	X	X	X	X			Institution
X	X	X	X	X	X											X		Kommission
	X	X	X												X	X	X	Staat
X	X	X	X					X									X	Forum
									X	X				X	X			Sicherheit
X	X	X	X	X	X	X	X					X			X	X	X	Wohlfahrt
									X	X		X						Herrschaft
									X	X		X						Wertekonflikt
X	X	X	X	X	X	X	X					X		X	X	X	X	Interessenkonflikt
X	X	X	X	X	X	X	X		X			X					X	absolute Interessen
							X								X	X	X	relative Interessen
							X	X					X	X		X	X	engefaßtes Netz
X	X	X	X	X	X	X	X				X	X	X		X			weitgespanntes Netz
X	X					X	X										X	Transnationalität: hoch
		X	X	X	X				X	X	X	X	X	X	X	X	X	Transnationalität: niedrig
X	X	X	X	X	X	X	X			X		X			X	X	X	zurechenbar
		X	X						X	X		X			X		X	nicht zurechenbar
X	X	X	X	X	X	X	X					X			X		X	Allokation: Markt
									X	X	X	X			X	X		Allokation: Regulierung
								X	X				X	X	X			Allokation: Staat
		X			X	X	X	X	X	X		X	X			X		Allokation: gleich
X		X	X	X								X			X	X		Allokation: ungleich
X	X	X	X					X							X	X	X	Einzug: global
				X	X	X	X		X	X	X	X	X	X	X			Einzug: regional
					X	X											X	innersystemar: West-West
X	X	X	X	X				X	X	X	X	X	X	X	X	X	X	intersystemar
			X						X	X	X	X	X		X			Ost-West
X	X	X	X		X			X							X	X		global
X	X			X	X	X	X		X				X	X	X	X		Umfang: komplex
										X	X				X	X		Umfang: eng
X	X	X	X					X				X	X		X	X	X	einseitiges Interesse
X					X	X			X	X			X	X				wechselseitiges Interesse
					X	X	X					X	X	X			X	Verteilung: gleich
X	X	X	X	X				X		X	X	X			X	X		Verteilung: ungleich
X	X	X	X	X	X	X	X						X	X	X	X	X	Ebene: Gesellschaft
X	X	X	X	X	X	X	X	X	X	X	X	X	X	X	X	X	X	Ebene: Staat
X	X														X			Ebene: Intern. Organisation
X	X	X	X	X	X	X	X	X				X					X	Konsens
									X	X	X			X	X	X	X	Dissens
X	X	X	X	X	X	X	X			X		X			X	X		Zweck
								X				X		X	X	X		Funktion
X	X	X	X	X	X	X	X	X	X	X	X	X	X	X			X	übereinstimmend
																X		widersprüchlich
X			X	X	X			X	X	X							X	gleichgewichtig
												X	X	X	X	X		ungleichgewichtig
X			X	X	X			X		X					X	X	X	Ausgestaltung: hoch
X			X	X	X				X	X		X	X		X	X	X	Ausgestaltung: mittel - hoch
						X		X										Ausgestaltung: mittel
		X				X	X		X				X	X	X			Ausgestaltung: niedrig - mittel
		X					X		X				X					Ausgestaltung: niedrig
X	X	X	X	X	X			X							X	X	X	Verfestigung: Durchführung
X	X	X	X	X	X		X			X	X	X	X	X	X	X	X	Verfestigung: Fortentwicklung
						X		X										Verfestigung: ohne Organisation
								X					X	X				deklaratorisch
		X				X	X				X		X	X				handlungsanleitend
X			X	X	X			X		X		X			X	X	X	implementiert
X			X	X	X				X	X	X				X		X	Effektivität: hoch
X			X	X	X			X		X		X	X	X		X	X	Effektivität: mittel - hoch
						X							X	X				Effektivität: mittel
		X				X	X		X			X	X	X		X		Effektivität: niedrig - mittel
		X					X							X		X		Effektivität: niedrig
X			X	X	X			X	X							X	X	Dauer: hoch
X			X	X	X			X	X		X	X	X	X	X	X	X	Dauer: mittel - hoch
										X	X	X	X			X		Dauer: mittel
		X				X			X	X	X	X	X		X	X		Dauer: niedrig - mittel
		X				X			X						X			Dauer: niedrig

Abbildung 3 Ein vom mehrwertigen Kontext über internationale Regime abgelei-

steht, und übertragen dieses in den formalen Kontext. Das Regime „Cocom"hat beim Merkmal „Machtstruktur" den Wert „h", also lesen wir aus der Skala ab, daß „Cocom" bei „Hegemonialstruktur" ein Kreuz, bei „egalitäre Struktur" hingegen kein Kreuz bekommt (erste Zeile der Skala). Andererseits hat das Regime "Streitbeilegung" den Wert „e", somit werden die Kreuze gemäß der zweiten Zeile der Skala eingetragen.

Die eben zur Illustration verwendete Skala hat eine sehr einfache Struktur. Für jeden (möglichen) Wert des Merkmals (hier zwei Werte) gibt es ein binäres Merkmal, und die Werte und Merkmale werden eindeutig einander zugeordnet. Eine solche Skala heißt daher auch *Nominalskala*. Die Skala in Abbildung 2f) für das mehrwertige Merkmal „Ausgestaltungsgrad" (2.10) ist von etwas komplexerer Struktur. Das mehrwertige Merkmal hat zwar nur die drei möglichen Werte „h", „m" und „n" für „hoch", „mittel" und „niedrig". In der Skala werden aber fünf binäre Merkmale eingeführt, die dann auch im abgeleiteten formalen Kontext in Abbildung 3 auftreten. Damit kann die komplexere Struktur des mehrwertigen Merkmals modelliert werden. In diesem Fall erhalten wir durch die Wahl dieser Skala die Möglichkeit, nicht nur über hohe, mittlere und niedrige Ausgestaltungsgrade zu reden, sondern auch über die mittleren bis hohen sowie die niedrigen bis mittleren. Die entsprechenden Begriffe lassen sich aus dem Liniendiagramm der Skala, welches die Struktur des Merkmals graphisch veranschaulicht, ablesen.

Die Skala für „Ausgestaltungsgrad" modelliert die Zwischenbeziehungen zwischen den verschiedenen Werten des mehrwertigen Merkmals. Von anderer Art ist die Skala für das Merkmal „Verteilungsfeld" (1.3, siehe Abbildung 2b)). Hier tritt als Grundstruktur zwar zunächst eine nominale Struktur mit drei binären Merkmalen auf. Allerdings kann es bei diesem mehrwertigen Merkmal passieren, daß ein Regime sowohl dem Verteilungsfeld „Sicherheit" als auch „Wohlfahrt" zuzuordnen ist. In der Skala wird dies dadurch modelliert, daß der Wert „S W" die beiden entsprechenden binären Merkmale hat. Auf diese Art wird für jedes mehrwertige Merkmal eine *inhaltlich angemessene* Skala ausgewählt.

Wir haben soeben gesehen, daß es verschiedene Arten von Skalen gibt. Es erhebt sich die Frage, welche Skala für welches Merkmal zu wählen ist. Dazu ist zunächst zu bemerken, daß nach der Theorie der Formalen Begriffsanalyse *jeder* formale Kontext auch eine Skala für ein Merkmal eines mehrwertigen Kontexts sein kann. Die einzige Bedingung ist, daß die (möglichen) Werte dieses Merkmals als Gegenstände der Skala auftreten. Ob die begriffliche Struktur, d. h. der Begriffsverband der Skala die innere Struktur des Merkmals angemessen wiedergibt oder nicht, kann auf mathematischem Wege nicht entschieden werden. Vielmehr ist hier der Fachwissenschaftler gefragt, der die genauen Bedeutungen der Merkmalsausprägungen und die innere Struktur des Merkmals kennt. Deshalb muß hervorgehoben werden: *Die Wahl der Skalen für einen mehrwertigen Kontext ist bereits ein erster Schritt der Interpretation und somit der Analyse der Daten*, wenngleich man vielleicht zunächst geneigt ist, diese Auswahl als einen technischen Schritt bei der Datenaufbereitung für die Methoden der Formalen Begriffsanalyse aufzufassen. Die Formale Begriffsanalyse kann für die Wahl der Skalen lediglich den formal theoretischen Rahmen bereitstellen, aber keine explizite Anleitung zu ihrer inhaltlichen Verwendung liefern. Allerdings gibt es gewisse Typen von Skalen, die häufig auftreten (z. B. die oben angesprochenen Nominalskalen). In [GW89] findet man außer einer Aufzählung dieser Standardskalen nebst ihren Standardinterpretationen auch eine mathematische Formulierung der begrifflichen Skalierung.

4. Datenerkundung mittels Begriffsverbänden und gestuften Liniendiagrammen

Die Erkundung der begrifflichen Struktur der Daten ist nach erfolgter Skalierung der nächste Schritt der Analyse mit Methoden der Formalen Begriffsanalyse. Bei kleinen Datensätzen zeichnet man hierzu ein Liniendiagramm des Begriffsverbands des vom mehrwertigen Kontexts abgeleiteten formalen Kontexts und studiert dieses. In unserem Fall ist dieses Vorgehen ungeeignet, da der Begriffsverband aus 1535 Begriffen besteht und es deshalb praktisch unmöglich ist, ein Liniendiagramm dieses Begriffsverbands in übersichtlicher Größe und Form zu zeichnen. Daher beschreiten wir in unserer Analyse einen anderen Weg.

Ausgehend von einer konkreten Fragestellung oder Hypothese wählen wir diejenigen Merkmale des mehrwertigen Kontexts (Abbildung 1) aus, die für diese relevant sind. Hier geht selbstverständlich wieder ein Stück Expertenwissen in die Auswahl der Merkmale ein. Gemäß dem in Abschitt 3. angegebenen Verfahren der Skalierung gibt es im formalen Kontext in Abbildung 3 eine gewisse Zahl binärer Merkmale, die zu diesen mehrwertigen Merkmalen korrespondieren. Wir betrachten dann den Begriffsverband des Teils des formalen Kontexts, der von diesen Merkmalen und allen Regimen gebildet wird, und versuchen, durch dessen Studium eine Antwort auf die vorgelegte Fragestellung zu finden.

Als Beispiel betrachten wir die folgende in der Literatur verbreitete Hypothese: *Stark ausgestaltete Regime sind vornehmlich unter hegemonialen Strukturen zu finden.* Die dafür ausschlaggebenden Merkmale sind „Machtstruktur" (1.1) und „Ausgestaltungsgrad" (2.10). Abbildung 4 zeigt ein Liniendiagramm des aus diesen Merkmalen nach dem eben beschriebenen Verfahren gewonnenen Begriffsverbands. Wir sehen, daß unterhalb des Merkmals „Ausgestaltungsgrad: hoch" (in der Abbildung unten rechts) die Anzahl der Regime mit hegemonialer Struktur („Cocom", ...) genauso groß ist wie die Anzahl der Regime mit egalitärer Struktur („Freizügigkeit", ...). Also ist festzustellen, daß die vorliegenden Daten die obige Hypothese nicht stützen. Gleichzeitig zu dieser Antwort erhalten wir aber noch einen Überblick über

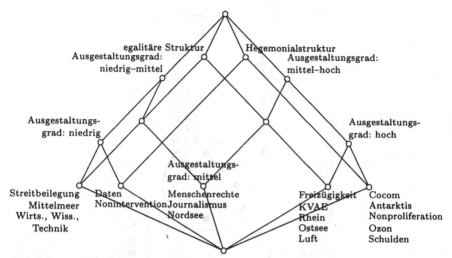

Abbildung 4 Regimestärke und Machtstruktur

die Umgebung des für uns interessanten Bereichs. So sehen wir etwa, daß auch bei niedrigem Ausgestaltungsgrad (links), d. h. geringer Stärke des Regimes, die Verteilung in Regime mit egalitärer und mit hegemonialer Struktur in etwa gleich ist. Lediglich bei den Regimen mit mittlerem Ausgestaltungsgrad ist ein Ungleichgewicht festzustellen: Hier gibt es nur Regime mit egalitärer Struktur. Dies läuft im Trend sogar der Ausgangshypothese entgegen. An dieser Stelle weisen wir nochmals darauf hin, daß diese Ergebnisse zum einen nur für den vorliegenden Datensatz gelten, zum anderen durch die bei der Skalierung bereits erfolgte Interpretation beeinflußt werden.

Auch bei dieser Art der Erkundung der begrifflichen Struktur ergibt sich ggf. das Problem, daß die entstehenden Liniendiagramme zu komplex werden, um sie noch gut lesen und interpretieren zu können. Abhilfe bietet hier die Technik der *gestuften Liniendiagramme*. In Abbildung 5 sehen wir ein gestuftes Liniendiagramm des Begriffsverbands aus Abbildung 4. Dieses entsteht dadurch, daß die Kreise im Liniendiagramm der Skala für „Ausgestaltungsgrad" zu rechteckigen Kästen vergrößert werden. In jeden dieser Kästen wird dann ein Liniendiagramm der Skala für „Machtstruktur" gezeichnet.

Für gestufte Liniendiagramme muß die Leseregel für Liniendiagramme ergänzt werden: Wir bemerken zunächst, daß es ein äußeres Liniennetz sowie in den Kästen jeweils innere Liniennetze gibt. Um vom Gegenstandsbegriff zum Merkmalsbegriff zu kommen, darf man sowohl in den inneren Liniennetzen wie bisher eine Linie aufwärts gehen als auch entlang einer Linie des äußeren Netzes von einem Begriff im unteren Kasten zu dem korrespondierenden Begriff im oberen Kasten gehen. Ein Gegenstand hat ein Merkmal, wenn man durch eine Folge von solchen Schritten vom Gegenstandsbegriff zum Merkmalsbegriff aufsteigen kann. Im gestuften Liniendiagramm in Abbildung 5 lesen wir so ab, daß der Gegenstand „Cocom" die folgenden Merkmale hat:

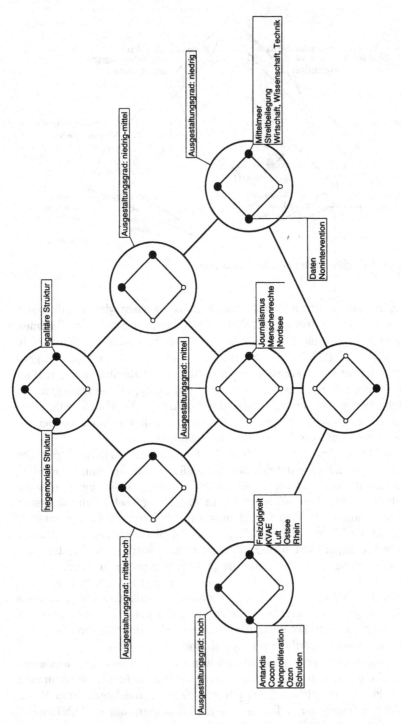

Abbildung 5 Regimestärke und Machtstruktur im gestuften Liniendiagramm

1. „Ausgestaltungsgrad: hoch": Es führt eine aufsteigende Linie vom Gegenstands– zum Merkmalsbegriff.
2. „Ausgestaltungsgrad: mittel–hoch": Zunächst wie oben zum Merkmalsbegriff von „Ausgestaltungsgrad: hoch". Der Merkmalsbegriff von „Ausgestaltungsgrad: mittel–hoch" ist dann der korrespondierende Begriff in dem Kasten, den man entlang der äußeren aufsteigenden Linie erreicht.
3. „Hegemonialstruktur": Vom Gegenstandsbegriff kommt man entlang zweier äußerer Linien zum korrespondierenden Begriff im obersten Kasten. Dieser ist der Merkmalsbegriff von „Hegemonialstruktur".

Dieses gestufte Liniendiagramm enthält dieselbe Information wie das einfache Liniendiagramm in Abbildung 4. In diesem Beispiel ist die Lesbarkeit durch die Stufung noch nicht deutlich erhöht worden. Da beim gestuften Liniendiagramm eine Vielzahl paralleler Linien zu einer Linie zwischen zwei Kästen zusammengefaßt werden, ist es aber offensichtlich, daß diese Technik bei nur geringfügig komplexeren Liniendiagrammen die Lesbarkeit deutlich verbessert.

Das soeben vorgestellte Verfahren läßt sich leicht auf gestufte Liniendiagramme mit mehr als zwei Stufen verallgemeinern. Dadurch ist es möglich, auch bei mehr als zwei für die vorgelegte Frage relevanten mehrwertigen Merkmalen ein gestuftes Liniendiagramm zu erstellen, in welchem die einzelnen Stufen von den Liniendiagrammen der Skalen für die mehrwertigen Merkmale gebildet werden. Für ein Beispiel hierzu betrachten wir die folgende Hypothese: *Die Dichte internationaler Beziehungen, welche davon abhängt, ob die an einem Regime beteiligten Länder hoch industrialisierte Marktwirtschaften sind oder nicht, beeinflußt die Rolle des Regimes: Bei dichten Beziehungen dient das Regime einem spezifischen Zweck, andernfalls hat es eher die Funktion, die Zusammenarbeit der beteiligten Akteure im Hinblick auf internationale Vereinbarungen zu unterstützen.* Um diese Hypothese zu prüfen, sollen die Merkmale „Transnationalität" (1.6), „Einzugsbereich systemar" (2.1) und „Zweck/Funktion" (2.7) herangezogen werden. Abbildung 6 zeigt das daraus entstehende gestufte Liniendiagramm, wobei die äußerste Stufe von der Skala für „Einzugsbereich systemar", die mittlere Stufe von der Skala für „Transnationalität" und die innerste Stufe von der Skala für „Zweck/Funktion" gebildet wird (vgl. Abbildung 2).

Am gestuften Liniendiagramm lesen wir zunächst ab, daß alle Regime, an denen nur westliche Industrienationen beteiligt sind, in ein Umfeld dichter transnationaler Interaktionen eingebettet sind und daß alle Regime mit hoher Transnationalität auf einen spezifischen Zweck ausgerichtet sind. Umgekehrt ist für fast alle Regime, an denen auch nicht–westliche Staaten beteiligt sind, eine geringe Zahl transnationaler Interaktionen kennzeichnend. Im Hinblick auf die Hypothese ist es nun so, daß jedes Regime, in dessen Mittelpunkt die allgemeine Funktionsleistung von Regimen steht, auch durch niedrige Transnationalität gekennzeichnet ist. Andererseits gibt es aber eine größere Zahl von Regimen, für die zwar auch eine niedrige Transnationalität zutrifft, die

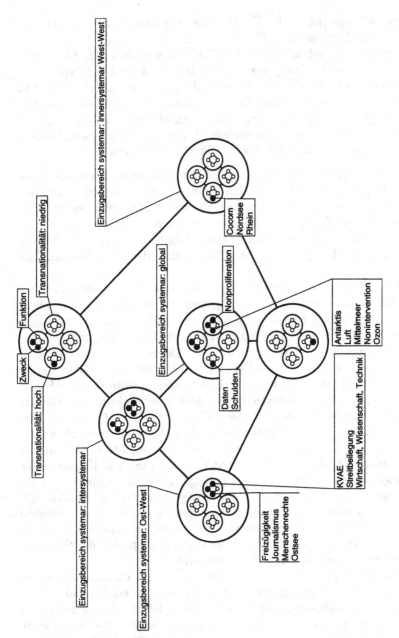

Abbildung 6 Gewichtung von Regimezweck und Regimefunktion

aber dennoch einem Zweck dienen. Wir kommen also zu dem Schluß, daß die Daten mit einer gewissen Tendenz die Hypothese stützen, andererseits diese Aussage mit größter Vorsicht zu betrachten ist. Eine Verbreiterung der Datenbasis könnte hier ggf. zu klareren Ergebnissen führen.

Zahlreiche weitere Fragestellungen und Hypothesen können auf die an den beiden obigen Beispielen vorgestellte Art und Weise am Datensatz über internationale Regime untersucht werden. Nach der erfolgten Skalierung wiederholen sich dabei immer dieselben Arbeitsschritte:

1. Auswahl der für die Fragestellung relevanten mehrwertigen Merkmale.
2. Erstellung eines (gestuften) Liniendiagramms des entsprechenden Teils des abgeleiteten formalen Kontexts.
3. Untersuchung des Liniendiagramms im Hinblick auf die Fragestellung.

Für die Untersuchung des Datensatzes über internationale Regime wurden auf diese Art etwa 100 Liniendiagramme erstellt. Da dies von Hand eine mühevolle und langwierige Tätigkeit ist, stellt sich die Frage nach einer geeigneten Rechnerunterstützung. Dazu bemerken wir zunächst, daß die Schritte 1. und 3. rein interpretativer Natur sind und daher nicht automatisiert werden können. Der Ansatzpunkt für eine Rechnerunterstützung liegt deshalb bei Schritt 2. Hier bietet es sich an, die Technik der gestuften Liniendiagramme in der Art zu automatisieren, daß aus den vorhandenen Liniendiagrammen der Skalen ein gestuftes Liniendiagramm zusammengesetzt wird. Dieses Vorgehen haben wir an den beiden Beispielen oben demonstriert.

Die soeben geschilderte Idee führt zu den *Begrifflichen Datensystemen*. Ein solches enthält als Daten den mehrwertigen Kontext sowie die Skalen für dessen Merkmale mit ihren Liniendiagrammen. Der Benutzer wählt dann die Skalen (Merkmale) aus, die er für die aktuelle Fragestellung im gestuften Liniendiagramm sehen möchte. Daraufhin wird automatisch das gestufte Liniendiagramm berechnet und auf dem Bildschirm angezeigt. Aus diese Weise ist zunächst Schritt 2. automatisiert. Zusätzlich bietet ein Begriffliches Datensystem Unterstützung bei der Untersuchung des gestuften Liniendiagramms (Schritt 3.): Um nämlich eine zu große Komplexität des gestuften Liniendiagramms durch zu viele Stufen zu vermeiden, zeigt das Begriffliche Datensystem zunächst nur eine gewisse (einstellbare) Anzahl von Stufen an, etwa zwei. Der Benutzer kann dann dieses einfachere gestufte Liniendiagramm erkunden und entscheiden, welchen Kasten er genauer betrachten möchte. Dieser Kasten wird auf den gesamten Bildschirm vergrößert, wobei dann eine weitere Stufe nach innen dargestellt wird. Diese Struktur ist der eines Atlas vergleichbar, wo man zunächst eine Übersichtskarte hat, in der gewisse Ausschnitte mit Seitenzahlen versehen sind. Auf der entsprechenden Seite findet man dann den Ausschnitt vergrößert und mit mehr Details dargestellt. Eine ausführliche Darstellung Begrifflicher Datensysteme findet man in [SSV+93] und [VWW91].

Die Untersuchung des Datensatzes über internationale Regime hat unmittelbar zum Konzept des Begrifflichen Datensystems geführt. Als Benutzeroberfläche für Begriffliche Datensysteme wurde in der Forschungsgruppe Begriffsanalyse der Technischen Hochschule Darmstadt das System TOSCANA entwickelt ([KSVW94]).

Für die politikwissenschaftliche Forschung bietet die Formale Begriffsanalyse bei dem Bemühen, Eigenschaften von Gegenständen in ihrer möglichen Beziehung zueinander darzustellen, Vorteile im Vergleich zu der vielfach verwendeten Praxis der Übertragung von Verfahren multivariater Statistik auf die Analyse von im Grunde genommen nur qualifizierbaren Verhältnissen (vgl. [KK89b]). Hinzu kommt, daß in der Mehrzahl der Untersuchungen im Bereich internationaler Beziehungen der für die Anwendung statistischer Verfahren notwendige Grad an Zuverlässigkeit und Gültigkeit der Daten nicht erreicht werden kann, der Vorbedingung für eine von den Ausgangsdaten abstrahierende intersubjektive Verständigung über die Interpretationsmöglichkeiten der Meßergebnisse ist.

Die Datennähe der Formalen Begriffsanalyse trägt dazu bei, nicht der Faszination komplexer methodischer Verfahren zu erliegen, die leicht zu dem Mißverständnis von „objektiven" Ergebnissen und ihrer vom Umfeld abstrahierenden Bewertung führen. Als analytisches Hilfsmittel fügt sie sich somit gut in die in den internationalen Beziehungen vorherrschende Heuristik ein.

Literatur

[GW89]   B. Ganter, R. Wille: Conceptual scaling. In: F. Roberts (Hrsg.): *Applications of combinatorics and graph theory to the biological and social sciences*, Springer, Heidelberg 1989, 139–167

[HMR97]   A. Hasenclever, P. Mayer, V. Rittberger: *Theories of International Regimes*. Cambridge University Press, Cambridge 1997

[KK89a]   B. Kohler–Koch (Hrsg.): *Regime in den internationalen Beziehungen*. Nomos Verlagsgesellschaft, Baden–Baden 1989

[KK89b]   B. Kohler–Koch: Zur Empirie und Theorie internationaler Regime. In: [KK89a], 17–85

[KKS93]   B. Kohler–Koch, T. Schaber: Regimeanalyse. In: J. Kriz, D. Nohlen, R. O. Schultze (Hrsg.): *Politikwissenschaftliche Methoden*, Bd. 2 von *Lexikon der Politik*. München 1994

[KSVW94]   W. Kollewe, M. Skorsky, F. Vogt, R. Wille: TOSCANA — ein Werkzeug zur begrifflichen Analyse und Erkundung von Daten. In: R. Wille, M. Zickwolff (Hrsg.): *Begriffliche Wissensverarbeitung — Grundfragen und Aufgaben*. B. I.-Wissenscahftsverlag, Mannheim 1994, 267–288

[SSV+93]   P. Scheich, M. Skorsky, F. Vogt, C. Wachter, R. Wille: Conceptual data systems. In: O. Opitz, B. Lausen, R. Klar (Hrsg.): *Information and classification*. Springer, Heidelberg 1993, 72–84

[VWW91]   F. Vogt, C. Wachter, R. Wille: Data analysis based on a conceptual file. In: H.-H. Bock, P. Ihm (Hrsg.): *Classification, data analysis, and knowledge organization*. Springer, Heidelberg 1991, 131–140

Entwicklung eines kontextuellen Methodenkonzeptes mit Hilfe der Formalen Begriffsanalyse an Beispielen zum Risikoverständnis

H. Jörg Henning, Wolfgang Kemmnitz

Inhalt

1. Einleitung

Ein Großteil sozialwissenschaftlicher Forschung setzt sich zum Ziel — orientiert an den Naturwissenschaften — in seinem Gegenstandsbereich zu Gesetzmäßigkeiten zu gelangen (wie z. B.: „Menschen tendieren zu einem bestimmten hohen Prozentsatz dazu, einer wissenschaftlichen Autorität auch soweit zu gehorchen, daß sie anderen Menschen Schmerz zufügen."). Dieser Ansatz nennt sich selbst „Quantitative Forschung". In abgeschwächter, weniger quantitativer Form versuchen manche Ansätze wenigstens zu Strukturen bzw. Regeln menschlichen Verhaltens (siehe z. B. Levi-Strauss' Untersuchung von Verwandtschaftsbeziehungen) zu kommen. Demgegenüber vertritt eine Alternativrichtung die Auffassung, daß sozialwissenschaftliche Untersuchungen gegenüber naturwissenschaftlichen oft eine ganz andere Qualität besitzen. Dieser Ansatz nennt sich „Qualitative Forschung". Was zum Teil für diese letzte Position sprechen könnte, soll im folgenden zunächst in einigen Vorüberlegungen skizziert werden und dann anhand seiner praktischen Anwendung diskutiert werden.

Das Ziel einer quantitativen Forschung liegt gemäß dem naturwissenschaftlichen Vorbild darin, möglichst zu Zahlenwerten zu gelangen, die dem Formulieren funktionaler Zusammenhänge (d. h. „Gesetzmäßigkeiten") dienen. Voraussetzung dazu ist eine *quantitative Vergleichbarkeit von Personen*, wie sie z. B. in der psychologischen Testdiagnostik postuliert wird. Häufig eingesetzte Methoden, zu solchen Zahlenwerten zu gelangen, sind u. a. sogenannte „Rating-Verfahren". Der Person, die untersucht oder interviewt werden soll, wird eine Aussage oder allgemeiner ein Objekt angeboten mit der Bitte, dazu Stellung zu nehmen und ihre Antwort mittels vorgegebener Kategorien (siehe die folgenden Beispiele) zu markieren. Die resultierenden Zahlenwerte werden dann mittels sogenannter „formaler Modelle" verrechnet (einfachstes Beispiel einer Verrechnung ist die Durchschnittsbildung, der Mittelwert). Es soll im folgenden gezeigt werden, daß bei diesen Untersuchungsmethoden folgende Fehler unterlaufen:

1. ein Außerachtlassen genuin psychischer Aspekte — gemeint ist hier insbesondere die Subjektivität der Betrachtungsweise des einzelnen Befragten, die teils auf seine individuelle Erfahrung zurückzuführen ist, teils auf seine psychische „Ausstattung";
2. ein sprachlogischer Fehler — die Außerachtlassung der grundsätzlichen „Offenheit" sozialwissenschaftlicher Terminologie, d. h. der Tatsache, daß sozialwissenschaftliche Begriffe (Beispiel: „Depression", „Intelligenz", „konservativ" usw.) nicht wie bestimmte Begriffe der klassischen Physik, z. B. durch Meßoperationen (im cgs–System, d. h. in Einheiten wie *Zentimeter, Gramm, Sekunde*), eindeutig definiert sind. Depressions–Diagnose mittels Depressions–Test funktioniert grundsätzlich anders als Weg- oder Zeitmessung in der Physik. Die Offenheit sozialwissenschaftlicher Terminologie, z. B. bei psychologischen Tests, äußert sich hier

   - sowohl in der Vielfalt der verschiedenen zur Verfügung stehenden Tests bzw. der diese Tests bestimmenden Items, d. h. — allgemein — in der *Vielfalt der Verständnisweisen* eines sogenannten „Konstrukts" (d. h. eines abstrakten wissenschaftlichen Begriffs),
   - wie auch im Umgang des „Untersuchungsgegenstands" — der Befragten — mit diesen Tests (d. h. u. a. durch verschiedene Verständnisweisen der zu beantwortenden Items, verschiedene Arten des Antwortverhaltens usw.).

Bestimmte formale Modelle — wie die Formale Begriffsanalyse (FBA), siehe [Wil82], [GW96] — sind anderen Modellen vorzuziehen, weil sie erlauben, gerade solche subjektiven bzw. „offenen" Anteile zu erhalten oder gar zu kontrollieren und dabei zu *strukturellen qualitativen Aussagen* zu gelangen.

Behauptung ist also nach dem bisher Gesagten, daß es sich bei sozialwissenschaftlicher Modellbildung um eine technisch formale *und* eine begrifflichinhaltliche Problematik handelt, die beide nicht notwendig miteinander verbunden sein müssen. Wie eine harmonisierende Verbindung zwischen einem formalen Verfahren und bestimmten inhaltlichen Fragestellungen aussehen kann, läßt sich zum Beispiel mittels der FBA demonstrieren und soll im folgenden an Beispielen zur Risikowahrnehmung diskutiert werden. Insbesondere kann daran demonstriert werden, daß sinnvolle Formalisierung in den Sozialwissenschaften nicht notwendig zu quantitativen (und gar gesetzmäßigen) Aussagen führen muß.

2. Begriffliche Bemerkungen

Um die in der Einleitung skizzierten unterschiedlichen Herangehensweisen sozialwissenschaftlicher Erhebungen am Beispiel des Risikobegriffs zu verdeutlichen, betrachte man folgende Fälle, die in der Literatur in dieser oder ähnlicher Weise des öfteren vorgestellt werden:

Fall 1: Eine Haftpflichtversicherung ist bestrebt, die Auszahlungen, die sie in den kommenden Jahren vorzunehmen hat, pro Jahr möglichst genau zu bestimmen. Dazu wird sie für das Jahr i die Gesamtschadenshöhe S_i mit der Auftretenswahrscheinlichkeit p_i anzugeben versuchen, wobei sie als Berechnungsgrundlage die Ergebnisse (relative Häufigkeiten und Schadenshöhen) der vergangenen Jahre $i-1, i-2, \ldots$ heranzieht. Damit bestimmt sie (vereinfacht skizziert) einen zu erwartenden Gesamtschaden G (das Risiko der Versicherung) im Jahr i durch

$$G_i = p_i \times S_i$$

Dieser Fall soll als Beispiel eines dem naturwissenschaftlichen Arbeiten analogen Herangehens in den Wirtschafts- und Sozialwissenschaften dienen. Verglichen mit naturwissenschaftlichem hat sich wirtschafts- und sozialwissenschaftliches Argumentieren aber i. d. R. — wie das gewählte Beispiel zeigt — mit einer neuen Qualität auseinanderzusetzen: Einmal gefundene Ergebnisse/Zusammenhänge lassen sich nicht mechanisch in die Zukunft extrapolieren, sondern sind abhängig von sich wandelnden wirtschaftlichen, gesellschaftlichen und individuellen Einflüssen, aber auch Interpretationen, Normen, Bedürfnissen und Wünschen. Es handelt sich also um eine zeitliche Abhängigkeit (und damit Variabilität) von bestimmten kontextuellen Einflüssen. Noch deutlicher wird dies in

Fall 2: [Dieses Beispiel mag stellvertretend stehen für die meisten Untersuchungen im Bereich der Risikoforschung, z. B. Untersuchungen zur Sicherheit von Atomkraftwerken (siehe z. B. [OW92])]. Ein international operierender Ölkonzern (es handelt sich im zitierten Artikel um den Shell-Konzern) will das politische Risiko bestimmen, in einem bestimmten Land zu investieren ([MMS81]). Dabei soll unter politischem Risiko verstanden werden die *Möglichkeit*, daß der Vertrag des Konzerns mit dem entsprechenden Land nicht länger als 10 Jahre Bestand hat. Dazu muß der Ölkonzern u. a. einschätzen: die innenpolitische Stabilität des Landes, mögliche auswärtige Konflikte, eine mögliche Enteignung des Konzerneigentums in diesem Land, mögliche zukünftige Preiskontrollen, Produktionsbeschränkungen sowie Exportrestriktionen in diesem Land.

Die Substitution von Wahrscheinlichkeit durch Möglichkeit geschah hier absichtlich: Sie zeigt, daß in diesem Fall eine andere Gebrauchsweise des

Wahrscheinlichkeitsbegriffs vorliegt: Wahrscheinlichkeit nicht verstanden als relative Häufigkeit (wie in Fall 1), sondern verstanden als subjektiv einzuschätzende Möglichkeit. Und hier handelt es sich um eine qualitative Bestimmung: Es gibt kein physikalisches Maß im Sinne einer relativen Häufigkeit, wie in Fall 1.

Man geriete also in semantische Untiefen, wollte man Wahrscheinlichkeit, verstanden als relative Häufigkeit, synonym setzen mit Wahrscheinlichkeit, verstanden als Möglichkeit: Es handelt sich bestenfalls um eine „Verwandtschaft" der beiden Gebrauchsweisen, die [Wit67] mittels sprachanalytischer Methode als *Familienähnlichkeit* charakterisiert hat. (Zu einer einfacheren Hinführung zur Sprachanalyse vgl. z. B. [Ry69].)

Dies soll noch etwas näher erläutert werden: Die quantitativ forschende Sozialwissenschaft ist bestrebt, auch Beispiele wie im Fall 2 zu quantifizieren, indem z. B. Experten X und Y nach bestimmten Gewichtungen gefragt werden, etwa:

Frage (I): Für wie *wahrscheinlich* halten Sie eine künftige Exportbeschränkung?

☐ extrem wahrscheinlich

☐ sehr wahrscheinlich

☐ etwas wahrscheinlich

☐ 50 – 50

☐ etwas unwahrscheinlich

☐ sehr unwahrscheinlich

☐ extrem unwahrscheinlich

(siehe [MMS81], S.182).

Herangehensweisen dieser Art werden u. a. legitimiert durch Dikta wie: Messen ist die Zuordnung von Zahlen zu Gegenständen nach bestimmten Regeln ([St59]) — wobei dann verbale Antwortkategorien (wie in diesem Beispiel von Frage (I) oftmals „einfach" nur durch Zahlen ersetzt werden bzw. zur Auswahl vorgegeben werden (m.a.W. *Ratings* vorgegeben werden). Fragt man allerdings unkommentiert, wie in Frage (I), so kann

(a) eine Person J mit Bezug auf bisher aufgetretene Ereignisse mit „extrem unwahrscheinlich" antworten,

(b) eine Person K mit Bezug auf ihr Wissen bezüglich politischer Tendenzen in diesem Land mit „etwas wahrscheinlich" und

(c) eine Person L mit Bezug auf ihr ängstliches Gefühl bzgl. der Person des Präsidenten dieses Landes mit „extrem wahrscheinlich".

Pragmatisch versucht man solche Probleme verschiedener Beurteilungsdimensionen durch die Vorgabe eines *Ankers* zu lösen, etwa:

„Die Sicherheit des Vertrages läßt sich bestimmen durch die Beurteilung und das Zusammenwirken der oben im Fall 2 einzeln genannten Kriterien, wie innenpolitische Stabilität, Preiskontrollen, usw. sowie ihr Zusammenwirken. Beantworten Sie bitte auf dieser Grundlage die gestellte Frage (I)."

Damit wird das Problem aber nicht gelöst: Antwort (a) wäre nicht erlaubt (soweit bisher noch keine Ereignisse dieser Art aufgetreten sind bzw. wenn, dann nicht vergleichbar sind), und Antwort (c) wäre ungeeignet (denn die gefühlsmäßige Angabe hat zunächst etwas zu tun mit der Persönlichkeit von L und bestenfalls weniger mit der politischen Situation in diesem Land). Antwort (b) bliebe übrig, die jedoch dem gleichen Verdikt unterliegt wie Antwort (a): es gibt keine Häufigkeitsgrundlage und keinen objektiven Algorithmus, der die verschiedenen technischen Problemmöglichkeiten einfach miteinander zu verrechnen erlaubt: auch hier spielen wieder subjektive Gewichtungen eine Rolle. Mit anderen Worten, es müßte Frage (I) also modifiziert werden, da ja ein subjektiv getöntes Urteil unvermeidlich ist, und relative Häufigkeiten im naturwissenschaftlichen Sinn nicht vorliegen, zu:

Frage (I'): Wie beurteilen Sie die *Möglichkeit* einer Exportbeschränkung?

Die Antworten der Befragten auf eine derart gestellte Frage werden durch eine untrennbare Kombination folgender Komponenten (siehe auch oben unter den Antworten (a)-(c)) beeinflußt sein:

(a') die Anzahl der bisher aufgetretenen Fälle dieser Art, die aber praktisch nicht vorkommen;
(b') das Wissen um die Möglichkeit des Auftretens der einzelnen Beurteilungskriterien, wie innenpolitische Stabilität, usw.;
(c') die subjektive „Gefühls"–Ebene.

Dabei trüge nur Komponente (a') zu einer intersubjektiven Ebene bei, wenn man von vergleichbaren Fällen sprechen könnte, Komponenten (b') und (c') sind genuin subjektiv getönt. Das Resultat ist demnach immer ein subjektives Urteil.

Frage (I) kaschiert also diese *subjektive Beurteilungsebene* und spiegelt statt dessen eine numerisch meß- und damit vergleichbare Größe vor: Person K kann auf Frage (I) aufgrund ihres politischen Wissens und dessen subjektiver Beurteilung genauso mit „50–50" geantwortet haben wie Person L aufgrund ihres Gefühls: beide verstehen in diesem Fall unter „50–50" verschiedenes — ihre Beurteilungs-Kontexte sind nicht identisch, sondern bestenfalls teil–identisch — insoweit nämlich, als K wie L subjektive Beurteilungskomponenten benutzen. Frage (I') dagegen enthält schon in der Formulierung diese subjektive Ebene: Gefragt wird nach der (subjektiven) *Beurteilung* einer *Möglichkeit* durch eine Person.

Übersehen wird also bei einer „pragmatischen" Gleichsetzung von „Wahrscheinlichkeit" und „Möglichkeit" die qualitative Differenz in der Verwendung *familienähnlicher* Begriffe, die vielleicht darum i. d. R. leicht fällt, da in bestimmten Kontexten „wahrscheinlich" und „möglich" synonym gebraucht

werden können. Hier allerdings soll Wahrscheinlichkeit im naturwissenschaftlichen Sinn — durch relative Häufigkeiten bestimmt — verstanden werden
(der Fall „subjektiver Wahrscheinlichkeiten" enthält die gleiche Problematik
wie die hier kritisierten Beispiele). Synonymität ist damit ausgeschlossen.

Hiermit haben wir die semantische Grundproblematik angesprochen, die
darin besteht, daß es verschiedene Möglichkeiten gibt, daß mehrere Personen die gleichen Frage- bzw. Antwortkategorien unterschiedlich verstehen. Aber auch entsprechend für eine Person allein kann diese Problematik, z. B. bei wiederholter Befragung, auftreten. Damit wird aber auch
die Schwierigkeit der Legitimation einer numerischen Verrechnung mit allen ihren methodisch–statistischen Weiterverarbeitungsmöglichkeiten deutlich: Einunddieselbe Zahl, die zwei verschiedenen Personen zugeordnet wird,
muß eben nicht dasselbe bedeuten.

„Messen" in den Sozialwissenschaften (von dem in diesen Zusammenhängen immer gern gesprochen wird) bedeutet also etwas prinzipiell anderes als
in den Naturwissenschaften, und es wäre daher charakteristischer, statt von
„Messungen" in den Sozialwissenschaften von „Beurteilungen" zu sprechen.
Deren zahlenmäßige (statistische) Verrechnung „bedeutet" dann etwas anderes als im naturwissenschaftlichen Pendant: Schon der einfachste Fall einer
Häufigkeitsangabe ist nach dem bisher Entwickelten in den meisten Fällen
nicht ein *Meß–Wert*, dem eine objektive Größe entspricht, sondern bestenfalls ein *Indikator* für eine mögliche Tendenz — bestenfalls dann nämlich,
wenn die Beurteiler relativ deckungsgleiche Urteile benutzt haben. Haben sie
das aber nicht getan, kann nicht einmal von einem „Indikator" gesprochen
werden. (Das verdeutlicht noch einmal die wesentlich genuin psychische, subjektive Komponente vieler psychologischer Informationen sowie die Bedeutungsproblematik.)

Eine (Teil-) Lösung dieses Indikator-Problems und der damit verbundenen
Kontextabhängigkeit ist demnach am ehesten durch Verfahren möglich, die
den jeweiligen Kontext mehr oder weniger einzubeziehen gestatten. Das ist
möglich,

(i) indem sich die Personen vor Angabe ihrer Antworten untereinander über
ihre Beurteilungshintergründe verständigen (und möglichst zu einem gemeinsamen Beurteilungs–Kontext gelangen) — also durch Gruppendiskussion. Diese *Herstellung eines Gruppen–Kontextes* wird unten in Abschnitt 3 gewählt;

(ii) durch die Wahl von Fragen mit *offenen Antworten*, deren Beantwortungen leichter Rückschlüsse auf den jeweiligen Kontext erlauben als Fragen
mit geschlossenen Antwortkategorien (wie z. B. bei Fragebögen). Eine
besondere Version der offenen Antwortmöglichkeiten ist die Angabe von
Assoziationen zu einem bestimmten „Reizwort" oder „-begriff". Diese
Variante wird unten in Abschnitt 4 gewählt.

Gesucht ist dann ein Auswertungsverfahren, das möglichst formal voraussetzungslos die erhaltenen Daten verarbeitet. Möglichst voraussetzungslose

Verfahren werden darum vorgezogen, um nicht auf die Inhalte, das sind die Antworten der befragten Personen, bestimmte formale Eigenschaften zu oktroyieren, deren „inhaltliche" Übersetzung nur in Ausnahmefällen begründet werden könnte, ja deren Auswahl und Begründung in den Sozialwissenschaften nahezu ausnahmslos unterbleibt: Dies gilt z. B. in der Faktorenanalyse für die Annahme der Orthogonalität der Faktoren mit den damit verbundenen Restriktionen für die Parameterschätzungen. Was bedeutet z. B. die Annahme der Orthogonalität oder gar die oblique Lösungsalternative inhaltlich für eine Menge von Begriffen oder von Items zu einem bestimmten Gegenstandsbereich?

Die Bedingung der Voraussetzungsarmut erfüllen weitestgehend deskriptiv-statistische Häufigkeits- bzw. Prozent-Analysen, die Vorhersagenanalyse ([RCZH85], Kapitel 5), die explorative Datenanalyse (z. B. [Po94], [Tu77]) und für das hier favorisierte kontextuelle Methodenkonzept die Formale Begriffsanlyse FBA ([Wil82], [Wil87], [GW96]). Bereits in der Arbeit „zur kontextualistischen Sichtweise und methodologischen Entwicklung in der psychologischen Datenanalyse" ([He94]) ist unter dem Stichwort der „Harmonisierung der Schnittstellen psychologischer Forschung" ein Methodenkonzept entwickelt worden, das darauf abzielt die zu untersuchenden Phänomene in einem aufeinander abgestimmten Erkenntnis- und Methodologierahmen zu bearbeiten. Es wurde dort gefordert, die Meta- oder Erkenntnistheorie mit der Theorie der Fachdisziplin, der Datengewinnung und den Auswertungsmethoden sowie den daraus folgenden Möglichkeiten der Interpretation der Ergebnisse anschaulich und frei von erkenntnistheoretischer Überschußbedeutung zu halten. Während die Erarbeitung des kontextuellen Methodenkonzepts in dieser früheren Arbeit theoretisch und methodologisch konzipiert war, liegt nun der Schwerpunkt auf konkreten methodischen und datenanalytischen Lösungen. Dieses Methodenkonzept soll in den folgenden Anwendungen am Beispiel eines sozialwissenschaftlichen „Risikoverständnisses" entwickelt und aufgezeigt werden. Die in den folgenden Beispielen beschriebene Art der *Informationserhebung* (vgl. 3.1 und 4.1), *Datengewinnung* (vgl. 3.2 und 4.2) und *Datenauswertung* (vgl. 3.3 und 4.3), die mit Hilfe aufeinander bezogener, einfacher und voraussetzungsarmer Verfahren erfolgt, ermöglicht eine begrifflich–inhaltliche Konzeptualisierung von Risikoverständnissen. Zur speziellen Thematik der Risikoforschung, wie sie hier vorausgesetzt werden soll, vgl. u. a. [Wie93] und [He96].

3. Risikoverständnis einer juristischen Expertengruppe am Beispiel einer dpa-Pressemeldung

Neben naturwissenschaftlich-technischen Nutzen–Risikobewertungen werden derzeit besonders sozioökonomische und sozialpsychologisch/kulturelle Analyseansätze in der Risikoforschung diskutiert. Was unter diesen Ansätzen als

„Risiko" identifiziert und bewertet wird, hängt vom individuellen und sozialen Kontext, d. h. den Einstellungen und Wahrnehmungen von Individuen, sowie Normen, Werten und Bedeutungen sozialer Geschehnisse, ab. Dies impliziert eine Reihe von Fragen, „die weiterer Klärung bedürfen: Welches sind genau die Bewertungsdimensionen, die eine Rolle spielen? Sind sie unab-hängig vom Bewertungsobjekt; gibt es Dimensionen, die „überdauernd" sind, und andere, die je nach Situation wechseln?" ([WV90], S. 47).

Die folgende Studie ist ein Beispiel für den Einfluß unterschiedlicher Kon-textbedingungen — individueller und sozialer Art — auf das Risikoverständnis von Individuen bzw. Gruppen. Sie wurde mit den Mitgliedern einer juristischen Expertengruppe (Graduiertenkolleg an einer Universität) durchgeführt. Dieses Graduiertenkolleg arbeitete seit längerer Zeit zum Thema der „Risikobewertungen und -entscheidungen". Diese Studie soll exemplarisch zeigen, daß gerade auch unter Experten unterschiedliche Verständnisse von „Risikokonstrukten" entstehen, die durch subjektive Kontextvariablen ausgelöst sein können. Diese Studie stützt darüber hinaus eine derzeit kaum noch bestrittene Position, daß auch naturwissenschaftlich–technische Risikoverständnisse vor dem Hintergrund unterschiedlicher Standpunkte über akzeptierte Werte und Normen gesehen werden müssen (vgl. dazu: [Be94], [Gl96]).

Ausgangsüberlegung: Die Mitglieder des Graduiertenkollegs „Risikobewertung" stellen bezüglich der Einschätzung eines bestimmten vorgegebenen „Alltagsrisikos" eine relativ geschlossene, homogene Gruppe dar und verfügen in dieser Sache über eine implizit einhellige wissenschaftlich-juristische Sichtweise (genannt: Identität, Philosophie der Gruppe). Sie sind sachorientiert und daher durch „ablenkende" Kontexteffekte kaum (bzw. nicht) beeinflußbar.

Diese Ausgangsüberlegung stützte sich auf Aussagen und Selbsteinschätzungen der Mitglieder des Graduiertenkollegs vor Beginn des nun aufgeführten *qualitativen Experiments* (siehe dazu auch: [Ho83], S. 560 ff., [Kl91], S. 263 ff. und [Ma05]) (vgl. Untersuchungsplan in Abb. 1).

Unabhängige Variable:	dpa–Text als BILD–Nachricht	dpa–Text als FAZ–Nachricht	dpa–Text als VDI–Nachricht
Abhängige Variable:	Gemeinsames Gruppenergebnis: Repertory Grid und Liniendiagramm[1] ($n = 5$) (s. Abb. 2 und 3)	Gemeinsames Gruppenergebnis: Repertory Grid und Liniendiagramm ($n = 5$) (s. Abb. 2 und 4)	Gemeinsames Gruppenergebnis: Repertory Grid und Liniendiagramm ($n = 5$) (s. Abb. 2 und 5)

Abbildung 1 Untersuchungsplan des qualitativen Experiments

3.1 Die Informationserhebung

Den 15 Mitgliedern eines Graduiertenkollegs „Risikobewertung" in einem juristischen Fachbereich wurde eine dpa-Meldung vom November 1994 vorgelegt, in der über die Chemikalie 2-Mercaptobenzothiazol behauptet wird, daß sie krebserzeugende Wirkung habe. Diese Chemikalie wird bzw. wurde als Vulkanisiermittel bei der Herstellung von Babyschnullern verwendet. Diese dpa-Meldung wurde in drei verschiedenen Fassungen (vgl. Abb. 3, 4 und 5) aufbereitet und als BILD-Nachricht, FAZ-Nachricht und VDI-Nachricht jeweils einer Gruppe von fünf zufällig ausgewählten Mitgliedern des Graduiertenkollegs zur Bearbeitung und Beurteilung vorgelegt. Alle drei Fassungen enthielten wortwörtlich dieselben Sätze. Sie unterschieden sich nur durch unterschiedliche Reihenfolgen der Sätze und unterschiedliche Hervorhebungen sowie den verschiedenen Zeitungs-Logos. Diese dpa-Meldung[2] wurde zwei Jahre später deutlich relativiert.

Die Mitglieder der Gruppen wurden in einem *ersten Schritt* gebeten, zunächst einzeln — d. h. jeder für sich alleine — den jeweiligen Text zu studieren. Es wurde ihnen dann eine Liste mit 10 Rollenträgern (Personen wie: *Ingenieur, Ich Selbst, Ärzte* ... usw., vgl. Abb. 2) vorgelegt, die individuell um zwei weitere Rollenträger erweitert werden konnten. Die Aufgabe bestand darin zu bestimmen, welche sechs Rollenträger durch diese Nachricht besonders angesprochen würden.

---

[1] Ein *Liniendiagramm* (vgl. Abb. 3, 4, 5, 7, 9) ist die graphische Veranschaulichung eines Begriffsverbandes. Von einem formalen Kontext (vgl. Abb. 2) lassen sich alle formalen Begriffe bestimmen, wobei ein formaler Begriff ein Paar bestehend aus Begriffsumfang und Begriffsinhalt darstellt. Die formalen Begriffe eines Kontextes bilden bezüglich der Unterbegriff–Oberbegriff–Relation einen Begriffsverband, der sich durch ein Liniendiagramm veranschaulichen läßt. In einem Linienidiagramm stellt jeder Kreis einen Begriff dar, dessen Umfang alle Gegenstände beinhaltet, die an Kreisen stehen, die von diesem Kreis durch absteigende Linienzüge erreichbar sind, und dessen Inhalt alle Merkmale umfaßt, die an Kreisen stehen, die von diesem Kreis durch aufsteigende Linienzüge erreichbar sind.

[2] Die Meldung wurde 2 Jahre später, am 30. Oktober 1996, durch eine weitere dpa–Meldung (z. B. im Weser-Kurier) praktisch aufgehoben: „Kaum Bedenken gegen Babysauger: Markenprodukte ohne Risiko. Die meisten Babysauger und Schnuller können den Kindern unbedenklich gegeben werden. Besonders bei bekannten Markenprodukten würden die Eltern kein Risiko eingehen, berichtet die Zeitschrift „test" in ihrer November-Ausgabe. Die Stiftung Warentest habe bei der Untersuchung von 20 Flaschen- und Beruhigungssaugern nur in einem Falle die Chemikalie 2-Mercaptobenzothiazol (MBT) nachgewiesen, schreibt die Zeitschrift. Vor zwei Jahren hatte es Unruhe unter Eltern gegeben, weil die Chemikalie in Trink- und Beruhigungssaugern aus Naturkautschuk nachgewiesen wurde. MBT gilt als allergene Substanz und kann möglicherweise Krebs auslösen. Inzwischen hätten viele Unternehmen aber reagiert und ihre Produkte umgestellt, berichtet „test". Die Stiftung Warentest rät den Eltern, auch bei qualitativ guten Nuckeln vor dem ersten Gebrauch keinesfalls auf das Auskochen zu verzichten. ‚Das reduziert nicht nur eventuell vorhandene Schadstoffe, sondern macht auch Keimen und Bakterien den Garaus', heißt es."

Den einzelnen Mitgliedern der Gruppen wurden in einem *zweiten Schritt* acht Konsequenzen vorgelegt, die ebenfalls um zwei weitere Konsequenzen erweitert werden konnten. Sie wurden nun gebeten, maximal sechs Konsequenzen zu wählen, die aus der Kenntnis dieser Nachricht für sie folgen würden.

Im *dritten Schritt* werden die einzelnen Mitglieder gebeten, die ausgewählten Rollenträger mit den ausgewählten Konsequenzen zu kombinieren (vgl. die Matrixform in Abb. 2) und es wurde danach gefragt, zu welchen der Konsequenzen die Rollenträger jeweils greifen sollten.

Im *vierten Schritt* schließlich wurden die Mitglieder der Gruppen gebeten, ihre individuellen Lösungen nach einer Diskussion (von ca. 10 Minuten) zu einem gemeinsamen Gruppenergebnis mit maximal sechs Rollenträgern und sechs Konsequenzen zu verbinden. In Abb. 2 ist das Ergebnisbeispiel für die abhängige Variable (d. h. gemeinsame Gruppendiskussion als Repertory Grid Kontext) unter der unabhängigen Variablen „VDI-Nachrichten" wiedergegeben.

Diese Vorgehensweise impliziert die folgenden *methodologischen Prinzipien* für ein *qualitatives Experiment*:

- Die Befragten stellen bezüglich der Aufgabe eine *homogene* Gesamtgruppe dar, da sie sich als Juristen und Graduierte alle mit Problemen der Risikobewertung beschäftigt haben und der dpa-Text ein „Alltagsrisiko" anspricht.
- Die drei Texte sind inhaltlich identisch und unterscheiden sich nur durch den Medienkontext, d. h. also es handelt sich um eine *„hergestellte" unabhängige Variable.*
- Die Aufteilung in Untergruppen erfolgte *nach Zufall*, jedes Mitglied hatte also dieselbe Chance, einer der drei Untersuchungsbedingungen zugeteilt zu werden.
- Jeder Befragte kann sich zunächst individuell ein eigenes Meinungsbild „verschaffen" (Schritte 1-3) und damit sein individuelles Risikoverständnis explizieren und *stabilisieren*.
- Die Gruppendiskussion entspricht einer für Juristen üblichen Vorgehensweise und stellt somit eine *natürliche Umgebungsvariable* dar.
- Das Gruppenergebnis läßt nur die wesentlichen Übereinstimmungen hervortreten, individuelle Besonderheiten bleiben im Hintergrund, d. h. die *Effektvarianz wird maximiert* und die *„Fehlervarianz"* bzw. *„Störeinflüsse" werden miniiert*. (Ein Problem könnte darin bestehen, daß einzelne Mitglieder der Gruppe unverhältnismäßig stark dominant sind und so bestimmte Verzerrungen auftreten können, die sich aber mit bestimmten Nachbefragungen lokalisieren ließen.)
- Das aktuelle Ergebnis des Experiments muß *nicht notwendig replizierbar* sein, hingegen muß eine Nachprüfbarkeit des Forschungsresultats nach „subjektwissenschaftlichen" Kriterien erreichbar sein (eine ausführliche, abstrakte Diskussion findet sich bei [Ho83], S. 556 ff.).

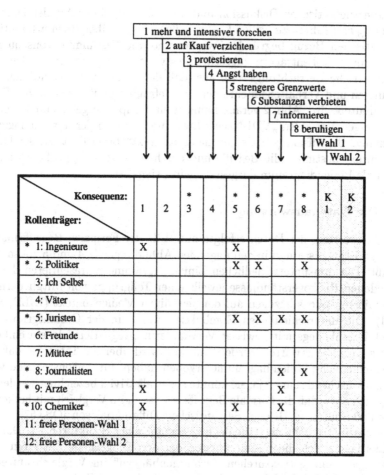

Abbildung 2 Gruppenergebnis unter der unabhängigen Variablen „VDI-Nachrichten" (Datenerhebungsplan für ein „Risikokonstrukt" nach der Repertory-Grid-Technik.) Ein „X" bedeutet, daß die Rollenträger [in der Zeile] die entsprechende Konsequenz [in der Spalte] ziehen sollten. Von den Chemikern wird hier also verlangt, mehr zu forschen, strengere Grenzwerte festzulegen und zu informieren. Die schraffierten Zeilen und Spalten bedeuten, daß neben den Vorgaben weitere Rollenträger bzw. Konsequenzen hätten gewählt werden können. Ein „ * " bedeutet, daß dieser Rollenträger bzw. diese Konsequenz von der Gruppe ausgewählt wurde.

3.2 Die Datengewinnung

Aus den erhobenen Informationen (individuelle Wahlen, Zuordnungen, Gruppendiskussion und -abstimmung) werden mit Hilfe der Repertory-Grid-Methodologie (vgl. u. a. [He94], S. 311 ff.) die Ergebnisse zu einem formalen Datenkontext — wie in Abb. 2 — aufbereitet. Ohne den Anspruch einer

tieferen theoretischen Diskussion und Verankerung dieser Art der Datengewinnung hier führen zu wollen (— es ließe sich z. B. über einen attributions-
theoretischen Bezug begründen, warum und wie bestimmte Konsequenzen
bestimmten Rollenträgern zugeschrieben werden —), reicht zunächst die
pragmatische Betrachtungsweise aus, daß der Kontext der Handlungsemp-
fehlungen und Verhaltensintentionen der Befragten in dieser Form der Daten
festgehalten wird. Abb. 2 veranschaulicht ein Gruppenergebnis unter der unabhängigen Variablen „VDI-Nachrichten" und wird in der Terminologie der
Formalen Begriffsanalyse als „formaler Kontext" bezeichnet. Dieser formale Kontext bestimmt die Begriffe und das hierarchische Begriffssystem, das
dann als Liniendiagramm dargestellt wird, siehe Abb. 5.

3.3 Die Datenauswertung

Die Auswertung der Daten erfolgte mit Hilfe der Formalen Begriffsanalyse,
und die Ergebnisse sind in den folgenden Abbildungen 3, 4 und 5 zusammengefaßt. Die drei unterschiedlichen Liniendiagramme repräsentieren die verschiedenen Risikoverständnisse jeweils einer Teilgruppe von Mitgliedern des
Graduiertenkollegs bezogen auf den jeweiligen Medienkontext (BILD, FAZ,
VDI). Die unterschiedlichen Ergebnisse wurden in der Gesamtgruppe des
Graduiertenkollegs mit gewisser Verwunderung registriert, da ein einheitli-
cheres Resultat erwartet wurde. Hingegen wird aber die Tatsache, daß sich
unterschiedliche Liniendiagramme ergeben haben, für Außenstehende weniger überraschend sein — ja, sie könnte sogar als trivial bezeichnet werden. Es
zeigt sich aber, daß die Formale Begriffsanalyse — im Vergleich mit herkömm-
lichen Verfahren (z. B. dem Semantischen Differential von [OST57]) — ein
sensibles Instrument zur Offenlegung semantischer Strukturen ist. Darüber
hinaus lassen sich die Besonderheiten der drei Diagramme mit ihren „Vernetzungen" und „strukturellen Zusammenhängen" im Vergleich aufzeigen.
Dieser Vergleich läßt sich zum einen über die Art und Weise der Vernetzungen innerhalb eines Diagramms führen, indem diese Vernetzungen inhaltlich
interpretiert werden. Interessant ist zum anderen der Vergleich der beiden ex-
tremen Begriffe des jeweiligen Liniendiagramms: a) der oberste Begriff, der
mit den Gegenständen beschriftet ist, die im Risikoverständnis der Gruppe
keine Rolle spielen ("keine Rolle spielen" heißt hier, daß diese Rollenträger
in dem durch den jeweiligen Medienkontext geprägten oder entstandenen
Risikoverständnis der Gruppe nicht berücksichtigt wurden); b) der unterste
Begriff, der mit den Merkmalen beschriftet ist, die in dem Gruppendiskus-
sionsprozeß keinem der angebotenen Rollenträger zugeordnet wurden und
damit im Risikoverständnis der Gruppe nicht explizit berücksichtigt wurden.
Der Grund für den Ausschluß bestimmter Rollenträger und Konsequenzen
kann mit den Stereotypen über bestimmte Medien in Zusammenhang gebracht werden. Der Aspekt konkreter Stereotype soll hier aber nicht näher
diskutiert werden und ist für das Untersuchungsergebnis nur von sekundärer
Bedeutung.

Beim Vergleich der verschiedenartigen Liniendiagramme — aufgrund der sich in den Gruppendiskussionen unterschiedlich herausgebildeten Risikoverständnisse — sind folgende Resultate bemerkenswert:

Beim Liniendiagramm zu der *BILD-Vorlage* (Abb. 3) fällt auf, daß die technisch-wissenschaftlichen Berufe, *Juristen* und *Journalisten* nicht mit dem Text in Verbindung gebracht werden (an der Spitze des Diagramms), sowie *informieren* und *mehr forschen* (am unteren Ende des Diagramms) nicht genannt oder zugewiesen werden. *Freunde* und *Ich Selbst* werden mit den emotional interpretierbaren Konsequenzen *Angst haben* und *verzichten* beschrieben. *Väter, Ärzte* und *Politiker* werden u. a. mit handlungsorientierten Konsequenzen *strengere Grenzwerte* und *Substanzen verbieten* charakterisiert. Die *Mütter, Väter* und *Ich Selbst* nehmen bezüglich des Merkmals *protestieren* zwischen diesen beiden Gruppen eine markante, zentrale Position ein. Die *Politiker* werden auf der handlungsorientierten Seite zusätzlich mit der Konsequenz *beruhigen* belegt, wobei unklar bleibt, ob diese Konsequenz hier als positive oder negative Handlungsbeschreibung gemeint ist.

Beim Liniendiagramm zu der *FAZ-Vorlage* (Abb. 4) fällt auf, daß neben den *Ingenieuren* die „Privatpersonen" (*Mütter, Väter, Freunde*) nicht mit dem Text in Verbindung gebracht werden, sowie die emotionalen Konsequenzen *Angst haben* und *beruhigen* nicht berücksichtigt werden. Die eigene Person *Ich Selbst* übernimmt die aktive Rolle des *Kaufverzichts* und des *Protests, Chemiker* und *Journalisten* sollen u. a. *informieren.* In Abstufungen traut man den *Ärzten, Juristen* und *Politikern* zu, daß sie *informieren,* bzw. sich zusätzlich für *strengere Grenzwerte* einsetzen, bzw. zusätzlich das *Verbot der Substanzen* durchsetzen. Das Liniendiagramm ist klarer und einfacher strukturiert. Der Grund hierfür (Stereotyp? Dominanz eines Gruppenmitglieds? Einheitliche Meinung und damit geringe Effektvarianz?) muß ohne weitere Nachfragen unklar bleiben.

Das Liniendiagramm zu der *VDI-Nachrichten-Vorlage* (Abb. 5) ist besonders klar und einfach zu interpretieren. Alle „Privatpersonen" (*Mütter, Väter, Freund, Ich Selbst*) und alle emotionalen Konsequenzen *Angst haben, protestieren* und *verzichten* werden nicht mit dem Text in Verbindung gebracht. Im Liniendiagramm ist einerseits der Block der Wissenschaftler (*Ärzte, Ingenieure, Chemiker*) mit den Konsequenzen wie *mehr forschen* zu erkennen. Andererseits differenziert diese Gruppe klar den Block der im weitesten Sinne öffentlich Verantwortlichen (*Journalisten, Politiker, Juristen*) mit der Konsequenz *beruhigen* heraus. Natürlich muß auch hier die Frage nach den Gründen für diese klare Konstellation der drei Klassen von Rollenträgern gestellt werden.

Mit der Darstellung dieser drei Begriffsverbände (Liniendiagramme) ist erst der erste — wenn auch ein wesentlicher — Schritt einer empirisch-psychologischen Untersuchung vollzogen. Wir repräsentieren mit einem derartigen Liniendiagramm die Struktur eines (Gruppen-) Risikoverständnisses.

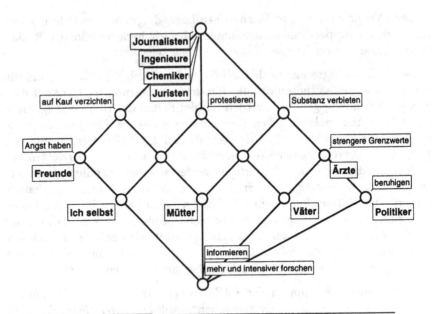

Abbildung 3 BILD–Vorlage (fiktiv) und zugehöriges Liniendiagramm

Weitere mögliche Untersuchungsschritte können folgen: Unterschiedliche Risikoverständnisse gehen in die Kommunikationsprozesse von Fachleuten und Laien über die verschiedenen Arten, Formen, Folgen und Ursachen von Risiken ein. Kommunikationsprozesse führen i. d. R. zu Veränderungen im Meinungsbild der Teilnehmer und Akteure an einem derartigen Kommunikationsvorgang. Meinungsänderungen, neue Informationen oder auch neu hinzukommende Kommunikationspartner lösen wiederum Einflüsse und Effekte aus, die ggf. zu deutlichen Veränderungen im ursprünglichen Kontext führen

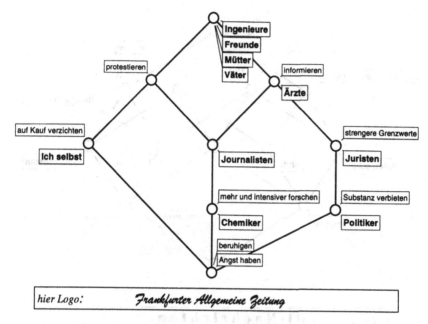

hier Logo: *Frankfurter Allgemeine Zeitung*

Neue EU-Richtlinien für Vulkanisationsbeschleuniger?

J.C.Rousseau, Brüssel

Bei 2-Mercaptobenzothiazol handelt es sich um einen Vulkanisationsbeschleuniger, der in der Latexverarbeitung verwendet wird. Diese Chemikalie wird schon seit Jahren verdächtigt, eine krebserzeugende Wirkung zu haben, die in Tierversuchen bestätigt werden konnte. Andere amerikanische wissenschaftliche Untersuchungen dieser che-mischen Substanz belegen erbgutverändernde Einflüsse. Die Chemikalie 2-Mercaptobenzothiazol befindet sich in 80 % der verschiedenen Trink- und Beruhigungsschnuller der unterschiedlichen Markenhersteller.

Ältere Kompressionsverfahren in der Latexverarbeitung kommen ohne dieses Vulkanisiermittel aus. Völlig unbestritten sind allergische Hautreaktionen bei empfindlichen Babys.
Bestimmte Produkte der Firmen Wimmer, Prenatal und Milupa werden nach dem älteren Verfahren hergestellt. Vor allem die Firma Mapa des Marktführers („NuK") in Zeven bei Bremen verwendet das Vulkanisiermittel. Bisher sind von der Brüsseler Kommission noch keine Grenzwerte festgelegt worden, so daß nicht gegen amtliche Vorschriften verstoßen wird.

Abbildung 4 FAZ–Vorlage (fiktiv) und zugehöriges Liniendiagramm

können. Mit Hilfe der Methoden der Formalen Begriffsanalyse läßt sich nun nicht nur die Tatsache einer globalen Veränderung oder Verschiebung der strukturellen Zusammenhänge im Bild eines konkreten Risikoverständnisses erkennen, sondern es können auch spezielle (d. h. begriffliche) Komponenten in diesem Veränderungsprozeß analysiert werden. Psychologische „Pre-Post"

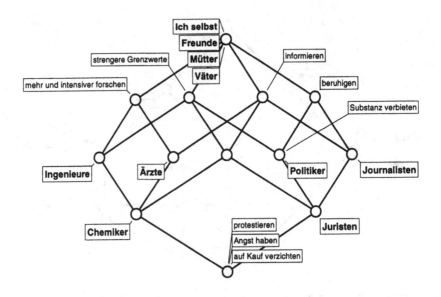

Latexverarbeitung und 2-Mercaptobenzothial

Bei 2-Mercaptobenzothiazol handelt es sich um einen Vulkanisationsbeschleuniger, der bei der Latexverarbeitung verwendet wird. Ältere Kompressionsverfahren in der Latexverarbeitung kommen ohne dieses Vulkanisiermittel aus. Diese Chemikalie wird schon seit Jahren verdächtigt, eine krebserzeugende Wirkung zu haben, die in Tierversuchen bestätigt werden konnte. Andere amerikanische wissenschaftliche Untersuchungen dieser chemischen Substanz belegen erbgutverändernde Einflüsse. Die Chemikalie 2-Mercaptobenzothiazol befindet sich in 80 % der verschiedenen Trink- und Beruhigungsschnuller der unterschiedlichen Markenhersteller.

Völlig unbestritten sind allergische Hautreaktionen bei empfindlichen Babys. Bestimmte Produkte der Firmen Wimmer, Prenatal und Milupa werden nach dem älteren Verfahren hergestellt. Vor allem die Firma Mapa des Marktführers („Nuk") in Zeven bei Bremen verwendet das Vulkanisiermittel.

Bisher sind von der Brüsseler Kommission noch keine Grenzwerte festgelegt worden, so daß nicht gegen amtliche Vorschriften verstoßen wird.

Dipl.Ing. H.J.Koch, GSF Unterhaching

Abbildung 5 VDI–Vorlage (fiktiv) und zugehöriges Liniendiagramm

Untersuchungen oder Längsschnittstudien erscheinen unter einem kontextuellen Methodenverständnis damit in einer subjektorientierten Perspektive, d. h. sie ermöglichen eine formal präzise und qualitative Interpretation der prozeßualen Veränderungen.

Während sich dieses Beispiel bei der Informationserhebung auf die Methoden des Repertory Grid und der Gruppendiskussion gestützt hat, verwenden wir im folgenden Beispiel eine Form der individuellen offenen Beantwortung — das Assoziationsverfahren. Aus den genannten Assoziationen werden inhaltsanalytisch Kategorien gebildet, die dann die Analyseeinheiten für die Formale Begriffsanalyse darstellen.

4. Risikoverständnis von Laien am Beispiel der Antibabypille

Slovic und Mitarbeiter ([SKLLM89], [SKLM91]) haben mit mehreren Personengruppen (Laien) international vergleichende Studien zur Risikowahrnehmung von verschreibungspflichtigen Medikamenten durchgeführt, die sich auf die Befragungsmethode der fortlaufenden Assoziationen ([SD78]) stützten. Dieses ist ein Verfahren, das als *Assoziationstest, -experiment* oder *Assoziationskette* schon von Galton, Wundt, Ebbinghaus und anderen Begründern der Psychologie verwendet wurde. Dieses Verfahren findet sich heute u. a. in der kognitiven Psychologie und der Gedächtnisforschung in Verbindung mit semantischen Netzwerken. Wir hingegen betrachten die unten skizzierte Assoziationsmethode als eine *einfache* Form der Befragung und Informationsgewinnung, die den Vorteil hat, daß die Befragten mit ihren eigenen Worten die Dinge benennen, die ihnen wichtig sind und die ihnen *in den Sinn kommen* — spontan oder aber auch nach Überlegung. Die Befragten reagieren also nicht wie bei einem Fragebogen auf die von Wissenschaftlern ausgedachten und vorgesetzten Fragen, von deren „Existenz" oder Relevanz die Befragten oft erstmals über diesen Fragebogen erfahren und die sie dann ggf. aus der „Rolle der guten Versuchsperson" heraus „höflich" beantworten werden, sondern sie gestalten das Ausmaß und die inhaltliche Breite ihrer Antworten (d. h. auch ihres Informationspotentials) selbst. Die Nachteile eines Assoziationsverfahrens, wie z. B. die anscheinende mangelnde Zuverlässigkeit der Antworten, sind bekannt, aber, „the incompleteness of associations is the price we pay for spontaneous character and ability to reveal subjective meaning" ([SD78], S. 15).

Während sich die Datenauswertung in den international–vergleichenden Arbeiten von Slovic und Mitarbeitern nur auf Häufigkeitsauszählungen der genannten Assoziationen bzw. Kategorien von Assoziationen beschränkte, verfolgen wir mit unserem Anwendungsbeispiel das Ziel, mit Hilfe des kontextuellen Methodenkonzepts in den prozentualen Häufigkeiten auch strukturelle Zusammenhänge und qualitative Vergleiche zu erkennen.

4.1 Die Informationserhebung

Den Befragten wird ein Wort (Stimulus, Reiz) vorgegeben. In unserer Studie vom Oktober 1995 haben wir zum Zeitpunkt der vielen öffentlichen und aktuellen Diskussionen um die Risiken der Mikropille einer Gruppe von Studierenden (N = 85) den Begriff *Antibabypille* vorgelegt. Die Befragten wurden gebeten, alle Worte niederzuschreiben oder zu nennen, die ihnen zu diesem Stimulus einfielen (vgl. auch Legende zu Abb. 6).

4.2 Die Datengewinnung

Eine Expertengruppe von Psychologinnen hat die insgesamt über 294 genannten Antworten zu einem Kategoriensystem mit 68 Kategorien verarbeitet. Die Bildung eines Kategoriensystems verläuft i. d. R. nicht widerspruchsfrei. Im Falle fehlender theoretischer Kriterien (denkbar wären z. B. psychologische Einstellungstheorien oder medizinische Gesichtspunkte) können zunächst auch lexikalische Ordnungsprinzipen verwendet werden. Da es sich dabei um den Kern qualitativer Datengewinnung in der Anwendung des kontextuellen Methodenkonzepts handelt, muß dieser Prozeß der Datengewinnung in unseren zukünftigen Studien noch näher präzisiert und expliziert werden bzw. neuen methodologischen Prinzipien folgen (zwar reicht das Spektrum bereits jetzt von inhaltsanalytischen Methoden bis hin zu Verfahren der kommunikativen Validierung, aber diese sind entweder zu starr oder zu praxisfern).

Die Gruppe der Befragten wurde in drei Teilgruppen unterschieden:

– Frauen, die z. Zt. keine Antibabypille verwendeten (abgekürzt: *Frauen ohne Pille*)
– Frauen, die z. Zt. die Antibabypille einnahmen (abgekürzt: *Frauen mit Pille*) und
– *Männer*

Es wurden dann die prozentualen Häufigkeiten bestimmt, mit der die Antworten in den Teilgruppen der Befragten vorkamen. Für das hier verwendete Anwendungsbeispiel haben wir uns auf die 20 Kategorien beschränkt, die am häufigsten vorkamen. Gleichzeitig wurde bestimmt, in welchem Teil der Assoziationsfolge die Befragten die jeweiligen Begriffe zu einer Kategorie *überwiegend* genannt hatten. Das Kriterium *„überwiegend"* wurde in dieser Studie über einen *a priori festgelegten* Schwellenwert (mehr als 18 % der Nennungen pro Kategorie) bestimmt, für die Datengewinnung wurde dann „nur noch" das qualitative Merkmal herangezogen, ob dieser Schwellenwert überschritten wurde (gekennzeichnet durch „ * " in Abb. 6) oder nicht. Dazu wurden für diese Untersuchung drei Prioritätstufen *I, II* und *III* festgelegt; d. h. die Begriffe konnten im ersten, zweiten oder letzten Drittel der Assoziationsfolge gefallen sein. Die individuellen Unterschiede in den Längen der Assoziationsketten, die einzelnen Befragten erzielten zwischen 5 und 13 Nennungen, wurden berücksichtigt, d. h. die Aufteilung der Assoziationsketten erfolgte in drei Drittel, die, je nach inhaltlichen Gesichtspunkten, aber nicht automatisch gleich groß sein mußten. Wenn z. B. von 5 Assoziationen die ersten drei Worte zu einer Kategorie gehörten und das vierte und fünfte Wort zwei neue und verschiedene Kategorien ansprachen, dann wurde diese 5-er Kette im Verhältnis 3 : 1 : 1 aufgeteilt. Die Ergebnisse dieser Form der Datengewinnung finden sich in Abb. 6.

4.3 Die Datenauswertung

Die Darstellungsform der Daten in Abb. 6 erlaubt mehrere Auswertungsmöglichkeiten und -strategien, von denen hier zwei näher vorgestellt werden: Zum einen läßt sich die Struktur der *Dominanz* der Kategorien in den Teilgruppen über die Prozentangaben (a) als Daten-Ausgangspunkt für die Formale Begriffsanalyse bestimmen, zum anderen läßt sich die Struktur der *Relevanz* der Daten in den Teilgruppen über die Prioritäten (b) als Daten-Ausgangspunkt für die Formale Begriffsanalyse bestimmen:

(a) In den %-Spalten befinden sich die prozentualen Häufigkeiten der Nennungen in den jeweiligen drei Teilgruppen „Frauen ohne Pille", „Frauen mit Pille" und „Männer". Für den Datenkontext lassen sich verschiedene Untergrenzen in den Häufigkeiten der Nennungen auswählen. Für das Liniendiagramm in Abb. 7 wurde $f \geq 25\%$ gewählt, d. h. eine Kategorie sollte wenigstens von einem Viertel der Befragten in einer Teilgruppe genannt bzw. erzeugt worden sein. Je häufiger eine Kategorie genannt wird, desto stärker ist ihre Dominanz. Von Interesse kann z. B. sein, welche dominanten Kategorien zusammenhängen, ob zwischen ihnen Implikationen festgestellt werden können oder ob sie voneinander unabhängig sind.

(b) Die schraffierten und mit „ * " markierten Zellen geben an, in welchem Drittel der Assoziationskette (*I, II* oder *III*) die Worte dieser Kategorie mehrheitlich genannt wurden. Mehrere „ * " in einer Zeile bedeuten, daß die Worte dieser Kategorien in mehr als einer Priorität gleich häufig auftraten. Fehlende Markierungen in einer Teilgruppe bedeuten, daß die Nennungen unter einem *a priori* festgesetzten Häufigkeitswert von 18% geblieben sind. Aus dieser Art der Datenaufbereitung kann abgelesen werden, welche Priorität bzw. Relevanz die genannten bzw. erzeugten Kategorien aufweisen. In der kognitions–psychologischen Literatur wird angenommen, daß Worte mit größerer Relevanz auch spontan genannt werden. Allerdings ist diese Annahme nicht als vollständig gesichert anzusehen. So beeinflußt sicherlich der Untersuchungsgegenstand, ob die Begriffe, die zuerst und spontan genannt werden, für die Personen auch immer die größere Relevanz haben. Man kann sich vorstellen, daß relevante Worte und Antworten auch erst „nach längerem Überlegen" assoziiert werden.

Die in Abb. 6 aufbereiteten Daten lassen mehrere sich ergänzende, aber auch alternative Auswertungen zu. Je nach Fragestellung und Informationsbedarf lassen sich mit Hilfe der Formalen Begriffsanalyse der gesamte Kontext oder bestimmte Ausschnitte (d. h. Teilkontexte) auswerten. Es bleibt

Kategorien: Prozent / Priorität	Frauen ohne Pille				Frauen mit Pille				Männer			
	%	I	II	III	%	I	II	III	%	I	II	III
1 Angst	28			*	32		*		33			
2 Arzt	38		*	*	50	*	*	*	11			
3 Familienplanung	25		*		11				28		*	
4 Frauensache	20		*		18				44	*		
5 Hormone	77	*	*	*	50		*	*	56	*		*
6 Kind	20	*			18	*			57	*	*	*
7 Konkrete Risiken	72	*	*	*	39	*			22			
8 Medien	08				32	*		*	28	*		
9 Menstruation	15		*		07				39		*	*
10 Nebenwirkung	28		*		25		*		11			
11 Rglmßg. Einnahme	23		*	*	54		*	*	17			
12 allgemeine Risiken	31	*		*	21		*		39	*		
13 Sex	23			*	39		*		57	*		
14 Streß: Einnahme	38		*		36	*		*	11			
15 Tablette	27		*	*	14		*		17			
16 Unsicherheit	10				04				28		*	
17 Verhütung	51	*	*		61	*			44	*		
18 Vorteil: bequem	33		*		32		*		11			
19 Vorteil: sicher	23		*		46		*		22			*
20 Relig. Assoziation	25			*	07				11			

Abbildung 6 Ergebnisse aus dem Assoziationstest zum Thema *Antibabypille*: Die Datenerhebung erfolgte an 85 Studierenden im Oktober 1995. Es konnten von jeder befragten Person bis zu 13 Antworten assoziiert werden. Aus den insgesamt 294 verschiedenen Worten, die genannt wurden, wurden 68 Kategorien gebildet. Die 20 Kategorien mit den insgesamt häufigsten Nennungen sind hier aufgelistet. Die Abbildung beinhaltet zwei Auswertungsmöglichkeiten: (a) In den %–Spalten befinden sich die prozentualen Häufigkeiten der Nennungen in den jeweiligen drei Teilgruppen *Frauen ohne Pille*, *Frauen mit Pille* und *Männer*. (b) In den Prioritätsspalten *I*, *II*, *III* befinden sich mit „*" markierte Zellen. die angeben, in welchem Drittel der Assoziationskette (*I*, *II* oder *III*) die Antworten mehrheitlich gefallen sind, d. h. welche Priorität diese Kategorien aufweisen. Mehrere „*" in einer Zeile bedeuten, daß die Begriffe dieser Kategorien in mehr als einer Priorität gleich häufig auftraten. Fehlende Markierungen in einer Teilgruppe bedeuten, daß sich die Nennungen entweder gleichmäßig gering verteilt bzw. einen a priori festgelegten Schwellenwert (von ca. 18 % der Nennungen in dieser Teilgruppe) nicht überschritten haben.

festzustellen, daß es sich um aufbereitete und „über die Personen" aggregierte Daten handelt — so wie sie üblicherweise auch der sozialwissenschaftlichen Statistik zugänglich sind. Auch wenn in dieser Studie nicht näher darauf ein-

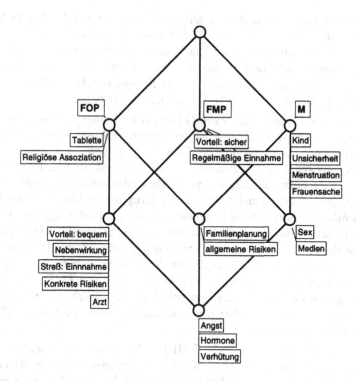

Abbildung 7 Liniendiagramm zur Begriffsdominanz des Risikoverständnisses, erfaßt mit dem Assoziationstestverfahren zum Begriff *Antibabypille*. [FOP: Gruppe der *Frauen ohne Pille*, FMP: Gruppe der *Frauen mit Pille*, M: Gruppe der *Männer*].

gegangen wird, weisen wir ausdrücklich auf die Möglichkeit hin, vor allem auch nicht aggregierte — also Einzelfalldaten — mit den methodischen Strategien eines kontextuellen Methodenkonzepts zu verarbeiten.

Zur Demonstration des Verfahrens wählen wir hier folgende *Fragestellungen*:

a) Welche Risikoverständnisse ergeben sich in den drei Teilgruppen *Frauen ohne Pille*, *Frauen mit Pille* und *Männer* für die Kategoriendominanz, die wir hier so definieren, daß mindestens jeweils ein Viertel der Befragten semantisch vergleichbare Worte bzw. Kategorien genannt haben? Diese Antwort ergibt sich aus dem Liniendiagramm in Abb. 7.

b) Welche *Kategorienrelevanz* ergibt sich, die wir hier so definieren, daß wenigstens ein Sechstel der Befragten einer Teilgruppe semantisch vergleichbare Worte bzw. Kategorien im ersten, zweiten und/oder dritten Drittel ihrer individuellen Assoziationsketten genannt haben? Diese Antwort ergibt sich — in unserem Beispiel nur auf die *erste Priorität I* bezogen — aus dem Liniendiagramm in Abb. 9.

Das Liniendiagramm in Abb. 7 zeigt, daß die Befragten der drei Teilgruppen über deutlich unterschiedliche Risikoverständnisse verfügen, die sich aus den ausgeprägten gruppenspezifischen Bewertungskategorien ergeben, aber auch von gemeinsamen Bewertungskategorien ausgehen: Allen drei Gruppen gemeinsam sind Wortassoziationen in den Kategorien *Angst, Hormone* und *Verhütung*, die damit die höchste *Dominanz* erlangt haben.

Die Gruppe *Frauen ohne Pille* (FOP), d. h. Frauen, die angaben, keine oder z. Zt. keine Antibabypille zu verwenden, führten als gruppenspezifische Merkmale *religiöse Gründe* ins Feld und eine gewisse Ablehnung bzw. Zurückhaltung gegenüber Arzneimitteln (*Tabletten*) überhaupt. Darüber hinaus führten sie entweder *allgemeine Risiken* oder die *Familienplanung* als Ablehnungsgrund an (gemeinsam mit der Gruppe der *Männer*). Die Kategorie *Familienplanung* könnte beispielsweise als „Indikatorvariable" für den weiteren interaktiven Umgang mit diesem Datensatz gewählt werden, indem mit Hilfe dieser Variablen neue Untergruppen gebildet würden und quasi in der Art einer Diskriminanzanalyse tiefergehende Strukturen aufgedeckt werden könnten. Den beiden Frauengruppen FOP und FMP sind Bewertungskategorien gemeinsam, die von den *Männern* überhaupt nicht geteilt werden: *bequem*, trotz *Einnahmestreß*; *Nebenwirkungen* und *konkrete Risiken* (*Thrombose*); *Arztbesuche*.

Die Gruppe *Frauen mit Pille* (FMP), d. h. Frauen, die angaben, z. Zt. die Antibabypille zu verwenden, führten als gruppenspezifische Merkmale den *Vorteil der Sicherheit* der Pille sowie die *regelmäßige Einnahme* an. Zusammen mit der Gruppe *Frauen ohne Pille* werden aber auch die laufenden *Arztbesuche, konkrete Risiken* (*Thrombose*), *Nebenwirkungen* und *Streß mit der Einnahme* der Pille benannt. In Abgrenzung von der Gruppe der Frauen FOP, aber gemeinsam mit der Gruppe der *Männer* werden Worte in den Kategorien *Sexualität* und *Medien* assoziiert.

Die Gruppe der *Männer* (M) führte als gruppenspezifische Merkmale an, daß es sich hier um eine *Frauensache* handele, sie assoziierten den Begriff der *Menstruation* und die Gefahr des *Kinder–Bekommens*, weiter verband sich eine erhebliches (diffuses) Gefühl der *Unsicherheit* mit der Pille. Gemeinsam mit der Gruppe der *Frauen mit Pille* wurden *Sexualität* und *Medien* genannt. Gemeinsam mit der Teilgruppe der *Frauen ohne Pille* die *Familienplanung* und *allgemeine Risiken*.

Das Risikoverständnis zum Begriff der *Antibabypille* läßt sich unter dem Aspekt der Zugehörigkeit zu den unterschiedlichen Geschlechtergruppen bzw. Gruppen von Betroffenen auf drei unterschiedlichen *Dominanzebenen* (vgl. Abb. 8) beschreiben: Die Ebene der generellen Dominanz umfaßt Beschreibungen, die übergreifend für alle gelten. Die Ebene der mittleren, interaktiven Dominanz umfaßt Beschreibungen, die jeweils auf mehrere der betroffenen Gruppen gemeinsam zutreffen. Die Ebene der spezifischen Dominanz umfaßt Beschreibungen, die sich nur auf bestimmte einzelne Gruppen anwenden lassen. Wenn also von gruppenbezogenen Risikoverständnissen ausgegangen

Dominanzebene:	Betroffene:	Begriffe und Beschreibungen:
Ebene der generellen Dominanz:	Alle:	Angst, Hormone, Verhütung
Ebene der mittleren Dominanz:	FOP & FMP:	Arztbesuche, Vorteile, Nebenwirkung, konkrete Risiken, Streß
	FOP & M:	Familienplanung, allgemeine Risiken
	FMP & M:	Sexualität, Medien
Ebene der spezifischen Dominanz:	FOP:	gegen Tabletten, Religion
	FMP:	Sicherheit, regelmäßige Einnahme
	M:	Frauensache, Menstruation

Abbildung 8 Die unterschiedlichen Dominanzebenen

wird, dann bestehen auf unterschiedlichen Dominanzebenen jeweils voneinander unterscheidbare Verknüpfungspunkte. Voraussetzung für eine mehr oder weniger effektive [Risiko-] Kommunikation unter Betroffenen ist nach [Ke55], S. 200 f., übrigens die Annahme, daß Kommunikationspartner über *gemeinsame* Begriffe (bei Kelly: Konstrukte) trotz eigener unterschiedlicher Kontexte (bei Kelly: personale Konstrukte) verfügen müssen (oder sollten) und somit in der Lage sind, sich in die Situation, das Verhalten oder die „kognitive" Welt ihres Gesprächspartners hineinversetzen zu können.

Die Auswertung der Daten nach der *Kategorienrelevanz* (Fragestellung b) bezieht sich auf die drei Spalten in Abb. 6 überschrieben mit „Priorität I". Für jede Teilgruppe sind hier diejenigen Bewertungskategorien markiert, die in den freien Assoziationsketten im ersten Drittel genannt wurden, denen von daher also eine bestimmte Relevanz zugesprochen werden kann. Zu diesem partiellen Kontext ergibt sich das Liniendiagramm in Abb. 9.

Schärfer und kontrastreicher als im Liniendiagramm der Abb. 7 werden hier die *relevanten* Bewertungskategorien für die drei Teilgruppen deutlich. Die Gruppe *Frauen ohne Pille* nennt in erster Priorität *allgemeine Risiken* und *hormonelle Auswirkungen*, die Gruppe *Frauen mit Pille* nennt in erster Priorität den *Arztbesuch* und den *Einnahmestreß* und die Gruppe der *Männer* nennt in erster Priorität *Sex* und *Frauensache*. *Konkrete Risiken (Thrombose)* einerseits und *Medien* andererseits werden von je zwei Gruppen gemeinsam genannt. Von allen Gruppen gemeinsam werden die Begriffe *Verhütung* und *Kind* als die *relevantesten* genannt. Zehn der insgesamt zwanzig Gegenstände im Kontext (Merkmalskategorien, die an der Spitze des Diagramms stehen), werden in der ersten Priorität nicht genannt, u. a. gehören dazu die *Vorteile der Pille, Familienplanung, Nebenwirkung* und *Angst*.

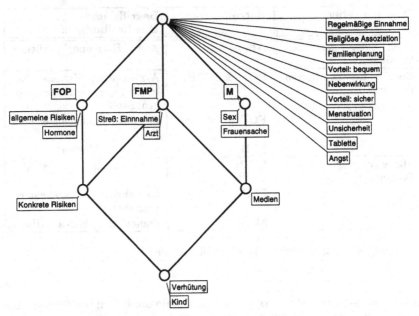

Abbildung 9 Liniendiagramm zur Begriffsrelevanz des Risikoverständnisses, erfaßt mit dem Assoziationstestverfahren zum Begriff *Antibabypille* [FOP: Gruppe der *Frauen ohne Pille*, FMP: Gruppe der *Frauen mit Pille*, M: Gruppe der *Männer*].

Es muß an dieser Stelle noch einmal ausdrücklich betont werden, daß mit Hilfe der Formalen Begriffsanalyse Ergebnisse erzielt werden können, die die begrifflichen, semantischen Strukturen eines Untersuchungsfeldes aufdecken können. Im Gegensatz zu den üblichen parametrisch–statistischen Methoden der Sozialwissenschaften, die zwar für eine Variablenmenge deren formale (lineare, statistische) Zusammenhänge berechnen können, können unter dem Verständnis eines kontextuellen Methodenkonzepts die inhaltlich-begrifflichen Zusammenhänge analysiert werden. Dabei richtet sich das Ausmaß und die Form der Datenaggregation nicht wie bei den statistischen Verfahren nach den formalen Erfordernissen der Schätzalgorithmen, sondern ausschließlich nach Erfordernissen der theoretisch begründbaren oder inhaltlich gewünschten Fragestellung.

5. Ausblick

Das hier entwickelte kontextuelle Methodenkonzept ermöglicht es, unter hoher inhaltlicher Validität komplexe Zusammenhänge vergleichend sichtbar werden zu lassen. Risikoforschung, die sich in den unterschiedlichen Feldern von der Gentechnik über Arzneimittel bis hin zu den globalen Umweltveränderungen mit solchen komplexen Zusammenhängen von Risiken, ihrer Wahrnehmung, Kommunikation und den daraus resultierenden Handlungsmöglichkeiten befaßt, hat u.E. einige Grundfragen zu klären. So ist zunächst die Beschaffenheit von Risikoverständnissen (oft auch als „Risikokonstrukt" bezeichnet) zu präzisieren, bevor z. B. interaktive Kommunikationsprozesse auf den wissenschaftlichen Prüfstand gehoben werden. Zentrale Bedeutung für solche Vorhaben in der Risikoforschung haben Begriffe wie „subjektives Wissen", „Alltagswissen" und „Kommunikationshandlungen", deren wesentliche Merkmale sich nach [Lu94] beschreiben lassen durch:

– hohe Kontextgebundenheit,
– hohe Komplexität,
– Traditionsverbundenheit (Kultur, ungeprüfte Überlieferungen),
– Gewißheit der ungewissen Meinung.

Die Bearbeitung dieser und entsprechender Untersuchungsbereiche mittels formaler Modelle verlangt dann nach solchen Modellen, die die Kontextabhängigkeit und Subjektivität möglichst sichtbar erhalten. Dieses ist mit dem Verfahren der Formalen Begriffsanalyse möglich, das in jedem Falle die interpretatorische Aktivität der über inhaltliche Fragestellungen Forschenden ermöglicht und verlangt und u.U. auch die Eigenaktitivtät des Rezipienten (Lesers) erwartet. So ist es in den vorgestellten Beispielen durchaus möglich, daß verschiedene Leser zu unterschiedlichen Interpretationen der Ergebnisse gelangen, die natürlich auch von denen der Autoren abweichen können: Wie geht der einzelne Leser beispielsweise mit dem Ergebnis in Abb. 4 um, in dem die *Ingenieure* als einziger wissenschaftlich–technischer Beruf zusammen mit den „Privatpersonen" (*Väter, Freunde, Mütter*) nicht mit dem Text der FAZ-Vorlage in Verbindung gebracht werden? Mögliche Umgangsweisen damit wären:

(i)   Es handelt sich um einen Fehler bei der Fixierung des Gruppenkonsenses;
(ii) der Gruppe unterlief ein inhaltlicher Fehler bei der Beurteilung von Ingenieuren;
(iii) Ingenieure können im vorgegebenen Kontext (FAZ–Vorlage) bzgl. gegebener Konsequenzen von der Gruppe zu diesem Zeitpunkt nicht eingeordnet werden.

Aber auch:

(iv) Für die Gruppe war dieses Resultat zu diesem Zeitpunkt inhaltlich das einzig mögliche — womit dem Leser die Interpretation dieses Ergebnisses anheimgestellt wird.

Man erhält also innerhalb eines qualitativen, strukturellen und zeitlich bedingten Resultats — entstanden aus der Verarbeitung durch ein formales Modell — als Rezipient die Möglichkeit, eigene Betrachtungs- bzw. Verständnisweisen gegenüber dem vorgestellten Resultat zu entwickeln bzw. mit diesem zu verknüpfen. Und diese eigenen Verständnisweisen sind ebenso auch wieder zeitlich bedingt.

Dieses — auch: interpretative — Vorgehen und Umgehen mit „Daten" (im Sinne von gegebener, gesammelter oder erstellter Information) unterscheidet eine qualitative Forschung charakteristisch von einer quantitativen, nach „ehernen Gesetzen" suchenden Forschung.

Literatur

[Be94]   G. Bechmann: Risiko und gesellschaftlicher Umgang mit Unsicherheit. *Österreichische Zeitschrift für Soziologie* **19**(1994), 8–33

[GW96]   B. Ganter, R. Wille: *Formale Begriffsanalyse. Mathematische Grundlagen.* Springer, Heidelberg 1996

[Gl96]   F. Gloede (1996): Streit um Worte oder politische Semantik? Acht Bemerkungen zur Unterscheidung von 'objektiven und subjektiven Risiken'. In: V. Preuß (Hrsg.): *Risikoanalysen — Über den Umgang mit Gesundheits- und Umweltgefahren,* Band 1. Asanger, Heidelberg 1996, 33–40

[He94]   H. J. Henning: Zur kontextualistischen Sichtweise und methodologischen Entwicklung in der psychologischen Datenanalyse. In: R. Wille und M. Zickwolff (Hrsg.): *Begriffliche Wissensverarbeitung: Grundfragen und Aufgaben.* B. I.-Wissensschaftsverlag, Mannheim 1994, 301–321

[He96]   H. J. Henning: Risikokommunikation: Interaktive Entscheidungen über Arzneimittel. In: V. Preuß (Hrsg.): *Risikoanalysen — Über den Umgang mit Gesundheits- und Umweltgefahren,* Band 1. Asanger, Heidelberg 1996, 335–367

[Ho83]   K. Holzkamp: *Grundlegung der Psychologie.* Campus, Frankfurt 1883

[Ke55]   G. A. Kelly: *The Psychology of Personal Constructs.* Vol.1, Norton, New York 1955

[Kl91]   G. Kleining: Das qualitative Experiment. In: U. Flick (Hrsg.): *Handbuch Qualitative Sozialforschung.* Psychologie Verlags Union, München 1991, 263–266

[Lu94]   A. L. Luft: Zur begrifflichen Unterscheidung von 'Wissen', 'Informationen' und 'Daten'. In: R. Wille und M. Zickwolff (Hrsg.): *Begriffliche Wissensverarbeitung: Grundfragen und Aufgaben.* B. I.-Wissensschaftsverlag, Mannheim 1994, 61–79

[Ma05]   E. Mach: *Erkenntnis und Irrtum. Skizzen zur Psychologie der Forschung.* Wissenschaftliche Buchgesellschaft, Darmstadt 1991 (Nachdruck von 1905)

[MMS81]   L. Mancini, J. Meisner, E. Singer: Assessing uncertain ventures using experts judgments in the form of subjective probabilities. *OMEGA: The international Journal of Management Science* **9**(1981), 177–187

[OW92]   H. Otway, D. von Winterfeldt: Expert judgment in risk analysis and management: process, context, and pitfalls. *Risk Analysis* **12**(1992), 83–93

[OST57]   C. E. Osgood, G. J. Suci, P. H. Tannenbaum: *The measurement of meaning.* University of Illinois Press, Urbana 1957

[Po94]   W. Polasek: *EDA Explorative Datenanalyse. Einführung in die deskriptive Statistik.* Springer, Berlin 1994

[RCZH85]   G. Rudinger, F. Chaselon, E. Zimmermann, H. J. Henning: *Qualitative Daten — Neue Wege in den Sozialwissenschaften.* Urban & Schwarzenberg, München 1985

[Ry69]   G. Ryle: Der Begriff des Geistes. Reclam, Stuttgart 1969

[SKLLM89]   P. Slovic, N. Kraus, H. Lappe, H. Letzel, T. Malmfors: Risk perception
            of prescription drugs: report on a survey in Sweden. *Pharmaceutic
            Medicine* **4**(1989), 43–65

[SKLM91]   P. Slovic, N. Kraus, H. Lappe, M. Major: Risk perception of presrip-
            tion drugs: report on a survey in Canada. *Canadian Journal of Public
            Health* **82**(1991), 15–20

[St59]   S. S. Stevens: Measurement, psychophysics and utility. In:
            C. W. Churchman, P. Ratoosh (Hrsg.): *Measurement: definitions and
            theories.* Wiley, New York 1959

[SD78]   L. B. Szalay, J. Deese: *Subjective meaning and culture: an assessment
            through word associations.* Lawrence Erlbaum Associates, Hillsdale
            1978

[Tu77]   J. W. Tukey: *Exploratory Data Analysis.* Addison-Wesley, Reading,
            Mass., 1977

[WV90]   W. P. von Wartburg, U. Versteegen: *Gesellschaftliche Risikobewertung
            bei Medikamenten: Die RADAR Initiative.* Soziologisches Seminar Uni-
            versität Basel, Basel 1990

[Wie93]   P. M. Wiedemann: Introduction risk perception and risk communi-
            cation. *Arbeiten zur Risikokommunikation, Programmgruppe Mensch,
            Umwelt, Technik (MUT)*, 38, 37, 1993

[Wil82]   R. Wille: Restructing lattice theory: an approach based on hierarchies
            of concepts. In: I. Rival (Hrsg.): *Ordered sets.* Reidel, Dordrecht-Boston
            1982, 445–470

[Wil87]   R. Wille: Bedeutungen von Begriffsverbänden. In: B. Ganter, R. Wille,
            E. Wolff (Hrsg.): *Beiträge zur Begriffsanalyse.* B. I.-Wissenschaftsver-
            lag, Mannheim 1987, 161–211

[Wit67]   L. Wittgenstein: *Philosophische Untersuchungen.* Suhrkamp, Frank-
            furt 1967

Wir danken Dipl.-Math. Petra Gast für ihre wertvollen Hinweise
und ausführlichen Kommentare zum Manuskript.

Über Möglichkeiten der Formalen Begriffsanalyse in der Mathematischen Archäochemie

Hans-Georg Bartel

Dieser Aufsatz ist Herrn Prof. Dr. CORNELIUS WEISS (seit 1991 Rektor der Universität Leipzig) aus Anlaß seines 65. Geburtstages im März 1998 und in Würdigung seiner wissenschaftlichen und wissenschaftsorganisatorischen Verdienste im Rahmen der Theoretischen Chemie [Ba89], [Ba95c] gewidmet.

Inhalt

1. Anliegen

Es ist von dem niederländischen Ägyptologen DIRK VAN DER PLAS anläßlich seines Berliner Vortrages "Das Datenbanksystem ISIS (Integrated Set of Information Systems) zwischen Traum und Wirklichkeit" am 11. Mai 1989 der Satz geprägt worden: *"Ägyptologen sind Schatzmeister!"*. Tatsächlich rechtfertigen die Fülle und die Qualität der schriftlichen, künstlerischen und materiellen Zeugnisse des alten Nillandes diese Aussage. Der Wert, den der "Schatzmeister" zu verwalten, zu bewahren und nicht zuletzt zu mehren hat, ist vor allem in der mit ihnen verbundenen Information zu suchen. Leicht läßt sich diese Feststellung auf jede archäologische und mit dem Altertum oder überhaupt mit der Vergangenheit befaßte Wissenschaft übertragen. Und auch für die Naturwissenschaften – Physik, Chemie, Biologie etc. – sowie alle anderen Wissensdisziplinen hat sie dieselbe Bedeutung.

Dem "Schatzmeister" im Sinne von VAN DER PLAS steht für die Bewältigung seiner Pflichten in der mathematischen Ordnungstheorie oder der Theorie der Relative [Bi48], [Er82] ein wertvolles Hilfsmittel zur Verfügung. Als eine bemerkenswerte Entwicklung in dieser Richtung ist die Formale Begriffs-analyse (FBA) bzw. Begriffsverbandstheorie der Darmstädter Algebraschule von Rudolf Wille [Wi87], [GW96], [KL95], [Ba96b] anzusehen.

Diese wird in dieser Übersicht dazu benutzt um anzudeuten, wie sich archäochemisch-materialkundliche Informationen auf diese Weise be- und verarbeiten lassen. Daß die FBA darüber hinaus auch für allgemeinere Probleme der Theoretischen und Mathematischen Chemie von hohem Wert ist, konnte in einigen Arbeiten nachgewiesen werden, die sich mit der Theorie der Selbstorganisation [Ba90b], der des aromatischen Zustandes chemischer Verbindungen [Ba94b], [Ba96d], der Klassifikation organischer Moleküle auf Grund ihrer funktionalen Gruppen [Ba96a] und den Struktur-Eigenschaft-Beziehungen von Gläsern [BN97] beschäftigen.[1] Sie sollen aber nur genannt werden, um wenigstens auf diese Weise zu verdeutlichen, in welchem Umfang die Begriffsverbandstheorie in der Mathematischen Chemie insgesamt effektiv einsetzbar ist.

Da die Wissenschaftsdisziplin "Archäometrie" verhältnismäßig jung und ihr Bekanntheitsgrad daher nicht allzu groß ist, soll der folgende kurze Abschnitt ihren Inhalten und Zielen gewidmet werden.

2. Zum Inhalt und zu den Zielen der Archäometrie

"*Archäometrie macht Spaß.*" Mit diesem Satz beginnt der Physiker HANS MOMMSEN sein Buch ([Mo86], S. 3) über dieses Fachgebiet, das die "*Untersuchung, Identifizierung und Altersbestimmung, auch* (den) *Echtheitsnachweis und* (die) *Konservierung archäologischer Objekte und Kunstgegenstände mittels naturwissenschaftl. (chemischer, physikalischer, mineralogischer, petrograhischer, botanischer) Methoden*" [Ge89] zum Ziel hat und dessen Name aus den griechischen Wörtern ἀρχαῖος (altehrwürdig, altertümlich, …) und μετρέω (ich messe) gebildet worden sind.[2]

Eine Wissenschaftsdisziplin verdient dann erst wirklich diese Bezeichnung im Sinne ihrer Eigenständigkeit, wenn sie ihr eigenes Zeitschriftenorgan besitzt und akademische Lehrstühle für sie eingerichtet wurden. Beides ist gegeben: Dem 1958 in Oxford gegründeten Journal "Archaeometry" verdankt dieser Natur- und Geisteswissenschaften vereinende Zweig seine Bezeichnung,

---

[1] Ergänzt werden kann diese Aufzählung durch bisher unveröffentlichte Ergebnisse, die sich einerseits mit der Klassifikation von elektronischen Zuständen asymmetrischer organischer Verbindungen, die von quantenchemischen HMO-Berechnungen ausgehen, und andererseits mit einer verbesserten Beschreibung von Aromatizitätskriterien beschäftigen.

[2] Auch das Wort "Chemie" soll seinen Ursprung in den im Griechischen in der Metallurgie verwendeten χέω (ich gieße) oder χεῦμα (der Guß) haben, nachdem einige Zeit die ägyptische Bezeichnung "Kemet" ⟐𓎡𓐍 (*km.t*, das Schwarze [Land] = Ägypten) dafür gehalten wurde (s. [Fo64]).

und einen derartigen Lehrstuhl in Deutschland gab es z.B. an der Freien Universität in Berlin und gibt es noch an der Technischen Universität in Dresden.

Die Wurzeln der Archäometrie, insbesondere der Archäochemie, sind aber schon recht alt. In ihrer Geschichte spielt Berlin mindestens durch zwei Ereignisse eine Rolle. So ist wohl die früheste archäochemisch-analytische Arbeit bereits 1779 hier von MARTIN HEINRICH KLAPROTH (1743–1817) angefertigt und veröffentlicht [Kl79] worden, und FRIEDRICH RATHGEN (1862–1942) leitete das 1888 gegründete "Chemische Laboratorium der Königlichen Museen zu Berlin"[3], das erste seiner Art in der Welt, dessen Aufgaben in der Unterstützung der Konservatoren ebenso lag, wie darin, die Beschreibung und Erfassung archäologischer Objekte und damit das Verständnis der Vergangenheit zu präzisieren.

Die Frage nach den Zielen archäometrischer Forschungen lassen sich aus einer von MOMMSEN gegebenen Übersicht ([Mo86], S. 14) ablesen, die daher leicht modifiziert wiedergegeben werden soll:

- Prospektion (Lokalisierung)
- Materialuntersuchungen
  - Materialidentifikation (chemische Zusammensetzung, physikalisch-chemische Eigenschaften)
  - Technologie
  - Herkunftsbestimmung
  - Konservierung und Restaurierung
  - Echtheitsprüfung
- Datierung.

Wie jede naturwissenschaftliche Untersuchung läßt sich das Ziel dieser Untersuchungen nur dann effektiv erreichen, wenn ihre Auswertung sich mathematischer Methoden bedient. Im Zusammenhang mit den Materialuntersuchungen, welche in diesem Aufsatz allein interessieren, spielt dabei die Klassenzerlegung und -zuordnung eine wichtige Rolle. Zu diesem Zweck werden neben empirischen und faktoriellen Methoden gewöhnlich diejenigen der hierarchischen Cluster-Analyse benutzt. Zur Lösung derartiger archäometrischer Fragestellungen bietet sich aber auch die FBA vorteilhaft an.

Ihrem wünschens- und empfehlenswerten Einsatz in der Archäometrie – und darüber hinaus in den Naturwissenschaften überhaupt, aber auch der Archäologie – steht die geringe Popularität der für sie grundlegenden Verbandstheorie außerhalb der reinen Mathematik im Wege. Dieser Erfahrung möchte der nächste Abschnitt Rechnung tragen. Er stellt einige wichtige Grundbegriffe der FBA zusammen, richtet sich damit in erster Linie an den an deren Anwendung interessierten Naturwissenschaftler oder Archäologen und kann daher von einem mathematischen Leser übergangen werden.

---

[3] Heute trägt es den Namen "Rathgen-Forschungslaboratorium der Staatlichen Museen Preußischer Kulturbesitz Berlin". Es gibt gegenwärtig etwa 750 derartiger Einrichtungen in der ganzen Welt.

3. Ein Beispiel zur Darlegung von Grundlagen der Formalen Begriffsanalyse: Gold- und Silberobjekte aus dem Alten Ägypten[4]

Dazu wurde ein kleines Beispiel (s. auch [Ba95a]) ausgewählt, das entsprechend dem Anliegen dieses Abschnitts nur der Demonstration dient. Es ist aus diesem Grunde betont einfach gestaltet worden. Mit ihm sollen ausschließlich Grundzüge der Behandlung von Daten mit der FBA aufgezeigt werden. Obwohl dem Beispiel reale Materialuntersuchungen an archäologischen Objekten zugrunde gelegt wurden, ist mit den Ergebnissen der Datenanalyse der Gewinn wesentlicher archäometrischer Aussagen nicht angestrebt worden.

Wie in allen geschichtlichen Zeiten spielten die Edelmetalle Gold (Au) und Silber (Ag) sowie deren Legierungen auch im Alten Ägypten eine wesentliche Rolle. Aus dem Wortschatz seines Volkes sind die folgenden vier Begriffe zu unterscheiden [EG82], [Ha95]: 𓈖𓃀𓊪 (nb, Gold), 𓋴𓏏𓈖𓃀 (ḥḏ, Silber), 𓈖𓃀𓊪𓊖 (nb ḥḏ, Weißgold (?)) und 𓂧𓂝𓅓 (ḏ^{c}m, Elektron). In Tabelle 1 ist die chemische Zusammensetzung bezüglich der Elemente Gold, Silber und Kupfer (Cu) für zehn Proben zusammengestellt, die den Angaben in [LH89] entnommen sind. Hierbei wurde eine Beschränkung auf die Erste Zwischenzeit und das Mittlere Reich (Dynastien IX, XI und XII) vorgenommen. In Hinblick auf den Goldgehalt lassen sich vier Klassen formulieren. Unter Benutzung der entsprechenden Mittelwerte wird auf diese Weise Tabelle 2 erhalten, die als ein *mehrwertiger Kontext* (G_G, M_G, Z_G, R_G) aufgefaßt werden kann und von der bei den begriffsanalytischen Untersuchungen ausgegangen wird. $G_G = \{nb, nb\,ḥḏ, \underline{d}^c m, ḥḏ\}$ sind die betrachteten Gegenstände, $M_G = \{$Au, Ag, Cu$\}$ die Merkmale (Metallgehalte). Die Wertemenge Z_G enthält die in Tabelle 2 aufgeführten Zahlen und das Zeichen "–" (für "nicht"), d.h. die Ausprägungen der Merkmale M_G. R_G ist eine dreistellige Relation, $R_G \subseteq G_G \times M_G \times Z_G$, so daß ein Element dieser Relation $(g_G, m_G, z_G) \in R_G$ zu lesen ist als: "Der Gegenstand g_G hat den Elementgehalt m_G von z_G Masse-%."

Mit Hilfe der FBA läßt sich (über einige gleich zu erläuternde Schritte) die Menge der formalen Begriffe, die sich letztendlich aus dem mehrwertigen Kontext (Tabelle 2) ableiten lassen, und die zwischen diesen bestehenden Beziehungen im Sinne der Zuordnung von Unterbegriffen zu Oberbegriffen ermitteln, d.h. die begriffliche Struktur (der Begriffsverband), die mit der durch den mehrwertigen Kontext gegebenen Datenbasis verbunden ist. Ein Begriff besteht aus einer Teilmenge der gegebenen Gegenstandsmenge, die seinen Umfang bildet, und einer Teilmenge der Merkmalsmenge, die seinen Inhalt repräsentiert. Für die Visualisierung der begrifflichen Struktur in Form eines sogenannten Liniendiagramms stellt man die Begriffe graphisch durch

---

[4] In dieser und den folgenden beiden Überschriften wird zuerst das methodische Anliegen des entsprechenden Abschnitts und nach dem Doppelpunkt das zu dessen Illustration gewählte archäometrische Beispiel genannt.

Tabelle 1 Zehn Gold- und Silberproben nach [LH89] (* Mittelwerte)

Probe	Gehalt [Masse-%]					
Nr.	Au	Au*	Ag	Ag*	Cu	Cu*
1	94,8		3,7		–	
2	92,7	92,7	4,9	4,4	–	–
3	90,5		4,5		–	
4	85,9	84,4	13,8	15,2	0,3	0,4
5	82,9		16,6		0,5	
6	80,1		20,3		–	
7	78,7	78,6	20,9	21,2	–	–
8	78,2		21,1		–	
9	77,3		22,3		–	
10	0,7	0,7	91,8	91,8	–	–

Tabelle 2 Der mehrwertige Beispielkontext

		Gehalt [%]		
Proben	Name	Au	Ag	Cu
1...3	nb	92,7	4,4	–
4...5	nb h̲d̲	84,4	15,2	0,4
6...9	d̲ᶜm	78,6	21,2	–
10	h̲d̲	0,7	91,8	–

Knoten (Punkte, Kreise o.ä.) und das Vorhandensein der genannten Beziehung zwischen einem Begriffspaar durch eine (gerichtete) Kante (Linie) dar, wobei der Unterbegriff in der Papierebene vereinbarungsgemäß stets unterhalb des Oberbegriffs zu zeichnen ist und die Kante nur dann eingetragen wird, wenn zwischen dem betrachteten Unterbegriff und dem Oberbegriff keine weiteren Oberbegriffe existieren. Das Liniendiagramm, das die FBA im gewählten Beispiel liefert, bzw. die begriffliche Struktur zeigt Abbildung 1.

Zum besseren Verständnis derartiger begrifflicher Strukturen bzw. von Begriffsverbänden und zum Zwecke der Bereitstellung einiger für die weiteren Darlegungen wichtiger Definitionen und Zusammenhänge müssen, wie oben angedeutet, einige weitere Erläuterungen gegeben werden.

So ist der eigentliche Ausgangspunkt für die FBA, auf den in ihr stets Bezug genommen wird, ein *(einwertiger) Kontext*, d.h. ein Tripel der allgemeinen Form $\mathbb{K} = (G, M, I)$, das aus dem gegebenen mehrwertigen Kontext abgeleitet werden muß. Hier ist G wiederum eine Gegenstands- und M eine Merkmalsmenge. I bezeichnet eine binäre Relation $I \subseteq G \times M$, wobei $gIm \iff (g, m) \in I$ zu lesen ist als: "Der Gegenstand g hat das Merkmal m." Mit Hilfe der Ableitungsoperatoren A' (Menge aller Merkmale, die allen

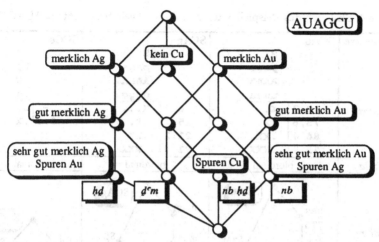

Abbildung 1 Liniendiagramm des Begriffsverbandes bzw. der begrifflichen Struktur zu dem aus Tabelle 2 (mehrwertigen Kontext) abgeleiteten Kontext AUAGCU

Gegenständen der Teilmenge $A \subseteq G$ gemeinsam sind) und B' (Menge aller Gegenstände, für die alle Merkmale der Teilmenge $B \subseteq M$ zutreffen), d.h.

$$A \mapsto A' := \{m \in M \mid \forall g \in A : gIm\}$$
$$B \mapsto B' := \{g \in G \mid \forall m \in B : gIm\}$$

läßt sich ein *formaler Begriff* im Kontext $\mathbb{K}$ definieren als ein Paar (A, B), für welches gilt:

$$A \subseteq G, \ B \subseteq M, \ A' = B \text{ und } B' = A \ .$$

A heißt der *Umfang* und B der *Inhalt* des Begriffs (A, B). Für das folgende werden die sogenannten Gegenstandsbegriffe γg von Bedeutung sein: γg ist *Gegenstandsbegriff* zum Gegenstand $g \in G$, wenn er von allen Begriffen des Kontexts $\mathbb{K}$ den kleinsten Umfang besitzt, in welchem g vorkommt, $\gamma g = (\{g\}'', \{g\}')$. Ist $\mathfrak{B}(\mathbb{K})$ die*Menge aller Begriffe* des Kontexts $\mathbb{K}$ und $\leq$ die *Unter/Oberbegriffsrelation* ("(A, B) ist Unterbegriff zum Oberbegriff (C, D)")

$$(A, B) \leq (C, D) : \Longleftrightarrow A \subseteq C \ (\Longleftrightarrow B \supseteq D),$$

so ist die (halb)geordnete Menge $(\mathfrak{B}(\mathbb{K}), \leq)$ ein vollständiger Verband, der Begriffsverband zum Kontext $\mathbb{K}$. Begriffsverbände lassen sich in Form von Liniendiagrammen visualisieren.

Die für die Durchführung der FBA notwendige Transformation eines mehrwertigen in einen einwertigen Kontext heißt *begriffliches Skalieren* [GW89]. Dabei wird jedem mehrwertigen Merkmal ein einwertiger Kontext zugeordnet, der Skala des Merkmals heißt. Deren Gegenstandsmenge enthält

Tabelle 3 Skalieren des Beispielkontexts und der abgeleitete Kontext AUAGCU

Skalenname	SCAu	SCAg	SCCu
	s pmgs AAAA uuuu	s pmgs AAAA gggg	s 0p cc uu
Kontext	0,7 | X... 78,6 | .X.. 84,4 | .XX. 92,7 | .XXX	4,4 | X... 15,2 | .X.. 21,2 | .XX. 91,8 | .XXX	- | X. 0,4 | .X
Skala	biordinal	biordinal	nominal
Linien-diagramm			

⇓   ⇓   ⇓

AUAGCU	Au				Ag				Cu	
	SpAu	mAu	gAu	sAu	SpAg	mAg	gAg	sAg	0Cu	SpCu
nb		X	X	X	X				X	
nb hd		X	X		X					X
d^c m		X				X	X		X	
hd	X					X	X	X	X	

die Ausprägungen des jeweiligen Merkmals, die dieses im mehrwertigen Kontext besitzt. Die Merkmalsmenge der Skala und ihre binäre Relation sind im Sinne der Interpretation des betrachteten Merkmals so zu wählen, daß sie dessen begriffliche Struktur und Bedeutung klar widerspiegeln.

Tabelle 3 zeigt dieses Vorgehen für den Fall des mehrwertigen Beispielkontexts der Tabelle 2. Die gewählten Abkürzungen für die Merkmale haben die Bedeutung: Sp = "Spuren [von]", m = "merklich[er Gehalt an]", g = "gut merklich[er Gehalt an]", s = " sehr gut merklich[er Gehalt an]" und 0 = "kein".[5]

---

[5] Der analytische Chemiker gebraucht gewöhnlich statt der Merkmalsbezeichnungen "merklich, gut merklich, sehr gut merklich" eher "gering/klein/wenig, mittel, viel/groß". Die gewählte biordinale Skala für die Elemente Au und Ag enthält aber auch die Aussage, daß das Vorhandensein eines in der ordinalen Kette unteren Merkmals die im Liniendiagramm über ihm stehenden impliziert. So würde beispielsweise bei der Verwendung der Bezeichnungen "groß" und "klein" das

Der so abgeleitete Kontext AUAGCU enthält 13 formale Begriffe. Das Liniendiagramm seines Begriffsverbandes, das oben in Abbildung 1 schon gezeigt worden ist, kann nun besser interpretiert werden. Es stellt einen Ausschnitt aus einer sogenannten Gitterskala dar. Da die Gegenstandsbegriffe aller vier Gegenstände die direkten oberen Nachbarn des untersten Begriffs sind, kann geschlossen werden, daß die betrachteten Au- bzw. Ag-Objektklassen tatsächlich als Repräsentanten jeweils einer gesonderten Klasse aufgefaßt werden können. Zumindest für das "Weißgold" ($nb\,\underline{hd}$) ist das gemäß der Einordnung und Nennung in [LH89] und [Ha95] nicht so eindeutig. Von der anderen Legierung, dem Elektron ($\underline{d}^c m$), unterscheidet es sich durch seinen nicht verschwindenden Gehalt an Kupfer. Es muß aber darauf hingewiesen werden, daß die durch den Verband in Abbildung 1 ohne Informationsverlust und umfassend beschriebene "Welt" der Gold-Silber-Objekte des Alten Ägypten sich gerade auch in Hinsicht auf diese Eigenschaften auf den gegebenen Kontext AUAGCU und damit auf die mit ihm verknüpfte Auswahl und Zeiteinschränkung bezieht. Der Betrachtung wurde also nur ein Bruchteil des "Universums" der altägyptischen Metallobjekte mit hohem Au- bzw. Ag-Gehalt unterzogen, der aber bereits trotz seines einleitend genannten Demonstrations- und Beispielcharakters die Effektivität der FBA aufzeigt.

Für ein vertiefendes Studium der FBA sei auf die im einleitenden Abschnitt genannte Literatur hingewiesen, in der neben Arbeiten mit allgemeinen auch solche mit archäometrischen Anwendungsbeispielen genannt wurden.

Nach diesen einleitenden Darlegungen soll noch einmal betont werden, daß es das Hauptanliegen dieses Aufsatzes ist, dazu beizutragen, durch Aufzeigen von Beispielen aus der Archäometrie, die sich m.m. auch auf die Theoretische Chemie ganz allgemein ausdehnen lassen (s.o.), diese ebenso pragmatisch wirkungsvolle wie in ihrer mathematischen Klarheit an Schönheit reiche Methode dem Interessierten wenigstens ein Minimum näher zu bringen. Dazu werden beispielhaft zwei für die Archäometrie wichtige Problemstellungen behandelt und mit je einem Beispiel illustriert.

4. Eine neue Klassifikationsmethode: Neubabylonische Farbglasuren

Es ist oben im zweiten Abschnitt schon darauf hingewiesen worden, welche Bedeutung die mathematische Klassifikation gerade auch im Zusammenhang

---

Vorhandensein eines großen Metallgehaltes den eines kleinen implizieren. Sprachlich werden aber "groß" und "klein" als klassifikatorische, sich also ausschließende Eigenschaften verstanden (Etwas, das groß ist, ist nicht klein, und umgekehrt). Für den wichtigen Hinweis auf diese meist nicht beachtete Diskrepanz bin ich Herrn Prof. Dr. BERNHARD GANTER (TU Dresden) zu Dank verpflichtet.

mit archäometrischen Materialuntersuchungen etwa bei der Behandlung von Fragen der Herkunftsbestimmung, der verwendeten Technologie u.a. besitzt. In Übereinstimmung mit dem Anliegen dieses Aufsatzes sollen Probleme bei der automatischen Klassifikation mit Cluster-Analyse-Verfahren unerwähnt bleiben. Aber auch die im Mittelpunkt stehende FBA ist in Hinblick auf eine Gegenstandsklassifikation nicht problemlos, insbesondere beim Vorliegen von größeren Datenmengen mit Merkmalen numerischen Charakters, die aber gerade in den Naturwissenschaften, einschließlich der Archäometrie, der Normalfall sind.

In diesem Abschnitt wird ein Algorithmus beschrieben, der zu einer vernünftigen Gegenstandsklassifikation führen soll und, Anschauungsweisen der FBA verwendend, die Möglichkeiten und Vorteile dieser Methode nutzt. Er wurde bereits bei der Betrachtung altägyptischer Kunstgegenstände aus Bronze [Ba95a] vorgestellt. Bevor er hier auf Untersuchungen neubabylonischer Glasuren angewendet werden wird, sei er in allgemeiner Form vorgestellt.

Im Rahmen dieses Klassifikationsverfahrens wird zuerst die Gegenstandsordnung des durch Skalierung abgeleiteten Kontexts $\mathbb{K} = (G, M, I)$ ermittelt, wobei in Anlehnung an dessen Merkmalsordnung $(M, \leq_m)$ mit $m_1 \leq_m m_2$ $: \iff \{m_1\}' \supseteq \{m_2\}'$ $(m_1, m_2 \in M)$ (s. z. B. [Wi84]) dessen Gegenstandsordnung als $(G, \leq_g)$ mit $g_1 \leq_g g_2 : \iff \{g_1\}' \supseteq \{g_2\}'$ ($\iff \gamma g_1 \leq \gamma g_2$) $(g_1, g_2 \in G)$ definiert wird. Wenn mit $\Gamma(\mathbb{K})$ die Menge der Gegenstandsbegriffe des Kontexts $\mathbb{K}$ bezeichnet wird, so kann die Gegenstandsordnung als $(G, \leq_g) = (\Gamma(\mathbb{K}), \leq)$ geschrieben werden. Ihr Liniendiagramm stellt einen Ausschnitt aus dem vollständigen Liniendiagramm des Begriffsverbandes $(\mathfrak{B}(\mathbb{K}), \leq)$ dar und wird im weiteren in Hinblick auf die gestellte Aufgabe einer (disjunkten) Gegenstandsklassifikation untersucht.

Wie oben schon angedeutet, werden in einem Liniendiagramm nur Beziehungen zwischen einem Unterbegriff und seinen unmittelbaren Oberbegriffen erfaßt. Wird diese Nachbarschaftsrelation durch das Symbol $\prec$ ausgedrückt, so läßt sich schreiben:

$$(A, B) \prec (C, D) \quad : \iff \quad (A, B) \leq (C, D)$$
$$\wedge \; \nexists (X, Y) \in \mathfrak{B}(\mathbb{K}) : (A, B) \leq (X, Y) \leq (C, D)$$

In diesem Falle heißt der Begriff (A, B) unterer Nachbar oder Vorgänger zum oberen Nachbarn oder Nachfolger (C, D). Somit ist das Liniendiagramm zu $(G, \leq_g) = (\Gamma(\mathbb{K}), \leq)$ der Graph zu der (halb)geordneten Menge $(\Gamma(\mathbb{K}), \prec)$. Die vorgenomme Beschränkung auf Nachbarschaftsbeziehungen ist dadurch motiviert, daß das im folgenden erläuterte Kriterium der Klassenzuordnung eines Vorgängers zur bereits bekannt vorausgesetzten Klasse eines seiner Nachfolger nur unter diesen Umständen sinnvoll anwendbar ist.

Alle Gegenstände, die zu Knoten im Graphen von $(\Gamma(\mathbb{K}), \prec)$ gehören, welche keine oberen Nachbarn haben, können als Repräsentanten einer Klasse aufgefaßt werden. Auf diese Weise ist somit auch die Anzahl der Klassen aus der Struktur des Verbandes festgelegt, eine Vorgabe wie in der Cluster-Analyse braucht also nicht zu erfolgen. Die Kanten im Graphen von $(\Gamma(\mathbb{K}), \prec)$ verdeutlichen die Existenz der Nachbarschaftsbeziehung und damit einer Zusammengehörigkeit und einer potentiellen oder zumindest partiellen Klassenzugehörigkeit. Legt man – wie es in der Praxis gewöhnlich der Fall ist – auf disjunkte Klassen wert, so muß ein Kriterium angegeben werden, welches diese eindeutige Klassenzuordnung dann entscheidet, wenn ein Vorgänger im Graphen von $(\Gamma(\mathbb{K}), \prec)$ mehr als einen Nachfolger hat.

Zur Lösung dieser Aufgabe wurde folgende Vorgehensweise erarbeitet [Ba95a]: Die Kanten des Graphen von $(\Gamma(\mathbb{K}), \prec)$ werden mit der Summe der Auffälligkeiten derjenigen Merkmale bewertet, die im Inhalt des Vorgängers und nicht im Inhalt des Nachfolgers vorkommen. Dabei ist die Auffälligkeit $a(m)$ eines Merkmals m ein der empirisch-mathematischen Kunsttheorie entlehntes Maß, das als

$$a(m) = -p(m)(\ln(p(m))$$

definiert ist.[6] Hier ist $p(m)$ die relative Häufigkeit von m. Die letztere wird in Bezugnahme auf den gegebenen Kontext $\mathbb{K}$ bestimmt, wobei eine in Anlehnung an die in der Petrographie verwendete Extensität [JS72], d.h. des prozentualen Gehalts einer Mineralsorte bezüglich einer Menge von Gesteinsproben, vorgenommen wurde:

$$p(m) = |\{m\}'| \cdot |G|^{-1}.$$

Gilt $\gamma g_1 \leq \gamma g_2$ und sei $M_{12} = \{g_1\}' \setminus \{g2\}'$, so wird die Kantenbewertung im Graphen zu $(\Gamma(\mathbb{K}), \prec)$ erhalten als

$$s(\gamma g_1, \gamma g_2) = \sum_{m \in M_{12}} a(m) .$$

Für das Ziel einer disjunkten Klassenzerlegung, das eigentlich nur mit einem der Gewohnheit geschuldeten Pragmatismus begründet werden kann,[7] muß ein Gegenstand g_j, dessen Gegenstandsbegriff γg_j in $(\Gamma(\mathbb{K}), \prec)$ die Nachfolgermenge $G_j \subseteq \Gamma(\mathbb{K})$ mit $|G_j| \geq 1$ besitzt, der Klasse zugeordnet werden, zu der auch der Gegenstand g_i eines seiner Nachfolger γg_i gehört, wenn

$$s(\gamma g_j, \gamma g_i) = \min_{g \in G_j} s(\gamma g_j, \gamma g)$$

---

[6] Die Erfahrung hat in vielen Fällen gezeigt, daß die Auffälligkeit eines Merkmals m in einem Gesamtzusammenhang dann besonders groß ist, wenn dessen relative Häufigkeit $p(m) \approx 0,37$ beträgt, was dem Maximum der Funktion $-p(m)\ln(p(m))$ bei $p(m) = e^{-1}$ entspricht. Beispiele dafür s. [Vö90].

[7] Der hier vorgestellte Weg läßt durchaus eine nichtdisjunkte oder "fuzzy"-Klassifikation zu, die dem Charakter der durch den Begriffsverband gegebenen Hierarchie viel besser entsprechen würde und deshalb für eine spätere Behandlung vorgesehen ist.

gilt. Natürlich braucht dieses Kriterium nur dann ausgerechnet werden, wenn $|G_j| > 1$ ist. g_j bzw. die Gegenstände des Umfangs von γg_j werden also einer Klasse zugeordnet, deren sie charakterisierenden Merkmale besonders größere Auffälligkeit besitzen und somit für sie gerade als typisch angesehen werden können. Auf die geschilderte Weise wird im Graphen von $(\varGamma(\mathbb{K}), \prec)$ im graphentheoretischen Sinne ein Wald erzeugt, dessen einzelne Bäume die Klassen kennzeichnen. Die "Spannweite" der Merkmale einer Klasse lassen sich am Inhalt des jeweils obersten Begriffs und denjenigen der untersten ablesen. Auf diese Weise wird neben dem Klassenumfang auch der Klasseninhalt geliefert, was einen bedeutenden Vorteil gegenüber den Ergebnissen von Cluster-Analyse-Berechnungen darstellt.

Das Klassifikationsverfahren kann jetzt an dem genannten Beispiel vorgeführt werden. Dazu werden die Ergebnisse emissionsspektralanalytischer Untersuchungen von STEPHAN FITZ [Fi82] zur chemischen Zusammensetzung neubabylonischer Farbglasuren benutzt, die König NEBUKADNEZAR II. (Regierungszeit 605–562 v.Chr.)[8] für die Thronfassade seines Palastes und für die Löwendarstellungen der Prozessionsstraße zum Ištar-Tor in seiner Hauptstadt fertigen ließ.[9]

Als mehrwertiger Kontext BABGLAS dient daher die tabellarische Zusammenstellung aus [Fi82] (S. 180), die hier in Tabelle 4 wiedergegeben wird. Gegenstände sind die 16 Proben, wobei "T" auf die Herkunft aus der Thronfassade und "L" von einer Löwendarstellung hinweisen. Merkmale sind die relativen Gehalte von 19 chemischen Elementen. Die verwendeten Zeichen für die Ausprägungen (Werte) bedeuten (nach FITZ): • "viel", + "mittel", - "schwach", o "sehr schwach", wobei diese Einstufung merkmalsweise zu verstehen ist. Die von FITZ ebenfalls angegebenen Gehalte an Si und Mg wurden nicht in den Kontext aufgenommen, da sie jeweils nur die Ausprägung • besitzen und folglich nicht als klassifizierendes Merkmal fungieren können.

Alle Merkmale des Kontexts BABGLAS wurden vorerst einheitlich unter Verwendung der ordinalen Skala BABGLSC (s. Tabelle 5) skaliert. Im abgeleiteten einwertigen Kontext erhielten die Merkmale das Symbol "jE", wobei "E" das jeweilige chemische Element bezeichnet und "j" die relative Mengenangabe j = {s, g, f, n} mit s = "sehr gut erfaßbar", g = "gut erfaßbar", f = "erfaßbar" und n = "noch erfaßbar" angibt. Auf eine Wiedergabe des abgeleiteten einwertigen Kontexts wird verzichtet. Mit dem Programm "Con-

---

[8] Nach einer mündlich mitgeteilten Vermutung von Herrn Prof. Dr. JOACHIM OELSNER (Friedrich-Schiller-Universität Jena, Sächsische Akademie der Wissenschaften zu Leipzig) kann es sich hierbei um Bauten handeln, die erst in seleukidischer Zeit, also im 3. Jh. v.Chr., errichtet wurden.

[9] Die hier vorgestellten mathematischen Untersuchungen sind Teil des von der Deutschen Forschungsgemeinschaft geförderten Projekts *Mikroanalytische und datenexplorative Untersuchungen von Glasuren aus den Beständen des Vorderasiatischen Museums der Staatlichen Museen zu Berlin Preußischer Kulturbesitz* (gemeinsam mit Dr. HORST HENNIG, Humboldt-Universität zu Berlin).

Tabelle 4 Der mehrwertige Kontext BABGLAS nach [Fi82]

Nr.	Na	Ca	Al	K	Ti	Mn	Fe	Cu	Ag	Ni	Co	Zn	Cr	Mo	B	Sn	Pb	Sb	Bi
T1	•	+	+		o	o	+	+	o		+	-			-	o	o		
T2	+	•	•		o	-	+	-	o						-			+	+
L1	•	+	+	o	o	-	•	o	o	o				o	-	o	+	+	o
L2	+	+	+	o	o	+	o	o					o	-	o			+	-
L3	•	+	+		o	-	+	o	o	o				o	-			+	+
T3	•	•	•		o	-	+	-		o					-			+	
L4	•	+	•	-	-		+	o		o					o		o	+	
L5	•	+	•		o	-	+	o										+	
L6	+	+	+		o	o	+	o										+	
T4	•	+	+		o	o	-	•							o				
L7	•	+	+		o	o	+	•							o			+	
L8	+	+	+		o	-	+	•							o			+	
L9	•	-	+		o	-	+	•	o						-		o	+	
T5	•	•	•		o	-	+	-		o					o				
T6	•	+	+		o	-	+	o		o					o		o		
L10	•	+	+	o	-	o	+	o	o						o			-	o

Tabelle 5 Die Skalen BABGLSC (I), NAAL (II), CAFECU (III) und PBSB (IV)

I	s	g	f	n
•	X	X	X	X
+		X	X	X
-			X	X
o				X

II	s	g
•	X	X
+		X

III	s	g	f
•	X	X	X
+		X	X
-			X
o			X

IV	g	f
+	X	X
-		X
o		X

Imp" von PETER BURMEISTER[10] [Bu97] konnte der 165 Begriffe enthaltende Begriffsververband ermittelt werden. Für die Aufgabe, mit dieser Kenntnis eine sinnvolle Gegenstandsklassifikation abzuleiten, erscheint die Anwendung des soeben allgemein dargestellten Algorithmus sinnvoll.

Die berechneten Extensitäten und Auffälligkeiten der hier interessierenden Merkmale sind in Abbildung 2 angegeben. Mit ihnen und durch die formalbegriffsanalytische Berechnung wird der in Abbildung 3 gezeigte bewertete Graph der Gegenstandsordnung erhalten (Hinsichtlich der nur betrachteten Nachbarschaftsbeziehungen s.o.). Entsprechend der geschilderten Verfahrensweise zeigen in ihm die grau gekennzeichneten Knoten die Repräsentanten der hier zu formulierenden acht Klassen an. Ihnen sind die Gegenstände

---

[10] An dieser Stelle möchte ich Herrn Prof. Dr. PETER BURMEISTER für die freundliche Überlassung seiner jeweils neuesten Programmversion und die außerordentlich liebenswürdige und sofortige Berücksichtigung und Einarbeitung aller meiner speziellen Wünsche herzlich danken.

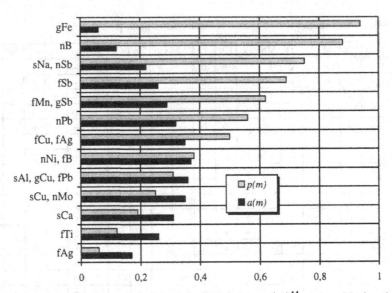

Abbildung 2 Extensitäten $p(m)$ und Auffälligkeiten $a(m)$[11] einiger Merkmale m des aus BABGLAS abgeleiteten Kontexts

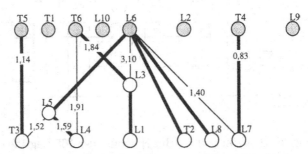

Abbildung 3 Der bewertete Graph zur Gegenstandsordnung bezüglich des gesamten Kontexts BABGLAS

zuzuordnen, die durch die Verstärkung hervorgehobenen Kanten mit ihnen verbunden sind. Das Ergebnis wurde in Tabelle 6a zusammengefaßt.

Bei einem Blick auf die den einzelnen Klassen zugeordneten Glasurfarben ist erkenntlich, daß ein Zusammenhang mit den Elementgehalten, welche ja die Ursache der Klassenzerlegung darstellen, und somit mit der damit verbundenen Technologie ihrer Herstellung offensichtlich nicht deutlich ist. Der Grund dafür kann darin gesucht werden, daß für die Berechnungen auch sol-

---

[11] Die ungefähre Übereinstimmung des p- und a-Wertes bei "nNi, fB" ergibt sich aus der Übereinstimmung $p_{max} = a_{max} = a(p_{max}) = e^{-1}$.

Tabelle 6 Klassifikation der Proben des Kontexts BABGLAS (* dunkelblau)

Repräsentant	(a) gesamter Kontext		(b) verkleinerter Kontext	
	weitere Elemente	*Glasurfarben*	*weitere Elemente*	*Glasurfarben*
T5	T3	schwarz, weiß	–	schwarz
T6	L3, L1	schwarz, gelb	L10, T1	schwarz, blau*
L6	L5, L4, T2, L8	weiß, türkis, gelb	L5, L4, T3, L8, L7	weiß, türkis
L2	–	gelb	T2, L3, L1	gelb
T4	L7	türkis	–	türkis
L9	–	türkis	–	türkis
T1	–	blau*		
L10	–	schwarz		

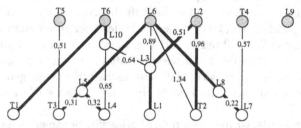

Abbildung 4 Der bewertete Graph zur Gegenstandsordnung hinsichtlich des verkleinerten Kontexts BABGLAS

che chemischen Elemente wie Bor (B), Zinn (Sn), Kalium (K), Wismut (Bi) u.a. Berücksichtigung fanden, deren mengenmäßiges Auftreten dem Zufall unterworfen ist, mit welcher Konzentration sie in den eingesetzten Rohstoffen auftreten. Daher wurde eine zweite Berechnung bzw. Klassenzerlegung mit einem verkleinerten Kontext vorgenommen, wobei eine Beschränkung bezüglich der im Kontext BABGLAS gegebenen Elemente stattfand. Berücksichtigung fanden nur die Merkmale Natrium (Na), Calcium (Ca), Aluminium (Al), Eisen (Fe), Kupfer (Cu), Blei (Pb) und Antimon (Sb). Die Skalierung wurde wiederum ordinal vorgenommen, wobei die in Tabelle 5 aufgeführten Skalen Verwendung fanden, deren Namen auf die jeweiligen Elemente hinweisen, für die sie Anwendung fanden. Die Gehalte der genannten Elemente könnten relevant für das Verhältnis der verwendeten Rohstoffe, z.B. für dasjenige der Flußmittel Soda (Na_2CO_3) und Kalk ($CaCO_3$), aber auch der farbgebenden Komponenten sein. Allerdings wurde das nur in der dunkelblauen Probe T1 gefundene Kobalt (Co) nicht berücksichtigt, da seine Funktion in Hinsicht auf die Farbe auch ohne Berechnung ersichtlich ist (s. auch die isolierte Stellung von T1 in Tabelle 6a) und vielmehr eine vom Co-Gehalt unabhängige Einordnung der Probe T1 von Interesse war.

Die Resultate dieser Untersuchung, die dem beschriebenen Schema folgten, sind in der Abbildung 4 bzw. der Tabelle 6b wiedergegeben. Tatsächlich werden jetzt nur noch sechs Klassen bei gleichzeitig veränderter Zuordnung der Proben gefunden. Die Korrelation mit den Glasurfarben ist befriedigend. Daraus kann geschlossen werden, daß die aufgezählten sieben chemischen Elemente bzw. deren Gehalte zur klassenmäßigen, ordnenden Untersuchung der Glasuren geeignet sind und dafür genügen. Während alle gelben und weißen Proben einer Klasse angehören, trifft das für Glasuren, deren Farbe Schwarz oder Türkis ist, nicht zu. Sie bilden entweder mehrere eigenständige Klassen oder ordnen sich wie die türkisfarbenen Beispiele L7 und L8 der durch L6 repräsentierten "weißen" Klasse zu. Die dunkelblaue Glasur T1 hat offensichtlich bis auf ihren typischen Kobaltgehalt Ähnlichkeit mit schwarzen Vertretern. Eventuell kann das gefundene Ergebnis auf eine Aufteilung der Herstellung der glasierten Ziegel auf mehrere spezielle Rezepturen, die auf das Erhalten bestimmter Farbgebungen ausgerichtet waren, hindeuten.

Das ist natürlich eine Hypothese. Aber die Aufgabe jeder explorativen Datenanalyse besteht gerade darin, Hypothesen zu bilden oder zu unterstützen. Der Wert, der auf diese Weise ihren Resultaten anhaftet, kann im Rahmen jeder Wissenschaft, also auch der Naturwissenschaften, nur dann für gering erachtet werden, wenn ignoriert wird, daß wissenschaftliche Aussagen und Theorien eine Genesis aufweisen, in welcher Hypothesen eine große Bedeutung besitzen.

Wie oben gesagt wurde, ist die beschriebene Klassifikationsmethode erstmals auf einen mehrwertigen Kontext angewendet worden [Ba95a], in welchem altägyptische Kunstgegenstände aus Bronze betrachtet wurden, deren Gehalt an chemischen Elementen am Rathgen-Laboratorium (s.o.) bestimmt worden war [Ri92]. In weiter zurückliegenden Arbeiten zur Klassifikation archäologisch relevanter Objekte nach archäometrischen Merkmalen ist eine andere Vorgehensweise auf der Grundlage der FBA zur Anwendung gekommen, wobei römische Baukeramik aus dem Saarland (Schwarzenholz, Blickweiler) [Ba96c] unter Verwendung von Daten, die schon zuvor für die Behandlung mit inzwischen "klassischen" Klassifikationsverfahren ermittelt worden waren [BW82], und am British Museum London [Ti87] bezüglich ihrer chemischen Zusammensetzung untersuchte glasartige Materialien aus dem Alten Ägypten [Ba95b] Verwendung fanden. Hierbei war die Grundidee, die Ähnlichkeit nach TANIMOTO zwischen Gegenstandsbegriffen bezüglich ihrer Inhalte zu bestimmen und zur Klassifikation zu nutzen. Zugleich wurden dabei Vorteile der FBA im Vergleich mit Methoden der hierarchischen und partitionierenden Cluster-Analyse aufgezeigt.[12]

---

[12] In der Schule des Ägyptologen FRITZ HINTZE (1915–1993), der durch Lehre und Forschung die Anwendung der Mathematik in den Altertumswissenschaften befördert und befruchtet hat, wurde die Archäometrie ausschließlich als die Wissenschaft von der Behandlung archäologischer und sprachwissenschaftlicher Daten mit Hilfe der Mathematik und Informatik angesehen. Aus diesem Grunde sind auch einige Arbeiten angefertigt worden, welche Daten formalbegriffsanalytisch untersuchen, die aber nicht aus den Naturwissenschaften stammen. Sie betreffen Götterdarstellungen am Löwentempel von Musawwarat es-Sufra (Su-

5. Merkmalimplikationen: Neolithische Grobkeramik aus Thessalien

Zu den Vorzügen der FBA ist neben anderem die Möglichkeit zu nennen, Merkmalimplikationen [GW86], [Wi87], [GW96], [KL95], [Bu91], [Ba96b] hinsichtlich eines gegebenen Kontexts $\mathbb{K} = (G, M, I)$ zu ermitteln. Wenn P, die Prämisse, und C, die Konklusion, Teilmengen der Merkmalsmenge M sind $(P, C \subseteq M)$, so besteht die Implikation $P \Rightarrow C$ in $\mathbb{K}$, wenn jeder Gegenstand aus G, der alle Merkmale P besitzt, auch alle aus C hat: $P' \subseteq C'$ bzw. $C \subseteq P''$.[13]

Die Verwendung von Merkmalimplikationen soll nun an einem Beispiel demonstriert werden, welches die Betrachtung von 40 neolithischen Keramikobjekten (Grobware G, Lehmziegel L) sowie Tonproben (T) aus Thessalien (Gebiet von Sesklo und Dimini, Griechenland) zum Inhalt hat.[14] Die Gehalte von 20 chemischen Elementen (Si, Ti, Al, Fe, Mn, Mg, Ca, Na, K, P, V, Cr, Ni, Zn, Rb, Sr, Y, Zr, Ba, Ce) wurden von GERWULF SCHNEIDER mit Hilfe der Röntgenfluoreszenzanalyse ermittelt [SK91]. Dem den Untersuchungen zugrundegelegten mehrwertigen Kontext wurden neben diesen 20 Elementkonzentrationen[15] als weitere Merkmale die Angaben des Fundortes (Sesklo S, Dimini D) und der Probenart (G, L, T) hinzugefügt.

Die Orts- und Artangabe wurden nominal, die chemischen Gehalte x ordinal skaliert. Dabei waren aus Gründen der Übersichtlichkeit die letzteren zuvor jeweils einem der folgenden drei Intervalle zugeordnet: $0 < x \leq x_{max}/3, x_{max}/3 < x \leq 2x_{max}/3$ und $2x_{max}/3 < x \leq x_{max}$, wobei x_{max} der entsprechende maximale Wert eines Gehaltes bedeutet, so daß die Skala der ordinalen Merkmale die Gestalt der Tabelle 7 hat. Die gewählten Abkürzungen m, d und p haben die Bedeutung: Das jeweilige Element ist bei **m** mit

---

dan) [Ba90a], [Ba94a], die Keramikausstattung prädynastischer Gräber in Armant (Ägypten) [BE96] und Darstellungen von sogenannten Gauprozessionen in ägyptischen Tempeln der ptolemäisch-römischen Periode [BH94], [HB94].

[13] Zwischen dem Kontext, dem Begriffsverband und der Menge der Merkmalimplikationen besteht folgender Zusammenhang, der in dieser Form m.m. der Arbeit [RZ96] entnommen ist:

context	$\xleftrightarrow{1-1}$	concept lattice	$\xleftrightarrow{1-1}$	implications between attributes
data		concept hierarchy		logical structure

[14] Diese Untersuchungen waren Inhalt des durch die Volkswagen-Stiftung geförderten Projekts (1990–1992) *"Anwendung der Formalen Begriffsanalyse und der nichthierarchischen Klassifikation auf archäometrische Fragen"* (gemeinsam mit Priv.-Doz. Dr. GERWULF SCHNEIDER, Freie Universität Berlin). Sie sind auf der "Gemeinschaftlichen Tagung der Arbeitskreise 'Archäometrie und Denkmalpflege' der Deutschen Mineralogischen Gesellschaft und 'Archäometrie' der Gesellschaft Deutscher Chemiker" in München am 10.9.1992 vorgestellt worden.

[15] Bei den Hauptelementen handelt es sich um die Konzentrationen der entsprechenden Oxide in Masse-% (SiO_2, TiO_2, Al_2O_3, Fe_2O_3, MnO, MgO, CaO, Na_2O, K_2O, P_2O_5). Der Elementgehalt der Spurenelemente V, Cr, Ni, Zn, Rb, Sr, Y, Zr, Ba und Ce war in ppm angegeben worden.

Tabelle 7 Kontext zur Skalierung der Elementgehalte neolithischer Keramikproben

	m	d	p
> 0	X		
$> x_{max}/3$	X	X	
$> 2x_{max}/3$	X	X	X

einem Mindest-, bei **d** mit einem durchschnittlichen und bei **p** mit einem mehr (*plus*) als durchschnittlichen Gehalt in der Probe enthalten. Auf diese Weise enthält der abgeleitete einwertige Kontext die 65 Merkmale: mSi, dSi, pSi, mTi, dTi, pTi,..., mCe, dCe, pCe, S, D, G, L, T. Auch in diesem Falle wird auf seine Wiedergabe verzichtet.

Die Menge der formalen Begriffe, die sich aus diesem (einwertigen) Kontext berechnen läßt, enthält 2561 Begriffe. Auch die minimale Liste von Implikationen, die DUQUENNE-GUIGUES-Basis [DG86], aus welcher sich bei Verwendung einiger Regeln alle anderen Implikationen erzeugen lassen, hat einen Umfang von 443. Viele dieser Implikationen sind archäometrisch bzw. archäologisch nicht oder zumindest wenig relevant. Daher erfolgt im weiteren eine Konzentration auf Implikationen mit kleiner Prämisse.

Der (nach Intervallzuordnung und Skalierung abgeleitete) Kontext wird im folgenden für die explorativen Untersuchungen gewissermaßen als eine Datenbank benutzt. Insbesondere wird die im Programm ConImp [Bu97] vorhandene Möglichkeit, Hintergrundimplikationen zu generieren, verwendet, um bei Vorgabe einer Prämissenmenge die zugehörige Konklusionsmenge zu erhalten. Gleichzeitig können in einem Suchmodus die Gegenstände (Proben) erfragt werden, die eine vorgegebene Menge von Merkmalen besitzen bzw. auch nicht besitzen, also ein bestimmtes An- und Abwesenheitsmuster von Merkmalen aufweisen. Schon durch Kombination dieser beiden Abfragemöglichkeiten kann leicht und bequem Wissen über den Kontext erlangt werden.

Um diese Vorgehensweise zu illustrieren, wurden drei Abfrageprogramme aufgestellt und abgearbeitet. Im ersten wurden als einziges Prämissenmerkmal die jeweils höchsten Elementgehalte (pE) benutzt um zu erfahren, ob aus ihnen etwas über den Fundort und die Probenart gefolgert werden kann. Die Anzahl der Proben, für welche die Prämisse zutrifft, gibt Auskunft über den Wert des jeweils gefundenen Zusammenhang in der Hinsicht, daß eine geringe Anzahl auf eine ziemlich unbedeutende Aussage hindeutet. Das Ergebnis dieser Untersuchung ist in Tabelle 8 zusammengestellt. Es kann geschlossen werden, daß ein hoher Aluminium- und Kaliumgehalt auf den Fundort Sesklo hinweist, wobei über die Probenart aber nichts gefolgert werden kann. Das ist möglicherweise auch noch für Rubidium und Barium richtig, während die aus einem großen Calcium- oder Chromgehalt ableitbare Herkunft aus Dimini keine Bedeutung hat, da sie nur für eine Probe zutrifft.

Tabelle 8 Zusammenhang hoher Elementgehalte mit dem Fundort und der Probenart

Prämisse	Konklusion			Anzahl der Proben
	Seslko	Dimini	Grobkeramik	
pAl	X			10
pK	X			8
pRb	X			5
pBa	X			4
pCa		X	X	1
pCr		X	X	1

Tabelle 9 Zusammenhänge zwischen Fundort und Probenart mit den Elementgehalten

Prämisse					Anzahl der Proben	Konklusion
Seslko	Dimini	Grobkeramik	Ton	Lehm		
X					24	–
X		X			8	dSi dAl dZn dY
X			X		12	–
X				X	4	dK dRb dBa dCe
	X				16	dNa
	X	X			11	dNa dZn dY
	X		X		4	dNa dSi dCe
	X			X	1	dNa dSi dTi u.a.
		X			19	dZn dY
			X		16	–
				X	5	dRb dCe

Tabelle 10 Die nichttrivialen Zusammenhänge zwischen den Elementgehalten

Prämisse	Konklusion					Anzahl der Proben
dTi	dY					25
dFe	dV	dY				27
dMn	dTi	dAl	dNa	dV	dY	15
dMg	dNa	dZn	dSr	dY		12
dCa	dMg	dNa	dZn	dSr	dY	9
dP	dZn	dY				10
dV	dFe	dY				27
dCr	dFe	dV	dNi	dZn	dY	14
dNi	dFe	dV	dZn	dY		19
dZn	dY					32
dZr	dY					29
pTi	pFe	dV	dY	dZr		7
pFe	dTi	dAl	dV	dZn	dY	15

In der zweiten Untersuchung wurde nach eventuellen Zusammenhängen zwischen allen sinnvollen Kombinationen von Fundort und Probenart als

Prämisse und den Elementkonzentrationen als Konklusion gefragt. Die letzteren waren nur dann von Interesse, wenn sie mit einem durchschnittlichen Gehalt (dE) verbunden waren. In Tabelle 9 sind die Resultate wiedergegeben.

Schließlich wurden die Beziehungen zwischen den Konzentrationen selbst betrachtet. Die in Tabelle 10 aufgeschriebenen Ergebnisse sind wieder so zu verstehen, daß die aufgeführten durchschnittlichen Gehalte Mindestangaben sind. So enthalten die 25 Proben, die zumindest einen durchschnittlichen Titangehalt haben, auch mindestens einen durchschnittlichen Yttriumgehalt (dTi $\Rightarrow$ dY). Nur die aufgeführten Prämissen ergaben einen in Hinblick auf die ordinale Skalierung nicht trivialen Zusammenhang.

In den am Ende des vorangegangenen Abschnitt erwähnten Arbeiten [Ba96c] und [Ba95b] wurde bereits ebenfalls von Merkmalimplikationen in folgender Weise Gebrauch gemacht: Die jeweils ermittelte Klassenzugehörigkeit eines Gegenstands wurde als ein zum ursprünglichen Kontext zusätzliches (nominales) Merkmal betrachtet. Die mit diesem erweiterten Kontext ermittelten Merkmalimplikationen brachten dann die Klassenzugehörigkeit mit den ursprünglichen, für die Klassenzerlegung benutzten Merkmalen in Zusammenhang, so daß ablesbar wurde, welche Merkmalkombinationen eine Klassenzuordnung implizieren.

Es muß, diesen Abschnitt abschließend, betont werden, daß die hier gegebenen Darstellungen Beispielcharakter besitzen. Sie zeigen aber doch bereits auf der dabei verwendeten untersten Stufe der Merkmalexploration, zu welchen Anwendungen und Aussagen die FBA im Rahmen der Archäometrie in der Lage ist.

6. Ein kurzes Schlußwort

Im Zusammenhang mit den einführend genannten Zielen und deren Verwirklichung in diesen Darlegungen gilt es, sich – aus aktuellem Anlaß – dem großem Franzosen CARTESIUS[16] wenigstens dem Sinn nach anzuschließen: *«Mais ne proposant cet écrit que comme une histoire ou, si vous l'aimez mieux, que comme une fable, en laquelle, parmi quelques exemples qu'on peut imiter, on en trouvera peut-être aussi plusieurs autres qu'on aura raison de ne pas suivre, j'espère qu'il sera utile à quelques-uns, sans être nuisible à personne, ...»* (zitiert nach [De50]).

Was aber die persönlichen Erfahrungen bezüglich des Wertes der Formalen Begriffsanalyse für die Bewältigung der Aufgaben betrifft, welche der Archäometrie, Chemometrie und darüber hinaus der (Theoretischen) Chemie überhaupt gestellt sind, so erscheint der Ausspruch eines sehr bekannten Römers auch hier gerechtfertigt: ὁ γέγραφα, γέγραφα .[17]

---

[16] Am 31. März 1996 war des 400. Geburtstages des Philosophen und Mathematikers RENÉ DESCARTES (1596–1650) zu gedenken.

[17] Ausspruch des PONTIUS P. PILATUS (?–39 n.Chr.) nach Joh. 19,22b.

Literatur

[Ba89]   H.-G. Bartel: Zur Geschichte der Theoretischen Chemie in der Deutschen Demokratischen Republik. *Wiss. Z. d. Humboldt-Universität zu Berlin, Reihe Gesellschaftswiss.* **38** (1989) 10, 1067–1072

[Ba90a] H.-G. Bartel: Begriffsverbände und Archäometrie. *Spectrum* **21** (1990) 4, 29–31

[Ba90b] H.-G. Bartel: Über Verwendungsmöglichkeiten der Theorie der Begriffsverbände zur Beschreibung von Aspekten der Evolution. In: *Selbstorganisation. Jahrbuch für Komplexität in den Natur-, Sozial- und Geisteswissenschaften.* Dunker & Humblot, Berlin **1** (1990), 99–108

[Ba94a] H.-G. Bartel: Formalbegriffliche Datenanalyse. *Informatique et Égyptologie* N° **9** (1994), 1–7

[Ba94b] H.-G. Bartel: Formalbegriffsanalytische Untersuchung ausgewählter Aromatizitätskriterien. *Match* **30** (1994), 9–35

[Ba95a] H.-G. Bartel: Explorative Data Analysis Studies: Chemical Composition of Ancient Egyptian Bronze Artifacts. In: *Proceedings of the 1st International Conference on Ancient Egyptian Mining, Metallurgy and Conservation of Metallic Artifacts.* 10-12 April 1995, Cairo

[Ba95b] H.-G. Bartel: Formale Begriffsanalyse und Materialkunde: Zur Archäometrie alt-ägyptischer glasartiger Produkte. *Match* **32** (1995), 27–46

[Ba95c] H.-G. Bartel: Cornelius Weiss. In: B.-R. Barth, C. Links, H. Müller-Engbergs, J. Wielgohs (Hrsg.): *Wer war Wer in der DDR - Ein biographisches Handbuch.* Fischer Taschenbuch Verlag, Frankfurt/M. 1995, 779

[Ba96a] H.-G. Bartel: Klassifikation durch graphentheoretische Konstruktion von Gerüsten in Liniendiagrammen von Begriffsverbänden. *Match* **34** (1996), 79-90

[Ba96b] H.-G. Bartel: *Mathematische Methoden in der Chemie.* Spektrum Akademischer Verlag, Heidelberg/Berlin/Oxford 1996, 243–301

[Ba96c] H.-G. Bartel: Formal Concept Analysis Studies: Roman Bricks and Wall Slabs. In: Ş. Demirci, A. M. Özer, G. D. Summers (Hrsg.): *Archaeometry 94, The Proceedings of the 29th International Symposium on Archaeometry, Ankara 9-14 May 1994.* Tübitak, Ankara 1996, 309-316

[Ba97]   H.-G. Bartel: Ein neuer Ansatz zur formalbegriffsanalytischen Objektklassifikation und seine Anwendung auf aromatische heterocyclische Verbindungen. *Match* **36**, 1997, 185–215

[BE96]   H.-G. Bartel, E. Endesfelder: Begriffsanalytische Untersuchungen der Keramikausstattung prädynastischer Gräber des Friedhofs von Armant. In: F. Tiradritti (Hrsg.): *Informatica ed egittologia all'inizio degli anni '90,* Bulzoni Editore, Roma 1996, 33–60

[BH94]   H.-G. Bartel, J. Hallof: Informationstheoretische und begriffsanalytische Untersuchungen zu den Gaulisten der Tempel der griechisch-römischen Zeit. In: *Tempel am Nil – Struktur, Funktion und Programm* (Akten der Ägyptologischen Tempeltagungen in Gosen 1990 und Mainz 1992), *Hildesheimer Ägyptologische Beiträge* **37** (1994), 115–129

[Bi48]   G. Birkhoff: *Lattice Theory.* American Mathematical Society, New York 1948

[BN97]   H.-G. Bartel, M. Nofz: Exploration of NMR data of glasses by means of formal concept analysis. *Chemometrics and Intelligent Laboratory Systems* **36** (1997), 53–63

[BW82] E. Blasius, H. Wagner, H. Braun, R. Krumbholz, B. Thimmel: Archäometrische Untersuchungen von römischen Ziegeln und Wandplatten. *Frese-
nius Z. Anal. Chem.* **310** (1982), 98–107

[Bu97] P. Burmeister: *ConImp. Programm zur Formalen Begriffsanalyse einwertiger Kontexte.* TH Darmstadt 1991 (neueste Version 1997)

[De50] R. Descartes: *Discours de la méthode pour bien conduire sa raison et cher-
cher la vérité dans les sciences.* In: M. Barjonet (Hrsg.): *Les classiques du
peuple.* Éditions sociales, Paris 1950, 41–42

[DG86] V. Duquenne, J.-L. Guigues: Familles minimales d'implications informatives résultant d'un tableau de données binaires. *Math. Sci. Hum.* **95** (1986),
5–18

[EG82] A. Erman, H. Grapow (Hrsg.): *Wörterbuch der ägyptischen Sprache.* Akademie Verlag, Berlin 1982, II 237, II 237 9.10, III 209, V 537

[Er82] M. Erné: *Einführung in die Ordnungstheorie.* B.I.-Wissenschaftsverlag,
Mannheim/Wien/Zürich 1982.

[Fi82] S. Fitz: Die Farbglasuren spätbabylonischer Wandverkleidungen. *Berichte
der Deutschen Keram. Ges.* **59** (1982) 3, 179–185

[Fo64] R.J. Forbes: *Studies in Ancient Technology, Volume I.* E.J. Brill, Leiden
1964, 126–127

[Ge89] R. Gelius: Archäometrie. In: S. Engels, R. Stolz (Hrsg.): *ABC der Geschichte der Chemie*, Verlag für Grundstoffindustrie, Leipzig 1989, 67–68

[GW86] B. Ganter, R. Wille: Implikationen und Abhängigkeiten zwischen Merkmalen. In: P. O. Degens, H.-J. Hermes, O. Opitz (Hrsg.): *Die Klassifikation
und ihr Umfeld.* INDEKS Verlag, Frankfurt/M. 1986, 171–185

[GW89] B. Ganter, R. Wille: Conceptual Scaling. In: F. Roberts (Hrsg.): *Applications of Combinatorics and Graph Theory to Biological and Social Sciences.*
Springer, Heidelberg 1989, 139–167

[GW96] B. Ganter, R. Wille: *Formale Begriffsanalyse, Mathematische Grundlagen.*
Springer, Heidelberg 1996

[Ha95] R. Hannig: *Die Sprache der Pharaonen. Großes Handwörterbuch
Ägyptisch-Deutsch.* Philipp von Zabern, Mainz 1995, 403, 574, 999

[HB94] J. Hallof, H.-G. Bartel: Gau- und Götterprozessionen in Texten der
griechisch-römischen Zeit als Begriffsverbände. In: *Hommages Jean Le-
clant, Volume 4*, Institut Français d'Archéologie Orientale, Bibliothèque
d'étude **106/4**, Le Caire 1994, 109–123

[JS72] R. Jubelt, P. Schreiber: *Gesteinsbestimmungsbuch.* Deutscher Verlag für
Grundstoffindustrie, Leipzig 1972, 21–22

[Kl79] M.H. Klaproth: Beitrag zur numismatischen Docimasie. *Samml. deutsch.
Abh. Akad. Wiss. Berlin* **1772/77** (1779), 3–14

[KL95] A. Kerber, W. Lex: *Kontexte und ihre Begriffe.* 1. Februar 1995, un-
veröffentliches Manuskript

[LH89] A. Lucas, J.R. Harris: *Ancient Egyptian Materials and Industries.* Histo-
ries & Mysteries of Man, London 1989, 490–491

[Mo86] H. Mommsen: *Archäometrie. Neuere naturwissenschaftliche Methoden und
Erfolge in der Archäologie.* B. G. Teubner, Stuttgart 1986

[Ri92] J. Riederer: Metallanalyse der Bronzestatuetten. In: S. Schoske, D. Wil-
dung: *Gott und Götter im Alten Ägypten.* Philipp von Zabern, Mainz 1992,
223–232

[RZ96] T. P. Reinartz, M. Zickwolff: Two conceptual approaches to acquire hu-
man expert knowledge in a complex real world domain. In: H. H. Bock,
W. Polasek (Hrsg.), *Data Analysis and Information Systems.* Springer,
Heidelberg 1996, 406–415

[SK91]   G. Schneider, H. Knoll, C.J. Gallis, J.-P. Demoule: Transition entre les cultures néolithiques de Sesklo et de Dimini: Recherches minéralogiques, chimiques et technologiques sur les céramiques et les argiles. *Bulletin de Correspondance Hellénique* **CXV** (1991), 1–64

[Ti87]   M.S. Tite: Characterisation of Early Vitreous Materials. *Archaeometry* **29** (1987) 1, 21–34

[Vö90]   H. Völz: *Computer und Kunst.* Urania-Verlag, Leipzig/Jena/Berlin 1990, 26–33

[Wi84]   R. Wille: Liniendiagramme hierarchischer Begriffssysteme. In: H. H. Bock (Hrsg.): *Anwendungen der Klassifikation: Datenanalyse und numerische Klassifikation.* INDEKS Verlag, Frankfurt/M. 1984, 32–51

[Wi87]   R. Wille: Bedeutungen von Begriffsverbänden. In: B. Ganter, R. Wille, K. E. Wolff (Hrsg.): *Beiträge zur Begriffsanalyse.* B. I.-Wissenschaftsverlag, Mannheim 1987, 161–211